COMENTÁRIOS AOS ACÓRDÃOS AMBIENTAIS

PARADIGMAS DO SUPREMO TRIBUNAL FEDERAL

A Editora Fórum, consciente das questões sociais e ambientais, utiliza, na impressão deste material, papéis certificados FSC® (*Forest Stewardship Council*).

A certificação FSC é uma garantia de que a matéria-prima utilizada na fabricação do papel deste livro provém de florestas manejadas de maneira ambientalmente correta, socialmente justa e economicamente viável.

Antônio Herman Vasconcelos e Benjamin
Vladimir Passos de Freitas
Jarbas Soares Júnior

Coordenadores

Prefácio
Min. Luiz Fux

Apresentação
Antônio Herman Vasconcelos e Benjamin

COMENTÁRIOS AOS ACÓRDÃOS AMBIENTAIS

PARADIGMAS DO SUPREMO TRIBUNAL FEDERAL

Belo Horizonte

FÓRUM

CONHECIMENTO JURÍDICO

2021

© 2021 Editora Fórum Ltda.

É proibida a reprodução total ou parcial desta obra, por qualquer meio eletrônico, inclusive por processos xerográficos, sem autorização expressa do Editor.

Conselho Editorial

Adilson Abreu Dallari	Floriano de Azevedo Marques Neto
Alécia Paolucci Nogueira Bicalho	Gustavo Justino de Oliveira
Alexandre Coutinho Pagliarini	Inês Virgínia Prado Soares
André Ramos Tavares	Jorge Ulisses Jacoby Fernandes
Carlos Ayres Britto	Juarez Freitas
Carlos Mário da Silva Velloso	Luciano Ferraz
Cármen Lúcia Antunes Rocha	Lúcio Delfino
Cesar Augusto Guimarães Pereira	Marcia Carla Pereira Ribeiro
Clovis Beznos	Márcio Cammarosano
Cristiana Fortini	Marcos Ehrhardt Jr.
Dinorá Adelaide Musetti Grotti	Maria Sylvia Zanella Di Pietro
Diogo de Figueiredo Moreira Neto (*in memoriam*)	Ney José de Freitas
Egon Bockmann Moreira	Oswaldo Othon de Pontes Saraiva Filho
Emerson Gabardo	Paulo Modesto
Fabrício Motta	Romeu Felipe Bacellar Filho
Fernando Rossi	Sérgio Guerra
Flávio Henrique Unes Pereira	Walber de Moura Agra

Luís Cláudio Rodrigues Ferreira
Presidente e Editor

Coordenação editorial: Leonardo Eustáquio Siqueira Araújo
Aline Sobreira de Oliveira

Av. Afonso Pena, 2770 – 15º andar – Savassi – CEP 30130-012
Belo Horizonte – Minas Gerais – Tel.: (31) 2121.4900 / 2121.4949
www.editoraforum.com.br – editoraforum@editoraforum.com.br

Técnica. Empenho. Zelo. Esses foram alguns dos cuidados aplicados na edição desta obra. No entanto, podem ocorrer erros de impressão, digitação ou mesmo restar alguma dúvida conceitual. Caso se constate algo assim, solicitamos a gentileza de nos comunicar através do *e-mail* editorial@editoraforum.com.br para que possamos esclarecer, no que couber. A sua contribuição é muito importante para mantermos a excelência editorial. A Editora Fórum agradece a sua contribuição.

Dados Internacionais de Catalogação na Publicação (CIP) de acordo com AACR2

C732   Comentários aos acórdãos ambientais: paradigmas do Supremo Tribunal Federal/ Antônio Herman Vasconcelos e Benjamin, Vladimir Passos de Freitas, Jarbas Soares Júnior (Coord.).– Belo Horizonte : Fórum, 2021.

505p. ; 17x24cm.

ISBN: 978-65-5518-077-0

1. Direito ambiental. 2. Supremo Tribunal Federal. I. Benjamin, Antônio Herman Vasconcelos e. II. Freitas, Vladimir Passos de. III. Soares Júnior, Jarbas. IV. Título. IV. Título.

CDD: 344.046
CDU: 349.6

Elaborado por Daniela Lopes Duarte - CRB-6/3500

Informação bibliográfica deste livro, conforme a NBR 6023:2018 da Associação Brasileira de Normas Técnicas (ABNT):

BENJAMIN, Antônio Herman Vasconcelos e; FREITAS, Vladimir Passos de; SOARES JÚNIOR, Jarbas (Coord.). *Comentários aos acórdãos ambientais*: paradigmas do Supremo Tribunal Federal. Belo Horizonte: Fórum, 2021. 505p. ISBN 978-65-5518-077-0

SUMÁRIO

PREFÁCIO
Ministro Luiz Fux...15

APRESENTAÇÃO
Antônio Herman Vasconcelos e Benjamin..17

A CULTURA DA "FARRA" NÃO SE PONDERA COM A CRUELDADE DO "BOI"
RELATOR: MINISTRO MARCO AURÉLIO
Edson Damas da Silveira..21
    Referências 29

SUPRESSÃO DE VEGETAÇÃO EM ÁREA DE PRESERVAÇÃO PERMANENTE E O
PRINCÍPIO CONSTITUCIONAL DA RESERVA DE LEI
RELATOR: MINISTRO CELSO DE MELO
Fernando Reverendo Vidal Akaoui..31
    Referências 38

A COMPENSAÇÃO AMBIENTAL COMO INSTITUTO DE REPARAÇÃO DE
IMPACTOS AMBIENTAIS E GARANTIDOR DAS ÁREAS PROTEGIDAS
Luís Fernando Cabral Barreto Júnior...39
1   Contextualização 39
2   Evolução Legislativa do Instituto 40
3   Evolução Jurisprudencial do Instituto 42
    Conclusão. Garantia das áreas protegidas 45
    Referências 46

COMENTÁRIOS AO RECURSO EXTRAORDINÁRIO Nº 628.582-RS: OS CRITÉRIOS
DE IMPUTAÇÃO PENAL DO ART. 60 DA LEI Nº 9.605/98 COMO UM CRIME DE
PERIGO ABSTRATO-CONCRETO OU POR ACUMULAÇÃO
RELATOR: MINISTRO DIAS TOFOLLI
Délton Winter de Carvalho 47
1   Uma sucinta, mas necessária análise do caso 48
2   A inserção do risco (perigo) como categoria jurídica penal 49
3   O potencial poluidor e a ofensividade ao bem jurídico penal 51
4   Afinal, a qual espécie de crime pertence o art. 60 da Lei nº 9.605/98, quanto ao grau
    de ofensa ao bem jurídico? 57
4.1   O ilícito penal do art. 60, da Lei nº 9.605/98 como crime de perigo abstrato-concreto
    ou de acumulação 58
    Referências 60

CRIME AMBIENTAL TIPIFICADO NO ART. 38, CAPUT, DA LEI Nº 9.605/1998. ÁREA PARTICULAR. CONTROVÉRSIA DECIDIDA COM FUNDAMENTO EM NORMAS INFRACONSTITUCIONAIS. OFENSA CONSTITUCIONAL INDIRETA. COMENTÁRIO AO AG. REG. NO RECURSO EXTRAORDINÁRIO Nº 639.810/RN
RELATORA: MINISTRA CÁRMEN LÚCIA
Ana Maria Moreira Marchesan, Rafael Martins Costa Moreira 63

Introdução 63
1   A relevância socioambiental dos manguezais e sua proteção Jurídica.........................64
1.1   Uma breve análise da jurisprudência do STJ em termos de proteção aos manguezais 67
2   Conflitos jurídico-ambientais relacionados aos manguezais e competência
      jurisdicional 69
2.1   Competência penal da Justiça Federal: considerações gerais.......................................72
2.2   Competência em caso de destruição ou danificação de manguezal...............................74
Conclusões 76
Referências 77

CONTAMINAÇÃO AMBIENTAL DO SOLO – REGIME DE PROPRIEDADE IMOBILIÁRIA E RESPONSABILIDADE ADMINISTRATIVA
RELATOR: MINISTRO LUIZ FUX
Guilherme José Purvin de Figueiredo 79

Comentários..80
Referências 88

ATOS DE CRUELDADE PRATICADOS CONTRA ANIMAIS: A INCONSTITUCIONALIDADE DA RINHA DE GALOS. AÇÃO DIRETA DE INCONSTITUCIONALIDADE Nº 1.856-6/RIO DE JANEIRO (Medida Liminar)
RELATOR: MINISTRO CARLOS VELOSO
Sandra Cureau 91

Introdução 95
Alegação de Inépcia da Petição Inicial...96
1   Histórico 97
2   Análise do Acórdão 98
2.1   O que é a espécie *Gallus-Gallus*? 98
2.2   A proteção constitucional a todas as formas de vida 99
2.3   Legislação infraconstitucional 99
2.4   A medida liminar na ADI nº 1.856-6, paradigma para decisões posteriores 101
Referências 103

MEIO AMBIENTE ECOLOGICAMENTE EQUILIBRADO, LICENCIAMENTO AMBIENTAL E FATO CONSUMADO – AG. REG. NO RECURSO EXTRAORDINÁRIO Nº 609.748/RIO DE JANEIRO
RELATOR: MINISTRO LUIZ FUX
Jarbas Soares Júnior, Carlos Eduardo Ferreira Pinto 105

1   Breves apontamentos acerca dos fatos e das questões jurídicas abordadas
      no acórdão..105
2   A Constituição Federal e a proteção ao meio ambiente 106
3   O licenciamento como instrumento de prevenção de danos ambientais 109
4   Da teoria do fato consumado 112
Apontamentos finais...115
Referências 117

MOGNO BRASILEIRO. COMANDO E CONTROLE COMO ESTRATÉGIA DE PRESERVAÇÃO AMBIENTAL. NOVOS PARADIGMAS PARA A GESTÃO AMBIENTAL, O DIREITO E A JUSTIÇA
RELATORA: MINISTRA CÁRMEN LÚCIA
Andréa Vulcanis..119

1 Análise do caso...119
2 Breve análise acerca dos aspectos processuais em matéria constitucional atinentes ao caso..121
3 As atividades de comando e controle como princípio da ordem ambiental....................123
4 Uma concepção sistêmica do direito pode ajudar numa modificação das relações sociais e a relação do homem para com o meio ambiente?....................128
 Conclusões..133
 Referências...135

OS AGROTÓXICOS EM FACE DA JURISPRUDÊNCIA DO SUPREMO TRIBUNAL FEDERAL – RE Nº 559.622
RELATOR: MINISTRO GILMAR MENDES
Marcelo Kokke 137

 Introdução..137
1 A apreciação jurídico-formal dos agrotóxicos...139
2 A apreciação jurídico-ecológica dos efeitos dos agrotóxicos......................143
3 A apreciação jurídica dos efeitos dos agrotóxicos sobre a saúde humana....................146
4 A apreciação dos efeitos dos agrotóxicos em termos de justiça ambiental e intergeracional..149
 Considerações finais..153
 Referências...154

DANOS EM ÁREA DE PRESERVAÇÃO PERMANENTE: INAPLICABILIDADE DA TEORIA DO FATO CONSUMADO, FUNÇÃO AMBIENTAL DA PROPRIEDADE, NATUREZA *PROPTER REM* DA OBRIGAÇÃO DE REPARAR E PRIORIDADE DA REPARAÇÃO *IN NATURA*
RELATOR: MINISTRO DIAS TOFFOLI
Marcos Paulo de Souza Miranda..155

 Introdução..155
1 A importância das áreas de preservação permanente................................157
2 Fato consumado e meio ambiente..158
3 Função ambiental da propriedade..159
4 Natureza *propter rem* da obrigação de reparar danos ambientais....................160
5 Prioridade da reparação *in natura*...161
 Considerações finais..162
 Referências...162

O SUPREMO TRIBUNAL FEDERAL, OS ÍNDIOS E O DIREITO AMBIENTAL
Paulo Affonso Leme Machado 165

 Introdução..165
1 Direitos individuais e sociais dos índios 165
1.1 Reconhecimento de direitos e de fatos...165
1.2 Identidade indígena..166
1.3 Organização social dos índios..166

1.4	Costumes dos índios	167
1.5	Os índios e as terras indígenas: plena integração no território brasileiro	168
1.6	Dever da União de proteger as terras indígenas e a cultura indígena	168
1.7	Dever da União de demarcar as terras indígenas	169
2	As terras indígenas e seu uso	170
2.1	A extensão do usufruto dos índios	170
2.2	O usufruto dos índios, a intervenção do Poder Público e o dever de consulta dos índios	171
3	Os direitos dos índios e o direito ambiental	172
3.1	Julgamentos do Supremo Tribunal Federal – STF – caso Raposa Terra do Sol	172
3.1.1	Julgamento pelo STF da Petição nº 3.388/Roraima. Relator: Min. Carlos Britto. Item 15. Plenário: 19.03.2009	172
3.1.2	Julgamento pelo STF dos Embargos de Declaração na Petição nº 3.388/Roraima. Relator Ministro Luís Roberto Barroso. Plenário: 23.10.2013	173
3.2	A doutrina e a obrigação de os índios respeitarem a legislação ambiental	174
	Referências	175

A NECESSIDADE DE CRITÉRIOS ECOLÓGICOS EM ESTUDOS TÉCNICOS PARA EVENTUAL PERMISSÃO DE TEMPORADA DE CAÇA AMADORÍSTICA – ATUALIZANDO O ARTIGO 8º DA LEI Nº 5.197/67 FRENTE AO ARTIGO 225 DA CONSTITUIÇÃO – RE Nº 629.502

RELATORA: MINISTRA ROSA WEBER

Cândido Alfredo Silva Leal Júnior		177
	Comentários	178

O DEVER FUNDAMENTAL DO ESTADO DE IMPEDIR DANOS AMBIENTAIS ASSOCIADOS À INADEQUADA DISPOSIÇÃO FINAL DE RESÍDUOS SÓLIDOS – COMENTÁRIO AO ACÓRDÃO RE Nº 577.996/STF

RELATOR: MINISTRO GILMAR MENDES

Anelise Monteiro Steigleder		185
	Introdução	185
1	O dever estatal de prevenção e de não lesividade	186
2	O risco ambiental como diretriz para a intervenção judicial excepcional	188
3	A política nacional de resíduos sólidos	191
	Conclusão	193
	Referências	193

AÇÃO CIVIL PÚBLICA. DEFESA DO MEIO AMBIENTE. IMPLEMENTAÇÃO DE POLÍTICAS PÚBLICAS. POSSIBILIDADE. VIOLAÇÃO DO PRINCÍPIO DA SEPARAÇÃO DOS PODERES. NÃO OCORRÊNCIA. INSUFICIÊNCIA ORÇAMENTÁRIA. INVOCAÇÃO. IMPOSSIBILIDADE. AG. REG. NO RECURSO EXTRAORDINÁRIO Nº 658.171/DISTRITO FEDERAL

RELATOR: MINISTRO DIAS TOFFOLI

Álvaro Luiz Valery Mirra		195
1	O caso sob julgamento e a decisão proferida pelo Supremo Tribunal Federal	195
2	Comentários de ordem doutrinária a respeito do julgado	197
2.1	O regime jurídico da atuação do Estado na área ambiental na Constituição de 1988	197
2.2	A ampliação do controle social, pela via judicial, sobre as omissões do Poder Público em matéria ambiental	203

2.3 A expansão da função jurisdicional para viabilizar o controle social das omissões do Poder Público na proteção do meio ambiente e o princípio da separação dos poderes 207

2.4 O controle social, pela via judicial, das omissões estatais lesivas ao meio ambiente e a questão das disponibilidades financeiras do Poder Público 209

Considerações finais 211

Referências 213

PRIVATE GAINS FOR PUBLIC GOALS: OS DANOS CAUSADOS PELOS VAZAMENTOS DE ÓLEO NO MAR E A EMERGÊNCIA DE UM DIREITO AMBIENTAL TRANSNACIONAL PRIVADO – AG. REG. NO AGRAVO DE INSTRUMENTO Nº 747.154/SÃO PAULO

RELATOR: MINISTRO LUIZ FUX

Bruno Dantas, Caio Victor Ribeiro dos Santos 217

Introdução 218

1 O dano ambiental na sociedade do risco 219

2 O dano ambiental entre o antropocentrismo e o ecocentrismo 221

3 Direito ambiental transnacional privado: a emergência de um modelo contratual para a prevenção de danos ambientais 225

Conclusão 228

Referências 228

VAZAMENTO DE ÓLEO – AGRAVO REGIMENTAL NO RECURSO EXTRAORDINÁRIO Nº 898.716/PARANÁ

RELATORA: MINISTRA ROSA WEBER

Robertson Fonseca de Azevedo, Fábio Aurélio da Silva Alcure, Rafael Ferreira Filippin....231

Introdução 231

1 O caso 232

2 A bacia hidrográfica do Rio Iguaçu 234

3 A modernização ecológica do direito e a construção do estado constitucional ecológico 236

4 O acórdão 237

5 O *holding* 239

6 O conceito de meio ambiente engloba o de ambiente do trabalho 240

7 Competência jurisdicional 245

Considerações finais 246

Referências 246

AÇÃO DIRETA DE INCONSTITUCIONALIDADE Nº 4.983/CE: EFEITOS ALÉM DA REAÇÃO LEGISLATIVA

RELATOR: MINISTRO MARCO AURÉLIO

Luciano Nunes Maia Freire, Lívia Avance Rocha 249

1 A Ação Direta de Inconstitucionalidade nº 4.983/CE 249

1.1 O conflito entre direitos fundamentais 250

1.2 A vaquejada enquanto manifestação cultural tradicional 251

1.3 A crueldade intrínseca da vaquejada 252

2 A Lei nº 13.364, de 29 de novembro de 2016, e a Emenda Constitucional nº 96, de 6 de junho de 2017 253

3 A vedação à crueldade como direito autônomo 256

Conclusão 259

Referências 260

COMPETÊNCIA PARA O JULGAMENTO DE CRIME CONTRA ESPÉCIMES DA FAUNA SILVESTRE COM REFLEXOS INTERNACIONAIS – COMENTÁRIOS AO ACÓRDÃO Nº 835.558/SP
RELATOR: MINISTRO LUIZ FUX
Vladimir Passos de Freitas..263

    Introdução 265
1   A matéria de fato e os tipos penais em discussão 267
2   A competência para julgar os crimes contra a fauna 268
3   A discussão no plenário do Supremo Tribunal Federal.............................270
4   O ponto exato da divergência 271
    Conclusões 272
    Referências 273

LIMITES DA APLICAÇÃO DO PRINCÍPIO DA PRECAUÇÃO EM ÁREAS DE INCERTEZA CIENTÍFICA: EXPOSIÇÃO A CAMPOS ELETROMAGNÉTICOS DAS LINHAS DE TRANSMISSÃO DE ENERGIA ELÉTRICA. (REPERCUSSÃO GERAL NO RECURSO EXTRAORDINÁRIO Nº 627.189/SP)
IMPOSIÇÃO DE OBRIGAÇÃO À ELETROPAULO PARA REDUÇÃO DO CAMPO ELETROMAGNÉTICO DE UMA DE SUAS LINHAS DE TRANSMISSÃO
RELATOR: MINISTRO DIAS TOFFOLI
Édis Milaré 275

    Considerações iniciais 276
1   O princípio da precaução..277
2   Os limites na aplicação do princípio da precaução segundo o Recurso Extraordinário nº 627.189/SP 280
2.1   Resumo do caso 280
2.2   O entendimento do STF sobre a aplicação do princípio da precaução ao caso 283
    Considerações finais 285
    Referências 286

A APLICAÇÃO DO PRINCÍPIO DO NÃO RETROCESSO DE PROTEÇÃO AMBIENTAL DIANTE DA LEI Nº 12.651/2012 (NOVO CÓDIGO FLORESTAL) E ALTERAÇÕES TRAZIDAS PELA LEI Nº 12.727/2012: ANÁLISE DO VOTO DO MINISTRO GILMAR MENDES NA AÇÃO DECLARATÓRIA DE CONSTITUCIONALIDADE Nº 42
RELATOR: MINISTRO GILMAR MENDES
Cristina Seixas Graça..289

    Introdução..289
1   Principais alterações trazidas pelo novo Código Florestal 290
2   O pedido contido na ADC nº 42 e a decisão frente ao voto examinado 291
3   A necessidade de aplicação do princípio do não retrocesso de proteção ambiental 292
3.1   O limite discricionário do legislador para redução do direito fundamental ao meio ambiente: necessidade de embasamento científico que determine a possibilidade de redução da proteção prevista na constituição e na legislação infraconstitucional..........293
4   O fato consumado, a segurança jurídica e a decisão de constitucionalidade que acatou a anistia dos degradadores baseada na teoria dedutiva hipotética 296

Considerações finais 298
Referências 299

AMBIENTE: UM DIREITO DE SEGUNDA CLASSE? (EXCURSO SOBRE O VOTO DO MINISTRO LUÍS ROBERTO BARROSO NA ADC Nº 42/DF)
José Adércio Leite Sampaio..301

Referências 319

COMENTÁRIOS AO ACÓRDÃO DO SUPREMO TRIBUNAL FEDERAL QUE JULGOU AS AÇÕES DIRETAS DE INCONSTITUCIONALIDADE Nºs 4.901, 4.902, 4.903 E 4.937 E A AÇÃO DECLARATÓRIA DE CONSTITUCIONALIDADE (ADC Nº 42) ENVOLVENDO O NOVO CÓDIGO FLORESTAL (LEI Nº 12.651/2012) RELATOR: MINISTRO LUIZ FUX
Marcelo Abelha Rodrigues..325

1	A ementa	325
2	Introito	335
3	Premissas metodológicas deste ensaio	335
3.1	Admissibilidade e mérito	335
3.2	Dispositivo por dispositivo, tema por tema	335
3.3	As premissas teóricas comuns do acórdão	336

3.4   Os possíveis resultados: a) ganhar, b) perder *perdendo*, c) perder *sem prejuízo* e
          d) perder *ganhando* 337
4   Comentários...338
4.1   Os *10 anos* de trâmite legislativo do novo Código Florestal.............................338
4.2   Discussão em torno das hipóteses que configuram interesse social e utilidade
          pública – art. 3º, VIII, 'b', e IX (Objeto das ADIS nºs 4.903 e 4.937; e da ADC nº 42).......344
4.2.1   A intervenção em APP continua a ser em "em casos excepcionais" – *perdeu ganhando*...345
4.2.2   A expressão *"quando inexistir alternativa técnica e locacional à atividade proposta"* deve
          ser estendida a qualquer hipótese de intervenção em APP – *ganhou*.................................347
4.2.3   A redução do texto – eliminação da hipótese de intervenção em APP por utilidade
          pública para "gestão de resíduos" e "instalações necessárias à realização
          de competições esportivas estaduais, nacionais ou internacionais" – *ganhou* 349
4.3   Reconhecimento de que as nascentes e os olhos d'água *intermitentes* são considerados
          Áreas de Preservação Permanente – *ganhou* 350
4.4   A interpretação do conceito de "leito regular" como marco delimitador de APP
          (art. 3º, XIX) – *perdeu perdendo* 353
4.5   Dois pontos: (a) A extensão do tratamento especial conferido pela legislação à
          agricultura familiar para abranger também as propriedades ou posses rurais com
          até quatro módulos fiscais (art. 3º, parágrafo único); (b) exigência de titulação
          da área para terras indígenas e comunidades tradicionais – *perdeu ganhando*
          e ganhou ganhando 355
4.6   Supressão da APP ao redor das lagoas, lagos ou reservatórios artificiais.......................358
4.7   Permissão do uso agrícola de várzeas em pequenas propriedades ou posses rurais
          familiares (art. 4º, §3º do NCF) – *perdeu ganhando* 361
4.8   A aquicultura em APPs (margem dos rios e entorno de lagos e lagoas naturais) 363
4.9   A redução dos limites da APP no entorno de reservatórios d'água artificiais
          implantados para abastecimento público e geração de energia 365
4.10   A data de 22.07.2008 estabelecida como marco temporal para diferença de tratamento
          jurídico dos desmatamentos irregulares em APP e Reserva Legal – *ganhou ganhando*...368

4.11 A possibilidade de intervenção em área de manguezal e restinga, cuja função ecológica esteja comprometida, para a execução de obras habitacionais e de urbanização em áreas urbanas consolidadas ocupadas por população de baixa renda – *perdeu perdendo*..371
4.12 As áreas de uso restrito – áreas de inclinação entre 25º e 45º....................................373
4.13 Possibilidade de redução da Reserva Legal para até 50% (cinquenta por cento) na Amazônia legal..375
4.14 Eliminação da exigência de reserva legal para: a) empreendimentos de abastecimento público de água e tratamento de esgoto; b) áreas adquiridas ou desapropriadas por detentor de concessão, permissão ou autorização para exploração de potencial de energia hidráulica, nas quais funcionem empreendimentos de geração de energia elétrica, subestações ou sejam instaladas linhas de transmissão e de distribuição de energia elétrica e c) áreas adquiridas ou desapropriadas com o objetivo de implantação e ampliação de capacidade de rodovias e ferrovias – *perdeu perdendo*.......................377
4.15 Proteção da supressão lícita nos percentuais de reserva legal anteriores e manutenção dos mesmos percentuais para aqueles que não desmataram, mas poderiam tê-lo feito no regime legal anterior – *perdeu sem prejuízo*...379
4.16 Sanção premial pela manutenção da reserva legal com a possibilidade de sua redução – *perdeu sem prejuízo*..382
4.17 Cômputo de APP em Reserva Legal – *perdeu perdendo*...383
4.18 Área abandonada e a conversão da vegetação nativa em uso alternativo do solo..........386
4.19 Compensação de reserva legal por instrumentos de mercado – *perdeu sem prejuízo*......388
4.20 Programa de Regularização Ambiental – conversão da multa por serviços de preservação, melhoria e recuperação do meio ambiente – *ganhou ganhando*...................395
4.21 A possibilidade de recomposição da reserva legal com o plantio intercalado de espécies nativas e exóticas – *perdeu perdendo*..399
4.22 Regras de transição para a regularização de áreas consolidadas em APPs e em Reserva Legais..403
4.23 Prorrogação indiscriminada do prazo para a concessão de crédito rural....................412
Referências..413

ACÓRDÃO NAS ADIS NºS 4.901, 4.902, 4.903, 4.937 E NA ADC Nº 42 (CÓDIGO FLORESTAL)
COMENTÁRIOS AO VOTO-VISTA DA MINISTRA CÁRMEN LÚCIA
Nicolao Dino...417
À guisa de introdução 417
1 ADIs e fundamentos. Processo e julgamento 418
2 O parecer da Procuradoria-Geral da República..422
3 O voto-vista da Ministra Cármen Lúcia (Presidente)..423
4 Pano de fundo da controvérsia 424
5 Comentários ao voto-vista da Ministra Cármen Lúcia 427
5.1 "Autorização de intervenção ou supressão de vegetação em Área de Preservação Permanente nos casos de utilidade pública ou interesse social" – arts. 3º, incs. VIII e IX, e 8º, *caput* 427
5.2 Redução das APPs em torno de nascentes e olhos d'água – e art. 4º, IV (art. 3º, XVII e XVIII)...429
5.3 "Redução de APPs em razão da definição legal de 'leito regular'" – art. 3º, XIX..........430
5.4 "Equiparação do tratamento dado à pequena propriedade ou posse rural familiar às propriedades com até quatro módulos fiscais" – art. 3º, parágrafo único...............430
5.5 "Redução de Áreas de Preservação Permanente em torno de reservatórios artificiais" – art. 4º, III, §§1º e 4º...431

5.6   Uso agrícola das várzeas – art. 4º, §5º 433
5.7   Autorização para atividades de aquicultura em Área de Preservação Permanente – art. 4º, §6º 433
5.8   Faixa mínima de APP no entorno de reservatório d'água artificial destinado à geração de energia ou ao abastecimento público – art. 5º 434
5.9   Recomposição de APPs e de reserva legal – art. 7º, §3º; art. 59, §§2º, 4º e 5º; art. 60 434
5.10   Intervenção e supressão de vegetação em manguezal – art. 8º, §2º 436
5.11   Autorização de manejo florestal e de exercício de atividades agrossilvipastoris nas áreas com inclinação entre 25º e 45º – art. 11 436
5.12   Redimensionamento e dispensa de área de reserva legal – art. 12, §§4º, 5º, 6º, 7º e 8º ...437
5.13   Cota de Reserva Ambiental – art. 13, §1º 439
5.14   Sobreposição de Áreas de Preservação Permanente – APP e de Reservas Legais de Imóveis – RL – art. 15, incs. I a III, §§1º a 4º, inc. I 440
5.15   Vedação de conversão de vegetação nativa para uso alternativo do solo em imóvel que possuir área abandonada – art. 28 441
5.16   Compensação de Reserva Legal – arts. 48, §2º, 66, §5º, incisos II, III e IV, e §6º 442
5.17   Atividades econômicas em 'áreas consolidadas' em locais de preservação permanente – arts. 61-A, 61-B, 61-C e art. 63 443
5.18   Faixa de APP para reservatórios artificiais de água destinados à geração de energia ou ao abastecimento público anteriores à MP nº 2.166-67/2001 – art. 62 444
5.19   Dispensa de recuperação de reserva legal e pequenas propriedades rurais – art. 67 445
5.20   Dispensa de recomposição de vegetação nativa suprimida respeitando os percentuais de Reserva Legal previstos na legislação em vigor à época – art. 68 446
5.21   Obtenção de crédito agrícola sujeita à inscrição no CAR – art. 78-A 446
       Considerações finais 447
       Referências 448

SOBRE A CONSTITUCIONALIZAÇÃO DO DIREITO PENAL AMBIENTAL: A PERSPECTIVA DA PROTEÇÃO DOS DIREITOS HUMANOS E FUNDAMENTAIS
RELATOR: MINISTRO ALEXANDRE DE MORAES
Fábio Medina Osório..449

       Introdução 449
1   A prerrogativa de foro e o direito penal ambiental 452
       Referências 455

O NOVO CÓDIGO FLORESTAL E A SUA CONSTITUCIONALIDADE
COMENTÁRIO: AÇÃO DECLARATÓRIA DE CONSTITUCIONALIDADE Nº 42, VOTO DO MINISTRO EDSON FACHIN
Gabriel Wedy 457

       Breve introdução 457
1   Do novo Código Florestal Brasileiro 458
2   Do resumo do voto do Ministro Edson Fachin a ser comentado 461
3   Áreas de preservação permanente 464
4   Regime jurídico de proteção das áreas de preservação permanente............................466
5   Intervenção em áreas de preservação permanente 467
6   Reserva legal 468
7   Regime de proteção da reserva legal 470
8   Programa de regularização ambiental 471
       Conclusão 472
       Referências 473

AÇÃO DECLARATÓRIA DE CONSTITUCIONALIDADE Nº 42/DF (CÓDIGO FLORESTAL)
ANÁLISE DO VOTO DO MINISTRO MARCO AURÉLIO

Marga Inge Barth Tessler 475

 Introdução 485

1 Breve histórico sobre a questão florestal no Brasil e a tutela jurídica da vegetação nativa 485

2 O denominado "Código Florestal" não é um código 486

3 Os princípios da Lei nº 12.651/2012 486

4 A judicialização da Lei nº 12.651, de 25 de maio de 2012, e a contribuição do STF 486

5 Considerações iniciais sobre a marcha processual no julgamento em epígrafe 487

6 Análise das considerações iniciais e premissas lançadas pelo Ministro Marco Aurélio 488

6.1 Premissa: aspecto intergeracional do tema 488

6.2 Premissa: a questão técnico-científica 489

6.3 Premissa: a desafiadora tarefa do Supremo 489

6.4 Premissa: sobre a proibição de retrocesso ambiental 490

7 Síntese temática: três temais centrais apontados pelo voto do Ministro Marco Aurélio 490

8 Artigo 12 e seus parágrafos 6º, 7º e 8º 493

9 Artigo 44: criação do CRA – Cota de Reserva Ambiental 493

10 Artigo 28: áreas abandonadas 494

11 Dos mecanismos de sanção e reparação ambiental 494

12 O voto do Ministro Marco Aurélio, no ponto 495

13 A proteção das nascentes e olhos d'água intermitentes 499

 Conclusão 499

 Referências 500

SOBRE OS AUTORES 501

PREFÁCIO

A Carta de 1988 é um marco que elevou a proteção integral e sistematizada do meio ambiente ao *status* de valor central de nossa cultura jurídica. O seu artigo 225[1] é a regra matriz que tutela constitucionalmente o meio ambiente ecologicamente equilibrado e estabelece que caberá tanto à coletividade quanto ao Poder Público o dever de defendê-lo e de preservá-lo.

O papel do Supremo Tribunal Federal consiste precipuamente em proteger a normatividade da Constituição por meio da afirmação de direitos fundamentais, sempre com o intuito de prestar justiça com legitimidade social. O tema "meio ambiente" é caro para a nossa cultura política, merecendo especial atenção, notadamente para os autores desta obra, todos renomados juristas com formação acadêmica e atuação profissional nessa seara.

A presente obra, "*Comentários aos acórdãos ambientais*: paradigmas do Supremo Tribunal Federal", contribui enormemente para a compreensão do Direito Ambiental ao fazer uma análise das principais manifestações da Suprema Corte na seara ambiental. Em uma leitura transversal, atenta também aos princípios e regras constitucionais. Trata-se de volume que, com a sistematicidade do Direito em vista, traz luz sobre a interpretação a ser dada às regras ambientais.

A virtude deste livro, todavia, não se limita apenas a bem comentar as decisões do Supremo Tribunal Federal. Para além desse mister, as análises jurisprudenciais aqui retratadas lançam um olhar crítico e transdisciplinar sobre as normas do Código Florestal e de outras legislações que foram questionadas em ações perante essa Corte, seja em controle concentrado, seja em controle difuso. Deveras, os autores não se desincumbem de abordar complexas e polêmicas questões ligadas ao desenvolvimento sustentável, à competência legislativa, e aos limites constitucionais da atuação judicial.

Durante a leitura, é possível perceber como os autores aliam os conhecimentos teóricos da academia com a visão prática das suas experiências profissionais. Além disso, os autores escrevem de forma didática, simples e objetiva, o que facilita a leitura por estudiosos de áreas não jurídicas, mas igualmente interessados na temática ambiental. As análises aqui ofertadas sobre as principais querelas constitucionais refletem as diferentes perspectivas sobre jurisprudência do Direito do meio ambiente. Os mais de vinte autores trazem suas experiências do Ministério Público, da Magistratura, das Cortes de Contas, da Academia e da Advocacia Pública e Privada. Esse conhecimento prático soma-se à experiência acadêmica densa e diversificada desses mesmos autores, com títulos dos mais reconhecidos centros de estudo nacionais e internacionais.

A profundidade desta obra e a importância dela para o Direito Ambiental fazem-me sentir deveras honrado em poder prefaciá-la.

---

[1] Art. 225. Todos têm direito ao meio ambiente ecologicamente equilibrado, bem de uso comum do povo e essencial à sadia qualidade de vida, impondo-se ao Poder Público e à coletividade o dever de defendê-lo e preservá-lo para as presentes e futuras gerações.

Certo de que será uma experiência enriquecedora, desejo aos leitores uma proveitosa leitura!

Brasília, 03 de junho de 2020.

Ministro Luiz Fux

Ministro e Presidente do Supremo Tribunal Federal.
Ex-Presidente do Tribunal Superior Eleitoral. Professor
Livre-Docente em Processo Civil da Faculdade de Direito da
Universidade do Estado do Rio de Janeiro (UERJ). Doutor em
Direito Processual Civil pela Universidade do Estado do Rio
de Janeiro (UERJ). Membro da Academia Brasileira de Letras
Jurídicas. Membro da Academia Brasileira de Filosofia.

APRESENTAÇÃO

Em ensaio publicado há algum tempo ("*Constitucionalização do ambiente e ecologização da Constituição brasileira*"), observei que a atual Constituição finalmente reconheceu a riqueza da "terra e arvoredos", nas palavras de Pero Vaz de Caminha, exuberância natural que o impressionou quando aqui aportou. Na arquitetura constitucional, mais do que reordenar ou reformar, pois nada se tinha antes, inaugurou-se verdadeiro regime constitucional de proteção do meio ambiente ecologicamente equilibrado. Com isso, o Direito Ambiental brasileiro, contrariando a lógica natural da formação dos seres vertebrados, recebeu, em 1988, sua espinha dorsal *depois* de nascer – em 1981 – com a promulgação da Lei da Política Nacional do Meio Ambiente.

Não se constata apenas retoque cosmético e vago da matéria, como fizeram outros países. O constituinte brasileiro, de modo diferente, produziu complexo normativo muito mais profundo e ambicioso, indo além de simples adição de tratamento específico ou mesmo de inclusão de um Capítulo inteiro de regulação da proteção do meio ambiente: o art. 225 da Constituição não se acha solto, falando sozinho e para si mesmo, ou, o que seria pior, em confronto com o resto do texto. Ao oposto, dialoga, harmônica e confortavelmente, com a preocupação ambiental na Ordem Econômica (art. 170, VI), com a *função ecológica da propriedade* (art. 186, II) e, em especial, com os "objetivos fundamentais" da República, aí incluída a construção de uma sociedade justa (= justiça entre seres humanos, e justiça entre nós e os outros seres vivos) e solidária (solidariedade intra e intergeracional), nos termos do art. 3º, I.

Na base desse *regime constitucional ecológico*, encontra-se robusta atenção à saúde das pessoas (e não só no que se refere ao combate à poluição), à biodiversidade, à paisagem e, em particular, à manutenção das funções ecológicas dos biomas e ecossistemas. É certo que não se fala, com nome e sobrenome, de *clima* e *sistema climático*, nem do *princípio da proibição de retrocesso* ou mesmo de *desenvolvimento sustentável*. Entre outras razões, isso se deve sobretudo ao fato de que esses temas ainda não se haviam apartado, em individualidade jurídica vocabular e conceitual, da nave-mãe genérica da "questão ambiental" e da "crise ambiental". A ausência formal não implica, em absoluto, expurgo constitucional de núcleos inevitáveis do atual discurso jurídico-ambiental, pois não se concebe proteção do meio ambiente sem que se levem em conta, de maneira central, aspectos de tamanha envergadura para o microssistema – são o elefante ou, melhor, a manada de elefantes na sala do legislador, do administrador e do juiz.

Sobre cada um desses três aparentemente *ausentes* muito se poderia discorrer. Nessa curta Apresentação, contudo, basta mencionar, com os olhos postos no art. 225 da Constituição, primeiro, ser missão impossível abordar e tutelar o "meio ambiente ecologicamente equilibrado" sem incluir, na linha de frente do palco, o *sistema climático* – o começo, o meio e o fim de tudo, inclusive do Direito Ambiental. Melhor dizendo, no debate crucial sobre a efetividade dos novos direitos ambientais, seria vão pretender assegurar a preservação e a restauração dos "processos ecológicos essenciais" e, simultaneamente, deixar de lado a fonte para a existência e a manutenção da vida planetária – o clima da Terra.

Segundo, pouco importando a linguagem utilizada pelo legislador, indubitável que o *conjunto da obra constitucional* inevitavelmente caminha e chega à noção primária de *desenvolvimento ecologicamente equilibrado*, produto final do casamento entre o cumprimento das "incumbências" estatais e a "defesa do meio ambiente" na ordem econômica, na propriedade privada e na livre iniciativa, referidas, respectivamente, nos arts. 225, §1º, e 170, VI.

Finalmente, sobre o *princípio da proibição de retrocesso*, indaga-se: o que valeria, de um lado, pregar a necessidade constitucional de "restaurar os processos ecológicos" e de "preservar a diversidade e a integridade do patrimônio genético do País" e, do outro, admitir que o legislador e o administrador, ou mesmo o juiz, sem qualquer compensação ambiental nem propósito inequívoco de relevante interesse público, estivessem livres para engatar marcha à ré na legislação e na jurisprudência, de sorte a negar, de fato e de direito, o *dever de restaurar*, agravando ou perpetuando o estado de degradação existente, provocado por nós e pelos nossos antepassados? Nada!

Por conta do trabalho realizado pelos juízes brasileiros, em geral, e pelo Supremo Tribunal Federal, em especial, essa Constituição-Ambiental não virou errante documento retórico. Ao invés disso, com frequência ela ocupa lugar de destaque em processos judiciais os mais variados, definindo o destino de empreendimentos econômicos, públicos e privados, dos maiores do mundo, de hidrelétricas e termoelétricas a *resorts*; de grandes rodovias, ferrovias e hidrovias a empreendimentos imobiliários; de usinas nucleares a aeroportos, portos marítimos e fluviais; de exploração de petróleo, gás e minérios a projetos agrossilvopastoris que envolvem desmatamento de florestas, afetando dezenas ou centenas de espécies da flora e da fauna ameaçadas de extinção.

Em vez de guia distante e frouxo, a disciplina constitucional ganha vida e se afirma em pronunciamentos judiciais. Aos juristas, e não só aos especialistas em Direito Ambiental, ela impõe releitura e reescrita de alicerces da totalidade da nossa ordem jurídica, como a teoria dos sujeitos de direito, a conformação dos bens e do direito de propriedade, o licenciamento, a responsabilidade civil, administrativa e penal, a coisa julgada etc.

Para o espectador menos atento ou informado, o papel preponderante do Poder Judiciário brasileiro corre risco de passar despercebido, como se fosse algo trivial ou insignificante. Longe disso, pois em muitos países a norma constitucional depende, para sua aplicação, da intermediação do legislador ordinário, o que aqui se dispensa. Em outros, pouco ou nada acrescenta, exceto na forma de enfeitada exortação à boa convivência entre os seres humanos e a Natureza, discurso poético na forma, mas abnóxio na prática. Entre nós, não: a Constituição brasileira vale por ela mesma, as leis é que precisam se curvar e passar pelo filtro da constitucionalidade.

Mais de trinta anos de vigência da atual Constituição, muitos conflitos ambientais de enorme relevo para a sociedade brasileira foram apreciados pelo Supremo Tribunal Federal, na condição de guardião maior da integridade e da eficácia dela. Em boa hora, pois, Jarbas Soares Júnior e Vladimir Passos de Freitas, ambos com vasta folha de serviços prestados ao Direito Ambiental brasileiro, tomaram a iniciativa de coligir alguns dos principais acórdãos dessa Corte nos últimos anos, reunindo, ademais, especialistas da disciplina, que se incumbiram de fazer pormenorizada análise doutrinária desses *leading cases*. Daí a sigularidade e a utilidade dessa magnífica coletânea.

Na evolução do nosso Direito Ambiental, que começa antes mesmo da Constituição de 1988, homenagem à parte merecem, entre os *integrantes de ontem* do STF, os Ministros José Paulo Sepúlveda Pertence, Carlos Ayres Britto e José Celso de Mello Filho, porta-vozes pioneiros e eloquentes da pós-modernidade ecológica no universo constitucional. No livro, os inúmeros precedentes examinados abordam o vasto domínio do Direito Ambiental, o que demonstra ser a tutela do meio ambiente no STF mais do que mero acidente de percurso, imputado ora ao acaso, ora a maior preocupação ou interesse teórico de algum dos seus Ministros.

Ao revés, a jurisprudência constitucional brasileira representa atuação sistemática e perene, com excepcional repercussão no funcionamento das atividades econômicas e na vida das pessoas, das mais humildes às mais abonadas. A pretexto de pincelada, cito alguns exemplos das temáticas envolvidas nos julgados selecionados: implementação de políticas públicas ambientais e separação de Poderes; responsabilidade civil ambiental e prescrição; dever fundamental do Estado de impedir danos ambientais associados à inadequada disposição de resíduos sólidos; danos ao ambiente marítimo; princípio da precaução; conflito entre meio ambiente e cultura (caso da "Farra do Boi"); crueldade contra animais em rinha de galos; licenciamento e Estudo Prévio de Impacto Ambiental; responsabilidade da pessoa jurídica, competência e crimes de perigo no Direito Penal Ambiental; prioridade da reparação *in natura*; povos indígenas e proteção do meio ambiente; vedação de retrocesso ambiental; contendas constitucionais em torno do novo Código Florestal.

Em síntese, o conteúdo do presente livro, cuja Apresentação faço com gosto, provoca em nós prazeroso alento ao percebermos que o Direito Ambiental brasileiro – com a contribuição dos dedicados e altamente preparados juízes e das muitas decisões de nossa Suprema Corte – deixa para trás, felizmente, a reputação, tão comum no estrangeiro, de *disciplina jurídica teatral*, notável em sonhos e palavras, vazia em concretude e ação.

Oxalá essa caminhada constitucional continue assim, corajosa, equilibrada, solidarista e ecologicamente justa.

Antônio Herman Vasconcelos e Benjamin
Ministro do Superior Tribunal de Justiça.

A CULTURA DA "FARRA" NÃO SE PONDERA COM A CRUELDADE DO "BOI"

RELATOR: MINISTRO MARCO AURÉLIO

EDSON DAMAS DA SILVEIRA

RECURSO EXTRAORDINÁRIO Nº 153.531-8 SANTA CATARINA

RECORRENTE: APANDE – ASSOCIAÇÃO AMIGOS DE PETRÓPOLIS PATRIMÔNIO PROTEÇÃO AOS ANIMAIS E DEFESA DA ECOLOGIA E OUTRO
RECORRIDO: ESTADO DE SANTA CATARINA
ADVOGADO: JOSE THOMAZ NABUCO DE ARAÚJO FILHO E OUTRO

EMENTA: COSTUME – MANIFESTAÇÃO CULTURAL – ESTÍMULO – RAZOABILIDADE – PRESERVAÇÃO DA FAUNA E DA FLORA – ANIMAIS – CRUELDADE. A obrigação de o Estado garantir a todos o pleno exercício de direitos culturais, incentivando a valorização e a difusão das manifestações, não prescinde da observância da norma do inciso VII do artigo 225 da Constituição Federal, no que veda prática que acabe por submeter os animais à crueldade. Procedimento discrepante da norma constitucional denominado "farra do boi".

RELATOR ORIGINÁRIO: Min. FRANCISCO REZEK. RELATOR P/O ACÓRDÃO: Min. MARCO AURÉLIO. SEGUNDA TURMA, por maioria. D.J. 13.03.98 – Ementário nº 1902-02.

Iniciamos essas primeiras considerações de ordem introdutória já explicando o provocativo título da nossa análise ao aresto proposto, porquanto imaginamos representar sinteticamente o fundamento de balanceamento lançado pelo Tribunal de Justiça Catarinense, para manter decisão de Primeira Instância que julgou improcedentes pedidos formulados em sede de ação civil pública, manejada que foi por 04 (quatro) organizações ambientais e também ligadas à defesa dos animais, encabeçadas pela Associação Amigos de Petrópolis Patrimônio Proteção aos Animais e Defesa da Ecologia (APANDE), com o escopo de proibir a prática, nos municípios, distritos, subdistritos e outras localidades da faixa litorânea de Santa Catarina, da denominada "farra do boi".

É que naquele v. acórdão de Segunda Instância, consta como parte do relatório sustentação do Estado de Santa Catarina, alegação que a "Farra do Boi" se denota como manifestação arraigada e de forte significação cultural para várias comunidades daquela Unidade Federada, não implicando na sua essência de origem violência ou crueldade contra os animais e, se isso ocorrendo, constitui ilícito penal, competindo às autoridades policiais proibir os abusos na forma da lei. Esclareceu que, desde o ano de 1984, vem tomando medidas de repressão no sentido de reprimir condutas típicas de crueldade contra os bois, chegando inclusive a criar no âmbito da sua administração uma comissão interdisciplinar para estudos da "Farra do Boi", composta por representantes de diversos segmentos da sociedade, todos estudiosos do mesmo folguedo.

Como resultado dos estudos dessa anunciada comissão, ficou estabelecido que a "Farra do Boi" deveria ser reconhecida como manifestação de tradição cultural do Estado de Santa Catarina, não sendo característica dessa festa popular a violência ou a prática de maus tratos contra o animal e, se acaso isso ocorresse, deveriam as autoridades competentes tomar todas as medidas necessárias, a fim de reprimir tal exceção. O mero uso da força não seria o caminho mais produtivo a ser tomado, devendo-se investir na conscientização, educação e valorização das comunidades praticantes da "Farra do Boi", visando estimular que no bojo delas e por conta própria sejam criadas alternativas sadias, a fim de desestimular a violência disseminada contra o animal.[1]

Significa então concluir que o Tribunal Catarinense encampou o argumento supostamente conciliatório quando sopesou que a prática cultural da "Farra do Boi" estaria protegida constitucionalmente; mas por outro vértice e segundo texto da mesma Carta da República, crueldade contra os animais não deveria restar de forma alguma tolerada pelos Agentes do Estado. Por unanimidade e ao reconhecer que o Estado de Santa Catarina tomou medidas tanto preventivas quanto repressivas que se faziam necessárias, deliberou ser a "Farra do Boi" uma manifestação cultural daquela determinada região que, por si mesma e no seu modo original, não constituía violência ou crueldade impingida aos animais.

Malgrado esforços das instâncias ordinárias para se construir uma tese conciliatória entre direito constitucional à cultura dos descendentes da Ilha dos Açores que se radicaram no Brasil de um lado,[2] ponderado com a proibição de submeter os animais à crueldade de outro,[3] não logrou ela êxito no âmbito da Segunda Turma do Supremo Tribunal Federal (STF) que se inclinou, por maioria de votos, a desconsiderar que no caso concreto o Estado Catarinense – por intermédio das polícias civil e militar – tenha de fato conseguido agir com eficiência para disciplinar a "Farra do Boi", sem que ocorressem os denunciados maus tratos aos animais.

Acerca desse reconhecimento pontual, ocorreu um embate preliminar junto ao Supremo Tribunal Federal, a fim de se resolver se o apelo extraordinário deveria ou não ser conhecido, uma vez que seria inevitável durante a discussão de mérito se promover reexame do material probatório e assim rediscutir matéria de fato, amplamente debatida pelos juízos ordinários e a se sustentar, bem por isso, que estaria ela superada para conhecimento das Instâncias Superiores. Contudo, em razão da grande repercussão

---

[1] Argumentos colhidos do acórdão proferido na Apelação Cível nº 35.913, j. 17 dez. 91.

[2] Art. 225, par. 1º, inciso VII, da Constituição Federal.

[3] Art. 215, da Constituição Federal.

das crueldades noticiadas pela imprensa nacional e mormente pela indignação que se criou na época em torno da causa em todo o Brasil, a Segunda Turma do STF entendeu o caso como público e notório, prescindido das provas colhidas nos autos e conseguindo por maioria os Senhores Ministros fazerem outra leitura dos acontecimentos, afastando assim a preliminar do não conhecimento.

Tamanha indignação nacional despertada pela crueldade impingida aos bois demonstra o quão devemos melhor compreender entre nós o fenômeno cultural em face das crescentes mutações sociais, não se podendo valer dele como algo não contornável e por imposição inflexível sobre bens exclusivamente ambientais. Certamente que a via menos traumática do ponderamento e por sacrifício de parte dos recursos naturais que ainda não se encontram completamente escassos se apresenta facilmente como aquela de melhor solução, a causar talvez menor indignação da sociedade envolvente, mas nem sempre a técnica do balanceamento dos direitos fundamentais para mediar conflitos socioambientais – por mim tantas vezes operada para administrar alguns casos concretos de igual vertente que tencionam no território Amazônico[4] – se denota como apta, a fim de melhor proteger valores intergeracionais que se projetam como legado para a futura humanidade. Percebo que cada vez mais técnicas desse tipo de balanceamento se voltam normalmente em detrimento da natureza que alguns lamentavelmente entendem tudo suportar, em virtude justamente do seu natural poder de resiliência, deixando-se incólume por outro lado um valor também fundamental, mas que se sacrifica pouco ou apenas em parte, saindo no mais das vezes incólume ao final desse mal feito processo de sopesamento.

Quer me parecer que nos casos onde se pondera cultura humana de um lado e meio ambiente ainda não escasso para todos por outro, não raras oportunidades nos deparamos com um desequilíbrio empírico de resultados, como tentaram fazer com o caso da "Farra do Boi" que se examina. Não se desconhece realmente que o folguedo em questão é sim um traço cultural do sul do país e praticado pelos descendentes de portugueses açorianos há mais de dois séculos, mas não se pode também perder de vista que ao tentarmos compreender "cultura", sempre devemos partir da premissa de que nenhum povo se encontra estático, ainda que o ritmo da mudança em determinadas sociedades ocorra de forma menos acelerada do que em outras.

A dinâmica é um daqueles padrões que se efetua a partir do próprio sistema cultural, haja vista que inerente a um processo em constante transformação, pautado pelo movimento e que se amolda paulatinamente aos momentos atuais, conforme dada circunstância histórica e impregnado por fatos não raras vezes imprevisíveis, não podendo entender a cultura como um resultado pronto e acabado, estanque e também infensa aos novos ditames civilizatórios.[5]

Perceber a dinâmica da cultura é importante para atenuar um possível choque entre gerações e assim evitar comportamentos preconceituosos, sendo um fenômeno muito particular da humanidade, que não pode ser entendido como inapropriável ou mesmo adverso ao sistema normativo mantido pelo direito. Ocorre que com a nova Carta da República de 1988 se projetou um novo comportamento ético com relação ao

---

[4]   SILVEIRA, Edson Damas da. *Meio ambiente, terras indígenas e defesa nacional*: direitos fundamentais em tensão nas fronteiras da Amazônia brasileira. Curitiba: Juruá, 2010.

[5]   LARAIA, Roque de Barros. *Cultura*: um conceito antropológico. 24. ed. Rio de Janeiro: Jorge Zahar, 2009.

tratamento dos animais no Brasil, restando vedada a prática da crueldade contra eles e quiçá marcando o início de uma guinada civilizatória no que diz respeito ao nosso *status* etnocêntrico, como mais adiante abordaremos.

Em sua dimensão normativa, e como regra geral, o direito também se alimenta da cultura quando prescreve comportamentos entendidos como costumeiramente ideais, refletindo experiências vividas anteriormente e tentando unir determinadas sociedades por traços identitários comuns. Essa projeção de comportamentos para o futuro não pode restar estanque e muito menos ser compreendida apenas no seu modo dogmático de ser. Significa dizer que os fenômenos de mutação no direito, quando fora da sua estrutura legislativa, não devem ser encarados necessariamente como uma ruptura paradigmática e nem classificados como simplesmente ilegais ou mesmo contrários ao próprio direito.

Entretanto, não se pode olvidar que nem sempre o direito funciona apenas reagindo aos acontecimentos anteriores, para fins de produção dos mecanismos legislativos, sendo perfeitamente compreensível que ao direito também é dado o "direito" de educar a humanidade, como proposto por Platão na sua "República". Ou seja, projetando-se novas condutas, talvez não pensadas anteriormente, mas que de fato acabam mudando costumes e vindo com alguma frequência ao desencontro com nossos comportamentos verificados anteriormente, sem que para isso tenha havido uma comoção social ou mesmo aceite de considerável parte da população. É o direito no seu modal educacional, forjando uma nova sociedade com proposta de guinada de rumo, ensinando novos valores e assim transformando sua cultura.[6]

Tanto a cultura molda e alimenta o direito quando se prescreve comportamentos ideais e também queridos como projeção futura (função normativa); assim como o direito transforma e dita novos parâmetros culturais, podendo inclusive subverter valores há muito tempo compartilhados para fins da promoção de justiça no caso concreto (função resolutiva). Obviamente que ao estabelecermos leitura desse jaez, interpretamos direito como um fenômeno social amplo e que opera nas suas dimensões técnicas normativas, resolutivas como forma de decisão e de estrutura para dominação.[7]

Ao se perguntar da razão dessa reflexão acerca do caráter utilitarista do direito, esclarecemos que a cultura representa esses comportamentos passados que informam o nosso direito do presente, enquanto as questões ambientais se destacam como aquelas matérias que deverão pautar o direito do futuro, principalmente com novo comando constitucional de 1988, que estabeleceu o nosso dever de defender e preservar a natureza para as presentes e futuras gerações.[8] Nesse encontro de "tempos" informadores do direito e depois dessas oportunas considerações, é de se questionar: – a cultura, representando o direito do passado, pode se transformar (ainda que por imposição externa da norma) e ceder passagem para o direito do futuro? – Ou seja, para consolidar um direito ao meio ambiente ecologicamente equilibrado, como forma de nos educar e nele incluído o respeito à vida animal?

---

6 PLATÃO. *A república. Edição Especial.* (Tradução de Leonel Vallandro). Rio de Janeiro: Nova Fronteira, 2014.

7 FERRAZ JÚNIOR. Tércio Sampaio. *Introdução ao estudo do direito*: técnica, decisão, dominação. 11. ed. São Paulo: Atlas, 2019.

8 Art. 225, *caput*, da Constituição Federal.

Pensamos que pode e também assim deve, não restando ela extinta ou mesmo violentada por ingerências de fora daquele determinado círculo social. Inerente à condição humana, cultura nunca se exaure e nem permanece indiferente a qualquer movimento da vida em sociedade, independentemente do seu modo de contato ou mesmo influxo que receba de outros fatores externos, assim como das demais condicionantes sociais.[9] Ela se dinamiza e se amolda aos acontecimentos hodiernos, seguindo o rumo de par com a humanidade e não deixando de ser cultura quando sobre ela se operam as naturais e compreensíveis transformações, mas agora sobrevivendo e adaptada a outros condicionamentos que até então eram inexistentes.[10] E por esse processo de mutação no tempo também passou a "Farra do Boi", em mais de uma oportunidade e antes de se tornar violenta para os animais, como segue relatado e também reconhecido em acórdão pelo Tribunal Catarinense:

Praticada por habitantes vindos das colônias de Portugal em Açores, cuja produção básica na sua terra de origem se pautava na pecuária extensiva e o gado se fazia presente no cardápio simbólico daquele povo, não seria de se estranhar que os açorianos e seus descentes estivessem familiarizados com o gado bravio, fato que predispôs a expansão das tauromaquias (arte de duelar, desafiar o touro) pelas diversas ilhas que compõem aquele arquipélago.[11]

Mas, ao chegarem ao Brasil, a partir da segunda metade do século XVII, essas famílias de migrantes convidados se defrontaram com uma situação bastante diversa daquilo que lhes fora prometido, recebendo tão somente pequenos lotes de terra com metragem muito abaixo daquela acordada e com solos pouco férteis, tendo eles que imediatamente abandonar a pecuária e se dedicar à agricultura familiar, ao artesanato e à pesca de subsistência. Essa primeira mudança de hábito causou grande impacto na sua cultura alimentar, fazendo com que a carne bovina deixasse de fazer parte do cardápio habitual para se tornar um aperitivo de luxo, consumido e reservado apenas para ocasiões de grandes festas.[12]

Foi desse jeito que o folguedo de que se trata chegou em nosso país, já transformado por circunstâncias históricas alheias à vontade dos açorianos e sendo praticado num ponto muito específico, em determinada data do ano, próxima à região de Florianópolis e no Estado de Santa Catarina. Como hábito de sacrifício na semana santa, veio em substituição ao bode e como representação do Judas traidor. Essa mesma tradição foi primeiramente chamada por aqui de "brincadeira do boi", "boi do campo" ou "boi na vara". Consistia na compra de um animal arisco, bravo e muito corredor, que antes de ser abatido era solto nos pastos e ruas dos pequenos vilarejos, provocando uma correria generalizada.[13]

---

9   GEERTZ, Clifford. *A interpretação das culturas.* Rio de Janeiro: LTC,1989.

10   MIRANDA, Jorge. *Notas sobre cultura, constituição e direitos culturais.* Disponível em: http://www.fd.ulisboa.pt. Acesso em 14 fev. 2020.

11   BAHIA, Carolina Medeiros. *Colisão de direitos fundamentais ambientais e a regra da proporcionalidade:* um estudo sobre o conflito entre a liberdade de ação cultural e a proteção da fauna contra atos cruéis na farra do boi. Dissertação de Mestrado em Direito. Universidade Federal de Santa Catarina, Florianópolis, 2004.

12   RAMOS, Mickaelen. Farra do boi: de cultura a violência. *Revista Santa Catarina em História,* Florianópolis, v. 5, n. 1, 2011.

13   LACERDA, Eugênio Pascale. *As farras no litoral de Santa Catarina.* Dissertação de Mestrado em Antropologia Social. Universidade Federal de Santa Catarina, Florianópolis, 1993.

Como a "brincadeira" normalmente ocorria nos lugares abertos, não se imprimia essa crueldade que mais tarde se abateu sobre essa espécie de animália. Com a construção das ruas e proliferação dos loteamentos, ou seja, em decorrência do processo de urbanização no Estado de Santa Catarina, tais espaços foram diminuindo e a prática passou a envolver cada vez mais distúrbios e confusões. Os animais passaram a invadir propriedades privadas, destruir construções e também a ser agredidos pela população local. E, bem por isso, novamente a prática cultural sofre outra transformação e a tortura ao boi se tornou generalizada, até ao seu final abate.[14]

Ocorre que a partir da década de 1980 a "Farra do Boi" – diante de uma incipiente consciência ecológica mundial e ainda coincidindo com o início de vigência da nova Constituição Federal de 1988 – começou a ser taxada como selvageria, crueldade e tortura em desfavor dos animais, muito em função da grande mídia, com a proliferação de campanhas nacionais e internacionais contra os maus tratos. Sem embargo dessa reconhecida manifestação cultural, o mesmo festejo passou então a ser relacionado com uma questão de segurança pública, em face justamente da violência incontida pela população participante.[15]

É de se lembrar que tradicionalmente o boi ficava solto durante toda a semana santa, até o sábado de aleluia, e sendo abatido como forma de sacrifício somente no domingo, quando se promovia a "matança" ou a "carneação". Antigamente e durante a festa, somente se podia "brincar" com o animal, restando punido pelos próprios organizadores da "brincadeira" todo e qualquer ato de crueldade contra ele praticado, pois quem apenas "brinca" com o boi recebe o carinho dos camaradas e a chamada das mulheres, razão pela qual até meados dos anos de 1970 a malsinada "farra" não tinha toda essa interpretação de crueldade animal.[16]

Como bem se viu desse folguedo popular, em sua concepção original não havia o caráter dos maus tratos ao animal, restando tal conduta até mesmo punida moralmente naquela época de chegada dos açorianos ao Brasil. Mas com o processo de urbanização e nos termos antes lembrados, fatores externos fizeram com que uma violência não imaginada e ainda reprimida fosse adotada por parte da população festeira. Ora, se a "Farra do Boi" acabou sendo culturalmente mudada ao longo do tempo, inclusive com alteração de nome, por que agora ela não pode passar por um novo processo de transformação e se adaptar aos novos ares de legalidade? E mais: – será que diante dessa proibição à crueldade não possa surgir outra feição para a mesma "brincadeira", recuperando-se em grande parte os primeiros estímulos tradicionais e menos violentos do festejo?

Obviamente que tudo isso se tornaria socialmente possível mesmo sem a decisão proclamada definitivamente em 1998 pelo Supremo Tribunal Federal para o caso concreto, bastando apenas uma condenação popular mais intensa e um apelo midiático mais acelerado contra o certame. Entretanto, adveio em 1988 um novo Texto Constitucional que funcionou como reforço ao fator de repressão moral e nacional, legitimando-se pela

---

[14] DIAS, Rafael Damasceno. Lembrança e nostalgia nos desacordos da memória: a cidade de Florianópolis nas últimas décadas do século XX. *Espaço Plural*, a. VIII, n. 17, p. 33-38, segundo semestre de 2007.

[15] LACERDA, Eugênio Pascale. *As farras no litoral de Santa Catarina*. Dissertação de Mestrado em Antropologia Social. Universidade Federal de Santa Catarina, Florianópolis, 1993.

[16] LACERDA, Eugênio Pascale. *As farras no litoral de Santa Catarina*. Dissertação de Mestrado em Antropologia Social. Universidade Federal de Santa Catarina, Florianópolis, 1993.

força do direito e, quiçá, apenas adiantando um movimento civilizatório que já vinha se amoldando aos novos tempos de indignação.

No entanto, esse precedente da nossa Suprema Corte não pode ser encarado ainda como início de um suposto reconhecimento dos direitos dos animais na jurisdição constitucional brasileira, como que inaugurando uma diferença categorial entre o direito ambiental apartado dos direitos de outros seres animais. É que lendo atentamente todos os votos proferidos naquela Segunda Turma do STF, no final do ano de 1997, não se fala em "dignidade animal" e muito menos na "vida em florescimento".[17]

Mas não se pode negar que foi a partir dele que se lançaram luzes sobre outro julgamento no qual também se discutiu crueldade e maus tratos contra animais, podendo nós atestar sua categoria de *leading case* para casos semelhantes. Sob inspiração daquele precedente e passados mais de dez anos, o Plenário do STF conheceu e se pronunciou em sede de Ação Direita de Inconstitucionalidade acerca da Lei Estadual Fluminense nº 2.895/98, que autorizava e disciplinava a realização de competições entre "galos combatentes" (rinha de galo). Proposta pela Procuradoria-Geral da República, restou ela julgada procedente pela unanimidade dos Ministros da Corte e sob o mesmo argumento de afronta ao artigo 225, *caput*, parágrafo 1º, inciso VII, da Constituição Federal.[18]

Outro caso emblemático e fortemente influenciado pelo aresto da "Farra do Boi" foi a prática da "vaquejada" nordestina que, de tão polêmica e complexa discussão, acabou declarada inconstitucional pelo STF por apertada maioria (6 X 5), quando tentada sua regulamentação por intermédio de uma específica Lei Estadual Cearense.[19] Isso quer dizer que a tentativa de balancear crueldade dos animais de um lado e defesa cultural do outro ainda suscita divergências teóricas e posicionamentos de ordem moral, razão pela qual devemos voltar nossa atenção para os termos do embate que se travou naquele inédito julgamento, reverberando criticamente seus votos e fundamentos, bem como insistindo na explicação de que a cultura da "farra" – segundo o STF – não se pondera com a crueldade do "boi".

É que em diversos trabalhos escritos e tendo por base de exame o Recurso Extraordinário nº 153.531-8, se defendeu a evidência de um caso concreto e também emblemático de ponderação para direitos fundamentais em tensão, com base nos elementos da delimitação territorial da prática da "Farra do Boi" (litoral catarinense); segmento da tradição e cultura açoriana; diligência estatal no sentido de disciplinar o festejo para que não se infligisse maus tratos aos animais; acepção da "farra" para que não se confundisse com a tourada ou "boi na vara", assim como usando de violência descriteriosa impingida ao gado; tipificação criminal e ainda contravenção penal em concurso material; e tradição cultural que pode ser mantida sem que haja violência ou inflição de malefícios nos animais.[20]

Sem empeço dessa leitura que muitos fizeram dos votos proferidos tão logo quando publicados, em sentido diametralmente oposto e cuja corrente nos filiamos a

---

[17] XAVIER, Fernando César Costa. Para além da "vaquejada" e da "farra do boi": justiça para o direito dos animais. *Revista Direito e Justiça – reflexões sociojurídicas*, a. XVII, n. 28, p. 267-278, mai. 2017.

[18] ADI nº 1856/RJ, Rel. Min. Celso de Mello, DJe 14.10.11.

[19] ADI nº 4983/CE, Rel. Min. Marco Aurélio, j. 22 mar. 2019.

[20] AGUIAR, Denison Melo de; CAMARGO, Serguei Aily Franco de. A farra do boi e a questão do balanceamento de princípios constitucionais. *Hiléia – Revista de Direito Ambiental da Amazônia*, Manaus, a. 06, n. 11, p. 159-180, jul./dez. 2008.

partir das pesquisas entabuladas para construção deste texto, há quem entenda que o debate da causa não se seguiu pela linha da ponderação,[21] tampouco se abeberou nos contributos da hermenêutica cultural, pois na prática o que realmente ocorreu em sede daquele apelo extremo foi o mero e abrupto afastamento do direito à cultura, quando verificado ele em confronto direto com maus tratos e crueldade dos animais.[22]

E isso fica muito claro quando o Relator Originário para o caso, junto ao STF, Ministro Francisco Rezek, assentou com todas as letras que "não há aqui uma manifestação cultural, com abusos avulsos; há prática abertamente violenta e cruel para com os animais e a Constituição não deseja isso". Convencido do mesmo norte, o Ministro Marco Aurélio, que depois restou designado para feitura do respectivo acórdão, também deixou assente por registro no seu voto que para aquele problema "não há uma solução intermediária", fechando caminho para uma discussão de balanceamento. Dos votos vencedores, apenas o Ministro Néri da Silveira entendeu se tratar de uma colisão de princípios constitucionais, mas pressupõe que a cultura "deve contribuir para o desenvolvimento da pessoa", concebendo preponderante somente as manifestações culturais edificantes sob uma perspectiva ética.[23]

No único voto vencido, negando provimento ao recurso extraordinário, invocou o Ministro Maurício Corrêa tanto o princípio da unidade quanto o primado da concordância prática, afirmando que no âmbito originário da Constituição Federal não se encontra antinomias e que excessos eventualmente conferidos devem ser reprimidos, porquanto como costume cultural a "Farra do Boi" não poderia ser proibida.[24] No entanto, e fora do quadro probatório carreado para os autos, não conseguiu estabelecer em que termos essa "concordância prática" poderia acontecer no caso concreto, se limitando a desvalorizar a proteção dos animais em relação ao direito de cultura dos seres humanos. Certo é que todos os votos citados acabaram sendo criticados por grande parte da literatura especializada em estudos dos métodos argumentativos de ponderação, sendo mais um motivo para negarmos que isso tenha ocorrido ou mesmo ventilado adequadamente no campo das discussões que por lá se travaram.[25]

Enfim, implica por ora compreender que o legado interpretativo deixado por aquele *leading case* tão escaramuçado e já referenciado em outros julgados do Supremo Tribunal Federal se direciona para o respeito à passagem do direito que se destina ao "futuro" (ambiental e intergeracional), condicionando o direito cultural do "passado"

---

[21] STEINMETZ, Wilson. O caso da "Farra do Boi": uma análise a partir da teoria dos princípios. *In*: STEINMETZ, Wilson; AUGUSTIN, Sérgio (Org.). *Direito constitucional do ambiente*. Caxias do Sul/RS: UCS, 2011.

[22] MARTINS, Charles Emil Machado. A "farra do boi" e os crimes culturalmente motivados – um olhar crítico sobre a decisão do STF, por ocasião do RE nº 153.531/SC. *Revista do Ministério Púbico do Rio Grande do Sul*, Porto Alegre, n. 82, p. 35-84, jan./abr. 2017.

[23] MARTINS, Charles Emil Machado. A "farra do boi" e os crimes culturalmente motivados – um olhar crítico sobre a decisão do STF, por ocasião do RE nº 153.531/SC. *Revista do Ministério Púbico do Rio Grande do Sul*, Porto Alegre, n. 82, p. 35-84, jan./abr. 2017.

[24] MARTINS, Charles Emil Machado. A "farra do boi" e os crimes culturalmente motivados – um olhar crítico sobre a decisão do STF, por ocasião do RE nº 153.531/SC. *Revista do Ministério Púbico do Rio Grande do Sul*, Porto Alegre, n. 82, p. 35-84, jan./abr. 2017.

[25] Na esteira dessas críticas, também seguem: ARMANDO, Nicanor Henrique Netto. A vedação de tratamento cruel contra os animais "versus" direitos culturais: breve análise da ótica do Supremo Tribunal no julgamento do Recurso Extraordinário nº 153.351/SC. *Revista Desenvolvimento e Meio Ambiente*, Curitiba, v. 29, abr. 2014; e RANGEL, Helano Márcio Vieira. Proteção da cultura ou proteção da fauna? Uma análise da Farra do Boi à luz da ponderação e da jurisprudência do STF. *Revista Jurídica "Nomos" – Pós Graduação em Direito da UFC*, Fortaleza, v. 30, n. 01, 2010.

aos planos de vigência que sejam de não violência contra os animais e desde que em sintonia com os hodiernos regramentos morais da sociedade brasileira. Ressai cristalino o recado daquele aresto quando deliberou que o ser humano não tem direito de se divertir com o sofrimento dos animais, muito menos prover seu entretenimento mediante exploração de espécies que não têm como escolher o seu destino.

Crueldade dos animais por mero deleite dos jurisdicionados do Estado não haverá de prevalecer sob o pálio da cultura ou tradição da violência, ainda mais quando o próprio Texto Constitucional nos impõe uma conscientização pública para preservação da natureza (aí incluídos os demais seres), erigindo desse modo a educação ambiental como norte humanitário a seguir.[26] Se órgãos do Executivo não foram capazes de fazer valer aquele comando constitucional, em boa hora veio a nossa Suprema Corte para impor a vontade da Constituição e forjar um novo comportamento civilizatório, até porque não se pondera o que socialmente vem repercutindo há muito tempo como imponderável.

Referências

AGUIAR, Denison Melo de; CAMARGO, Serguei Aily Franco de. A farra do boi e a questão do balanceamento de princípios constitucionais. *Hiléia – Revista de Direito Ambiental da Amazônia*, Manaus, a. 06, n. 11, p. 159-180, jul./dez. 2008.

ARMANDO, Nicanor Henrique Netto. A vedação de tratamento cruel contra os animais "versus" direitos culturais: breve análise da ótica do Supremo Tribunal no julgamento do Recurso Extraordinário nº 153.351/SC. *Revista Desenvolvimento e Meio Ambiente*, Curitiba, v. 29, abr. 2014.

BAHIA, Carolina Medeiros. *Colisão de direitos fundamentais ambientais e a regra da proporcionalidade:* um estudo sobre o conflito entre a liberdade de ação cultural e a proteção da fauna contra atos cruéis na farra do boi. Dissertação de Mestrado em Direito. Universidade Federal de Santa Catarina, Florianópolis, 2004.

DIAS, Rafael Damasceno. Lembrança e nostalgia nos desacordos da memória: a cidade de Florianópolis nas últimas décadas do século XX. *Espaço Plural*, a. VIII, n. 17, p. 33-38, segundo semestre de 2007.

FERRAZ JÚNIOR. Tércio Sampaio. *Introdução ao estudo do direito*: técnica, decisão, dominação. 11. ed. São Paulo: Atlas, 2019.

GEERTZ, Clifford. *A interpretação das culturas*. Rio de Janeiro: LTC,1989.

LACERDA, Eugênio Pascale. *As farras no litoral de Santa Catarina*. Dissertação de Mestrado em Antropologia Social. Universidade Federal de Santa Catarina, Florianópolis, 1993.

LARAIA, Roque de Barros. *Cultura*: um conceito antropológico. 24. ed. Rio de Janeiro: Jorge Zahar, 2009.

MARTINS, Charles Emil Machado. A "farra do boi" e os crimes culturalmente motivados – um olhar crítico sobre a decisão do STF, por ocasião do RE nº 153.531/SC. *Revista do Ministério Púbico do Rio Grande do Sul*, Porto Alegre, n. 82, p. 35-84, jan./abr. 2017.

MIRANDA, Jorge. *Notas sobre cultura, constituição e direitos culturais*. Disponível em: http://www.fd.ulisboa.pt. Acesso em 14 fev. 2020.

PLATÃO. *A república. Edição Especial*. (Tradução de Leonel Vallandro). Rio de Janeiro: Nova Fronteira, 2014.

RAMOS, Mickaelen. Farra do boi: de cultura a violência. *Revista Santa Catarina em História*, Florianópolis, v. 5, n. 1, 2011.

RANGEL, Helano Marcio Vieira. Proteção da cultura ou proteção da fauna? Uma análise da Farra do Boi à luz da ponderação e da jurisprudência do STF. *Revista Jurídica "Nomos" – Pós Graduação em Direito da UFC*, Fortaleza, v. 30, n. 01, 2010.

---

[26]   Art. 225, parágrafo 1º, inciso VI, da Constituição Federal.

SILVEIRA, Edson Damas da. *Meio ambiente, terras indígenas e defesa nacional*: direitos fundamentais em tensão nas fronteiras da Amazônia brasileira. Curitiba: Juruá, 2010.

STEINMETZ, Wilson. O caso da "Farra do Boi": uma análise a partir da teoria dos princípios. *In*: STEINMETZ, Wilson; AUGUSTIN, Sérgio (Org.). *Direito constitucional do ambiente*. Caxias do Sul/RS: UCS, 2011.

XAVIER, Fernando César Costa. Para além da "vaquejada" e da "farra do boi": justiça para o direito dos animais. *Revista Direito e Justiça – reflexões sociojurídicas*, a. XVII, n. 28, p. 267-278, mai. 2017.

Informação bibliográfica deste texto, conforme a NBR 6023:2018 da Associação Brasileira de Normas Técnicas (ABNT):

SILVEIRA, Edson Damas da. A cultura da "farra" não se pondera com a crueldade do "boi". *In*: BENJAMIN, Antônio Herman Vasconcelos e; FREITAS, Vladimir Passos de; SOARES JÚNIOR, Jarbas (Coord.). *Comentários aos acórdãos ambientais*: paradigmas do Supremo Tribunal Federal. Belo Horizonte: Fórum, 2021. p. 21-30. ISBN 978-65-5518-077-0.

SUPRESSÃO DE VEGETAÇÃO EM ÁREA DE PRESERVAÇÃO PERMANENTE E O PRINCÍPIO CONSTITUCIONAL DA RESERVA DE LEI

RELATOR: MINISTRO CELSO DE MELO

FERNANDO REVERENDO VIDAL AKAOUI

MEDIDA CAUTELAR EM AÇÃO DIRETA DE INSCONSTITUCIONALIDADE Nº 3.540-1/DF (Rel. Min. Celso de Mello – j. 01.09.2005)

EMENTA: "MEIO AMBIENTE – DIREITO À PRESERVAÇÃO DE SUA INTEGRIDADE (CF, ART. 225) – PRERROGATIVA QUALIFICADA POR SEU CARÁTER DE METAINDIVIDUALIDADE – DIREITO DE TERCEIRA GERAÇÃO (OU DE NOVÍSSIMA DIMENSÃO) QUE CONSAGRA O POSTULADO DA SOLIDARIEDADE – NECESSIDADE DE IMPEDIR QUE A TRANSGRESSÃO A ESSE DIREITO FAÇA IRROMPER, NO SEIO DA COLETIVIDADE, CONFLITOS INTERGENERACIONAIS – ESPAÇOS TERRITORIAIS ESPECIALMENTE PROTEGIDOS (CF, ART. 225, §1º, III) – ALTERAÇÃO E SUPRESSÃO DO REGIME JURÍDICO A ELES PERTINENTE – MEDIDAS SUJEITAS AO PRINCÍPIO CONSTITUCIONAL DA RESERVA DE LEI – SUPRESSÃO DE VEGETAÇÃO EM ÁREA DE PRESERVAÇÃO PERMANENTE – POSSIBILIDADE DE A ADMINISTRAÇÃO PÚBLICA, CUMPRIDAS AS EXIGÊNCIAS LEGAIS, AUTORIZAR, LICENCIAR OU PERMITIR OBRAS E/OU ATIVIDADES NOS ESPAÇOS TERRITORIAIS PROTEGIDOS, DESDE QUE RESPEITADA, QUANTO A ESTES, A INTEGRIDADE DOS ATRIBUTOS JUSTIFICADORES DO REGIME DE PROTEÇÃO ESPECIAL – RELAÇÕES ENTRE ECONOMIA (CF, ART. 3º, II, C/C O ART. 170, VI) E ECOLOGIA (CF, ART. 225) – COLISÃO DE DIREITOS FUNDAMENTAIS – CRITÉRIOS DE SUPERAÇÃO DESSE ESTADO DE TENSÃO ENTRE VALORES CONSTITUCIONAIS RELEVANTES – OS DIREITOS BÁSICOS DA PESSOA HUMANA E AS SUCESSIVAS GERAÇÕES (FASES OU DIMENSÕES) DE DIREITOS (RTJ Nº 164/158, 160-161) – A QUESTÃO DA PRECEDÊNCIA DO DIREITO À PRESERVAÇÃO DO MEIO AMBIENTE: UMA LIMITAÇÃO CONSTITUCIONAL EXPLÍCITA À ATIVIDADE ECONÔMICA (CF, ART. 170, VI) – DECISÃO NÃO REFERENDADA – CONSEQUENTE INDEFERIMENTO DO PEDIDO DE MEDIDA CAUTELAR. A PRESERVAÇÃO DA INTEGRIDADE DO MEIO AMBIENTE: EXPRESSÃO CONSTITUCIONAL DE UM DIREITO FUNDAMENTAL QUE ASSISTE À GENERALIDADE DAS PESSOAS – Todos têm direito ao meio ambiente ecologicamente equilibrado. Trata-se de um típico direito de terceira geração (ou de novíssima dimensão), que assiste a todo o gênero humano (RTJ Nº 158/205-206). Incumbe, ao Estado e à própria coletividade, a especial obrigação de defender e preservar, em benefício das presentes e futuras gerações, esse direito de titularidade coletiva e de caráter transindividual (RTJ Nº 164/158-161). O adimplemento desse encargo, que é irrenunciável, representa a garantia de que não se instaurarão, no seio da coletividade, os graves conflitos intergeneracionais marcados pelo desrespeito ao dever de solidariedade, que a todos se impõe, na proteção desse bem essencial de uso comum das pessoas em geral. Doutrina. A ATIVIDADE ECONÔMICA NÃO PODE SER EXERCIDA EM DESARMONIA COM OS PRINCÍPIOS DESTINADOS A TORNAR EFETIVA A PROTEÇÃO AO MEIO AMBIENTE – A incolumidade do meio ambiente não pode ser comprometida por interesses empresariais nem ficar dependente de motivações de índole meramente econômica, ainda mais se se tiver presente que a atividade econômica, considerada a disciplina constitucional que a rege, está subordinada, dentre outros princípios gerais, àquele que privilegia a "defesa do meio ambiente" (CF, art. 170, VI), que traduz conceito amplo e abrangente das noções de meio ambiente natural, de meio ambiente cultural, de meio ambiente artificial (espaço urbano) e de meio ambiente laboral. Doutrina. Os instrumentos jurídicos de caráter legal e de natureza constitucional objetivam viabilizar a tutela efetiva do meio ambiente, para que não se alterem as propriedades e os atributos que lhe são inerentes, o que provocaria inaceitável comprometimento da saúde, segurança, cultura, trabalho e bem-estar da população, além de causar graves danos ecológicos ao patrimônio ambiental, considerado este em seu aspecto físico ou natural. A QUESTÃO DO DESENVOLVIMENTO NACIONAL (CF, ART. 3º, II) E A NECESSIDADE DE PRESERVAÇÃO DA INTEGRIDADE DO MEIO AMBIENTE (CF, ART. 225): O PRINCÍPIO DO DESENVOLVIMENTO SUSTENTÁVEL COMO FATOR DE OBTENÇÃO DO JUSTO EQUILÍBRIO ENTRE AS EXIGÊNCIAS DA ECONOMIA E AS DA ECOLOGIA – O princípio do desenvolvimento sustentável, além de impregnado de caráter eminentemente constitucional, encontra suporte legitimador em compromissos internacionais assumidos pelo Estado brasileiro e representa fator de obtenção do justo equilíbrio entre as exigências da economia e as da ecologia, subordinada, no entanto, a invocação desse postulado, quando ocorrente situação de conflito entre valores constitucionais relevantes, a uma condição inafastável, cuja observância não comprometa nem esvazie o conteúdo essencial de um dos mais significativos direitos fundamentais: o direito à preservação do meio ambiente, que traduz bem de uso comum da generalidade das pessoas, a ser resguardado em favor das presentes e futuras gerações. O ART. 4º DO CÓDIGO FLORESTAL E A MEDIDA PROVISÓRIA Nº 2.166-67/2001: UM AVANÇO EXPRESSIVO NA TUTELA DAS ÁREAS DE PRESERVAÇÃO PERMANENTE – A Medida Provisória nº 2.166-67, de 24.08.2001, na parte em que introduziu significativas alterações no art. 4º do Código Florestal, longe de comprometer os valores constitucionais consagrados no art. 225 da Lei Fundamental, estabeleceu, ao contrário, mecanismos que permitem um real controle, pelo Estado, das atividades desenvolvidas no âmbito das áreas de preservação permanente, em ordem a impedir ações predatórias e lesivas ao patrimônio ambiental, cuja situação de maior vulnerabilidade reclama proteção mais intensa, agora propiciada, de modo adequado e compatível com o texto constitucional, pelo diploma normativo em questão - Somente a alteração e a supressão do regime jurídico pertinente aos espaços territoriais especialmente protegidos qualificam-se, por efeito da cláusula inscrita no art. 225, §1º, III, da Constituição, como matérias sujeitas ao princípio da reserva legal – É lícito ao Poder Público – qualquer que seja a dimensão institucional em que se posicione na estrutura federativa (União, Estados-membros, Distrito Federal e Municípios) – autorizar, licenciar ou permitir a execução de obras e/ou a realização de serviços no âmbito dos espaços territoriais especialmente protegidos, desde que, além de observadas as restrições, limitações e exigências abstratamente estabelecidas em lei, não resulte comprometida a integridade dos atributos que justificaram, quanto a tais territórios, a instituição de regime jurídico de proteção especial (CF, art. 225, §1º, III)".

O v. acórdão julgado pelo Plenário do excelso Supremo Tribunal Federal cuida de pedido de reconsideração em relação a decisão monocrática da douta Presidência daquela Corte, que havia deferido medida cautelar em sede de Ação Direta de Constitucionalidade, em que se discutia a validade da alteração de redação do art. 4º da Lei nº 4.771/65 (anterior Código Florestal), ante suposta violação ao inc. III, do §1º, do art. 225 da Constituição Federal.

A ação de jurisdição constitucional promovida pelo ilustre Procurador-Geral da República questionava a constitucionalidade da redação conferida ao art. 4º do então vigente Código Florestal pela Medida Provisória nº 2.166-67, de 2001, que teria, sob a ótica do Chefe do Ministério Público da União, admitido que os órgãos ambientais das três esferas governamentais pudessem autorizar supressão de vegetação em áreas de preservação permanente, ao arrepio do comando constitucional no sentido de que a alteração ou supressão dos espaços especialmente protegidos somente podem ocorrer por meio de lei em sentido estrito (art. 225, §1º, inc. III, CF).

O eminente Ministro Relator, após externar as características do meio ambiente como direto humano e fundamental de terceira geração, entendeu que era o caso de acolhimento do pedido da Advocacia Geral da União, que pretendia a cassação da cautelar concedida, uma vez que seria um direito dos órgãos ambientais dos entes federativos proceder à autorização de supressão de vegetação em áreas de preservação permanente, não sendo razoável que para cada caso concreto se exigisse a edição de uma lei.

O voto do Ministro Celso de Mello, Relator do caso, foi acolhido por maioria de votos, vencidos os Ministros Carlos Britto e Marco Aurélio. Em 04 de fevereiro de 2015, a ADI proposta foi julgada prejudicada em razão de causa superveniente, posto que o diploma legal, por inteiro, foi revogado pela Lei nº 12.651/2012 (novo Código Florestal).

Ao analisarmos os termos do referido aresto, temos que houve parcial acerto na r. decisão, pois parcialmente procedente era a postulação da douta Procuradoria-Geral da República. Vejamos.

Em sua petição inicial, que tinha como pedido a declaração de inconstitucionalidade da então novel redação do art. 4º da Lei nº 4.771/65, tanto do *caput* quanto de seus sete parágrafos, a autoridade legitimada à propositura da citada ação constitucional anota como causa de pedir, que "os referidos dispositivos normativos violam o artigo 225, §1º, inciso III, da Constituição Federal, na medida em que tornam possível a supressão de área de preservação permanente mediante mera autorização administrativa do órgão ambiental, quando, em verdade, o legislador constituinte determinou que tal supressão somente poderá ocorrer por meio de lei formal".

Nunca é demais trazer à baila o que diz o invocado preceito constitucional quanto ao dever do Poder Público em relação às áreas especialmente protegidas, da qual a área de preservação permanente é espécie: "definir, em todas as unidades da Federação, espaços territoriais e seus componentes a serem especialmente protegidos, sendo a alteração e a supressão permitidas somente através de lei, vedada qualquer utilização que comprometa a integridade dos atributos que justifiquem sua proteção".

Ao impor ao Poder Público a criação de espaços territoriais especialmente protegidos, a Constituição Federal reconhece a significância hierárquica de determinados elementos ambientais, que acabam por justificar sua maior proteção. Esta tutela se dá em razão da importância e/ou forte pressão antrópica sobre determinado ecossistema (ex.: Unidades de Conservação para proteção da Mata Atlântica, da Floresta Amazônica, da caatinga etc.), a relevância ecológica de certa vegetação para proteção de outros elementos naturais (ex.: as APPs de curso d'água, que funcionam como verdadeiros filtros para a água e como estabilizadora de suas margens, evitando o assoreamento) ou outro fator relevante para manutenção dos atributos ecológicos de uma determinada área. Daí ter andado bem o constituinte ao flexibilizar a criação destas áreas especialmente protegidas, mas dificultar sua alteração ou supressão, afinal de contas, a manutenção destas tem como finalidade garantir o meio ambiente ecologicamente equilibrado para as presentes e futuras gerações.

Tiago Fensterseifer anota que "(...) ponto importante na discussão acerca da relação entre dignidade humana e proteção do ambiente diz respeito ao reconhecimento da dignidade (e dos direitos?) das gerações humanas futuras. Com tal perspectiva, pode-se conceber o *princípio da solidariedade* numa dimensão intergeracional (mas sem desconsiderar a importância da solidariedade também no plano intergeracional), pois há um vínculo elementar na relação traçada entre o comportamento das gerações humanas contemporâneas, para com o ambiente e os recursos naturais, e a qualidade (ou mesmo viabilidade) de vida das gerações futuras. A degradação do ambiente e o esgotamento dos recursos naturais implicam inviabilidade da vida (em patamares de dignidade e salubridade) das futuras gerações humanas".[1]

É necessário, ainda, reconhecer que o meio ambiente ecologicamente equilibrado, bem de uso comum do povo e cuja proteção e defesa incumbe ao Poder Público e à coletividade, é essencial à sadia qualidade de vida (art. 225, *caput*, CF). Isto significa que não há como se alcançar a vida com dignidade, preconizada no inc. III, do art. 1º da Constituição Federal, sem a higidez do meio ambiente, na medida em que não há vida digna sem saúde.

A afirmação do texto constitucional não é fruto de um devaneio do constituinte, mas sim, o reconhecimento daquilo que a comunidade científica internacional já disciplinou em documentos de organismos da Organização das Nações Unidas – ONU.

Com efeito, a constituição da Organização Mundial da Saúde – OMS em seu art. 2º, alínea "i" determina ser de competência desta "promover, em cooperação com outros organismos especializados, quando for necessário, o melhoramento da alimentação, da habitação, do saneamento, do recreio, das condições econômicas e de trabalho e de outros fatores de higiene do meio ambiente".

O Pacto Internacional dos Direitos Econômicos, Sociais e Culturais, de 19 de dezembro de 1966, do qual o Brasil é signatário,[2] ao tratar da saúde, em seu art. 12, reconhece, uma vez mais, o direito) física e mental (inc. 1) e que, para assegurar esse direito, os Estados deverão garantir "a melhoria de todos os aspectos de *higiene do trabalho e do meio ambiente*" (inc. 2, alínea *b*).

---

[1] FENSTERSEIFER, Tiago. *Direitos fundamentais e proteção do ambiente – a dimensão ecológica da dignidade humana no marco jurídico-constitucional do Estado Socioambiental de Direito*. Porto Alegre: Livraria do Advogado, 2008. p. 89.

[2] O Congresso Nacional aprovou o texto deste diploma internacional por meio do Decreto Legislativo nº 226, de 12 de dezembro de 1991, e o Poder Executivo federal o promulgou por intermédio do Decreto nº 591, de 06 de julho de 1992.

A própria Constituição Federal admite a higidez ambiental como fator de extrema relevância para a saúde, quando aponta dentre as competências do Sistema Único de Saúde – SUS, a participação na elaboração das políticas públicas de saneamento e a colaboração na defesa do meio ambiente, inclusive do trabalho (art. 200, incs. IV e VIII).

Antônio Herman Benjamin consigna que "(...) no regime constitucional brasileiro, como em outros países, apesar do expresso reconhecimento de um direito ao ambiente ecologicamente equilibrado, o direito à saúde – no sentido de possibilidade de desenvolvimento pessoal tranquilo – pode (e deve) ser entendido como incluidor da proteção contra riscos (e degradação) ambientais".[3]

Tais normas revelam a importância de não se permitir que os espaços especialmente protegidos, que têm fundamental papel na manutenção do equilíbrio ecológico, possam sofrer alterações ou supressões em face da vontade unilateral do administrador de plantão.

O constituinte, ao contrário do que possa parecer, não engessou a possibilidade de se alterar ou suprimir um espaço especialmente protegido, apenas exigindo que tal ato passe pelo crivo do Poder Legislativo, por meio do devido processo legislativo, e desde que a alteração ou a supressão não signifique vulnerabilidade dos atributos ecológicos que justificaram a criação daquele. Em outras palavras, não é possível alterar ou suprimir um espaço territorial especialmente protegido se, cientificamente, seus atributos ecológicos justificadores da criação ainda se mantêm intactos. Tais requisitos limitam as possibilidades de enfraquecimento da proteção a elementos ambientais de significativa relevância.

Todavia, o v. acórdão em comento acabou por exigir que o dispositivo constitucional seja interpretado à luz do princípio do desenvolvimento sustentável, pois anotou o Ministro Relator que, "*atento* à circunstância *de que existe* um permanente estado de tensão *entre* o imperativo de desenvolvimento nacional (*CF*, art. 3º, II), de um lado, *e* a necessidade de preservação da integridade do meio ambiente (*CF*, art. 225), de outro, *torna-se essencial reconhecer* que a superação desse antagonismo, *que opõe* valores constitucionais relevantes, *dependerá* da ponderação concreta, *em cada caso ocorrente*, dos interesses e direitos postos em situação de conflito, *em ordem* a harmonizá-los *e* a impedir que se aniquilem reciprocamente, *tendo-se* como vetor interpretativo, *para efeito* da obtenção *de um mais* justo e perfeito equilíbrio entre as exigências da economia *e* as da ecologia, *o princípio* do desenvolvimento sustentável, *tal como formulado* nas conferências internacionais (a "Declaração do Rio de Janeiro sobre o Meio Ambiente e Desenvolvimento de 1992", *p. ex.*) (...)" (destaques do original).

Nesse contexto, entendeu o Pretório Excelso que não havia razoabilidade na pretensão exposta na exordial da ADI, pois não se poderia exigir que a cada necessidade de supressão de vegetação em situação de preservação permanente, o Poder Legislativo tivesse de expedir um comando legal, como, aliás, sustentava a Presidência da República e os *amici curiae*.

Note-se de que a v. decisão consignou que "*quando se tratar*, porém, *de execução de obras ou* de serviços a serem realizados em tais espaços territoriais, *cumpre reconhecer*

---

[3] BENJAMIN, Antônio Herman. Constitucionalização do ambiente e ecologização da Constituição brasileira. *In*: CANOTILHO, José Joaquim Gomes; MORATO LEITE, José Rubens (Org.). *Direito constitucional ambiental brasileiro*. 6. ed. São Paulo: Saraiva, 2015. p. 118.

que, *observadas* as restrições, limitações e exigências *abstratamente* estabelecidas em lei, *tornar-se-á lícito* ao Poder Público – *qualquer* que seja o nível em que se posicione na estrutura federativa (União, Estados-membros, Distrito Federal e Municípios) – *autorizar, licenciar ou permitir* a realização de tais atividades *no âmbito* dos espaços territoriais especialmente protegidos, *desde que não resulte comprometida* a integridade dos atributos que justificaram, quanto a tais territórios, a instituição de um regime jurídico de proteção especial" (destaque do original).

Na visão da Corte Suprema, os dispositivos apontados na inicial da Procuradoria-Geral da República não ofendiam à reserva de lei exigida pela Constituição Federal para alteração ou supressão de áreas especialmente protegidas, na medida em que o órgão ambiental licenciador ou autorizador somente estaria a fiscalizar e dar concretude às hipóteses legais previamente estabelecidas pelo legislador ordinário, que, no caso, foi o Presidente da República, por meio da Medida Provisória nº 2.166-67/2001.

Referidas hipóteses de exceção à supressão de vegetação em áreas de preservação permanente se deu em razão da introdução dos incisos IV e V no parágrafo 2º do artigo 1º, do Código Florestal de 1965, que definiram quais atividades eram consideradas de utilidade pública ou interesse social.

Não olvidemos que a ADI nº 3540 não enveredou pela discussão acerca do cabimento de alteração de lei ambiental por meio de Medida Provisória, questionando-se, tão somente, o conteúdo da nova redação conferida ao art. 4º do então vigente Código Florestal.

Portanto, parcialmente correto, sob nossa ótica, o posicionamento do Supremo Tribunal Federal, uma vez que não se concedeu ao Poder Executivo, por meio de seus órgãos de licenciamento ambiental, a possibilidade de autorizar a supressão de vegetação em APP, senão nas hipóteses legal e previamente previstas no art. 1º, §2º, incs. IV e V, da Lei nº 4.771/65.

Como se verifica da redação do *caput* e §§1º, 2º, 4º, 5º e 6º, do art. 4º do referido diploma legal, estabelecida pela Medida Provisória, o órgão ambiental ficou incumbido apenas de verificar se efetivamente a atividade se enquadrava dentre aquelas listadas como utilidade pública ou interesse social, e, em caso positivo, autorizar a supressão da vegetação em APP e, se o caso, licenciar a obra ou atividade no todo.

É preciso compreender que algumas obras e atividades, de alto interesse da coletividade, dada a impossibilidade de alternativa técnica e locacional, e sempre de forma excepcional, necessitam da intervenção em APP. Todas as medidas de mitigação e compensação precisam ser adotadas, mas por vezes torna-se impossível deixar de interferir na APP, e isso acabou regulamentado por meio de hipóteses legais de intervenção, repetimos, quando não houver alternativa técnica e locacional.

Tais hipóteses hão de ser criteriosamente apontadas, não comportando um rol alargado de situações, notadamente se não retratarem o "espírito" da excepcionalidade, que é manter a possibilidade de realização de obras e atividades de suma importância para a sociedade.

O que poderia ter sido enfrentado na ADI nº 3540, mas não foi, eram as hipóteses de exceção apontadas como sendo de utilidade pública e interesse social, como foi realizado no julgamento conjunto pelo Pretório Excelso das ADC nº 42 e ADIs nºs 4.901, 4.902, 4.903 e 4.937, que analisaram a constitucionalidade e inconstitucionalidade de dispositivos do atual Código Florestal (Lei nº 12.651/2012).

Dentre as inconstitucionalidades apontadas estavam a previsão, como hipóteses de utilidade pública a "gestão de resíduos sólidos" e as "instalações necessárias à realização de competições esportivas estaduais, nacionais ou internacionais" (art. 3º, inc. III, alínea "b"), e o Supremo Tribunal Federal, de fato, as considerou incompatíveis com o regime de exceção de intervenção em APPs.

Com efeito, consignou a ementa lançada pelo Ministro Luiz Fux: *"Art. 3º, inciso VIII, alínea "b", e inciso IX (Alargamento das hipóteses que configuram interesse social e utilidade pública)*: as hipóteses de intervenção em áreas de preservação permanente por utilidade pública e interesse social devem ser legítimas e razoáveis para compatibilizar a proteção ambiental com o atendimento a outros valores constitucionais, a saber: prestação de serviços públicos (art. 6º e 175 da CRFB); políticas agrícola (art. 187 da CRFB) e de desenvolvimento urbano (art. 182 da CRFB); proteção de pequenos produtores rurais, famílias de baixa renda e comunidades tradicionais; o incentivo ao esporte (art. 217 da CRFB); à cultura (art. 215 da CRFB) e à pesquisa científica (art. 218 da CRFB); e o saneamento básico (artigos 21, XX, e 23, IX, da CRFB). O regime de proteção das áreas de preservação permanente (APPs) apenas se justifica se as intervenções forem excepcionais, na hipótese de inexistência de alternativa técnica e/ou locacional. No entanto, o art. 3º, inciso IX, alínea *g*, limitou-se a mencionar a necessidade de comprovação de alternativa técnica e/ou locacional em caráter residual, sem exigir essa circunstância como regra geral para todas as hipóteses. Essa omissão acaba por autorizar interpretações equivocadas, segundo as quais a intervenção em áreas de preservação permanente é regra, e não exceção. Ademais, não há justificativa razoável para se permitir intervenção em APPs para fins de gestão de resíduos e de realização de competições esportivas estaduais, nacionais ou internacionais, sob pena de subversão da prioridade constitucional concedida ao meio ambiente em relação aos demais bens jurídicos envolvidos nos dispositivos respectivos".

Destarte, apesar de possível o questionamento quanto à razoabilidade das hipóteses de exceção previstas para intervenção em APPs, na ADI nº 3540 não houve questionamento com relação às hipóteses previstas nos incs. IV e V, do §2º, do art. 1º da Lei nº 4.771/65.

Todavia, havia na redação conferida ao art. 4º pela Medida Provisória nº 2.116-67/2001 uma flagrante inconstitucionalidade, não reconhecida pelo Pretório Excelso por ocasião do julgamento da ADI nº 3540, e que, inclusive, atenta à própria fundamentação lançada no v. acórdão, e que diz respeito ao conteúdo do §3º.

De fato, a Medida Provisória trouxe as hipóteses legais das atividades consideradas como de utilidade pública e interesse social, e, muito embora entendamos que há nelas inconstitucionalidades que poderiam ter sido arguidas na ADI nº 3540, mas não foram (a saber, a previsão de que resoluções do CONAMA poderiam criar hipóteses autorizadoras de supressão de vegetação em APP, tal como o fez a Res. nº 369/2006), mas nada disse sobre o que deveria ser considerado como atividade de baixo impacto, legando ao Poder Executivo, através de regulamento, fazê-lo.

Dizia o §3º, do art. 4º do Código Florestal de 1965: "O órgão ambiental competente poderá autorizar a supressão eventual e de baixo impacto ambiental, assim definido em regulamento, da vegetação em área de preservação permanente".

Dentro da lógica exposta no v. acórdão que julgou a ADI nº 3540, não havia qualquer inconstitucionalidade na autorização de supressão de vegetação em APP ou de licenciamento de atividade em APP, desde que enquadrada nas hipóteses abstratamente previstas na lei. Não é o caso, entretanto, do §3º do citado artigo da lei revogada, que conferia ampla margem para que o Poder Executivo listasse uma infinidade de situações que, sob sua ótica, pudessem ser consideradas como de baixo impacto ambiental.

Escorado no art. 4º, §3º da Lei nº 4.771/65, o CONAMA editou a Resolução nº 369, de 28 de março de 2006, que acabou por prever, em seu art. 11, um extenso rol de atividades consideradas de baixo impacto ambiental, admitindo, nestas hipóteses, a supressão de vegetação em APP.

E, como se não bastasse ter o legislador delegado a um colegiado majoritariamente composto por representantes do Poder Executivo federal, este mesmo colegiado, na resolução editada, ainda delegou aos Conselhos Estaduais de Meio Ambiente que também apontassem outras atividades que pudessem ser consideradas de baixo impacto ambiental, potencializando ao infinito a lista, em absoluto desacordo com o que dispõe nosso Texto Maior.

Com relação ao §3º, do art. 4º do então vigente Código Florestal, portanto, a decisão do Supremo Tribunal Federal não andou bem, pois deveria ter lhe conferido a pecha de inconstitucional. O atual Código Florestal (Lei nº 12.651/2012) corrigiu esta falha, apontando, em seu art. 3º, inciso X, quais hipóteses se enquadram como de baixo impacto ambiental. Assim, tal mister não foi transferido ao Poder Executivo, que, em razão do que dispõe o art. 225, §1º, inc. III, da Constituição Federal, não detém competência para tanto, somente podendo o Poder Legislativo apontar tais hipóteses.

Consignamos que muitas das hipóteses de baixo impacto ambiental descritas no atual Código Florestal são, a nosso ver, inconstitucionais, pelos mesmos argumentos que assim foram consideradas as hipóteses de utilidade pública referentes à "gestão de resíduos" e "instalações necessárias à realização de competições esportivas estaduais, nacionais ou internacionais".

Assim, como já anotado, entendemos que, no julgamento da ADI nº 3540 deveria o Supremo Tribunal Federal ter reconhecido a inconstitucionalidade do §3º, do art. 4º, da Lei nº 4.771/65, com a redação que lhe foi conferida pela Medida Provisória nº 2.116-67, de 2001.

Referências

BENJAMIN, Antônio Herman. Constitucionalização do ambiente e ecologização da Constituição brasileira. *In*: CANOTILHO, José Joaquim Gomes; MORATO LEITE, José Rubens (Org.). *Direito constitucional ambiental brasileiro*. 6. ed. São Paulo: Saraiva, 2015.

FENSTERSEIFER, Tiago. *Direitos fundamentais e proteção do ambiente – a dimensão ecológica da dignidade humana no marco jurídico-constitucional do Estado Socioambiental de Direito*. Porto Alegre: Livraria do Advogado, 2008.

Informação bibliográfica deste texto, conforme a NBR 6023:2018 da Associação Brasileira de Normas Técnicas (ABNT):

AKAOUI, Fernando Reverendo Vidal. Supressão de vegetação em área de preservação permanente e o princípio constitucional da reserva de lei. *In*: BENJAMIN, Antônio Herman Vasconcelos e; FREITAS, Vladimir Passos de; SOARES JÚNIOR, Jarbas (Coord.). *Comentários aos acórdãos ambientais*: paradigmas do Supremo Tribunal Federal. Belo Horizonte: Fórum, 2021. p. 31-38. ISBN 978-65-5518-077-0.

A COMPENSAÇÃO AMBIENTAL COMO INSTITUTO DE REPARAÇÃO DE IMPACTOS AMBIENTAIS E GARANTIDOR DAS ÁREAS PROTEGIDAS

LUÍS FERNANDO CABRAL BARRETO JÚNIOR

EMENTA: AÇÃO DIRETA DE INCONSTITUCIONALIDADE. ART. 36 E SEUS parágrafos 1º, 2º E 3º DA LEI Nº 9.985, DE 18 DE JULHO DE 2000. CONSTITUCIONALIDADE DA COMPENSAÇÃO DEVIDA PELA IMPLANTAÇÃO DE EMPREENDIMENTOS DE SIGNIFICATIVO IMPACTO AMBIENTAL. INCONSTITUCIONALIDADE PARCIAL DO parágrafo 1º DO ART. 36. 1. O compartilhamento-compensação ambiental de que trata o art. 36 da Lei nº 9.985/2000 não ofende o princípio da legalidade, dado haver sido a própria lei que previu o modo de financiamento dos gastos com as unidades de conservação da natureza. De igual forma, não há violação ao princípio da separação dos Poderes, por não se tratar de delegação do Poder Legislativo para o Executivo impor deveres aos administrados. 2. Compete ao órgão licenciador fixar o *quantum* da compensação, de acordo com a compostura do impacto ambiental a ser dimensionado no relatório – EIA/RIMA. 3. O art. 36 da Lei nº 9.985/2000 densifica o princípio usuário-pagador, este a significar um mecanismo de assunção partilhada da responsabilidade social pelos custos ambientais derivados da atividade econômica. 4. Inexistente desrespeito ao postulado da razoabilidade. Compensação ambiental que se revela como instrumento adequado à defesa e preservação do meio ambiente para as presentes e futuras gerações, não havendo outro meio eficaz para atingir essa finalidade constitucional. Medida amplamente compensada pelos benefícios que sempre resultam de um meio ambiente ecologicamente garantido em sua higidez. 5. Inconstitucionalidade da expressão "não pode ser inferior a meio por cento dos custos totais previstos para a implantação do empreendimento", no parágrafo 1º do art. 36 da Lei nº 9.985/2000. O valor da compensação-compartilhamento é de ser fixado proporcionalmente ao impacto ambiental, após estudo em que se assegurem o contraditório e a ampla defesa. Prescindibilidade da fixação de percentual sobre os custos do empreendimento. 6. Ação parcialmente procedente. (STF – ADI nº 3.378/DF, Relator Carlos Britto, data do julgamento: 09.04.2008. Tribunal Pleno, data de publicação: 20.06.2008).

1 Contextualização

A Ação Direta de Inconstitucionalidade nº 3.378/DF foi proposta pela Confederação Nacional da Indústria sob o fundamento de que o art. 36 da Lei nº 9.985/2000 violaria os princípios da legalidade, da proporcionalidade e da razoabilidade e instituiria enriquecimento sem causa da Fazenda Pública.

Ao prestar informações, o Congresso Nacional defendeu a constitucionalidade da norma legal, suscitando que não se tratava de indenização por danos, mas de mecanismo de financiamento das unidades de conservação decorrente do princípio da função social da propriedade admitido pelo art. 5º XXIII da Constituição da República.

A Advocacia Geral da União também defendeu a constitucionalidade da norma fulcrada no princípio poluidor-pagador previsto no art. 225, §2º, da Constituição da República, referindo-se a um caráter preventivo desse princípio. No mesmo sentido posicionou-se a Procuradoria Geral da República, acrescentando a inocorrência de violação ao princípio da legalidade e aduzindo ser justificável a imposição dessa obrigação em decorrência do princípio da prevenção insculpido no art. 225 §1º, IV.

Em 09 de abril de 2008, a ação foi julgada parcialmente procedente para excluir a expressão "não pode ser inferior a meio por cento dos custos totais previstos para a implantação do empreendimento". E foi julgada improcedente quanto ao princípio da legalidade, reconhecendo o STF na compensação ambiental uma decorrência do "princípio usuário-pagador, este a significar um mecanismo de assunção partilhada da responsabilidade social pelos custos ambientais derivados da atividade econômica".

Há embargos de declaração opostos com pedido de efeitos infringentes.

O presente estudo aborda o histórico da compensação ambiental e as posições jurisprudenciais que se sucederam ao julgamento da ADIN nº 3.378/DF, bem como a importância do instituto para as áreas protegidas.

2 Evolução Legislativa do Instituto

É possível afirmar que a compensação ambiental já estava prevista no Direito Ambiental Brasileiro desde a edição da Lei nº 6.938/1981, a partir de uma interpretação crítica de seu art. 4º, VII, quando ele prevê expressamente que, além da "imposição, ao poluidor e ao predador, da obrigação de recuperar e/ou indenizar os danos causados, deve-se impor também "ao usuário, da contribuição pela utilização de recursos ambientais com fins econômicos".

Utilizando uma expressão consagrada no Direito Brasileiro, o art. 225, *caput* da Constituição da República confere ao meio ambiente e, por consequência, aos recursos naturais, a condição de bens de uso comum do povo. Acentue-se que essa expressão guarda maior amplitude a designar bens insuscetíveis de desafetação. Logo, toda apropriação de recursos naturais é condicionada a um retorno para a sociedade e, nesse caso, diante de impactos significativos e irreversíveis, a instituição ou a manutenção de unidades de conservação se revela a mais eficiente forma de assegurar esse equilíbrio.

A partir da Resolução CONAMA nº10/1987 desenhou-se o mecanismo de compensar impactos ambientais negativos irreversíveis à criação de estações ecológicas nos seguintes termos: "Para fazer face à reparação dos danos ambientais causados pela destruição de florestas e outros ecossistemas, o licenciamento de obras de grande porte, assim considerado pelo órgão licenciador com fundamento no RIMA, terá como um dos seus pré-requisitos a implantação de uma estação ecológica pela entidade ou empresa responsável pelo empreendimento, preferencialmente junto à área".[1]

---

[1]   Art. 1º Resolução CONAMA nº 010/87. D.O.U. de 18.03.88; Seção I, p. 4.562.

O instituto foi aperfeiçoado pela Resolução CONAMA nº 002/1996, que expressamente definiu a hipótese de compensação nos seguintes termos:

> Art. 1º Para fazer face à reparação dos danos ambientais causados pela destruição de florestas e outros ecossistemas, o licenciamento de empreendimentos de relevante impacto ambiental, assim considerado pelo órgão ambiental competente com fundamento do EIA/RIMA, terá como um dos requisitos a serem atendidos pela entidade licenciada, a implantação de uma unidade de conservação de domínio público e uso indireto, preferencialmente uma Estação Ecológica, a critério do órgão licenciador, ouvido o empreendedor.[2]

Assim, vê-se que o art. 36 da Lei nº 9.985/2000 sucedeu uma evolução das normas ambientais que visavam a assegurar uma espécie de reparação fixada de forma antecedente à ocorrência de impactos ambientais negativos e irreversíveis, efetuando o que se pode denominar de compensação por equivalente, ao prever a instituição de unidades de conservação. Em verdade, a compensação assegura prévia e proporcionalmente a reparação que adviria de uma responsabilização civil fulcrada no art. 14, §1º, da Lei nº 6.938/1981, uma vez que a Constituição consagra um dever de não degradar. Nesse sentido, leciona o Ministro Hermann Benjamin, *verbis*:

> O primeiro aspecto positivo que se observa nos vários regimes constitucionais do meio ambiente, especialmente no brasileiro, é a instituição de um inequívoco dever de não degradar, contraposto ao direito de explorar, inerente ao direito de propriedade, previsto no art. 5º, XXII da Constituição Federal". No campo dos recursos naturais e do uso da terra, tal transmudação implica a substituição definitiva do regime de explorabilidade plena e incondicionada (com limites mínimos e pulverizados, decorrentes, p. ex., das regras de polícia sanitária e da proteção dos vizinhos) pelo regime de explorabilidade limitada e condicionada (com limites amplos e sistemáticos, centrados na manutenção dos processos ecológicos).[3]

Por conseguinte, a compensação ambiental decorre da constitucional limitação à exploração dos recursos naturais e a compatibiliza com o desenvolvimento econômico exatamente por prever que a contrapartida aos impactos ambientais negativos também se dê pela instituição de áreas protegidas sob a modalidade de unidades de conservação. Tanto é esse o objetivo da norma que a sua regulamentação previu uma ordem de prioridade para a aplicação dos recursos e que se inicia exatamente com a regularização fundiária das unidades de conservação. É o que se constata no Decreto nº 4340/2002 e na Resolução CONAMA nº 371/2006, que sucederam a Lei nº 9.985/2000.

Ressalte-se que após o julgamento da ADIN sucederam-se normas estaduais disciplinando a compensação ambiental desde a forma de arrecadação, gestão, transparência e aplicação dos recursos. Em recente estudo exaustivo sobre o tema, a ABRAMPA elencou e analisou as legislações de 13 (treze) estados nas cinco regiões, concluindo que "[...] os Estados apresentam diferentes níveis de regulamentação e amadurecimento dos mecanismos, podendo traçar estratégias próprias, alinhadas aos seus objetivos e às peculiaridades regionais, guardando entre si e com o mecanismo federal, pontos de semelhança, divergência e peculiaridade".[4]

---

2   Resolução CONAMA nº 002/1996. DOU nº 080, de 25.04.1996, p. 70.

3   BENJAMIN, Antonio Hermann. *Direito Constitucional Ambiental Brasileiro*. São Paulo: Saraiva, 2007. p. 69.

4   SALVADOR, Aline Valéria Archangelo *et al*. *A compensação ambiental do SNUC*. Belo Horizonte: ABRAMPA, 2020. p. 107.

A estabilidade proporcionada pelo julgamento da ADIN nº 3.378/DF estimulou o aperfeiçoamento do instituto da compensação ambiental, gerando uma produção normativa em diferentes entes da Federação e a apropriação desse conhecimento e do poder decisório pelas comunidades diretamente afetadas.

3 Evolução Jurisprudencial do Instituto

O julgamento da ADIN nº 3.378/DF também proporcionou uma construção jurisprudencial pelo Poder Judiciário com a análise de mais detalhes sobre o instituto da compensação ambiental, ao que colhemos alguns acórdãos do Superior Tribunal de Justiça, do TRF1 e de Tribunais Estaduais que espelham os posicionamentos e a segurança jurídica que conferem a todos os interessados.

Sob a relatoria do Eminente Ministro Castro Meira, em 19 de maio de 2011, a Segunda Turma do Superior Tribunal de Justiça julgou o Recurso Especial nº 896.863 – DF (2006/0226648-9), fixando contornos da compensação ambiental como distinta de posterior indenização decorrente de responsabilidade civil e das medidas mitigadoras e preventivas. O acórdão também afirma que o pagamento de compensação ambiental não afeta o dever de posterior indenização, inexistindo *bis in idem*.

O acórdão se refere expressamente ao julgamento da ADIN nº 3.378/DF para tratar da sua constitucionalidade e se referir à aplicação do princípio usuário pagador e de sua antecipação da reparação civil. Em determinado trecho do acórdão, o relator é bem elucidativo, *verbis*:

> Desse modo, o instituto da compensação ambiental, nos termos do artigo 36 da Lei nº 9.985/00, conforme a interpretação dada pela Corte Suprema, restringe-se àqueles danos previstos no EIA/RIMA que sejam absolutamente necessários e inevitáveis para instalação do empreendimento. Os danos que não foram contemplados no EIA/RIMA não se inserem na compensação em tela, mormente porque não foram objeto da análise da autoridade administrativa a quem coube fixar o valor da compensação, ou mesmo, porque durante o curso do estudo ambiental não foram cogitados pelos assistentes técnicos ou pela sociedade que participou de sua elaboração.[5]

O acórdão confere ampla proteção ao meio ambiente quando assegura que os valores de compensação ambiental fixados a partir de modelos matemáticos com prognósticos dos impactos ambientais negativos irreversíveis não conduzam à exaustão do dever de reparação em sentido amplo. Ou seja, se, ao iniciada a instalação da obra ou atividade forem constatados outros impactos negativos não previstos no licenciamento, a reparação dos danos não estará prejudicada, afinal, como o próprio Superior Tribunal de Justiça já consolidou o entendimento, os danos ambientais são imprescritíveis.

Assim, a compensação ambiental não exaure todas as possibilidades de se evitar o enriquecimento injustificado do particular contra a natureza e o dever de não degradar.

Fundamentando-se nesses dois acórdãos (STF ADIN nº 3.378/DF e STJ. RESp nº 896.863 – DF), em 03 de fevereiro de 2016, a 5ª Turma do Tribunal Regional Federal da

---

[5] RECURSO ESPECIAL Nº 896.863 – DF (2006/0226648-9).

1ª Região proferiu decisão paradigmática quanto à destinação dos recursos provenientes de compensação ambiental para assegurar a sua aplicação em unidades de conservação localizadas em região afetada pelo empreendimento cujo licenciamento gerou a aplicação do instituto. O acórdão foi proferido no julgamento da apelação/reexame necessário nº 2006.37.01.000347-5/MA.[6]

Esse entendimento evidencia a natureza reparatória e preventiva da compensação ambiental, pois nenhum sentido faria ou faz a aplicação de recursos em unidades de conservação distantes dos locais onde os impactos ambientais ocorreram. Veja-se a parte da ementa do acórdão, bastante elucidativa desse princípio, *verbis*:

3. Atenta contra os princípios almejados pela Lei nº 9.985/00 admitir-se a aplicação dos recursos provenientes da compensação ambiental a região não afetada, direta ou indiretamente, pelos impactos produzidos pelo empreendimento pagador.

4. De acordo com o que decidiu o STF no julgamento da ADI nº 3.378, relator o ministro Carlos Britto, a compensação-compartilhamento é fixada pelo órgão licenciador, considerada a compostura do impacto ambiental dimensionado no EIA/RIMA; o princípio usuário-pagador, abraçado pelo art. 36 da Lei nº 9.985/00, significa mecanismo de assunção de responsabilidade social pelos custos ambientais derivados da atividade econômica, impondo ao empreendedor o dever de também responder pelas medidas de prevenção de impactos ambientais que possam decorrer, significativamente, da implementação de sua empírica empreitada econômica.

5. O STJ/T2 já decidiu, sob a relatoria do ministro Castro Meira, que "a compensação ambiental prévia tem (...) conteúdo reparatório em que o empreendedor destina parte considerável de seus esforços em ações com o objetivo de contrabalançar o uso de recursos naturais indispensáveis à realização do empreendimento previsto no estudo de impacto ambiental" (REsp. nº 896.863).

6. Apelação provida para determinar que aplicação dos recursos provenientes da compensação ambiental da UHE Estreito sejam direcionados, exclusivamente, à "implantação e manutenção de unidades de conservação dos Estados do Maranhão e Tocantins, especialmente para a Unidade de Conservação "Monumento Natural das Árvores Fossilizadas" – já existente no Estado do Tocantins – e Unidade de Conservação "PARNA Chapada das Mesas", já existente no Estado do Maranhão, assim como, implantação da unidade de conservação "Mesas de Babaçolândia-TO", ambas previstas nos estudos de impactos ambientais".

Por conseguinte, a jurisprudência nacional emite a orientação adequada a um instituto que, apesar de tratado no licenciamento ambiental, se destina aos princípios da conservação ambiental e a ela se vincula, sendo passíveis de revisão judicial quaisquer atos do poder público, diretamente ou executados pelo licenciado, que não atendam a esse princípio de finalidade.

Considerando o conceito de função ambiental pública[7] como autêntico limitador da discricionariedade administrativa, é evidente que os recursos provenientes do pagamento por compensação ambiental decorrente da aplicação do art. 36 da Lei nº 9.985/2000 não podem ser aplicados na criação ou implantação de unidades de conservação alheias à área de influência do empreendimento licenciado, sob pena de nulidade

---

6   TRF1. APELAÇÃO/REEXAME NECESSÁRIO Nº 2006.37.01.000347-5/MA.

7   BENJAMIN, Antonio Hermann V. Função ambiental. *In*: BENJAMIN, Antonio Hermann V. (Org.). *Dano Ambiental, prevenção, reparação e repressão*. São Paulo. RT, 1993. p. 53.

de todos os atos por desvio de finalidade. Afinal, a compensação ambiental se destina a reparar os impactos ambientais negativos e irreversíveis de um determinado projeto e não a sustentar a gestão ambiental.

Tal desvio de finalidade pode ser caracterizado inclusive como concausa de danos ambientais não reparados, uma vez que os biomas afetados pelo empreendimento continuarão a suportar os impactos negativos sem a necessária compensação.

E tal consequência decorre da vinculação das análises técnicas e científicas que, em sede de Estudo Prévio de Impactos Ambientais identificaram a necessidade de ser imposta compensação ambiental, eis que o EIA/RIMA é condição para a aplicação do instituto. Assim também decidiu o Tribunal de Justiça do Estado de Minas Gerais em julgamento da Apelação Cível nº 5001949-09.2016.8.13.0702.[8]

Também no sentido da ilegalidade de aplicação de recursos de compensação ambiental para atividades diversas daquelas relacionadas ao art. 36 da Lei nº 9985/2000, o Tribunal de Justiça do Estado do Maranhão proferiu decisão elucidativa.

Relatado pelo Eminente Desembargador Jorge Rachid, o Acórdão nº 2171522018,[9] proferido em 19 de dezembro de 2017 pela 5ª Câmara Cível do TJMA na apelação cível nº 0586142015, firmou o entendimento quanto à necessária aplicação da ordem de prioridade disposta no Decreto nº4340/2002. Veja-se parte do acórdão.

> 2. O STF, de fato, estabeleceu a inconstitucionalidade da expressão "não pode ser inferior a meio por cento dos custos totais previstos para a implantação do empreendimento", no §1º do art. 36 da Lei nº 9.985/2000, determinando que o valor da compensação há de ser fixado proporcionalmente ao impacto ambiental, após estudo em que se assegurem o contraditório e a ampla defesa. Contudo, esta diretriz traçada pela inconstitucionalidade do dispositivo não afeta a regulamentação da compensação ambiental adotada em âmbito estadual, posto que a Lei nº 9.412/2011 traz orientação neste mesmo sentido. 3. Muito embora o Ministério Público ambicione a revisão das licenças concedidas a empreendimentos de grande envergadura e que há anos estão em pleno funcionamento, não há óbice para a realização de nova análise, tendo em vista que a concessão de licença ambiental não é direito subjetivo do proponente e, mais que isso, não gera direito adquirido à manutenção da atividade ou empreendimento por tempo indefinido. 4. A arrecadação e destinação dos recursos está relacionada à execução do licenciamento ambiental e os recursos arrecadados devem ser aplicados de acordo com uma ordem de prioridade estabelecida pelo Decreto nº 4340/2002, motivo pelo qual o ente público deveria ter empregado as verbas recolhidas com o instituto na regularização fundiária e demarcação de terras.

O julgamento também teve como paradigma a decisão do Supremo Tribunal Federal sobre a constitucionalidade da compensação ambiental, assim como a destinação a que se deve aplicar aos recursos financeiros, assentando que o desvio de finalidade proporciona a revisão dos atos e o ressarcimento, ainda que por reversão de recursos do erário, a fundo especialmente criado para gerenciar os recursos ou sua direta aplicação em unidades de conservação.

Assim, a jurisprudência nacional consolidou entendimentos quanto aos critérios de fixação do dever de compensação ambiental a partir de Estudo Prévio de Impactos Ambientais, com a publicidade inerente, a sua aplicação exclusiva em unidades de

---

[8] TJMG. Apelação Cível nº 5001949-09.2016.8.13.0702. (DJ. 01.12.2017).

[9] TJMA. 5ª Câmara Cível. Apelação cível nº 0586142015, j. em 19.12.2017.

conservação e o resguardo de que essa aplicação de recursos não importa em quitação das obrigações ambientais por danos ambientais não previstos e nem em relação às medidas mitigadoras e de controle de poluição, às quais deve-se buscar sempre a aplicação do princípio da Melhor Tecnologia Disponível – MTD (Best Available Technology – BAT) previsto na Convenção de Estocolmo, promulgada pelo Decreto nº 5.472/2005, no art. 3º, XVI da Lei Federal nº 12.305/2010 e noutros dispositivos como o art. 2º, II e art. 4º da Resolução CONAMA nº 316/2002, no art. 2º, II e III da Resolução CONAMA nº 436/2011 e no art. 24, II e art. 27 §único da Resolução CONAMA nº 357/2005.

A compensação ambiental é um instituto bem delineado no Direito Ambiental Brasileiro, cujo aperfeiçoamento depende do seu exercício e as contribuições dos agentes públicos e privados durante a sua aplicação.

Este artigo objetivou tratar das repercussões mais evidentes que a ADIN nº 3.378/DF trouxe para o tema, tanto na legislação quanto na jurisprudência. Outras questões ainda poderiam ser aprofundadas, como a natureza jurídica do instituto e a sua extensão para atividades cujo licenciamento não dependa de EIA/RIMA, mas a delimitação desse artigo buscou tratar da importância desse julgado, e as áreas protegidas são os maiores beneficiários desse instituto.

Conclusão. Garantia das áreas protegidas

As áreas protegidas representam o que existe de mais importante e significativo da natureza. As articulações mundiais sobre o tema revelam a necessidade de uma maior atenção da sociedade e do Poder Público para essas áreas.

No III Congresso de Áreas Protegidas da América Latina e Caribe, realizado em Lima, em outubro de 2019, muitos alertas sobre a relação entre a conservação de áreas protegidas e enfrentamento das mudanças climáticas foram levantados, e há um entendimento de que as áreas protegidas devem ser priorizadas nas políticas públicas ambientais.

O conceito de unidades de conservação previsto no art. 2, I, da Lei nº 9.985/2000 está focado em um paradigma moderno do tema das áreas protegidas e esse paradigma aponta para a relevância natural desses espaços.

Historicamente, o Brasil teve a criação de unidades de conservação cuja relevância por toda a sociedade brasileira e por outras nações ainda está em fase de percepção. Não obstante o marco histórico da criação de unidades de conservação, em 21 de setembro de 1979,[10] podemos reconhecer que parcela da sociedade ainda desconhece a importância desses bens ambientais para o clima, a biodiversidade e, inclusive, para as populações indígenas. Urge que poder público e sociedade invistam recursos na criação e implantação de unidades de conservação e de outras áreas protegidas.

Nesse ponto a compensação ambiental se eleva como um instrumento fundamental para a implantação de unidades de conservação e, mais do que uma obrigação por impactos ambientais negativos, ela representa a face privada da função ambiental[11]

---

[10] PADUA, Maria Tereza Jorge. *Conservando a Natureza no Brasil*. 1. ed. Curitiba: Fundação Grupo Boticário de Proteção à Natureza, 2015. p. 125.

[11] BENJAMIN, Antonio Hermann V. Função ambiental. *In*: BENJAMIN, Antonio Hermann V. (Org.). *Dano Ambiental, prevenção, reparação e repressão*. São Paulo. RT, 1993. p. 58.

a que aludimos neste texto e consagra o dever geral da sociedade descrito no art. 225, *caput* da Constituição da República.

É por essas razões que o acórdão do Supremo Tribunal Federal na ADIN nº 3.378/DF e o voto do Ministro Carlos Ayres de Britto significam um dos mais importantes julgamentos do Direito Ambiental Brasileiro voltado à preservação dos mais significativos bens ambientais do planeta, que são as áreas protegidas, e o que se espera é que esse instituto se consolide cada vez mais e seja incorporado ao Direito Ambiental de toda a América Latina e Caribe.

Referências

BENJAMIN, Antonio Hermann. *Direito Constitucional Ambiental Brasileiro*. São Paulo: Saraiva, 2007.

BENJAMIN, Antonio Hermann V. Função ambiental. *In*: BENJAMIN, Antonio Hermann V. (Org.). *Dano Ambiental, prevenção, reparação e repressão*. São Paulo. RT, 1993.

PADUA, Maria Tereza Jorge. *Conservando a Natureza no Brasil*. 1. ed. Curitiba: Fundação Grupo Boticário de Proteção à Natureza, 2015.

SALVADOR, Aline Valéria Archangelo *et al*. *A compensação ambiental do SNUC*. Belo Horizonte: ABRAMPA, 2020.

Informação bibliográfica deste texto, conforme a NBR 6023:2018 da Associação Brasileira de Normas Técnicas (ABNT):

BARRETO JÚNIOR, Luís Fernando Cabral. A compensação ambiental como instituto de reparação de impactos ambientais e garantidor das áreas protegidas. *In*: BENJAMIN, Antônio Herman Vasconcelos e; FREITAS, Vladimir Passos de; SOARES JÚNIOR, Jarbas (Coord.). *Comentários aos acórdãos ambientais: paradigmas do Supremo Tribunal Federal*. Belo Horizonte: Fórum, 2021. p. 39-46. ISBN 978-65-5518-077-0.

COMENTÁRIOS AO RECURSO EXTRAORDINÁRIO Nº 628.582-RS: OS CRITÉRIOS DE IMPUTAÇÃO PENAL DO ART. 60 DA LEI Nº 9.605/98 COMO UM CRIME DE PERIGO ABSTRATO-CONCRETO OU POR ACUMULAÇÃO[1]

RELATOR: MINISTRO DIAS TOFOLLI

DÉLTON WINTER DE CARVALHO

EMENTA: "CRIME AMBIENTAL. ARTIGO 60, *CAPUT*, DA LEI Nº 9605/98. PRELIMINARES AFASTADAS. ABSOLVIDO RÉU POR INEXISTÊNCIA DE PARTICIPAÇÃO NO DELITO. MANTIDA CONDENAÇÃO DA RÉ GVT.

A denúncia preenche os requisitos do art. 41 do Código de Processo Penal, bem como do art. 395, inc. I, II e III do mesmo Diploma Legal, haja vista qualificar os réus, descrever fato, que em tese é típico, em todas as suas circunstâncias, as partes são legítimas, há interesse de agir, enfim, preenche todos os requisitos para a instauração da ação penal.

Inexiste nulidade na audiência de oitiva de testemunhas de acusação e defesa e nos depoimentos das testemunhas arroladas pelo Ministério Público, já que não ocorreu nenhum prejuízo para os réus, que se defenderam dos fatos a ele imputados. Mesmo constando que se tratava de audiência para oferta de suspensão condicional do processo, foram ouvidas as testemunhas de defesa, na presença de advogado, inexistindo prejuízo.

Não há prejuízo em razão da apresentação de rol pelo Ministério Público alguns dias depois do oferecimento da denúncia, pois foi dada ciência aos acusados, por ocasião da citação.

Trata-se de crime de mera conduta, que independe de resultado naturalístico, e de perigo abstrato, uma vez que a lei fala em atividade potencialmente poluidora.

A Lei de Política Nacional do Meio Ambiente adotou a sistemática da responsabilidade civil objetiva, recepcionada pela Constituição Federal, sendo irrelevante e impertinente a discussão se o agente agiu com culpa ou dolo.

Comprovada a ausência de participação do réu, que era gerente administrativo financeiro da empresa, sem nenhuma ingerência no licenciamento das antenas, vai absolvido.

---

[1] Meu agradecimento ao Prof. Dr. Tomás Grings Machado, pelos inestimáveis debates, reflexões e revisões que proporcionaram as conclusões e provocações aqui apresentadas.

Comprovado que a ré GVT, sem licença ambiental, fez funcionar estabelecimento potencialmente poluidor, praticou o crime ambiental previsto no art. 60 da Lei nº 9.605/98. Prova suficiente para a manutenção da condenação e da pena, corretamente aplicada à ré pessoa jurídica".

1 Uma sucinta, mas necessária análise do caso

O presente julgado decorreu de caso submetido à julgamento pelo Supremo Tribunal Federal – STF em nível de Recurso Extraordinário, tendo sido relatado pelo Min. Dias Toffoli. A recorrente, Global Village Telecom Ltda., interpôs sua irresignação constitucional contra acórdão proferido pela Turma Recursal Criminal dos Juizados Especiais do Rio Grande do Sul, na Apelação Criminal nº 71002552503, cuja decisão hostilizada foi ementada nos termos a seguir transcritos:

> CRIME AMBIENTAL. ARTIGO 60, *CAPUT*, DA LEI Nº 9605/98. PRELIMINARES AFASTADAS. ABSOLVIDO RÉU POR INEXISTENCIA DE PARTICIPAÇÃO NO DELITO. MANTIDA CONDENAÇÃO DA RÉ GVT.
>
> A denúncia preenche os requisitos do art. 41 do Código de Processo Penal, bem como do art. 395, inc. I, II e III do mesmo Diploma Legal, haja vista qualificar os réus, descrever fato, que em tese é típico, em todas as suas circunstâncias, as partes são legítimas, há interesse de agir, enfim, preenche todos os requisitos para a instauração da ação penal.
>
> Inexiste nulidade na audiência de oitiva de testemunhas de acusação e defesa e nos depoimentos das testemunhas arroladas pelo Ministério Público, já que não ocorreu nenhum prejuízo para os réus, que se defenderam dos fatos a ele imputados. Mesmo constando que se tratava de audiência para oferta de suspensão condicional do processo, foram ouvidas as testemunhas de defesa, na presença de advogado, inexistindo prejuízo.
>
> Não há prejuízo em razão da apresentação de rol pelo Ministério Público alguns dias depois do oferecimento da denúncia, pois foi dada ciência aos acusados, por ocasião da citação.
>
> Trata-se de crime de mera conduta, que independe de resultado naturalístico, e de perigo abstrato, uma vez que a lei fala em atividade potencialmente poluidora.
>
> A Lei de Política Nacional do Meio Ambiente adotou a sistemática da responsabilidade civil objetiva, recepcionada pela Constituição Federal, sendo irrelevante e impertinente a discussão se o agente agiu com culpa ou dolo.
>
> Comprovada a ausência de participação do réu, que era gerente administrativo financeiro da empresa, sem nenhuma ingerência no licenciamento das antenas, vai absolvido.
>
> Comprovado que a ré GVT, sem licença ambiental, fez funcionar estabelecimento potencialmente poluidor, praticou o crime ambiental previsto no art. 60 da Lei nº 9.605/98. Prova suficiente para a manutenção da condenação e da pena, corretamente aplicada à ré pessoa jurídica. (Grifos nossos).[2]

A interposição do Recurso Extraordinário se deu com fundamento na alínea "a", do art. 102 da Constituição Federal brasileira,[3] justificando para tanto a violação aos arts. 5º, incisos II, XXXIX, XLV, LIV, LV e §3º, 24, inciso VI e 225, §3º, todos da Constituição.

---

[2] Turma Recursal dos Juizados Especiais Criminais do Rio Grande do Sul, Apelação Criminal nº 71002552503, Rel. Drª Laís Ethel Corrêa Pias, j. 31.05.2010.

[3] "Art. 102. Compete ao Supremo Tribunal Federal, precipuamente, a guarda da Constituição, cabendo-lhe: III – julgar, mediante recurso extraordinário, as causas decididas em única ou última instância, quando a decisão recorrida: a) contrariar dispositivo desta Constituição".

A decisão da Suprema Corte não adentrou no mérito do caso, ficando adstrita à análise de prequestionamento da matéria objeto da irresignação, tendo sido negado seguimento ao Recurso Extraordinário. Apesar desta circunstância, o presente caso mantém relevância para a presente obra, por ensejar a reflexão sobre os critérios para a imputação dos chamados *crimes de perigo*. No caso de fundo, a Turma Recursal impôs à ré – Global Village Telecom Ltda. – a condenação penal baseada no tipo descrito no art. 60 da Lei nº 9.605/98[4] por entender que, "comprovado que a ré GVT, sem licença ambiental, fez funcionar estabelecimento potencialmente poluidor, praticou o crime ambiental previsto no art. 60 da Lei nº 9.605/98". Nas razões decisórias, digno de destaque para os fins do presente estudo, o Juízo *a quo* (Turma Recursal) entendeu que este tipo "trata-se de crime de mera conduta, que independente de resultado naturalístico, e de perigo abstrato, uma vez que a lei fala em atividade potencialmente poluidora".

A categoria dos crimes de perigo, frequentemente utilizados como técnica legislativa em matéria ambiental, impõem grande desafio à teoria do Direito Penal, principalmente da formulação de critério definidores para a sua imputação. Em virtude da gravidade dos riscos atuais (pós-industriais) e sua cumulatividade, há um processo de deslocamento da ênfase do ilícito penal do resultado (dano) para estágios anteriores a este momento e que muitas vezes acaba por ser confundido com a mera realização de uma conduta. No entanto, uma interpretação destes tipos alheia ao Princípio da Ofensividade colocaria estes em inconstitucionalidade, ao desconsiderar a necessária lesão ou, ao menos, o perigo de lesão ao bem jurídico protegido por estes tipos penais. Eis o desafio que se impõe não apenas pela complexidade do tema a ser enfrentado neste texto, mas outrossim pela honra do convite recebido dos coordenadores desta obra, cuja envergadura, notoriedade e histórico dispensa maiores digressões.

2 A inserção do risco (perigo) como categoria jurídica penal

A intensidade do desenvolvimento social, com destaque para o econômico e o científico, após a segunda metade do século XX, desencadeou não apenas um acréscimo nas condições de qualidade de vida da população mundial, mas, de outro lado, trouxe à tona novos riscos, para além do significativo aumento e intensificação dos antigos. Segundo a Teoria da Sociedade de Risco, obra de Ulrich Beck que exerceu profunda influência nas ciências sociais, tais riscos são marcados pela *transtemporalidade*, *invisibilidade sensorial e científica* e *globalidade*.[5]

Na Teoria do Direito, há um grande incremento da importância atribuída ao risco nas décadas recentes. Tal circunstância decorre do destaque que a *temporalidade do futuro* adquire para as decisões jurídicas, passando este horizonte temporal a ser o *motivo* de conflitos, a *justificativa* para decisões e a *legitimidade* de temores pela Sociedade Pós-Industrial e suas instituições e sistemas sociais. O futuro passa a ser, paradoxalmente,

---

[4] "Art. 60. Construir, reformar, ampliar, instalar ou fazer funcionar, em qualquer parte do território nacional, estabelecimentos, obras ou serviços potencialmente poluidores, sem licença ou autorização dos órgãos ambientais competentes, ou contrariando as normas legais e regulamentares pertinentes: Pena – detenção, de um a seis meses, ou multa, ou ambas as penas cumulativamente".

[5] BECK, Ulrich. *Risk Society*: towards a new modernity. London: Sage, 1992.

o problema e a solução para decisões jurídicas e, consequentemente, esta semântica começa a fazer parte, a cada dia de forma mais intensa, do cotidiano jurídico.[6]

O risco, como bem elucidado por Niklas Luhmann, consiste em uma comunicação voltada ao futuro, a partir do código risco/perigo,[7] capaz de formar representações do porvir e vínculos com a esta dimensão temporal.[8] O Direito adquire, assim, uma novel função de evitar danos futuros, o que é apenas permitido a partir de uma *racionalidade limitada*, guiada pela comunicação construtivista dos riscos. Em nível sociológico, os *riscos* referem-se às consequências futuras indesejadas de uma determinada decisão, enquanto o *perigo* diz respeito àquelas consequências indesejadas para as quais não havia condições de controle ou participação na perspectiva do sistema observador.[9] Importante destacar que o risco se trata de reflexão comunicacional acerca das possíveis consequências indesejadas de uma decisão tomada. Portanto, o risco, como comunicação voltada para o futuro, apenas pode ser descrito e operacionalizado a partir de dois elementos, sendo eles (i) a *probabilidade* de ocorrência futura de um evento indesejado e (ii) a *magnitude* (gravidade) das consequências em caso deste risco se concretizar em uma lesão.[10] É deste binômio que vem a capacidade de descrição social das consequências indesejadas, a partir da categoria semântica do risco. Como já dissemos anteriormente, apenas podemos antecipar limitadamente o futuro, por meio de *juízos de probabilidade* (o que abarca um arco de alternativas que vai desde a *remota possibilidade* até uma *certeza virtual*).[11]

Numa análise histórica geral, pode-se dizer que na *Sociedade Burguesa* o risco não consistia em categoria jurídica, sendo irrelevante para o Direito. Já na *Sociedade Industrial*, este passa a ser relevante, em limitadas situações e apenas após a sua concretização em danos, primordialmente de natureza patrimonial (responsabilidade civil objetiva, seguros, etc.). Na denominada *Sociedade Pós-Industrial*, o risco passa a consistir em uma categoria jurídica, justificadora de promulgação de legislações e processos de tomada de decisões jurídicas de antecipação.[12]

Apesar do risco não se tratar mais de novidade à ciência jurídica, este inegavelmente impõe, em maiores ou menores dimensões, significativos desafios à dogmática jurídica. Uma conclusão preliminar é clara no sentido de que o risco adquire especial importância para o Direito em matéria de responsabilidade.[13] Em matéria ambiental, face à centralidade exercida pelos Princípios da Prevenção e da Precaução, esta relevância ganha ainda mais destaque.

---

[6] LUHMANN, Niklas. The third question: the creative use of paradoxes in law and legal history. *Journal of Law and Society*, v. 15, n. 2, p. 153-165, 1988.

[7] LUHMANN, Niklas. *Risk*: a sociological theory. New Jersey: Aldine Transactions, 2002.

[8] DE GIORGI, Raffaele. *Direito, democracia e risco*: vínculos com o futuro. Porto Alegre: Safe, 1993. p. 193.

[9] LUHMANN, Niklas. *Risk*: a sociological theory. New Jersey: Aldine Transactions, 2002.

[10] Para uma análise mais profunda e detalhada acerca da operacionalização jurídica do risco a partir do binômio probabilidade/magnitude, ver: CARVALHO, Délton Winter de. *Dano ambiental futuro*: a responsabilização civil pelo risco ambiental. 2. ed. Porto Alegre: Livraria do Advogado, 2013.

[11] Discutimos a amplitude dos graus de incerteza e sua repercussão no Direito Ambiental em: CARVALHO, Délton Winter de. *A gestão jurídica dos riscos ambientais*: da prevenção à precaução. Gestão Jurídica Ambiental. São Paulo: Revista dos Tribunais, 2015. p. 171.

[12] CARVALHO, Délton Winter de. *Dano ambiental futuro*: a responsabilização civil pelo risco ambiental. 2. ed. Porto Alegre: Livraria do Advogado, 2013.

[13] STEELE, Jenny. *Risks and Legal Theory*. Oxford: Hart Publishing, 2004.

Neste diapasão, cumpre avançar e dizer que, se de um lado o risco não é mais novidade ao Direito como categoria justificadora de tomadas decisões jurídicas, de outro, este será absorvido de forma diversa a partir da tradição dogmática inerente a cada ramo jurídico. Trata-se de um *fenômeno* em que cada área jurídica, de acordo com sua *composição química* e *textura específica*, terá um processo singular de *decantação* do risco. Em outras palavras, cada ramo jurídico irá operacionalizar o tratamento jurídico dado ao risco de acordo com as suas condições estruturais e dogmáticas. Num grau de intensidade, é *seguro* afirmarmos que o Direito Civil, principalmente pelo instituto da responsabilidade civil,[14] mostra-se historicamente mais sensível aos riscos se comparado ao Direito Penal, por exemplo. Em grande parte, isto se dá pelo Direito Penal e seu *ius puniedi* estarem fortemente vinculados à noção de *bem jurídico* e à necessidade de ofensa a estes para a configuração de um injusto penal e pelo fato de, historicamente ter seu centro de análise na noção de dano.

Contudo, inegável que o surgimento de novos riscos e sua magnitude ressoaram sua influência também no Direito Penal. Este ramo passou, como técnica legislativa, a prever tipos penais por ora mais abertos ou mesmo centrados não mais na necessária lesividade ao bem jurídico protegido pela norma, mas na atribuição de ilicitude penal pela conduta produtora de riscos. Esta ampliação do âmbito de atuação do Direito Penal para criminalizar, entre outras categorias, *o risco,* aqui *decantado* como delitos de *perigo.* Contudo, tal processo não se dá de forma pacífica, oscilando de forma bastante intensa, tanto na dogmática jurídica penal quanto ambiental.

É nesta direção que se faz o objeto do presente texto, ao analisar o art. 60 da Lei dos Crimes Ambientais (nº 9.605/98), cujo o escopo será o de revelar os critérios para configuração do ilícito penal. Ao nosso sentir, este tem sido um tipo penal ambiental cuja grande complexidade normativa e interpretativa não tem ganho a devida atenção, quer da doutrina ou mesmo da jurisprudência em nosso país. Para a lei, consiste em crime "[c]onstruir, reformar, ampliar, instalar ou fazer funcionar, em qualquer parte do território nacional, estabelecimentos, obras ou serviços potencialmente poluidores, sem licença ou autorização dos órgãos ambientais competentes, ou contrariando as normas legais e regulamentares pertinentes".

Em uma análise textual normativa, denota-se que o tipo penal previsto no art. 60 exige, para a configuração do ilícito penal, que as atividades descritas (construir, reformar, ampliar, instalar ou fazer funcionar) deverão ser (i) "potencialmente poluidoras"; e (ii) exercidas (ii) "sem licença ou autorização dos órgãos ambientais competentes, ou contrariando as normas legais e regulamentares". Portanto, para a devida compreensão do tipo, necessário enfrentamento a esses dois critérios que auxiliam a realizar o injusto penal. Em alguma medida, pode-se adiantar que estes acompanham o padrão de descrição e juridicização dos riscos a partir das noções de probabilidade e magnitude.

3 O potencial poluidor e a ofensividade ao bem jurídico penal

Primeiramente, como *ultima ratio*, o Direito Penal depende de um bem jurídico como limite ao Poder Punitivo do Estado, devendo este encontrar sua sustentação

---

[14] Sobre as condições estruturais do Direito em assimilar os riscos ambientais e a aptidão dogmática da responsabilização civil em razão da produção de riscos intoleráveis, ver nosso: CARVALHO, Délton Winter de. *Dano ambiental futuro*: a responsabilização civil pelo risco ambiental. 2. ed. Porto Alegre: Livraria do Advogado, 2013.

sempre na Constituição e, ao final, na dignidade da pessoa humana. Assim, *bem jurídico* consiste na "expressão de um interesse, da pessoa ou da comunidade, na manutenção ou integridade de um certo estado, objeto ou bem em si mesmo socialmente relevante e por isso juridicamente reconhecido como valioso".[15]

Aqui, já se constatam alguns limites a qualquer tipo penal, (i) a necessária delimitação de um bem jurídico, que deverá ser lesionado ou colocado em perigo para a configuração do injusto penal; (ii) a sua sustentação constitucional; (iii) uma pré-compreensão jus-penal *antropocêntrica-ecocêntrica*,[16] para a qual reconhece-se que "existem bens jurídicos ambientais autônomos, mas estes também devem ter como referência o ser humano",[17] num alargamento do antropocentrismo, anterior, contudo, ao ecocentrismo (*antropocentrismo-alargado*).[18] Em matéria ambiental, o bem jurídico geral consiste no *meio ambiente sadio e equilibrado*,[19] o que, apesar de amplo para o Direito Penal, trata-se do horizonte e limite constitucional[20] a qualquer imputação penal. Como bem explicitado por Friedrich-Christian Schroeder, o meio ambiente trata-se de um "bem jurídico intermediário", uma vez que se encontra entre os bens jurídicos a vida e a saúde das pessoas, de um lado, e o meio ambiente em seu conjunto, de outro.[21]

A partir de tais premissas, cumpre destacarmos que há, na doutrina, significativa diversidade na classificação deste tipo penal do art. 60 da Lei dos Crimes Ambientais,

---

[15] DIAS, Jorge de Figueiredo. *Direito penal*: parte geral. 2. ed. Coimbra: Almedina, 2007. t. I, p. 308.

[16] Neste sentido: SOUZA, Paulo Vinicius Sporleder de. O meio ambiente (natural) como sujeito passivo dos crimes ambientais. *In*: D'AVILA, Fábio Roberto; SOUZA, Paulo Vinicius Sporleder de (Coords.) *Direito penal secundário*: estudos sobre crimes econômicos, ambientais, informáticos e outras questões. São Paulo: Revista dos Tribunais, Coimbra Editora, 2006. p. 272.

[17] SOUZA, Paulo Vinicius Sporleder de. O meio ambiente (natural) como sujeito passivo dos crimes ambientais. *In*: D'AVILA, Fábio Roberto; SOUZA, Paulo Vinicius Sporleder de (Coords.) *Direito penal secundário*: estudos sobre crimes econômicos, ambientais, informáticos e outras questões. São Paulo: Revista dos Tribunais, Coimbra Editora, 2006. p. 272. Para o autor, "[e]ntende-se que o meio ambiente, mesmo sendo considerado um 'fim em si mesmo', deve ser alvo de proteção penal tendo em vista a ideia relacional de responsabilidade do homem não só para com a natureza, mas também para com as gerações futuras". (SOUZA, Paulo Vinicius Sporleder de. O meio ambiente (natural) como sujeito passivo dos crimes ambientais. *In*: D'AVILA, Fábio Roberto; SOUZA, Paulo Vinicius Sporleder de (Coords.) *Direito penal secundário*: estudos sobre crimes econômicos, ambientais, informáticos e outras questões. São Paulo: Revista dos Tribunais, Coimbra Editora, 2006. p. 272) Ainda, digno de reflexão que "o meio ambiente, na verdade, deve ser tratado dogmaticamente como sujeito passivo (e coincidentemente como objeto material) dos crimes ambientais e, por conseguinte, como titular de bens jurídicos supraindividuais autônomos". (SOUZA, Paulo Vinicius Sporleder de. O meio ambiente (natural) como sujeito passivo dos crimes ambientais. *In*: D'AVILA, Fábio Roberto; SOUZA, Paulo Vinicius Sporleder de (Coords.) *Direito penal secundário*: estudos sobre crimes econômicos, ambientais, informáticos e outras questões. São Paulo: Revista dos Tribunais, Coimbra Editora, 2006. p. 273).

[18] Para José de Sousa Cunhal Sendin a expansão ao antropocentrismo clássico decore da inserção dos temas (i) da equidade intergeracional; (ii) direito dos animais; (iii) a constatação de que o homem é elemento integrante de uma comunidade biótica (extended stewardship ideology). (SENDIN, José de Sousa Cunhal. *Responsabilidade civil por danos ecológicos*: da reparação do dano através da restauração natural. Coimbra: Editora Coimbra, 1998. p. 98-104). Ver também: CARVALHO, Délton Winter de. Estado de Direito Ambiental. *In*: CARVALHO, Délton Winter de. *Gestão Jurídica Ambiental*. São Paulo: Revista dos Tribunais, 2017. p. 124-128.

[19] DINO NETO, Nicolau; BELLO FILHO, Ney; DINO, Flávio. *Crimes e infrações administrativas ambientais*. 3. ed. Belo Horizonte: Del Rey, 2011. p. 02.

[20] Nos termos do art. 225 caput e seu §3º da CF.

[21] SCHROEDER, Friedrich-Christian. Principio de Precaución, Derecho Penal y Riesgo. *In*: ROMEO CASABONA, Carlos Maria. *Princípio de precaución, biotecnologia y derecho*. Bilbao-Granada: Cátedra Comares, 2004. p. 427-428.

por vezes como crime de *perigo concreto*,[22] por outras como espécie de crime de *perigo abstrato*.[23]

A jurisprudência não nos socorre, oscilando também de forma bastante intensa. Apenas o Superior Tribunal de Justiça – STJ já entendeu o crime tipificado no art. 60 da Lei nº 9.605/98 como crime de dano,[24] como crime de perigo concreto[25] e, em outro momento, como crime de perigo abstrato.[26] Para identificação de qual espécie de perigo é exigida no tipo do art. 60, faz-se essencial adentrarmos profundamente nestas categorias, quais sejam: *crimes de lesão ou dano e o os crimes de perigo*, estes subdivididos em *perigo concreto* e *perigo abstrato*. Cumpre, neste momento, uma adequada descrição de cada uma destas categorias com o devido rigor técnico-dogmático. Todas estas decorrem da maneira como o bem jurídico é "posto em causa"[27] ou afrontado pela atuação do agente, quer sofrendo uma lesão ou sendo colocado em perigo.

Os *crimes de dano ou lesão*, como o próprio conceito já é capaz de expressar, consistem naqueles tipos em que a sua realização está condicionada a uma consequente *lesão efetiva* do bem jurídico. Exemplo desta categoria seria o ilícito penal previsto no art. 38 da Lei nº 9.605/98 ("Destruir ou danificar floresta considerada de preservação permanente, mesmo que em formação, ou utilizá-la com infringência das normas de proteção"). Já nos *crimes de perigo*, por sua vez, "a realização do tipo não pressupõe a lesão, mas antes se basta com a mera colocação em perigo do bem jurídico".[28] Estes

---

22 Apenas para citar como exemplos que descrevem o tipo do art. 60 como crime de perigo concreto: PRADO, Luís Regis. *Direito penal do ambiente*. São Paulo: Revista dos Tribunais, 2005. p. 433; MOSSIN, Heráclito Antônio. *Crimes ecológicos*: aspectos penais e processuais penais da Lei nº 9.605/98. Barueri: Manole, 2005. p. 234; SIRVINSKAS, Luís Paulo. *Tutela penal do meio ambiente*. 3. ed. São Paulo: Saraiva, 2004. p. 210.

23 MARCÃO, Renato. *Crimes ambientais*: anotações e interpretação jurisprudencial da parte criminal da Lei nº 9.605/98. São Paulo: Saraiva, 2011. p. 473. DINO NETO, Nicolau; BELLO FILHO, Ney; DINO, Flávio. *Crimes e infrações administrativas ambientais*. 3. ed. Belo Horizonte: Del Rey, 2011. p. 359.

24 "Para caracterizar a materialidade do delito previsto no art. 60, caput, da Lei nº 9.605/1998, exige-se a comprovação da ocorrência de efetivo dano ao meio ambiente, porquanto o simples fato de a atividade exigir licença ambiental para sua instalação e funcionamento não pode, por si só, criar a presunção de que esta seja potencialmente poluidora". (STJ, Decisão monocrática em REsp. nº 1.530.690/RS, Rel. Min. Sebastião Reis Júnior, j. 15.06.2015, DJ 17.06.2015).

25 "Além disso, para a caracterização do delito previsto no art. 60 da Lei nº 9.605/1998, a poluição gerada deve ter a capacidade de, ao menos, poder causar danos à saúde humana. No caso, não se justifica a ação penal, pois o próprio Ministério Público estadual atestou que "os níveis de radiação praticados pelas investigadas estão regulamentados pela Anatel e que os possíveis efeitos biológicos em seres humanos ainda não são completamente conhecidos". (...). ART. 60, DA LEI Nº 9.605/1998. ATIVIDADE POTENCIALMENTE POLUIDORA. PRESUNÇÃO. IMPOSSIBILIDADE. DANO EFETIVO NÃO COMPROVADO. AGRAVO REGIMENTAL NÃO PROVIDO. 1. A configuração do delito previsto no art. 60, da Lei nº 9.605/98, exige *o desenvolvimento de atividade potencialmente poluidora sem a correspondente licença ambiental. O fato de ser exigida a licença ambiental não pode gerar a presunção de que a atividade desenvolvida pelo acusado seja potencialmente poluidora*. 2. Agravo regimental não provido". (Grifos nossos) (STJ, AgRg no REsp nº 1.411.354/RS, rel. Min. Moura Ribeiro, 5ª Turma, j. 19.08.2014. DJe 26.8.2014). "RECURSO ESPECIAL. PENAL. CRIME AMBIENTAL. ART. 60, CAPUT, DA LEI Nº 9.605/1998. AUSÊNCIA DE LICENÇA OU AUTORIZAÇÃO DO ÓRGÃO AMBIENTAL COMPETENTE. ATIVIDADE POTENCIALMENTE POLUIDORA. PRESUNÇÃO. IMPOSSIBILIDADE. COMPROVAÇÃO. NECESSIDADE. *CRIME DE PERIGO CONCRETO*. PRECEDENTES DO STJ. INCIDÊNCIA DA SÚMULA Nº 568/STJ. Recurso especial improvido". (STJ, REsp nº 1.560.934/SP, rel. Min. SEBASTIÃO REIS JÚNIOR, 6ª Turma, j. 19.09.2016, DJe. 21.09.2016).

26 "O crime previsto no art. 60 da Lei nº 9.605/98 é de perigo abstrato, do qual não se exige prova do dano ambiental, sendo certo que a conduta ilícita se configura com a mera inobservância ou descumprimento da norma, pois o dispositivo em questão pune a conduta do agente que pratica atividades potencialmente poluidoras, sem licença ambiental". (Recurso em Habeas Corpus nº 89.461/AM, rel. Min. Félix Fischer, j. 17.05.2018).

27 DIAS, Jorge de Figueiredo. *Direito penal*: parte geral. 2. ed. Coimbra: Almedina, 2007. t. I, p. 308.

28 DIAS, Jorge de Figueiredo. *Direito penal*: parte geral. 2. ed. Coimbra: Almedina, 2007. t. I, p. 309.

se subdividem em crimes de perigo concreto e crimes de perigo abstrato, sendo para ambos secundário o resultado naturalístico, visto que a sua análise é prioritariamente realizada no plano normativo.

O primeiro (perigo concreto) consiste em tipos incriminadores, dependentes para seu preenchimento, de que o bem jurídico tenha sido concreta e efetivamente *posto em* e *exposto ao* perigo. Aqui, fala-se de um duplo juízo de averiguação, *ex ante* e *ex post*, de uma destacada *probabilidade de dano* ao bem jurídico.[29] Isso acaba por significar que esta probabilidade de dano ao bem jurídico (pôr em perigo) deve ser auferível num juízo de antecipação, isto é, "levando em conta unicamente as circunstâncias conhecidas cognoscíveis no momento da prática do ato" (*ex ante*), e necessariamente confirmadas posteriormente, numa averiguação ou juízo das "circunstâncias reais, mesmo somente conhecidas cognoscíveis após a realização do fato".[30] Em outras tintas, nos crimes de perigo em concreto, o evento de colocar em perigo o bem jurídico deve ser confirmado em numa dimensão probatória e sua probabilidade deve ser demonstrada em um grau digno de superação dos padrões interpretativos penais, o que quer dizer que a probabilidade foi tão intensa que a não ocorrência do resultado-lesão se deu por *mero acaso*.[31]

Para aqueles que entendem que o tipo penal previsto no art. 60 seria de perigo concreto, há inevitavelmente a necessidade de demonstração de que, não apenas a atividade praticada pelo agente, sem a devida permissão da autoridade competente, era potencialmente poluidora, num juízo *ex ante*, como esta probabilidade significativa (beirando a 'certeza virtual', para usarmos uma linguagem frequentemente usada nos meios científicos, como é o caso do IPCC,[32] por exemplo)[33] deve ser confirmada num juízo posterior aos fatos, atestando que aquele dado agente, naquela dada atividade, ocasionaram um perigo concreto tão intenso ao ponto de colocar em perigo o bem jurídico (meio ambiente sadio). Não basta ser a conduta perigosa, ela deve ser confirmada e provada posteriormente no processo, nas condições específicas do caso em concreto. Esta confirmação *ex post* deverá, por evidente, ser realizada em nível processual, motivo pelo qual a perícia trata-se de condição essencial e necessária. Para nós, exemplo de crime de perigo concreto consiste no delito do art. 54 da Lei nº 9.605/98 (*Causar poluição de qualquer natureza em níveis tais que resultem ou possam resultar em danos à saúde humana, ou que provoquem a mortandade de animais ou a destruição significativa da flora*). Enquanto a primeira parte do tipo (causar poluição de qualquer natureza que *resulte* [...] em danos à saúde humana, ou que provoquem a mortandade de animais ou a destruição signifi-

---

[29] D'AVILA, Fábio Roberto. O ilícito penal nos crimes ambientais: algumas reflexões sobre a ofensa a bens jurídicos e os crimes de perigo abstrato no âmbito do direito penal ambiental. *Revista do Ministério Público*, Rio Grande do Sul, n. 75. p. 16-28, 2013.

[30] GRECO, Luís. Princípio da ofensividade e crimes de perigo abstrato: uma introdução ao debate sobre o bem jurídico e as estruturas do delito. *Revista Brasileira de Ciências Criminais*, São Paulo: Revista dos Tribunais, v. 49, p. 120, 2004.

[31] GRECO, Luís. Princípio da ofensividade e crimes de perigo abstrato: uma introdução ao debate sobre o bem jurídico e as estruturas do delito. *Revista Brasileira de Ciências Criminais*, São Paulo: Revista dos Tribunais, v. 49, p. 120, 2004.

[32] Acerca da descrição científica dos graus de convicção técnica acerca de riscos, ver: IPCC. *Guidance note for lead authors of the IPCC fifth assessment report on consistent treatment of uncertainties*. Disponível em: https://www.ipcc.ch/site/assets/uploads/2017/08/AR5_Uncertainty_Guidance_Note.pdf. Acesso em 10 fev. 2020.

[33] Para uma análise mais profunda dos diversos graus de incerteza pode ver: e sua repercussão jurídica, ver: CARVALHO, Délton Winter de. *A gestão jurídica dos riscos ambientais*: da prevenção à precaução. Gestão Jurídica Ambiental. São Paulo: Revista dos Tribunais, 2015. p. 150-220.

cativa da flora) configura-se em crime de dano, a segunda, ao referir "causar poluição de qualquer natureza em níveis tais que [...] *possam resultar"* enseja um crime de perigo concreto, devendo haver a confirmação *ex post* de uma probabilidade que, para além da dúvida razoável, pôs em risco o bem jurídico ambiental da norma no caso em concreto.

Já os crimes de *perigo abstrato* são descritos para tipos incriminadores em que o perigo não é elemento do tipo, mas simplesmente o motivo da proibição.[34] Há uma antecipação preventiva, em que o núcleo do tipo-ilícito exige apenas que a atividade seja reconhecida *ex ante* como arriscada para *expor a perigo* o bem jurídico. Aqui, a periculosidade da conduta seria avaliada *ex ante,*[35] não havendo a necessidade de verificação desta *ex post*. Ainda assim, a materialidade do crime de perigo depende de uma *periculosidade geral* imposta pela conduta do agente ao bem jurídico penal. Uma das condições essenciais para a tipificação de um crime de perigo abstrato é que esta seja feita de forma suficientemente clara e precisa quanto à conduta arriscada que se quer tornar um ilícito penal. Há, neste ponto, duas correntes, uma que entende por uma presunção *juris et de jure,* materialmente vazia, e outra de que a presunção gerada por estes seria *iuris tantum*, admitindo prova em contrário, sob pena de ter-se um Direito Penal alheio ao Princípio da Lesividade.[36] Neste sentido, cabe ao agente fazer a prova de que na realidade "não existiu, de forma *absoluta*, perigo para o bem jurídico, ou que o agente tomou todas as medidas necessárias para evitar que o bem jurídico fosse colocado em perigo".[37]

Para suportar o desafio imposto pelos crimes de perigo abstrato à necessária manutenção da *ofensividade,* há a convicção de que se uma ação ou atividade for absolutamente inócua ou inofensiva aos interesses protegidos, mesmo que formalmente adequada ao que se encontra descrito no tipo, essa conduta não deve interessar ao Direito Penal. Por tal necessidade é que parece absolutamente acertada a indigência de que a configuração de um crime de perigo abstrato exija, como critério objetivo, que a atividade tenha ao menos *a possibilidade*[38] de lesar o bem jurídico tutelado, devendo esta ser verificada em um juízo *ex ante*. Como bem menciona Blanca Mendoza, para fins penais não se está a falar de uma mera ou remota possibilidade, mas sim de uma "elevada possibilidade"[39] ou "possibilidade séria",[40] de acordo com os conhecimentos disponíveis no momento. Ao nosso sentir, este grau de previsibilidade encontra-se abaixo da probabilidade, mas acima da mera especulação ou hipótese científica. Além

---

[34] DIAS, Jorge de Figueiredo. *Direito penal:* parte geral. 2. ed. Coimbra: Almedina, 2007. t. I, p. 309.

[35] GALLAS, Wilhelm. *La teoria del delicto em su momento actual*. Barcelona: Bsch, 1959. p. 50-54.

[36] JR. REALE, Miguel. *Instituições de direito penal:* parte geral. Rio de Janeiro: Forense, 2002. v. I, p. 280.

[37] DIAS, Jorge de Figueiredo. *Direito penal:* parte geral. 2. ed. Coimbra: Almedina, 2007. t. I, p. 310.

[38] Ao expor tal critério, Fábio Roberto D'Avila explica que *esta possibilidade de dano* ao bem jurídico deve ser objetiva e real (D'AVILA, Fábio Roberto. O ilícito penal nos crimes ambientais: algumas reflexões sobre a ofensa a bens jurídicos e os crimes de perigo abstrato no âmbito do direito penal ambiental. *Revista do Ministério Público*, Rio Grande do Sul, n. 75. p. 16-28, 2013. p. 18).

[39] MENDOZA, Blanca. Principio de precaución, derecho penal del riesgo y delitos de peligro. *In:* ROMEO CASABONA, Carlos Maria. Princípio de precaución, biotecnología y derecho. Bilbao-Granada: Comares, 2004. p. 462.

[40] MENDOZA, Blanca. Principio de precaución, derecho penal del riesgo y delitos de peligro. *In:* ROMEO CASABONA, Carlos Maria. Princípio de precaución, biotecnología y derecho. Bilbao-Granada: Comares, 2004. p. 466.

disso, o perigo deve atender a um critério de *não insignificância*[41] do perigo apresentado ao bem jurídico.

Aqui, cumpre elucidar que, se de um lado pode haver a mera possibilidade como elemento justificador da imputação penal a uma conduta, este perigo de dano deve ser suficientemente sério para o bem jurídico. Há, portanto, uma correlação com a *comunicação geral do risco*, a partir da qual quanto maior a magnitude socioambiental da atividade produtora do perigo (ponderada *ex ante*) menor a necessidade de probabilidade (crime de perigo concreto) ou mesmo uma mera possibilidade (crime de perigo abstrato).[42] O Direito Penal acompanha, em suas especificidades dogmáticas, esta racionalidade, ao prever que determinadas situações de perigo estão sujeitas a um padrão menos rígido, como é o caso da possibilidade como critério justificador para os crimes de perigo abstrato.

Nesta espécie de delito de perigo há uma inegável irrelevância do resultado naturalístico, deslocando-se a ênfase para o *desvalor da conduta*. Por esta razão houve a defesa pela inconstitucionalidade dos crimes de perigo abstrato por ofensa à necessária lesividade constitucional.[43] Contudo, tal posicionamento parece já ter sido dissipado[44] exatamente em razão de, mesmo nestes tipos, haver a necessidade de avaliação judicial das condições *ex ante* (possibilidade de afetação não insignificante) que possibilitem colocar em ameaça e atuem na *esfera de manifestação do bem jurídico*. Ou seja, que o perigo mostre-se suficientemente influente ao entorno (indireto) e com capacidade de colocar em ameaça o bem jurídico. A atividade deve, necessariamente, criar as condições para pôr o bem jurídico em perigo. E é pelo perigo a que o bem jurídico é exposto pela conduta do agente que o *desvalor do resultado* é reinserido na reflexão jurídico-penal, mesmo para crimes de perigo (inclusive o abstrato).

É desta forma que mesmo os crimes de perigo abstrato não deixam de representar uma *tradução* jurídico-penal (e por isso se conectar) à *comunicação social do risco*. A *probabilidade* é a semântica instrumentalizadora para a construção dogmática-penal do critério da *possibilidade demonstrável ex ante*, enquanto a *magnitude* é explicitamente representada pela *não insignificância* do perigo penalmente relevante. Note-se que nem mesmo os crimes de perigo abstrato ficam alheios à configuração social para a comunicação de qualquer risco, isto é, probabilidade e magnitude. Desta forma, o próprio Direito Penal acaba por *decodificar* a noção social de risco (como comunicação voltada ao futuro), *traduzindo* os critérios de probabilidade e magnitude a partir de suas capacidades dogmáticas e funcionais.

---

[41] Para tanto, mesmo crimes de perigo abstrato exigem que seja superada, *ex ante*, um juízo de verificação que demonstre que a atividade atende a uma *"possibilidade não insignificante de dano ao bem jurídico"* (D'AVILA, Fábio Roberto. O ilícito penal nos crimes ambientais: algumas reflexões sobre a ofensa a bens jurídicos e os crimes de perigo abstrato no âmbito do direito penal ambiental. *Revista do Ministério Público*, Rio Grande do Sul, n. 75. p. 16-28, 2013. p. 19).

[42] Sobre esta relação dinâmica entre probabilidade e magnitude, em que quanto mais bem demonstrada e intensa a magnitude de um risco, menor será a exigência de sua probabilidade para justificar decisões jurídicas preventivas, ver: CARVALHO, Délton Winter de. *Dano ambiental futuro*: a responsabilização civil pelo risco ambiental. 2. ed. Porto Alegre: Livraria do Advogado, 2013. p. 216-221.

[43] Em defesa da inconstitucionalidade dos crimes de perigo abstrato manifesta-se: GOMES, Luiz Flávio. *Princípio da ofensividade no direito penal*. São Paulo: Revista dos Tribunais, 2002. p. 103.

[44] DIAS, Jorge de Figueiredo. *Direito penal*: parte geral. 2. ed. Coimbra: Almedina, 2007. t. I, p. 309-310; BOTTINI, Pierpaolo Cruz. *Crimes de perigo abstrato*. 2. ed. São Paulo: Revista dos Tribunais, 2011. p. 170-172.

4 Afinal, a qual espécie de crime pertence o art. 60 da Lei nº 9.605/98, quanto ao grau de ofensa ao bem jurídico?

Voltando nossa análise para o art. 60 da Lei dos Crimes Ambientais, destaca-se que seu tipo incriminador é expresso a exigir uma atividade adjetivada "como" *potencialmente poluidora* e que, mesmo assim, esteja sendo exercida *sem licença ou autorização dos órgãos ambientais competentes, ou contrariando as normas legais e regulamentares pertinentes*. Portanto, cristalino está que este não se trata de *um crime de dano*, quanto ao grau de ofensa ao bem jurídico e, de outro lado, também não pode ser considerado como crime de *mera conduta*, desde a perspectiva do resultado naturalístico. Senão vejamos. Não raras vezes, o ilícito penal previsto no tipo do art. 60 é descrito como *crime de mera conduta* ou de desobediência. Por detrás de tal entendimento há a compreensão de que a periculosidade estaria tacitamente definida na norma e, por isso, estar-se-ia diante de uma presunção *juris et de jure* de perigo e, por essa razão, não admitiria prova em contrário. Conceitualmente, os crimes de mera conduta são descritos como aqueles em que o tipo incriminador se preenche com a mera execução de um determinado comportamento.[45] Não é o que ocorre à luz do tipo do art. 60 da Lei nº 9.605/98, quando é expressamente exigida a *periculosidade da conduta* ("atividade potencialmente poluidora"). *A possibilidade* não inofensiva ao bem jurídico deve ser, portanto, demonstrável em um juízo de antecipação.

Avançando a análise, cabe agora responder à tormentosa pergunta: o tipo em comento consiste em tipo afeto à categoria concreta ou abstrata de perigo? Estaria este ilícito penal submetido a um grau de exigência de *concretude causal acerca do perigo imposto ao bem jurídico, demonstrável em uma dupla fase de verificação das probabilidades desse perigo?* Ou se, de outro lado, estaríamos diante de um tipo que se perfaz a partir de uma *possiblidade* de perigo não inofensivo à zona de manifestação do bem jurídico (capacidade, mesmo que em abstrato, de colocar em perigo o bem jurídico), verificável antecipadamente?

Por exclusão, inicia-se a análise do art. 60 da Lei nº 9.605/98, confrontando-o com os delitos de perigo concreto. Não obstante as já referidas e abalizadas opiniões neste sentido e sua coerência técnica, o tipo parece não ser um representante de crimes de perigo concreto. Isso ocorre por alguns motivos. Tendo o tipo feito uma referência clara e precisa acerca da exata atividade e tipo de perigo que esta incriminou (exercer atividade potencialmente poluidora sem a respectiva licença ou autorização ou contrariando as normas legais e regulamentares), torna assim injustificado e desnecessário um juízo de verificação *ex post*, que confirme a ocorrência deste resultado de perigo ao bem jurídico. Para tanto, a norma faz referência expressa a atos administrativos e normativos que deveriam ser capazes de exercer um filtro das atividades idôneas cientificamente para colocar em perigo o bem jurídico tutelado ("atividade potencialmente poluidora"), o meio ambiente ecologicamente equilibrado (tendo como objeto a prevenção da poluição). Ainda, parece claro na textura normativa deste tipo não haver um *grau de exigência* tão intenso para a verificação de uma *probabilidade alta* do perigo imposto diretamente ao bem jurídico, pois apenas seria necessária uma atividade com potencialidade poluidora. Para os defensores deste entendimento (de que o art. 60 se trata de crime de perigo

---

45 DIAS, Jorge de Figueiredo. *Direito penal*: parte geral. 2. ed. Coimbra: Almedina, 2007. t. I, p. 306.

concreto), o bem jurídico deveria ser *efetivamente* colocado em perigo, sendo necessária a sua demonstração *ex post*. É dizer, para tanto, deve ser concretizada a ausência da licença; o exercício da atividade potencialmente poluidora e a posterior confirmação desta situação de perigo, atendendo, assim, à estrutura dos crimes de perigo concreto.

Em sentido contrário, deve-se observar que, para casos em que o exercício de uma atividade esteja condicionada à obtenção prévia de autorização ou licença, por seu potencial lesivo, e esta vier a ser exercida sem tal submissão, não há que se exigir a produção do dano, nem mesmo o perigo concreto para fins de imputação penal.[46] A remissão do artigo à *atividade potencialmente poluidora* e, por consequência, *à necessidade da atividade estar submetida a um regime de licenciamento ou autorização ambiental*, permite a realização do tipo com *juízos de mera possibilidade*, de um lado, e de perigo *não insignificante* (princípio da insignificância), de outro. Presunção esta *iuris tantum*, formada *ex ante*, como visto, e passível de ser afastada (por inexistir a periculosidade geral na atividade ou ter o agente adotado todas as medidas necessárias para evitar a exposição do bem jurídico ao perigo). Desta forma, trata-se o ilícito penal do art. 60 de uma espécie de crime mais afeta à estrutura dos crimes de perigo abstrato.

Contudo, a remissão normativa à avaliação da administração e das normas acerca da atividade ser *potencialmente poluidora* longe está de resolver completamente a questão. O tipo faz, assim, uma previsão precisa e delimitada de qual comportamento perigoso não é tolerado. Porém, da mesma forma, não parece o tipo do art. 60 tratar-se de uma *versão pura* do crime de perigo abstrato, mas sim, de um tipo que se ajusta a uma de suas variações: *perigo abstrato-concreto*.

4.1 O ilícito penal do art. 60, da Lei nº 9.605/98 como crime de perigo abstrato-concreto ou de acumulação

O crime de *perigo abstrato-concreto* consiste em uma categoria intermediária entre os crimes de perigo concreto e abstrato. Em linhas gerais, nesta categoria, "o perigo converte-se em parte integrante do tipo e não um mero *motivo* da incriminação, como sucede nos autênticos crimes de perigo abstracto", por outro lado, se comparado aos crimes de perigo concreto, pode ser dito que "a realização típica desses crimes não exige a efectiva produção de um resultado de perigo concreto".[47] Nesses tipos há descrição da conduta proibida e uma exigência expressa de demonstração de uma *periculosidade geral*.[48] Para a configuração punitiva de tais delitos não há a necessidade de produção de uma ameaça direta e concreta a bens jurídicos, mas também não se satisfazem com um mera realização formal da conduta. São assim mais exigentes do que os crimes de perigo abstrato *puros* e menos do que os de perigo concreto. Esses tipos exigem expressamente uma periculosidade geral, devendo esta ser a ação apta e idônea para, ao menos, ameaçar a esfera de manifestação do bem jurídico. Há, nestes casos, uma "exigência típica da constatação da idoneidade lesiva da conduta empreendida, ou da

---

[46] SCHROEDER, Friedrich-Christian. Principio de Precaución, Derecho Penal y Riesgo. *In*: ROMEO CASABONA, Carlos Maria. *Principio de precaución, biotecnología y derecho*. Bilbao-Granada: Cátedra Comares, 2004. p. 429.

[47] DIAS, Jorge de Figueiredo. *Direito penal*: parte geral. 2. ed. Coimbra: Almedina, 2007. t. I, p. 311.

[48] BOTTINI, Pierpaolo Cruz. *Crimes de perigo abstrato*. 2. ed. São Paulo: Revista dos Tribunais, 2011. p. 118.

periculosidade *ex ante* da mesma".[49] Nesses tipos deve ser possível um conhecimento *ex ante* da "verossímil periculosidade da conduta".[50]

Nesta ordem lógica, o crime previsto no art. 60, ao exigir que a atividade seja *potencialmente poluidora*, integra no próprio tipo a periculosidade geral necessária para a conduta a ser incriminada. Deve, portanto, haver uma prova de *periculosidade geral* da atividade exercida, não concretamente, mas deve ser uma atividade apta e idônea, tecnicamente, para ameaçar a *esfera de manifestação do bem ambiental*.[51] Por essa razão, apesar de se tratar de um crime de perigo abstrato, deve estar demonstrado, por perícia ou outras provas técnicas, que a atividade seja abstrata e *ex ante*, apta a ameaçar (periculosidade geral) o bem jurídico. Aqui, haverá por evidente uma análise sobre o segmento da atividade e se este é capaz (de forma geral e abstrata) de pôr em perigo o bem jurídico ambiental (que no caso é o ecossistema ecologicamente equilibrado, prevenindo a poluição ambiental). Por evidente, a esta prova de periculosidade geral somam-se aqueles critérios já exigíveis na forma pura do perigo abstrato, *possibilidade de dano* e *não inofensividade*.

A título de exemplo, digamos que uma determinada municipalidade, em nível de regulação de impactos locais, pretenda exigir e adote os meios normativos municipais para exigir licenças ambientais para atividades de *placas luminosas* em comércios centrais. Neste caso, um lojista não retira sua placa (pré-existente) e também não submete seu pedido de licença ambiental em esfera administrativa. Aqui pode-se ter claramente um *ilícito administrativo*, porém na esfera penal isso somente será possível se a manutenção desta placa luminosa sem o controle estatal (por meio da licença ambiental) for *capaz e apta* a gerar um *perigo geral* ao ecossistema local. Se a placa luminosa do lojista não detiver a condição geral de turbar o ecossistema no qual está inserida, não ter-se-á cumprida a condição para sua imputação. Em outras tintas, deve ser possível, em nível de *periculosidade geral*, que tais atividades ameacem de forma possível e não insignificante o bem jurídico em questão (equilíbrio ecológico e não poluição). Um exemplo seria que houvesse a demonstração pericial ou por outras provas de idoneidade técnica de que, em geral, as placas luminosas como a usada pelo agente acarretam em desequilíbrio nos insetos daquela localidade e isso repercuta no equilíbrio ecológico e, por consequência, na dignidade humana por seu entorno ambiental. Do contrário, não ter-se-á a violação do tipo de exercício de atividade potencialmente poluidora sem a respectiva licença ou autorização. De outro lado, também poderá haver o preenchimento do tipo, caso seja demonstrado que, em virtude de *um contexto de saturação ambiental local*, aquela conduta é relevante para ameaçar abstratamente o bem jurídico tutelado. Estes são denominados *crimes de acumulação*, aplicáveis para casos em que, mesmo sem haver uma periculosidade geral associada à conduta punível, a saturação ambiental pode justificar a exigência de licenças ambientais pela autoridade ambiental e, assim, tornar

---

[49] MENDOZA, Blanca. Principio de precaución, derecho penal del riesgo y delitos de peligro. *In*: ROMEO CASABONA, Carlos Maria. Princípio de precaución, biotecnologia y derecho. Bilbao-Granada: Comares, 2004. p. 470.

[50] MENDOZA, Blanca. Principio de precaución, derecho penal del riesgo y delitos de peligro. *In*: ROMEO CASABONA, Carlos Maria. Princípio de precaución, biotecnologia y derecho. Bilbao-Granada: Comares, 2004. p. 471.

[51] D'AVILA, Fábio Roberto. O ilícito penal nos crimes ambientais: algumas reflexões sobre a ofensa a bens jurídicos e os crimes de perigo abstrato no âmbito do direito penal ambiental. *Revista do Ministério Público*, Rio Grande do Sul, n. 75. p. 16-28, 2013. p. 21-28.

puníveis condutas que *isoladamente não demonstrariam uma periculosidade geral,* mas que num contexto de saturação ambiental encontram seu potencial punível.[52] Seria o caso das placas luminosas que, uma vez instaladas exageradamente numa região sensível da cidade, estão a causar um perigo de desequilíbrio ambiental, apesar de isoladamente serem inofensivas.

Referências

BECK, Ulrich. *Risk Society:* towards a new modernity. London: Sage, 1992.

BOTTINI, Pierpaolo Cruz. *Crimes de perigo abstrato.* 2. ed. São Paulo: Revista dos Tribunais, 2011.

CARVALHO, Délton Winter de. *A gestão jurídica dos riscos ambientais:* da prevenção à precaução. Gestão Jurídica Ambiental. São Paulo: Revista dos Tribunais, 2015.

CARVALHO, Délton Winter de. *Dano ambiental futuro:* a responsabilização civil pelo risco ambiental. 2. ed. Porto Alegre: Livraria do Advogado, 2013.

CARVALHO, Délton Winter de. Estado de Direito Ambiental. *In:* CARVALHO, Délton Winter de. *Gestão Jurídica Ambiental.* São Paulo: Revista dos Tribunais, 2017.

D'AVILA, Fábio Roberto. O ilícito penal nos crimes ambientais: algumas reflexões sobre a ofensa a bens jurídicos e os crimes de perigo abstrato no âmbito do direito penal ambiental. *Revista do Ministério Público,* Rio Grande do Sul, n. 75. p. 16-17, 2013.

DE GIORGI, Raffaele. *Direito, democracia e risco:* vínculos com o futuro. Porto Alegre: Safe, 1993.

DIAS, Jorge de Figueiredo. *Direito penal:* parte geral. 2. ed. Coimbra: Almedina, 2007. t. I.

DINO NETO, Nicolau; BELLO FILHO, Ney; DINO, Flávio. *Crimes e infrações administrativas ambientais.* 3. ed. Belo Horizonte: Del Rey, 2011.

GALLAS, Wilhelm. *La teoría del delicto en su momento actual.* Barcelona: Bsch, 1959.

MES, Luiz Flávio. *Princípio da ofensividade no direito penal.* São Paulo: Revista dos Tribunais, 2002.

GRECO, Luís. Princípio da ofensividade e crimes de perigo abstrato: uma introdução ao debate sobre o bem jurídico e as estruturas do delito. *Revista Brasileira de Ciências Criminais,* São Paulo: Revista dos Tribunais, v. 49, p. 120, 2004.

IPCC. *Guidance note for lead authors of the IPCC fifth assessment report on consistent treatment of uncertainties.* Disponível em: https://www.ipcc.ch/site/assets/uploads/2017/08/AR5_Uncertainty_Guidance_Note.pdf. Acesso em 10 fev. 2020.

JR. REALE, Miguel. *Instituições de direito penal:* parte geral. Rio de Janeiro: Forense, 2002. v. I.

LUHMANN, Niklas. *Risk:* a sociological theory. New Jersey: Aldine Transactions, 2002.

LUHMANN, Niklas. The third question: the creative use of paradoxes in law and legal history. *Journal of Law and Society,* v. 15, n. 2, p. 153-165, 1988.

MARCÃO, Renato. *Crimes ambientais:* anotações e interpretação jurisprudencial da parte criminal da Lei nº 9.605/98. São Paulo: Saraiva, 2011.

MENDOZA, Blanca. Principio de precaución, derecho penal del riesgo y delitos de peligro. *In:* ROMEO CASABONA, Carlos Maria. Princípio de precaución, biotecnologia y derecho. Bilbao-Granada: Comares, 2004.

---

[52] A responsabilização penal pela falta de licença ou autorização como crime de acumulação é apresentada como uma possível interpretação em contextos ambientais de saturação e riscos cumulativos por: SCHROEDER, Friedrich-Christian. Principio de Precaución, Derecho Penal y Riesgo. *In:* ROMEO CASABONA, Carlos Maria. *Principio de precaución, biotecnología y derecho.* Bilbao-Granada: Cátedra Comares, 2004. p. 433.

MOSSIN, Heráclito Antônio. *Crimes ecológicos*: aspectos penais e processuais penais da Lei nº 9.605/98. Barueri: Manole, 2005.

PRADO, Luís Regis. *Direito penal do ambiente*. São Paulo: Revista dos Tribunais, 2005.

SCHROEDER, Friedrich-Christian. Principio de Precaución, Derecho Penal y Riesgo. *In*: ROMEO CASABONA, Carlos Maria. *Princípio de precaución, biotecnologia y derecho*. Bilbao-Granada: Cátedra Comares, 2004.

SENDIN, José de Sousa Cunhal. *Responsabilidade civil por danos ecológicos*: da reparação do dano através da restauração natural. Coimbra: Editora Coimbra, 1998.

SIRVINSKAS, Luís Paulo. *Tutela penal do meio ambiente*. 3. ed. São Paulo: Saraiva, 2004.

SOUZA, Paulo Vinicius Sporleder de. O meio ambiente (natural) como sujeito passivo dos crimes ambientais. *In*: D'AVILA, Fábio Roberto; SOUZA, Paulo Vinicius Sporleder de (Coords.) *Direito penal secundário*: estudos sobre crimes econômicos, ambientais, informáticos e outras questões. São Paulo: Revista dos Tribunais, Coimbra Editora, 2006.

STEELE, Jenny. *Risks and Legal Theory*. Oxford: Hart Publishing, 2004.

Informação bibliográfica deste texto, conforme a NBR 6023:2018 da Associação Brasileira de Normas Técnicas (ABNT):

CARVALHO, Délton Winter de. Comentários ao Recurso Extraordinário nº 628.582-RS: Os critérios de imputação penal do art. 60 da Lei nº 9.605/98 como um crime de perigo abstrato-concreto ou por acumulação. *In*: BENJAMIN, Antônio Herman Vasconcelos e; FREITAS, Vladimir Passos de; SOARES JÚNIOR, Jarbas (Coord.). *Comentários aos acórdãos ambientais:* paradigmas do Supremo Tribunal Federal. Belo Horizonte: Fórum, 2021. p. 47-61. ISBN 978-65-5518-077-0.

CRIME AMBIENTAL TIPIFICADO NO ART. 38, CAPUT, DA LEI Nº 9.605/1998. ÁREA PARTICULAR. CONTROVÉRSIA DECIDIDA COM FUNDAMENTO EM NORMAS INFRACONSTITUCIONAIS. OFENSA CONSTITUCIONAL INDIRETA. COMENTÁRIO AO AG. REG. NO RECURSO EXTRAORDINÁRIO Nº 639.810/RN

RELATORA: MINISTRA CÁRMEN LÚCIA

ANA MARIA MOREIRA MARCHESAN

RAFAEL MARTINS COSTA MOREIRA

EMENTA: AGRAVO REGIMENTAL NO RECURSO EXTRAORDINÁRIO. PENAL. AUSÊNCIA DE PREQUESTIONAMENTO EXPLÍCITO. INCIDÊNCIA DAS SÚMULAS Nº 282 E Nº 356 DO SUPREMO TRIBUNAL FEDERAL. CRIME AMBIENTAL TIPIFICADO NO ART. 38, CAPUT, DA LEI Nº 9.605/1998. ÁREA PARTICULAR. CONTROVÉRSIA DECIDIDA COM FUNDAMENTO EM NORMAS INFRACONSTITUCIONAIS. OFENSA CONSTITUCIONAL INDIRETA. AGRAVO REGIMENTAL AO QUAL SE NEGA PROVIMENTO.

Introdução

O presente artigo dedica-se a comentar o acórdão da 1ª Turma do Supremo Tribunal Federal resultante do julgamento do Agravo Regimental no Recurso Extraordinário nº 639.810, oriundo do Rio Grande do Norte, em que figura como relatora a Ministra Cármen Lúcia, datado de 28 de junho de 2011.

O caso concreto versa sobre imputação da prática do crime previsto no art. 38 da Lei nº 9.605/98, mais especificamente em função da atividade de carcinicultura em área de manguezal.

Recorreu o Ministério Público Federal invocando os arts. 20, inc. VII, e 109, IV, da Constituição Federal, pois os "manguezais são terrenos de marinha, bens da União, visto estarem sob a influência das marés".

No Recurso Extraordinário, não conhecido monocraticamente pela Min. Cármen Lúcia, foi considerado que "as alegações de que manguezais seriam necessariamente terrenos de marinha e de contrariedade ao art. 22, inc. VII, da Constituição não foram objeto de debate e decisão prévios no Tribunal de origem, tampouco foram opostos embargos de declaração com a finalidade de comprovar ter havido, no momento processual próprio, o prequestionamento. Incidem na espécie vertente as Súmulas 282[1] e 356[2] do Supremo Tribunal Federal".

No acórdão ora comentado, o *parquet* buscava, através de agravo regimental, abrir caminho para o conhecimento do Recurso Extraordinário. Entretanto, não logrou melhor êxito por uma questão meramente procedimental relativa à ausência de prequestionamento. Na ementa, declarou-se que a controvérsia teria sido decidida com base em normas infraconstitucionais. Portanto, a ofensa constitucional seria indireta.

1 A relevância socioambiental dos manguezais e sua proteção Jurídica

Neste item iremos discorrer um pouco sobre o bem jurídico imediatamente protegido no caso em foco: o manguezal.

Os manguezais são bens socioambientais, pois além de encarnarem valores ecológicos de inestimável relevância para o equilíbrio ecológico e para o desempenho dos serviços ecossistêmicos, eles ainda aglutinam valores culturais e sociais. Numa interpretação complexa, a natureza não pode ser dissociada das comunidades que dela se valem.

Sarlet e Fensterseifer nomeiam o modelo de estado a ser perseguido pelo atual estágio da civilização como um estado socioambiental. Nesse sentido, propõem que o bem-estar deve ser ambiental, decorrente de "uma vida saudável com qualidade ambiental, o que se apresenta como indispensável ao pleno desenvolvimento da pessoa e ao desenvolvimento humano no seu conjunto", devendo-se reconhecer um patamar mínimo de qualidade ambiental, sem o qual "a dignidade humana estaria sendo violada no seu núcleo essencial". Para os autores, "o novo modelo de Estado de Direito objetiva uma salvaguarda cada vez maior da dignidade humana e de todos os direitos fundamentais (de todas as dimensões), em vista de uma (re)construção histórica permanente dos seus conteúdos normativos".[3]

Nessa perspectiva, a defesa dos manguezais deve se dar de uma maneira integrativa para garantia da natureza, dos serviços ecossistêmicos e das comunidades que deles sobrevivem e com eles interagem.

Segundo Vanucci,[4] os manguezais são ecossistemas que se diferenciam dos demais porque: a) diferentemente de outros ecossistemas marginais (localizados na fronteira entre a terra e a água), são altamente produtivos e interagem intensamente com outros

---

[1] "É inadmissível o recurso extraordinário, quando não ventilada, na decisão recorrida, a questão federal suscitada".

[2] "O ponto omisso da decisão, sobre o qual não foram opostos embargos declaratórios, não pode ser objeto de recurso extraordinário, por faltar o requisito do prequestionamento".

[3] SARLET, Ingo; FENSTERSEIFER, Tiago. Breves considerações sobre os deveres de proteção e a garantia da proibição de retrocesso em matéria ambiental. *Revista de Direito Ambiental*, São Paulo, ano 15, n. 58, p. 41-85, abr./jun. 2010. p. 53.

[4] VANUCCI, Marta. What is so special about mangroves? *Brazilian Journal of Biology*, v. 61, n. 4, p. 603, 2001.

ecossistemas; e b) os mecanismos naturais de florestas de manguezal sadias funcionam como depósitos de metais pesados poluentes e provavelmente de outros componentes tóxicos e níveis de pH desfavoráveis.

Só por essas relevantes funções já mereceriam um olhar dedicado da legislação.

Ocorre que a importância dos manguezais transcende o mundo físico e se espraia para o mundo espiritual e para a interface social, sendo admissível falar numa verdadeira "civilização do mangue",[5] completamente atrelada ao ecossistema, seus atributos, seus ciclos e funções.

Diegues dedicou vários estudos às comunidades tradicionais envolvidas com a cultura do mangue, especialmente a dos caiçaras. O estudo das práticas e saberes introjetados por essas populações demonstra que pode haver um manejo sustentável do manguezal "pela contribuição histórica que essas populações têm dado à conservação da biodiversidade, por meio do conhecimento sobre a fauna e a flora e os sistemas tradicionais de manejo dos recursos naturais que dispõe".[6]

Na Amazônia, Guedes destaca o grupo dos "praieiros", moradores de uma faixa litorânea entre o Piauí e o Amapá que se vale de um manguezal riquíssimo e que se constitui em fonte substancial para diversos produtos como, por exemplo, o "pescado, os crustáceos e moluscos, a madeira para construção de casas e barcos e a fabricação de remédios e tinturas".[7]

Se bem explorados, os recursos ofertados pelos manguezais são renováveis e podem representar formas de sustento e de dignidade para as populações tradicionais que dele se valem.

Em magistral artigo sobre a proteção jurídica dos manguezais, Serafini nos ensina um pouco sobre suas importantes características físicas:

> De uma forma geral, o substrato dos manguezais apresenta grande quantidade de matéria orgânica, elevada concentração de sais e são inconsolidados. Como já dito, apresentam baixas concentrações de oxigênio, mesmo nos estratos mais superficiais. Essas baixas concentrações se devem à decomposição da matéria orgânica. Os substratos também são ricos em gás sulfídrico e sulfeto de ferro, elementos que conferem cor e odor característicos a esses sedimentos (e ao ecossistema como um todo). A fauna dos manguezais é muito diversificada, apresentando grande biodiversidade, sendo composta por peixes (tainhas, anchovetas, etc.), aves (mais ou menos 80 no Brasil), répteis (tal como o jacaré-do-papo-amarelo), mamíferos (mão-pelada, peixe boi marinho, lontras e macacos), e vários grupos de invertebrados (camarões, caranguejos, poliquetos, moluscos, insetos) que vivem tanto no solo, nas raízes, nos troncos ou na porção aérea do ecossistema. A par dessas características ecológicas, o manguezal pode ser tratado como um recurso renovável, porém finito, quando se considera os usos indiretos possíveis, tal como a produção natural de mel, ostras, caranguejos, camarões, siris e mariscos, além dos usos recreacionais, científicos e educacionais. Por outro lado, o manguezal pode ser considerado como um recurso não-renovável, quando o espaço que ele ocupa (privilegiado para algumas finalidades econômicas) é substituído por prédios, atracadouros, residências, portos, marinas, aero-

---

[5] SERAFINI, Leonardo Zagonel. Os manguezais, seu regime jurídico e sua proteção socioambiental. *Revista de direito ambiental*, v. 51, p. 110-140, 2008. p. 130.

[6] DIEGUES, Antonio Carlos; ARRUDA, Rinaldo S. V. *Saberes tradicionais e biodiversidade no Brasil*. Brasília: MMA, 2001. p. 42.

[7] DIEGUES, Antonio Carlos. *Povos e águas*. 2. ed. São Paulo: NUPAUB – USP, 2002. p. 47.

portos, rodovias, salinas, tanques de aquicultura, dentre outras atividades que impliquem em uma conversão do uso do solo.[8]

Por seu valor inestimável ao equilíbrio ecológico e para as populações que deles dependem, os manguezais gozam de proteção jurídica inclusive de matriz constitucional.

Na forma do art. 225, *caput*, da Constituição de 1988, o manguezal é bem de uso comum do povo, e essencial à sadia qualidade de vida. Enquadram-se na ampla noção de espaços territoriais especialmente protegidos, consoante prevê o mesmo art. 225, §1º, inc. III.

Conceituado pelo atual Código Florestal Federal (Lei nº 12.651/11, art. 3º, inc. XIII), o manguezal é o

> ecossistema litorâneo que ocorre em terrenos baixos, sujeitos à ação das marés, formado por vasas lodosas recentes ou arenosas, às quais se associa, predominantemente, a vegetação natural conhecida como mangue, com influência fluviomarinha, típica de solos limosos de regiões estuarinas e com dispersão descontínua ao longo da costa brasileira, entre os Estados do Amapá e de Santa Catarina.

No art. 4º da mesma lei, os manguezais ganharam proteção como áreas de preservação permanente em *toda a sua extensão* (art. 4º, inc. VII). Portanto, só podem ser descaracterizados nas restritas hipóteses de utilidade pública, de interesse social ou de baixo impacto ambiental (art. 8º).

Sendo assim, independentemente da dominialidade (pública ou privada), submetem-se os manguezais a um regime jurídico de "interesse público – coletivo –, que demanda sua proteção e conservação, pela relevância de seus valores naturais, sociais, culturais e econômicos".[9]

Ademais, por suas características peculiares, os manguezais são ecossistemas necessariamente localizados na Zona Costeira, espaço geográfico que é considerado patrimônio nacional pela Constituição Federal de 1988 (art. 225, §4º), sendo que sua utilização deve ser feita, na forma da lei, dentro de condições que assegurem a preservação do meio ambiente, inclusive quanto ao uso dos recursos naturais. Incide, portanto, a lei que trata do uso e conservação da Zona Costeira (Lei nº 7.661/88) e que instituiu o Plano Nacional de Gerenciamento Costeiro, o qual prescreve a necessária prioridade à conservação e proteção, dentre outros bens, dos manguezais.

A Convenção Ramsar (Convenção sobre Áreas Úmidas de Importância Internacional, especialmente como habitat de aves aquáticas), por sua vez, estende sua proteção aos manguezais, justamente por sua característica de área úmida. O Brasil ratificou a convenção que foi aprovada pelo Congresso Nacional em 16 de junho de 1992, por meio do Decreto Legislativo nº 33, com ratificação em 1993. A promulgação se deu através do Decreto nº 1.905, de 16 de maio de 1996.

Cumpre ainda atentar que determinado manguezal pode ser objeto de duplo regime de proteção quando, a par de ser tutelado pelo regime de proteção legal de área

---

[8] SERAFINI, Leonardo Zagonel. Os manguezais, seu regime jurídico e sua proteção socioambiental. *Revista de direito ambiental*, v. 51, p. 110-140, 2008. p. 112.

[9] SERAFINI, Leonardo Zagonel. Os manguezais, seu regime jurídico e sua proteção socioambiental. *Revista de direito ambiental*, v. 51, p. 110-140, 2008. p. 125.

de preservação permanente, ainda estiver inserido no polígono de alguma unidade de conservação que o torna também objeto dessa forma específica de tutela com base na Lei nº 9.885/00.

E não se afasta, por fim, a possibilidade de uma tripla proteção quando, além de integrar unidade de conservação, o manguezal estiver sob a tutela da Lei nº 11.428/2006, a qual irá incidir quando esse ecossistema estiver associado à Mata Atlântica.

Portanto, não são poucos os diplomas legais que protegem esses peculiares espaços territoriais.

1.1 Uma breve análise da jurisprudência do STJ em termos de proteção aos manguezais

Utilizando-se as expressões "manguezais proteção" (sem aspas) no buscador do *website* do Superior Tribunal de Justiça, em 14 de março de 2020, localizaram-se quatro acórdãos e 54 decisões monocráticas nos quais o tema é tratado.[10] Foi marcada a opção pela pesquisa simples.

Os quatro acórdãos são da lavra do Ministro Antonio Herman Benjamin.

Os dois primeiros foram publicados ainda sob a vigência do Código Florestal anterior (Lei nº 4.771/65). Já os mais recentes contemplam os dispositivos antes invocados e que foram albergados pelo atual Código Florestal.

Interessante destacar, a partir de uma avaliação conjunta desses quatro julgados, a vinculação que o tema da proteção dos manguezais apresenta com a emergência climática, a partir de um princípio denominado pelo Min. Benjamin como sendo o da "preservação da integridade do sistema climático".

Essa correlação se estabelece cientificamente em função do aumento da elevação dos níveis dos oceanos e do papel singular que os manguezais desempenham em termos de controle hídrico e da erosão.

No mais recente dos acórdãos, o Ministro relator acentua a ponderação entre o direito fundamental à moradia e o direito ao meio ambiente sadio e ecologicamente equilibrado:

> No direito à moradia convergem a função social e a função ecológica da propriedade. Por conseguinte, não se combate nem se supera miserabilidade social com hasteamento de miserabilidade ecológica, mais ainda porque água, nascentes, margens de rios, restingas, falésias, dunas e manguezais, entre outros bens públicos ambientais supraindividuais escassos, finitos e infungíveis, existem somente onde existem. Já terreno para habitação não falta, inclusive nas grandes metrópoles: o que carece é vontade política para enfrentar o vergonhoso déficit habitacional brasileiro, atribuindo-lhe posição de verdadeira prioridade nacional.[11]

---

[10] BRASIL. Superior Tribunal de Justiça. *Jurisprudência do STJ*. Disponível em: https://scon.stj.jus.br/SCON/pesquisar.jsp?newsession=yes&tipo_visualizacao=RESUMO&b=ACOR&livre=manguezais+protecao. Acesso em 14 mar. 2020.

[11] BRASIL. Superior Tribunal de Justiça. REsp nº 1782692 (2018/0268767-7). Relator Min. Herman Benjamin. Julgado em 13 ago. 2018. Disponível em: https://scon.stj.jus.br/SCON/pesquisar.jsp. Acesso em 09 abr. 2020.

Por sua vez, o primeiro dos quatro julgados,[12] que remonta a 23 de outubro de 2007, envolvia o julgamento de ação civil pública ajuizada pelo Ministério Público de Joinville/SC, objetivando que duas empresas fossem condenadas a remover o aterro e as edificações erguidas em área de mangue, bem como a reflorestar a área com espécies características dessa tipologia ecológica.

Nesse julgado, o Ministro Benjamin faz breve digressão sobre os anos de menosprezo dos manguezais pela sociedade brasileira, "que neles enxergava o modelo consumado do feio, do fétido e do insalubre, uma modalidade de patinho-feio dos ecossistemas ou antítese do Jardim do Éden", para em seguida saudar a perspectiva incorporada pela atual legislação que "reflete a transformação científica, ética, política e jurídica que reposicionou os manguezais, levando-os da condição de risco sanitário e de condição indesejável ao patamar de ecossistema criticamente ameaçado. Objetivando resguardar suas funções ecológicas, econômicas e sociais, o legislador atribuiu-lhes natureza jurídica de Área de Preservação Permanente".[13]

Na esfera criminal, preenchendo-se o vão do buscador com as expressões "manguezais e crime e ambiental" no *website* do Superior Tribunal de Justiça, em 14 de março de 2020, localizaram-se sete decisões monocráticas nas quais o tema é tratado. Foi marcada a opção pela pesquisa simples.

A mais antiga delas – que remonta a 25 de novembro de 2010 – é da lavra do Min. Napoleão Nunes Maia Filho[14] e guarda sensível semelhança com o crime que deu origem ao acórdão ora sob nossa lupa.

Diz respeito à imputação formulada pelo Ministério Público Federal, segundo a qual integrantes do órgão ambiental da Paraíba teriam licenciado atividade de carcinicultura em área de mangue, sem prévio EIA/RIMA, contrariando exigência legal.

Ocorre que o STJ concordou com o entendimento esposado pelo Tribunal Regional da 5ª Região no sentido de que a atividade teria sido implantada em área não recoberta por manguezal, mas sim propícia à agricultura, cuja destinação anterior vinculava-a à criação de búfalos.

Das sete decisões monocráticas encontradas, seis analisaram recursos do Ministério Público (Federal ou Estadual).

A última delas é a única que julgou recurso interposto pela defesa e que teve negado provimento.[15]

O principal fundamento absolutório encontrado nas decisões diz respeito à falta de prova da materialidade em crimes que deixam vestígios.

---

[12] BRASIL. Superior Tribunal de Justiça. REsp nº 650.728/SC (2003/0221786-0). Relator Min. Herman Benjamin. Julgado em 23 out. 2007. Disponível em: https://scon.stj.jus.br/SCON/pesquisar.jsp. Acesso em 09 abr. 2020.

[13] BRASIL. Superior Tribunal de Justiça. REsp nº 650.728/SC (2003/0221786-0). Relator Min. Herman Benjamin. Julgado em 23 out. 2007. Disponível em: https://scon.stj.jus.br/SCON/pesquisar.jsp. Acesso em 09 abr. 2020.

[14] BRASIL. Superior Tribunal de Justiça. REsp nº 1184498. Relator Min. Napoleão Nunes Maia Filho. Julgado em 19 nov. 2010. Disponível em: https://scon.stj.jus.br/SCON/decisoes/doc.jsp. Acesso em 17 mar. 2020.

[15] BRASIL. Superior Tribunal de Justiça. REsp nº 1536243. Relator Min. Joel Ilan Paciornik. Julgado em 09 ago. 2017. Disponível em: https://scon.stj.jus.br/SCON/decisoes/doc.jsp. Acesso em 17 mar. 2020.

2 Conflitos jurídico-ambientais relacionados aos manguezais e competência jurisdicional

Diante do regime protetivo dispensado aos manguezais, aliado ao seu potencial produtivo, decorrente de recursos naturais renováveis, porém finitos, bem assim diante da sua importância econômica, social, turística, cultural e natural, são frequentes os conflitos entre os diversos indivíduos e grupos interessados na exploração ou preservação desses ecossistemas marginais.

Essas disputas podem desaguar em processos civis, normalmente ações civis públicas, ajuizadas com o objetivo de proteção dessas áreas, de recuperação do meio eventualmente degradado ou de indenização por danos irreparáveis ou danos morais coletivos. Também em procedimentos administrativos, instaurados por entes públicos competentes, para penalizar infrações às normas protetivas dos mangues. Enfim, verifica-se conflito de ordem penal, que se estabelece quando cometido crime ambiental em detrimento dos manguezais, notadamente o capitulado no art. 38 da Lei nº 9.605/98, que prevê pena de detenção de um a três anos, ou multa (ou ambas cumulativamente), para a conduta de: "Destruir ou danificar floresta considerada de preservação permanente, mesmo que em formação, ou utilizá-la com infringência das normas de proteção".

A Constituição Federal atribuiu competências para os diversos entes estatais com o propósito de assegurar e concretizar a proteção ecológica. Como referem Fensterseifer e Sarlet, as competências constitucionais (legislativa e executiva) em matéria ambiental – previstas, respectivamente, nos arts. 24 e 23 da Constituição Federal – inserem-se em tal cenário,

> demarcando, sobretudo, os papéis institucionais que cabem ao Estado-Legislador, para a hipótese da competência legislativa, e ao Estado-Administrador, no tocante às competências executivas (ou materiais), sem olvidar, por óbvio, o papel reservado também ao Estado-Juiz no controle das omissões e ações (excessivas ou insuficientes) dos demais órgãos estatais.[16]

Silva assevera que a "autonomia das entidades federativas pressupõe repartição de competências para o exercício e desenvolvimento de sua atividade. Esta distribuição constitucional de poderes é o ponto nuclear da noção de Estado federal".[17] Nossa Constituição Federal adota a técnica da enumeração dos poderes da União (arts. 21 e 22), com poderes remanescentes para os Estados (art. 25, §1º) e poderes definidos indicativamente para os Municípios (art. 30). Porém, refere Silva, combina com essa reserva de campos específicos, possibilidades de delegação (art. 22, par. único), áreas comuns em que são previstas atuações paralelas da União, dos Estados, do Distrito Federal e dos Municípios (art. 23) e setores concorrentes (art. 24).[18] Assim, na percepção de Silveira, o Constituinte de 1988 "preservou os dois métodos de corte de competência: a) o corte horizontal que consubstancia a competência privativa ou exclusiva; b) o corte vertical que caracteriza as competências comum e concorrente".[19]

---

[16] SARLET, Ingo Wolfgang; FENSTERSEIFER, Tiago. *Direito Constitucional Ambiental*: Constituição, Direitos Fundamentais e Proteção do Ambiente. 5. ed. São Paulo: Revista dos Tribunais, 2017. p. 154.

[17] SILVA, José Afonso da. *Curso de direito constitucional positivo*. 37. ed. São Paulo: Malheiros, 2014. p. 477.

[18] SILVA, José Afonso da. *Curso de direito constitucional positivo*. 37. ed. São Paulo: Malheiros, 2014. p. 479.

[19] SILVEIRA, Patrícia Azevedo. *Competência ambiental*. 1. ed. 4. tir. Curitiba: Juruá, 2005. p. 61-62.

Em sede de Direito Ambiental, como regra, a Lei Fundamental decidiu atribuir competência material comum a todos os entes da Federação, e competência legislativa concorrente à União, Estados (e Distrito Federal), e suplementar para os Municípios, salvo algumas exceções extraídas do texto constitucional. A atribuição de competência – administrativa e legislativa – às três esferas federativas, em regime de federalismo cooperativo, embora, por um lado, amplie os entes responsáveis pela proteção ambiental, por outro tem potencial para gerar conflitos, sobreposição e duplicidade de trabalho.[20]

Essa responsabilidade federativa compartilhada, e a confusão competencial que acarreta, também surte efeitos na identificação da Justiça competente para apreciar ações cíveis e criminais. Nesse campo, não são desprezíveis as controvérsias que se estabelecem entre a Justiça Estadual e Federal.

A competência da Justiça Federal é disciplinada no art. 109 da Constituição Federal. Os casos que não estão presentes nesse dispositivo constitucional submetem-se à Justiça Estadual, que, face à Justiça Federal, detém competência residual. Nas palavras de Freitas, inspirado "no Direito norte-americano, desde a proclamação da República e a edição do Decreto nº 848, de 11.10.1890", o referido art. 109 segue, "mais ou menos, a mesma orientação. Em linhas gerais, a competência da Justiça Federal rege-se pelo interesse da União Federal, suas autarquias ou empresas públicas".[21] A Constituição Federal de 1988, pois, conferiu estrutura ímpar e propiciou a ampla consolidação a esse ramo do Judiciário. "Os juízes federais enfrentam os temas relevantes para a nacionalidade, ampliando o papel interventivo do Poder Judiciário no que se refere aos antigos vícios do patrimonialismo e a apropriação do Estado pelas forças locais, e da voracidade fiscal da União, aprofundando o controle difuso de constitucionalidade".[22]

Em suma, é preciso identificar, no caso concreto, uma "questão federal" para atrair a competência da Justiça Federal. Embora, como será em seguida analisado, essas questões estejam descritas nos diversos incisos do art. 109 da Carta Política, sua configuração nem sempre apresenta contornos claros e precisos, a resultar em profusão de conflitos de competência que carecem de definição pelos tribunais superiores.

No que tange às ações cíveis, a competência da Justiça Federal é definida *ratione personae*, ou seja, sua constatação depende da presença de uma das pessoas do art. 109, inc. I, da Constituição (União, autarquia, empresa pública federal e, por interpretação pretoriana, fundações federais)[23] interessadas na condição de autoras, rés, assistentes ou oponentes, exceto as de falência, as de acidentes de trabalho e as sujeitas à Justiça Eleitoral e à Justiça do Trabalho. Portanto, nas demandas cíveis, é irrelevante a matéria discutida (salvo para as exceções descritas ao final do inciso), de modo que, para se afirmar a competência da Justiça Federal, "é necessária a efetiva presença de alguma dessas pessoas na relação processual".[24]

---

[20] MOREIRA, Rafael Martins Costa; WEDY, Gabriel. *Manual de Direito Ambiental*: com base na jurisprudência atualizada dos Tribunais Superiores. Belo Horizonte: Fórum, 2019. p. 132.

[21] FREITAS, Vladimir Passos de. Seção IV – Dos Tribunais Regionais Federais e dos Juízes Federais. *In*: CANOTILHO, J. J. Gomes *et al.* (Coord.). *Comentários à Constituição do Brasil*. São Paulo: Saraiva, 2013. p. 1574.

[22] TESSLER, Marga Inge Barth. *A Justiça Federal no Brasil*: histórico, evolução e casos célebres. Texto-base para "Aula Magna" proferida pela Desembargadora Federal Marga Inge Barth Tessler, Presidente do Tribunal Regional Federal da 4ª Região, na abertura do ano letivo da UFRGS, 2012. Disponível em: https://www.jfsc.jus. br/JFSCMV/Arquivos/FOTOS/AULA%20MAGNA%20DRA.%20MARGA.PDF. Acesso em 02 abr. 2020.

[23] STF, Pleno, Rcl nº 294, Rel. Min. Octavio Gallotti, j. 23.02.1989, DJ 31.03.1989; STJ, 2ª S., CC nº 38.734/MS, Rel. Min. Castro Filho, j. 24.09.2003, DJ 06.10.2003.

[24] STJ, 1ª S., AgInt no CC nº 146.271/PI, Rel. Min. Francisco Falcão, j. 13.02.2019, DJe 22.02.2019.

No que concerne às ações coletivas, são ajuizadas em sua maioria pelo Ministério Público Federal, que se reveste da qualidade de órgão da União e, em princípio, atrairia a competência federal. Contudo, a jurisprudência se firmou no sentido de que caberá ao Juiz Federal deliberar sobre a existência de interesse que justifique a competência específica da Justiça Federal, com fundamento na súmula nº 150 do STJ.[25] É dizer, apenas quando verificado interesse federal, com apoio no art. 109 da Constituição, é que o Ministério Público Federal terá legitimidade ativa, com consequente fixação da competência perante a Justiça Federal.[26] Do contrário, a definição da justiça competente estaria subordinada ao alvitre exclusivo do *parquet*, que poderia trazer à Justiça Federal qualquer espécie de conflito, ainda que preponderantemente local.

Especificamente em relação às demandas cíveis ambientais, o delineamento do interesse federal, a justificar a legitimidade ativa do Ministério Público Federal, é interpretado à luz da competência comum às três esferas federativas para promover a preservação e a proteção do meio ambiente. Portanto, em se tratando de atividade degradadora que tenha sido submetida à fiscalização de entes federais, pode-se estabelecer a legitimidade do *parquet* federal e a consequente competência da Justiça Federal.[27]

Relativamente aos danos ocorridos em áreas de preservação permanente, a dominialidade do bem é considerada como apenas um dos critérios de fixação da competência jurisdicional. Assim, como já decidiu o STJ: "Não é porque a degradação ambiental se deu em imóvel privado ou afeta *res communis omnium* que se afasta, *ipso facto*, o interesse do MPF".[28] Seja como for, se detectado impacto em terreno de marinha, é lícito concluir pela presença de interesse federal, seja por se tratar de área de domínio da União,[29] seja em razão de fiscalização de ente federal. Para voltar ao caso aqui tratado, a zona de manguezal, sujeita à influência das marés por definição (art. 3º, inc. XIII, da

---

[25] Súmula STJ nº 150: "Compete à Justiça Federal decidir sobre a existência de interesse jurídico que justifique a presença, no processo, da União, suas autarquias ou empresas públicas".

[26] STJ, 2ª T., AgRg no REsp nº 1383054/RS, Rel. Min. Herman Benjamin, j. 13.12.2016, DJe 19.12.2016; REsp nº 1.687.821-SC, Rel. Min. Sérgio Kukina, j. 07.11.2017, DJe 21.11.2017; 1ª T., CC nº 40.534/RJ, Rel. Min. Teori Albino Zavascki, j. 28.04.2004, DJ 17.05.2004.

[27] "4. No que importa à legitimidade ativa do Ministério Público Federal para propor a ação civil pública, o acórdão recorrido não merece reparos, pois guarda consonância com a jurisprudência desta Corte no sentido de que, (i) em se tratando [de] proteção ao meio ambiente, não há falar em competência exclusiva de um ente da federação para promover medidas protetivas; (ii) impõe-se amplo aparato de fiscalização a ser exercido pelos quatro entes federados, independentemente do local onde a ameaça ou o dano estejam ocorrendo; (iii) o Poder de Polícia Ambiental pode – e deve – ser exercido por todos os entes da Federação, pois se trata de competência comum, prevista constitucionalmente; (iv) a competência material para o trato das questões ambiental é comum a todos os entes; e, (v) diante de uma infração ambiental, os agentes de fiscalização ambiental federal, estadual ou municipal terão o dever de agir imediatamente, obstando a perpetuação da infração (AgRg no REsp nº 1417023/PR, Rel. Ministro Humberto Martins, Segunda Turma, DJe de 25.8.2015). No mesmo sentido: REsp nº 1820361/MG, Rel. Ministro Herman Benjamin, Segunda Turma, DJe de 11.10.2019; AgInt no AREsp nº 1148748/RJ, de minha relatoria, Segunda Turma, DJe de 24.5.2018. 5. No caso concreto, o dano ambiental decorreu de atividade de mineração, sujeita ao poder de polícia do DNPM (litisconsorte ativo), por isso competente a Justiça Federal para processar e julgar ação civil pública proposta pelo Ministério Público Federal com o objetivo de obter, além do pagamento de indenização por danos morais coletivos, a imposição de obrigação de adoção de medidas de segurança para evitar novos acidentes envolvendo material poluente (...). (STJ, 2ª T., AgInt no AREsp nº 1499874/SC, Rel. Min. Mauro Campbell Marques, j. 19.11.2019, DJe 22.11.2019).

[28] STJ, 2ª T., REsp nº 1.057.878/RS, Rel. Ministro Herman Benjamin, DJe 21.08.2009; REsp nº 1406139/CE, Rel. Min. Herman Benjamin, j. 05.08.2014, DJe 07.11.2016.

[29] STJ, 1ª T., AgInt no REsp nº 1612089/RS, Rel. Min. Napoleão Nunes Maia Filho, j. 16.05.2017, DJe 23.05.2017.

Lei Federal nº 12.651/12) e, por isso, conceituada como terreno de marinha,[30] poderá justificar o ajuizamento de ação coletiva perante a Justiça Federal.

A situação tratada no acórdão ora comentado, porém, refere-se à discussão sobre a competência penal – se da Justiça Federal ou Estadual. Neste caso, a regra é diversa da competência cível, o que será analisado no próximo tópico.

2.1 Competência penal da Justiça Federal: considerações gerais

Segundo Pacelli, para a "definição dos crimes da competência federal, o critério utilizado pelo constituinte pode ser explicado a partir da busca de um dimensionamento mais ou menos preciso das questões que poderiam afetar, direta ou indiretamente, os interesses federais e/ou nacionais".[31] As hipóteses constitucionais de competência criminal da Justiça Federal são descritas no art. 109, incs. IV, V, V-A, VI, IX, X e XI, da Carta Política, cuja lista é taxativa e exaustiva, não permitindo ampliação legislativa que ultrapasse a função de esclarecimento do interesse federal já prévia e constitucionalmente indicado.

O debate principal gravita em torno da regra matriz de competência criminal da Justiça Federal, encartada no art. 109, inc. IV, *in fine*, que se refere às infrações penais praticadas em detrimento de bens, serviços ou interesse da União ou de suas entidades autárquicas, empresas públicas ou, como suso referido, fundações federais, por interpretação jurisprudencial.

De acordo com Carvalho, a configuração da "competência criminal geral" da Justiça Federal, inserida na norma mencionada, independentemente da natureza dos delitos,[32] requer a conjugação de três requisitos: a) a presença de ente federal como vítima; b) a repercussão do delito no bem, serviço ou interesse do ente federal; c c) a ocorrência de prejuízo ou dano ao ente federal.[33]

Quanto aos "bens" federais, a incidência do dispositivo não levanta grandes controvérsias, pois todos os crimes que atingirem o patrimônio daquelas entidades do art. 109, inc. IV, seriam julgados pelos juízes federais. A questão apresenta maior imprecisão, porém, no que se refere aos "serviços" e, principalmente, aos "interesses" da União e das demais pessoas mencionadas naquele inciso. Nestes casos, firmou-se orientação de que o interesse atingido deve ser particular, específico e direto.[34] Não basta, pois, que se cuide de interesse meramente reflexo, genérico ou indireto.[35]

Assim, em sede de crimes ambientais, alguns casos não apresentam maiores dificuldades, como por exemplo os delitos que atingem diretamente unidades de conservação federais,[36] aqueles praticados por ou contra funcionário público federal no

---

[30] Decreto-Lei nº 9.760/46, art. 1º, "c", e art. 2º. (BRASIL. Decreto-Lei nº 9.760, de 05 de setembro de 1946. Dispõe sôbre os bens imóveis da União e dá outras providências. *Diário Oficial da União*, Rio de Janeiro, 06 set. 1946. Disponível em: http://www.planalto.gov.br/ccivil_03/decreto-lei/del9760.htm. Acesso em 02 abr. 2020).

[31] PACELLI, Eugênio. *Curso de Processo Penal*. 22. ed. São Paulo: Atlas, 2018. p. 200.

[32] CARVALHO, Vladimir de Souza. *Competência da Justiça Federal*. 6. ed. Curitiba: Juruá, 2005. p. 350.

[33] CARVALHO, Vladimir de Souza. *Competência da Justiça Federal*. 6. ed. Curitiba: Juruá, 2005. p. 335-336.

[34] CARVALHO, Vladimir de Souza. *Competência da Justiça Federal*. 6. ed. Curitiba: Juruá, 2005. p. 356.

[35] STJ, 3ª S., CC nº 141.593/RJ, Rel. Min. Reynaldo Soares da Fonseca, j. 26.08.2015.

[36] "1. A preservação do meio ambiente é matéria de competência comum da União, dos estados, do Distrito Federal e dos municípios, nos termos do art. 23, VI e VII, da Constituição Federal. Na hipótese de crime ambiental, a Justiça Federal somente será competente para processar e julgar a ação penal, quando caracterizada real lesão a

exercício da função[37] ou, ainda, nos crimes contra a fauna que atingem animais constantes da Lista Nacional de Espécies da Fauna Brasileira Ameaçada de Extinção.[38] Em outras situações, porém, o quadro é mais nebuloso e se ressente de maior conformação jurisprudencial.

A despeito da competência constitucional comum dos três entes da Federação para preservação do meio ambiente (CF, art. 23, incs. VI e VII), o STJ firmou orientação no sentido de que a "competência do foro criminal federal não advém apenas do interesse genérico que tenha a União na preservação do meio ambiente. É necessário que a ofensa atinja interesse direto e específico da União, de suas entidades autárquicas ou de empresas públicas federais".[39] Além disso, no entendimento do STF, "não caracteriza interesse direto e específico da União, a firmar a competência da Justiça Federal, o exercício da atividade de fiscalização ambiental pelo IBAMA".[40] Em diversas situações, afastou-se a jurisdição federal porque o interesse da União seria meramente reflexo, indireto ou genérico, como no caso de crime ambiental em detrimento de área considerada patrimônio nacional por força do art. 225, §4º, da Constituição da República (a exemplo da Mata Atlântica).[41]

---

bens, serviços ou interesses da União, de suas autarquias ou empresas públicas federais, em conformidade com o art. 109, IV, da Constituição. 2. Na espécie, os fatos narrados na denúncia apontam para danos ambientais, diretos e indiretos, a unidade de conservação federal, assim é inequívoco o interesse da União, consubstanciado na proteção da área atingida, o que atrai a competência da Justiça Federal. De um lado, atos ilícitos teriam sido praticados na área circundante do Parque Nacional dos Campos Gerais, de outro, a falsidade dos estudos e dos laudos apresentados aos órgãos estaduais, ao induzir a erro a administração ambiental local, acabam por vulnerar justamente a área protegida pela União, tornando o interesse federal mais uma vez presente. 3. Recurso em habeas corpus improvido" (STJ, 6ª T., RHC nº 39.664/PR, Rel. Min. Sebastião Reis Júnior, j. 03.10.2017, DJe 09.10.2017). No mesmo sentido: STJ, 3ª Seção, AgRg no CC nº 145.963/SP, Rel. Min. Antonio Saldanha Palheiro, j. 12.12.2018, DJe 01.02.2019.

[37] Súmula nº 147 do STJ: "Compete à Justiça Federal processar e julgar os crimes praticados contra funcionário público federal, quando relacionados com o exercício da função". Esse entendimento se aplica também quando o servidor público federal é autor do crime: STJ, 5ª T., RHC nº 87.162/MS, Rel. Min. Ribeiro Dantas, j. 10.04.2018, DJe 18.04.2018.

[38] O "interesse a reger a atração da competência para a justiça federal não deve ser geral, mas específico. Seja dizer, é necessária a indicação de um animal cuja espécie esteja indicada na Lista Nacional de Espécies da Fauna Brasileira Ameaçada de Extinção, previsto na Instrução Normativa nº 3, de 27 de maio de 2003, do Ministério do Meio Ambiente" (STJ, 3ª Seção, CC Nº 145.875/MG, Rel. Min. Reynaldo Soares Da Fonseca, j. 10.08.2016, DJe 16.08.2016). No mesmo sentido: STJ, 3ª S., CC nº 159.976/SP, Rel. Min. Antonio Saldanha Palheiro, j. 10.04.2019, DJe 16.04.2019.

[39] STF, 1ª T., RE nº 348714, Rel. Min. Moreira Alves, j. 25.02.2003; STJ, 3ª Seção, CC nº 168.575/MS, Rel. Min. Reynaldo Soares da Fonseca, j. 09.10.2019.

[40] STF, 1ª T., RE nº 300.244/SC, Rel. Min. Moreira Alves, DJ 19.11.2001; 2ª T., HC nº 81.916/PA, Rel. Min. Gilmar Mendes, DJ 11.10.2002; 1ª T., RE nº 349.189/TO, Rel. Min. Moreira Alves, DJ 14.11.2002; 1ª T., RE nº 349.191/TO, Rel. Min. Ilmar Galvão, DJ 7.3.2003.

[41] "Competência. Crime previsto no artigo 46, parágrafo único, da Lei nº 9.605/98. Depósito de madeira nativa proveniente da Mata Atlântica. Artigo 225, §4º, da Constituição Federal – Não é a Mata Atlântica, que integra o patrimônio nacional a que alude o artigo 225, §4º, da Constituição Federal, bem da União – Por outro lado, o interesse da União para que ocorra a competência da Justiça Federal prevista no artigo 109, IV, da Carta Magna tem de ser direto e específico, e não, como ocorre no caso, interesse genérico da coletividade, embora aí também incluído genericamente o interesse da União – Conseqüentemente, a competência, no caso, é da Justiça Comum estadual. Recurso extraordinário não conhecido" (STF, 1ª T., RE nº 300244, Rel. Min. Moreira Alves, j. 20.11.2001). "Penal. Acórdão que concluiu pela competência da justiça comum para julgar o crime previsto no art. 46, parágrafo único, da Lei nº 9.605/98. Alegada violação aos arts. 109, IV; e 225, §4º, da CF. Inexistência das inconstitucionalidades apontadas, haja vista não se enquadrar a Mata Atlântica na definição de bem da União e não se estar diante de interesse direto e específico desta a ensejar a competência da Justiça Federal. Precedente. Recurso extraordinário não conhecido" (STF, 1ª T., RE nº 299856, Rel. Min. Ilmar Galvão, j. 18.12.2001).

Desse modo, é preciso identificar um serviço ou interesse direto e específico da União, suas autarquias, empresas públicas ou fundações, para que se possa afirmar a competência da Justiça Federal.

Estabelecidas essas premissas, deve-se aclarar como poderia ser decidida a discussão sobre a Justiça competente em se cuidando de delito de dano à área de manguezal.

2.2 Competência em caso de destruição ou danificação de manguezal

O caso tratado neste comentário está relacionado à divergência quanto à competência para apreciar o crime do art. 38 da Lei nº 9.605/98, tendo como objeto vegetação de manguezal.

O referido dispositivo descreve como crime a prática de "destruir ou danificar floresta considerada de preservação permanente, mesmo que em formação, ou utilizá-la com infringência das normas de proteção". Considerando que as áreas de preservação permanente (APPs) são aquelas revestidas de determinadas características, previstas no art. 4º da Lei nº 12.651/12 (ou art. 6º, para as APPs criadas por ato do Poder Executivo), cujo dever de manutenção e preservação é atribuído a todo proprietário, possuidor ou ocupante a qualquer título, seja pessoa física ou jurídica, de direito público ou privado (art. 7º da Lei nº 12.651/12), resta evidente que a mera condição de área de preservação permanente não é útil à definição da competência, motivo pelo qual é possível dizer que, em regra, os crimes ambientais cometidos em APPs são de competência da Justiça Estadual, como de resto se verifica na maioria dos delitos dessa natureza.

O caso que deu origem ao acórdão ora comentado foi inicialmente julgado pela Justiça Federal de Natal/RN, no processo nº 2005.84.00.000507-1, em que o réu foi condenado pela prática do crime do art. 38 da Lei nº 9.605/98, porque teria desmatado uma área de 0,57 hectares de vegetação protetora de mangue, para construção de viveiro de camarão.

O tema da competência foi suscitado apenas em sede recursal, perante o TRF da 5ª Região, na apelação criminal nº 6665/RN. A Corte Regional acolheu a preliminar de incompetência da Justiça Federal porque o fato teria ocorrido em propriedade particular, de modo que a "responsabilidade do IBAMA para executar a política nacional de proteção ambiental não tem o poder, por si, de determinar a competência da Justiça Federal para processar e julgar feito criminal no qual se apura suposta prática de desmatamento (Arts. 38, caput, e 41, caput, da Lei nº 9.605/98) em área de manguezal".[42] Desta decisão o Ministério Público Federal apresentou diretamente Recurso Extraordinário, sendo que o STF se limitou a não conhecer do recurso, por falta de prequestionamento e por ausência de ofensa constitucional direta.

O Órgão Ministerial, em seu apelo extremo, argumentou, em síntese, que, por se tratar de vegetação de manguezais, sempre sujeita à influência da maré e, por isso, caracterizada como terreno de marinha, é bem de domínio da União, na forma do art. 20, inc. VII da Constituição Federal. Assim, o questionamento que se levanta é se os crimes ambientais em detrimento da vegetação de mangue atraem a competência federal pela só circunstância de se localizarem em área de propriedade da União (terreno de marinha).

---

[42] TRF5, ACr. nº 6665/RN, Rel. Des. Fed. Margarida Cantarelli, j. 21.07.2009.

A respeito, iterativa jurisprudência do STJ confere à Justiça Federal o processo e julgamento de crimes ambientais em área de domínio da União, como, *v.g.*, ocorridos em glebas federais[43] e se produzidos danos diretos e indiretos às unidades de conservação criadas pela União.[44]

A área de manguezal, consoante mencionado anteriormente, sofre, por definição legal, a influência das marés (Lei nº 12.651/12, art. 3º, inc. XIII), o que lhe confere a qualidade de terreno de marinha, na forma do Decreto-Lei nº 9.760/46, art. 1º, "c", e art. 2º[45] e, consequentemente, a posiciona como bem da União, *ex vi* do art. 20, inc. VII da Constituição Federal. Não por outro motivo que o próprio STJ considera que "a União tem interesse direto e específico na causa que envolva crime ambiental praticado em terreno de marinha, atraindo a competência da Justiça Federal",[46] em especial quando se tratar de intervenções irregulares em áreas de preservação permanente, ainda que criadas por Decreto Estadual.[47]

---

[43] "Processo penal. Recurso em Habeas Corpus. art. 50 da Lei nº 9.605/98. INÉPCIA DA DENÚNCIA. REQUISITOS DO ART. 41 DO CÓDIGO DE PROCESSO PENAL ATENDIDOS. DESMATAMENTO DE ÁREA FEDERAL. GLEBA PÚBLICA FEDERAL. INTERESSE DA UNIÃO. COMPETÊNCIA FEDERAL. IMPOSSIBILIDADE DE REVOLVIMENTO FÁTICO. ILEGALIDADE NA AUDIÊNCIA DE INSTRUÇÃO. AUSÊNCIA DA RÉ. NÃO COMPROVAÇÃO DE PREJUÍZO. RECURSO NÃO PROVIDO. (...) 4. A Lei nº 9.605/1998, que disciplina os crimes cometidos em detrimento do meio ambiente (fauna e flora), nada dispõe acerca da competência para o processamento e julgamento das ações penais relativas aos delitos nela descritos. 5. Na linha da jurisprudência desta Corte, a preservação do meio ambiente é matéria de competência comum da União, dos Estados, do Distrito Federal e dos Municípios, nos termos do art. 23, VI e VII, da Constituição Federal, razão pela qual, na hipótese de crime ambiental, a Justiça Federal somente será competente para processar e julgar a ação penal, quando se revele evidente interesse da União, a teor do disposto no art. 109, inciso IV, da Constituição Federal. Precedentes da Terceira Seção desta Corte. 6. No caso em exame, firmou-se a competência da Justiça Federal pois, tal como relacionado na denúncia, a área onde supostamente ocorreu o delito está localizada no interior da Gleba Pública Federal, no Município de Baião/PA, área de interesse da União. O dado é corroborado pela Informação Técnica nº 14/2016-ASSPA/PRPA, anexa aos autos. 7. Ainda que a defesa sustente que "a área desmatada é, na verdade, uma área particular circundada por uma pública, contudo, sem fazer parte da mesma", não é conferida a esta Corte Superior a possibilidade de transmudar a análise fática traçadas pelas instâncias ordinárias, sobretudo pela via mandamental, a fim de contrariar o entendimento firmado segundo o qual o crime se deu em área da Gleba Pública Federal, de interesse da União (...)" (STJ, 5ª T., RHC nº 108.521/PA, Rel. Min. Ribeiro Dantas, j. 06.08.2019, DJe 13.08.2019).

[44] STJ, 6ª T., RHC nº 39.664/PR, Rel. Min. Sebastião Reis Júnior, j. 03.10.2017, DJe 09.10.2017.

[45] Decreto-Lei nº 9.760/46, art. 1º. Art. 1º Incluem-se entre os bens imóveis da União: a) os terrenos de marinha e seus acrescidos; (...) c) os terrenos marginais de rios e as ilhas nestes situadas na faixa da fronteira do território nacional e nas zonas onde se faça sentir a influência das marés; (...). Art. 2º São terrenos de marinha, em uma profundidade de 33 (trinta e três) metros, medidos horizontalmente, para a parte da terra, da posição da linha do preamar-médio de 1831: a) os situados no continente, na costa marítima e nas margens dos rios e lagoas, até onde se faça sentir a influência das marés. (BRASIL. Decreto-Lei nº 9.760, de 05 de setembro de 1946. Dispõe sôbre os bens imóveis da União e dá outras providências. *Diário Oficial da União*, Rio de Janeiro, 06 set. 1946. Disponível em: http://www.planalto.gov.br/ccivil_03/decreto-lei/del9760.htm. Acesso em 02 abr. 2020).

[46] "CONSTITUCIONAL E PENAL. RECURSO ORDINÁRIO EM HABEAS CORPUS. CRIME AMBIENTAL. TRANCAMENTO. TERRENO DE MARINHA. COMPETÊNCIA DA JUSTIÇA FEDERAL. RECURSO DESPROVIDO. (...) 2. Nos termos da jurisprudência deste Superior Tribunal de Justiça, a União tem interesse direto e específico na causa que envolva crime ambiental praticado em terreno de marinha, atraindo a competência da Justiça Federal. Precedentes. 3. Narra a exordial acusatória que o recorrente teria construído uma residência de alvenaria e diversas outras estruturas em terreno de marinha. Ainda, mesmo que não haja demarcação oficial, havendo elementos probatórios indicativos da prática de crime ambiental em bem da União (art. 20, VI, da Constituição Federal), não se pode afastar, *ab initio*, a competência da Justiça Federal para julgamento do processo-crime (art. 109, IV, da Constituição Federal). 4. Recurso desprovido" (STJ, 5ª T., RHC nº 50.692/SC, Rel. Min. Ribeiro Dantas, j. 05.04.2016, DJe 15.04.2016). Igualmente: STJ, 5ª T., AgRg no REsp nº 942.957/RJ, Rel. Min. Jorge Mussi, j. 19.04.2012, DJe 27.04.2012.

[47] "Apesar de o suposto crime ter ocorrido na Área de Proteção Ambiental de Tamoios, criada pelo Decreto nº 9.452, do Estado do Rio de Janeiro, de 05.12.1986, e administrada pela FEEMA – Fundação Estadual de Engenharia do Meio Ambiente/RJ, evidencia-se, do Laudo de Vistoria e Parecer Técnico elaborado pelo IBAMA,

Assim, retornando ao caso em tela, a despeito de o Recurso Extraordinário ter sido obstado *in limine* pela Ministra Relatora no STF, é possível concluir que, de acordo com a legislação aplicável e a jurisprudência do STJ, os fatos em questão – implementação irregular de fazenda de carcinicultura em área de manguezal – atrairiam a competência da Justiça Federal. Orientação que, aliás, subjaz de decisões proclamadas por outras Cortes Regionais Federais, como o TRF da 2ª R.,[48] o TRF da 3ª R.,[49] e o TRF da 4ª R.[50]

Conclusões

O acórdão ora explorado é, em primeiro lugar, reflexo dos inúmeros conflitos socioambientais que tendem a derivar: a) de um lado, da necessidade de preservação às áreas e à vegetação protetora dos mangues, como indispensável ao equilíbrio dos ecossistemas costeiros, à manutenção de atividades tradicionais e culturais e, inclusive, à proteção do clima; b) e, de outro lado, a pressão pela sua exploração econômica e ocupação das respectivas áreas para fins habitacionais.

É crucial que sejam encontradas soluções proporcionais e sustentáveis a essas disputas, para que o estado litigioso não seja eternizado, os conflitos não sejam sufocados e sua composição não venha a ser indefinidamente postergada por motivos meramente formais. Para tanto, é de salutar importância a consolidação de uma jurisprudência ambiental que propicie, ao mesmo tempo, segurança jurídica e adaptação à dinâmica própria dos problemas ecológicos.

No núcleo da proteção do bem ambiental, refletindo o aspecto dinâmico da integridade dos ecossistemas, estão os processos ecológicos essenciais. Repositórios preferenciais desses processos, os espaços territoriais especialmente protegidos gozam de primazia na tutela jurisdicional ambiental, ocupando posição jusfundamental privilegiada na Constituição de 1988.

Assim, a competência da Justiça Federal, cível ou criminal, em matéria ambiental, requer delineamento mais preciso, para que tais discussões não procrastinem a definição do mérito e a efetiva composição do conflito. No ponto, um dos fatores a revelar interesse federal direto e específico, facilmente compreendido e aplicado, é a ocorrência do delito ambiental em área da propriedade da União ou entes do art. 109, inc. IV, da Constituição, tal como é o terreno de marinha. A prática de crime ambiental

---

que a construção objeto de autuação pelo órgão ambiental consiste na ampliação de prédio residencial, cujas fundações exigiram a realização de aterro 'feito a partir de muro de contenção de aproximadamente 16 metros de largura que avança sobre o mar na mesma linha de edificação já existente e a partir do qual estava sendo feito o aterro coma areia extraída do mar através de draga portátil'. 4. O referido laudo 'evidencia a possibilidade dos fatos em tela terem cenário na faixa dos terrenos de marinha, já que o muro de contenção chega a avançar sobre o mar, invadindo, em tese, a delimitação prevista no artigo 2º, alínea b, do Decreto-Lei nº 9.760/46'. Assim, sendo inviável o afastamento do interesse da União na causa, resta, em princípio, evidenciada a competência da Justiça Federal. 5. Ordem denegada" (STJ, 5ª T., HC nº 165.931/RJ, Rel. Min. Laurita Vaz, j. 01.03.2011, DJe 28.11.2011).

[48] TRF2, 2ª T., RSE nº 2018.00.00.100514-1, Rel. Des. Fed. Messod Azulay Neto, j. 4.12.2018; RSE nº 2003.51.01.505460-2, Rel. Des. Fed. Liliane Roriz, j. 04.04.2006.

[49] TRF3, 1ª T, Acr. nº 54624/SP – 0001391-71.2008.4.03.6181, Rel. Des. Fed. Hélio Nogueira, j. 11.10.2016.

[50] HABEAS CORPUS. PROCESSUAL PENAL. TRANCAMENTO. AÇÃO PENAL. CRIME AMBIENTAL. MANGUEZAL. ÁREA DE PRESERVAÇÃO PERMANENTE. COMPETÊNCIA. JUSTIÇA FEDERAL. MATERIALIDADE. TIPICIDADE. EXAME DE SUBSTRATO FÁTICO-PROBATÓRIO. INVIABILIDADE. 1. Tratando-se de imputação que envolve documento referente a área que, conforme estudo ambiental acostado à denúncia, caracteriza-se por ser ocupada por vegetação de manguezal (na porção mais junto ao mar) e área de transição entre manguezal e restinga, resta evidenciado o interesse da União e a consequente competência da Justiça Federal. (...)" (TRF4, 7ª T., HC nº 5045584-31.2015.4.04.0000, Rel. Márcio Antônio Rocha, 25.02.2016).

em área de mangue, porque sujeita à influência das marés, conforme definição legal (Lei nº 12.651/12, art. 2º, inc. XIII) e, consequentemente, caracterizada como terreno de marinha (conforme definição do Decreto-Lei nº 9.760/46, art. 1º, "c", e art. 2º), é bastante, pois, para atrair a competência da Justiça Federal. Até porque, a partir de um enfoque pragmático, detêm os juízes federais destacada expertise em questões litorâneas e costeiras, o que certamente pode contribuir para a qualidade dos julgamentos.

Referências

BRASIL. Decreto-Lei nº 9.760, de 05 de setembro de 1946. Dispõe sôbre os bens imóveis da União e dá outras providências. *Diário Oficial da União*, Rio de Janeiro, 06 set. 1946. Disponível em: http://www.planalto.gov.br/ccivil_03/decreto-lei/del9760.htm. Acesso em 02 abr. 2020.

BRASIL. Superior Tribunal de Justiça. *Jurisprudência do STJ*. Disponível em: https://scon.stj.jus.br/SCON/pesquisar.jsp?newsession=yes&tipo_visualizacao=RESUMO&b=ACOR&livre=manguezais+protecao. Acesso em 14 mar. 2020.

CARVALHO, Vladimir de Souza. *Competência da Justiça Federal*. 6. ed. Curitiba: Juruá, 2005.

DIEGUES, Antonio Carlos. *Povos e águas*. 2. ed. São Paulo: NUPAUB – USP, 2002.

DIEGUES, Antonio Carlos; ARRUDA, Rinaldo S. V. *Saberes tradicionais e biodiversidade no Brasil*. Brasília: MMA, 2001.

FREITAS, Vladimir Passos de. Seção IV – Dos Tribunais Regionais Federais e dos Juízes Federais. *In*: CANOTILHO, J. J. Gomes *et al*. (Coord.). *Comentários à Constituição do Brasil*. São Paulo: Saraiva, 2013.

MOREIRA, Rafael Martins Costa; WEDY, Gabriel. *Manual de Direito Ambiental*: com base na jurisprudência atualizada dos Tribunais Superiores. Belo Horizonte: Fórum, 2019.

PACELLI, Eugênio. *Curso de Processo Penal*. 22. ed. São Paulo: Atlas, 2018.

SARLET, Ingo; FENSTERSEIFER, Tiago. Breves considerações sobre os deveres de proteção e a garantia da proibição de retrocesso em matéria ambiental. *Revista de Direito Ambiental*, São Paulo, ano 15, n. 58, p. 41-85, abr./jun. 2010.

SARLET, Ingo Wolfgang; FENSTERSEIFER, Tiago. *Direito Constitucional Ambiental*: Constituição, Direitos Fundamentais e Proteção do Ambiente. 5. ed. São Paulo: Revista dos Tribunais, 2017.

SERAFINI, Leonardo Zagonel. Os manguezais, seu regime jurídico e sua proteção socioambiental. *Revista de direito ambiental*, v. 51, p. 110-140, 2008.

SILVA, José Afonso da. *Curso de direito constitucional positivo*. 37. ed. São Paulo: Malheiros, 2014.

SILVEIRA, Patrícia Azevedo. *Competência ambiental*. 1. ed. 4. tir. Curitiba: Juruá, 2005.

TESSLER, Marga Inge Barth. *A Justiça Federal no Brasil*: histórico, evolução e casos célebres. Texto-base para "Aula Magna" proferida pela Desembargadora Federal Marga Inge Barth Tessler, Presidente do Tribunal Regional Federal da 4ª Região, na abertura do ano letivo da UFRGS, 2012. Disponível em: https://www.jfsc.jus.br/JFSCMV/Arquivos/FOTOS/AULA%20MAGNA%20DRA.%20MARGA.PDF. Acesso em 02 abr. 2020.

VANUCCI, Marta. What is so special about mangroves? *Brazilian Journal of Biology*, v. 61, n. 4, p. 603, 2001.

Informação bibliográfica deste texto, conforme a NBR 6023:2018 da Associação Brasileira de Normas Técnicas (ABNT):

MARCHESAN, Ana Maria Moreira; MOREIRA, Rafael Martins Costa. Crime ambiental tipificado no art. 38, *caput*, da Lei nº 9.605/1998. Área particular. Controvérsia decidida com fundamento em normas infraconstitucionais. Ofensa constitucional indireta. Comentário ao Ag. Reg. no Recurso Extraordinário nº 639.810/RN. *In*: BENJAMIN, Antônio Herman Vasconcelos e; FREITAS, Vladimir Passos de; SOARES JÚNIOR, Jarbas (Coord.). *Comentários aos acórdãos ambientais*: paradigmas do Supremo Tribunal Federal. Belo Horizonte: Fórum, 2021. p. 63-77. ISBN 978-65-5518-077-0.

CONTAMINAÇÃO AMBIENTAL DO SOLO – REGIME DE PROPRIEDADE IMOBILIÁRIA E RESPONSABILIDADE ADMINISTRATIVA

RELATOR: MINISTRO LUIZ FUX

GUILHERME JOSÉ PURVIN DE FIGUEIREDO

EMENTA: AGRAVO REGIMENTAL EM RECURSO EXTRAORDINÁRIO COM AGRAVO. EMENTA: AGRAVO REGIMENTAL. DIREITO AMBIENTAL. MANDADO DE SEGURANÇA. MULTA POR DANOS AMBIENTAIS. CONTAMINAÇÃO DO SOLO POR SUBSTÂNCIA TÓXICA. ALEGAÇÃO DE VIOLAÇÃO DO ARTIGO 93, IX, DA CONSTITUIÇÃO FEDERAL. INOCORRÊNCIA. INCIDÊNCIA DA SÚMULA Nº 279 DO STF. MATÉRIA INFRACONSTITUCIONAL. INADMISSIBILIDADE.

1. O artigo 93, IX, da Constituição Federal não resta violado nas hipóteses em que a decisão mercê de fundamentada não se apoia na tese da recorrente.

2. A violação indireta ou reflexa das regras constitucionais não enseja recurso extraordinário. Precedente: AgR-RE nº 579.291, Rel. Min. Ellen Gracie, Dje de 05.06.09.

3. *In casu*, o acórdão recorrido decidiu a lide com aplicação de normas infraconstitucionais, a saber: Lei nº 6.938/81, Decretos Federais nºs 3.179/99 e 6.514/08, por isso que eventual violação à Constituição o foi de forma indireta ou reflexa, o que inviabiliza a admissibilidade do recurso extraordinário.

4. Deveras, o arresto recorrido versou sobre mandado de segurança no qual alegou o impetrante; a) não ter dado causa à contaminação do solo da área atingida; b) o prazo para elaboração do laudo de danos ambientais seria exíguo; c) a responsabilidade dos danos ambientais seria da administração pública do município de São Paulo, que teria incentivado atos de esbulho perpetrado por invasores que lá fixaram domicílio; e, por fim, d) os critérios adotados para fixação da multa ambiental foram incorretos.

5. Sob esse enfoque é cediço que o recurso extraordinário não é servil ao exame de questões que demandam o revolvimento do contexto fático-probatório encartado nos autos, em face do óbice erigido pela Súmula nº 279 do STF, de seguinte teor: "Para reexame de prova não cabe recurso extraordinário".

6. Agravo Regimental desprovido.

COMENTÁRIOS

1 O acórdão prolatado em sede de Agravo Regimental no Agravo de Instrumento nº 786.312 – São Paulo, de que foi relator o Exmo. Sr. Ministro Luiz Fux, traz em seu bojo algumas questões instigantes e polêmicas de Direito Ambiental, em especial no seu aspecto administrativo.

1.1 Trata-se, em apertada síntese, de multa por dano ambiental, aplicada por município – Secretaria do Verde e do Meio Ambiente da Prefeitura Municipal de São Paulo –, em terreno arrematado em hasta pública por sociedade de economia mista federal – o Banco do Brasil S.A. Inconformado, o adquirente do terreno interpôs mandado de segurança para sustar o processo administrativo destinado à ulterior aplicação da multa pecuniária. Essencialmente, o recorrente afirmava que: a) não deu causa à poluição; b) o prazo para a elaboração do laudo seria exíguo; c) o município seria responsável pelos danos ambientais, por haver incentivado atos de esbulho perpetrado por invasores que fixaram domicílio na área contaminada; d) os critérios adotados para fixação da multa seriam incorretos. Não tendo logrado êxito em instância originária (13ª Vara da Fazenda Pública da Comarca de São Paulo), foi interposto recurso de apelação junto ao Tribunal de Justiça do Estado de São Paulo (Apelação Cível com Revisão nº 750.918-5/2-00). A sentença foi mantida por seus próprios e jurídicos fundamentos, o que levou o Banco do Brasil S.A. a buscar, junto às instâncias superiores (STJ e STF).

1.2 Não é caso, aqui, de sair em busca do fio de Ariadne, dando voltas por uma verdadeiramente labiríntica sucessão de recursos administrativos e judiciais, mas de levantar alguns pontos de interesse público e difuso indiscutível – compromisso internacional do Brasil no controle dos poluentes orgânicos persistentes, responsabilidade civil e administrativa por dano ambiental, função social da propriedade, princípios da precaução e do poluidor-pagador e advocacia pública ambiental, dentre outros –, o que será feito articuladamente.

2 Aspecto de grande relevância que merece destaque na análise deste acórdão do Supremo Tribunal Federal diz respeito à chamada "desindustrialização" dos grandes centros urbanos e ao movimento da Justiça Ambiental.

2.1 Ao longo da década de 1970, cresceu nos Estados Unidos a luta dos afro-americanos e dos latino-americanos contra o que foi chamado de "racismo ambiental". A razão de ser dessa luta era a distribuição racialmente discriminatória de áreas próximas a depósitos de resíduos perigosos ou de indústrias poluidoras, para ocupação habitacional, com a presença preponderante de referidas comunidades. Em 1982, foi realizada uma campanha nacional contra o racismo ambiental, cuidando especificamente da localização de um aterro de PCB, produto altamente cancerígeno, junto a uma comunidade de afrodescendentes de Warren County, na Carolina do Norte. E, na década de 1990, milhares de grupos passaram a se opor mais energicamente contra a iníqua distribuição do uso da terra para o depósito de substâncias prejudiciais à saúde. A partir dessa luta específica de origem antirracista, nasceu o movimento da Justiça Ambiental, que busca o ideal de uma distribuição igualitária dos ônus ambientais decorrentes da produção e do consumo.[1]

2.2 No Brasil, infelizmente, são numerosos os casos de contaminação do solo e subsequente ocupação humana. Esta ocupação, na maior parte das vezes (mas não sempre) por uma população de baixa renda, decorre da desvalorização das áreas contaminadas e de práticas criminosas envolvendo o mercado imobiliário nas cidades. De fato, uma das mais dramáticas formas de injustiça ambiental se dá na forma de contaminação humana de áreas próximas a aterros sanitários ou mesmo em espaços que foram utilizados preteritamente como lixões industriais clandestinos. Estas áreas acabam se tornando perversamente cômodas alternativas para alojamento de imensa quantidade de pessoas socialmente excluídas do acesso ao direito a uma existência digna.

2.3 Gollo,[2] há mais de dez anos, já recordava a trágica história do espaço onde, entre as décadas de 1940 e 1950, foi implantada uma fábrica de pesticida do antigo Ministério da Saúde que, desativada, passou a abrigar crianças órfãs e carentes e em regime de internato, no que se tornou conhecido como a "Cidade dos Meninos", administrada pela Fundação Abrigo Cristo Redentor, nos arredores de Duque de Caxias, na Baixada Fluminense. Naquele espaço, antes da chegada das crianças, havia uma fábrica de Hexaclorociclohexano (HCH), conhecido como Pó de Broca, e a manipulação de outros compostos organoclorados, como o diclorodifenilcloroetano (DDT), que funcionou até 1956.

3 O acórdão aqui comentado versa sobre a responsabilidade administrativa de adquirente de área contaminada por substância química tóxica impropriamente denominada de hexaclorobenzeno (BHC) e, mais corretamente, de hexaclorociclohexano (HCH), isto é, o mesmo produto identificado no caso "Cidade dos Meninos", anteriormente citado.[3]

3.1 De acordo com a literatura especializada, o hexaclorociclohexano constitui espécie de composto organoclorado. Sua alta toxicidade decorre, em primeiro lugar, de sua resistência à degradação química e biológica (pode permanecer no solo, sem se decompor, por cerca de cinco anos) e, em segundo, às suas características de lipossolubilidade, acarretando a sua acumulação progressiva no organismo dos seres vivos.[4]

---

[1] FIGUEIREDO, Guilherme José Purvin de. Justiça Ambiental. *In*: FIGUEIREDO, Guilherme José Purvin de (Coord.). *Direito Ambiental em debate*. Rio de Janeiro: Esplanada, 2004. v. 1.

[2] GOLLO, Luiz Augusto. Cidade dos meninos resiste a meio século de contaminação por pesticida e discute o futuro. *Agência Brasil*, 2009. Disponível em: http://memoria.ebc.com.br/agenciabrasil/noticia/2009-09-12/cidade-dos-meninos-resiste-meio-seculo-de-contaminacao-por-pesticida-e-discute-futuro. Acesso em 04 mar. 2020.

[3] "O acrônimo HCH é utilizado para identificar o composto químico organoclorado 1, 2, 3, 4, 5, 6 -hexaclorociclohexano, erroneamente conhecido pelo termo BHC, sigla derivada do nome em inglês *"benzenehexachloride"* (hexacloreto de benzeno), que em nenhuma hipótese deve ser confundido com "hexachlorebenzene" (hexaclorobenzeno), por este se tratar de substância de fórmula química e propriedades completamente diferentes das do HCH" (SOUZA, José Alberto Porto de. *O gerenciamento de riscos na Cidade dos meninos - Um sítio contaminado por pesticidas organoclorados, no Estado do Rio de Janeiro*. (Orientador: Carlos Machado de Freitas). Dissertação de Mestrado apresentada a Escola Nacional de Saúde Pública. Rio de Janeiro: s.n., 2003. p. 41. (Negritado no original). Disponível em: https://teses.icict.fiocruz.br/pdf/souzajapm.pdf. Acesso em 01 mar. 2020).

[4] BERBERT, P. R. F.; CRUZ, P. F. N. Níveis residuais de BHC (HCH) nos principais rios e lagos da região

3.2 Esta substância química está elencada no Anexo A da Convenção de Estocolmo sobre Poluentes Orgânicos Persistentes. O texto de referida Convenção Internacional, adotada em 22.05.2001, foi aprovado pelo Congresso Nacional, conforme Decreto Legislativo nº 204, de 7 de maio de 2004. Este texto foi promulgado pelo Decreto nº 5.472, de 20 de junho de 2005 e, em seu art. 3º, estabelece, as medidas para reduzir ou eliminar as liberações decorrentes da produção e uso intencionais de tais poluentes, proibindo ou adotando medidas jurídicas e administrativas necessárias para a eliminação da produção e utilização, importação e exportação.

3.3 Assim sendo, em se tratando de área contaminada, aplica-se o art. 6º, n. 1, letra "e" dessa mesma Convenção, que obriga o Brasil a empenhar-se para elaborar estratégias adequadas para identificar sítios contaminados com as substâncias químicas relacionadas em referido Anexo A. Caracteriza-se, portanto, o interesse público do órgão responsável pela gestão ambiental do Município de São Paulo em pretender que o adquirente de área na qual foi identificada a presença de tal poluente cancerígeno tomasse as medidas cabíveis visando à remediação do dano ambiental, dentre as quais a elaboração em tempo hábil de um laudo ambiental. Este é o tema em foco no acórdão aqui comentado.

4 O art. 23 da Constituição Federal dispõe sobre as competências materiais ou administrativas comuns à União, aos Estados, ao Distrito Federal e aos Municípios, nelas abrangidas o combate à poluição em qualquer de suas formas (inc. VI).[5]

4.1 A multa foi aplicada por órgão da administração direta do Município de São Paulo. Não há, neste aspecto, qualquer dúvida acerca da legitimidade deste ente federativo para promover a fiscalização ambiental administrativa de seu território.

4.2 Não se pode ignorar, contudo, que a Constituição Federal vai muito além da simples promoção da legitimidade dos municípios para promoverem a fiscalização e a aplicação de multas ambientais. O que a carta republicana dispõe é sobre a corresponsabilidade das pessoas jurídicas de direito público pela proteção da saúde humana e do meio ambiente. Nesse sentido, considerando que a substância cancerígena contaminante (HCH) não é mais produzida no país há muitos anos e que o Decreto nº 5.472 promulgou o texto da Convenção de Estocolmo sobre Poluentes Orgânicos Persistentes em 20 de junho de 2005, certo é que a mera imputação de multa ambiental em face do mais atual proprietário de imóvel contaminado não elide a coobrigação do município em promover a remediação do solo contaminado.

4.3 Estamos tratando, na verdade, de uma modalidade específica de responsabilidade ambiental: a responsabilidade administrativa, que não se confunde com a responsabilidade civil e com a responsabilidade penal. A obrigação de promover a recuperação do meio ambiente degradado tem natureza civil.

---

cacaueira sul da Bahia, Brasil. *In*: ENCONTRO NACIONAL DE ANALISTAS DE RESÍDUOS DE PESTICIDAS. *Resumos*. São Paulo: Instituto Adolfo Lutz, 1984. p. 55.

[5] FIGUEIREDO, Guilherme José Purvin de. *Curso de Direito Ambiental*. 6. ed. São Paulo: Revista dos Tribunais; Thomson Reuters, 2013. p. 179.

Assim, sob a perspectiva da reparação civil, podem figurar no polo passivo tanto o poluidor direto (o causador da contaminação do solo) quanto o poluidor indireto (aqueles que tinham o dever de impedir essa contaminação e que foram omissos).

4.4 Vale lembrar que, em se tratando de obrigação *propter rem*, a responsabilidade civil pela reparação do dano ambiental é do proprietário ou possuidor do imóvel. No entanto, a questão aqui suscitada tem outra nuance: estes comentários restringem-se ao tema *sub judice* e, assim, é preciso insistir que estamos tratando estritamente de responsabilidade administrativa ambiental.

4.5 Cabe, neste passo, atentar para o fato de que a jurisprudência vem se orientando no sentido de que a responsabilidade administrativa ambiental é *subjetiva*. Veja-se, a respeito, o acórdão prolatado em sede de Embargos de Divergência em REsp nº 1.318.051/RJ (2012/0070152-3), de que foi relator o Exmo. Sr. Ministro Mauro Campbell Marques, assim ementado:

PROCESSUAL CIVIL. EMBARGOS DE DIVERGÊNCIA SUBMETIDOS AO ENUNCIADO ADMINISTRATIVO Nº 2/STJ. EMBARGOS À EXECUÇÃO. AUTO DE INFRAÇÃO LAVRADO EM RAZÃO DE DANO AMBIENTAL. NECESSIDADE DE DEMONSTRAÇÃO DA RESPONSABILIDADE SUBJETIVA.

1. Na origem, foram opostos embargos à execução objetivando a anulação de auto de infração lavrado pelo Município de Guapimirim – ora embargado –, por danos ambientais decorrentes do derramamento de óleo diesel pertencente à ora embargante, após descarrilamento de composição férrea da Ferrovia Centro Atlântica (FCA).

2. A sentença de procedência dos embargos à execução foi reformada pelo Tribunal de Justiça do Estado do Rio de Janeiro pelo fundamento de que "o risco da atividade desempenhada pela apelada ao causar danos ao meio ambiente consubstancia o nexo causal de sua responsabilidade, não havendo, por conseguinte, que se falar em ilegitimidade da embargante para figurar no polo passivo do auto de infração que lhe fora imposto", entendimento esse mantido no acórdão ora embargado sob o fundamento de que "[a] responsabilidade administrativa ambiental é objetiva".

3. Ocorre que, conforme assentado pela Segunda Turma no julgamento do REsp nº 1.251.697/PR, de minha relatoria, DJe de 17.4.2012), "a aplicação de penalidades administrativas não obedece à lógica da responsabilidade objetiva da esfera cível (para reparação dos danos causados), mas deve obedecer à sistemática da teoria da culpabilidade, ou seja, a conduta deve ser cometida pelo alegado transgressor, com demonstração de seu elemento subjetivo, e com demonstração do nexo causal entre a conduta e o dano".

4. No mesmo sentido decidiu a Primeira Turma em caso análogo envolvendo as mesmas partes: "A responsabilidade civil ambiental é objetiva; porém, tratando-se de responsabilidade administrativa ambiental, o terceiro, proprietário da carga, por não ser o efetivo causador do dano ambiental, responde subjetivamente pela degradação ambiental causada pelo transportador" (AgRg no AREsp nº 62.584/RJ, Rel. p/ Acórdão Ministra Regina Helena Costa, DJe de 7.10.2015).

5. Embargos de divergência providos.

De qualquer sorte, no caso vertente, a multa teria sido imposta, não em razão da contaminação do solo (poluição a que não teria dado causa a agravante), mas de não cumprimento de exigência consistente em elaboração de laudo ambiental, de modo que não socorreria à pretensão da recorrente insistir neste aspecto.

ANTÔNIO HERMAN VASCONCELOS E BENJAMIN, VLADIMIR PASSOS DE FREITAS, JARBAS SOARES JÚNIOR (Coords.)
COMENTÁRIOS AOS ACÓRDÃOS AMBIENTAIS – PARADIGMAS DO SUPREMO TRIBUNAL FEDERAL

4.6 Sabe-se que as três esferas de nossa Federação detêm competência administrativa para licenciar, fiscalizar e sancionar, administrativamente, a iniciativa privada na seara ambiental, e que o art. 23 da Constituição Federal, já citado, dispõe sobre a competência comum da União, dos Estados, do Distrito Federal e dos Municípios, para proteger o meio ambiente e combater a poluição em qualquer de suas formas (inciso VI) e preservar as florestas, a fauna e a flora (inciso VII). Já em outras ocasiões asseveramos que o ente federativo competente para efetuar o licenciamento e realizar a fiscalização ambiental será igualmente competente para aplicar as sanções cabíveis por infração administrativa ambiental. Importante, neste passo, lembrar a parte final do art. 14, inciso I, da Lei nº 6.938/1981, segundo a qual não poderá a União Federal efetuar a cobrança de multa (simples ou diária) se já tiver sido aplicada pelo Estado, Distrito Federal, Territórios ou pelos Municípios. Uma leitura superficial desse dispositivo legal nos faria supor que os Estados e os Municípios poderiam, a qualquer momento, antecipar-se à cobrança da União Federal, numa sanha arrecadatória (para trazer aos seus cofres públicos os recursos financeiros) ou, o que ainda mais reprovável, em conluio com o poluidor, para eximi-lo da cobrança de valores mais elevados.

4.7 Ora, aos Municípios compete a fiscalização de diversas atividades potencial ou efetivamente causadoras de danos ambientais, como é o caso da poluição sonora e visual no meio ambiente urbano. Igualmente relevante é o seu dever de fiscalização do controle do uso, parcelamento e ocupação do solo urbano. A Lei nº 6.766/1979 conta com diversos dispositivos relacionados à proteção do meio ambiente. Seu art. 3º, §1º, inciso V, por exemplo, veda o parcelamento do solo em áreas de preservação ecológica ou naquelas onde a poluição impeça condições sanitárias suportáveis, até a sua correção.[6]

4.8 De fato, dispõe o art. 30 da Constituição Federal, em seu inciso VIII, que compete ao Município promover, no que couber, adequado ordenamento territorial, mediante planejamento e controle do uso, do parcelamento e da ocupação do solo urbano. Estamos, no caso em tela, diante de ato administrativo consistente no controle do uso do solo urbano sob a sua perspectiva ambiental.

4.9 O que se entrevê da leitura do acórdão sob comento, e que pode ser complementado pelo exame dos precedentes jurisprudenciais colacionados no bojo do acórdão prolatado em sede de Apelação Cível nº 750.918.5/2, do Egrégio Tribunal de Justiça do Estado de São Paulo, acórdão este que ensejou a propositura de recursos especial e extraordinário, é que não se trata de sanção administrativa aplicada em razão do exercício irregular de atividade econômica, mas em decorrência de fato subsequente, isto é, da persistência de externalidade negativa (poluição) de atividade econômica já cessada.

4.10 Lembremo-nos de que, nos termos do art. 3º da Lei nº 6.938/1981, poluição consiste na degradação da qualidade ambiental resultante de atividades que direta ou indiretamente: a) prejudiquem a saúde, a segurança e o bem-estar da população; b) criem condições adversas às atividades sociais e econômicas;

---

[6] FIGUEIREDO, Guilherme José Purvin de. Multas Administrativas Ambientais. *Revista do Advogado*, a. XXXVII, n. 133, p. 97-104, mar. 2017. p. 102.

c) afetem desfavoravelmente a biota; d) afetem as condições estéticas ou sanitárias do meio ambiente; e) lancem matérias ou energia em desacordo com os padrões ambientais estabelecidos.

4.11 Não é compatível com o princípio da precaução o procedimento de um órgão responsável pela fiscalização da atividade econômica precedente que deixa de agir com diligência para obstar o lançamento de matérias (BHC) em desacordo com os padrões ambientais estabelecidos e que só decide aplicar sanção administrativa (multa), quando o dano ambiental já está consumado, provocando grave risco à saúde, à segurança e ao bem-estar da população.

4.12 Contudo, há três aspectos importantes a considerar aqui: a) Não é possível retroagir indefinidamente na identificação de responsabilidades (administrativa, civil ou penal) por danos ambientais, especialmente quando se trata de dano ambiental persistente; b) O descumprimento tópico e eventual de mandamento legal ou constitucional por ente federado não tem o condão de esvaziar o rol de competências constitucionais a ele cometido, sejam elas legislativas ou materiais (administrativas); c) Embora não esteja muito claro no acórdão o fato gerador da aplicação da multa, aparentemente a sanção administrativa seria decorrente do descumprimento do prazo para a elaboração de laudo de danos ambientais, atraso este que decorreu da necessidade de obediência de prazos fixados em lei (Lei nº 8.666/93).

4.13 Nesse sentido, ainda que, como alegado pelo impetrante (item 4, letra c, da ementa do acórdão sob comento), possa ser imputada ao município a responsabilidade por haver incentivado atos de esbulho perpetrado por invasores que fixaram domicílio da área contaminada, este suposto ato não deslegitima o poder de polícia do ente da federação em promover a responsabilização administrativa do mais recente proprietário do imóvel.

5   Tema tormentoso na doutrina e na jurisprudência diz respeito ao caráter objetivo ou subjetivo da responsabilidade administrativa ambiental. Embora a questão não tenha sido examinada pelo acórdão, é possível extrair algumas questões relevantes.

5.1   Foi dito em referido acórdão:

> (...) a questão quanto à propriedade do imóvel ou da responsabilidade do agravante quanto aos danos ambientais causados na área poluída demandam reexame do conjunto fático probatório, o que revela-se inviável nesta instância face a incidência do enunciado da Súmula nº 279 do STF.

O V. Acórdão ora comentado fixou, portanto, o entendimento no sentido de que estes elementos – propriedade do imóvel e responsabilidade pelos danos ambientais –, desde que não dependessem de reexame probatório, poderiam ser relevantes para o deslinde da questão atinente à responsabilidade administrativa da agravante.

5.2   Ora, se dúvida não paira acerca da propriedade do imóvel contaminado no momento da aplicação da sanção administrativa, evidentemente o que estaria em discussão seria o momento da aquisição dessa área. Deste aspecto, podemos inferir que a responsabilidade administrativa ambiental não guardaria necessária correlação com a obrigação *propter rem?* Vejamos.

5.3 Dispõe o Código Civil Brasileiro:

Art. 1.228.

§1º. O direito de propriedade deve ser exercido em consonância com as suas finalidades econômicas e sociais e de modo que sejam preservados, de conformidade com o estabelecido em lei especial, a flora, a fauna, as belezas naturais, o equilíbrio ecológico e o patrimônio histórico e artístico, bem como evitada a poluição do ar e das águas.

5.4 Destaco, do acórdão prolatado pelo TJSP em sede de Apelação Cível nº 750.918-5/2-00, já citado, esta passagem elucidativa:

> No tocante as demais alegações, ainda que o prazo entre a arrematação do imóvel e as imposições feitas pela Municipalidade não tenham sido aqueles mencionados na r. Sentença, é certo que a apelante teve tempo mais do que suficiente para finalizar a licitação. E, evidentemente, a questão não poderia aguardar 'in aeternum' o término do certame, mormente pela urgência das medidas.
>
> E a atuação da autoridade impetrada visa justamente assegurar a função social da propriedade e o bem estar local.

5.5 Residiria aqui, portanto, a dúvida acerca de elementos fáticos atinentes ao momento da transferência da propriedade do imóvel ao agravante (data em que o bem foi arrematado e a das imposições feitas pela Municipalidade). Esta dúvida deveria ter sido aclarada em instância originária, isto é, nos autos do Processo nº 118.140/2007, que tramitou junto à 13ª Vara da Fazenda Pública da Comarca de São Paulo.

5.6 Não se trataria, assim, de análise da estrita constitucionalidade dos fundamentos jurídicos que embasaram os atos administrativos da municipalidade, mas de averiguação de dados essenciais para a exata aplicação da lei, que não estariam ainda assentes no curso da tramitação processual.

5.7 Por se tratar de questão que versa sobre a migração para os cofres públicos de responsabilidade originariamente imputável ao poluidor direto, é lícito ainda ponderar acerca da aparentemente desastrosa opção tomada pela sociedade de economia mista em buscar ressarcimento de provável dívida contraída pelo antigo proprietário da área contaminada (possível poluidor direto), arrematando bem imóvel cujo valor de mercado estaria totalmente esvaziado. Vale dizer, mais do que um episódio revelador do descumprimento do princípio da precaução, estamos também diante de uma anômala aplicação do princípio do poluidor-pagador, eis que, como sói acontecer em muitos outros casos, funcionou o Estado (em seu sentido mais amplo) como verdadeiro segurador universal dos riscos ambientais contraídos pela iniciativa privada.

5.8 Com efeito, vem se tornando cada vez mais comum a prática de verdadeiro "estelionato ambiental" por parte de poluidores diretos, consistente na transferência de propriedades condenadas a compradores incautos, utilizando-se da regra da obrigação *propter rem* e apostando na não identificação de vício redibitório ensejador de desfazimento do negócio jurídico. Lembremos julgamento da Apelação nº 1100970-60.2015.8.26.0100 SP,

pela 10ª Câmara de Direito Privado do Tribunal de Justiça (DOE de 15.03.2017), assim ementado:

> COMPROMISSO DE COMPRA E VENDA. ATRASO NO INÍCIO DAS OBRAS. SOLO CONTAMINADO. RESOLUÇÃO. EFEITOS. DEVOLUÇÃO INTEGRAL E IMEDIATA DAS PARCELAS. LEGITIMIDADE PASSIVA.
>
> Legitimidade da incorporadora, na condição de promitente-vendedora para responder pela restituição ao consumidor dos valores pagos a título de SATI e corretagem. ATRASO NO INÍCIO DAS OBRAS. SOLO CONTAMINADO. RESÍDUOS QUÍMICOS. Abaladas a credibilidade e a segurança da autora em razão da contaminação do solo. Uma vez resolvido o contrato por culpa exclusiva da parte contratada, devem as partes voltar ao estado anterior. Afastada qualquer previsão de retenção estabelecida no ajuste, incluindo a corretagem e SATI. Não tem aplicação neste caso o recente entendimento que se firmou no Egrégio Superior Tribunal de Justiça sobre a validade da cobrança da corretagem quando expressamente indicada no contrato (STJ, Recurso Repetitivo nº 1.599.511/SP, de relatoria do Ministro Paulo de Tarso Sanseverino, dj. 06.09.2016). É que a causa da restituição aqui não é a ilegalidade da cobrança, mas a resolução do contrato, que impõe a volta das partes ao estado anterior. Logo, responde a requerida pelas perdas e danos decorrentes do inadimplemento do contrato, impondo-se a restituição de tudo que foi pago. Recurso não provido.

5.9 Embora não consista em repositório oficial de jurisprudência do Superior Tribunal de Justiça, a tese elaborada pela Secretaria de Jurisprudência, mediante exaustiva pesquisa na base de jurisprudência daquele Tribunal, já estabeleceu que "[a] obrigação de recuperar a degradação ambiental é do titular da propriedade do imóvel, mesmo que não tenha contribuído para a deflagração do dano, tendo em conta sua natureza *propter rem*". Saliente-se que este entendimento já era esposado pelo Exmo. Sr. Relator do Acórdão ora comentado quando este integrava a 1ª Turma da Corte Superior: "A obrigação de reparação dos danos ambientais é *propter rem*". (Resp nº 1.090.968/ SP, Rel. Min. Luiz Fux, Primeira Turma, DJe 3.8.2010).

5.10 Desta forma, é de todo recomendável que os Advogados Públicos atentem para os riscos que podem advir da arrematação de imóveis de particulares inadimplentes, tendo a cautela de promover prévia avaliação pericial das condições ambientais de propriedades imobiliárias, em especial nas áreas desindustrializadas ou nos casos em que o devedor desenvolve atividade econômica caracterizada como potencialmente poluidora. Não são poucos os casos em que a Fazenda Pública, em ações de execução fiscal, acaba herdando um passivo ambiental pecuniariamente muito mais elevado do que o próprio crédito tributário executado. Nestes casos, premia-se o poluidor e castiga-se o contribuinte. Os advogados públicos e advogados do interesse público devem recusar a tragicomédia forense, na qual cada página de autos judiciais e cada dia de instrução processual significam maiores gastos dos cofres públicos e menores chances de sobrevivência no Planeta Terra.[7]

---

[7] FIGUEIREDO, Guilherme José Purvin de. Advocacia Pública e a defesa do meio ambiente à luz do art. 225 da CF. *In*: BENJAMIN, Antonio Herman; FIGUEIREDO, Guilherme José Purvin de (Coord.). *Direito Ambiental e*

6   Cumpre, por fim, ressaltar que, ao longo da pesquisa processual encetada com o fito de preparar estes comentários, localizamos acórdão prolatado em sede de Agravo Regimental no Recurso Especial nº 1.341.937-SP, que deu provimento ao pleito do agravante, para que o Tribunal de origem se manifestasse sobre as teses ligadas aos arts. 41, §1º, inc. VI, e º 2º, do Decreto nº 3.179/99 e arts. 1º, §1º, 21 e 23 da Lei nº 8.666/93.

6.1 O primeiro dispositivo referido, hoje não mais em vigor, dispunha no seguinte sentido:

> Art. 41. Causar poluição de qualquer natureza em níveis tais que resultem ou possam resultar em danos à saúde humana, ou que provoquem a mortandade de animais ou a destruição significativa da flora:
>
> §1º. Incorre nas mesmas multas, quem:
>
> VI – deixar de adotar, quando assim o exigir a autoridade competente, medidas de precaução em caso de risco de dano ambiental grave ou irreversível.

6.2 Como se vê, a irresignação do agravante residiria exatamente em suposta inadequação do enquadramento dos elementos fáticos à situação prevista em referido decreto federal, tema que, efetivamente, escapa do alcance jurisdicional da corte constitucional.

6.3 Acertada, portanto, a decisão tomada pelo Supremo Tribunal Federal, no V. Acórdão relatado pelo Exmo. Sr. Ministro Luiz Fux, acórdão este que nos permite desenvolver reflexões sobre alguns temas de natureza jurídico-ambiental verdadeiramente cruciais concernentes ao direito humano ao meio ambiente ecologicamente equilibrado, essencial à sadia qualidade de vida, no meio ambiente urbano, assim como ao exercício da advocacia pública ambiental, representada, de um lado, pelos procuradores de município e, de outro, pelos advogados de uma das mais importantes e tradicionais sociedades de economia mista do país, o Banco do Brasil, criado em 1808 e que faz parte da história de nosso país.

Referências

BERBERT, P. R. F.; CRUZ, P. F. N. Níveis residuais de BHC (HCH) nos principais rios e lagos da região cacaueira sul da Bahia, Brasil. *In*: ENCONTRO NACIONAL DE ANALISTAS DE RESÍDUOS DE PESTICIDAS. *Resumos*. São Paulo: Instituto Adolfo Lutz, 1984.

BRASIL. *Decreto Legislativo nº 204/2004*. Disponível em: https://www.mma.gov.br/estruturas/smcq_seguranca/_arquivos/decreto_legislativo_n_204___pops.pdf. Acesso em 01 mar. 2020.

BRASIL. *Convenção de Estocolmo sobre Poluentes Orgânicos Persistentes*. Disponível em: https://www.mma.gov.br/estruturas/smcq_seguranca/_arquivos/conveno_de_estocolmo___pops.pdf. Acesso em 01 mar. 2020.

FIGUEIREDO, Guilherme José Purvin de. Advocacia Pública e a defesa do meio ambiente à luz do art. 225 da CF. *In*: BENJAMIN, Antonio Herman; FIGUEIREDO, Guilherme José Purvin de (Coord.). *Direito Ambiental e as Funções Essenciais à Justiça*: o papel da Advocacia de Estado e da Defensoria Pública na Proteção do Meio Ambiente. São Paulo: Revista dos Tribunais, 2011.

---

as Funções Essenciais à Justiça: o papel da Advocacia de Estado e da Defensoria Pública na Proteção do Meio Ambiente. São Paulo: Revista dos Tribunais, 2011. p. 53.

FIGUEIREDO, Guilherme José Purvin de. *Curso de Direito Ambiental.* 6. ed. São Paulo: Revista dos Tribunais; Thomson Reuters, 2013.

FIGUEIREDO, Guilherme José Purvin de. Justiça Ambiental. *In*: FIGUEIREDO, Guilherme José Purvin de (Coord.). *Direito Ambiental em debate.* Rio de Janeiro: Esplanada, 2004. v. 1.

FIGUEIREDO, Guilherme José Purvin de. Multas Administrativas Ambientais. *Revista do Advogado*, a. XXXVII, n. 133, p. 97-104, mar. 2017.

GOLLO, Luiz Augusto. Cidade dos meninos resiste a meio século de contaminação por pesticida e discute o futuro. *Agência Brasil*, 2009. Disponível em: http://memoria.ebc.com.br/agenciabrasil/noticia/2009-09-12/cidade-dos-meninos-resiste-meio-seculo-de-contaminacao-por-pesticida-e-discute-futuro. Acesso em 04 mar. 2020.

SOUZA, José Alberto Porto de. *O gerenciamento de riscos na Cidade dos meninos – Um sítio contaminado por pesticidas organoclorados, no Estado do Rio de Janeiro.* (Orientador: Carlos Machado de Freitas). Dissertação de Mestrado apresentada a Escola Nacional de Saúde Pública. Rio de Janeiro: s.n., 2003. Disponível em: https://teses.icict.fiocruz.br/pdf/souzajapm.pdf. Acesso em 01 mar. 2020.

SUPERIOR TRIBUNAL DE JUSTIÇA. *Jurisprudência em teses.* Brasília: 2015. v. 30. Disponível em: http://www.stj.jus.br/internet_docs/jurisprudencia/jurisprudenciaemteses/Jurisprud%C3%AAncia%20em%20teses%2030%20-%20direito%20ambiental.pdf. Acesso em 04 mar. 2020.

SUPERIOR TRIBUNAL DE JUSTIÇA. *Embargos de Divergência em REsp nº 1.318.051/RJ (2012/0070152-3).* Rel. Min. Mauro Campbell Marques. Disponível em: https://ww2.stj.jus.br/processo/revista/documento/mediado/?componente=ATC&sequencial=95473814&num_registro=201200701523&data=20190612&tipo=5&formato=PDF. Acesso em 04 mar. 2020.

Informação bibliográfica deste texto, conforme a NBR 6023:2018 da Associação Brasileira de Normas Técnicas (ABNT):

FIGUEIREDO, Guilherme José Purvin de. Contaminação ambiental do solo – Regime de propriedade imobiliária e responsabilidade administrativa. *In*: BENJAMIN, Antônio Herman Vasconcelos e; FREITAS, Vladimir Passos de; SOARES JÚNIOR, Jarbas (Coord.). *Comentários aos acórdãos ambientais:* paradigmas do Supremo Tribunal Federal. Belo Horizonte: Fórum, 2021. p.79-89. ISBN 978-65-5518-077-0.

ATOS DE CRUELDADE PRATICADOS CONTRA ANIMAIS: A INCONSTITUCIONALIDADE DA RINHA DE GALOS. AÇÃO DIRETA DE INCONSTITUCIONALIDADE Nº 1.856-6/RIO DE JANEIRO (Medida Liminar)

RELATOR: MINISTRO CARLOS VELOSO

SANDRA CUREAU

EMENTA: CONSTITUCIONAL. MEIO AMBIENTE. ANIMAIS. PROTEÇÃO. CRUELDADE. "BRIGA DE GALOS".

I – A Lei nº 2.895, de 20.03.98, do Estado do Rio de Janeiro, ao autorizar e disciplinar a realização de competições entre "galos combatentes", autoriza e disciplina a submissão desses animais a tratamento cruel, o que a Constituição Federal não permite: C.F. art. 225, §1º, VII.

II – Cautelar deferida, suspendendo-se a eficácia da Lei nº 2.895, 20.03.98, do Estado do Rio de Janeiro.

ACÓRDÃO

Vistos, relatados e discutidos estes autos, acordam os Ministros do Supremo Tribunal Federal, em Sessão Plenária, na conformidade da ata de julgamento e das notas taquigráficas, por decisão unânime, deferir o pedido de medida cautelar, para suspender, até o final do julgamento da ação direta, a execução e a aplicabilidade da Lei nº 2.895, de 20.03.1998, do Estado do Rio de Janeiro. Votou o Presidente. Ausente, justificadamente, neste julgamento, o Sr. Ministro Nelson Jobim.

Brasília, 03 de setembro de 1998.
Celso de Mello – Presidente

RELATÓRIO

O Sr. Ministro Carlos Velloso: o Procurador-Geral da República, com fundamento no art. 103, VI, da Constituição Federal, propõe a presente ação direta de inconstitucionalidade, com pedido de liminar, da Lei nº 2.895, de 20 de março de 1998, do Estado do Rio de Janeiro, que "autoriza a criação e a realização de exposições e competições entre aves das raças combatentes (fauna não silvestre) para preservar e defender o patrimônio genético da espécie *Gallus-Gallus*" (fl. 2).

Inicialmente, informa o eminente Procurador-Geral que a propositura da presente ação atende a pedido formulado pelo Dr. Alex Amorim de Miranda, Procurador da República no Estado do Rio de Janeiro, e pela Sr.ª Geuza Leitão Barros, Presidente da União Internacional Protetora dos Animais – UIPA.

Defende o autor, em síntese, o seguinte:

a) ao autorizar a criação e a realização de exposições e competições entre aves das raças combatentes (fauna não silvestre) a lei estadual em tela afrontou o art. 255, caput, c/c §1º, VII, da Lei Maior, nos quais sobressaem o dever jurídico de o poder público e a coletividade defender e preservar o meio ambiente, e a vedação, na forma da lei, das práticas que submetem os animais a crueldades;

b) é inegável que a Lei Estadual nº 2.895/98 possibilita a prática de competição que submete os animais a crueldade (rinhas de brigas de galos), em flagrante violação ao mandamento constitucional proibitivo de práticas cruéis envolvendo animais;

c) há antinomia entre o disposto na lei estadual e o texto constitucional, dado que o legislador estadual se afastou da observância ao princípio da intervenção estatal obrigatória na defesa do meio ambiente (art. 225, caput, da C.F.).

Ademais, defendendo a ocorrência do *fumus boni juris* e do *periculum in mora* no iminente risco de virem a ser praticadas rinhas de brigas de galos em que se submetem animais a crueldade, pede o autor a concessão de medida liminar para suspender, até a decisão final da ação, a eficácia da norma ora atacada.

Solicitadas informações, o Presidente da Assembleia Legislativa do Estado do Rio de Janeiro, Deputado Sérgio Cabral Filho, enfatiza a preocupação daquela Casa Legislativa em regulamentar atividade que, a partir da promulgação da lei, passaria o Poder Público a controlar e a fiscalizar diversas associações e federações esportivas do setor, além do que, sob o ponto de vista social, trata-se de "um forte fator de integração de comunidades" do interior do Estado, a gerar, inclusive, "um apreciável número de empregos" (fl. 38). No mérito, defende a ausência de violação à Lei Maior, mormente porque, no caso, o objeto da proteção é a fauna como componente do ecossistema, não se incluindo, neste contexto, "os animais domésticos e domesticados, nem os de cativeiro, criatórios e os de zoológicos particulares, devidamente legalizados" (fls. 39).

Por sua vez, o Governador do Estado do Rio de Janeiro, Dr. Marcello Alencar, em preliminar, sustenta a inépcia da inicial, dado que não indicados os dispositivos da lei que teriam violado a Constituição, bem como porque seria aplicável o art. 295, parágrafo único, II, do C.P.C. No mérito, defende a constitucionalidade da norma em apreço, principalmente porque ela traz em si regras de preservação e de poder de polícia para a segurança de eventos que envolvem grande participação popular.

É o relatório

VOTO

O Sr. Ministro Carlos Velloso (Relator): – Em excelente trabalho de doutrina, a Professora Helita Custódio – "Crueldade contra animais e a proteção destes como relevante questão jurídico-ambiental e constitucional"[1] –, leciona que "todos os animais, sem exceção, se encontram incluídos tanto na genérica expressão "meio ambiente", que abrange a biosfera (CF, art. 225), "patrimônio público" definido como meio ambiente (CF, art. 23, I, c.c. o art. 2º, I, da Lei nº 6.938, de 31.08.81), "espécies e ecossistemas" (CF, art. 225, §1º, I), "patrimônio genético do País", (CF, art. 225, §1º, VII) e "os animais" (CF, art. 225, §1º, VII)", certo que a Constituição protege a todos os animais, sem distinção, proibindo "as práticas de crueldade, em todas as suas desumanas e danosas formas, contra os animais em geral, sem qualquer discriminação de espécie ou categorias".[2] Acrescenta a Prof. Helita Barreira Custódio, depois de procedentes considerações, que constituem forma de crueldade contra os animais fazer com que estes participem de "espetáculos violentos, como lutas entre animais até a exaustão ou morte...".[3]

As "brigas de galos" constituem, na verdade, forma de tratar com crueldade esses animais. O Decreto nº 24.645, de 10.07.34, que estabeleceu medidas de proteção aos animais, deixou expresso, no seu art. 3º, XXIX:

Art. 3º. Consideram-se maus-tratos:

XXIX – Realizar ou promover lutas entre animais da mesma espécie ou de espécie diferente.

Em 1961, no Governo Jânio Quadros, foi baixado o Decreto nº 50.620, de 18.05.61, que proibiu o funcionamento das rinhas de "brigas de galo". Esse decreto foi revogado pelo de nº 1.233, de 22.06.62, do Governo Parlamentar.

A revogação, entretanto, não prejudicou o art. 64 da Lei das Contravenções Penais, que pune as denominadas "brigas de galo". Assim decidiu o Supremo Tribunal, no RE nº 39.152-SP, o Relator o Ministro Henrique D'Ávila:

CONTRAVENÇÃO PENAL. BRIGA DE GALOS.

As chamadas "brigas de galos" devem ser havidas como prática proibida, enquadrando-se no art. 64 da Lei das Contravenções Penais. (Rev. Forense, 181-319)

No mesmo sentido: HC nº 34.936-SP, Cândido Mota, Rev. Dos Tribs., 268-818.

Sérgio Nogueira Ribeiro, escrevendo sobre o tema – "Crueldade contra os animais", em "Crimes Passionais e Outros Temas" –, registra que o preceito do art. 64 da Lei das Contravenções Penais "é encontrado, praticamente, na legislação de todos os países do mundo".

E acrescenta:

---

[1] CUSTÓDIO, Helita Barreira. Crueldade contra animais e a proteção destes como relevante questão jurídico-ambiental. *Revista de Direito Ambiental*, São Paulo, n. 7, p. 54-60, jul./set. 1997. p. 54 e segs.

[2] CUSTÓDIO, Helita Barreira. Crueldade contra animais e a proteção destes como relevante questão jurídico-ambiental. *Revista de Direito Ambiental*, São Paulo, n. 7, p. 54-60, jul./set. 1997. p. 58-59.

[3] CUSTÓDIO, Helita Barreira. Crueldade contra animais e a proteção destes como relevante questão jurídico-ambiental. *Revista de Direito Ambiental*, São Paulo, n. 7, p. 54-60, jul./set. 1997. p. 60.

11. Não será demais acentuar que a briga de galos *é* proibida na maioria dos Estados da América do Norte. Naquela Nação, o Código de New York incrimina até mesmo o simples espectador, sujeitando-o *à* pena de multa de 10 a 1.000 dólares ou prisão de 10 dias a um ano, ou a ambas as penas.[4]

O que deve ser reconhecido é que a submissão dessas espécies de animais à luta, é forma de tratá-las com crueldade. Na maioria das vezes, as aves vão até à exaustão e à morte.

O Supremo Tribunal Federal, no julgamento do RE nº 153.531-SC, Relator para o acórdão o Ministro Marco Aurélio, decidiu:

> EMENTA: COSTUME – MANIFESTAÇÃO CULTURAL – ESTÍMULO – RAZOABILIDADE – PRESERVAÇÃO DA FAUNA E DA FLORA – ANIMAIS – CRUELDADE. A obrigação de o Estado garantir a todos o pleno exercício de direitos culturais, incentivando a valorização e a difusão das manifestações, não prescinde da observação da norma do inciso VII do artigo 225 da Constituição Federal, no que veda a prática que acabe por submeter os animais *à* crueldade. Procedimento discrepante da norma constitucional denominado 'farra do boi'.

A Constituição da República é expressa ao estabelecer, no art. 225, que "todos têm direito ao meio ambiente ecologicamente equilibrado, bem de uso comum do povo e essencial à sadia qualidade de vida, impondo-se ao poder público e à coletividade o dever de defendê-lo e preservá-lo para as presentes e futuras gerações". E acrescenta o §1º, inc. VII, do mesmo artigo 225:

> *§1º* – Para assegurar a efetividade desse direito, incumbe ao poder público:
>
> ....
>
> VII – proteger a fauna e a flora, vedadas, na forma da lei, as práticas que coloquem em risco sua função ecológica, provoquem a extinção de espécies ou submetam os animais a crueldade.

A Lei nº 2.895, de 20.03.98, do Estado do Rio de Janeiro, ao autorizar e disciplinar a realização de competições entre "galos combatentes", autoriza e disciplina a submissão desses animais a tratamento cruel, o que a Constituição não permite.

Tem-se, no caso, portanto, de arguição de inconstitucionalidade relevante, que autoriza o deferimento da cautelar.

Do exposto, defiro a suspensão cautelar da eficácia da Lei nº 2.895, de 20.03.98, do Estado do Rio de Janeiro.

VOTO

O Sr. Ministro Maurício Corrêa – Sr. Presidente, o e. Ministro Carlos Velloso fez referência ao julgamento do Recurso Extraordinário nº 153.531, proferido pela Segunda Turma, na Sessão do dia 04.02.1997, do qual participei. Tratava-se, naquele apelo, da proibição do folguedo, conhecido no Estado de Santa Catarina, como "Farra do Boi".

---

[4]   RIBEIRO, Sérgio Nogueira. *Crimes passionais e outros temas*. Rio de Janeiro: Forense, 1997. p. 60.

Naquela oportunidade, meu voto foi no sentido de não conhecer daquele recurso em face de outro princípio existente na Constituição, nos artigos 215 e 216, que tratam dos direitos inerentes à cultura. Ali não havia nenhum procedimento de natureza estatal. No caso específico, esse tipo de atividade esportiva – se é que se pode chamar assim – está regulamentado através de lei, votada pela Assembleia Legislativa do Estado do Rio de Janeiro, e ao que sei, sancionada pelo Governador.

De tal modo que não tenho reparos a fazer ao voto do e. Ministro-Relator, também entendendo que, no caso, há de se deferir o pedido cautelar.

Acompanho o Sr. Ministro-relator.

VOTO

O Senhor Ministro Moreira Alves – Sr. Presidente, acrescento, quanto a esse aspecto da competência que me parece sério, a circunstância de que não se pode, apoditicamente, considerar que todos esses casos são de submissão de animal à crueldade proibida pela Constituição.

PLENÁRIO

EXTRATO DE ATA

AÇÃO DIRETA DE INCONSTITUCIONALIDADE Nº 1.856-6 – medida liminar
PROCED.: RIO DE JANEIRO
RELATOR: MIN. CARLOS VELLOSO
REQTE.: PROCURADOR-GERAL DA REPÚBLICA
REQDO.: GOVERNADOR DO ESTADO DO RIO DE JANEIRO
REQDA.: ASSEMBLEIA LEGISLATIVA DO ESTADO DO RIO DE JANEIRO

Decisão: o Tribunal, por votação unânime, deferiu o pedido de medida cautelar, para suspender, até o final julgamento da ação direta, a execução e a aplicabilidade da Lei nº 2.895, de 20.3.1998, do Estado do Rio de Janeiro. Votou o Presidente. Ausente, justificadamente, neste julgamento, o Ministro Nelson Jobim. Plenário, 03.9.98.

Presidência do Senhor Ministro Celso de Mello. Presentes à sessão só os Senhores Ministros Moreira Alves, Néri da Silveira, Sydney Sanches, Octavio Gallotti, Sepúlveda Pertence, Carlos Velloso, Marco Aurélio, Ilmar Galvão, Maurício Corrêa e Nelson Jobim.

Vice-Procurador-Geral da República, Dr. Haroldo Ferraz da Nóbrega.

COMENTÁRIO DOUTRINÁRIO

Introdução

O Supremo Tribunal Federal, em acórdão da lavra do Ministro Carlos Velloso, deferiu, por unanimidade, pedido de medida cautelar, para suspender, até o final do julgamento da ação direta de inconstitucionalidade nº 1.856-6 – Rio de Janeiro, a execução e a aplicabilidade da Lei Estadual nº 2.895, de 20 de março de 1998, que autorizou a criação e a realização de exposições e competições entre aves das raças combatentes (fauna não silvestre) da espécie Gallus-Gallus.

A ADI foi ajuizada pelo Procurador-Geral da República, tendo como requeridos o Governador do Estado do Rio de Janeiro e a Assembleia Legislativa daquela unidade da federação. Em síntese, sustentou a ocorrência de afronta ao art. 225, *caput*, combinado com o §1º, VII, da Constituição Federal de 1988.

O julgamento final da ADI veio a ocorrer em 26 de maio de 2011, tendo já então na relatoria o Ministro Celso de Mello, ocasião na qual a Corte Suprema, por unanimidade e nos termos do voto do Relator, rejeitou as preliminares arguidas e, no mérito, também por unanimidade, decidiu pela procedência da ação, confirmando a liminar e declarando a inconstitucionalidade da Lei nº 2.895, de 20 de março de 1998, do Estado do Rio de Janeiro.

A ementa da decisão de mérito foi a seguinte:

AÇÃO DIRETA DE INCONSTITUCIONALIDADE – *BRIGA DE GALOS* (LEI FLUMINENSE Nº 2.895/98) – LEGISLAÇÃO ESTADUAL QUE, *PERTINENTE* A EXPOSIÇÕES E A COMPETIÇÕES ENTRE AVES DAS RAÇAS COMBATENTES, FAVORECE *ESSA PRÁTICA CRIMINOSA* – DIPLOMA LEGISLATIVO QUE ESTIMULA O COMETIMENTO DE ATOS DE CRUELDADE CONTRA *GALOS DE BRIGA* – CRIME AMBIENTAL (LEI Nº 9.605/98, ART. 32) – MEIO AMBIENTE – DIREITO À PRESERVAÇÃO DE SUA INTEGRIDADE (CF, ART. 225) – PRERROGATIVA QUALIFICADA *POR SEU CARÁTER DE METAINDIVIDUALIDADE* – DIREITO *DE TERCEIRA* GERAÇÃO (OU DE *NOVÍSSIMA* DIMENSÃO) QUE CONSAGRA O POSTULADO DA SOLIDARIEDADE – PROTEÇÃO CONSTITUCIONAL DA FAUNA (CF, ART. 225, §1º, VII) – DESCARACTERIZAÇÃO DA *BRIGA DE GALO* COMO MANIFESTAÇÃO CULTURAL – RECONHECIMENTO DA INCONSTITUCIONALIDADE DA LEI ESTADUAL IMPUGNADA – *AÇÃO DIRETA PROCEDENTE*.

LEGISLAÇÃO ESTADUAL *QUE AUTORIZA* A REALIZAÇÃO DE EXPOSIÇÕES E COMPETIÇÕES ENTRE AVES DAS RAÇAS COMBATENTES – NORMA QUE INSTITUCIONALIZA *A PRÁTICA DE CRUELDADE* CONTRA A FAUNA – INCONSTITUCIONALIDADE.

- A promoção *de briga de galos*, além de caracterizar prática criminosa tipificada na legislação ambiental, configura *conduta atentatória* à Constituição da República, que veda a submissão de animais a atos de crueldade, cuja natureza perversa, à semelhança *da* "farra do boi" (RE nº 153.531/SC), não permite sejam eles qualificados como *inocente* manifestação cultural, de caráter *meramente* folclórico. Precedentes.

- A proteção *jurídico-constitucional* dispensada à fauna abrange *tanto* os animais silvestres *quanto* os domésticos ou domesticados, *nesta classe incluídos* os galos utilizados em rinhas, pois o texto da Lei Fundamental vedou, em cláusula genérica, *qualquer forma* de submissão de animais a atos de crueldade.

- Essa especial tutela, que tem por fundamento legitimador a autoridade da Constituição da República, é motivada *pela necessidade de impedir* a ocorrência de situações de risco *que ameacem* ou *que façam periclitar* todas as formas de vida, *não só a do gênero humano*, mas, *também*, a própria vida animal, cuja integridade restaria comprometida, *não fora a vedação constitucional*, por práticas aviltantes, perversas e violentas contra os seres irracionais, *como os galos de briga* ("*gallus-gallus*"). Magistério da doutrina.

ALEGAÇÃO DE INÉPCIA DA PETIÇÃO INICIAL

- *Não se revela inepta* a petição inicial, que, *ao impugnar* a validade constitucional de lei estadual, (a) *indica, de forma adequada*, a norma de parâmetro, cuja autoridade teria sido desrespeitada, (b) *estabelece, de maneira clara,* a relação de antagonismo entre essa legislação *de menor* positividade jurídica *e* o texto da Constituição da República, (c) *fundamenta, de modo inteligível,* as razões consubstanciadoras da pretensão de inconstitucionalidade deduzida pelo autor *e* (d) *postula, com objetividade,* o reconhecimento da procedência do pedido, com a consequente declaração *de ilegitimidade constitucional* da lei questionada em sede de controle normativo abstrato, *delimitando, assim, o* âmbito *material* do julgamento a ser proferido pelo Supremo Tribunal Federal. *Precedentes.*

A presente análise tem por objeto, exclusivamente, a medida liminar, da lavra do Ministro Carlos Velloso, datada de 3 de setembro de 1998. A decisão de mérito foi proferida 13 anos após, confirmando a cautela, e foi transcrita com a única finalidade de confirmar o acerto do primeiro acórdão.

1 Histórico

Atendendo a pedido formulado pela União Internacional Protetora dos Animais – UIPA e pela Procuradoria da República no Rio de Janeiro, o então Procurador-Geral da República, Doutor Geraldo Brindeiro, ingressou com ação direta de inconstitucionalidade da Lei Estadual nº 2895, de 20 de março de 1998, que autorizou a criação e a realização de exposições e competições entre aves da fauna não silvestre da espécie Gallus-Gallus.

Sustentou que,

> ao contrário de buscar proteger a fauna e a flora como medida para tornar efetivo o direito constitucional ao meio ambiente ecologicamente equilibrado, e observar a vedação, na forma da lei, das práticas que submetam os animais a crueldade, atuou o legislador estadual fluminense ao largo da norma programática constitucional.

Frisou "a antinomia entre o disposto na lei estadual e o texto constitucional, na medida em que afastou-se o legislador estadual da observância ao princípio da intervenção estatal obrigatória na defesa do meio ambiente", violando o art. 223, *caput*, da Lei Maior.

Verificada a existência do *fumus boni iuris* e do *periculum in mora*, postulou fosse concedida medida cautelar, para suspender, até a decisão final da ação, a eficácia da Lei Estadual nº 2895/98, julgando-se, ao fim, procedente o pedido.

O dispositivo legal questionado foi o seguinte:

O Governador do Estado do Rio de Janeiro, faço saber que a Assembleia Legislativa do Estado do Rio de Janeiro decreta e eu sanciono a seguinte Lei:

Art. 1º   Fica autorizada a criação e a realização de exposições e competições entre aves das Raças Combatentes em todo o território do Estado do Rio de Janeiro, cuja regulamentação fica restrita na forma de presente Lei.

Art. 2º   As atividades esportivas do galismo, inerentes à preservação de aves das Raças Combatentes, serão realizadas em recintos e/ou locais próprios, nas Sedes das Associações, Clubes ou Centros Esportivos denominados rinhadeiros.

Art. 3º   Todas as Associações, Clubes ou Centros Esportivos seguirão as normas gerais da presente Lei, e, supletivamente, cabendo à FEDERAÇÃO ESPORTIVA E DE PRESERVAÇÃO DO GALO COMBATENTE DO ESTADO

DO RIO DE JANEIRO, na forma estatutária, elaborar regulamentos anuais desta atividade esportiva, de forma a visibilizar a preservação desta espécie nos campeonatos realizados anualmente nas sedes das Associações.

Art. 4º A devida autorização para a realização dos eventos (exposições e competições) programados anualmente pelas Associações, será obtida por requerimento à autoridade competente local da Guarnição ou do Agrupamento de Incêndio (Corpo de Bombeiros) sob a forma de um Alvará (Certificado de Registro) após ter sido efetuado o pagamento da(s) taxa(s) ao erário.

Art. 5º Os locais onde se realizarão os eventos deverão ser vistoriados anualmente pela autoridade competente antes de fornecer o Alvará, como medida preventiva de proteção e segurança dos sócios frequentadores.

Art. 6º Um médico veterinário e/ou um assistente capacitado atestará, antes das competições, o estado de saúde das aves que participarão do evento.

Art. 7º Em se tratando de competições internacionais com aves vindas do exterior, haverá um período mínimo de 72 horas para uma observação médica, mesmo que as aves venham acompanhadas de atestado de saúde.

Art. 8º Fica terminantemente vedada a prática desta atividade em locais próximos a Igreja, Escola ou Hospital, se observando a distância mínima de 80 metros, a fim de resguardar o silêncio, a ordem e o sossego público.

Art. 9º Nos locais onde se realizam as competições é vedada a permanência de menores de 18 anos, a não ser quando acompanhados dos pais ou responsáveis diretos.

Art. 10 A Federação Esportiva e de Preservação do Galo Combatente do Estado do Rio de Janeiro normalizará em 30 dias, contados de vigência desta Lei, o ingresso e a autorização para funcionamento de Associações, Clubes ou Centros Esportivos.

Art. 11 Esta Lei entrará em vigor na data da sua publicação, revogadas as disposições em contrário.

Prestando informações, o Governador do Estado, Marcello Alencar, e o Presidente da Assembleia Legislativa do Rio de Janeiro, Sérgio Cabral Filho, defenderam a constitucionalidade da lei questionada. A União ingressou em juízo contestando a ação e pedindo a sua improcedência.

Publicado o acórdão que concedeu a medida liminar, o prazo recursal transcorreu *in albis*.

2 Análise do Acórdão

2.1 O que é a espécie *Gallus-Gallus*?

A galinha e o galo são, respectivamente, a fêmea e o macho da espécie *Gallus-Gallus* doméstico. Estas aves, segundo a literatura especializada, surgiram no sudeste da Ásia há pelo menos 7.400 anos. Seus primeiros vestígios arqueológicos datam de 5.400 a. C. Provavelmente, foram introduzidos no ocidente através da Rota da Seda.

Não são agressivos, razão pela qual são utilizados, em algumas culturas, como animais de companhia.

Para participarem de rinhas são previamente adestrados, o que joga por terra um dos argumentos geralmente usados para justificar essa prática: a sua preservação.

A rinha de galos é um combate envolvendo apostas. Os animais, previamente selecionados e treinados para a agressividade, são colocados, dois a dois, em uma arena conhecida como rinha e encorajados a lutar. Durante a luta são utilizados apetrechos tais como protetor de bico e protetor de esporão.

Normalmente, os galos possuem uma espora rígida em cada perna. Os praticantes de rinha mutilam tais estruturas para a fixação de afiadas esporas artificiais. Para tanto, a espora original é removida por meio da mutilação, deixando uma extremidade suficiente para ancorar as esporas artificiais, que podem ser semelhantes a ganchos e facas. Muitas vezes, são injetadas nos animais drogas ilegais, como esteroides e vitaminas, para aumentar sua agressividade. Os maus-tratos transcendem a competição, envolvendo sofrimento no ambiente de manutenção – lugares pequenos e sem espaço –, antes e após os combates.[5]

2.2 A proteção constitucional a todas as formas de vida

Ao proferir o seu voto, o Ministro Carlos Velloso, após citar excerto de trabalho doutrinário de Custódio,[6] no qual a autora sustenta que a Constituição protege a todos os animais sem distinção, proibindo "as práticas de crueldade, em todas as suas desumanas e danosas formas, contra os animais em geral, sem qualquer discriminação de espécie ou categorias", reportou-se ao Decreto nº 24.645/34 e, também, ao Decreto nº 50.620, de 18.05.1961. Este último veio a ser revogado posteriormente, pelo Decreto nº 1.233, de 22.06.62, baixado durante o período de parlamentarismo no governo João Goulart.

O Ministro Relator entendeu que a proibição às "brigas de galo" encontrava, ainda, amparo no art. 64 da Lei das Contravenções Penais, citando, em apoio à sua tese, decisões proferidas anteriormente pelo Supremo Tribunal Federal.

O inciso VII do art. 225 da Constituição Federal de 1988 atribui ao Poder Público a incumbência de "proteger a fauna e a flora, vedadas, na forma da lei, as práticas que coloquem em risco sua função ecológica, provoquem a extinção de espécies ou submetam os animais a crueldade".

2.3 Legislação infraconstitucional

É de Levai[7] a observação de que apenas a partir da proclamação da República a tutela jurídica dos animais passou a ser objeto de normatização em nosso país. Isso porque, em 6 de outubro de 1886, o município de São Paulo inseriu em seu Código de

---

[5] Vide a respeito: HAMMERSCHMIDT, Janaina; REIS, Sérvio Túlio Jacinto; MOLENTO, Carla Forte Maiolino. Relato de caso: perícia em bem-estar animal para diagnóstico de maus-tratos contra galos utilizados em rinhas. *Revista UNINGÁ*, v. 29, n. 3, p. 81-87, jan./mar. 2017.

[6] CUSTÓDIO, Helita Barreira. Crueldade contra animais e a proteção destes como relevante questão jurídico-ambiental. *Revista de Direito Ambiental*, São Paulo, n. 7, p. 54-60, jul./set. 1997. p. 54 e ss.

[7] LEVAI, Laerte Fernando. Cultura da Violência: a inconstitucionalidade das Leis Permissivas de Comportamento Cruel em Animais. *In*: PURVIN, Guilherme (Org.). *Direito ambiental e proteção dos animais*. São Paulo: Letras Jurídicas, 2017. p. 261.

Posturas o art. 220, no qual se lê: "É proibido a todo e qualquer cocheiro, condutor de carroça, pipa d'água, etc., maltratar os animais com castigos bárbaros e imoderados. Esta disposição é igualmente aplicada aos ferradores (...)".

Em 1934, durante o Governo Provisório, foi promulgado o Decreto nº 24.645, dispondo, expressamente, em seu art. 3º, inciso I, considerar-se maus tratos "praticar ato de abuso ou crueldade em qualquer animal" e, no inciso XXIX, "realizar ou promover lutas entre animais da mesma espécie ou de espécie diferente, touradas e simulacros de touradas, ainda mesmo em lugar privado".

Apesar de vozes em contrário, o Decreto nº 24.645 não foi revogado pelo Decreto Federal nº 11, de 1991, como será demonstrado a seguir.

Isso porque, como já sustentou a autora do presente,[8] o Decreto nº 24.645/34 tem a natureza jurídica de lei ordinária, uma vez que foi editado sob a égide do Decreto nº 19.398, de 11 de novembro de 1930, pelo qual foi instituído o Governo Provisório, após a revolução de 1930. Naquele contexto, até a promulgação da Constituição Federal de 1934, o Presidente da República atraiu para si a função de editar atos normativos com força de lei, em sentido formal, face à dissolução do Congresso Nacional.

Sendo o Decreto datado de 10 de julho de 1934 e tendo sido a nova Carta Magna promulgada em 16 de julho do mesmo ano, qual seja, 6 dias após, seu *status* é de lei ordinária, tendo sido, desse modo, recepcionado pela atual Constituição Federal.

Os demais decretos a que se reporta o voto condutor, ao contrário, foram editados em período de normalidade democrática, o primeiro durante o governo Jânio Quadros, e o segundo, revogando o anterior, no curto período parlamentarista do governo João Goulart. Dizia-se, à época, que o próprio Primeiro Ministro Tancredo Neves era um aficionado pelas rinhas e que, "em reconhecimento, os galistas lhe ofertaram um galo de ouro, cuja entrega foi feita pelo renomado galista de São Paulo, José Daniel Tosi".[9]

Boatos à parte, é de se observar que o decreto de 1961 não é incompatível com aquele do Governo Provisório (1934), sendo apenas mais restritivo. Quanto ao decreto revogatório de 1962, tendo expressamente se reportado ao Decreto nº 50.620, não poderia atingir norma de conteúdo mais amplo, à qual sequer fez menção.[10]

Em favor da tese ora sustentada pode ser invocado, também, o §1º do art. 2º da Lei de Introdução às Normas do Direito Brasileiro, que elenca as hipóteses de revogação de uma lei, quais sejam: a) quando expressamente o declare; b) quando seja com ela incompatível e c) quando regula inteiramente a matéria de que tratava a lei anterior. Não estando presente nenhum desses casos, certo é que o Decreto nº 24.645/34 mantinha a sua eficácia.

Dessa forma, no entender da autora da presente análise, nem o Decreto nº 50.620/61, nem o Decreto nº 1233/62 alteraram a situação jurídica do Decreto nº 24.645/34, não implicando, pois, em sua revogação.

---

[8] CUREAU, Sandra. A proibição constitucional de práticas cruéis contra animais: um mandamento definitivo que dispensa qualquer ponderação de direitos. *In*: PURVIN, Guilherme (Org.). *Direito ambiental e proteção dos animais*. São Paulo: Letras Jurídicas, 2017. p. 90-91.

[9] TEIXEIRA, Sérgio Alves. O simbolismo essencial das brigas de galo. *Horiz. Antropol.*, Porto Alegre, n. 3, n. 6, out. 1997. Disponível em: http://www.scielo.br/scielo.php?script=sci_arttext&pid=S0104-71831997000200223 Acesso em 07 fev. 2020.

[10] A respeito, entre outros: SERAFINI, Leonardo Zagonel. *Parecer Jurídico. Ementa*: Decreto nº 24.645/34. Natureza Jurídica. Lei ordinária. Recepção pela Constituição Federal de 1988. Vigência da norma. Disponível em: http://movimentososbicho.blogspot.com.br/2015/02/parecer-juridico-ementa-decreto.html Acesso em 30 jan. 2020.

Prosseguindo no exame do acórdão, não é demais referir que, em 12 de fevereiro de 1998, foi promulgada a Lei nº 9.605, conhecida como Lei dos Crimes Ambientais, a qual, em seu artigo 32, protege a integridade física de animais silvestres, domésticos ou domesticados, nativos ou exóticos, elencando 4 (quatro) condutas típicas para a configuração do ilícito penal: a) praticar ato de abuso; b) maus-tratos; c) ferir e d) mutilar animal. Ainda que entre as condutas do tipo não esteja incluído o verbo matar – o que, em apressado exame, poderia levar à conclusão de que apenas a morte da fauna silvestre, nativa ou migratória, gera a penalização de quem a causou, na forma do art. 29 da Lei nº 9.605/98 –, não é possível olvidar que quem mata um animal doméstico ou exótico, necessariamente, irá, antes, maltratá-lo ou feri-lo.[11]

2.4 A medida liminar na ADI nº 1.856-6, paradigma para decisões posteriores

O acórdão da lavra do Ministro Carlos Velloso, deferindo a medida liminar na Ação Direta de Inconstitucionalidade nº 1.856-6, é considerado um marco na luta contra as rinhas de galos e outras práticas cruéis contra animais, como é possível constatar através das inúmeras citações feitas em livros e artigos que abordam a matéria. Mais que tudo, ainda que à época houvesse decisões esparsas no mesmo sentido, foi a primeira decisão proferida em ação direta de inconstitucionalidade.

Entretanto, ainda que a Suprema Corte venha, sistematicamente, desde então, se pronunciando contrariamente a essas práticas – rodeios, vaquejadas, rinhas de galo –, o problema está longe de acabar. Em 2009, em ação ajuizada pela Associação de Criadores e Expositores de Raças Combatentes, a juíza da 5ª Vara da Fazenda da Capital/PB, Maria de Fátima Lúcia Ramalho, por entender que o "galismo" – outro nome dado à prática – é um esporte milenar e que a legislação brasileira não traz nenhuma proibição a respeito, concedeu liminar proibindo os órgãos ambientais de impedir o seu livre exercício.[12]

Veja-se, também, a título de exemplo, que, logo após a Suprema Corte ter se pronunciado contrariamente às vaquejadas, o Congresso Nacional aprovou a Emenda Constitucional nº 96, de 06 de junho de 2017, inserindo, no art. 225 da Lei Maior, um novo parágrafo, com a seguinte redação:

> §7º Para fins do disposto na parte final do inciso VII do §1º deste artigo, não se consideram cruéis as práticas desportivas que utilizem animais, desde que sejam manifestações culturais, conforme o §1º do art. 215 desta Constituição Federal, registradas como bem de natureza imaterial integrante do patrimônio cultural brasileiro, devendo ser regulamentadas por lei específica que assegure o bem-estar dos animais envolvidos.

Evidentemente, criou-se um precedente gravíssimo, uma vez que basta que uma prática, dita cultural, seja registrada como patrimônio imaterial da União, do Estado ou do Município, para que seja descriminalizada em nome da proteção à cultura, em detrimento do bem-estar dos animais envolvidos. As rinhas de galos, bem como os

---

[11] Veja-se, a respeito, entre outros: GOMES, Luiz Flávio; MACIEL, Silvio. *Crimes Ambientais. Comentários à Lei nº 9.605/98 (arts. 1º a 69-A e 77 a 82).* São Paulo: Ed. Revista dos Tribunais, 2011. p. 155.

[12] Cf. Justiça libera rinha de galo na Paraíba. *Olhar animal*, 4 nov. 2009. Disponível em: https://olharanimal.org/justica-libera-rinha-de-galo-na-paraiba. Acesso em 07 fev. 2020.

rodeios e as vaquejadas não são esportes ancestrais, como querem seus defensores, e muito menos fatores de integração das comunidades, mas jogos de apostas, que envolvem muito dinheiro e, por isso, há tanto interesse em preservá-los.

Mas há uma luz no final do túnel. Diversos projetos de lei tramitaram e tramitam no Congresso Nacional, visando a aumentar a proteção dos animais e, pelo menos, um deles já foi transformado em lei ordinária.

O PLC nº 27/2018, de autoria do deputado Ricardo Izar (PP-SP), dispõe que os animais têm natureza jurídica *sui generis*, como sujeitos de direitos despersonificados, reconhecidos como seres sencientes, ou seja, dotados de natureza biológica e emocional e passíveis de sofrimento. Acrescenta, ainda, dispositivo à Lei dos Crimes Ambientais, determinando que os animais não sejam mais considerados bens móveis para fins do Código Civil (Lei nº 10.402, de 2002).

Já o Projeto de Lei da Câmara nº 17/2017, também de autoria do Deputado Ricardo Izar, proíbe a eliminação de animais saudáveis pelos órgãos de controle de zoonoses, visando a incentivar a adoção de cães, gatos e aves saudáveis por meio de convênios do setor público com entidades de proteção animal e outras organizações não governamentais. Pelo texto do PLC, a eutanásia só é permitida nos casos de males, doenças graves ou enfermidades infectocontagiosas, incuráveis, que coloquem em risco a saúde humana e a de outros animais. Conforme informações colhidas no sítio eletrônico do Senado Federal, após lhe ser submetido, o Projeto de lei sofreu alterações que determinaram o seu retorno, em 11 de dezembro de 2019, à Câmara Federal.[13]

Por fim, cabe mencionar o PLC nº 1.095/2019, de autoria do deputado Fred Costa (Patriota-MG), alterando a Lei nº 9.605, de 12 de fevereiro de 1998, para aumentar a pena prevista para quem abusa, fere ou mutila cães e gatos,[14] que veio a transformar-se na Lei Ordinária nº 14.064, de 29 de setembro de 2020. Pela redação original, a pena era de detenção de 3 (três) meses a 1 (um) ano e multa. A nova lei, já em vigor, dispõe que a prática de abuso, maus-tratos, ferimento ou mutilação a cães e gatos será punida com pena de reclusão de 2 (dois) a 4 (cinco) anos, além de multa e proibição de guarda.

Conforme artigo da lavra de Marianna Chaves,[15] os movimentos em prol dos direitos dos animais, historicamente, foram baseados em ideais de bem-estar: "Por volta de 1800, as organizações dedicadas à proteção dos animais começaram a se formar, e as legislações para protegê-los da crueldade passaram a ser amplamente disseminadas".

Entretanto, à época, não era levado em conta o estatuto jurídico dos animais. Atualmente, grande parte da discussão deslocou-se da abordagem tradicional, que se concentrava apenas nos animais de companhia, para, num exame mais amplo de seus direitos, incluir situações como a análise e o uso de espécimes em experimentos científicos. Em todo o mundo, a questão ética envolvendo a experimentação animal é muito debatida, ainda que, em muitos casos, não tenha sido encontrada solução para excluí-la

---

[13] SENADO FEDERAL. *Projeto de Lei da Câmara nº 17, de 2017*. Atividade Legislativa. Disponível em https://www25. senado.leg.br/web/atividade/materias/-/materia/128087. Acesso em 27 mar. 2021.

[14] SENADO NOTÍCIAS. *Congresso se mobiliza para proteção dos animais*. 03 jan. 2020. Disponível em: https://www12. senado.leg.br/noticias/materias/2020/01/03/congresso-se-mobiliza-para-protecao-dos-animais. Acesso em 30 jan. 2020.

[15] CHAVES, Marianna. *Os maus-tratos aos animais e as suas implicações no Direito das Famílias*. IBDFAM – Instituto Brasileiro de Direito de Família: 14 mai. 2013. Disponível em https://ibdfam.org.br/artigos/885/Os+maus-trat os+aos+animais+e+a+suas+implica%C3%A7%C3%B5es+no+Direito+das+Fam%C3%ADlias. Acesso em 27 mar. 2021.

completamente. Entre os cientistas, todavia, é pensamento corrente que, enquanto não se puder prescindir dos animais, deve-se ter em mente a redução do seu sofrimento.

É exatamente essa visão que se choca frontalmente com o uso de animais em vaquejadas, farras do boi, rodeios, rinhas de galo e tantas outras práticas que os conduzem a um sofrimento desnecessário e cruel, para sustentar lucrativos jogos de apostas. Contra tais práticas, o acórdão da lavra do Ministro Carlos Velloso constituiu-se em um marco que vem sendo citado em decisões judiciais e trabalhos jurídicos desde então.

Referências

CHAVES, Marianna. *Os maus-tratos aos animais e as suas implicações no Direito das Famílias*. IBDFAM – Instituto Brasileiro de Direito de Família: 14 mai. 2013. Disponível em https://ibdfam.org.br/artigos/885/Os+maus-tratos+aos+animais+e+a+suas+implica%C3%A7%C3%B5es+no+Direito+das+Fam%C3%ADlias. Acesso em 27 mar. 2021

CUREAU, Sandra. A proibição constitucional de práticas cruéis contra animais: um mandamento definitivo que dispensa qualquer ponderação de direitos. *In*: PURVIN, Guilherme (Org.). *Direito ambiental e proteção dos animais*. São Paulo: Letras Jurídicas, 2017.

CUSTÓDIO, Helita Barreira. Crueldade contra animais e a proteção destes como relevante questão jurídico-ambiental. Revista de Direito Ambiental, São Paulo, n. 7, p. 54-60, jul./set. 1997.

GOMES, Luiz Flávio; MACIEL, Silvio. *Crimes Ambientais. Comentários à Lei nº 9.605/98 (arts. 1º a 69-A e 77 a 82)*. São Paulo: Ed. Revista dos Tribunais, 2011.

HAMMERSCHMIDT, Janaina; REIS, Sérvio Túlio Jacinto; MOLENTO, Carla Forte Maiolino. Relato de caso: perícia em bem-estar animal para diagnóstico de maus-tratos contra galos utilizados em rinhas. *Revista UNINGÁ*, v. 29, n. 3, p. 81-87, jan./mar. 2017.

LEVAI, Laerte Fernando. Cultura da violência: a inconstitucionalidade das Leis Permissivas de Comportamento Cruel em Animais. *In*: PURVIN, Guilherme (Org.). *Direito ambiental e proteção dos animais*. São Paulo: Letras Jurídicas, 2017.

OLHAR ANIMAL. *Justiça libera rinha de galo na Paraíba*. 4 nov. 2009. Disponível em: https://olharanimal.org/justica-libera-rinha-de-galo-na-paraiba/. Acesso em 07 fev. 2020.

RIBEIRO, Sérgio Nogueira. *Crimes passionais e outros temas*. Rio de Janeiro: Forense, 1997.

SENADO FEDERAL. *Projeto de Lei da Câmara nº 17, de 2017*. Atividade Legislativa. Disponível em https://www25.senado.leg.br/web/atividade/materias/-/materia/128087. Acesso em 27 mar. 2021.

SENADO NOTÍCIAS. *Congresso se mobiliza para proteção dos animais*. 03 jan. 2020. Disponível em: https://www12.senado.leg.br/noticias/materias/2020/01/03/congresso-se-mobiliza-para-protecao-dos-animais. Acesso em 30 jan. 2020.

SERAFINI, Leonardo Zagonel. *Parecer Jurídico. Ementa*: Decreto nº 24.645/34. Natureza Jurídica. Lei ordinária. Recepção pela Constituição Federal de 1988. Vigência da norma. Disponível em: http://movimentososbicho.blogspot.com.br/2015/02/parecer-juridico-ementa-decreto.html. Acesso em 30 jan. 2020.

TEIXEIRA, Sérgio Alves. O simbolismo essencial das brigas de galo. *Horiz. Antropol.*, Porto Alegre, n. 3, n. 6, out. 1997. Disponível em: http://www.scielo.br/scielo.php?script=sci_arttext&pid=S0104-71831997000200223. Acesso em 07 fev. 2020.

Informação bibliográfica deste texto, conforme a NBR 6023:2018 da Associação Brasileira de Normas Técnicas (ABNT):

CUREAU, Sandra. Atos de crueldade praticados contra animais: a inconstitucionalidade da rinha de galos. Ação Direta de Inconstitucionalidade nº 1.856-6/Rio de Janeiro (Medida Liminar). *In*: BENJAMIN, Antônio Herman Vasconcelos e; FREITAS, Vladimir Passos de; SOARES JÚNIOR, Jarbas (Coord.). *Comentários aos acórdãos ambientais*: paradigmas do Supremo Tribunal Federal. Belo Horizonte: Fórum, 2021. p. 91-103. ISBN 978-65-5518-077-0.

MEIO AMBIENTE ECOLOGICAMENTE EQUILIBRADO, LICENCIAMENTO AMBIENTAL E FATO CONSUMADO – AG. REG. NO RECURSO EXTRAORDINÁRIO Nº 609.748/ RIO DE JANEIRO

RELATOR: MINISTRO LUIZ FUX

JARBAS SOARES JÚNIOR
CARLOS EDUARDO FERREIRA PINTO

EMENTA: AGRAVO REGIMENTAL NO RECURSO EXTRAORDINÁRIO. DIREITO AMBIENTAL. MANDADO DE SEGURANÇA. AUSÊNCIA DE LICENÇA AMBIENTAL. MATÉRIA INFRACONSTITUCIONAL. REEXAME DE FATOS E PROVAS. INAPLICABILIDADE DA TEORIA DO FATO CONSUMADO.

1. A competência do IBAMA para fiscalizar eventuais infrações ambientais está disciplinada em lei infraconstitucional (Lei nº 9605/98), eventual violação à Constituição é indireta, o que não desafia o apelo extremo. Precedentes: AI nº 662.168, Rel. Min. Joaquim Barbosa, Dje de 23.11.2010, e o RE nº 567.681-AgR, Rel. Min. Cármen Lúcia, 1ª Turma, Dje de 08.05.2009.

2. *In casu*, o Tribunal de origem asseverou não ter a recorrente trazido prova pré-constituída da desnecessidade de licenciamento ambiental; para dissentir-se desse entendimento seria necessário o reexame de fatos e provas, providência vedada nesta instância mercê o óbice da Súmula nº 279 do Supremo Tribunal Federal, *verbis*: para simples reexame de prova não cabe recurso extraordinário.

3. A teoria do fato consumado não pode ser invocada para conceder direito inexistente sob a alegação de consolidação da situação fática pelo decurso do tempo. Esse é o entendimento consolidado por ambas as turmas desta Suprema Corte. Precedentes: RE nº 275.159, Rel. Min. Ellen Gracie, Segunda Turma, DJ 11.10.2001; RMS nº 23.593-DF, Rel. Min. Moreira Alves, Primeira Turma, DJ de 02.02.01; e RMS nº 23.544-AgR, Rel. Min. Celso de Mello, Segunda Turma, DJ 21.06.2002.

4. Agravo Regimental a que se nega provimento.

1 Breves apontamentos acerca dos fatos e das questões jurídicas abordadas no acórdão

O presente artigo tem por objetivo analisar o Agravo Regimental nº 609.748, relatado pelo eminente Ministro Luiz Fux, referente à aplicação do princípio do

Desenvolvimento Sustentável, a relevância do licenciamento ambiental e a aplicação da teoria do fato consumado em questões ambientais. O acórdão, ora em comento, aborda complexas questões ligadas à compatibilização do crescimento econômico e a preservação dos recursos naturais, bem como ressalta a importância do licenciamento como garantia constitucional de prevenção de danos ambientais. Apesar de ter sido publicado em 2011, o tema continua na pauta de recentes discussões mundiais, sobretudo após as tragédias de Mariana e Brumadinho.

Vencido nas instâncias ordinárias, o recorrente interpôs recurso extraordinário alegando a suposta "violação aos artigos 5º, II e XXXV, 18, 23, III, IV, VI e VII, 3º, I e II, e 93, IX, da CF. No mérito, aponta como fundamento à sua pretensão: a) a atividade comercial praticada (depósito e distribuição de cimento), e apontada como lesiva ao meio ambiente, não é poluidora nos termos da legislação infraconstitucional de regência, não estando sujeita, portanto, ao licenciamento ambiental; b) a área onde a empresa está situada não é de preservação permanente; c) nos lotes contíguos, são exercidas outras atividades comerciais tais como depósitos de fogos de artifício, fábrica de concreto, fábrica de cimento, entre outros; d) ausência de interesse do IBAMA, uma vez que a competência para a fiscalização de eventuais danos ambientais seria do município; e) Por fim, dado o decurso de tempo, não seria mais possível restabelecer o *status quo ante*, de forma que deve-se aplicar ao caso a teoria do fato consumado".

A ementa do referido acórdão está assim lavrada:

EMENTA: AGRAVO REGIMENTAL NO RECURSO EXTRAORDINÁRIO. DIREITO AMBIENTAL. MANDADO DE SEGURANÇA. AUSÊNCIA DE LICENÇA AMBIENTAL. MATÉRIA INFRACONSTITUCIONAL. REEXAME DE FATOS E PROVAS. INAPLICABILIDADE DA TEORIA DO FATO CONSUMADO.

1. A competência do IBAMA para fiscalizar eventuais infrações ambientais está disciplinada em lei infraconstitucional (Lei nº 9605/98), eventual violação à Constituição é indireta, o que não desafia o apelo extremo. Precedentes: AI nº 662.168, Rel. Min. Joaquim Barbosa, Dje de 23.11.2010, e o RE nº 567.681-AgR, Rel. Min. Cármen Lúcia, 1ª Turma, Dje de 08.05.2009.

2. *In casu*, o Tribunal de origem asseverou não ter a recorrente trazido prova pré-constituída da desnecessidade de licenciamento ambiental; para dissentir-se desse entendimento seria necessário o reexame de fatos e provas, providência vedada nesta instância mercê o óbice da Súmula nº 279 do Supremo Tribunal Federal, *verbis*: para simples reexame de prova não cabe recurso extraordinário.

3. A teoria do fato consumado não pode ser invocada para conceder direito inexistente sob a alegação de consolidação da situação fática pelo decurso do tempo. Esse é o entendimento consolidado por ambas as turmas desta Suprema Corte. Precedentes: RE nº 275.159, Rel. Min. Ellen Gracie, Segunda Turma, DJ 11.10.2001; RMS nº 23.593-DF, Rel. Min. Moreira Alves, Primeira Turma, DJ de 02.02.01; e RMS nº 23.544-AgR, Rel. Min. Celso de Mello, Segunda Turma, DJ 21.06.2002.

4. Agravo Regimental a que se nega provimento.

2 A Constituição Federal e a proteção ao meio ambiente

No Estado de Direito Ambiental, consagrado pelo sistema constitucional brasileiro, deve imperar um ordenamento jurídico que concretize o princípio da prevenção e do desenvolvimento sustentável, com a previsão de um sistema jurídico de responsabilização integral por danos praticados ao meio ambiente, bem como pelo controle das atividades potencialmente poluidoras por meio do licenciamento ambiental.

Nessa seara, o Professor Português J. J. Gomes Canotilho aponta como pressupostos essenciais ao processo de construção desse Estado de Direito Ambiental: a adoção de uma concepção integrada do meio ambiente (artificial, natural e cultural); a institucionalização dos deveres fundamentais ambientais; e o agir integrativo da administração.[1]

A consecução do Estado de Direito Ambiental somente será viabilizada a partir da tomada de consciência global da crise ambiental, inclusive com a publicidade das decisões tomadas pelos Tribunais Superiores. Os professores José Rubens Morato Leite e Patryck Ayala esclarecem que:

> De fato, a concretização do Estado de Direito Ambiental converge obrigatoriamente para mudanças radicais nas estruturas existentes da sociedade organizada. E não há como negar que a conscientização global da crise ambiental exige uma cidadania participativa, que compreende uma ação conjunta do Estado e da coletividade na proteção ambiental. Não se pode adotar uma visão individualista sobre a proteção ambiental, sem solidariedade e desprovida de responsabilidades difusas globais. Trata-se de um pensamento equivocado dizer que os custos da degradação ambiental devem ser repartidos por todos, em uma escala global que ninguém sabe calcular. Esta visão é distorcida e leva ao esgotamento total dos recursos ambientais e a previsões catastróficas.[2]

O Supremo Tribunal Federal, ao interpretar o art. 225 da Constituição Federal, já pontificou: "Direito ao meio ambiente ecologicamente equilibrado: a consagração constitucional de um típico direito de terceira geração".[3]

A moderna doutrina constitucional consagra o meio ambiente como direito fundamental de terceira geração, conforme lições do Ministro Alexandre de Moraes: "Protege-se, constitucionalmente, como direitos de terceira geração, os chamados direitos de solidariedade ou fraternidade, que englobam o direito a um meio ambiente equilibrado, uma saudável qualidade de vida, ao progresso, à paz, à autodeterminação dos povos e a outros direitos difusos".[4]

No mesmo sentido são as lições do Ministro Celso de Mello: "Os de terceira geração, que materializam poderes de titularidade coletiva atribuídos genericamente a todas as formações sociais, consagram o princípio da solidariedade e constituem um momento importante no processo de desenvolvimento, expansão e reconhecimento dos direitos humanos, caracterizados enquanto valores fundamentais indisponíveis, pela nota de inexauribilidade".[5]

A Constituição Federal consagrou um valioso sistema de proteção ao meio ambiente de modo a garantir a qualidade digna de vida para as futuras gerações, conforme ensina o professor Édis Milaré:

> Na verdade, o Texto Supremo captou com indisputável oportunidade o que está na alma nacional – a consciência de que é preciso aprender a conviver harmoniosamente com a

---

[1] CANOTILHO, Joaquim José Gomes. Estado constitucional ecológico e democracia sustentada. *In*: FERREIRA, Helini Silvini; LEITE, José Rubens Morato. *Estado de Direito Ambiental*: tendências, aspectos constitucionais e diagnósticos. Rio de Janeiro: Forense Universitária, 2004. p. 7-10.

[2] LEITE, José Rubens Morato; AYALA, Patrycy de Araújo. *Dano Ambiental. Do individual ao coletivo extrapatrimonial*. 3. ed. São Paulo: Revista dos Tribunais, 2012. p. 34-35.

[3] RTJ nº 155/206.

[4] MORAES, Alexandre de. *Direito Constitucional. Nona Edição*. São Paulo: Jurídico Atlas, 2001. p. 57-58.

[5] STF. Pleno – MS nº 22164/SP – Rel. Min. Celso de Mello, Diário da Justiça, Seção I, 17 nov. 1995. p. 39.206.

natureza –, traduzindo em vários dispositivos (e não apenas nos arts. 216 e 225) aquilo que pode ser considerado um dos sistemas mais abrangentes e atuais do mundo sobre a tutela do meio ambiente.[6]

Consoante os ensinamentos do jurista Norberto Bobbio,[7] os direitos humanos são o produto da civilização humana, por serem históricos, são os direitos mutáveis, suscetíveis de transformação e ampliação, com base na constante reorganização social, que cria ocasiões favoráveis para o nascimento de novos carecimentos e, portanto, para novas demandas de liberdade e poderes. Continua o eminente jurista: "A respeito do surgimento de novos direitos, verifica-se que, nos movimentos ecológicos, está emergindo quase um direito da natureza a ser respeitada ou não explorada, onde as palavras 'respeito' e 'exploração' são exatamente as mesmas usadas tradicionalmente na definição e justificação dos direitos do homem".[8]

Há que se pensar como os instrumentos jurídicos previstos em nosso ordenamento serão capazes de garantir a implementação de um modelo de desenvolvimento que leve em conta a saturação do nosso planeta e a escassez de recursos naturais, de modo a resguardar qualidade sadia de vida às gerações futuras.

Nesse sentido preleciona o jurista François Ost:

> A convenção assinada no Rio de Janeiro a 05 de junho de 1991, relativa à diversidade biológica, constituirá uma aplicação deste modelo? O futuro dirá, sobretudo com base na sua aplicação concreta e na dinâmica que lhe será imprimida. Encontram-se, desde já consagrados, o princípio de soberania dos Estados sobre os recursos, o princípio do livre acesso, bem como o dever estatal de protecção. Por outro lado, é desejável que aumente a transferência da tecnologia no sentido dos países em vias de desenvolvimento, assim como são previstos, fluxos financeiros destinados a esses países, com vista a permitir-lhes o cumprimento das suas obrigações de protecção numa base justa e equitativa.[9]

De forma precisa e de modo a concretizar o sistema constitucional de proteção ao meio ambiente é que o Supremo Tribunal Federal negou provimento de maneira unânime ao agravo regimental no recurso extraordinário *sub examine*, tendo como Relator o Min. Luiz Fux, além dos Ministros Cármen Lúcia e Dias Toffoli.

Seguindo a doutrina mais abalizada sobre o tema, a referida decisão destaca a importância e garante eficácia ao processo de licenciamento ambiental para atividades potencialmente poluidoras, bem como afasta a aplicação da "teoria do fato consumado" em questões ambientais.

---

[6] MILARÉ, Édis. *Direito do Ambiente*: doutrina, jurisprudência, glossário. 4. ed. rev., atual. e ampl. São Paulo: Editora Revista dos Tribunais, 2005. p. 184-185.

[7] BOBBIO, Norberto. *A era dos direitos*. (Trad. Nelson Coutinho). Rio de Janeiro: Ed. Campus, 1992. p. 32-33.

[8] BOBBIO, Norberto. *A era dos direitos*. (Trad. Nelson Coutinho). Rio de Janeiro: Ed. Campus, 1992. p. 69.

[9] OST, François. *A natureza à margem da lei. A ecologia à prova do direito*. Portugal: Instituto Piaget, 1997. p. 386.

3 O licenciamento como instrumento de prevenção de danos ambientais

A decisão ao consagrar a necessidade de licenciamento ambiental para a operação de empreendimentos potencialmente poluidores referendou o texto constitucional e aplicou o princípio do desenvolvimento sustentável, de modo a exigir a compatibilização e o equilíbrio do crescimento econômico com a devida preservação dos recursos naturais.

Portanto, o licenciamento ambiental como instrumento concretizador do desenvolvimento sustentável tornou-se um mecanismo fundamental do Estado para defesa e preservação do meio ambiente, sobretudo após as alarmantes tragédias ambientais de Mariana e Brumadinho, que deram ao mundo a dimensão da gravidade da falta de cuidado com as questões ambientais e humanas. É por meio desse procedimento que a Administração Pública ambiental impõe condições, limites, compensações e, inclusive, restringe o exercício de atividades econômicas potencial ou efetivamente causadoras de impactos ao meio ambiente que não têm o aval ambiental.

São os ensinamentos dos autores Daniel Fink, Hamilton Jr. e Marcelo Dawalibi:

> A utilização do licenciamento e dos estudos ambientais prévios, seu mais importante conteúdo, parece compor um sistema de controle capaz de manter um regime de desenvolvimento suficiente para atender às necessidades da sociedade e, ao mesmo tempo, evitar a utilização desmedida de recursos naturais, de forma a garantir às futuras gerações a mesma qualidade de vida que hoje temos, no mínimo.[10]

Nesse mesmo sentido a autora Juliana Berwig:

> Na legislação brasileira, as tutelas de prevenção e precaução estão presentes nos processos administrativos de licenciamento ambiental. Em que estudos acerca dos riscos que a atividade representa(rá), devem (ou deveriam) ser objeto e alvo das medidas de mitigação.[11]

Sendo o licenciamento ambiental o principal instrumento de realização preventiva do controle ambiental foi disciplinado na Lei nº 6938/81, que instituiu a Política Nacional do Meio Ambiente. Posteriormente foi definido como: "Procedimento administrativo destinado a licenciar atividades ou empreendimentos utilizadores de recursos ambientais, efetiva ou potencialmente poluidores ou capazes, sob qualquer forma, de causar degradação ambiental", nos termos do inc. I, do art. 2º, da Lei Complementar nº 140/11.

Dessa forma, segundo o ordenamento jurídico constitucional brasileiro, a liberdade para a exploração da atividade econômica não é absoluta, devendo submeter-se às imposições legais e aos princípios que norteiam a Administração Pública, especialmente a garantia de um meio ambiente saudável para as presentes e futuras gerações.

Se o licenciamento ambiental é um processo administrativo cujo objetivo é a prestação de uma gestão ambiental eficiente pelo Poder Público, ele deve ser orientado pelo regime jurídico constitucional de controle público. Assim, deverá seguir as

---

[10] FINK, Daniel Roberto; JUNIOR, Hamilton Alonso; DAWALIBI, Marcelo. *Aspectos jurídicos do licenciamento ambiental*. Rio de Janeiro: Forense Universitária, 2004. p. XI.

[11] BERWIG, Juliane Altmann. *Direito dos desastres na exploração offshore do petróleo*. Curitiba: Juruá Editora, 2015. p. 190.

normas constitucionais, administrativas e ambientais que garantem a implementação dos objetivos das políticas públicas ambientais, por meio dos princípios da legalidade, da participação, da transparência, da informação, da publicidade, da eficiência, dentre outros.

O eventual descumprimento ou violação das normas que regem o regime jurídico do licenciamento ambiental, por ação ou omissão, levam necessariamente à possibilidade de controle jurisdicional desse processo administrativo, inclusive com a paralisação de empreendimentos irregulares.

Portanto, o licenciamento se destaca como um dos mais importantes instrumentos de gestão ambiental, em defesa da sociedade, sendo corolário do princípio da prevenção. E para que o Estado aplique com eficiência o princípio da prevenção faz-se necessário que o licenciamento seja conduzido com respeito à legalidade, a fim de garantir a sustentabilidade ambiental na autorização de empreendimentos potencialmente causadores de significativo impacto.

O procedimento do licenciamento ambiental como medida de controle administrativo sobre as atividades que interferem nas condições ambientais deve sempre anteceder o início dessas atividades, daí a sua perfeita sintonia com o princípio da prevenção.

Nosso ordenamento jurídico, apesar de autorizar atividades potencialmente causadoras de significativos impactos, sendo implícita a ocorrência de uma lesão ambiental, não aceita que a vítima-coletividade suporte todo ônus do prejuízo. Assim sendo, o órgão ambiental licenciador tem o dever de exigir do responsável pela lesão o dever de arcar com a reparação e de compensar os danos irreversíveis.

O fato de o órgão licenciador antever ou conhecer a lesão ambiental não significa que a permita. O que se autoriza é atividade dentro dos controles aprovados. É o que se verifica quando empreendimentos, a despeito de seus impactos negativos, mostram-se absolutamente necessários à satisfação de importantes direitos da coletividade.

No entanto, o licenciamento é apenas um dos instrumentos de gestão ambiental previstos em nosso ordenamento, não podendo se tornar o eventual salvador de todas as políticas públicas de meio ambiente, sob pena de se tornar excessivamente abrangente e complexo, deixando de atender a sua finalidade precípua, que é a de autorizar ou não atividades poluidoras com o resguardo dos interesses ambientais.

A advertência que ora se faz ganha relevância se considerarmos as atuais discussões acerca da eficácia desse imperativo legal e constitucional de realização do licenciamento ambiental. Isto porque não são raras as críticas feitas ao licenciamento, principalmente como sendo o responsável pelo atraso e demora na implantação de projetos de relevância econômica e social. A partir dessas críticas, muitas vezes infundadas, estão sempre em pauta projetos que visam restringir a sua exigência a um número cada vez menor de atividades.

Tal visão, contudo, não pode prevalecer, sob pena de limitarmos um importante instrumento de defesa da sociedade, em busca de um crescimento econômico sem controle e desarrazoado.

Por óbvio que o licenciamento ambiental deve ser aprimorado, de modo que seu tempo de duração seja razoável e não prejudique importantes investimentos no país. Mas isso não significa que deva ser reduzido ou limitado seu escopo, mas sim aperfeiçoado o sistema de licenciamento de maneira a torná-lo ágil e eficaz, garantindo o desenvolvimento socioeconômico com respeito ao meio ambiente.

Nesse mesmo sentido preleciona o Juiz Álvaro Mirra:

> Além do mais, é interessante ressaltar que, ao contrário do que se pretende muitas vezes fazer crer, a influência do EIA no retardamento da execução de atividades de relevância social não pode ser generalizada e nem tampouco supervalorizada. Como analisado por Luiz Roberto Tommasi, a experiência tem demonstrado que, para alguns casos há de fato essa demora na implantação de projetos, como decorrência da exigência do EIA, em muitos outros a realização do estudo leva a uma considerável redução do período de tempo necessário à obtenção das aprovações oficiais dos empreendimentos correspondentes, notadamente nas hipóteses em que dependem de financiamento de organismos e agências internacionais que condicionam a concessão dos recursos à preservação ambiental.[12]

Assim, numa posição mais consentânea com as modernas legislações mundiais em matéria de proteção ao meio ambiente, o licenciamento ambiental deve ser entendido em sua exata dimensão, como um importantíssimo instrumento de gestão socioambiental voltado a compatibilizar o princípio do desenvolvimento sustentável, mediante a promoção do crescimento econômico e a proteção aos recursos naturais. Portanto, longe de ser considerado fator de atraso na instalação de empreendimentos, mas sim como mecanismo de viabilização de sua implantação segura e equilibrada em termos socioeconômicos e com respeito ao meio ambiente, nos termos estabelecidos na Constituição Federal e na Política Nacional do Meio Ambiente.

Portanto, pela detida análise do acórdão *sub examine*, verifica-se que essa é a linha de raciocínio do voto do eminente relator, Ministro Luis Fux, um juiz de carreira, fundamentado que foi na doutrina mais abalizada, com o reconhecimento de que a atividade exercida pelo empreendedor deveria ser precedida do devido processo de licenciamento ambiental. Além disso, restou definido que compete ao órgão ambiental a definição das atividades que estarão sujeitas ao procedimento, de acordo com a legislação específica, não estando sujeito a qualquer critério de conveniência e oportunidade.

Disse o Ministro Luis Fux, em seu voto condutor, no histórico julgamento acerca da constitucionalidade da Lei nº 12.651/12 (Novo Código Florestal):

> O artigo 225 da Constituição Federal estabelece que todos têm direito ao meio ambiente ecologicamente equilibrado, bem de uso comum do povo e essencial à sadia qualidade de vida, impondo-se ao Poder Público e à coletividade o dever de defendê-lo e preservá-lo para as presentes e futuras gerações. Sob essa perspectiva, o meio ambiente assume função dúplice no microssistema jurídico, na medida em que se consubstancia simultaneamente em direito e em dever dos cidadãos, os quais paralelamente se posicionam, também de forma simultânea, como credores e como devedores da obrigação de proteção respectiva. Essa duplicidade de posições e de funções, muito antes de desafiar a lógica da teoria das obrigações, simboliza a própria responsividade da Constituição para com a realidade social. Afinal, o homem é parte indissociável do meio ambiente. Por meio das interações genéticas biologicamente evolutivas que se sucederam nos últimos milhares de anos, o meio ambiente produziu a espécie humana, cuja vida depende da interação dos recursos nele contidos. Nesse ponto, nem os mais significativos avanços tecnológicos permitirão ao homem, em algum momento futuro, dissociar-se do meio ambiente, na medida em

---

[12] MIRRA, Álvaro Luiz Valery. *Ação cívil pública e a reparação do dano ambiental.* 2. ed. São Paulo: Editora Juarez de Oliveira, 2004. p. 7.

que a atividade humana inventiva e transformadora depende da matéria nele contida, sob todas as suas formas, para se concretizar.[13]

4 Da teoria do fato consumado

A aplicação da "teoria do fato consumado" em questões ligadas ao meio ambiente foi outro ponto abordado na decisão em análise, sobretudo porque há grande insegurança jurídica em nossos Tribunais Superiores.

A chamada "teoria" do fato consumado se originou de decisões do Supremo Tribunal Federal, na década de 1960, e vislumbra a manutenção de situações de fato, originalmente ilegais, que se consolidam pelo decurso do tempo e são amparadas por decisão judicial provisória.

Como ensina André de Vasconcelos Dias: "jamais foi formulada uma teoria do Fato Consumado. Trata-se, na verdade, de um universo de decisões judiciais que, guardando entre si similitudes, permitem distinguir seus objetivos básicos, posto que sob os mais díspares fundamentos".[14]

A eventual aplicação da teoria do fato consumado busca fundamento na suposta 'lentidão do Judiciário' que, em tese, ensejaria a ocorrência da consumação dos fatos, quase sempre à revelia da lei.

Entretanto, a "teoria do fato consumado", excepcional em sua origem, se alastrou para os demais Tribunais, com aplicação em inúmeras situações, inclusive em questões ambientais.[15] Fato é que, atualmente, existe na jurisprudência a tendência de se reconhecer, com fundamento nessa suposta teoria, a possibilidade de consolidação e convalidação de situações fáticas originadas na ilegalidade e em prejuízo ao meio ambiente.

De forma a evitar essa situação, recentemente, o Supremo Tribunal Federal passou a limitar a aplicação dessa teoria, estabelecendo requisitos mais rígidos para a sua admissão, pois ao se consolidar situações fáticas ilegais, de algum modo se está admitindo a flexibilização do princípio da legalidade.

Embora proferido em matéria de direito administrativo *strictu sensu*, há um precioso voto do decano do STF, Min. Celso de Mello, que refuta, categoricamente, a teoria do fato consumado, não reconhecendo a sua aplicação para candidato que tomou posse precariamente em concurso público, no qual não foi classificado dentro do número das vagas previsto no edital. Disse o decano:

> Tenho para mim, na linha de recente decisão emanada da Colenda Primeira Turma desta Suprema Corte (RE nº 275.159-SC, Rel. Min. ELLEN GRACIE), que situações de fato, geradas pela concessão de provimentos judiciais de caráter meramente provisório, não podem revestir-se, ordinariamente, *tractu temporis*, de eficácia jurídica que lhes atribua sentido de definitividade, compatível, apenas, com decisões favoráveis revestidas da autoridade da

---

[13] CONJUR. *Ação Declaratória de Constitucionalidade nº 42 – Distrito Federal.* Plenário do STF em 28.02.2018. p. 47-48. Disponível em: https://www.conjur.com.br/dl/acordao-codigo-florestal.pdf. Acesso em 14 set. 2020.

[14] DIAS, André de Vasconcelos. Meio ambiente e fato consumado. *In*: ROCHA, João Carlos de Carvalho; FILHO, Tarcísio Humberto Parreiras Henriques; CAZZETA, Ubiratan (Orgs.). *Política Nacional do Meio Ambiente*: 25 anos da Lei nº 6.938/81. Belo Horizonte: Del Rey, 2007. p. 175-204.

[15] Para outros casos de aplicação da teoria do fato consumado ver: FERREIRA, Odim Brandão. *Fato consumado – História e crítica de uma orientação da jurisprudência Federal.* Porto Alegre: Sergio Antonio Fabris Editor, 2002. p. 33 e ss.

coisa julgada, notadamente nas hipóteses em que a pretensão deduzida em juízo esteja em conflito com a ordem constitucional, como ocorre na espécie desses autos.[16]

Nesse sentido, André de Vasconcelos Dias, em referência às condições necessárias à aplicação da teoria do fato consumado, como elementos restritivos de seu uso, assim dispõe:

> Primeiramente, tem-se o fator tempo como elemento de estabilização das relações jurídicas. Ao caso concreto, reserva-se a aferição do interstício temporal apto e suficiente a justificar a manutenção de situações de fato eivadas de vício originário. Em segundo lugar, deve restar manifesta e induvidosa a boa-fé dos aspirantes do fato consumado. De conteúdo metajurídico, a boa-fé deve ser aquilatada por toda a conjuntura fática e jurídica que envolva a questão. (...) Para justificar o fato consumado, como imperativo de segurança jurídica, é necessário que o próprio Poder Público, de algum modo, tenha incutido no particular a crença na licitude de sua conduta.[17]

Em matéria ambiental, todavia, por sua especial proteção constitucional, fica clara a impossibilidade de permanência das situações fáticas ilegais, geradas a partir de decisões meramente provisórias, que acarretem danos irreversíveis ao meio ambiente.

Assim, nem mesmo em sua configuração mais restritiva, poderia ser admitido o uso da teoria do fato consumado em relação ao meio ambiente, uma vez que o lapso temporal não pode ser elemento de estabilização da situação irregular gerada, considerando que o bem é público, de uso comum do povo, e, portanto, imprescritível, inalienável, inapropriável. Ademais, ninguém poderá ser beneficiado, em matéria ambiental, do prejuízo que deu causa.

Com efeito, se houver, por exemplo, edificação construída total ou parcialmente, em área de preservação permanente, e for possível a reparação *in natura* e *in situ* do ambiente degradado, essa construção deverá ser demolida e reconstituída a vegetação original, sendo inconcebível qualquer tentativa de aplicação da teoria do fato consumado, e, consequentemente, conversão dessa reparação em indenização pecuniária ou outra forma de compensação.

Esse posicionamento é brilhantemente esposado em importante acórdão do Superior Tribunal de Justiça, da lavra do Eminente Min. Herman Benjamin, que mantém decisão que condenou a remoção de aterro e eventuais edificações que estejam sobre o manguezal e reflorestamento característico dessa vegetação, considerada área de preservação permanente, conforme partes transcritas do Voto:

> Ora, inconcebível é, após a Constituição Federal de 1988, que valorizou a preservação dos "processos ecológicos essenciais" (art. 225, §1º, inciso I), e em desrespeito frontal ao Código Florestal de 1965, pretender-se dar ao manguezal outra destinação que não seja aquela condizente com a intocabilidade que a lei lhe atribui, como Área de Preservação Permanente. E, na ausência de clara utilidade pública ou interesse social, desnaturá-lo para ilícita e unilateralmente dele se apropriar e afetá-lo a finalidades individuais, retirando-o da

---

[16] STF. RMS nº 23544 AgR/DF, Relator Min. CELSO DE MELLO, Julgamento: 13.11.2001.

[17] DIAS, André de Vasconcelos. Meio ambiente e fato consumado. *In*: ROCHA, João Carlos de Carvalho; FILHO, Tarcísio Humberto Parreiras Henriques; CAZZETA, Ubiratan (Orgs.). *Política Nacional do Meio Ambiente*: 25 anos da Lei nº 6.938/81. Belo Horizonte: Del Rey, 2007. p. 184-185.

disponibilidade coletiva e das gerações futuras. (...) Se os manguezais são bens públicos de uso comum do povo, é óbvio que, por isso mesmo, apresentam-se como imprescritíveis e inalienáveis. Se é assim, impossível a sua desafetação ou desclassificação jurídica tácita em razão do fato consumado: aterrados ou não, permanece a utilidade pública que justifica a sua proteção. E para os infratores, abre-se a via da responsabilidade civil (também penal e administrativa), contra eles surgindo o dever de recuperar o ecossistema degradado e indenizar os danos eventualmente causados.[18]

Da mesma forma, André de Vasconcelos Dias também conclui que,

ante tais constatações, e tendo presente a absoluta primazia que nosso sistema jurídico confere à recuperação [reparação], *in natura*, do meio ambiente, forçoso concluir ser inaceitável a "consolidação" do dano ambiental, mantendo incólume o empreendimento, e convertendo a obrigação de recuperar o dano em indenização pecuniária.[19]

Sobre o tema, o Ministro Luis Fux consignou:

A capacidade dos indivíduos de desestabilizar o equilíbrio do conjunto de recursos naturais que lhes fornece a própria existência tem gerado legítimas preocupações, que se intensificaram no último século. Afinal, recursos naturais são escassos; determinados danos são irreversíveis ou extremamente agressivos à natureza; alterações climáticas tornaram-se problema real; a poluição se alastra pelos grandes centros, entre outras evidências empíricas da crise ambiental. Portanto, o foco no crescimento econômico sem a devida preocupação ecológica consiste em ameaça presente e futura para o progresso das nações e até mesmo para a sobrevivência da espécie humana. O homem apenas progride como ser biológico e como coletividade quando se percebe como produto – e não proprietário – do meio ambiente.[20]

No que tange à matéria ambiental, portanto, admitir a teoria do fato consumado seria contrariar todo ordenamento jurídico, sobretudo o princípio da reparação integral do dano ambiental, além de tornar esvaziado o direito fundamental ao meio ambiente ecologicamente equilibrado, em total conflito com o texto constitucional.

Diante da absoluta primazia que nosso sistema jurídico-ambiental de responsabilidade civil confere à prevenção e à recuperação do meio ambiente (natural, artificial e cultural), forçoso concluir ser inaceitável a "consolidação" do dano, mantendo incólume, por exemplo, o empreendimento que se instalou ao arrepio da lei e convertendo a obrigação de recuperar a lesão aos interesses de toda a sociedade em indenização pecuniária.

Segundo referendado pelo acórdão em apreço, a

teoria do fato consumado" representa a violação ao Estado de Direito Ambiental, sendo o "argumento judicial utilizado para validar, em sentenças, as atividades ilegais protegidas

---

[18] STJ. REsp nº 650728/SC, Rel. Ministro HERMAN BENJAMIN, Data do Julgamento: 23.10.2007.

[19] DIAS, André de Vasconcelos. Meio ambiente e fato consumado. *In*: ROCHA, João Carlos de Carvalho; FILHO, Tarcísio Humberto Parreiras Henriques; CAZZETA, Ubiratan (Orgs.). *Política Nacional do Meio Ambiente*: 25 anos da Lei nº 6.938/81. Belo Horizonte: Del Rey, 2007. p. 193.

[20] CONJUR. *Ação Declaratória de Constitucionalidade nº 42 – Distrito Federal*. Plenário do STF em 28.02.2018. p. 48. Disponível em: https://www.conjur.com.br/dl/acordao-codigo-florestal.pdf. Acesso em 14 set. 2020.

por liminares, tão somente porque o beneficiário delas já praticou o ato que lhe interessava, quando chegado o momento de decidir a causa.[21]

Apontamentos finais

A renomada ambientalista americana Rachel Carson, em seu aclamado livro "Primavera Silenciosa", que impulsionou o movimento ecologista na década de 70, já advertia:

> Encontramo-nos agora, no ponto em que duas estradas divergem. Mas, ao contrário das estradas do conhecido poema de Robert Frost, elas não são igualmente belas. A estrada pela qual estamos viajando há templos é enganosamente fácil, uma superestrada lisa pela qual avançamos em grande velocidade, mas em cujo fim está o desastre. O outro ramo da estrada – o 'menos percorrido'– oferece-nos a última, talvez a única possibilidade de alcançarmos um destino que assegure a preservação da nossa Terra. A escolha, no fim das contas, cabe a nós. Se, depois de muito suportar afirmarmos, finalmente, o nosso 'direito de saber', e se, sabendo, concluímos que estamos sendo chamados a assumir riscos sem sentido e assustadores, então não devemos mais aceitar o conselho daqueles que nos dizem que devemos encher o nosso mundo com substâncias químicas venenosas. Devemos olhar ao nosso redor e ver que outro caminho está aberto para nós.[22]

Nesse sentido, a brilhante exposição do filósofo, jurista e escritor belga François Ost:

> A imagem da justiça, associada aos três símbolos do gládio, da balança e da venda, pode servir aqui de arquétipo de todo o direito. Tomemos o gládio. Ele lembra a existência de interesses antagônicos e de conflitos, a presença do erro e do inaceitável, assim como a necessidade de cortar. *Por oposição a um unanimismo enganador («todos são amigos do ambiente»), o direito não recua diante da manifestação de conflitos.* Paradoxalmente, se ele exerce um papel pacificador na sociedade é porque permitiu, primeiro, que os antagonismos se manifestassem. Aqui, a linguagem do direito distingue-se da linguagem do dinheiro e da linguagem da imagem. O dinheiro induz um modelo de regulação gerencial, que conduz à negociação e ao compromisso: *o dinheiro é esse «equivalente universal» que permite comprar tudo e compensar tudo,* enquanto que, pelo menos em alguns casos, o direito fixa os limites do indisponível.[23]

Portanto, faz-se necessária a fixação clara dos "limites do indisponível" dentro de critérios que privilegiem a sustentabilidade do meio ambiente e de cada um de seus componentes em longo prazo, o que significa também a definição dos limites para a conversão em compensação dos danos ambientais irreversíveis. Assim, se não é possível compensar determinada perda material ou imaterial, não seria admissível a emissão de licença ou autorização para a intervenção, pois o que está em jogo é a qualidade digna de vida para as futuras gerações.

---

[21] FERREIRA, Odim Brandão. *Fato consumado – História e crítica de uma orientação da jurisprudência Federal.* Porto Alegre: Sergio Antonio Fabris Editor, 2002. p. 18.

[22] CARSON, Rachel. *Primavera Silenciosa.* São Paulo: Editora Gaia, 2010. p. 233.

[23] OST, François. *A natureza à margem da lei. A ecologia à prova do direito.* Portugal: Instituto Piaget, 1997. p. 19-20.

O festejado François Ost preceitua que o operador do direito adote uma visão de ecólogo para lidar com as questões jurídicas ambientais. O autor adverte que o Direito não dará respostas adequadas aos fatos que lhe são apresentados, iludido por argumentos de toda ordem – econômica, política, social, filosófica – e leituras meramente literais das normas, sem atentar para o objetivo máximo do Direito Ambiental, o de conferir proteção ao meio ambiente para as futuras gerações.

Assim, enquanto os juristas estão acostumados a lidar com limites tangíveis de propriedades, de obras e de atividades, é necessário ajustar essa visão para que não ocorra uma fragmentação da realidade. Segundo Ost, o direito tem o costume de se servir de definições com contornos nítidos, critérios estáveis, fronteiras intangíveis. A ecologia reclama conceitos englobantes e condições evolutivas; o direito responde com critérios fixos e categorias que segmentam o real. A ecologia fala em termos de ecossistema e de biosfera, o direito responde em termos de limites e fronteiras; uma desenvolve o tempo longo, por vezes extremamente longo, dos seus ciclos naturais, o outro impõe o ritmo das previsões humanas.

Embora o sistema jurídico brasileiro possua instrumentos que não se limitam ao controle da produção e da proliferação de riscos, ressalta-se a necessidade de afastar o Direito Ambiental da irresponsabilidade organizada e desvinculá-lo da intenção do exercício de uma função meramente simbólica.[24]

É primordial, para que o sistema jurídico ambiental aprimore seu aspecto preventivo, que se defina de que forma funcionará a integração com os demais instrumentos de comando e controle do Estado, sobretudo com o afastamento da suposta "teoria" do fato consumado e o aprimoramento do procedimento de licenciamento ambiental.

De fato, a "teoria" do fato consumado deve ser afastada das questões afetas a matéria ambiental. A nossa Constituição reconhece o meio ambiente em todos os seus aspectos, como direito fundamental de terceira geração, intergeracional e indisponível. Além disso, impõe a proteção desse bem jurídico pelo Poder Público e pela coletividade, bem como reconhece os princípios ambientais de prevenção e precaução.

Entendimento contrário seria uma total afronta ao próprio direito à vida (física e existencial), já tão ameaçado pela desmesurada e irracional utilização dos recursos ambientais e destruição do modo de ser e agir do povo brasileiro, que acarretam danos irreversíveis e catástrofes ambientais e sociais com proporções cada vez mais sérias.

Por fim, "a manutenção do fato consumado evoca a frase de Camus: 'alguma coisa ali não seguia a ordem natural, e na verdade não há ordem, mas somente loucura e caos quando o filho é mais velho que o pai'. No fato consumado, algo também não segura a ordem natural e, na verdade, não há ordem, mas somente loucura e caos quando o Judiciário, conscientemente se transforma no criador e guardião da ilicitude".[25]

Para concluir, pode-se dizer que o recado foi dado pela Suprema Corte nas palavras do Ministro Luís Fux, de inegável olhar à proteção dos interesses difusos e coletivos:

> Não se quer dizer que o desenvolvimento econômico e a preservação do meio ambiente sejam intrinsecamente antagônicos. Pelo contrário: observa-se na experiência internacional

---

[24] LEITE, José Rubens Morato; AYALA, Patrycy de Araújo. *Dano Ambiental. Do individual ao coletivo extrapatrimonial.* 3. ed. São Paulo: Revista dos Tribunais, 2012. p. 117.

[25] FERREIRA, Odim Brandão. *Fato consumado – História e crítica de uma orientação da jurisprudência Federal.* Porto Alegre: Sergio Antonio Fabris Editor, 2002. p. 184.

que países economicamente desenvolvidos são geralmente bem-sucedidos na preservação de seus recursos ecológicos. Basta notar que a previsão de Thomas Malthus, para quem os meios de subsistência não acompanhariam o crescimento populacional, feita em 1783, não se confirmou. A conclusão de compatibilidade entre natureza e obra humana é ínsita à ideia de "desenvolvimento sustentável", expressão popularizada pelo relatório Brundtland, elaborado em 1987 pela Comissão Mundial sobre o Meio Ambiente e Desenvolvimento.[26]

Referências

BENJAMIN, Antonio Herman. Responsabilidade civil pelo dano ambiental. *Revista de Direito Ambiental*, São Paulo, v. 9, jan. 1998.

BERWIG, Juliane Altmann. *Direito dos desastres na exploração offshore do petróleo*. Curitiba: Juruá Editora, 2015.

BOBBIO, Norberto. *A era dos direitos*. (Trad. Nelson Coutinho). Rio de Janeiro: Ed. Campus, 1992.

CANOTILHO, Joaquim José Gomes. Estado constitucional ecológico e democracia sustentada. *In*: FERREIRA, Helini Silvini; LEITE, José Rubens Morato. *Estado de Direito Ambiental*: tendências, aspectos constitucionais e diagnósticos. Rio de Janeiro: Forense Universitária, 2004.

CARSON, Rachel. *Primavera Silenciosa*. São Paulo: Editora Gaia, 2010.

CONJUR. *Ação Declaratória de Constitucionalidade nº 42 – Distrito Federal*. Plenário do STF em 28.02.2018. Disponível em: https://www.conjur.com.br/dl/acordao-codigo-florestal.pdf. Acesso em 14 set. 2020.

DIAS, André de Vasconcelos. Meio ambiente e fato consumado. *In*: ROCHA, João Carlos de Carvalho; FILHO, Tarcísio Humberto Parreiras Henriques; CAZZETA, Ubiratan (Orgs.). *Política Nacional do Meio Ambiente*: 25 anos da Lei nº 6.938/81. Belo Horizonte: Del Rey, 2007.

FERREIRA, Odim Brandão. *Fato consumado – História e crítica de uma orientação da jurisprudência Federal*. Porto Alegre: Sergio Antonio Fabris Editor, 2002.

FINK, Daniel Roberto; JUNIOR, Hamilton Alonso; DAWALIBI, Marcelo. *Aspectos jurídicos do licenciamento ambiental*. Rio de Janeiro: Forense Universitária, 2004.

LEITE, José Rubens Morato; AYALA, Patrycy de Araújo. *Dano Ambiental. Do individual ao coletivo extrapatrimonial*. 3. ed. São Paulo: Revista dos Tribunais, 2012.

MILARÉ, Édis. *Direito do Ambiente*: doutrina, jurisprudência, glossário. 4. ed. rev., atual. e ampl. São Paulo: Editora Revista dos Tribunais, 2005.

MIRRA, Álvaro Luiz Valery. *Ação civil pública e a reparação do dano ambiental*. 2. ed. São Paulo: Editora Juarez de Oliveira, 2004.

MORAES, Alexandre de. *Direito Constitucional. Nona Edição*. São Paulo: Jurídico Atlas, 2001.

OST, François. *A natureza à margem da lei. A ecologia à prova do direito*. Portugal: Instituto Piaget, 1997.

Informação bibliográfica deste texto, conforme a NBR 6023:2018 da Associação Brasileira de Normas Técnicas (ABNT):

SOARES JÚNIOR, Jarbas; PINTO, Carlos Eduardo Ferreira. Meio ambiente ecologicamente equilibrado, licenciamento ambiental e fato consumado – Ag. Reg. no Recurso Extraordinário nº 609.748/Rio de Janeiro. *In*: BENJAMIN, Antônio Herman Vasconcelos e; FREITAS, Vladimir Passos de; SOARES JÚNIOR, Jarbas (Coord.). *Comentários aos acórdãos ambientais*: paradigmas do Supremo Tribunal Federal. Belo Horizonte: Fórum, 2021. p. 105-117. ISBN 978-65-5518-077-0.

---

[26] CONJUR. *Ação Declaratória de Constitucionalidade nº 42 – Distrito Federal*. Plenário do STF em 28.02.2018. p. 53. Disponível em: https://www.conjur.com.br/dl/acordao-codigo-florestal.pdf. Acesso em 14 set. 2020.

MOGNO BRASILEIRO. COMANDO E CONTROLE COMO ESTRATÉGIA DE PRESERVAÇÃO AMBIENTAL. NOVOS PARADIGMAS PARA A GESTÃO AMBIENTAL, O DIREITO E A JUSTIÇA

RELATORA: MINISTRA CÁRMEN LÚCIA

ANDRÉA VULCANIS

EMENTA: AGRAVO REGIMENTAL NO RECURSO EXTRAORDINÁRIO. AMBIENTAL. COMÉRCIO, DISTRIBUIÇÃO E TRANSPORTE DE MADEIRA MOGNO. 1. Impossibilidade de análise da configuração de continência ou litispendência: limites objetivos da coisa julgada. 2. Aquisição anterior à Instrução Normativa nº 17/2001. Controvérsia decidida com base em norma infraconstitucional. Ofensa constitucional indireta. 3. Agravo regimental ao qual se nega provimento.

1 Análise do caso

1 O presente artigo analisa o conteúdo do Acórdão proferido em 07.02.2012, em Agravo Regimental no Recurso Extraordinário nº 640.584 do Distrito Federal, de relatoria da Ministra Cármen Lúcia, julgado no âmbito da Primeira Turma do Supremo Tribunal Federal e que tem como objeto central discussão processual sobre o seguimento de Recurso Extraordinário interposto pelo Instituto Brasileiro do Meio Ambiente e dos Recursos Naturais Renováveis – IBAMA contra decisão do Tribunal Regional Federal da 4ª Região, o qual dera provimento a recurso interposto pela parte, tendo permitido a exportação de madeira mogno.

2 A controvérsia manifestada no Agravo Regimental está posta sobre decisão proferida anteriormente pelo Supremo Tribunal Federal que negou seguimento ao Recurso Extraordinário com supedâneo na fundamentação de que, a revisão da decisão do Tribunal Regional Federal da 4º Região envolveria análise de matéria infraconstitucional, notadamente a Instrução Normativa nº 17/2001 do Ibama, o que caracterizaria, portanto, que uma eventual inconstitucionalidade

da matéria seria por afronta indireta à Constituição da República, o que não se admite seja feito pela via do recurso extraordinário.

3 Para o melhor entendimento da demanda, vale esclarecer que a controvérsia estabeleceu-se entre o Ibama, autarquia federal responsável pela execução de políticas públicas ambientais no âmbito da União e dada empresa que pretendia comercializar madeira de mogno, protegida por normas infraconstitucionais em razão de ser oriunda de florestas nativas, notadamente localizadas na Amazônia, comumente exploradas sem autorização e sem nenhum controle ou medida que garanta a sustentabilidade da espécie.

4 Na ação, a autarquia federal sustentara pela impossibilidade da empresa comercializar a madeira, porque não demonstrada inequivocamente a sua origem lícita, ou seja, oriunda de explorações devidamente autorizadas, e a empresa, sustentando que ao efetuar a sua aquisição, o fez atendendo a todas as normas vigentes à época de sua aquisição, e que, portanto, teria, sim, efetuado a demonstração da origem lícita do material.

5 Por sua vez, o Acórdão alvo da insurgência via recurso extraordinário posicionou-se conforme ementa do julgado:

> COMÉRCIO, DISTRIBUIÇÃO E TRANSPORTE DE MADEIRA. MOGNO. ESTOQUE ADQUIRIDO ANTERIORMENTE À INSTRUÇÃO NORMATIVA Nº 17/2001.
> Inexiste restrição legal para industrialização, comercialização e exportação quanto a estoque de madeira comprovadamente acobertada por notas fiscais de aquisição datadas anteriormente à Instrução Normativa nº 17/2001.

6 Entendeu o Tribunal Regional Federal da 4ª Região na decisão sobre a qual o Supremo Tribunal Federal se debruçou e objeto da presente análise que estaria o Ibama aplicando norma que estabelecera regras sobre a origem legal de madeiras protegidas – consubstanciada na Instrução Normativa nº 17/2001 – para aquisições comerciais realizadas antes da sua edição, o que, em razão do princípio da irretroatividade das normas não poderia prevalecer. Sendo assim, acabou por decidir pela inexistência de restrição legal para industrialização, comercialização e exportação da madeira protegida, no caso concreto.

7 De sua vez, o Ibama alega, como fundamento de sua insurgência e cabimento do recurso extraordinário, que o Acórdão do TRF da 4ª Região, ao ter se posicionado de tal forma, teria violado a coisa julgada, já que não observou decisão anterior oriunda de sentença transitado em julgado, proferida no âmbito da Justiça Federal do Pará, entre as mesmas partes, que teria apreciado pedido de suspensão dos efeitos de artigos da Instrução Normativa nº 17/2001, para fins de liberação da madeira que estava no estoque da empresa, antes da edição da referida norma, sentença essa que teria indeferido o pedido formulado pela empresa.

8 Nesse sentido, alega a autarquia federal que o acórdão recorrido (TRF 4), ao afastar a proibição de comercialização de mogno imposta pelo IBAMA, acabou por violar o art. 5º, inc. XXXV e o disposto no art. 225, §1º, incs. V e VII, da Constituição, ao não ter observado a coisa julgada anterior. *In verbis*:

Art. 5º

XXXVI – a lei não prejudicará o direito adquirido, o ato jurídico perfeito e a coisa julgada;

Art. 225. Todos têm direito ao meio ambiente ecologicamente equilibrado, bem de uso comum do povo e essencial à sadia qualidade de vida, impondo-se ao poder público e à coletividade o dever de defendê-lo e preservá-lo para as presentes e futuras gerações.

§1º Para assegurar a efetividade desse direito, incumbe ao poder público:

(...)

V – controlar a produção, a comercialização e o emprego de técnicas, métodos e substâncias que comportem risco para a vida, a qualidade de vida e o meio ambiente;

(...)

VII – proteger a fauna e a flora, vedadas, na forma da lei, as práticas que coloquem em risco sua função ecológica, provoquem a extinção de espécies ou submetam os animais a crueldade.

9 O Acórdão em análise afasta a possibilidade de cabimento do pedido formulado pelo Ibama sob arguição de que "a verificação no caso concreto da existência de coisa julgada demandaria a análise de matéria infraconstitucional (arts. 104 e 301, §1º, do Código de Processo Civil), inviável em recurso extraordinário". Cita precedentes do próprio STF que afastam o cabimento recursal extraordinário nas hipóteses que caracterizem ofensa constitucional indireta.

2 Breve análise acerca dos aspectos processuais em matéria constitucional atinentes ao caso

10 Sob a perspectiva de comentários ao Acórdão, não se poderia furtar a uma breve análise que envolve o tema de ofensa reflexa à Constituição da República, para afastar o cabimento do recurso extraordinário.

11 Como é sabido, o recurso extraordinário subordina-se a pressupostos genéricos de admissibilidade, de matriz constitucional e que se encontram elencados na Constituição da República, em seu artigo 102, III, que assim dispõe:

Art. 102. Compete ao Supremo Tribunal Federal, precipuamente, a guarda da Constituição, cabendo-lhe:

(...)

III – julgar, mediante recurso extraordinário, as causas decididas em única ou última instância, quando a decisão recorrida:

a) contrariar dispositivo desta Constituição;

b) declarar a inconstitucionalidade de tratado ou lei federal;

c) julgar válida lei ou ato de governo local contestado em face desta Constituição.

d) julgar válida lei local contestada em face de lei federal.

12 De fato, a jurisprudência é farta no âmbito da Corte Suprema, exigindo, para a admissibilidade do recurso extraordinário, o prequestionamento e a violação direta e frontal a preceito constitucional.

13 Está-se aqui, à frente com o princípio do devido processo legal que sustenta normas processuais estritas como supedâneo ao exercício de direito.

14 Não se pode olvidar que o princípio da ampla defesa contém em seu bojo o princípio do duplo grau de jurisdição, que garante aos jurisdicionados a revisibilidade ampla das decisões.

15 No que toca ao papel do Supremo Tribunal Federal, na esfera da revisão de decisões judiciais, a guarda irrestrita da Constituição e a garantia da supremacia das normas constitucionais é a tônica principal que tem como objetivo conferir, no âmbito do sistema judiciário nacional, amplamente descentralizado, a autoridade e a unidade da Constituição, o que se faz, no mais das vezes, por meio do recurso extraordinário.

16 Importante que se diga que o recurso extraordinário não se presta a propiciar simples reexame de matéria já decidida, tampouco a má apreciação de fatos e provas, mas sim, tem por objetivo garantir a efetividade das regras constitucionais e que, para tanto, se deem às regras constitucionais interpretações uniformes.

17 O manejo do recurso extraordinário impõe, diante de tais considerações, análise de admissibilidade, tendo sido assentado, de maneira pacífica pela Suprema Corte, que violações que não atinjam de forma direta o texto constitucional, nas hipóteses em que se deve verificar antes, a legislação infraconstitucional, não dão ensejo ao conhecimento do recurso extraordinário, o que caracteriza a violação indireta ou reflexa.

18 Em outras palavras, o extraordinário somente se presta a revisar decisões que violam de forma cabal o texto constitucional, sem que para sua verificação, seja necessária a análise de legislação infraconstitucional. Assim, não cabe verificar afronta a preceitos constitucionais quando, para tanto, for necessário o exame de outro texto legal que não seja o da própria Constituição.

19 Há que haver, desta forma, na decisão recorrida, o enfrentamento de questão sobre interpretação direta do texto constitucional ou negativa de sua vigência para que nasça a admissibilidade do extraordinário.

20 Segundo o constitucionalista e Ministro do STF, Luís Roberto Barroso, "[o] STF não admite recursos extraordinários nos quais se pretenda discutir o que denomina de inconstitucionalidade reflexa ou indireta. Esse conceito descreve, de forma geral, hipóteses nas quais a parte interpõe o recurso alegando que a decisão recorrida interpretou equivocadamente a legislação infraconstitucional e, ao fazê-lo, violou normas constitucionais".[1]

21 Desta feita, o mérito da questão, consubstanciado na possibilidade ou não de comercialização de madeira oriunda de florestas nativas, com supedâneo em sua caracterização como oriundo de exploração lícita, na origem, não foi enfrentado pelo STF, tendo a solução da lide se resolvido nas questões processuais.

---

[1] BARROSO, Luis Roberto. Recurso extraordinário violação indireta da constituição ilegitimidade da alteração pontual e casuística da jurisprudência do Supremo Tribunal Federal. *Revista Eletrônica de Direito Processual*, v. 3, n. 3, 2009. Disponível em: http://www.arcos.org.br/periodicos/revista-eletronica-de-direito-processual/volume-iii/recurso-extraordinario-violacao-indireta-da-constituicao-ilegitimidade-da-alteracao-pontual-e-casuistica-da-jurisprudencia-do-supremo-tribunal-federal. Acesso em 15 fev. 2020.

3 As atividades de comando e controle como princípio da ordem ambiental

22 Sobeja observar que o tema fundamental submetido à decisão da Suprema Corte, no caso em comento, diz respeito ao exercício do poder de polícia conferido aos entes estatais, sob o controle de bens ambientais.

23 A Constituição da República, ao estabelecer o direito ao meio ambiente ecologicamente equilibrado, em seu artigo 225, coloca, como estratégia fundamental ao usufruto do direito, as ações denominadas de comando e controle sobre atividades humanas capazes de causar degradação ambiental.

24 Passa-se então a fundamentar e a solidificar, no estado brasileiro, ações normativas de variadas ordens hierárquicas, para viabilizar que o acesso e o uso de recursos naturais sejam feitos de acordo com preceitos que visam a determinar como, quando e onde as ações humanas que envolvem os bens ambientais podem ser realizadas.

25 Nesse sentido, uma profusão de normas, entre leis, decretos, resoluções, portarias, instruções normativas, dentre outros atos, vem sendo editadas pelos mais diversos entes que compõem a estrutura estatal brasileira, visando regular, comandar e controlar o uso dos recursos naturais.

26 Tal estratégia, fundada em normas e ações de controle e fiscalização, tem respaldo amplo e expresso no texto constitucional, notadamente nos §§1º, 2º, §3º, §4º, 6º e 7º, do art. 225 da Constituição. Destacam-se os incisos IV, V e VII do §1º do mesmo artigo, que preveem de forma expressa o controle de atividades potencialmente poluidoras por meio do licenciamento ambiental, o controle da produção, comercialização e o emprego de técnicas e substâncias que impliquem em risco ao meio ambiente e ações de proteção da fauna e da flora, vedadas práticas que coloquem em risco sua função ecológica ou provoquem a extinção de espécies.

27 Essas ações que visam a controlar as atividades econômicas, num ambiente de livre iniciativa, integram o poder de polícia atribuído ao estado, com exclusividade para o exercício da força e a imposição de obrigações e deveres.

28 Essa instrumentalidade do controle de atividades, que invariavelmente decorre de normas e regras regulatórias, são reforçadas também, é importante que se diga, pela Lei da Política Nacional de Meio Ambiente, Lei nº 6.938, de 1981, que estabelece as ações de controle das atividades potencial ou efetivamente poluidoras, como um princípio.

> Art. 2º – A Política Nacional do Meio Ambiente tem por objetivo a preservação, melhoria e recuperação da qualidade ambiental propícia à vida, visando assegurar, no País, condições ao desenvolvimento sócio-econômico, aos interesses da segurança nacional e à proteção da dignidade da vida humana, atendidos os seguintes princípios:
> (...)
> V – controle e zoneamento das atividades potencial ou efetivamente poluidoras;

29 Esse arcabouço principiológico estabelecido pela Constituição da República e reforçado pela legislação infraconstitucional acabou por induzir a atuação

do Estado brasileiro na formulação de políticas públicas ambientais com foco central na estruturação e operação das ações de comando e controle, com destaque especial para a formulação de normas.

30 O estado brasileiro, em todas as esferas, passou a estabelecer parâmetros, critérios de acesso aos recursos naturais, instrumentos, técnicas consideradas adequadas e toda uma sorte de direcionamento das ações sobre os bens ambientais, formando um arcabouço robusto, porém também confuso, muitas vezes sobreposto e, por que não dizer, emaranhado, é preciso que se reconheça.

31 As normas sobre meio ambiente, ora ditadas pela União, ora pelos 27 Estados e o Distrito Federal, ora pelos municípios, compondo um sistema que, em termos constitucionais, deveria dirigir a ação governamental para a manutenção do equilíbrio ecológico, tendo como alvo o meio ambiente como patrimônio a ser assegurado e protegido, acabou por se constituir também um dificultador da ação, exatamente porque o cumprimento e o atendimento desse arcabouço legal constituído entre normas superiores e inferiores resta tão complexo que somente especialistas são capazes de compreender e atuar no contexto desse conjunto de regras de abstrusa articulação, faltando ao homem médio condições mínimas para orientar-se e navegar em segurança.

32 Chama-se atenção aqui para o papel que os operadores do direito ganham no contexto do uso dos recursos naturais. Dominar a legislação ambiental, as hierarquias normativas e as intrincadas sobreposições e competências entre os entes federativos passou a ser fundamental para se alcançar clareza quanto ao que deve ser feito, o que é permitido e o que é de fato proibido.

33 Só isso já nos alertaria de que algo vai mal no sistema de comando e controle, já que a população brasileira, em sua imensa maioria, é constituída pelos ditos homens médios ou abaixo dessa condição, dada pela condição de país em desenvolvimento que ainda abriga largos ambientes de pobreza, baixa instrução e alijamento cultural. É dizer que a população brasileira não compreende, não tem acesso e não sabe se articular em suas ações, em relação aos bens ambientais, diante das regras constituídas pelo estado brasileiro. A lei ambiental não dialoga de forma amigável com os cidadãos brasileiros.

34 Nesse cenário, outras estratégias de formulação de políticas públicas ambientais, como ações de fomento a práticas sustentáveis, como é o caso do pagamento por serviços ambientais, educação ambiental, incentivo ao uso de tecnologias inovadoras, incentivos tributários a atividades menos poluentes, jamais alcançaram, no Brasil, a mesma importância ou centralidade na execução de políticas públicas ambientais, do que as ações de comando e controle.

35 Em paralelo com essa situação, vislumbra-se também que o esforço do poder público em ofertar ferramentas que garantam clareza executiva não foi tão abundante quanto o conjunto normativo. Vem do ditado popular a sabedoria de que o "papel aceita tudo", com o qual se quer dizer que, fazer normas e regras é relativamente fácil. Já a sua operacionalização e implementação, notadamente de forma facilitada aos usuários, não é assim.

36 Depreende-se a necessidade de realização de um esforço estatal incomensurável em tornar a máquina pública eficiente, realizadora das normas e regras por meio de processos claros e pré-definidos, traduzidos para o público médio, com ferramentas compreensíveis e de fácil operação.

37 Infelizmente é flagrante que a máquina ambiental estatal brasileira não se constituiu assim. Cada município, cada Estado da federação e a União operam sob lógicas, políticas e técnicas muito diferenciadas entre si, sem grandes investimentos na constituição de processos simplificados e objetivos, tornando a vida do cidadão que depende de autorizações e licenças ambientais um verdadeiro martírio.

38 Em outras palavras, a implementação de normas e regras não tem recebido a mesma atenção que a sua elaboração, causando com isso um descompasso entre o que se comanda e o que se controla efetivamente.

39 As ações de comando e controle, é importante que se diga, que deveriam ocorrer de forma sincronizada, como estratégia integral para o atendimento ao princípio de proteção ambiental, no mais das vezes é desarticulada e, portanto, capenga. Dado o descompasso na implementação das ações de controle, criou-se uma verdadeira esquizofrenia dentro do sistema, produzindo, via de regra, um efeito deletério e perverso sobre a defesa e a preservação do meio ambiente, senão vejamos.

40 Quando se comanda – por meio de normas – mas não se implementa ações de controle eficientes e claras, dificultando o acesso aos bens ambientais de forma legal, impele-se todo um conjunto de atores sociais e econômicos para a ilegalidade, provocando um resultado altamente danoso ao meio ambiente.

41 A título de exemplo, veja-se o caso tratado no âmbito do Acórdão do STF ora sob análise: a exploração do mogno brasileiro.

42 O mogno brasileiro é uma árvore em floresta clímax da Amazônia. De beleza especial, pois, após polida, apresenta um aspecto castanho-avermelhado brilhante e por isso usada em mobiliário, instrumentos musicais e outros materiais de luxo, ganhou grande valor no mercado nacional e internacional.

43 Contudo, por estar presente em florestas clímax, tem ocorrência dispersa em grandes áreas, de modo que o acesso à árvore e aos bens que a partir dela podem ser produzidos, envolve a interferência e a exploração florestal em larga escala e em imensas áreas de terra.

44 Visando evitar o seu desparecimento, regulou-se o acesso a esse bem ambiental por meio dos chamados planos de manejo florestal, autorizações para intervenção na floresta (autorizações de supressão vegetal) e emissão de documentos de origem florestal que visam a atestar que a madeira é oriunda de explorações sustentáveis, devidamente autorizadas. Essa é a regra estabelecida em normas. Criou-se um extenso arcabouço normativo, competências para a emissão das autorizações e uma sucessão de atividades a serem realizadas pelos particulares e pelo estado, tendo como objetivo central a proteção da espécie e da floresta.

45 Entretanto, apesar da profusão de normas sobre a atividade exploratória, as ações de controle da atividade que envolvem a suficiência da máquina administrativa não acontecem de forma eficiente. Uma licença de exploração

floresta garantindo a sustentabilidade da atividade pode demorar, junto a qualquer órgão ambiental brasileiro, quatro, cinco, até dez anos para sua emissão.

46 Essa conjuntura favorece a extração clandestina e via de consequência a devastação da floresta, ao que se somam outros interesses, como a adjudicação privada e ilegal de terras de alto valor, pela ação de grileiros.

47 O caso posto à decisão do STF e ora sob análise demonstra com clareza essa situação, caso se observem, para além dos aspectos processuais debatidos no Acórdão comentado, o pano de fundo que está colocado.

48 O Ibama, autarquia federal, editou, no ano de 2001, a Instrução Normativa nº 17. Nela são estabelecidas as regras para exploração florestal sustentável e a determinação da origem legal de madeiras vindas de florestas nativas.

49 Posto o caso em lide judicial, a autarquia federal retrata que a madeira em posse da parte adversa na lide não tinha origem legal, pois não atendia as regras da IN nº 17/2001, norma editada na estratégia de comando e controle.

50 O judiciário entendeu que antes da edição da IN nº 17/2001 o interessado havia adquirido essas madeiras e, portanto, a norma não poderia incidir sobre essas, sob pena de violação ao princípio da irretroatividade das normas.

51 Ao final e a cabo, em 2012, quando a decisão do STF foi editada, encerrando definitivamente a lide, 11 anos depois da edição da norma e, certamente, muito tempo depois da extração da madeira na floresta, é que se chegou a uma conclusão sobre o seu destino.

52 Observa-se, com clareza, que a falta de instrumentalização do poder público em efetivar as ações de controle de maneira efetiva leva o debate para o campo exclusivo do comando, ou seja, das normas e do direito, restando, portanto, o fato de que as regras processuais passam a prevalecer em detrimento, inclusive, da proteção do meio ambiente, porque de fato, pela ausência de ações de controle eficientes, não resta outra alternativa.

53 Na hipótese, caso houvesse ações efetivas e eficientes de controle sobre a origem florestal, o debate meramente jurídico e sobre aplicação de normas certamente seria minimizado em razão da verdade material, afinal, o motivo de edição da norma foi um só: proteger a espécie e a floresta. A questão, portanto, restringir-se-ia a identificar se de fato a madeira tinha origem legítima ou não, o que não se daria a partir da verificação do cumprimento de uma norma, ou da discussão do princípio do *tempus regit actum*, ou da questão da admissibilidade recursal, mas da efetiva demonstração da exploração florestal sustentável.

54 Ainda cabe destacar que, caso houvesse ações de controle efetivas, toda madeira que saísse de uma floresta, oriunda de exploração legítima, poderia e deveria ser rastreada desde o início, sendo possível separar o joio do trigo, o legal do ilegal. Não sendo isso uma realidade, diga-se de passagem, até hoje no Brasil, o debate passa a ser exclusivamente jurídico, restando-nos, em razão do caso concreto, uma grande inquietude: afinal, o mogno extraído e comercializado por força das decisões judiciais era ou não legítimo? A exploração sustentável da floresta foi efetivamente respeitada no caso?

55 A decisão dos Tribunais não pôs fim a essa dúvida, porém, cumpriu outra função fundamental que é solução e a finalização do conflito. Chegou-se, após mais de uma década de debates judiciais, a um termo. Decidiu-se e consolidaram-se direitos, como a melhor resposta possível, diante da conjuntura nacional que envolve a temática ambiental.

56 A presente análise leva à reflexão de que os instrumentos de comando e controle, centrais na estratégia de garantir a proteção do meio ambiente, falharam. Como aliás, sempre falham. A uma porque devem ser constituídos por um todo harmonioso, íntegro, em que se reforça a necessidade de maximização do princípio da eficiência na gestão pública sob todos os aspectos: há que haver, como já dito, controles claros, agilidade da máquina pública, promoção de estratégias econômicas que não degradem o meio ambiente, dentre tantas outras que exigem que o estado se reinvente.

57 A má defesa do meio ambiente, nas ações atribuídas ao estado, ocorre notadamente quando o estado é lento e, portanto, omisso. O submundo do crime ambiental age exatamente nessa brecha. O que é legalizado é demorado, ineficiente e caro. Há ampla margem de oportunidade para aqueles que preferem agir fora do sistema, posto ser mais fácil, mais rápido e mais barato.

58 Porém, a racionalização e a eficiência do estado não parece ser o bastante, como única solução. Os instrumentos de comando e controle desconsideram que toda falha tem como causa um espectro muito mais complexo, integral e sistêmico do que cumprir ou descumprir normas ambientais. Entre o legal e o ilegal.

59 A promoção real do meio ambiente passa por revisão da visão de mundo em que se deve deixar de considerar casos e situações vistos de forma atômica, e passar a compor, notadamente em questões que envolvem direitos difusos, um todo íntegro, capaz de gerar novos comportamentos e uma nova visão da vida, tanto por parte do cidadão quanto por parte do poder público.

60 Como dito, é notável verificar e sobretudo constatar que, sozinhas, as ações de comando e controle não têm se mostrado como ferramentas que se dirigem ao futuro, quando se espera que haja uma plena consciência de cidadãos e empresas no cumprimento das leis, mas, sobretudo, em comportamentos mais adequados perante o Planeta e a terra que nos abriga.

61 É circunstancial o fato de que o Estado, por mais bem instrumentalizado que esteja e por mais eficiente que se torne, não é onipresente, o que de *per si* indica que as ações de controle jamais serão suficientes, quando isoladamente consideradas, para alcançar o resultado proposto, que é a garantia de um meio ambiente ecologicamente equilibrado.

62 É preciso que o elemento da autorresponsabilidade seja elevado à máxima potência e que cidadãos e estado estejam juntos e em conciliação na construção de um ambiente equilibrado e sustentável.

63 Para tanto, é preciso também que além da máquina pública ganhar em eficiência, outras estratégias entrem em cena, notadamente aquelas que dizem respeito à conciliação de interesses e ferramentas inovadoras e integrativas capazes de criar novas conjunturas e que, ao se distanciarem das ações de comando e controle, possam criar novos cenários, novas oportunidades e

novos comportamentos em relação aos bens ambientais que, definitivamente, não podem ser consumidos até o seu total esgotamento.

64 Aqui, entra em debate, diante da análise da atuação do Poder Judiciário que está em pauta, como o direito e a justiça podem ajudar na antecipação desse futuro esperado, em que a relação do homem para com os bens da natureza seja mais pacífica, menos destrutiva e mais integradora, regenerativa, considerando que o ser humano é parte integrante e, biologicamente, está na mesma hierarquia do que qualquer outro ser vivo do Planeta.

4 Uma concepção sistêmica do direito pode ajudar numa modificação das relações sociais e a relação do homem para com o meio ambiente?

65 No final do Século XIX, a partir das novas descobertas sobre a eletrodinâmica e a teoria evolucionista de Charles Darwin, a mecânica deixou de se apresentar como uma teoria fundamental a explicar o mundo e a natureza, já que, nesse ponto, já havia indicativos claros de que o universo era muito mais complexo do que Descartes e Newton haviam suposto. De fato, a concepção darwiniana dava conta de que os seres vivos fazem parte de uma rede planetária, contendo todos os seres vivos que se conhece, interligados por um processo de constante evolução.

66 Já nas primeiras décadas do Século XX, Einstein com a sua teoria da relatividade e os pensadores da teoria quântica abalaram completamente todos os principais conceitos da visão de mundo cartesiana e da mecânica newtoniana. Inaugurava-se uma nova visão de mundo: a visão sistêmica da vida.

67 Desde o momento que se passou a compreender que não é possível explicar o mundo a partir da compreensão das menores partes, porque nelas não estão contidas as propriedades dos seres como tal, inaugura-se a visão de que os fenômenos naturais – plantas, animais ou o corpo humano – são sistemas complexos e as menores partes, as moléculas, não explicam o funcionamento do ser. Esse pensamento pode ser traduzido da seguinte forma, como explicam Capra & Luisi no livro *A visão sistêmica da vida*: "as propriedades essenciais de um sistema vivo são emergentes – propriedades que não são encontradas em nenhuma de suas partes, mas emergem no nível do sistema como um todo. Essas propriedades emergentes surgem de padrões de organização específicos – isto é, de configurações de relações ordenadas entre as partes. Essa é a percepção revolucionária central da visão sistêmica da vida".[2]

68 E, ainda, se pode destacar "...o todo é mais do que a soma de suas partes".[3]

69 Capra & Mattei, na obra *A revolução ecojurídica*: o direito sistêmico em

---

[2] CAPRA, Fritjof; LUISI, Pier Luigi. *A visão sistêmica da vida*: uma concepção unificada e suas implicações filosóficas, políticas, sociais e econômicas. (Trad. Mayra Teruya Eichemberg). São Paulo: Cultrix, 2014. p. 61.

[3] CAPRA, Fritjof; LUISI, Pier Luigi. *A visão sistêmica da vida*: uma concepção unificada e suas implicações filosóficas, políticas, sociais e econômicas. (Trad. Mayra Teruya Eichemberg). São Paulo: Cultrix, 2014. p. 94.

sintonia com a natureza e a comunidade relatam com veemência a mudança de paradigma na ciência e inferem que essa mudança ainda não chegou na teoria do direito:

> (...) Durante as três últimas décadas, um paradigma radicalmente novo surgiu na linha de frente da ciência. No coração dessa mudança de paradigmas, de uma visão de mundo mecanicista para uma concepção holística e ecológica, encontramos uma profunda mudança de metáfora: da visão de mundo como uma máquina, passa-se a entendê-lo como uma rede. As redes são, sem dúvida, padrões de relações; (...). Uma mudança correspondente de paradigma ainda não se verificou nem na teoria do direito nem no entendimento público dessa disciplina. Em nossos dias, essa mudança é uma necessidade premente, uma vez que os maiores problemas atuais são de natureza sistêmica – todos interconectados e interdependentes –, e nossa crise global é ecológica no sentido mais amplo do termo. (Grifos nossos).[4]

70 Completando esse raciocínio, arrematam Capra & Matei que "as leis humanas, como as leis naturais, precisam ser entendidas como manifestações de uma ordem relacional em que o indivíduo não está sozinho, mas em conexão com outros habitantes vivos do planeta (...)".[5]

71 Assim, é importante a reflexão acerca da verificação da necessidade de que o Direito, aí incluso o Direiro Ambiental, passe a incorporar a circunstância cientificamente demonstrada de que os indivíduos humanos, como seres vivos que o são, têm funcionamento social no modelo de redes e, portanto, se intercomunicam, se afetam, se retroalimentam e reagem num contexto muito maior do que poderia se supor – uma norma e um indivíduo que a cumpre ou descumpre.

72 Nesse aspecto, concepção de justiça que visa a conferir a cada um o que é seu, nem sempre observa que há, nesse contexto, uma justiça que também deve se fazer presente dentro de sistemas em que é preciso conferir, no âmbito de cada sistema, a cada um o que é nosso.

73 Enquanto o estado comanda e não controla com eficácia, harmonia e respeito as necessidades humanas, dentre elas a de sobrevivência, impingindo obrigações incumpríveis, como o é o tempo de 8 (oito) longos anos para conceder uma licença ambiental, haverá quem queira e realize o rompimento do pacto social. Quem caminhe para a marginalidade e prefira sobreviver do que manter a ética básica perante a comunidade e o coletivo.

74 Não se pode olvidar que há uma necessidade comum a todos os seres humanos de equilíbrio entre o dar e o tomar, entre ganhos e perdas, ao que comumente nos referimos como necessidade de justiça. Quem se sacrifica pelo coletivo e renuncia o exercício de direitos individuais perante o acesso a bens comuns espera obter desse mesmo coletivo a via de acesso a outras fontes, a outras rendas e a outros meios de satisfazer suas necessidades. Não

---

[4] CAPRA, Fritjof; MATTEI, Ugo. *A revolução ecojurídica*: o direito sistêmico em sintonia com a natureza e a comunidade. (Trad. Jeferson Luiz Camargo). São Paulo: Cultrix, 2018. p. 28 ss.

[5] CAPRA, Fritjof; MATTEI, Ugo. *A revolução ecojurídica*: o direito sistêmico em sintonia com a natureza e a comunidade. (Trad. Jeferson Luiz Camargo). São Paulo: Cultrix, 2018. p. 63.

as encontrando, irá optar pelo rompimento da ética em detrimento de sua própria sobrevivência. Isso é fato.

75 Embora isso não justifique o descumprimento da norma para aquele indíviduo em específico, seria importante que a justiça, para que fosse realizada, passasse por questões mais profundas, tais como: por que o caso está em debate? Por que há dúvidas sobre a procedência de um bem ambiental tão sensível? Por que alguém se dedica a comercializar madeira com suspeita sobre sua origem?

76 A resposta a esses porquês e as soluções que a cada um fosse determinado responderia, certamente, a uma sociedade mais justa e mais equilibrada, onde houvesse a real paz social. Quando se alcançasse a compreensão de que a demanda está posta (i) porque o estado demora para dar licenças; (ii) porque o estado não controla efetivamente as atividadas poluidoras; (iii) porque não são oferecidas alternativas para o acesso legítimo às florestas; (iv) porque comercializar madeira sem origem é mais barato e por aí adiante, talvez fosse possível constituir soluções globais a partir de questões locais e atomizadas.

77 Cada solução efetiva que pudesse ser dada a cada uma dessas questões poderia pôr fim, rapidamente, a um conjunto infinito de demandas que chegam ao judiciário todos os dias e, sobretudo, efetivar garantias fundamentais da Constituição.

78 Para tanto, seria necessário avançar do modelo individual de justiça e criarmos ferramentas de soluções globais para os problemas nacionais, dentre eles, o que nos afeta nesse estudo que é a proteção efetiva do meio ambiente. Por certo não está a cargo do poder judiciário, exclusivamente, nem tampouco há ferramentas processuais, legais ou institucionais que permitam esse tipo de abordagem. Mas surge aí uma reflexão, notadmaente quando se dá conta de que o modelo pode estar muito próximo do seu esgotamento.

79 É inquietante observar que uma demanda sobre a exploração florestal da Amazônia tramite no judiciário por mais de uma década e se solucione por meio de questões processuais ou regras de aplicação do direito no tempo.

80 Em resumo: é necessário que se perguntem os porquês e, sobretudo, é necessário que o direito amplie o seu olhar para o equilíbrio sistêmico do todo.

81 Traduzindo isso em objetividade, se o estado comanda e pretende controlar e assim promover o direito ao meio ambiente ecologicamente equilibrado, é preciso que seja ágil, eficiente, facilite processos, garanta o exercício legítimo de direitos e traga, portanto, para o seio social, o equilíbrio entre a renúncia do indivíduo perante as necessidades coletivas e o atendimento de suas necessidades básicas.

82 Mas é preciso mais: é preciso que se observe que o sistema jurídico tem como objeto o ser humano, ser que vive e se concebe no modelo de redes. À luz do que ocorre com os sistemas vivos, em que ao mesmo tempo as partes funcionam no contexto de um todo maior, a serviço desse todo, e ora afirmam uma tendência autoafirmativa e ora auto-organizadora, que os leva a funcionar para a preservação de sua autonomia individual, não é imaginável que o comando e o controle estatal continue atuando na via da mão única, exigindo o cumprimento de obrigações a serviço do todo, sem que aquele indivíduo posto em causa não tenha a sua atenção primária atendida.

83 A inclusão da ordem sistêmica do equilíbrio nas trocas passaria, assim, a ganhar um peso importante na teoria jurídica e na gestão pública, pois a paz somente é alcançada quando esse equilíbrio dinâmico está em coerência dentro dos sistemas: o indivíduo está, sim, a serviço do todo, mas desde que sua individualidade não seja dissolvida no coletivo.

84 Essa compreensão abre um novo campo de visão para a teoria do direito que, como visto, trata o indíviduo de forma atomizada, separado de suas relações sistêmicas e, por isso, não atribui a justiça nem conforma a paz social preconizada, muito provavelmente, atuando meramente para transferir os conflitos para outros contextos.

85 O Direito, ao não ter as relações sistêmicas em seu campo de visão, peca na busca efetiva da paz social. As palavras de Capra & Matei traduzem esse pensamento:

> Recuperar a consciência de que o sistema jurídico é um bem de propriedade coletiva – isto é, abordar o sitema jurídico como um bem e recurso comum (*common*) – é uma parte crucial da estratégia de, finalmente, pôr as leis humanas em sintonia com a natureza e a comunidade. O direito não é um sistema morto de princípios e normas escritos em livros que só os iniciados são capazes de entender. Ao contrário, tem presença viva e é uma expressão de nosso comportamento ético e social, formado pelas obrigações que temos uns para com os outros e para com os *commons*. Se vier a ser percebido como tal por toda a comunidade, poderá tornar-se novamente ativo e generativo. Desse modo, *o direito é uma expressão da "totalidade" – algo muitíssimo diferente do conjunto de suas partes, mas produzido por uma relação entre elas, sem exploração e abuso*. (Grifos nossos).[6]

86 É possível antever que quando a gestão dos bens públicos, o direito e as estruturas jurídicas que lhe são inerentes passarem a considerar o pensamento sistêmico em sua formulação, será possível gerar novas visões, que busquem a pacificação integral, que considerem as variáveis do sistema e fomentem um ambiente de construção de soluções entre as partes em conflito, mediante a assunção do compromisso efetivo com a restauração das relações sociais, ampliando, assim, a sua capacidade de promover a paz social e, claro, o meio ambiente ecologicamente equilibrado, preconizado na lei fundamental do estado brasileiro. Ao se corrigir uma relação – estado e individuo – deveríamos estar nos propondo a corrigir todas as relações sistêmicas envolvidas como causa do equilíbrio sistêmico que foi quebrado.

87 A estrutura jurídica voltada para os indivíduos, a partir de normas que classificam os comportamentos humanos entre legais ou ilegais, separando os sujeitos (indivíduos), dos objetos (direitos e coisas) já há muito não sustenta a paz social, porque efetivamente não considera que os indivíduos integram uma estrutura maior, de efeitos que emergem no todo e não no fracionamento da visão dada a partir das partes.

---

6 CAPRA, Fritjof; MATTEI, Ugo. *A revolução ecojurídica*: o direito sistêmico em sintonia com a natureza e a comunidade. (Trad. Jeferson Luiz Camargo). São Paulo: Cultrix, 2018. p. 257.

88 O sistema jurídico, orientador das relações sociais, mais uma vez deve pretender entender a dinâmica do funcionamento sistêmico das relações biológicas, que regem nós, seres humanos, e buscar nelas fontes de inspiração. Segundo Capra & Luisi "há uma natureza hierárquica na organização dos organismos vivos, formando sistemas dentro de sistemas, que não se caracterizam pela dominação e controle. Células formam tecidos, que formam órgãos, que formam organismos, que formam sistemas sociais que formam ecossistemas".[7]

89 A partir daí, as estruturas jurídicas que reafirmam e sustentam, por dominação e exercício do poder, pelo que considera legal e ilegal para distencionar conflitos entre os indivíduos e entre estes e o Estado, na disputa de direitos e deveres, poderia se reinventar, propalando a manutenção do equilíbrio social e da justiça efetiva, promovendo e reintegrando relações, constituindo novas abordagens que, ao fim e ao cabo, promovam a replicação do modelo que constitui os sistemas vivos, já que, afinal, são modelos de sucesso absoluto.

90 Ter-se-ia, então, a partir das bases do pensamento sistêmico desenvolvido a partir da observação dos sistemas vivos e da biologia, que o Direito deveria ter por pressuposto a minimização ou, até mesmo, o afastamento da força, da dominação e do controle, os substituindo por soluções de reparação, restauração, compensação e equilíbrio.

91 Há que se ter em consideração que, em qualquer conflito, há conexões e relações que envolvem, de forma mais ou menos consciente, uma relação entre as partes que precisam ser restauradas, no nível maior que o mero conflito representado numa ação judicial.

92 Se se descumpriu a norma, porém, o Estado não foi eficiente – constituindo um padrão que se replica – há aqui uma reparação integral a ser efetivada, muito para além exclusivamente da causa do conflito estabelecido entre as partes em litígio. E é essa reflexão que se quer trazer à luz: pode-se tratar de um conflito pontual, mas há que se buscar a restauração do todo, do reequilíbrio das relações para que o padrão não mais se repita. A justiça aplicável – dar a cada um o que é seu se faz no caso concreto para inclusive buscar alcançar, na reconfiguração e restauração das causas que geraram o conflito – a justiça que confere a cada um o que é nosso. Somente assim o sistema será harmonizado e reestruturado, permitindo assim que padrões dissonantes não sejam mais replicados e que os bens ambientais possam ser efetivamente protegidos.

93 Enquanto as modelagens jurídicas não forem capazes de restaurar as relações em conflito, notadamente quando envolverem direitos difusos, ajudará a promover muitos efeitos adversos à coletividade, tais como a destruição ambiental e o exercício abusivo ou omisso do poder.

94 Tanto é assim que o julgado em comento, embora tenha posto termo à lide, utilizando-se de toda uma estrutura estatal ligada ao poder judiciário, em, no mínimo, quatro instâncias de julgamento, concluído pelo resultado conferido a partir de uma construção processual, depois de mais de década de debates

---

[7] CAPRA, Fritjof; LUISI, Pier Luigi. *A visão sistêmica da vida*: uma concepção unificada e suas implicações filosóficas, políticas, sociais e econômicas. (Trad. Mayra Teruya Eichemberg). São Paulo: Cultrix, 2014. p. 131.

terminou por não restabelecer a relação conflituosa para com o meio ambiente. Isso, porque a sociedade, de um lado, permanece sem saber se o mogno em questão foi ou não extraído de forma legítima e que garantiu a permanência da floresta em pé, permitindo os processos ecológicos essenciais. A autarquia federal permaneceu na sua inconformidade, pois seus argumentos de mérito, consubstanciados na necessidade de coibir ações supostamente ilegais, não foram acolhidos, e a parte vencedora, ainda assim perdeu, já que somente depois de mais uma década de direitos cerceados, teve reconhecido o direito de usufruto do mogno sob sua posse.

95 No final, ninguém ganhou. Talvez, a modelagem dos sistemas vivos, que não se utilizam de estruturas de poder, controle, força e dominação, mas de uma composição cooperativa e integrativa, possam, de fato, inspirar novos modos de se fazer gestão ambiental, solução de conflitos e de justiça. É preciso, definitivamente, que todos ganhem.

Conclusões

96 No Acórdão comentado, o mérito da questão, consubstanciado na possibilidade ou não de comercialização de madeira oriunda de florestas nativas da Amazônia, com supedâneo em sua caracterização como oriundo de exploração lícita, na origem, não foi enfrentado pelo STF, tendo a solução da lide se resolvido nas questões processuais.

97 É farta a jurisprudência da Corte Suprema exigindo violação direta e frontal a preceito constitucional para admissão do recurso extraordinário e consequente discussão do mérito.

98 A Constituição da República, ao estabelecer o direito ao meio ambiente ecologicamente equilibrado, em seu artigo 225, coloca como estratégia fundamental ao usufruto do direito as ações denominadas de comando e controle sobre atividades humanas capazes de causar degradação ambiental.

99 Estratégias diversas do comando e do controle na formulação de políticas públicas ambientais, como ações de fomento a práticas sustentáveis, pagamento por serviços ambientais, educação ambiental, incentivo ao uso de tecnologias inovadoras, incentivos tributários a atividades menos poluentes, jamais alcançaram, no Brasil, a mesma importância ou centralidade.

100 As ações de comando – elaboração de normas ambientais – é muito mais farta e profícua do que as ações de controle, dadas pela implementação efetiva das normas. Há um descompasso entre o que se comanda e o que se controla efetivamente.

101 Vislumbra-se a necessidade de realização de um esforço estatal incomensurável em tornar a máquina pública eficiente, realizadora das normas e regras por meio de processos claros e pré-definidos, traduzidos para o público médio, com ferramentas compreensíveis e de fácil operação.

102 A falta de implementação de ações de controle eficientes, dificultando o acesso aos bens ambientais de forma legal, impele todo um conjunto de atores sociais e econômicos para a ilegalidade, provocando um resultado altamente danoso ao meio ambiente.

103 De outra sorte, a falta de implementação de ações de controle eficientes também produz como efeito empurrar o debate para o judiciário, que poderá trata-lo, no mais das vezes, no âmbito estrito da teoria do direito e normas processuais, restando-nos, em razão do caso concreto, uma grande inquietude: afinal, o mogno extraído e comercializado por força das decisões judiciais era ou não legítimo? A exploração sustentável da floresta foi efetivamente respeitada no caso?

104 A decisão dos Tribunais, mesmo quando não enfrenta o mérito da questão, cumpre outra função fundamental, que é a solução e a finalização dos conflitos.

105 Os instrumentos de comando e controle, centrais na estratégia de garantir a proteção do meio ambiente, falham com muita regularidade.

106 A promoção real do meio ambiente passa por revisão da visão de mundo em que se deve deixar de considerar casos e situações vistos de forma atômica, e passar-se a compor, notadamente em questões que envolvem direitos difusos, um todo íntegro, capaz de gerar novos comportamentos e uma nova visão da vida, tanto por parte do cidadão quanto por parte do poder público.

107 Sozinhas, as ações de comando e controle não têm se mostrado como ferramentas que se dirigem ao futuro, quando se espera que haja uma plena consciência de cidadãos e empresas no cumprimento das leis, mas sobretudo em comportamentos mais adequados perante o Planeta e a terra que nos abriga.

108 O Estado, por mais bem instrumentalizado que esteja e por mais eficiente que se torne, não é onipresente, o que de *per si* indica que as ações de controle jamais serão suficientes, quando isoladamente consideradas, para alcançar o resultado proposto, que é a garantia de um meio ambiente ecologicamente equilibrado.

109 É preciso que a máquina pública ganhe em eficiência, mas outras estratégias devem entrar em cena, notadamente aquelas que dizem respeito à conciliação de interesses e ferramentas inovadoras e integrativas capazes de criar novas conjunturas e que, ao se distanciarem das ações de comando e controle, possam criar novos cenários, novas oportunidades e novos comportamentos em relação aos bens ambientais que, definitivamente, não podem ser consumidos até o seu total esgotamento.

110 As estruturas jurídicas que reafirmam e sustentam, por dominação e exercício do poder, replicando até o dia de hoje o modelo mecanicista, pelo que considera legal e ilegal para distencionar conflitos entre os indivíduos e entre estes e o Estado, na disputa de direitos e deveres, poderia se reinventar, propalando a manutenção do equilíbrio social e da justiça efetiva, promovendo e reintegrando relações, constituindo novas abordagens que, ao fim e ao cabo, promovam a replicação do modelo e a visão sistêmica da vida.

111 A gestão pública, o Direito e a justiça deveriam ter por pressuposto a minimização ou, até mesmo, o afastamento da força, da dominação e do controle, os substituindo por soluções de reparação, restauração, compensação e equilíbrio.

112 A justiça aplicável – dar a cada um o que é seu, ao avançar para as causas sistêmicas dos problemas, poderia alcançar, na reconfiguração e restauração dessas causas – a justiça que confere a cada um o que é nosso.

Referências

BARROSO, Luís Roberto. Recurso extraordinário violação indireta da constituição ilegitimidade da alteração pontual e casuística da jurisprudência do Supremo Tribunal Federal. *Revista Eletrônica de Direito Processual,* v. 3, n. 3, 2009. Disponível em: http://www.arcos.org.br/periodicos/revista-eletronica-de-direito-processual/volume-iii/recurso-extraordinario-violacao-indireta-da-constituicao-ilegitimidade-da-alteracao-pontual-e-casuistica-da-jurisprudencia-do-supremo-tribunal-federal. Acesso em 15 fev. 2020.

CAPRA, Fritjof; LUISI, Pier Luigi. *A visão sistêmica da vida*: uma concepção unificada e suas implicações filosóficas, políticas, sociais e econômicas. (Trad. Mayra Teruya Eichemberg). São Paulo: Cultrix, 2014.

CAPRA, Fritjof; MATTEI, Ugo. *A revolução ecojurídica*: o direito sistêmico em sintonia com a natureza e a comunidade. (Trad. Jeferson Luiz Camargo). São Paulo: Cultrix, 2018.

Informação bibliográfica deste texto, conforme a NBR 6023:2018 da Associação Brasileira de Normas Técnicas (ABNT):

VULCANIS, Andréa. Mogno brasileiro. Comando e controle como estratégia de preservação ambiental. Novos paradigmas para a gestão ambiental, o direito e a justiça. *In*: BENJAMIN, Antônio Herman Vasconcelos e; FREITAS, Vladimir Passos de; SOARES JÚNIOR, Jarbas (Coord.). *Comentários aos acórdãos ambientais*: paradigmas do Supremo Tribunal Federal. Belo Horizonte: Fórum, 2021. p. 119-135. ISBN 978-65-5518-077-0.

OS AGROTÓXICOS EM FACE DA JURISPRUDÊNCIA DO SUPREMO TRIBUNAL FEDERAL – RE Nº 559.622

RELATOR: MINISTRO GILMAR MENDES

MARCELO KOKKE

(STF – RE nº 559622 AgR, Relator(a): Min. GILMAR MENDES, Segunda Turma, julgado em 06.08.2013, ACÓRDÃO ELETRÔNICO DJe-164 DIVULG 21.08.2013 PUBLIC 22.08.2013)
EMENTA: Agravo regimental em recurso extraordinário. 2. Legitimidade *ad causam*. Controvérsia infraconstitucional. 3. Direito Administrativo. 4. Responsabilidade civil do Estado. Perigo de dano ambiental. Depósito de agrotóxicos em local inapropriado. Periclitação da saúde pública e do ambiente. 5. Ofensa meramente reflexa ao texto constitucional. Controvérsia decidida com base nas legislações Federal e local. Incidência do Enunciado 280 da Súmula desta Corte. Leis Federais nº 6.938/81 e nº 7.802/89; Lei Estadual nº 12.493/99. Precedentes. 6. Dever do Estado de prevenção e reparação dos danos causados ao ambiente. Acordão recorrido em conformidade com a jurisprudência do Supremo Tribunal Federal. 7. Ausência de argumentos capazes de infirmar a decisão agravada. 8. Agravo regimental a que se nega provimento.

Introdução

As questões ligadas ao Direito Ambiental repercutem nos mais diversos âmbitos jurídicos e sociais. Talvez seja no âmbito jurídico-ecológico que a perspectiva cartesiana de expressão do método de conhecimento e aplicação científica encontre maior dificuldade. No viés cartesiano, fragmentação e redução do problema são premissas para o bom desempenho do conhecimento. Além disso, o Direito é permeado por uma busca de depuração, própria da lógica do positivismo, apta a assumir o desafio de encontrar divisas e delimitações entre a seara jurídica e outras ciências.

O ritmo de angústia normativa quando se trata do Direito Ambiental e principalmente com o âmago da aplicação de normas afetas à poluição ambiental é justamente a incompatibilidade entre a linha metodológica de tratamento e a compreensão de problemas e soluções própria do cartesianismo para com a necessária abordagem holística que deve permear a compreensão dos problemas ecológicos. O cenário alcança ainda maior complexidade quando se lida com os efeitos dos agrotóxicos.

Os agrotóxicos estão imersos a níveis tão intensos de polêmicas que a própria terminologia que os recobre é antagonizada por aspirações semânticas. De um lado, o termo agrotóxico em si já remete intuitivamente a uma carga negativa, que se exaspera quando os produtos químicos são simplesmente nomeados como venenos. Lado outro, em uma feição explicitamente carregada de eufemismo, são chamados de agroquímicos ou defensivos agrícolas. E esta empreitada terminológica encadeia outros níveis de afetação. Nesse artigo se adota a terminologia agrotóxico por ser a acolhida nos diplomas legais que regem a matéria.

Os agrotóxicos, em sua qualidade de produtos químicos, não podem deixar de ter considerada sua razão econômico-social de existência. O uso de produtos químicos, seja para aniquilar ameaças às plantações, seja em sua condição de fertilizantes, está ligado à denominada Revolução Verde, que propiciou elevação dos níveis de produtividade agrícola e abastecimento das necessidades tanto de alimentação quanto de exportação de produtos primários. Esse ponto de partida não pode ser esquecido. Por mais que se tenha em conta os níveis de risco, não se pode também perder de referência as necessidades produtivas e econômicas envolvidas na cadeia produtiva que faz uso dos agrotóxicos.

O desafio jurídico é diagnosticar uma análise efetiva do ponto de vista inter-relacional, que afeta o uso dos agrotóxicos a outros bens jurídicos também normativamente protegidos. O presente artigo propõe efetivar essa análise a partir de posicionamentos jurídicos assumidos pelo Supremo Tribunal Federal, na formação de uma linha matriz de julgados que possa delinear o marco jurisprudencial brasileiro estabelecido pelo Tribunal constitucional. Para tanto, em termos de metodologia, labora-se com análise de casos assim como com revisão de literatura. A avaliação de casos se restringe a abordagens de *holdings* elaboradas tanto em sede de controle de constitucionalidade abstrato quanto incidental em julgados do STF.

A conclusão que se buscará sustentar é a ainda restrita margem de abordagem holística desenvolvida pelo Supremo Tribunal Federal, que tende a compartimentalizar os julgados afetos aos agrotóxicos em uma margem restrita de argumentação quanto às possíveis expressões ecológicas dos efeitos nocivos do uso inadequado. As vertentes de confrontação em relação aos julgados do Supremo Tribunal Federal serão alinhadas em vertentes de avaliação.

Os agrotóxicos estão submetidos a uma disciplina de autorização e admissão de uso, conformada tanto por via legal quanto por via infralegal. A essa primeira vertente, pode-se identificar um campo de apreciação formal, que envolverá tanto o procedimento de análise quanto a competência para o seu exercício. Em uma segunda vertente, encontra-se a avaliação ecológica de efeitos dos agrotóxicos, considerando aqui os impactos dos produtos químicos no ecossistema e nos níveis de biocenose, compreendida como "componente biológico de um ecossistema".[1] Em uma terceira vertente, encontra-se a questão ambiental ligada à saúde humana, em um recorte restrito. Por fim, há uma vertente afeta à justiça ambiental e à justiça intergeracional, que alinha o consumo de agrotóxicos a níveis de cidadania diversos, com efeitos também diferentes em gerações futuras.

---

[1] ODUM, Eugene P.; BARRETT, Gary W. *Fundamentos de ecologia*. 5. ed. (Trad. Pégasus Sistemas e Soluções). (Título original: Fundamentals of ecology). São Paulo: Cengage Learning, 2017. p. 512.

1 A apreciação jurídico-formal dos agrotóxicos

A apreciação jurídico-formal dos agrotóxicos pode ser situada no plexo de atividades relacionadas ao exercício de competência e normatização. A apreciação jurídico-formal implica avaliar também a regência normativa para a pesquisa, a experimentação, a produção, a embalagem e rotulagem, o transporte, o armazenamento, a comercialização, a propaganda comercial, a utilização, a importação, a exportação, o destino final dos resíduos e embalagens, o registro, a classificação, o controle, a inspeção e a fiscalização de agrotóxicos, seus componentes e afins.

Grande parte dos conflitos a que se vê chamado o Supremo Tribunal Federal para atuar em matéria de agrotóxicos está nessa vertente. Aqui, confronta-se tanto a possibilidade de Estados e Municípios disciplinarem o uso de agrotóxico, sob o argumento de que se trata de uma competência ambiental, quanto os papéis desempenhados pelos órgãos federais para avaliação de legalidade e legitimidade do uso dos produtos químicos. Os dois principais diplomas legais que impactam o tema são a Lei nº 7.802, de 11 de julho de 1989, específica quanto ao regramento dos agrotóxicos, e a Lei nº 12.305, de 2 de agosto de 2010, que rege a Política Nacional de Resíduos Sólidos e situa os agrotóxicos como produtos expressamente sujeitos ao instrumento da logística reversa.[2]

Um dos temas que se ocupou o Supremo Tribunal Federal nessa vertente foi sobre a possibilidade de municípios regularem agrotóxicos aplicados em seu território. A polêmica jurídica está situada nos limites entre o exercício de uma competência ambiental, cuja classificação é concorrente, artigo 24, VI, VII e VIII, e a atribuição própria da União para regular produção e consumo.

Mas há um ponto crucial e prévio no tópico. Nessa como nas outras vertentes, no exercício da aferição de requisitos para realização do controle incidental, há diversos julgados do Supremo Tribunal Federal que contrastam a matéria de regulação dos agrotóxicos entre violação direta ou reflexa da Constituição, esta última desautorizando a infiltração do STF no tema. Referencial é o julgamento de agravo regimental em recurso extraordinário, RE nº 1207822 AgR/RS, de relatoria do Ministro Gilmar Mendes, em que o Supremo se deparou com processo que debatia responsabilidade civil do Estado por danos morais decorrentes de poluição ambiental vinculada à aplicação de agrotóxicos, mas veio a se afastar da avaliação justamente em razão da argumentação de violação reflexa.

Em agravo no recurso extraordinário, RE nº 740773 AGR/MG, o STF colocou em discussão exatamente os limites entre a avaliação da violação direta à Constituição com atendimento aos requisitos para o recurso extraordinário e a análise de competência para que os Municípios normatizem o uso de agrotóxico em seu território. Inicialmente, o Supremo pontuou que é jurisprudência assentada na Corte a competência dos municípios para legislarem sobre interesse local. O litígio versava sobre lei municipal que proibia o lançamento de agrotóxicos e defensivos agrícolas através de aeronaves em lavouras situadas na área territorial do município de Luz, em Minas Gerais. O tema não versava em si sobre os níveis de contaminação ou não dos agrotóxicos, mas sim, quanto à possibilidade de uma norma municipal proibir determinada modalidade de aplicação, em razão dos seus potenciais efeitos ambientais e à saúde humana. A competência do município foi posta como fator fundante da análise.

---

[2] MILARÉ, Édis. *Direito ambiental*. 11. ed. São Paulo: Thomson Reuters, Revista dos Tribunais, 2018. p. 1501.

A argumentação da parte que se voltava contra a lei municipal sustentou a aplicação congênere de precedente formado no Supremo Tribunal Federal por meio do RE nº 586.224. Neste último, conhecido como caso da queima de palha de cana-de-açúcar, o STF veio a se pronunciar que a norma local deve se manter em coerência e harmonia para com a norma federal, sendo assim vedado ao Município proibir uma atividade permitida com gradação pela Lei Federal. A linha argumentativa não foi acolhida pela corte. Considerou-se que a limitação normativa por lei municipal de modalidade de aplicação de agrotóxico está inserta na competência municipal de tutela do meio ambiente e da saúde.

O Supremo alinhou-se a outro precedente, constituído pelo RE nº 1.045.719. Nesse sentido, o regramento por lei municipal não viola o princípio da livre iniciativa e não se antagoniza com a disciplina constitucional de competências. O ponto peculiar é justamente que o Supremo reforça o núcleo do precedente de competência municipal ao mesmo tempo que afasta a abordagem direta do assunto no processo em específico, com o argumento de que não cabe recurso extraordinário por ofensa a direito local, ao suporte da Súmula nº 280.

A combinação jurídico-formal com o pano de fundo ambiental é uma técnica decisória afirmada pelo Supremo Tribunal Federal em uma peculiar maneira de levantar o tema que seria *obter dictum* para uma escala indireta de aviso e reforço da linha decisória seguida pela Corte. Caminho semelhante foi adotado no agravo regimental em recurso extraordinário nº 559.622/PR. No caso, debatia-se a responsabilidade civil do Estado por criação de perigo de dano ambiental, com depósito de agrotóxico em local inapropriado, com consequente periclitação da saúde pública e do meio ambiente.

O Supremo simultaneamente afirma o cabimento da solução de mérito adotada pelo Tribunal no julgado recorrido e declara que há impossibilidade de sua incursão no tema, justamente por haver vedação em caráter processual. A combinação entre direito material ambiental e técnica decisória processual demonstra os limites cartesianos quando se trata de Direito Ambiental. O Supremo colocou em análise a decisão recorrida para afirmar, na abordagem do agravo regimental em recurso extraordinário nº 559.622, a legitimidade de o Tribunal fixar o dever do Estado na reparação e prevenção em relação aos danos ambientais provocados por agrotóxico, pois se afigura a decisão em conformidade com a jurisprudência da Corte. Entretanto, simultaneamente proclama que não pode adentrar no exame da questão, pois isso implicaria revolvimento do contexto fático-probatório.

A apreciação jurídico-formal determina ainda a consideração dos processos de aprovação e avaliação de lesividade dos agrotóxicos dentro da sistemática de controle. A Lei nº 7.802/89 submete os agrotóxicos a um processo triangular de avaliação por parte da União. O artigo 3º determina que os agrotóxicos e seus componentes, que envolvem os princípios ativos, dependem de registro em órgão federal, segundo exigências dos órgãos responsáveis pela saúde, meio ambiente e agricultura. Participam, portanto, do roteiro de análise, a ANVISA, o IBAMA e o Ministério da Agricultura, em concretização da previsão do artigo 2º do Decreto nº 4.074, de 4 de janeiro de 2002.

A interligação entre as atribuições dos entes federativos está sediada justamente no papel atribuído à União para regulação e normatização da produção, registro, comércio, exportação, transporte, controle tecnológico e toxicológico, além de controle e fiscalização dos estabelecimentos, produtos e produção, conforme disposto no artigo 9º da Lei nº 7.802. Em integração, o artigo 10 define que compete aos Estados e ao Distrito Federal legislarem sobre o uso, a produção, o consumo, o comércio e o armazenamento dos agrotóxicos, seus componentes e afins, bem como fiscalizar o uso, o consumo, o comércio, o armazenamento e o transporte interno. Já aos Municípios é reconhecido o papel de legislar supletivamente sobre o uso e o armazenamento dos agrotóxicos, seus componentes e afins.

Um dos fatores ainda não enfrentados pelo Supremo Tribunal Federal é a presença, e se positiva, que intensidade receberá, do princípio da vedação do retrocesso em matéria de potencial lesivo de componentes. O ponto encontra uma gradação de relevância pelo sentido em que se determinará ou não o caráter de vedação de inserção de novos agrotóxicos cujo potencial de lesividade seja superior aos já admitidos no mercado. O núcleo de desenvolvimento da argumentação pode ser situado na própria Lei nº 7.802.

O artigo 3º, §5º, da Lei nº 7.802, fixa que o registro para novo produto agrotóxico, seus componentes e afins, será concedido se a sua ação tóxica sobre o ser humano e o meio ambiente for comprovadamente igual ou menor do que aqueles já registrados para o mesmo fim. Em outros termos, o sistema normativo veda a inserção de agrotóxicos e princípios ativos cuja ação tóxica seja superior à de outro agrotóxico já existente no mercado e cujo registro seja válido. A interrogação remete justamente a definir se se trata aqui de uma regra de vedação do retrocesso para fins de inserção de um componente cujo nível de toxicidade eleve os padrões de risco ecológicos e ambientais.

Pressuposto aqui é designar a própria base de definição de risco, que pode ser compreendida como "a characteristic of a situation or action wherein two or more outcomes are possible, the particular outcome that will occur is unknown, and at least one of the possibilities is undesired".[3] A aplicação da regra abre um leque de questionamentos sobre a medida em que o próprio risco implica uma dosagem de incerteza na correlação de efeitos entre as substâncias. A matéria é sobretudo jurídico-formal, pois se labora com os dados processados em normas e detalhamentos emitidos pela própria Administração Pública.

Entretanto, há uma linha de autocontenção perceptível em precedente do Supremo. No julgamento da ADC nº 42/DF, relativa ao Código Florestal, o STF veio a se pronunciar sobre a regulação e o uso de agrotóxicos em áreas ambientalmente protegidas. Ao tratar do uso agrícola de várzeas, previsto no artigo 4º, inciso III, e §1º e §4º, do Código, o Tribunal veio a se manifestar no sentido de que não cabe ao Judiciário criar requisitos extras para a permissão legal estabelecida, inclusive quanto à utilização de agrotóxicos. O julgado indica posicionamento do Supremo no sentido de remeter a matéria para a deferência administrativa, contendo o Judiciário a abordagem em aspectos afetos aos efeitos nocivos de agrotóxicos para concentrar a atenção no plumo do cumprimento normativo de deliberação por parte dos órgãos do legislativo e do executivo.

Mas se há posicionamentos do Supremo Tribunal Federal voltados para a avaliação de tutela ambiental como fator de inserção na construção da argumentação relativa a outros ramos jurídicos, há também posicionamentos que excluem as implicações ecológicas em matéria de produção e consumo. Emblemático nesse aspecto da

---

[3] COVELLO, Vicent T.; MERKHOFER, Miley W. *Risk assessment methods*: approaches for assessing health and environmental risks. New York, London: Plenum Press, 1994. p. 2.

expressão jurídico-formal é o julgamento da Ação Direta de Inconstitucionalidade nº 3852/SC. Na ocasião, o Supremo julgou inconstitucional lei estadual que impôs restrição ao comércio de produtos agrícolas importados no Estado, ao argumento de que há antagonismo para com a competência privativa da União para legislar sobre comércio exterior e interestadual, consoante previsto no artigo 22, inciso VIII, da Constituição. O posicionamento expressado foi no sentido de que são inconstitucionais leis estaduais que constituam entraves ao ingresso de produtos nos Estados da Federação, ou mesmo sua saída, provenham ou não do exterior.

A posição arquitetada pelo Supremo é, portanto, no sentido de que argumentações ambientais de proteção à saúde ou a bens ecológicos não legitimam normas estaduais ou municipais que obstem produtos em função do possível uso indevido de agrotóxico. A posição também é encontrada na ADI nº 3813/RS, a versar sobre produtos inquinados de nocividade em razão de agrotóxico. O crivo angular que se verifica é quanto ao fundamento de precedentes utilizados neste julgamento.

O Supremo remete à ADI nº 280 e à ADI nº 3035 como precedentes. Entretanto, a ADI nº 280 trata da exportação de madeiras em toras, que havia sido vedada por norma da Constituição do Mato Grosso, ao passo que a ADI nº 3035 trata de inconstitucionalidade de lei estadual paranaense que vedava cultivo, manipulação, importação, industrialização e comércio de organismos geneticamente modificados. Extrai-se daí uma tendência do Supremo Tribunal Federal de uniformizar a linha de tratamento jurídico-ambiental entre comercialização de produtos de origem florestal, compostos geneticamente modificados e usos e comercializações de agrotóxicos, fato por demais preocupante em termos ambientais, dadas as profundas diferenças que envolvem cada uma das questões em termos de impactos ecológicos e socioambientais.

Mas se o comércio e o uso encontram um posicionamento de cerceamento quanto ao exercício das competências de Estados e Municípios, situação diversa é encontrada em precedentes relacionados ao direito à informação e exercício da competência comum em matéria fiscalizatória. E nesse âmbito robustece-se o argumento, diante de toda a densidade que o princípio da informação recebe em âmbitos interno e internacional. Em julgamento do RE nº 286789/RS, o Supremo Tribunal Federal reconheceu validade, diante da Constituição de 1969 e da atual Constituição da República, de norma estadual gaúcha que estabelece cadastro de agrotóxicos, biocidas e produtos saneantes domissanitários. No julgado, um dos fundamentos desenvolvidos para sustentar a compatibilidade da norma foi justamente o seu potencial de lesão ao meio ambiente e à saúde humanas.

A lógica então assumida pelo Supremo se coaduna com precedentes cuja origem é anterior ao atual marco regulatório, tal como a RP nº 1435/PR, julgada em fevereiro de 1988, e RP nº 1243/PE, julgada em setembro de 1988, tendo o STF se posicionado quanto ao dever de conformidade das normas estaduais para com as normas gerais estabelecidas pela União quanto ao uso de agrotóxicos e outros pesticidas.

A análise dos posicionamentos do Supremo permite identificar ampla adoção da vertente jurídico-formal pela Corte. Em uma variação ora de proximidade, ora de distanciamento, o pano de fundo holístico e específico do Direito Ambiental por vezes é utilizado em construções afetas ao exercício do poder de polícia e da linha combinatória das competências entre os entes federativos. Entretanto, há ponto comum quanto ao tema, que é a referência constante da Corte à definição de admissão ou não de compostos e princípios ativos a partir de análise empreendida pelos órgãos de gestão, limite para o Poder Judiciário adentrar na matéria.

2 A apreciação jurídico-ecológica dos efeitos dos agrotóxicos

A distinção que se procede entre a vertente jurídico-formal e a apreciação jurídico-ecológica consiste no fato de que a segunda implica uma avaliação de dano ambiental e imputação de reparação manejadas segundo as delimitações normativas. Nessa seara, o Poder Judiciário não estará a debater e deliberar sobre as balizas de configuração de uso e efeitos dos agrotóxicos, mas sim, estará a declarar existência ou não de danos ambientais de caráter ecológico ocorridos em razão da violação reconhecida no quadro jurídico-normativo implementado como marco regulatório dos agrotóxicos.

Essa vertente, como demonstrado, é comumente utilizada pelo Supremo Tribunal Federal no pano de fundo de reforço de decisões que se concentrem *prima facie* a respeito dos critérios normativos e de competência para regular agrotóxicos, mas isso não significa uma inexistência de abordagem direta pela Corte a respeito do tema. Quando o Supremo Tribunal Federal aplica normas ambientais tendo por foco diretamente a tutela ambiental ou a expressão constitucional da tutela ambiental estabelecida pelo marco regulatório, a pedra angular da deliberação tem sido o caráter reconhecido de poluição ambiental ou de degradação ocorrida por violações às disposições regentes quanto ao uso e depósito de agrotóxicos.

A Ação Direta de Inconstitucionalidade nº 5553 é uma das que pretende uma atuação jurídico-ecológica do Supremo Tribunal Federal em sede de controle de constitucionalidade abstrato, a deslocar a tendente posição da Corte a manejar decisões pela vertente jurídico-formal. Na ADI nº 5553, questionam-se cláusulas do Convênio nº 100/1997, do Conselho Nacional de Política Fazendária (Confaz), e dispositivos da Tabela de Incidência do Imposto sobre Produtos Industrializados (Tipi), estabelecida pelo Decreto nº 7.660/2011. O argumento desenvolvido na Ação consiste no fato de que houve redução de base de tributação sobre agrotóxicos, respectivamente com redução de ICMS e isenção de IPI.

A argumentação da ADI desenvolve pleito de inconstitucionalidade em razão de que a redução e a isenção possuem como resultado o incentivo ao uso de agrotóxicos, com claro estímulo a um maior consumo de produtos tóxicos com decorrente ameaça ecológica e à saúde humana. Portanto, segundo ali desenvolvido, há afronta aos princípios constitucionais de tutela ambiental, fator que legitimaria a inconstitucionalidade da norma.

Já a argumentação da Advocacia-Geral da União, a favor da norma, foi no sentido de que não veda em si o uso do agrotóxico, mas sim, seu uso incorreto, matéria a ser inquinada e posta em repreensão no âmbito da fiscalização ambiental, e não na determinação das alíquotas tributárias. Ademais, visa-se com a mitigação da tributação, em escala última, a redução do custo dos alimentos, e não o aumento do uso do agrotóxico. O debate do risco converge-se para os patamares de exercício da sustentabilidade.[4]

Em outros termos, o Supremo se vê colocado na ação entre uma compreensão da redução tributária sobre os agrotóxicos como um estímulo ao uso do produto, e assim, elevação dos riscos ambientais, ou como uma via de redução dos custos de alimentos que são cultivados com agrotóxicos, pressupondo um estancamento entre a

---

[4] BOSSELMANN, Klaus. *The principle of sustainability*: transforming law and governance. 2. ed. London and New York: Routledge, 2017.

matéria tributária e a gestão ambiental do uso de produtos ecologicamente nocivos. Já o Procurador-Geral da República manifestou-se pela procedência da ação, corroborando os argumentos pela confrontação das normas de redução de tributos sobre agrotóxicos. A ação ainda pende de manifestação decisória por parte do Supremo.

O processo judicial, a somar outro dentre os dilemas ali já expostos, tem diante de si as exigências sociais ligadas às necessidades produtivas ocasionadas por demandas de alimentos para fazer face ao crescimento da população, ao que aqui se faz lembrar a crítica de Hans Jonas:

> Por causa do seu êxito biológico e do seu crescimento irresistível, a humanidade se vê forçada a adicionar produtos químicos à camada produtiva da crosta terrestre, conseguindo com isso apenas garantir a subsistência atual, um quadro que não é nada tranquilizador. As tecnologias agrárias de maximização têm impactos cumulativos sobre a natureza que mal começaram a revelar-se em âmbito local.[5]

Há algo subjacente como alvo na crítica de Hans Jonas. Por mais que se desenvolvam teses e avaliações científicas quanto a riscos e efeitos dos agrotóxicos, irão essas últimas sempre se deparar com a alegação do risco de escassez alimentar e fome. E aquele que tem fome deixa de se ater ao argumento da contaminação, que passa por desimportante em face da privação imediata. Combater níveis de uso de agrotóxico para além dos limites de risco admissíveis implica, por sua vez, a imprescindível construção de saídas políticas, jurídicas, econômicas e sociais para viabilizar a superação da alegação de escassez alimentar e ameaça de fome.

A par dos julgamentos colegiados, há recurso extraordinário com decisão monocrática que se destaca em mérito quando se questiona o conteúdo propriamente ecológico nos processos submetidos ao Supremo. No RE nº 1227009/RS, o Tribunal se deparou com pleito que avançava para além da questão de competência quanto aos efeitos e riscos de agrotóxico à base de Paraquate. O ingrediente ativo, cujo nível de toxidade é muito alto, é inclusive objeto da Resolução RDC nº 177/2017, da Anvisa, que veio a proibir a produção, a importação, a comercialização e a utilização de produtos técnicos e formulados à base do ingrediente ativo Paraquate, a partir de setembro de 2020. O conflito levado ao Supremo, entretanto, confronta o Estado do Rio Grande do Sul e a empresa interessada no composto.

Em decisão proferida pela Ministra Cármen Lúcia, houve uma inversão da lógica regente nas abordagens jurídico-formais, tendendo a atrair os argumentos ecológicos e sociais afetos à saúde para desenvolver a deliberação acerca da tutela provisória incidental em recurso extraordinário. O Estado do Rio Grande do Sul, por meio da Fundação Estadual de Proteção Ambiental – FEPAM, pleiteou, por meio de sua Advocacia Pública, junto ao Supremo, reversão de julgado do Tribunal de Justiça. No Acórdão, o TJRS deliberou que houve ato administrativo da FEPAM que restringiu em território estadual o uso do agrotóxico autorizado em nível federal, fator que afrontaria competência restrita dos órgãos federais.

---

[5] JONAS, Hans. *O princípio da responsabilidade*: ensaio de uma ética para a civilização tecnológica. (Trad. Marijane Lisboa, Luiz Barros Montez). (Título original: Das Prinzip Verantwortung: Versuch einer ethic für die Technologische Zivilisation). Rio de Janeiro: Ed. Puc-Rio; Contraponto, 2006. p. 302.

A decisão monocrática remeteu ao RE nº 286.789/RS, assim como ao RE nº 1.143.746/RS, que considerou que norma estadual pode atuar em reforço à participação dos Estados na fiscalização do uso de produtos lesivos à saúde. Em seguida, constrói interligação direta para aplicação das normas ambientais como referenciais a guiar a interpretação das competências, ao que se deve ter em conta a tutela do direito fundamental ao meio ambiente equilibrado e o direito fundamental à saúde.

Nesse ponto, e aqui se faz imperativo salientar, o julgado remete aos pronunciamentos do Supremo acerca do amianto como haste da tese desenvolvida. Em trecho do Acórdão, e referenciando que a ANVISA se pronunciara pela abolição do paraquate, a Relatora assevera que "o reconhecimento pelo órgão federal do prejuízo no uso do paraquate à saúde daqueles que manipulam essa substância demonstra a similaridade da questão jurídica posta na espécie vertente com o objeto das ações de controle abstrato de constitucionalidade ajuizadas contra leis estaduais pelas quais proibida a produção, a comercialização e o uso de amianto/abesto em seus territórios".

Ao suporte deste temperamento, a decisão veio a fazer prevalecer a tutela ambiental e à saúde sobre aspectos jurídico-formais afetos à competência, redimensionando de sua acepção para fim de enfatizar que a atuação do órgão ambiental do Estado aperfeiçoa o processo de controle de agrotóxicos para fins de proteção, prevenção e precaução em face dos riscos à saúde e ao meio ambiente, inclusive tendo em horizonte os efeitos potenciais às gerações futuras. Foram opostos embargos de declaração, julgados improcedentes, e o feito ainda aguarda julgamento definitivo.

O caso vai para além de um julgamento em específico e sinaliza uma vertente de compreensão que permite fatores ecológico-sociais, principalmente se ligados à saúde humana, interferirem na compreensão do Supremo quanto à prevalência da prevenção e fatores de segurança socioambiental. Mas se a prevalência de risco e ameaça são conflituosos entre as vertentes jurídico-formal e jurídico-ecológica, em relação aos agrotóxicos, o reconhecimento da tutela ecológica ocasionada por situações de poluição física do ecossistema é ponto uníssono. Em outras palavras, o Supremo Tribunal Federal reconhece a toxicidade mas se autocontém quando se trata de avaliar a pertinência de manutenção de sua admissibilidade, adentrando mais incisivamente quando se trata de efeitos concretos lesivos ocasionados pelos agrotóxicos.

Em feito outro congênere, o Supremo Tribunal Federal está a apreciar a possibilidade de norma municipal impor restrições ao uso de agrotóxicos. Em recurso extraordinário com agravo, ARE nº 748206/SC, o Supremo avalia se há albergue constitucional em norma de Município que está a sustentar prevalência de interesse local para fins de exercício de competência suplementar na imposição de restrição para uso de herbicida. A argumentação pela prevalência da norma restritiva do Município é justamente a aplicação de princípios de direito ambiental, em especial, os princípios da precaução e prevenção.

O Ministro Relator Celso de Mello, em decisão monocrática no processo, que permanece em curso, pronunciou entendimento, a par da oposição do apelo à Súmula nº 279 da Corte, no sentido de que o exercício da competência de município para restringir uso de agrotóxico mostra-se possível. O Relator laborou sobre a tese firmada em repercussão geral a partir do RE nº 586.224/SP, o emblemático caso da palha de cana de açúcar, que se converteu em um dos principais *leading cases* brasileiros.

A decisão postou-se no sentido de que a exigência de coerência e harmonia da norma municipal para com a federal pode ser exposta a partir do enquadramento de princípios ambientais constitucionais que fundamentem a disposição restritiva do município. Em sustentação, o STF referiu-se ao julgado do Tribunal de Justiça que remeteu a dispositivo da Lei nº 7.802/89, pelo qual cabe ao município legislar supletivamente sobre o uso e o armazenamento do agrotóxico. A previsão está contida no artigo 11 da Lei e o manejo hermenêutico consiste, sinteticamente, na seguinte linha de apresentação. Extrapolaria ao Município vedar o registro ou a produção de um agrotóxico ou herbicida, pois estas atribuições não lhe são previstas. Mas pode, com base em motivação jurídico-ecológica, apresentar restrições quanto ao uso e ao armazenamento, quando então aplica os princípios e as regras ambientais a sustentar o seu posicionamento.

A diretriz do julgamento revela antes de tudo um longo caminho a ser percorrido nas inter-relações entre Direito Ambiental e Direito Constitucional, a fim de que os traçados de compreensão das atribuições federativas alcancem melhor delimitação e compreensão em sintonia com as realidades dos entes federativos. O uso e armazenamento de agrotóxicos dependerá de disposições diversas segundo cada município. Não se poderia, *verbi gratia*, admitir um mesmo tratamento normativo para um município que seja tomado por nascentes e unidades de conservação em seu território e um município com parque industrial delimitado e agrupado em zoneamento ecológico-econômico.

Já as situações de dano moral e dano material provocados por armazenamento ou depósito irregulares, assim como por contaminação, são reconhecidas pela Corte, em uma combinação compreensiva entre a Lei nº 7.802/89 e a Lei nº 12.305, de 2 de agosto de 2010, que dispõe sobre a Política Nacional de Resíduos Sólidos. Este último diploma legal sujeita expressamente os agrotóxicos ao sistema de logística reversa, em seu artigo 33, que se agrega com o artigo 6º, §2º, da Lei nº 7.802, em um dever legal do usuário por todo o ciclo de vida do produto. Se há contaminação ambiental em qualquer parte do ciclo de vida do agrotóxico, há responsabilidade objetiva pela reparação do dano ambiental, aqui compreendida toda a extensão das lesões aos bens jurídico-ambientais.

Em Acórdãos variados, o Supremo ratifica sua compreensão de responsabilidade do agente lesante quando há poluição ambiental decorrente do uso incorreto ou irregular de agrotóxicos, assim como pelo depósito ou destinação incorreta de embalagens. Entretanto, há decisões que podem afetar a própria sistemática do dano ambiental em matéria de agrotóxico. Uma delas é a referente ao julgamento em repercussão geral junto ao Supremo versada no Tema 999, relativa à imprescritibilidade da reparação civil de dano ambiental. Aqui há que se pontuar que a imprescritibilidade debatida é restrita ao dano ambiental em sua matriz difusa, sendo reconhecida a prescritibilidade do dano ambiental individual.[6]

3 A apreciação jurídica dos efeitos dos agrotóxicos sobre a saúde humana

É inegável que a interligação entre o dano ambiental propriamente dito, a alcançar ecossistemas e interações entre os seres vivos em si e seu habitat, reflete decisivamente na vida humana e, portanto, na questão da saúde. Quando aqui se tematiza a apreciação jurídica sobre a saúde humana, pretende-se restringir o campo de abordagem ao

---

6   KOKKE, Marcelo; NUSDEO, Ana Maria de Oliveira. Regime jurídico do dano ambiental individual no Brasil e na Argentina. *In*: *Revista de Direito Ambiental*, São Paulo, a. 24, n. 94, p. 401-436, abr./jun. 2019.

caráter de saúde em seu sentido estrito, que se integra transversalmente aos aspectos ecológicos. Vale aqui realçar o destaque bem sublinhado por Herman Benjamin:

> Dogmaticamente frágil porque o direito à saúde não se confunde com o direito ao meio ambiente ecologicamente equilibrado: dividem uma área de convergência (e até de sobreposição), mas os limites externos de seus círculos de configuração não são, a rigor, coincidentes. Quase sempre quando se ampara o ambiente se está beneficiando a saúde humana. Sem dúvida, há aspectos da proteção ambiental que dizem respeito, de forma direta, à proteção sanitária. Assim é com o controle de substâncias perigosas e tóxicas, como os agrotóxicos; com a garantia da potabilidade da água e da respirabilidade do ar.[7]

Para esse fim, recorta-se o tema para identificar tendência do Supremo Tribunal Federal de aproximar a mesma lógica acolhida pela Corte quando se trata do caso amianto para aplicação em relação a agrotóxicos ou seus componentes, incluídos aqui os princípios ativos. Em síntese, em que medida a razão argumentativa que foi aplicada para o produto nocivo amianto pode ser também manejada quando se trata de agrotóxicos cujos riscos se apresentem como inaceitáveis aos padrões socialmente compartilhados?

A análise do amianto e da compatibilidade constitucional da Lei nº 9.055/95 passam por um filtro técnico e fático. O Supremo reconheceu, a partir de avaliações científicas, a natureza cancerígena do amianto crisotila e a inviabilidade de seu uso de forma efetivamente segura. A partir do momento em que esse padrão de integração fático-normativo se apresentou, a Lei nº 9.055, de 1º de junho de 1995, que disciplina a extração, a industrialização, a utilização, a comercialização e o transporte do amianto e dos produtos que o contenham foi confrontada em uma perda completa de sustentação constitucional, dado que não haveria como simultaneamente compatibilizá-la para com as normas de um mínimo existencial na tutela da saúde.[8] A matéria envolveu diversos e sequenciais posicionamentos do Supremo, tais como os proferidos nos processos relativos às ADI nº 3356, ADI nº 3357, ADI nº 3406, ADI nº 3470, ADI nº 3937, ADI nº 4066, ADPF nº 109.

O desenvolvimento da posição do Supremo encontrou um ponto angular. No julgamento da ADI nº 3937, que tinha por objeto lei paulista a proibir o amianto, a Corte veio a entender que a lei era constitucional pela abertura de espaço legiferante aos Estados em razão da inconstitucionalidade do artigo 2º, da Lei nº 9.055. Em outros termos, por ser a norma federal inconstitucional, em razão da incompatibilidade da permissão do amianto para com os patamares mínimos de tutela da saúde, abre-se espaço para que os Estados membros exercitem sua competência suplementar, ao que se compatibiliza a norma estadual para com as previsões constitucionais de competência concorrente. Em outras palavras, com a inconstitucionalidade da Lei Federal, aplica-se o artigo 24, §3º, da Constituição, donde os Estados passam a ter atribuição plena para legislar sobre o assunto.

---

[7] BENJAMIN, Antonio Herman de Vasconcellos e. Introdução ao Direito Ambiental Brasileiro. *Cadernos do Programa de Pós-Graduação em Direito – PPGDir./UFRGS*, Porto Alegre, v. 2, n. 5, ago. 2014. ISSN 2317-8558, doi:https://doi.org/10.22456/2317-8558.49540, p. 100. Disponível em: https://seer.ufrgs.br/ppgdir/article/view/49540. Acesso em 03 fev. 2020.

[8] WEDY, Gabriel; MOREIRA, Rafael Martins Costa. *Manual de Direito Ambiental:* de acordo com a jurisprudência dos Tribunais Superiores. Belo Horizonte: Fórum, 2019. p. 383.

O voto do Ministro Dias Toffoli veio a sustentar, inclusive, a inconstitucionalidade progressiva da lei federal, em razão dos avanços científicos sobre os efeitos do amianto. A argumentação foi acolhida e expressada no próprio Acórdão, donde reconheceu-se o processo de inconstitucionalização de norma que admitia o uso de produto nocivo para a saúde humana, invalidando em consequência sua permissão. O pronunciamento decisório do Supremo assim fez constar na ementa do Acórdão da ADI nº 3937:

> 4. No entanto, o art. 2º da Lei Federal nº 9.055/1995 passou por um processo de inconstitucionalização, em razão da alteração nas relações fáticas subjacentes à norma jurídica, e, no momento atual, não mais se compatibiliza com a Constituição de 1988. Se, antes, tinha-se notícia dos possíveis riscos à saúde e ao meio ambiente ocasionados pela utilização da crisotila, falando-se, na época da edição da lei, na possibilidade do uso controlado dessa substância, atualmente, o que se observa é um consenso em torno da natureza altamente cancerígena do mineral e da inviabilidade de seu uso de forma efetivamente segura, sendo esse o entendimento oficial dos órgãos nacionais e internacionais que detêm autoridade no tema da saúde em geral e da saúde do trabalhador.
>
> (...)
>
> 6. Quando da edição da lei federal, o país não dispunha de produto qualificado para substituir o amianto crisotila. No entanto, atualmente, existem materiais alternativos. Com o advento de materiais recomendados pelo Ministério da Saúde e pela ANVISA e em atendimento aos compromissos internacionais de revisão periódica da legislação, a Lei Federal nº 9.055/1995 – que, desde sua edição, não sofreu nenhuma atualização –, deveria ter sido revista para banir progressivamente a utilização do asbesto na variedade crisotila, ajustando-se ao estágio atual do consenso em torno dos riscos envolvidos na utilização desse mineral.
>
> 7. (i) O consenso dos órgãos oficiais de saúde geral e de saúde do trabalhador em torno da natureza altamente cancerígena do amianto crisotila, (ii) a existência de materiais alternativos à fibra de amianto e (iii) a ausência de revisão da legislação federal revelam a inconstitucionalidade superveniente (sob a óptica material) da Lei Federal nº 9.055/1995, por ofensa ao direito à saúde (art. 6º e 196, CF/88), ao dever estatal de redução dos riscos inerentes ao trabalho por meio de normas de saúde, higiene e segurança (art. 7º, inciso XXII, CF/88), e à proteção do meio ambiente (art. 225, CF/88).

Idêntica argumentação foi seguida pela Corte no julgamento da ADI nº 3356, ao que nesse sentido se assentou a jurisprudência do Supremo. Mas os efeitos dessa decisão não podem ser vistos com confinamento. A lógica assumida pelo Supremo Tribunal Federal permite antever ações e potenciais argumentos pela inconstitucionalidade superveniente sob o ângulo material, ou inconstitucionalidade progressiva, de normas que admitam determinados tipos de agrotóxicos. Assim, é possível que uma norma federal que admitiu ou autorizou um composto ativo seja reconhecida como inconstitucional por não se compatibilizar esse composto com os níveis de risco socialmente admitidos para com os riscos expostos nas práticas de uso e acondicionamento dos agrotóxicos.

Aplica-se no caso a técnica denominada por Dimoulis e Lunardi como inconstitucionalidade superveniente hermenêutica, segundo a qual "uma norma inicialmente considerada constitucional torna-se incompatível com a regularidade constitucional. Isso pode ocorrer em razão da mudança de situações de fato que acabam influenciando a relação da norma com a Constituição".[9] A interpretação extraída pelo Supremo será

---

[9] DIMOULIS, Dimitri; LUNARDI, Soraya. *Curso de processo constitucional*: controle de constitucionalidade e remédios constitucionais. São Paulo: Atlas, 2011. p. 95.

redefinida pelos suportes científicos e técnicos existentes na seara ambiental e ligados à saúde.

O precedente do amianto já foi inclusive articulado pelo Supremo Tribunal Federal em matéria de agrotóxicos, como mencionado anteriormente, ao tratar do RE nº 1227009/RS. Os efeitos jurídico-ambientais à saúde decorrentes do *leading case*, para fins de normatização do uso de agrotóxicos ainda são pouco explorados. A *holding* pode significar um novo estágio na compreensão de admissão de risco à saúde em relação a produtos existentes no mercado, tal como impõe um novo ônus aos empreendedores e ao próprio Poder Público. Caberá, primordialmente ao primeiro, e em avaliação técnica ao segundo, aferir a pertinência de manutenção legal e legítima do registro, uso, comercialização e depósitos de agrotóxicos e seus compostos. Afinal, a qualquer tempo, riscos tolerados podem se converter em intoleráveis sob um patamar jurídico-técnico, determinando a perda de sustentação constitucional e legal de atos autorizativos dos compostos.

As consequências são determinantes também sobre a vertente jurídico-formal, afinal, a perda de sustentação constitucional e mesmo legal de norma federal pode ocasionar a abertura de competência normativa plena para outros entes federados, ao que será desfeita eventual perspectiva de confrontação da lei regional ou local para com a norma federal. Extrapola-se uma análise de compatibilidade do composto a ser registrado para se alcançar uma perspectiva normativa e técnica da aptidão do composto para manter-se registrado e em uso, dado o contínuo progresso e diagnóstico técnico de efeitos no cenário contemporâneo.

4 A apreciação dos efeitos dos agrotóxicos em termos de justiça ambiental e intergeracional

A justiça ambiental envolve a distribuição de riscos e seus efeitos na coletividade, com níveis diversos de ônus e gravames que atingem os mais diversos segmentos da sociedade. Em uma sociedade de risco,[10] o fator que mais se alavanca como crítico em termos de justiça ambiental é a distribuição desigual dos efeitos negativos de impactos ambientais pelas atividades antrópicas. Os segmentos da população que mais auferem benefícios com atividades que levam à criação de riscos e ameaças comumente são os que menos impactos socioambientais negativos sofrem. Isso leva a uma distribuição invertida, ao que as fontes financeiras e de consumo possuem capital suficiente para poder fazer vez de forma mais contundente ao risco concretizado.

A interligação entre justiça ambiental e justiça intergeracional é consequente. Os passivos ambientais são intergeracionais,[11] produz-se uma herança entre as gerações, ou uma herança comum da humanidade como salienta Westra,[12] que leva para as gerações subsequentes não somente níveis de recursos naturais já afetados pelas gerações atual

---

[10] BECK, Ulrich. *Sociedade de risco*: rumo a uma outra modernidade. (Trad. Sebastião Nascimento). São Paulo: Ed. 34, 2010.

[11] KOKKE, Marcelo. *Conflitos intergeracionais*: uma matriz para análise dos confrontos socioambientais, culturais e jurídicos. Rio de Janeiro: Lumen Juris, 2017.

[12] WESTRA, Laura. *Environmental justice and the rights of unborn and future generations*: law, environmental harm, and the right to health. London, Sterling: Earthscan, 2006. p. 152.

e passada, mas também níveis de risco, identificados ou não, que produzem efeitos cumulativos e sinérgicos ao longo do tempo. A justiça intergeracional se assenta em uma perspectiva de herança, de legado para as gerações futuras tanto em relação às opções de bens ambientais quanto aos riscos e ameaças construídas ao longo da implementação do *modus vivendi* das gerações presente e passadas.

O conceito se infiltra à perspectiva de um patrimônio comum e de uma rede de responsabilidades entre as diversas gerações que se integram à humanidade como um todo. Adequa-se aqui a percepção desenvolvida por François Ost, segundo a qual conceber a responsabilidade em relação às gerações futuras sob a forma de transmissão de patrimônio liga-se tanto à ideia kantiana de humanidade quanto a "uma certa dose de simetria e de equilíbrio próprio da justiça comutativa".[13]

Os agrotóxicos se vem enlaçados tanto à justiça ambiental quanto à justiça intergeracional. Dentre os diversos laços existentes, dois serão postos aqui em ênfase. O uso e os respectivos discursos de sustentação em favor dos agrotóxicos são firmados em favor do atendimento último às necessidades de alimentação da população, assim como para atendimento a uma pauta de exportações, quando se correlaciona com o aspecto econômico da produção agrícola. Entretanto, simultaneamente, há o crescimento de um mercado paralelo, de produtos livres de agrotóxico. Esses produtos trabalham a ideia persuasiva de que os efeitos deletérios dos agrotóxicos são inegáveis, ao que é favorável para os indivíduos passarem a consumir orgânicos.

Lado outro, há uma crítica interessante a respeito dos produtos orgânicos. A amplificação de um mercado de produtos orgânicos significa a destinação de terras para um mercado específico de consumo, restrito em sua massa de consumo, ao que a "produtividade menor das fazendas orgânicas, comparadas com a agricultura intensiva, faz delas um empreendimento duvidoso",[14] na voz de James Lovelock. O resultado potencial pode ser um maior uso de agrotóxicos em outras áreas, a fim de equilibrar as perdas produtivas em termos quantitativos pelas áreas destinadas aos orgânicos. A camada consumidora de alta renda é o alvo principal do mercado produtivo, a desdém das necessidades manifestadas pelo todo social.

Enfim, em termos gerais, há dois nichos cada vez mais circunscritos de produtos alimentares. Os livres de agrotóxico e os submetidos aos mesmos. Mas a polêmica que se instaura vem do custo associado aos produtos livres de agrotóxico, que despontam no mercado como mais caros. A cisão produzida leva a dois agrupamentos de produtos, embora se saiba que dentro de cada um deles existem diversas gradações. No primeiro desses agrupamentos, tem-se o produto livre de agrotóxicos, cujo valor de mercado é mais alto. No segundo, alimentos de alta produção com uso de agrotóxicos, cujo preço final é mais barato.

A diferença de preços leva a um padrão de consumo também diferenciado. Segmentos da coletividade que possuem maior poder aquisitivo podem adotar um padrão de consumo mais alto, à base de alimentos orgânicos. Já segmentos com poder aquisitivo menor não terão essa oportunidade, e por vezes a questão do agrotóxico se-

---

[13] OST, François. *A natureza* à *margem da lei*: a ecologia à prova do direito. (Trad. Joana Chaves). (Título original: La nature hors la loi). Lisboa: Instituto Piaget, 1995. p. 338.

[14] LOVELOCK, James. *A vingança de gaia*. (Trad. Ivo Korytowski). (Título original: The revenge of gaia). Rio de Janeiro: Intrínseca, 2006. p. 118.

quer lhes passa à mente, ao que se atêm com o puro problema de conseguir comprar os alimentos dos quais necessitam. Essa cisão, em termos de justiça ambiental, produz um nível de desigualdade quanto aos riscos e efeitos a que estão sujeitos ambos os agrupamentos. Lado outro, os lucros derivados do uso de agrotóxicos fluem comumente para os segmentos, aqui considerados de forma ampla, cujo padrão de consumo valoriza o consumo de orgânicos.

A crítica que se delineia em termos de justiça ambiental é justamente a sujeição maior de riscos decorrentes dos agrotóxicos às camadas sociais que possuem padrões de renda e potencial aquisitivo menor. Além disso, a questão de saúde dos trabalhadores envolvidos no uso e aplicação dos agrotóxicos deve sempre ser posta em lembrança, dado que estão sujeitos a maiores riscos de contaminação.

Os posicionamentos do Supremo Tribunal Federal não enveredam em profundidade sobre esses aspectos. São observados argumentos tangenciais, mas sem considerar os padrões de desigualdade subjacentes ao uso ou não de agrotóxicos. Alguns casos afetos ao tema já foram tratados ao longo deste artigo, mas uma abordagem interessante também pode ser indicada no Recurso Extraordinário nº 1.239.556/SC. Mais uma vez a matéria subiu ao Supremo Tribunal Federal a partir de questionamentos quanto aos limites da competência de município para legislar sobre o uso de agrotóxicos em seu território.

No caso em referência, para fins de limitação da aplicação de agrotóxico em algumas áreas do município, a legislação local enfatizou, dentre outros aspectos, a proteção à saúde de habitantes, produtores rurais e aplicadores do agrotóxico, bem como a prevenção em face do risco de contaminação do solo por herbicida hormonal do grupo fenoxiacéticos (2.4-D). A decisão do Supremo corroborou as razões do Tribunal de Justiça local para respaldar a restrição disposta na norma local em favor das limitações de uso e aplicação.

Entretanto, em momento algum é posto em tema no Acórdão o potencial de efeitos nocivos do agrotóxico sobre os alimentos que serão produzidos. Essa é uma convergência em relação aos Acórdãos e decisões do Supremo em matéria de agrotóxicos. Não se insere no debate os níveis de concentração a médio e longo prazo dos agrotóxicos assim como seus efeitos no padrão alimentar brasileiro. A situação também se apresentou no julgamento do RE nº 1.227.009/RS, quando então foi expressado que o risco do agrotóxico não se apresenta em relação ao consumo dos alimentos expostos ao composto químico.

Não obstante, há precedentes do Supremo que abordam, de forma indireta, o dever do Poder Público de fiscalizar os limites de resíduos de agrotóxicos sobre alimentos. Pode-se indicar na espécie o Agravo Regimental em Recurso Extraordinário com o Agravo nº 1.202.990/SP. O Supremo abordou a matéria sob o ângulo de determinação de políticas públicas para implementação por parte do Poder Executivo. Dentre elas está o dever de avaliação de resíduos de agrotóxicos para além de limites permitidos. Estabeleceu-se o reconhecimento de uma necessária política pública de combate ao envenenamento de alimentos, mas não consta uma avaliação de análise sobre agrotóxicos específicos ou patamares admitidos quanto a concentrações que possam ser imputadas como inadmissíveis.

Já no âmbito da justiça intergeracional, não se tem uma efetiva abordagem do tema pelo Supremo Tribunal Federal. Deve-se sublinhar o significado dessa ausência.

Por abordagem decisória em termos de justiça intergeracional não basta a simples menção de lugar comum que se observa em diversas decisões ao se conclamar a proteção do meio ambiente para as gerações futuras. A justiça intergeracional na matéria é considerada pelos efeitos potenciais e concretos acarretados pelo uso de agrotóxicos e compostos afins ao longo do tempo, com uma herança negativa para as gerações futuras. Essa herança negativa pode ser identificada pela concentração de substância no corpo humano a afetar a gravidez ou a formação congênita ou genética de outras pessoas, além de fatores de cumulação e sinergia que podem propiciar debilidades e propensões a síndromes e doenças.

Sobre os ecossistemas há situações limiares que sequer são postas em debate jurisprudencial. Uma delas é a formação de zonas mortas no mar territorial brasileiro. Não há estudos profundos e de diagnóstico para identificar como os resíduos de agrotóxico podem chegar ao mar e aí provocar o fenômeno, que consiste em criação de áreas delimitadas com oxigênio insuficiente para que haja vida. As zonas mortas[15] apresentam a concentração de bactérias ligadas ao fenômeno da eutrofização, que reduz a presença de oxigênio e inviabiliza a permanência de vida marinha, seja em mar aberto, seja na costa.

Os prejuízos ao ecossistema, e em decorrência à economia, são imensuráveis, os quais sequer são diagnosticados em escala pátria, não obstante o Brasil apresentar áreas de zonas mortas ao longo de seu litoral. Embora se somem fatores como lançamento de esgoto bruto, fertilizantes e combustível fóssil na produção sinérgica do fenômeno, não é possível ignorar o papel de contribuição dos agrotóxicos. Bem assinalam Alexandre Kiss e Dinah Shelton:

> In fact, the major threats to health, productivity, and biodiversity of the marine environment result from human activities that take place on land, in coastal areas, and even further inland. Erosion of soil carrying pesticides and fertilizers has created approximately 50 marine dead zones, one of the largest being off the mouth of the Mississippi River in the Gulf of Mexico.[16]

Esses aspectos da poluição ambiental ligada aos agrotóxicos, principalmente por não possuírem uma determinação subjetiva específica, mas sim estarem ligados a condutas sinérgicas e cumulativas, não tiveram abordagem por parte do Supremo Tribunal Federal, ou mesmo de outros Tribunais brasileiros, quando se tematiza a justiça intergeracional. Há, ainda, uma limitação em termos referenciais para compreensão dos problemas ambientais, tendo em conta toda a expressão difundida dos efeitos de risco e degradação na sociedade contemporânea.

Na mesma esteira, fatores ligados à biomagnificação ainda são pouco tratados. A bioacumulação consiste em uma sequencial elevação dos níveis de concentração de substâncias químicas em razão de sua entrada na cadeia alimentar de espécies. Em termos ecológicos, isso significa "aumento da concentração de uma substância ou elemento quimicamente estável (como pesticidas, materiais radioativos ou metais pesados)

---

[15] DIAZ, R. J.; ROSENBERG, R. Spreading dead zones and consequences for marine ecosystems. *Science*, n. 321, p. 926-928, 2008.

[16] KISS, Alexandre; SHELTON, Dinah. *Guide to international enviromnental law*. Leiden; Boston: Martinus Nijhoff Publishers, 2007. p. 191.

conforme se avança em uma cadeia alimentar".[17] Não se encontra em posicionamentos do Supremo, assim como de outros Tribunais, avaliações de efeitos dos agrotóxicos ao longo das cadeias alimentares de seres vivos, fato também ligado ao caráter cumulativo e sinérgico que revestem os pesticidas em sua utilização ao longo do tempo.

Nessa senda, a abordagem do Supremo Tribunal Federal, a partir de matizes da justiça ambiental e da justiça intergeracional, ainda é um tanto quanto superficial. Além disso, revela uma consideração tradicional e ortodoxa na apreensão dos efeitos e construção dos arrazoados que enveredam na aplicação de normas ambientais e na assimilação dos níveis de poluição ecológica relacionados com agrotóxicos.

Considerações finais

Talvez o maior dos desafios que se apresente ao Supremo Tribunal Federal em matéria de agrotóxicos seja definir os caminhos jurisprudenciais para desempenho de um verdadeiro controle de constitucionalidade jurídico-ecológico que leve em conta todas as vertentes de aplicação das normas ambientais. Delinear o campo de autocontenção e prevalência do princípio da deferência administrativa, mas simultaneamente traçar limites que permitam o exercício de um controle jurisdicional a favor de direitos fundamentais afetos à proteção da qualidade ambiental, requer uma densificação de marcos regulatórios e motivações decisórias.

O principal fator de irrigação para as atuais discussões ligadas aos agrotóxicos é justamente a definição da medida em que o Supremo Tribunal Federal irá aplicar como precedente à decisão forjada acerca do amianto para a partir desse norte analisar efeitos e implicações de agrotóxicos à saúde e aos ecossistemas. Paralelamente, elevam-se os encargos diante tanto do Poder Público quanto dos entes privados. As exigências que se revelam são de uma constante demonstração dos limites de segurança do uso e dos patamares de admissibilidade dos riscos provocados.

Haverá uma exigência social cada vez mais profunda para que o Supremo coordene as demandas extraídas dos conjuntos argumentativos ligados às vertentes jurídico-formais, jurídico-ecológicas, e das ligadas à saúde humana e à justiça ambiental e intergeracional. A expansão do horizonte quanto aos significados e potenciais de poluição ambiental e degradação relacionadas aos agrotóxicos será uma constante. Se negligenciada, corre-se o fatal risco de redução da tutela ambiental a níveis primários e de circunscrita implicação em relação à proteção dos bens socioambientais.

Entretanto, a atuação que se implica à jurisprudência da Corte também se submete ao constante risco manifesto, no exercício jurisdicional brasileiro, de uma produção dispersa, a partir de decisões monocráticas. É óbvio todo o valor e dinamismo dessas decisões e de sua relevância em termos jurídico-sociais. Não obstante, a fragmentação produz o constante sombrear de dúvidas quanto à posição do Tribunal como um todo, em explícito óbice à identificação e força decisória em todo o seu potencial de firmar precedentes a guiar com segurança jurídica a atuação de entes públicos, privados e do próprio judiciário.

---

[17] ODUM, Eugene P.; BARRETT, Gary W. *Fundamentos de Ecologia*. 5. ed. (Trad. Pégasus Sistemas e Soluções). (Título original: Fundamentals of ecology). São Paulo: Cengage Learning, 2017. p. 513.

Referências

BECK, Ulrich. *Sociedade de risco*: rumo a uma outra modernidade. (Trad. Sebastião Nascimento). São Paulo: Ed. 34, 2010.

BENJAMIN, Antonio Herman de Vasconcellos e. Introdução ao Direito Ambiental Brasileiro. *Cadernos do Programa de Pós-Graduação em Direito – PPGDir./UFRGS*, Porto Alegre, v. 2, n. 5, ago. 2014. ISSN 2317-8558, doi:https://doi.org/10.22456/2317-8558.49540, p. 100. Disponível em: https://seer.ufrgs.br/ppgdir/article/view/49540. Acesso em 03 fev. 2020.

BOSSELMANN, Klaus. *The principle of sustainability*: transforming law and governance. 2. ed. London and New York: Routledge, 2017.

COVELLO, Vicent T.; MERKHOFER, Miley W. *Risk assessment methods*: approaches for assessing health and environmental risks. New York, London: Plenum Press, 1994.

DIAZ, R. J.; ROSENBERG, R. Spreading dead zones and consequences for marine ecosystems. *Science*, n. 321, p. 926-928, 2008.

DIMOULIS, Dimitri; LUNARDI, Soraya. *Curso de processo constitucional*: controle de constitucionalidade e remédios constitucionais. São Paulo: Atlas, 2011.

JONAS, Hans. *O princípio da responsabilidade*: ensaio de uma ética para a civilização tecnológica. (Trad. Marijane Lisboa, Luiz Barros Montez). (Título original: Das Prinzip Verantwortung: Versuch einer ethic für die Technologische Zivilisation). Rio de Janeiro: Ed. Puc-Rio; Contraponto, 2006.

KISS, Alexandre; SHELTON, Dinah. *Guide to international enviromnental law*. Leiden; Boston: Martinus Nijhoff Publishers, 2007.

KOKKE, Marcelo. *Conflitos intergeracionais*: uma matriz para análise dos confrontos socioambientais, culturais e jurídicos. Rio de Janeiro: Lumen Juris, 2017.

KOKKE, Marcelo; NUSDEO, Ana Maria de Oliveira. Regime jurídico do dano ambiental individual no Brasil e na Argentina. *In*: Revista de Direito Ambiental, São Paulo, a. 24, n. 94, p. 401-436, abr./jun. 2019.

LOVELOCK, James. *A vingança de gaia*. (Trad. Ivo Korytowski). (Título original: The revenge of gaia). Rio de Janeiro: Intrínseca, 2006.

MILARÉ, Édis. *Direito ambiental*. 11. ed. São Paulo: Thomson Reuters, Revista dos Tribunais, 2018.

ODUM, Eugene P.; BARRETT, Gary W. *Fundamentos de ecologia*. 5. ed. (Trad. Pégasus Sistemas e Soluções). (Título original: Fundamentals of ecology). São Paulo: Cengage Learning, 2017.

OST, François. *A natureza à margem da lei*: a ecologia à prova do direito. (Trad. Joana Chaves). (Título original: La nature hors la loi). Lisboa: Instituto Piaget, 1995.

WEDY, Gabriel; MOREIRA, Rafael Martins Costa. *Manual de Direito Ambiental*: de acordo com a jurisprudência dos Tribunais Superiores. Belo Horizonte: Fórum, 2019.

WESTRA, Laura. *Environmental justice and the rights of unborn and future generations*: law, environmental harm, and the right to health. London, Sterling: Earthscan, 2006.

Informação bibliográfica deste texto, conforme a NBR 6023:2018 da Associação Brasileira de Normas Técnicas (ABNT):

KOKKE, Marcelo. Os agrotóxicos em face da jurisprudência do Supremo Tribunal Federal – RE nº 559.622. *In*: BENJAMIN, Antônio Herman Vasconcelos e; FREITAS, Vladimir Passos de; SOARES JÚNIOR, Jarbas (Coord.). *Comentários aos acórdãos ambientais*: paradigmas do Supremo Tribunal Federal. Belo Horizonte: Fórum, 2021. p. 137-154. ISBN 978-65-5518-077-0.

DANOS EM ÁREA DE PRESERVAÇÃO PERMANENTE: INAPLICABILIDADE DA TEORIA DO FATO CONSUMADO, FUNÇÃO AMBIENTAL DA PROPRIEDADE, NATUREZA *PROPTER REM* DA OBRIGAÇÃO DE REPARAR E PRIORIDADE DA REPARAÇÃO *IN NATURA*

RELATOR: MINISTRO DIAS TOFFOLI

MARCOS PAULO DE SOUZA MIRANDA

EMENTA: "Agravo regimental no recurso extraordinário. Imóvel construído em área de preservação permanente. Determinação judicial para sua demolição. Direito de propriedade. Circunstâncias fáticas e legais que nortearam a decisão da origem em prol do princípio da proteção ao meio ambiente. Legislação infraconstitucional. Reexame de fatos e provas. Impossibilidade. Precedentes. 1. A Corte de origem, analisando as Leis nºs 4.771/65, 6.938/81 e 7.347/85, a Resolução nº 4/85 do CONAMA e os fatos e as provas dos autos, concluiu que o ora agravante, com a construção não autorizada de imóvel em área de preservação permanente, causou dano ambiental, bem como que a condenação pecuniária não seria apta a reconstituir o espaço degradado, motivo pelo qual impunha-se a demolição do imóvel. 2. Para divergir da conclusão a que chegou o Tribunal de origem, seria necessário analisar a referida legislação, bem como o conjunto fático probatório da causa, o que é inviável em recurso extraordinário. Incidência das Súmulas nºs 636 e 279/STF, 10.09.2013 (STF – PRIMEIRA TURMA AG.REG. NO RECURSO EXTRAORDINÁRIO Nº 605.482 – SC – RELATOR: MIN. DIAS TOFFOLI. j. 10.09.2013)".

Introdução

O caso sob análise, em sua origem, versa sobre a ação civil pública nº 97.00.01652-8, movida pelo IBAMA na 6ª Vara da Justiça Federal de Florianópolis-SC, em face do responsável por imóvel construído ilicitamente em área de preservação permanente (margem do Rio Antenor, colocando em risco a perpetuação do manguezal remanescente, localizado numa área estuarina, que recebe influência direta das marés), na Área de Proteção Ambiental de Anhatomirim, Unidade de Conservação Federal do Bioma Costeiro criada pelo Decreto nº 528/1992.

Após apelação, o Tribunal Federal da 4ª Região (TRF-4) confirmou a decisão de primeiro grau, em acórdão assim ementado:

AÇÃO CIVIL PÚBLICA. DANOS CAUSADOS AO MEIO AMBIENTE. CONSTRUÇÃO DE OBRA. Claramente evidenciada a degradação ao meio ambiente. De outro lado, o direito de propriedade não possui caráter absoluto. Prestigiar, em casos como o presente, o direito de propriedade é comprometer a preservação do meio ambiente. Aquele que perpetua a lesão ao meio ambiente cometida por outrem está, ele mesmo, praticando o ilícito. A obrigação de conservação é automaticamente transferida do alienante ao adquirente, independentemente deste último ter responsabilidade pelo dano ambiental. A reparação do dano ao meio ambiente privilegia a recuperação da área atingida. Por isso o ordenamento jurídico aponta a restauração natural como o mecanismo de reparação pelo dano ecológico. É forma de permitir que o próprio ecossistema encontre o reequilíbrio afastado pelos atos de agressão ecológica. A reparação mediante condenação pecuniária é forma de compensação, admitida apenas quando inviável a restauração do bem atacado. (TRF4 – APELAÇÃO CÍVEL Nº 2000.04.01.016815-1/SC – Relª Juíza Vânia Hack de Almeida – j. 26.09.2006).

Interposto Recurso Especial, o Colendo STJ deixou de conhecer o apelo, em decisão cuja ementa foi a seguinte:

PROCESSUAL CIVIL. RECURSO ESPECIAL. RAZÕES DIVORCIADAS DO ACÓRDÃO HOSTILIZADO. SÚMULA Nº 284/STF. INOVAÇÃO NA LIDE. IMPOSSIBILIDADE. AUSÊNCIA DE PREQUESTIONAMENTO. SÚMULA Nº 282/STF. REFORMA DA PREMISSA FÁTICA. SÚMULA Nº 7/STJ. 1. Aplica-se, por analogia, a Súmula nº 284/STF quando as razões do apelo extremo são dissociadas do fundamento do acórdão hostilizado. 2. É vedada a inovação na lide em Recurso Especial. 3. Não se conhece do apelo nobre quanto à matéria que não foi especificamente enfrentada pelo Tribunal de origem, dada a ausência de prequestionamento. Incidência, por analogia, da Súmula nº 282/STF. 4. Impossível, nos termos da Súmula nº 7/STJ, analisar se houve o efetivo cumprimento do termo de ajuste de conduta. 5. Agravo Regimental não provido. (RESP nº 973.314 – SC – 2007/0177066-5 – Rel. Ministro Herman Benjamin – j. 30.06.2009).

O Recurso Extraordinário interposto subiu ao Supremo Tribunal Federal, que, de igual sorte, deixou de conhecer o inconformismo do recorrente, considerando o disposto nas Súmulas nº 636 (não cabe recurso extraordinário por contrariedade ao princípio constitucional da legalidade, quando a sua verificação pressuponha rever a interpretação dada a normas infraconstitucionais pela decisão recorrida) e nº 279 (para simples reexame de prova não cabe recurso extraordinário).

As principais teses suscitadas pelo recorrente foram:

Não há que se falar em requerimento por parte do recorrente de que seja analisada a questão fático probatória. Da simples leitura do acórdão prolatado pela 3ª Turma do Tribunal Regional Federal da 4ª Região contata-se que a decisão confrontou dispositivos constitucionais e ao final decidiu pela flexibilização em relação aos do recorrente, prevalecendo o entendimento da aplicação da responsabilidade objetiva para a recuperação do meio ambiente, representada pela demolição de sua residência edificada em área considerada de preservação permanente. Tal posicionamento data vênia merece ser reanalisado, porquanto desconsidera a realidade do local dos fatos, área urbana consolidada e totalmente antropizada, além de desdizer direito à moradia e ao abrigo inviolável do cidadão, princípios tratados respectivamente nos art. 6º e 5º, inc. XI, da Constituição Federal. (...) Este é o ponto especificamente polêmico e controvertido da decisão hostilizada, eis que colidem no mérito da causa os princípios constitucionais relacionados ao meio ambiente equilibrado, com aqueles de resguardo à dignidade da pessoa humana, direito à moradia e ao abrigo inviolável do indivíduo. (...) [O] recorrente pretende demonstrar que a condenação pecuniária seria a forma correta de compensação, porquanto é inviável a restauração do bem objeto da presente demanda. (...) No caso dos autos, a própria perita judicial assevera em seu laudo ser muito difícil a recuperação no local, tendo em vista ser obstáculo à regeneração do solo o aterro onde a casa está erigida. Impende ressaltar a opção feita pelos Desembargadores no acórdão vergastado, ao preferir demolir a residência e condenar à recuperação ambiental do local. Tal escolha é inviável e não representará qualquer incremento ao ecossistema supostamente degradado. De fato é inegável que possui outros imóveis, porém o único sem restrições e estrategicamente localizado é a residência objeto da demolição.

Conquanto a Suprema Corte não tenha analisado as teses articuladas no Recurso Extraordinário, os temas suscitados no caso em análise são de grande relevância e aplicação prática na tutela do meio ambiente em nosso país, possibilitando que sejam feitas reflexões sobre a importância das áreas de preservação permanente, a inaplicabilidade da teoria do fato consumado em matéria ambiental, a função ambiental da propriedade, a natureza *propter rem* do dever de reparação e a prioridade da reparação *in natura*.

1 A importância das áreas de preservação permanente

A nossa Constituição Federal prevê que "todos têm direito ao meio ambiente ecologicamente equilibrado, bem de uso comum do povo e essencial à sadia qualidade de vida, impondo-se ao Poder Público e à coletividade o dever de defendê-lo e preservá-lo para as presentes e futuras gerações" (art. 225, *caput*) e que para assegurar a efetividade desse direito, incumbe ao Poder Público: definir, em todas as unidades da Federação, espaços territoriais e seus componentes a serem especialmente protegidos, sendo a alteração e a supressão permitidas somente através de lei, vedada qualquer utilização que comprometa a integridade dos atributos que justifiquem sua proteção (§1º, III). É, ainda, a Carta Magna vigente que impõe em seu art. 23 a competência comum da União, dos Estados, do Distrito Federal e dos Municípios de proteger o meio ambiente e combater a poluição em qualquer de suas formas (VI) e preservar as florestas, a fauna e a flora (VII).

Temos no texto constitucional brasileiro, segundo Herman Benjamin, um novo paradigma ético-jurídico, que é também político-econômico, marcado pelo permanente exercício de fuga da clássica compreensão coisificadora, exclusivista, individualista e fragmentária da biosfera. O universo da nova ordem constitucional – afastada das estruturas normativas do passado recente – não ignora ou despreza a natureza, nem lhe é hostil. Muito ao contrário, na Constituição inicia-se uma nova jornada fora do comum, que permite propor, defender e edificar uma nova ordem pública, centrada na valorização da responsabilidade de todos para com as verdadeiras bases da vida, a Terra.[1]

---

[1] BENJAMIN, Antônio Herman. Constitucionalização do ambiente e ecologização da constituição brasileira. *In*: CANOTILHO, José Joaquim Gomes; LEITE, José Rubens Morato (Org.). *Direito Constitucional Ambiental Brasileiro*. São Paulo: Saraiva, 2007. p. 66.

Nos termos do Código Florestal vigente, dando parcial concretude ao mandamento do art. 225, §1º, III, as Áreas de Preservação Permanente (APPs) constituem áreas protegidas, cobertas ou não por vegetação nativa, com a função ambiental de preservar os recursos hídricos, a paisagem, a estabilidade geológica e a biodiversidade, facilitar o fluxo gênico de fauna e flora, proteger o solo e assegurar o bem-estar das populações humanas (art. 3º, II, da Lei nº 12.651/2012).

Ou seja, são áreas que, por suas especiais particularidades, mostram-se essenciais para a manutenção dos processos ecológicos, o cumprimento da função ambiental da propriedade e a própria efetivação do direito ao meio ambiente ecologicamente equilibrado, mormente em tempos de crescimento populacional e das tendências recentes de ocupação desordenada do solo urbano, com invasão de restingas, dunas, manguezais, lagoas, encostas, várzeas de rios, córregos urbanos, nascentes, topos de morro e mananciais de abastecimento público.

No caso sob análise houve construção de edificação, sem autorização dos órgãos competentes, tanto em área situada na margem do Rio Antenor (faixa marginal, ripária ou ciliar)[2] quanto em área de manguezal[3] (ecossistema litorâneo que ocorre em terrenos baixos, sujeitos à ação das marés, formado por vasas lodosas recentes ou arenosas, às quais se associa, predominantemente, à vegetação natural conhecida como mangue, com influência fluviomarinha, típica de solos limosos de regiões estuarinas e com dispersão descontínua ao longo da costa brasileira, entre os Estados do Amapá e de Santa Catarina), ambos especialmente protegidos pelo Código Florestal e pela Resolução CONAMA nº 04/85, o que também implica violação ao disposto no art. 225, §1º, III e 23, VI e VII da Constituição Federal.

2 Fato consumado e meio ambiente

Depreende-se da tese recursal levada ao Supremo Tribunal Federal a invocação à teoria do fato consumado, ao argumento de que a área em que foi edificada a construção estava situada em área urbana consolidada e totalmente antropizada.

A teoria do fato consumado tem sido aceita pela jurisprudência brasileira em situações excepcionais envolvendo direitos disponíveis (normalmente relacionados a concursos públicos e ingresso em cursos de formação), nas quais a inércia da administração ou a morosidade do Judiciário deram ensejo a que situações precárias se consolidassem pelo decurso do tempo, mostrando-se o retorno ao *status quo ante* contrário ao senso de justiça.

Contudo, os bens ambientais que, nos termos da Constituição, são de uso comum do povo, essenciais *à* sadia qualidade de vida das presentes e futuras gerações, possuem natureza difusa, indisponível e intergeracional, razão pela qual são marcados pela inapropriabilidade, inalienabilidade e imprescritibilidade, de sorte que não podem sucumbir pela aplicação da chamada teoria do fato consumado, pois inexiste

---

[2] Chama-se ciliar porque, tal e qual os cílios que protegem os olhos, essa vegetação resguarda as águas, depurando-as, filtrando-as, bem como regulando os fluxos de água superficiais e subterrâneas, a umidade do solo e a existência de nutrientes.

[3] Os manguezais são ecossistemas de grande importância no equilíbrio ecológico, sendo um berçário favorável para o desenvolvimento de muitas espécies de animais e plantas. Constituem um berçário natural para várias espécies marinhas, onde peixes, moluscos e crustáceos se reproduzem e se alimentam.

direito adquirido a poluir, sendo dever imposto a todos os entes federativos promover o combate *à* poluição em todas as suas formas (art. 23, VI).

Em estudo específico sobre o tema, Ana Maria Moreira Marchesan conclui que:

> Os bens fundamentais da categoria dos bens comuns, como *é* o caso do bem ambiental, têm dentre suas garantias mais importantes a indisponibilidade derivada do fato de que esses bens são patrimônio comum da humanidade, ou seja, objeto de uma situação coletiva de copropriedade universal a título originário, composta pelos direitos de uso e gozo pertencentes a todos os seres humanos enquanto componentes da espécie humana. O tratamento especial ao bem ambiental encontra justificativa também na sua característica da infungibilidade como produtor de funções e prestador de serviços ecossistêmicos e garantidor dos processos ecológicos essenciais para as presentes e futuras gerações.
>
> A relação humana com o meio ambiente como bem jurídico fundamental envolve, inexoravelmente, relações jurídicas intergeracionais, o que equivale dizer que o interregno temporal que foi suficiente para conformar um hipotético direito adquirido precisa ser reavaliado em termos de espaço-tempo que transcenda o arco temporal da presente geração e abarque, como sujeito de direitos, as gerações futuras.
>
> No núcleo de proteção do bem ambiental, refletindo o aspecto dinâmico da integridade dos ecossistemas, estão os processos ecológicos essenciais. Repositórios preferenciais desses processos, os espaços territoriais especialmente protegidos gozam de primazia na tutela jurisdicional ambiental, ocupando posição jusfundamental privilegiada na Constituição de 1988.[4]

No campo jurisprudencial, quando do julgamento do Recurso Extraordinário nº 650909, em caso envolvendo questão de natureza ambiental, o STF consignou que: "A teoria do fato consumado não pode ser invocada para conceder direito inexistente sob a alegação de consolidação da situação fática pelo decurso do tempo. Esse *é* o entendimento consolidado por ambas as turmas desta Suprema Corte. (Rel. Min. Ricardo Lewandowski, j. 19 de dezembro de 2011).

Já o Superior Tribunal de Justiça, após ter enfrentado o tema em diversas oportunidades, tendo a oportunidade de assentar que "o tempo *é* incapaz de curar ilegalidades ambientais de natureza permanente, pois parte dos sujeitos tutelados – as gerações futuras – carece de voz e de representantes que falem ou se omitam em seu nome. Décadas de uso ilícito da propriedade rural não dão salvo-conduto ao proprietário ou posseiro para a continuidade de atos proibidos ou tornam legais práticas vedadas pelo legislador, sobretudo no *âmbito* de direitos indisponíveis, que a todos aproveita, inclusive *às* gerações futuras, como *é* o caso da proteção do meio ambiente"[5] editou a Súmula nº 613, com a seguinte redação: "Não se admite a aplicação da teoria do fato consumado em tema de Direito Ambiental".

3 Função ambiental da propriedade

O caso ora analisado comportou, quando do julgamento pelo TRF-4, a análise sobre a função ambiental da propriedade, tendo aquele tribunal assentado, ao sopesar

---

[4] MARCHESAN, Ana Maria Moreira. *O fato consumado em matéria ambiental.* Salvador: Jus Podivm, 2019. p. 406.

[5] REsp nº 948921 SP, Rel. Ministro HERMAN BENJAMIN, SEGUNDA TURMA, julgado em 23.10.2007, DJe 11.11.2009.

o direito *à* propriedade privada e *à* moradia em conflito com a preservação do meio ambiente, que "o direito de propriedade não possui caráter absoluto. Prestigiar, em casos como o presente, o direito de propriedade, *é* comprometer a preservação do meio ambiente".

A função ambiental da propriedade encontra fundamento constitucional nos arts. 5º, XXIII (a propriedade atenderá a sua função social); 170, III (a ordem econômica, fundada na valorização do trabalho humano e na livre iniciativa, tem por fim assegurar a todos existência digna, conforme os ditames da justiça social, observados os seguintes princípios: III – função social da propriedade), 182, §2º, (a propriedade urbana cumpre sua função social quando atende *às* exigências fundamentais de ordenação da cidade expressas no plano diretor) e 186, I e II do texto magno (a função social *é* cumprida quando a propriedade rural atende, simultaneamente, segundo critérios e graus de exigência estabelecidos em lei, aos seguintes requisitos: I – aproveitamento racional e adequado; II – utilização adequada dos recursos naturais disponíveis e preservação do meio ambiente).

Ante o texto constitucional, resta evidente que a função ambiental da propriedade, para ser alcançada, impõe ao seu titular não somente a abstenção de comportamentos lesivos ao meio ambiente (aspecto negativo), mas o próprio exercício de comportamentos concretos (aspecto positivo) para que a propriedade se adeque *à* preservação ambiental. Em não o fazendo, o exercício do direito de propriedade será ilegítimo.[6]

Desta forma, não se pode proteger o direito *à* propriedade privada e *à* moradia em casos de flagrante lesão a bens jurídicos ambientais.

Sobre o tema, veja-se a recente decisão do STJ:

> No direito *à* moradia convergem a função social e a função ecológica da propriedade. Por conseguinte, não se combate nem se supera miserabilidade social com hasteamento de miserabilidade ecológica, mais ainda porque *água,* nascentes, margens de rios, restingas, falésias, dunas e manguezais, entre outros bens públicos ambientais supraindividuais escassos, finitos e infungíveis, existem somente onde existem. Já terreno para habitação não falta, inclusive nas grandes metrópoles.[7]

4 Natureza *propter rem* da obrigação de reparar danos ambientais

Também se arguiu no caso analisado o fato de que o recorrente seria sucessor do verdadeiro causador originário dos danos ambientais, pelos quais aquele não poderia ser responsabilizado, tese que foi afastada pelo TRF-4 ao argumento de que: "Aquele que perpetua a lesão ao meio ambiente cometida por outrem está, ele mesmo, praticando o ilícito. A obrigação de conservação *é* automaticamente transferida do alienante ao adquirente, independentemente deste *último* ter responsabilidade pelo dano ambiental".

Como vimos no item anterior, a propriedade privada, para alcançar a sua função social, pressupõe a preservação do meio ambiente, se necessário por meio de comportamentos positivos para remover danos causados preteritamente. Destarte, aquele que

---

[6] MIRRA, Álvaro Luiz Valery. *Ação civil pública e a reparação do dano ao meio ambiente.* 2. ed. São Paulo: Juarez de Oliveira, 2004. p. 51.

[7] STJ. REsp nº 1.782.692; Proc. nº 2018/0268767-7; PB; Segunda Turma; Rel. Min. Herman Benjamin; Julg. 13.08.2019; DJE 05.11.2019.

adquire determinada propriedade assume a obrigação de reparar eventuais danos ambientais existentes na coisa, o que explica a sua natureza *propter* (em razão) *rem* (da coisa).

Annelise Monteiro Steigleder, a propósito do tema, leciona que:

> A partir destas premissas, pode-se responsabilizar o adquirente de uma *área* degradada pelo passivo ambiental existente no seu imóvel, independentemente de ser ou não o autor da degradação, passando-se ao largo do problema do nexo de causalidade como critério de imputação, o que *é* estruturado a partir da obrigação *propter rem* decorrente do direito real exercido sobre a *área*. O adquirente será responsável solidário, juntamente com o autor direto do dano.[8]

Desta forma, deflui originariamente das normas constitucionais citadas no item anterior o dever do proprietário ou possuidor reparar danos ambientais existentes em seu imóvel, mesmo que causados por outrem.

A matéria foi objeto da Súmula nº 623 do STJ, com a seguinte redação: "As obrigações ambientais possuem natureza *propter rem*, sendo admissível cobrá-las do proprietário ou possuidor atual e/ou dos anteriores, à escolha do credor".

5 Prioridade da reparação *in natura*

A derradeira tese veiculada no caso em análise diz respeito à argumentação feita pelo recorrente no sentido de que o pagamento de valor em pecúnia deveria ser a resposta aos danos ambientais verificados, o que foi objeto de rechaço pelo TRF-4, sob o fundamento de que:

> A reparação do dano ao meio ambiente privilegia a recuperação da área atingida. Por isso o ordenamento jurídico aponta a restauração natural como o mecanismo de reparação pelo dano ecológico. É forma de permitir que o próprio ecossistema encontre o reequilíbrio afastado pelos atos de agressão ecológica. A reparação mediante condenação pecuniária é forma de compensação, admitida apenas quando inviável a restauração do bem atacado.

Bem adotada a decisão em referência, pois, como já explicitado, o direito ao meio ambiente ecologicamente equilibrado é, por força do disposto no art. 225, *caput*, da Constituição Federal, bem de uso comum do povo, essencial à sadia qualidade de vida das presentes e futuras gerações, o que lhe confere a natureza de bem indisponível e inalienável, não podendo a recuperação *in natura*, quando possível e suficiente, ser substituída por compensação em pecúnia.

Não bastasse, é a própria Carta Magna que impõe em seu art. 225, §1º, I, que para assegurar a efetividade do direito fundamental ao meio ambiente ecologicamente equilibrado, incumbe ao Poder Público "preservar e restaurar os processos ecológicos".

Destarte, em sede de responsabilidade civil por dano causado ao meio ambiente, o primeiro mecanismo de reparação do dano a ser considerado é a efetiva recuperação da área atingida, buscando a máxima coincidência possível com a situação antecedente à lesão.

---

[8] STEIGLEDER, Annelise Monteiro. *Responsabilidade Civil Ambiental. As dimensões do dano ambiental no direito brasileiro*. 3. ed. Porto Alegre: Livraria do Advogado, 2017. p. 207.

Álvaro Mirra leciona que somente nas hipóteses em que o restabelecimento do meio comprometido for verdadeiramente impossível é que se poderá admitir a solução compensatória. Do contrário, estar-se-ia reconhecendo a possibilidade de dispor de um bem ou direito difuso indisponível, por meio de verdadeira transação, o que não se concebe.[9]

Considerações finais

A ordem constitucional vigente em nosso país prevê um vasto rol de normas de preservação e proteção do meio ambiente ecologicamente equilibrado (direito fundamental de terceira geração) com eficácia plena e aplicabilidade imediata.

Conquanto o núcleo fundamental da ordem constitucional ambiental resida no art. 225, comandos, princípios e instrumentos se espraiam por todo o texto, estruturando um sistema bastante robusto de tutela do meio ambiente em suas dimensões natural, cultural, urbanística e do trabalho (arts. 5º, XXII, XXIII, LXXIII, 20, II a VII, 21, XIX, 22, IV, 23, III a VII, 24, VI a VIII, 26, I, 30, VIII e IX, 170, VI, 129, III, 182 a 186, 200, VII e VIII, 215 e 216, v.g.).

A correta leitura e aplicação desses dispositivos constituem desafio essencial a todos os operadores do Direito em nosso país, como forma de concretizar, no mundo das coisas, a promessa que nos foi feita no texto da Carta Cidadã.

Mais que mera referência abstrata no texto da Carta Magna, a ordem constitucional ambiental em nosso país reclama uma reflexão pragmática, que incorpora teoria e prática, análise dogmática e eficácia concreta, direito exposto e direito em ação. A ordem pública ambiental constitucional não pode ser uma promessa vã, inalcançável e etérea. Ela não se conforma com discursos vazios e, ao contrário, exige o indispensável matiz implementador, sobretudo porque é a fonte fundamental e superior de todo o nosso ordenamento jurídico.

Como adverte José Renato Nalini:

> De pouco adianta a enunciação bombástica de um direito humano em texto fundante se as pessoas não se conscientizarem da importância de vivenciá-lo, além de o conhecerem. O raciocínio constitucional é relevante. O profissional do direito precisa abandonar a praxe de iniciar o processo de resolução dos problemas a partir das portarias, ordens de serviço, resoluções, regulamentos, decretos, leis ordinárias ou mesmo complementares, se a Constituição oferece alternativas.[10]

Referências

BENJAMIN, Antônio Herman. *Constitucionalização do ambiente e ecologização da constituição brasileira. In*: CANOTILHO, José Joaquim Gomes; LEITE, José Rubens Morato (Org.). *Direito Constitucional Ambiental Brasileiro*. São Paulo: Saraiva, 2007.

---

[9] MIRRA, Álvaro Luiz Valery. *Ação civil pública e a reparação do dano ao meio ambiente*. 2. ed. São Paulo: Juarez de Oliveira, 2004. p. 236.

[10] NALINI, José Renato. *Direitos que a cidade esqueceu*. São Paulo: Revista dos Tribunais, 2011. p. 102 e 138.

BENJAMIN, Antônio Herman. O Estado Teatral e a Implementação do Direito Ambiental. *Biblioteca Digital Jurídica – BDJUR*, 2010. Disponível em: http://bdjur.stj.jus.br/dspace/handle/2011/30604. Acesso em 19 set. 2020.

FIGUEIREDO, Guilherme José Purvin de. *A propriedade no direito ambiental*. 4. ed. São Paulo: Revista dos Tribunais, 2010.

MARCHESAN, Ana Maria Moreira. *O fato consumado em matéria ambiental*. Salvador: Jus Podivm, 2019.

MELO, Melissa Ely. *Restauração ambiental. Do dever jurídico* às *técnicas reparatórias*. Porto Alegre: Livraria do Advogado, 2012.

MIRRA, Álvaro Luiz Valery. *Ação civil pública e a reparação do dano ao meio ambiente*. 2. ed. São Paulo: Juarez de Oliveira, 2004.

NALINI, José Renato. *Direitos que a cidade esqueceu*. São Paulo: Revista dos Tribunais, 2011.

SARLET, Ingo Wolfgang; FENSTERSEIFER, Tiago. *Direito constitucional ambiental. Estudos sobre a constituição, os direitos fundamentais e a proteção do ambiente*. São Paulo: Revista dos Tribunais, 2011.

SILVA, José Afonso da. *Direito Ambiental Constitucional*. 4. ed. São Paulo: Malheiros, 2003.

STEIGLEDER, Annelise Monteiro. *Responsabilidade Civil Ambiental. As dimensões do dano ambiental no direito brasileiro*. 3. ed. Porto Alegre: Livraria do Advogado, 2017.

Informação bibliográfica deste texto, conforme a NBR 6023:2018 da Associação Brasileira de Normas Técnicas (ABNT):

MIRANDA, Marcos Paulo de Souza. Danos em área de preservação permanente: inaplicabilidade da teoria do fato consumado, função ambiental da propriedade, natureza *propter rem* da obrigação de reparar e prioridade da reparação *in natura*. *In*: BENJAMIN, Antônio Herman Vasconcelos e; FREITAS, Vladimir Passos de; SOARES JÚNIOR, Jarbas (Coord.). *Comentários aos acórdãos ambientais*: paradigmas do Supremo Tribunal Federal. Belo Horizonte: Fórum, 2021. p. 155-163. ISBN 978-65-5518-077-0.

O SUPREMO TRIBUNAL FEDERAL, OS ÍNDIOS E O DIREITO AMBIENTAL

PAULO AFFONSO LEME MACHADO

Introdução

A Constituição da República Federativa do Brasil, de 1988, a Convenção Americana de Direitos Humanos, de 1969,[1] a Convenção 169 da Organização Internacional do Trabalho, os julgados do Supremo Tribunal Federal – STF, a doutrina e decisões da Corte Interamericana de Direitos Humanos, tratando sobre os índios, serão as fontes básicas desta pesquisa, sob o viés do Direito Ambiental.

> O substantivo "índios" é usado pela Constituição Federal de 1988 por um modo invariavelmente plural, para exprimir a diferenciação dos aborígenes por numerosas etnias. Propósito constitucional de retratar uma diversidade indígena tanto interétnica quanto intraétnica. Índios em processo de aculturação permanecem índios para o fim de proteção constitucional. Proteção constitucional que não se limita aos silvícolas, estes, sim, índios ainda em primitivo estádio de habitantes da selva.[2]

O índio foi definido pela Lei nº 6.001/1973 como todo indivíduo de origem e ascendência pré-colombiana, que se identifica e é identificado como pertencente a um grupo étnico cujas características culturais o distinguem da sociedade nacional (art. 3º, I).

1 Direitos individuais e sociais dos índios

1.1 Reconhecimento de direitos e de fatos

A primeira parte do art. 231, *caput*, da Constituição brasileira, afirma: "São reconhecidos aos índios sua organização social, costumes, línguas, crenças e tradições,

---

[1] Ver: Decreto nº 678, de 6 de novembro de 1992. (BRASIL. Decreto nº 678, de 6 de novembro de 1992. Promulga a Convenção Americana sobre Direitos Humanos (Pacto de São José da Costa Rica), de 22 de novembro de 1969. *Diário Oficial da União*, Brasília, 09 nov. 1992. Disponível em: http://www.planalto.gov.br/ccivil_03/decreto/d0678. htm#:~:text=DECRETO%20No%20678%2C%20DE,que%20lhe%20confere%20o%20art. Acesso em 25 set. 2020).

[2] Pet nº 3388/RR – RORAIMA PETIÇÃO Relator(a): Min. CARLOS BRITTO. Julgamento: 19.03.2009 Órgão Julgador: STF – Tribunal Pleno. Item 4. Publicação DJe-181 Divulg 24.09.2009. Public 25.09.2009.

"e... a Constituição declara reconhecer situações especiais dos índios. Reconhecer tem o significado de "identificar", "certificar como verdadeiro".[3] "Admettre officiellement l'existence juridique".[4] "To perceive or acknowledge the validity or reality".[5]

Ao reconhecer os direitos enumerados na Constituição, ainda que não expressamente definidos, constata-se que não se permite a ignorância de tais direitos, o seu menosprezo ou a sua violação. O reconhecimento dos direitos dos índios, como se vê no artigo 231, mostra, sem qualquer dúvida, que os Constituintes valorizaram expressamente os direitos indígenas, retirando da esfera de maior ou menor apreço das pessoas ou dos governos a existência e a implementação desses direitos.

1.2 Identidade indígena[6]

> Para que se identifique determinado indivíduo como índio são possíveis dois critérios: (i) o autorreconhecimento e (ii) o heterorreconhecimento. De acordo com o autorreconhecimento, índio é qualquer indivíduo que se identifica como tal, em virtude da consciência de seu vínculo histórico com a sociedade pré-colombiana. Já o heterorreconhecimento consiste no reconhecimento de alguém como índio pela própria comunidade indígena a que aquele afirma pertencer.[7]

A Convenção nº 169 da OIT sobre os Povos Indígenas e Tribais[8] trata do tema dizendo que: "A consciência de sua identidade indígena ou tribal deverá ser considerada como critério fundamental para determinar os grupos aos que se aplicam as disposições da presente Convenção". (art. 1.2.).

No julgamento dos Embargos de Declaração – Petição nº 3.388 – STF, o Relator Ministro Luiz Roberto Barroso afirma:

> Pouco importa, para isso, quantos ancestrais índios a pessoa tenha ou que o vínculo familiar com indígenas resulte, não de sangue, mas de adoção, casamento ou união estável. O que interessa é sua comunhão com o modo de vida tradicional dos índios da região.[9]

1.3 Organização social dos índios

A Constituição não define a expressão "organização social". Trata, contudo, de "organização político administrativa" nos artigos 18 e 19. Parece-me oportuno citar o

---

[3] HOUAISS, Antônio. *Dicionário eletrônico Houaiss da língua portuguesa*. Editora Objetiva Ltda, Versão 1.0. dez. 2001. CD-ROM.

[4] NOUVEAU PETIT ROBERT. *Dictionnaire de La Langue Française*. Bruxelles: Dictionnaires Robert, 2001. CD-ROM.

[5] MORRIS, William (Ed.). *The American Heritage Dictionary of the Language*. Nova York: American Heritage Publishing, 1970.

[6] O censo do IBGE – Instituto Brasileiro de Geografia e Estatística, de 2010, aponta a existência de 896.917 índios no Brasil, sendo 517.383, em Terras Indígenas e 379.534, fora de Terras Indígenas. Disponível em: https://biblioteca. ibge.gov.br/visualização/periódicos/95/cd_2010_indigenas_universo.pdf. Acesso em 07 fev. 2019.

[7] RAMOS, André de Carvalho. *Curso de Direitos Humanos*. 5. ed. São Paulo: Saraiva Educação, 2018. p. 832.

[8] O Decreto nº 5.51, de 19.04.2004, promulgou a Convenção nº 169 da OIT – Organização Internacional do Trabalho sobre os Povos Indígenas e Tribais (Diário Oficial da União de 20.04.2004). O Congresso Nacional aprovou o texto pelo Decreto Legislativo nº 143, de 20.06.2001, e depositou o instrumento ratificado em 25.07.20012. Entrou em vigor internacionalmente em 5.9.1991 e, para o Brasil, em 2003, nos termos do art. 38.

[9] Item 21 - Petição nº 3.388 – STF.

conteúdo dos direitos sociais, porque é um tema que tem relação com a organização social. "Art. 6º São direitos sociais a educação, a saúde, a alimentação, o trabalho, a moradia, o transporte, o lazer, a segurança, a previdência social, a proteção à maternidade e à infância, a assistência aos desamparados, na forma desta Constituição".[10]

As matérias como educação, saúde, alimentação, trabalho, moradia, transporte, lazer, segurança, previdência social, proteção à maternidade e à infância e assistência dos desamparados, constituindo elementos de uma organização social, devem ser deliberadas pelos índios, desde que não contrariem os direitos individuais do art. 5º da Constituição. É de ser mencionada a Convenção da OIT – Organização Internacional do Trabalho: "Os povos indígenas e tribais deverão gozar plenamente dos direitos humanos e liberdades fundamentais, sem obstáculos nem discriminação".

A autonomia constitucional para a organização social dos índios não significa que tenha sido reconhecida uma situação política autônoma para os índios. Na forma do art. 18 da Constituição, a organização político-administrativa da República Federativa do Brasil compreende a União, os Estados, o Distrito Federal e os Municípios e, portanto, os índios, suas comunidades e organizações (art. 232 da Constituição) devem ser inseridos em um Município ou em vários Municípios, não podendo ser instituído um ente político específico e separado dos expressamente mencionados na Constituição.

1.4 Costumes dos índios

Os costumes são constituídos pelos hábitos, que em certo lugar, tempo e população, de forma repetitiva, sejam praticados, sem que necessariamente estejam inseridos em um texto escrito, como uma lei ou um decreto.

Os costumes dos índios vão interagir com sua organização social, com suas línguas, com suas tradições e crenças. Cumpre aos não índios não imporem aos índios, direta ou indiretamente, sua organização social. Contudo, como não se veda o contato do índio com o não índio, será normal e admissível que os costumes possam passar a ser interligados ou assimilados. Numa determinada comunidade ou organização indígena pode estar admitida a poligamia e se um não índio vier a casar-se com um índio ou índia, dependerá de onde esse casal for instalar-se para saber-se o costume ou a legislação que deverá ser seguida.

Em matéria de contratos civis envolvendo índios, deve ser levado em conta o grau de escolaridade dos contratantes, a existência de costumes indígenas reconhecidos e a boa-fé de todos os contratantes. Mesmo que se reconheça a plena capacidade civil dos índios, em qualquer processo que eles estejam envolvidos, o Ministério Público deve intervir em todos os atos do processo (art. 232 da Constituição).[11]

O respeito aos costumes e às tradições indígenas está ligado à conservação da memória ou da história desses povos, num processo de cultura de suas próprias raízes.

Os costumes deverão ser levados em conta para definir as terras tradicionalmente ocupadas pelos índios, "as necessárias à sua reprodução física e cultural, segundo seus usos, costumes e tradições" (art. 231, §1º da Constituição).

---

[10] Redação dada pela Emenda Constitucional nº 90, de 2015.

[11] "Protagonização de tutela e fiscalização do Ministério Público (inciso V do art. 129 e art. 232, ambos da CF)". Pet nº 3.388/RR – RORAIMA PETIÇÃO Relator(a): Min. CARLOS BRITTO. Item 6. Julgamento: 19.03.2009.

1.5 Os índios e as terras indígenas: plena integração no território brasileiro

A Constituição teve o cuidado de não falar em territórios indígenas, mas, tão-só, em "terras indígenas". A traduzir que os "grupos", "organizações", "populações" ou "comunidades" indígenas não constituem pessoa federada. Não formam circunscrição ou instância espacial que se orne de dimensão política. Daí não se reconhecer a qualquer das organizações sociais indígenas, ao conjunto delas, ou à sua base peculiarmente antropológica a dimensão de instância transnacional. Pelo que nenhuma das comunidades indígenas brasileiras detém estatura normativa para comparecer perante a Ordem Jurídica Internacional como "Nação", "País", "Pátria", "território nacional" ou "povo" independente. Sendo de fácil percepção que todas as vezes em que a Constituição de 1988 tratou de "nacionalidade" e dos demais vocábulos aspeados (País, Pátria, território nacional e povo) foi para se referir ao Brasil por inteiro.[12]

O Supremo Tribunal Federal, na decisão mencionada, mostra que as terras indígenas não constituem, em nenhuma modalidade, uma instância transnacional, isto é, cada comunidade indígena, qualquer que seja o seu tamanho, faz parte do Brasil. Essa análise precisa ser feita diante da assinatura, ratificação e promulgação da Convenção sobre os Povos Indígenas e Tribais, de 1989, da OIT – Organização Internacional do Trabalho. O julgamento do STF ocorreu em 19 de março de 2009, portanto, na vigência da referida Convenção, o que ocorreu em 25 de julho de 2013. O fato de a Convenção referir-se a "povos tribais" (art. 1º, 1. "a"), "não deverá ser interpretado no sentido de ter implicação alguma no que se refere aos direitos que possam ser conferidos a esse termo no direito internacional" (art. 1º, 3 da referida Convenção).

1.6 Dever da União de proteger as terras indígenas e a cultura indígena

Compete à União demarcar as terras indígenas, proteger e fazer respeitar todos os bens existentes nessas terras. Esse é o mandamento final do artigo 231 da Constituição.

A União não pode se omitir diante da invasão de terras indígenas, cumprindo-lhe determinar à Polícia Federal e, se necessário, às Forças Armadas, a ação necessária para a retirada e punição dos invasores.

O Estado brasileiro tem não só a obrigação de proteger as terras indígenas, mas, também, a cultura indígena. Nesse sentido, o art. 215, §1º da Constituição:

O Estado protegerá as manifestações das culturas populares, indígenas e afro-brasileiras, e das de outros grupos participantes do processo civilizatório nacional.

Não é somente uma questão emotiva a proteção das culturas indígenas e afro-brasileiras, mas um posicionamento de integral razoabilidade a valoração da contribuição dessas culturas no passado e no presente da civilização brasileira e, certamente, o aporte cultural que hão de dar no futuro.

---

[12] Pet nº 3.388/RR – RORAIMA PETIÇÃO Relator(a): Min. CARLOS BRITTO. Item 7. Julgamento: 19.03.2009.

1.7 Dever da União de demarcar as terras indígenas

O dever de demarcar as terras indígenas pela União está atribuído à FUNAI, integrante do Ministério da Justiça e da Segurança Pública.[13]

Pretendo arrolar alguns pontos em que o Supremo Tribunal Federal[14] expressou-se sobre a demarcação das terras indígenas:

Somente à União, por atos situados na esfera de atuação do Poder Executivo, compete instaurar, sequenciar e concluir formalmente o processo demarcatório das terras indígenas, tanto quanto efetivá-lo materialmente. (Item 8).

Os direitos dos índios sobre as terras que tradicionalmente ocupam foram constitucionalmente "reconhecidos", e não simplesmente outorgados, com o que o ato de demarcação se orna de natureza declaratória, e não propriamente constitutiva. Ato declaratório de uma situação jurídica ativa preexistente. (Item 12).

O modelo de demarcação das terras indígenas é orientado pela ideia de continuidade. Demarcação por fronteiras vivas ou abertas em seu interior, para que se forme um perfil coletivo e se afirme a autossuficiência econômica de toda uma comunidade usufrutuária. Modelo bem mais serviente da ideia cultural e econômica de abertura de horizontes do que de fechamento em "bolsões", "ilhas", "blocos" ou "clusters", a evitar que se dizime o espírito pela eliminação progressiva dos elementos de uma dada cultura (etnocídio). (Item 13).

Nessas partes do acórdão do STF pode-se ressaltar: (i) que somente a União pode fazer a demarcação das terras indígenas; (ii) a demarcação tem natureza declaratória e não constitutiva. "É um direito que preexiste à posse mesma – é o direito originário"[15] e (iii) o modelo de demarcação é orientado pela ideia de continuidade e não de fechamentos em bolsões ou blocos, evitando-se enfraquecer o espírito de união da população indígena, o que contribuiria para a sua eliminação progressiva, isto é, um etnocídio.

A demarcação das terras indígenas é um ato administrativo. O mais adequado para que essa demarcação seja eficiente e rápida é que ela seja efetuada por uma administração estruturada na "legalidade, impessoalidade, moralidade e publicidade" (art. 37, *caput*, da Constituição). A impessoalidade significa, "em primeiro lugar, a neutralidade

---

[13] Pela Medida Provisória nº 870/2019, o Presidente da República dispôs que o Ministério da Agricultura, Pecuária e Abastecimento passaria a ter competência para "a identificação, a delimitação, a demarcação e os registros de terras tradicionalmente ocupadas por indígenas". Esse dispositivo não foi acolhido pelo Congresso Nacional. Contudo, o Presidente da República voltou a editar uma outra Medida Provisória, de nº 886 de 18.06.2019, com o mesmo teor. O Presidente da Mesa do Congresso Nacional baixou o Ato Declaratório n. 42, de 25/06/2019, em que considera as alterações do art. 21 "não escritas" e "declara a perda da eficácia da referida norma, por ofensa ao artigo 62, §10, da Constituição Federal". O referido §10 é do seguinte teor: "É vedada a reedição, na mesma sessão legislativa, de medida provisória que tenha sido rejeitada ou que tenha perdido sua eficácia por decurso de prazo". Quatro ações diretas de inconstitucionalidade (ADIs nºs 6062, 6172, 6173 e 6174) foram ajuizadas perante o STF. O Relator Ministro Luís Roberto Barroso suspendeu liminarmente os dispositivos atacados nas ações e submeteu a decisão ao Plenário, que manteve, por unanimidade, a decisão do Relator. Para o decano Ministro Celso de Mello, a reedição de medida provisória expressamente rejeitada pelo Congresso Nacional no curso da mesma sessão legislativa traduz "inaceitável afronta à autoridade suprema da Constituição Federal". (BRASIL. Supremo Tribunal Federal. *Notícias STF*. 01 ago. 2019. Disponível em: http://www.stf.jus.br/portal/cms/verNoticiaDetalhe.asp?idConteudo=418183. Acesso em 07 ago. 2019).

[14] Pet nº 3.388/RR – RORAIMA PETIÇÃO Relator(a): Min. CARLOS BRITTO. Julgamento: 19.03.2009.

[15] SILVA, José Afonso da. *Comentário Contextual à Constituição*. 8. ed. São Paulo: Malheiros Ed., 2012. p. 891.

da atividade administrativa, que só se orienta no sentido da realização do interesse público".[16] "A impessoalidade manifesta-se como expressão do não protecionismo e da não perseguição, realizando, no âmbito da Administração Pública, o princípio da igualdade"[17] (art. 5º da Constituição).

2 As terras indígenas e seu uso

2.1 A extensão do usufruto dos índios

O Supremo Tribunal Federal, em seu julgamento no caso Raposa Terra do Sol, estabeleceu diversas diretrizes que serão aqui estudadas. Apresentaremos, em bloco, as diversas situações enfrentadas pela Corte Suprema.

Determinou o Julgado, em que foi Relator o Ministro Luís Roberto Barroso, incorporando o voto do Ministro Menezes Direito, já integrado no voto do Ministro Carlos Britto:

a) o usufruto das riquezas do solo, dos rios e dos lagos existentes nas terras indígenas (§2º do art. 231 da Constituição Federal) não se sobrepõe ao relevante interesse público da União, tal como ressaído da Constituição e na forma de lei complementar (§6º do art. 231 da CF);

b) o usufruto dos índios não abrange a exploração mercantil dos recursos hídricos e dos potenciais energéticos, que sempre dependerá (tal exploração) de autorização do Congresso Nacional;

c) o usufruto dos índios não alcança a pesquisa e a lavra das riquezas minerais, que sempre dependerão de autorização do Congresso Nacional, assegurando-se-lhes a participação nos resultados da lavra, tudo de acordo com a Constituição e a lei;

d) o usufruto dos índios não compreende a garimpagem nem a faiscação, devendo-se obter, se for o caso, a permissão de lavra garimpeira;

e) o usufruto dos índios não se sobrepõe aos interesses da política de defesa nacional; a instalação de bases, unidades e postos militares e demais intervenções militares, a expansão estratégica da malha viária, a exploração de alternativas energéticas de cunho estratégico e o resguardo das riquezas de cunho igualmente estratégico, a critério dos órgãos competentes (Ministério da Defesa, ouvido o Conselho de Defesa Nacional), serão implementados independentemente de consulta às comunidades indígenas envolvidas, assim como à Fundação Nacional do Índio (FUNAI);

f) a atuação das Forças Armadas e da Polícia Federal na área indígena, no âmbito das respectivas atribuições, fica assegurada e se dará independentemente de consulta às respectivas comunidades indígenas, ou à FUNAI;

---

[16] SILVA, José Afonso da. *Comentário Contextual à Constituição*. 8. ed. São Paulo: Malheiros Ed., 2012. p. 340.

[17] MENDES, Gilmar Ferreira; BRANCO, Paulo Gustavo Gonet. *Curso de Direito Constitucional*. 11. ed. São Paulo: Editora Saraiva, 2016. p. 885.

g) o usufruto dos índios não impede a instalação, pela União Federal, de equipamentos públicos, redes de comunicação, estradas e vias de transporte, além das construções necessárias à prestação de serviços públicos pela União, especialmente os de saúde e educação;

h) o usufruto dos índios na área afetada por unidades de conservação fica sob a responsabilidade do Instituto Chico Mendes de Conservação da Biodiversidade, respeitada a legislação ambiental;

l) admitem-se o ingresso, o trânsito e a permanência de não-índios em terras indígenas não ecologicamente afetadas, observados, porém, as condições estabelecidas pela FUNAI e os fundamentos desta decisão;

m) o ingresso, o trânsito e a permanência de não-índios, respeitado o disposto na letra l, não podem ser objeto de cobrança de nenhuma tarifa ou quantia de qualquer natureza por parte das comunidades indígenas;

n) a cobrança de qualquer tarifa ou quantia também não é exigível pela utilização das estradas, equipamentos públicos, linhas de transmissão de energia ou outros equipamentos e instalações públicas, ainda que não expressamente excluídos da homologação;

o) as terras indígenas não poderão ser objeto de arrendamento ou de qualquer ato ou negócio jurídico que atente contra o pleno exercício do usufruto e da posse direta por comunidade indígena ou pelos índios (art. 231, §2º, Constituição Federal, c/c art. 18, caput, Lei nº 6.001/1973).

2.2 O usufruto dos índios, a intervenção do Poder Público e o dever de consulta dos índios

Os índios têm "o usufruto exclusivo das riquezas do solo, dos rios e dos lagos" existentes nas terras que tradicionalmente ocupam (art. 231, §2º da Constituição). O Código Civil Brasileiro afirma que "o usufrutuário tem direito à posse, uso, administração e percepção dos frutos" (art. 1.394).

A Constituição brasileira afirma, em seu art. 231, §3º:

O aproveitamento dos recursos hídricos, incluídos os potenciais energéticos, a pesquisa e a lavra das riquezas minerais em terras indígenas só podem ser efetivados com autorização do Congresso Nacional, ouvidas as comunidades afetadas, ficando-lhes assegurada participação nos resultados da lavra, na forma da lei.

O §3º trata de bens da União: as terras tradicionalmente ocupadas pelos índios, os potenciais de energia hidráulica e os recursos minerais, inclusive os do subsolo (art. 20, VII, IX e XI). Em terras de propriedade ou de posse de não índios é somente o Poder Executivo que autoriza ou não o aproveitamento dos recursos hídricos, incluídos os potenciais energéticos, e a pesquisa e a lavra das riquezas minerais. Agiram com elogiável prudência os constituintes de 1988 ao determinar que essas atividades em terras indígenas precisassem, para sua efetivação, de autorização do Congresso Nacional.

Determinou, também, a Constituição, que sejam "ouvidas as comunidades afetadas". O Congresso Nacional precisa escutar as opiniões de todas as comunidades possivelmente afetadas pelos projetos, no caso de aproveitamento dos recursos hídricos, da pesquisa e da lavra mineral.

> As minorias e os povos indígenas compartilham a preocupação pela cultura, a identidade, a educação, a língua ou os processos participativos; a diferença está que para os povos indígenas a terra é parte de sua cultura e os direitos sobre a terra são parte central da luta por sua sobrevivência.[18]

> Importa que a consulta efetuada seja plenamente pública (art. 37 da Constituição) e que seja publicada no Diário Oficial da União antes da decisão do Congresso Nacional. A consulta não é uma coparticipação na tomada da decisão do Congresso Nacional, pois pode não serem seguidas suas conclusões, mas é um passo significativo da democracia participativa, trazendo para os parlamentares e para a opinião pública os argumentos dos povos indígenas. A consulta "não deve ser entendida como um simples procedimento informativo, mas um mecanismo para criar um espaço de diálogos entre os povos indígenas e o Estado".[19]

3 Os direitos dos índios e o direito ambiental

3.1 Julgamentos do Supremo Tribunal Federal – STF – caso Raposa Terra do Sol

3.1.1 Julgamento pelo STF da Petição nº 3.388/Roraima. Relator: Min. Carlos Britto. Item 15. Plenário: 19.03.2009

> A RELAÇÃO DE PERTINÊNCIA ENTRE TERRAS INDÍGENAS E MEIO AMBIENTE. Há perfeita compatibilidade entre meio ambiente e terras indígenas, ainda que estas envolvam áreas de "conservação" e "preservação" ambiental. Essa compatibilidade é que autoriza a dupla afetação, sob a administração do competente órgão de defesa ambiental.

O Ministro Carlos Britto, Relator, acentuou, com clareza, que as terras indígenas têm "perfeita compatibilidade" com o meio ambiente. Portanto, o reconhecimento de uma terra como "indígena" não exclui de modo algum o reconhecimento da obrigação de cuidar-se do meio ambiente, de acordo com as normas gerais editadas pela União. O Supremo Tribunal Federal vai mais além do que a normal proteção ambiental – obrigação de todos os habitantes do Brasil. Conforme se vê no item 15 do Julgamento da Petição nº 3.388, "essa compatibilidade autoriza a dupla afetação" de áreas de "conservação" e de "preservação ambiental". Dessa forma, os índios e os órgãos federais ambientais poderão administrar essas áreas.

O Tribunal julgou parcialmente procedente a Ação Popular, "nos termos do voto do Relator, reajustado segundo as observações constantes do voto do Ministro Menezes

---

[18] THORNBERRY, Patrick. The Rights os Minorities and Indigenous Peoples. *In*: SOLÉ, Antoni Pigrau (Ed.). *Pueblos indígenas, diversidad cultural y justicia ambiental*. Valencia: Tirant Lo Blanch, 2013. p. 61-109. (minha tradução).

[19] PENTINAT, Susana Borràs. Pueblos indígenas y médio ambiente. *In*: SOLÉ, Antoni Pigrau (Ed.). *Pueblos indígenas, diversidad cultural y justicia ambiental*. Valencia: Tirant Lo Blanch, 2013. p. 131.

Direito, declarando constitucional a demarcação contínua da Terra Indígena Raposa Serra do Sol e determinando que sejam observadas as seguintes condições":

> (viii) o usufruto dos índios na área afetada por unidades de conservação fica sob a responsabilidade do Instituto Chico Mendes de Conservação da Biodiversidade;
> (ix) o Instituto Chico Mendes de Conservação da Biodiversidade responderá pela administração da área da unidade de conservação também afetada pela terra indígena com a participação das comunidades indígenas, que deverão ser ouvidas, levando-se em conta os usos, tradições e costumes dos indígenas, podendo para tanto contar com a consultoria da FUNAI.

3.1.2 Julgamento pelo STF dos Embargos de Declaração na Petição nº 3.388/Roraima. Relator Ministro Luís Roberto Barroso. Plenário: 23.10.2013[20]

Consta do Voto do Ministro Relator Ministro Luís Roberto Barroso:

> VI.2. Ponderações envolvendo os direitos dos índios 60. Em diversas passagens, a Procuradora-Geral da República sustenta que o Tribunal teria dado primazia incondicionada a interesses da União – inclusive econômicos –, bem como à tutela do meio ambiente, em detrimento dos direitos dos índios. Preocupação semelhante se verifica também nos embargos opostos pelas Comunidades Indígenas, adiante analisados.
> 61. Não há como acolher os embargos no ponto. Observo inicialmente que não há omissão, contradição ou obscuridade quanto a essa questão. O acórdão é claro e expresso a respeito da orientação adotada. Seja como for, não vislumbro, no julgado, uma primazia incondicionada em favor de quem quer que seja. *Como destacado pela Ministra Cármen Lúcia, "aos índios, como a quaisquer outros brasileiros nas suas terras, aplicam-se os regimes de proteção ambiental e de segurança nacional"* (fl. 519). O que fez o acórdão embargado foi uma ponderação: diante do choque de direitos constitucionais e fins públicos relevantes, o Tribunal definiu como devem ser conciliadas, em princípio, essas pretensões antagônicas. De ordinário, essa tarefa compete ao legislador, mas, na ausência de disposições claras sobre essas questões, coube à Corte discorrer sobre o sentido das exigências constitucionais na matéria, à luz das circunstâncias do caso em exame". (O itálico é da minha autoria).

Foi feliz o Ministro Relator Luís Roberto Barroso ao dizer que "não vislumbro, no julgado, uma primazia incondicionada em favor de quem quer que seja". O referido Relator mencionou em seu voto, o posicionamento da Ministra Cármen Lúcia, que afirma, com firmeza, a igualdade de deveres entre índios e outros brasileiros frente ao regime de proteção ambiental. Realmente, o artigo 225, caput, da Constituição, não faz qualquer distinção entre os brasileiros em suas obrigações de manter o meio ambiente

---

[20] Ementa: (iii) por maioria, dar parcial provimento, sem efeitos modificativos, aos embargos de declaração opostos pelo Senador Francisco Mozarildo de Melo Cavalcanti, pela Procuradoria-Geral da República e pelas Comunidades Indígenas, apenas para prestar os esclarecimentos expressos na Ementa, nos termos do voto do Relator. Quanto aos embargos opostos pelo Senador Mozarildo Cavalcanti, ficou vencido o Senhor Ministro Marco Aurélio que lhes dava provimento em maior extensão. Quanto aos embargos da Procuradoria-Geral da República, ficaram vencidos os Senhores Ministros Marco Aurélio e Joaquim Barbosa (Presidente), que lhe davam provimento com efeitos modificativos. (v) por unanimidade, declarar exaurida a competência originária deste Tribunal para julgar processos relacionados à referida Terra Indígena, quando do trânsito em julgado deste acórdão.

ecologicamente equilibrado, "impondo-se ao poder público e à coletividade o dever de defendê-lo e preservá-lo para as presentes e futuras gerações".

3.2 A doutrina e a obrigação de os índios respeitarem a legislação ambiental

O tema enseja opiniões divergentes, que devem ser trazidas para estudo.
Carlos Frederico Marés de Souza Filho afirma:

> [...] as limitantes ambientais estabelecidas no conjunto de normas do sistema jurídico brasileiro, enfeixados pela Constituição, em seu artigo 225, são inaplicáveis. Neste sentido, embora esteja proibida a caça de animais silvestres, a norma não se aplica entre os indígenas, desde que os cacem segundo seus usos, costumes e tradições, não para comércio com não índios. Para tanto a Lei não necessita excepcionar, porque a Constituição já o faz. Assim também ocorre com a mata ciliar, embora tenha seu uso proibido, os índios em seus territórios a podem usar sempre segundo seus usos, costumes e tradições. Assim, os indígenas podem caçar e implantar roças em todos os lugares de sua terra, sem aplicar os dispositivos do Código de Proteção da Fauna (Lei nº 5.197/67) e do Código Florestal (Lei nº 4.771/65).[21]

Para analisar a opinião acima exposta, é necessário examinar o art. 231, §1º da Constituição, nas seguintes situações:
São terras tradicionalmente ocupadas pelos índios:
- as terras por eles habitadas em caráter permanente,
- as terras utilizadas para suas atividades produtivas,
- as terras imprescindíveis à preservação dos recursos ambientais necessários a seu bem-estar, e
- as terras necessárias à sua reprodução física e cultural, segundo seus usos, costumes e tradições.

O artigo 231, §1º da Constituição apresenta quatro tipos de terras ocupadas tradicionalmente pelos índios, tendo cada tipo suas características próprias. Os recursos ambientais, existentes em terras indígenas, devem guardar relação com o bem-estar dos índios. Esse bem-estar dos índios relaciona-se principalmente às suas necessidades alimentícias. Para essa tarefa de preservação desses recursos ambientais deve-se invocar a legislação brasileira ambiental, não se exigindo solução extralegal ou *contra-legem* baseada em usos, costumes e tradições. Só se poderia invocar uma solução de direito costumeiro se estivesse em risco a reprodução física e cultural dos índios. Como se vê, a opinião do autor anteriormente citado, com o maior respeito, está em desacordo com a letra e o espírito da Constituição de 1988 e a jurisprudência do STF.

A implementação do direito ambiental de forma genérica em todo o Brasil visa a aplicar o princípio fundamental dos Direitos e Garantias Fundamentais: "todos são iguais perante a lei, sem distinção de qualquer natureza" (art. 5º, *caput*, da Constituição).

---

[21] SOUZA FILHO, Carlos Frederico Marés de. Dos índios. *In*: CANOTILHO, J. J. Gomes *et al*. *Comentários à Constituição do Brasil*. 2. ed. São Paulo: Saraiva Educação, 2018. p. 2258.

Trago a opinião de Paulo de Bessa Antunes sobre o tema:

O reconhecimento da autonomia cultural dos povos indígenas se faz no âmbito do Estado brasileiro e implica, evidentemente, a construção de *direitos e deveres*, tanto para a chamada sociedade envolvente, quanto para os próprios povos indígenas que, também eles, possuem obrigações para com os outros setores e etnias de nossa sociedade multiétnica. O dever de conservação do meio ambiente, tal qual estabelecido no artigo 225 da Constituição Federal, é imposição feita a todos os brasileiros, sem qualquer distinção racial ou étnica.[22]

O art. 225, §1º, IV da Constituição, que prevê o emprego do estudo prévio de impacto ambiental, quando houver probabilidade de dano ambiental significativo, assegurando-se plena publicidade, e o art. 225, §1º, V, da Constituição, que prevê o controle do risco da produção, da comercialização e do emprego de técnicas, de métodos e de substâncias, aplicam-se integralmente nas terras indígenas, abrangendo índios e não índios.

No mesmo sentido, acentuo que tendo a Constituição brasileira empregado o pronome indefinido "todos", no artigo 225, "alarga a abrangência da norma jurídica, pois não particularizando quem tem direito ao meio ambiente, evita que se exclua quem quer que seja".[23]

Interessa colocar em destaque o posicionamento da Convenção nº 169 da OIT, já citado, que em seu art. 7º, 4, declara: "Os governos deverão adotar medidas em cooperação com os povos interessados para proteger o meio ambiente dos territórios que eles habitam".

Referências

ANTUNES, Paulo de Bessa. *Direito Ambiental*. 16. ed. São Paulo: Atlas, 2014.

BRASIL. Decreto nº 678, de 6 de novembro de 1992. Promulga a Convenção Americana sobre Direitos Humanos (Pacto de São José da Costa Rica), de 22 de novembro de 1969. *Diário Oficial da União*, Brasília, 09 nov. 1992. Disponível em: http://www.planalto.gov.br/ccivil_03/decreto/d0678.htm#:~:text=DECRETO%20No%20678%2C%20DE,que%20lhe%20confere%20o%20art. Acesso em 25 set. 2020.

BRASIL. Supremo Tribunal Federal. *Notícias STF*. 01 ago. 2019. Disponível em: http://www.stf.jus.br/portal/cms/verNoticiaDetalhe.asp?idConteudo=418183. Acesso em 07 ago. 2019.

HOUAISS, Antônio. *Dicionário eletrônico Houaiss da língua portuguesa*. Editora Objetiva Ltda, Versão 1.0. dez. 2001. CD-ROM.

MACHADO, Paulo Affonso Leme. *Direito Ambiental Brasileiro*. 26. ed. São Paulo: Malheiros Ed., 2018.

MENDES, Gilmar Ferreira; BRANCO, Paulo Gustavo Gonet. *Curso de Direito Constitucional*. 11. ed. São Paulo: Editora Saraiva, 2016.

MORRIS, William (Ed.). *The American Heritage Dictionary of the Language*. Nova York: American Heritage Publishing, 1970.

NOUVEAU PETIT ROBERT. *Dictionnaire de La Langue Française*. Bruxelles: Dictionnaires Robert, 2001. CD-ROM.

---

[22] ANTUNES, Paulo de Bessa. *Direito Ambiental*. 16. ed. São Paulo: Atlas, 2014. p. 1357.

[23] MACHADO, Paulo Affonso Leme. *Direito Ambiental Brasileiro*. 26. ed. São Paulo: Malheiros Ed., 2018. p. 158.

RAMOS, André de Carvalho. *Curso de Direitos Humanos*. 5. ed. São Paulo: Saraiva Educação, 2018.

PENTINAT, Susana Borràs. Pueblos indígenas y médio ambiente. *In*: SOLÉ, Antoni Pigrau (Ed.). *Pueblos indígenas, diversidad cultural y justicia ambiental*. Valencia: Tirant Lo Blanch, 2013.

SILVA, José Afonso da. *Comentário Contextual à Constituição*. 8. ed. São Paulo: Malheiros Ed., 2012.

SOUZA FILHO, Carlos Frederico Marés de. Dos índios. *In*: CANOTILHO, J. J. Gomes *et al. Comentários à Constituição do Brasil*. 2. ed. São Paulo: Saraiva Educação, 2018.

THORNBERRY, Patrick. The Rights os Minorities and Indigenous Peoples. *In*: SOLÉ, Antoni Pigrau (Ed.). *Pueblos indígenas, diversidad cultural y justicia ambiental*. Valencia: Tirant Lo Blanch, 2013.

Informação bibliográfica deste texto, conforme a NBR 6023:2018 da Associação Brasileira de Normas Técnicas (ABNT):

MACHADO, Paulo Affonso Leme. O Supremo Tribunal Federal, os índios e o direito ambiental. *In*: BENJAMIN, Antônio Herman Vasconcelos e; FREITAS, Vladimir Passos de; SOARES JÚNIOR, Jarbas (Coord.). *Comentários aos acórdãos ambientais:* paradigmas do Supremo Tribunal Federal. Belo Horizonte: Fórum, 2021. p. 165-176. ISBN 978-65-5518-077-0.

A NECESSIDADE DE CRITÉRIOS ECOLÓGICOS EM ESTUDOS TÉCNICOS PARA EVENTUAL PERMISSÃO DE TEMPORADA DE CAÇA AMADORÍSTICA – ATUALIZANDO O ARTIGO 8º DA LEI Nº 5.197/67 FRENTE AO ARTIGO 225 DA CONSTITUIÇÃO – RE Nº 629.502

RELATORA: MINISTRA ROSA WEBER

CÂNDIDO ALFREDO SILVA LEAL JÚNIOR

EMENTA EMBARGOS DE DECLARAÇÃO RECEBIDOS COMO AGRAVO REGIMENTAL. DIREITO CONSTITUCIONAL E AMBIENTAL. AÇÃO CIVIL PÚBLICA. TEMPORADA DE CAÇA AMADORA. IMPACTO AO MEIO AMBIENTE. ESTUDO AMBIENTAL. REEXAME INCABÍVEL. INTERPRETAÇÃO DA LEI Nº 5.197/1967. ANÁLISE DA OCORRÊNCIA DE EVENTUAL AFRONTA AOS PRECEITOS CONSTITUCIONAIS INVOCADOS NO APELO EXTREMO DEPENDENTE DA REELABORAÇÃO DA MOLDURA FÁTICA CONSTANTE NO ACÓRDÃO REGIONAL. ÂMBITO INFRACONSTITUCIONAL DO DEBATE. EVENTUAL VIOLAÇÃO REFLEXA DA CONSTITUIÇÃO FEDERAL NÃO VIABILIZA O MANEJO DE RECURSO EXTRAORDINÁRIO. ACÓRDÃO RECORRIDO PUBLICADO EM 14.4.2010. As razões do agravo regimental não são aptas a infirmar os fundamentos que lastrearam a decisão agravada. Divergir do entendimento do acórdão recorrido quanto à insuficiência e inadequação dos estudos ambientais realizados por órgão competente para verificar quais impactos a atividade de caça à fauna cinegética causaria ao meio ambiente, condição a autorizar a abertura da temporada de caça amadorística no Estado do Rio Grande do Sul, demandaria a reelaboração da moldura fática delineada nos autos, o que torna oblíqua e reflexa eventual ofensa, insuscetível, portanto, de viabilizar o conhecimento do recurso extraordinário. Embargos de declaração recebidos com agravo regimental, ao qual se nega provimento. (STF, RE Nº 629502 ED, Relator(a): Min. ROSA WEBER, Primeira Turma, julgado em 03.12.2013, PROCESSO ELETRÔNICO DJe-249 DIVULG 16.12.2013 PUBLIC 17.12.2013).

Comentários

a) A questão da caça no Brasil

Liberar ou proibir a caça amadorística não é matéria nova nos tribunais brasileiros. Essa questão tem sido debatida ao longo dos anos, muitas vezes de forma apaixonada, pelos que defendem sua liberação (geralmente entidades ligadas à caça amadorística e aos clubes de tiro) e pelos que lutam por seu banimento (geralmente organizações não governamentais ligadas à proteção dos animais e da vida).

Os órgãos governamentais de proteção ambiental geralmente adotam postura conservadora quanto à legislação vigente, defendendo a liberação da caça amadorística desde que preenchidos requisitos regulamentares próprios, que eles próprios têm a incumbência de definir (estudos técnicos, definição de espécies e períodos de liberação, cobrança de taxas, controle de populações).

Isso é feito por esses órgãos públicos com base na Lei nº 5.197, de 1967, que dispõe sobre a proteção da fauna e estabelece que "se peculiaridades regionais comportarem o exercício da caça, a permissão será estabelecida em ato regulamentador do Poder Público Federal" (§1º do artigo 1º da Lei nº 5.197/67).

Essa regulamentação pode ter sido suficiente para que os órgãos ambientais permitissem e controlassem a caça amadorística durante vários anos. Entretanto, com o advento da Constituição de 1988 e o surgimento de novas demandas da sociedade quanto à proteção ambiental, essa legislação passou a se mostrar insuficiente e desatualizada, sendo cada vez mais contestada por ações judiciais propostas pelo Ministério Público ou por outros órgãos da sociedade civil.

Por força dessa crescente pressão, a controvérsia deixou os espaços dos Poderes Legislativo (Lei nº 5.197/67) e Executivo (Portarias do IBAMA), e passou a ocupar a pauta dos tribunais, especialmente no estado do Rio Grande do Sul, que era o último estado da Federação onde a caça amadorística era liberada pelo IBAMA em meses específicos do ano ("temporadas de caça", que anualmente permitiam caçar e abater determinadas espécies de animais silvestres da fauna local).

b) Debate judiciário a respeito da caça no Rio Grande do Sul

Esse debate social sobre a liberação de "temporadas" de caça amadorística no Rio Grande do Sul reflete conflito que existe entre duas visões de distintos grupos sociais sobre as possibilidades e formas de "aproveitamento" dos animais silvestres que vivem soltos pelos campos e banhados gaúchos, cada vez mais impactados por atividades agrícolas (monoculturas de soja, florestamento de eucaliptos e *pinus*, entre outros).

De um lado, temos grupos que pretendem continuar realizando a caça amadorística como esporte e prática cultural arraigada na vida social do Estado, já que há muito tempo se caçava no Brasil e isso inclusive é tolerado em países vizinhos, como o Uruguai.

De outro lado, populações urbanas sensíveis às pautas de defesa ambiental e proteção aos animais pretendem proibir práticas culturais que envolvam a caça e o abate de animais silvestres. São grupos que pretendem uso racional e preservação dos mais diversos elementos dos ecossistemas (ar, água, solo, plantas, animais), e mais recentemente advogam, inclusive, atribuição de novo *status* jurídico aos animais de todas as espécies, domésticos, silvestres ou exóticos, como portadores de alguns interesses que devam ser também protegidos em si, pela vida que contêm e representam.

Esses grupos divergentes e interesses opostos têm entrado em conflito e buscam o Poder Judiciário para pretender proibir ou liberar as temporadas de caça amadorística, discutindo os mais diversos aspectos envolvidos (causas de pedir), como, por exemplo: constitucionalidade da Lei nº 5.197/67 frente ao artigo 225 da Constituição; caça amadorística como prática esportiva cruel para com os animais; necessidade de estudos científicos e técnicos específicos para liberação das temporadas de caça; riscos e consequências que a liberação da temporada de caça pode acarretar, como, por exemplo, liberação de chumbo no ambiente, limitações estabelecidas por estiagens prolongadas, necessidade de controle das populações de animais a serem abatidos, entre outros.

c) A proibição da caça amadorística e a proteção ambiental

Ainda que a questão tenha sido bastante debatida nos tribunais e se encontre praticamente resolvida em termos de precedentes jurisprudenciais, as discussões não estão encerradas, posto que existem várias propostas legislativas em tramitação, que pretendem restabelecer a possibilidade das "temporadas de caça amadorística".

Isso muitas vezes envolve o próprio *lobby* pela ampliação da liberação do porte de armas de fogo pelo cidadão, remontando aos antigos "clubes de caça e tiro", que davam suporte às práticas de caça amadorística.

Ainda que desarmamento e proibição da caça não sejam temas que sejam defendidos pelos mesmos grupos sociais (essas bandeiras não são necessariamente coincidentes), creio que podemos encontrar maior aproximação de interesses entre aqueles que defendem a liberação da caça e os defensores da flexibilização da liberação das armas de fogo no país, debate muito acirrado e frequente no Brasil atual.

Considerando então a existência desses grupos de interesse advogando o retorno da permissão da caça amadorística, inclusive alguns alegando motivos de proteção ambiental para liberação da caça (exploração econômica e turística da atividade, cobrança de taxas, manejo de populações a partir da caça, etc.), não podemos deixar de reconhecer a importância de conhecermos os precedentes da jurisprudência brasileira a respeito da temática da caça amadorística.

Afinal, esses precedentes são fruto de apaixonado debate travado por partes e interessados nos processos judiciais, percorrendo as diversas instâncias judiciais até se consolidarem numa coisa julgada que vigora até que novas condições de fato e de direito aconteçam. Essa *ratio decidendi* não pode ser perdida, devendo ser aproveitada como norte nas discussões legislativas em eventual nova regulamentação para a proteção da fauna silvestre brasileira e estabelecimento de regras e requisitos para permitir (ou proibir) que os animais silvestres novamente venham a ser abatidos em território nacional.

Acrescente-se, ainda, a isso, que a preocupação com a proteção dos animais como forma de vida autônoma é cada vez mais presente nas discussões travadas na sociedade brasileira, existindo, inclusive, fortes movimentos em favor da atribuição de direitos aos animais, com uma proteção maior do que aquela que eles atualmente gozam (dita superação de um paradigma antropocêntrico). Ou seja, os animais antigamente eram tidos como coisas da natureza, agora são considerados elementos relevantes dos ecossistemas e, talvez no futuro, possam vir a ser sujeitos de algum tipo de proteção jurídica mais forte daquela que hoje gozam.

Aliás, a própria questão do abate de animais e sua utilização para consumo humano tem sido tema de constante contestação através de grupos internacionais de pressão e movimentos que defendem, por exemplo, formas menos dolorosas de abate e até mesmo a substituição da proteína animal na alimentação humana por outras fontes não animais (vegetarianos, veganos, etc.).

Por tudo isso, é importante conhecermos os motivos e os fundamentos pelos quais o Poder Judiciário resolveu ações judiciais envolvendo a proibição ou a liberação de temporadas de caça amadorística.

d) Espécies de caça e seu estatuto atual

É importante considerar que o estatuto jurídico da caça não pode ser único, uma vez que existem diversas modalidades de caça (científica, de controle, de subsistência, amadorística), e cada uma delas tem peculiaridades e características específicas, que demandam estatuto específico que atenda suas finalidades e objetivos.

Assim, por exemplo, no que toca à caça de subsistência, não existirá crime quando o abate do animal for realizado "em estado de necessidade, para saciar a fome do agente ou de sua família" (artigo 37-II da Lei nº 9.605/98). Também existe previsão específica de que indígenas e povos tradicionais possam se valer das práticas tradicionais de caça, de pesca e de extração vegetal em suas áreas (artigos 18, §1º e 24, §2º da Lei nº 6.001/73), sendo que "é garantido ao índio o exclusivo exercício da caça e pesca nas áreas por ele ocupadas, devendo ser executadas de forma suasória as medidas de polícia que em relação a ele eventualmente tiverem que ser aplicadas".

Ainda, no que tange à caça científica, a legislação estabelece que "poderá ser concedida a cientistas, pertencentes a instituições científicas, oficiais ou oficializadas, ou por estas indicadas, licença especial para a coleta de material destinado a fins científicos, em qualquer época" (artigo 14, caput da Lei nº 5.197/67).

Temos também a caça de controle, que é permitida em condições especiais, desde que devidamente autorizadas pelo Poder Público, estabelecendo a legislação que "será permitida mediante licença da autoridade competente (...) a destruição de animais silvestres considerados nocivos à agricultura ou à saúde pública" (artigo 3º, §2º da Lei nº 5. 197/67).

Essas três modalidades não parecem ter suscitado maiores debates, seja porque se referem a situações específicas em que há uma finalidade social manifesta na captura e utilização do animal silvestre, seja porque as duas últimas (caça científica e caça de controle) dependem de permissão específica do Poder Público, concedida mediante critérios rígidos.

e) Controvérsia quanto à caça desportiva ou recreativa

A controvérsia parece se transformar em apaixonada polêmica quando examinamos as condições para permissão e liberação da caça dita amadorística, que se apresenta como prática desportiva e atividade recreativa desenvolvida culturalmente no país e no estrangeiro (os tradicionais "clubes de caça" e as atividades de caça amadorística).

Apesar do norma legal estabelecer que "se peculiaridades regionais comportarem o exercício da ação, a permissão será estabelecida em ato regulamentador do Poder

Público Federal" (art. 1º, §1º da Lei nº 5.197/67), a permissão passou a ser contestada nos tribunais a partir de dois fundamentos principais, a saber: (1) inconstitucionalidade da permissão legal frente ao artigo 225 da Constituição; (2) insuficiência dos estudos técnicos autorizadores do artigo 8º da Lei nº 5.197/67.

O primeiro destes fundamentos já foi objeto de ampla discussão judiciária na ação civil pública nº 2004.71.00.021481-2/RS, que tramitou e foi sentenciada na Vara Federal Ambiental de Porto Alegre (RS), tendo a sentença de procedência sido confirmada pelo Tribunal Federal da 4ª Região em embargos infringentes, assim ementados:

> AMBIENTAL. CAÇA AMADORÍSTICA. EMBARGOS INFRINGENTES EM FACE DE ACÓRDÃO QUE, REFORMANDO A SENTENÇA DE PARCIAL PROCEDÊNCIA EM AÇÃO CIVIL PÚBLICA AJUIZADA COM VISTAS À VEDAÇÃO DA CAÇA AMADORISTA NO RIO GRANDE DO SUL, DEU PROVIMENTO ÀS APELAÇÕES PARA JULGAR IMPROCEDENTE A *ACTIO*. PRÁTICA CRUEL EXPRESSAMENTE PROIBIDA PELO INCISO VII DO §1º DO ART. 225 DA CONSTITUIÇÃO E PELO ART. 11 DA DECLARAÇÃO UNIVERSAL DOS DIREITOS DOS ANIMAIS, PROCLAMADA EM 1978 PELA ASSEMBLÉIA DA UNESCO, A QUAL OFENDE NÃO SÓ I. O SENSO COMUM, QUANDO CONTRASTADO O DIREITO À VIDA ANIMAL COM O DIREITO FUNDAMENTAL AO LAZER DO HOMEM (QUE PODE SER SUPRIDO DE MUITAS OUTRAS FORMAS) E II. OS PRINCÍPIOS DA PREVENÇÃO E DA PRECAUÇÃO, MAS TAMBÉM APRESENTA RISCO CONCRETO DE DANO AO MEIO AMBIENTE, REPRESENTADO PELO POTENCIAL TÓXICO DO CHUMBO, METAL UTILIZADO NA MUNIÇÃO DE CAÇA. PELO PROVIMENTO DOS EMBARGOS INFRINGENTES, NOS TERMOS DO VOTO DIVERGENTE.
>
> Com razão a sentença ao proibir, no condão do art. 225 da Constituição Federal, bem como na exegese constitucional da Lei nº 5.197/67, a caça amadorista, uma vez carente de finalidade social relevante que lhe legitime e, ainda, ante à suspeita de poluição ambiental resultante de sua prática (irregular emissão de chumbo na biosfera), relatada ao longo dos presentes autos e bem explicitada pelo MPF.
>
> Ademais, i) proibição da crueldade contra animais – art. 225, §1º, VII, da Constituição – e a sua prevalência quando ponderada com o direito fundamental ao lazer, ii) incidência, no caso concreto, do art. 11 da Declaração Universal dos Direitos dos Animais, proclamada em 1978 pela Assembleia da UNESCO, o qual dispõe que o ato que leva à morte de um animal sem necessidade é um biocídio, ou seja, um crime contra a vida e iii) necessidade de consagração, *in concreto*, do princípio da precaução.
>
> 3. Por fim, comprovado potencial nocivo do chumbo, metal tóxico encontrado na munição de caça.
>
> 4. Embargos infringentes providos.
>
> (TRF4, EINF Nº 2004.71.00.021481-2, SEGUNDA SEÇÃO, Relator CARLOS EDUARDO THOMPSON FLORES LENZ, D.E. 02.04.2008).

Esse julgamento foi confirmado pelo Supremo Tribunal Federal, ainda que sem maior aprofundamento da questão constitucional, assim ementada a decisão monocrática que não conheceu do recurso extraordinário:

> RECURSOS EXTRAORDINÁRIOS. AMBIENTAL. CAÇA AMADORÍSTICA. PRÁTICA CRUEL E CONTRARIEDADE AOS PRINCÍPIOS DA PREVENÇÃO E DA PRECAUÇÃO. 1) OFENSA AO ART. 97 DA CONSTITUIÇÃO INEXISTENTE. 2) IMPOSSIBILIDADE DE ANÁLISE DA LEGISLAÇÃO INFRACONSTITUCIONAL E DO REEXAME DE PROVAS. INCIDÊNCIA DA SÚMULA *Nº* 279 DO SUPREMO TRIBUNAL FEDERAL. RECURSOS

AOS QUAIS SE NEGA SEGUIMENTO.

(STF, RE Nº 631733, Decisão Monocrática, Relator(a): Min. CÁRMEN LÚCIA, Primeira Turma, decidido em 28.11.2010, DJe-239, DIVULG 07.12.2010).

O segundo fundamento utilizado para contestar judicialmente as temporadas de caça no Rio Grande do Sul trata não mais da possibilidade em tese da norma legislativa permitir a caça amadorística, mas da forma como essa liberação tenha sido feita no caso concreto pelo ato específico do Poder Público que a considerou possível.

Aqui a questão não está mais em nível de constitucionalidade da permissão, mas da legalidade e da adequação dos estudos técnicos que subsidiaram a liberação pelo Poder Público naquele momento específico.

É sobre esse ponto específico que encontramos na jurisprudência brasileira o precedente do Supremo Tribunal Federal, agora em comento, que trata dos requisitos que o Poder Público deve observar quando for liberar a caça amadorística.

f) Relevância do precedente do STF no RE Nº 629502-ED

Aqui é importante examinar o acórdão originário apreciado no recurso extraordinário julgado pelo Supremo Tribunal Federal, dando conta do que está sendo discutido no precedente, conforme constou da ementa do TRF4:

> ADMINISTRATIVO. CONSTITUCIONAL E AMBIENTAL. TEMPORADA DE CAÇA. ESTUDO DE MEIO AMBIENTE. INSUFICIÊNCIA. VIOLAÇÃO AO ART. 225 DA CONSTITUIÇÃO FEDERAL. ESTUDOS INSUFICENTES.
>
> 1. Todos têm direito ao meio ambiente ecologicamente equilibrado, bem como de uso comum do povo e essencial à sadia qualidade de vida, impondo-se ao Poder Público e à coletividade o dever de defendê-lo e preservá-lo para as presentes e futuras gerações (art. 225 da CF).
>
> 2. O meio ambiente ecologicamente equilibrado consiste na preservação do ecossistema, que é o conjunto formado de elementos bióticos e abióticos, que atuam sobre determinada região. Esses elementos se relacionam de forma encadeada e qualquer alteração em um desses componentes compromete todo o ecossistema.
>
> 3. A caça amadorística necessita de estudo ambiental, realizado pelo órgão público competente, para verificar quais os impactos que tal atividade causaria ao meio ambiente. No entanto, essas pesquisas somente levam em conta os dados estatísticos da população dos animais alvo de caça, o número de espécimes, o seu aumento ou a sua diminuição. Não considera o ecossistema no qual esses animais estão inseridos.
>
> 4. Os estudos mostram-se insuficientes para autorizar a abertura da temporada de caça amadorística, uma vez que não faz o levantamento adequado dos possíveis impactos que o ambiente sofrerá com a atividade.
>
> 5. Apelação improvidas.
>
> (TRF4, AC Nº 2005.71.00.022779-3, TERCEIRA TURMA, Relator ROGER RAUPP RIOS, D.E. 19.08.2009).

Pois bem, considerando o que foi confirmado pelo Supremo Tribunal Federal (o julgamento do TRF4 foi mantido), podemos dizer que foi estabelecido norte jurisprudencial relevante para avaliação da suficiência e adequação de estudos técnicos que venham a ser utilizados pelo Poder Público para liberação da caça amadorística, o que nos parece envolver o seguinte:

Primeiro, é necessário que os estudos sejam técnicos, sérios e imparciais. Não bastarão pareceres técnicos unilaterais, feitos pelas entidades interessadas na liberação da caça ou elaborados pelos órgãos ambientais tão somente para permitir a liberação de que trata a legislação. Isso porque esse tipo de caça amadorística, diferentemente da científica e daquela de controle, é feita por esporte, prazer, recreação, deleite, e como tal é preciso estar demonstrado e comprovado que não traz dano ao meio ambiente nem há risco ou consequências prejudiciais aos ecossistemas e a seus elementos. Ou seja, não se trata de solicitar estudos técnicos quaisquer, como se isso fosse requisito meramente retórico ou burocrático, que pudesse ser satisfeito com pareceres parciais ou relatórios unilaterais. Não pode ser um faz de conta, é preciso que seja um estudo sério, técnico e imparcial.

Segundo, da mesma forma exigida na liberação ou permissão de outras atividades potencialmente poluidoras ou causadoras de alterações no ambiente, esses estudos devem ser sérios e comprometidos com os valores do artigo 225 da Constituição, especialmente no que toca aos mandamentos constitucionais específicos do seu §1º. É preciso que enfrentem questões que envolvem processos ecológicos essenciais, manejo ecológico das espécies e ecossistemas, estudo prévio e público de impacto ambiental, educação ambiental, proteção da fauna e de sua função ecológica, impedimento à extinção de espécies ou submissão de animais à crueldade, entre outros.

Terceiro, esses estudos não podem ser feitos isoladamente, como se tentassem, *a priori,* comprovar suas conclusões e legitimar suas intenções. Ao contrário, devem se mostrar comprometidos com o meio ambiente e sua proteção constitucional, não considerando apenas os elementos isolados previstos no artigo 8º da antiga Lei nº 5.197/67 (relação de espécies, áreas delimitadas, época e número de dias de caça, quota diária de caça), mas também examinar e dar conta de bem resolver a relação desses animais com os ecossistemas em que estão inseridos e com os demais elementos desses ecossistemas.

Aqui parece que reside a grande contribuição dos acórdãos do TRF4 e do Supremo Tribunal Federal nessa temática das temporadas de caça, uma vez que estabelecem, como requisito de higidez para os estudos que eventualmente autorizem a caça, considerações de ordem técnica (estudo das populações a serem abatidas) mas também considerações de ordem ecológica (estudo dos impactos nos ecossistemas). Não devem apenas tratar dos efeitos diretos e limitados da caça sobre os animais abatidos, mas também devem considerar todos os outros impactos e consequências que isso trará para o ecossistema e suas relações com os demais elementos integrantes desse ecossistema.

Um debate muito semelhante vem sendo travado em termos de licenciamento ambiental na utilização de potenciais hidrelétricos para geração de energia. Em estudos feitos para esse licenciamento ambiental, não se mostra suficiente considerar os impactos e as consequências do represamento das águas apenas em determinado trecho do rio, mas é preciso considerar os efeitos dessa intervenção sobre toda a bacia hidrográfica da qual aquele rio é apenas um dos seus elementos relevantes (estudo de impacto ambiental integrado à bacia hidrográfica, e não apenas a determinado afluente isolado). Em outras palavras, não se consideram apenas os efeitos da hidrelétrica sobre determinado trecho do afluente, mas toda a bacia hidrográfica deve ser considerada, porque o equilíbrio ecológico não é pontual, não é isolado, não é individual, mas envolve complexidade de fatores e relações que estão muito além do elemento isolado. O todo deve ser considerado, juntamente com as relações do todo com o mundo real, e não apenas o elemento isolado em exame, como se pudesse permanecer numa redoma fictícia de estudo, sem contato e interação com o restante do ambiente.

Afinal, o meio ambiente não tem fronteiras. Seus elementos não são coisas soltas no mundo ou partes que possam ser isoladas e separadas do todo que integram. Ao contrário, fazem parte de um todo, com relações e interrelações que devem ser sempre consideradas e estudadas, porque somente assim a função ecológica é atendida e a proteção constitucional do artigo 225 da Constituição pode ser alcançada.

Isso é o que nos parece ter sido confirmado pelo acórdão do Supremo Tribunal Federal: eventual permissão de caça amadorística necessita de prévio estudo de impacto ambiental, realizado pelos órgãos públicos competentes, a partir de critérios técnicos que permitam, com precaução e prevenção, verificar quais impactos tal atividade causaria ao meio ambiente e quais relações e inter-relações estariam sendo afetadas com a prática permitida.

Além disso, essas pesquisas e aqueles estudos não podem levar em conta apenas elementos técnicos como dados estatísticos da população do animais alvo de caça, número de espécimes, o seu aumento ou a sua diminuição simplesmente numérica. Precisam considerar também os elementos previstos no artigo 225 da Constituição, que dizem respeito à função ecológica da atividade e os impactos que aquela atividade, permitida ou proibida, acarretaria aos ecossistemas nos quais os animais estão inseridos e nas demais relações biológicas e ecológicas envolvidas.

Em conclusão, o artigo 8º da Lei nº 5.197/67 deve ser lido e atualizado pelas exigências do artigo 225 da Constituição, sob pena de não se ter proteção efetiva da fauna silvestre brasileira.

Informação bibliográfica deste texto, conforme a NBR 6023:2018 da Associação Brasileira de Normas Técnicas (ABNT):

LEAL JÚNIOR, Cândido Alfredo Silva. A necessidade de critérios ecológicos em estudos técnicos para eventual permissão de temporada de caça amadorística – Atualizando o artigo 8º da Lei nº 5.197/67 frente ao artigo 225 da Constituição – RE nº 629.502. *In*: BENJAMIN, Antônio Herman Vasconcelos e; FREITAS, Vladimir Passos de; SOARES JÚNIOR, Jarbas (Coord.). *Comentários aos acórdãos ambientais*: paradigmas do Supremo Tribunal Federal. Belo Horizonte: Fórum, 2021. p. 177-184. ISBN 978-65-5518-077-0.

O DEVER FUNDAMENTAL DO ESTADO DE IMPEDIR DANOS AMBIENTAIS ASSOCIADOS À INADEQUADA DISPOSIÇÃO FINAL DE RESÍDUOS SÓLIDOS – COMENTÁRIO AO ACÓRDÃO RE Nº 577.996/STF

RELATOR: MINISTRO GILMAR MENDES

ANELISE MONTEIRO STEIGLEDER

EMENTA: Agravo regimental em recurso extraordinário. 2. Aterro sanitário localizado na divisa dos municípios de Cubatão e Santos, no Estado de São Paulo. Danos ambientais causados em razão de irregularidades de aterro sanitário. Revisão de fatos e provas. Óbice da Súmula nº 279 do STF. 3. Alegação de violação ao princípio da separação dos poderes. Improcedência. O Poder Judiciário, em situações excepcionais, pode determinar que a Administração Pública adote medidas assecuratórias de direitos constitucionalmente reconhecidos como essenciais, sem que isso configure violação do princípio da separação de poderes. Precedentes. 4. Agravo regimental a que se nega provimento. (RE Nº 577996 AgR, Relator(a): Min. GILMAR MENDES, Segunda Turma, julgado em 01.04.2014, ACÓRDÃO ELETRÔNICO DJe-080 DIVULG 28.04.2014 PUBLIC 29.04.2014).

Introdução

O presente artigo é um comentário ao acórdão correspondente ao Recurso Extraordinário nº 577966, do Supremo Tribunal Federal, publicado em 29 de abril de 2014, em que figurou como relator o Ministro Gilmar Mendes. A discussão jurídica foi travada em uma ação civil pública ajuizada pelo Município de Cubatão, no ano de 1992, contra o Município de Santos, em virtude de que este mantinha um aterro sanitário, conhecido como "Aterro da Alemoa", que, apesar de estar inteiramente situado em Santos, provocava danos ambientais que atingiam os munícipes de Cubatão.

O objetivo da ação era a suspensão das atividades do aterro no local, com sua subsequente extinção, o gerenciamento adequado do aterro durante o período de sua desativação e, por fim, a restauração do meio ambiente degradado, ou a indenização proporcional aos danos irrecuperáveis. O feito foi julgado procedente, com a prolação de sentença determinando a implantação de um novo e adequado empreendimento para a destinação final de resíduos sólidos domiciliares, com a consequente desativação do atual aterro municipal localizado no Bairro da Alemoa, no prazo de 2 (dois) anos, contados do trânsito em julgado desta sentença, ficando cominada a multa diária no equivalente a 100 (cem) salários mínimos para a hipótese de descumprimento.[1]

A decisão ainda estabeleceu medidas específicas de gerenciamento do atual aterro sanitário durante o período necessário à conclusão das obras do novo aterro, a serem atendidas sob pena de multa diária. A sentença foi confirmada pelo Tribunal de Justiça do Estado de São Paulo, seguindo-se o recurso ao Supremo Tribunal Federal, sob o argumento de que haveria violação ao princípio constitucional da separação de poderes, pois não caberia ao Poder Judiciário invadir a esfera discricionária da Administração Pública. Não obstante, a Suprema Corte entendeu que, em situações excepcionais, o Poder Judiciário está autorizado a interferir no espaço discricionário legado ao Poder Executivo, sem que tal intervenção represente violação ao aludido princípio.

Diante da relevância do julgamento, que vai ao encontro dos princípios e das diretrizes das Leis Federais nº 11.445/2017 e nº 12.305/2010, que tratam, respectivamente, da Política Nacional de Saneamento Básico e da Política Nacional de Resíduos Sólidos, muito embora à época em que se travou a discussão jurídica nas instâncias inferiores estes marcos legais ainda não existissem, cumpre tecer algumas considerações sobre o acórdão, explorando suas linhas de argumentação, concentradas na concepção de que, em situações excepcionais, cabe ao Poder Judiciário intervir nas políticas públicas.

Cumpre-nos, então, identificar quando e sob quais motivos estaria autorizado o controle judicial da omissão estatal lesiva, sem que tal configure violação ao princípio da separação de poderes.

1 O dever estatal de prevenção e de não lesividade

O primeiro aspecto a ser explorado diz respeito à fundamentação que autoriza o Poder Judiciário a exercer o controle da omissão estatal lesiva aos direitos fundamentais. Em outras palavras, o porquê da intervenção judicial, que deve ser sempre excepcional em um Estado Democrático de Direito, no qual se espera que a Administração Pública desempenhe seus misteres voluntariamente e guiada pelos princípios da eficácia, da eficiência e da boa administração.

Nessa abordagem, tem-se que, a partir do disposto no art. 170, inciso IV, combinado com o art. 225, caput, e art. 23, incisos VI e VII, da Constituição Federal de 1988, é possível identificar o arcabouço constitucional brasileiro que reconhece o direito fundamental ao ambiente ecologicamente equilibrado como indispensável à sadia qualidade de vida e o dever estatal de preventividade e de não lesividade, como desdobramentos desse direito fundamental.

Gavião Filho afirma que o direito fundamental ao ambiente ecologicamente equilibrado, expresso no art. 225, caput, da CF/88, enseja o reconhecimento de um direito à proteção do ambiente, como expressão do direito de defesa dos seus titulares, a ser

---

[1] Tribunal de Justiça de São Paulo, Apelação Cível nº 153.451-5/8, 3ª Câmara Cível, Rel. Des. Borelli Machado, j. em 13.02.2001.

exercido contra os agentes públicos e privados que puderem desencadear uma situação de risco para os bens jurídicos cuja proteção é indispensável para o equilíbrio ecológico e para a sadia qualidade de vida. Esse direito significa para a coletividade, na posição de titular do direito fundamental ao ambiente equilibrado, o direito subjetivo de não ser lesada e exposta a situações de risco que atentem contra a qualidade necessária à conservação dos bens ambientais; e, para o Poder Público, significa o dever vinculante e indisponível de não criar situações de risco intolerável, seja diretamente, quando regula atividades econômicas, quando age como empreendedor de uma obra pública ou quando exerce atividade potencialmente lesiva; seja indiretamente, quando licencia e aprova uma atividade de terceiros capaz de produzir danos ambientais e urbanísticos; ou, ainda, quando se omite na fiscalização das atividades potencialmente lesivas.[2]

Consoante Alexy, o direito fundamental ao ambiente ecologicamente equilibrado implica, além do direito à proteção, o direito à organização e ao procedimento e o direito a prestações em sentido estrito.[3] Cuida-se de um "direito fundamental completo ou como um todo", a ser compreendido em sentido amplo, que apresenta uma feição defensiva e uma feição prestacional, que representam a garantia da liberdade-autonomia perante o Estado, mas também por meio do Estado, partindo-se da premissa de que a pessoa humana, no que concerne à conquista e à manutenção de sua liberdade, depende muito de uma postura ativa dos poderes públicos.[4]

Assim, reconhece-se o direito a que o Estado se abstenha de determinadas intervenções no meio ambiente (direito de defesa) e um direito a que o Estado proteja o titular do direito fundamental contra intervenções de terceiros que sejam prejudiciais ao meio ambiente (direito à proteção), o que se concretiza por meio de prestações normativas que asseguram a tríplice responsabilidade por danos e ilícitos ambientais (penal, administrativo e civil).

Ainda, reconhecem-se um direito a que o Estado inclua o titular do direito fundamental nos procedimentos relevantes para o meio ambiente (direito a procedimentos) e um direito a que o próprio Estado tome medidas fáticas benéficas à qualidade ambiental, como, por exemplo, por meio da implantação de saneamento básico.[5]

No acórdão ora comentado, a decisão no sentido de afirmar a omissão lesiva do Município de Santos quanto ao seu dever de garantir a disposição final adequada dos resíduos sólidos de origem domiciliar em um Aterro Sanitário devidamente licenciado ambientalmente, desta forma evitando a ocorrência de danos ambientais, apoia-se nas perspectivas do direito fundamental ao meio ambiente como um direito de defesa e como um direito à proteção, pois afirma que o Município não tem liberdade para causar danos ambientais, o que ocorre quando se dá a gestão inadequada desses resíduos e, ao mesmo tempo, afirmou a necessidade de regularização e subsequente desativação do aterro, o que implica a obrigatória adoção de providências materiais voltadas à concretização do direito fundamental.

---

[2] GAVIÃO FILHO, Anízio Pires. *Direito fundamental ao ambiente*. Porto Alegre: Livraria do Advogado, 2005. p. 53.

[3] ALEXY, Robert. *Teoria dos direitos fundamentais*. 2. ed. (Trad. Virgílio Afonso da Silva). São Paulo: Malheiros, 2014. p. 444.

[4] Estes aspectos são abordados também por: SARLET, Ingo Wolfgang; FENSTERSEIFER, Tiago. *Direito constitucional ambiental. Constituição, direitos fundamentais e proteção do ambiente*. 2. ed. São Paulo: Ed. RT, 2012. p. 57.

[5] ALEXY, Robert. *Teoria dos direitos fundamentais*. 2. ed. (Trad. Virgílio Afonso da Silva). São Paulo: Malheiros, 2014. p. 443.

O interessante no precedente é que foi construído a partir do reconhecimento do direito fundamental ao ambiente ecologicamente equilibrado, já que a lide tramitou em uma época em que ainda inexistiam as leis federais que impõem diretrizes específicas quanto ao saneamento e à gestão de resíduos sólidos. Nesse sentido, elucida o aspecto de que o direito à proteção ostenta um caráter substantivo, pois envolve um resultado concreto que se espera e se identifica com a inexistência de dano juridicamente relevante.

A respeito das tutelas concretas que podem ser postuladas a partir dos direitos fundamentais, Marinoni aduz que estes direitos afirmam valores que incidem sobre a totalidade do ordenamento jurídico e servem para orientar as tarefas concretas dos poderes do Estado. Tais normas implicam em uma valoração de ordem objetiva, da qual decorrem deveres de proteção que impõem ao Estado a obrigação de especificar proibições ou imposições de condutas, em uma perspectiva material. Salienta o autor que os princípios da precaução e da prevenção, decorrentes do direito fundamental ao ambiente ecologicamente equilibrado, permitem que a mera probabilidade do dano seja suficiente para gerar o dever de preventividade objetiva ao Estado, que é susce-tível de controle judicial, aludindo que, havendo o risco intolerável de ocorrência de dano, a atividade deverá ser proibida, e que, "no caso em que certas medidas podem minimizar o risco, de forma a que ele possa ser tolerado, a Administração deve impor as medidas que necessariamente deverão ser tomadas para que o exercício da atividade seja consentido".[6]

Portanto, havendo a constatação de que o aterro sanitário é irregular e que a sua operação inadequada enseja riscos e danos ambientais, cabe ao Poder Judiciário intervir, de tal forma a impedir a continuidade da degradação ambiental, o que se materializa por meio de expressos comandos que imponham ao Município a regularização do aterro e a adoção das medidas técnicas necessárias a fazer cessar o dano, assim como a repará--lo integralmente, nos termos dos arts. 37, §6º, e 225, §3º, da Constituição Federal, que amparam a responsabilidade objetiva da Administração Pública por danos ambientais.

2 O risco ambiental como diretriz para a intervenção judicial excepcional

O segundo aspecto a ser explorado diz respeito às hipóteses nas quais a inter-venção judicial será autorizada, observando-se que o acórdão ora comentado explicita a excepcionalidade dessa intervenção. Em seu voto, o Ministro Gilmar Mendes colaciona outros julgados do Supremo Tribunal Federal[7] que também admitiram o controle ju-dicial de omissões estatais lesivas, sob o argumento de que "não ofende o princípio da separação de poderes a determinação, pelo Poder Judiciário, em situações excepcionais, de realização de políticas públicas indispensáveis para a garantia de relevantes direitos constitucionais". Portanto, a premissa para que se possa admitir o controle judicial, conforme a excelsa Corte, é a gravidade dos riscos ambientais e para a saúde pública envolvidos no caso concreto, que devem ser capazes de apontar para a imperiosa

---

[6] MARINONI, Luiz Guilherme. *Técnica processual e tutela dos direitos*. São Paulo: Editora dos Tribunais, 2004. p. 365.

[7] STF, RE-AgR nº 634.643, Rel. Min. Joaquim Barbosa, Segunda Turma, DJe 13.8.2012; STF, RE-AgR nº 563.144, Rel. Min. Gilmar Mendes, DJe 16.04.2013; STF REAgR nº 417408, Rel. Min. Dias Toffoli, Primeira Turma, DJe 26.4.2012.

necessidade de adoção de uma específica solução técnico-jurídica, afastando qualquer argumento no sentido de que haveria outra alternativa igualmente justa, ou de que a solução poderia ser adiada, com amparo em critério de oportunidade e conveniência.

A tolerabilidade do risco e do dano, consequentemente, é uma noção decisiva para a discussão jurídica atinente aos deveres de proteção e de preventividade objetiva que se impõem ao Estado, decorrentes do direito fundamental ao ambiente ecologicamente equilibrado, e que dialoga com o conceito de impacto negativo e com as hipóteses em que se autoriza o controle judicial.

O conceito de risco, amplamente discutido no direito ambiental,[8] é uma categoria explicativa que remete à probabilidade de um dano futuro, conceituado por Carvalho como "a expectativa de dano de caráter individual ou transindividual ao meio ambiente", revestido de alta probabilidade e que se qualifica como abusivo, porque reputado, em uma perspectiva científica aberta à complexidade e às incertezas, como excessivo e intolerável.[9] Por sua vez, o dano consiste na lesão a interesses juridicamente protegidos.[10]

O risco intolerável é qualificado juridicamente como ilícito, em virtude do abuso do direito de propriedade ou do livre exercício de atividade econômica, nos termos do art. 187 do Código Civil brasileiro,[11] que deve ser reprimido e que, assim como o dano, atrai a responsabilização civil objetiva dos causadores dos ilícitos, nos termos do art. 14, §1º, da Lei nº 6938/81 (Lei da Política Nacional do Meio Ambiente) e do art. 927 do Código Civil de 2002; ao passo que o impacto negativo não o é, pois será objeto de licenciamento, onde obrigações de natureza preventiva, mitigadora e compensatória serão impostas ao empreendedor. O cumprimento destas obrigações é obrigatório, sob pena de a própria atividade ser reputada lesiva e, por isso, antijurídica, atraindo a tríplice responsabilização do empreendedor (criminal, civil e administrativa), nos termos do art. 225, §3º, da Constituição Federal de 1988, da Lei nº 6938/81 e da Lei nº 9.605/98.

O princípio jurídico da proporcionalidade define a linha divisória entre os conceitos jurídicos de riscos, danos e impactos negativos.[12] Ou seja, ao passo em que o "dano" é tratado como lesão a interesse juridicamente protegido (o bem estar dos habitantes da cidade), pelo que é repudiado pelo sistema jurídico e acarreta a responsabilização civil do causador do dano, o impacto negativo é a alteração adversa lícita, considerada tolerável após o procedimento de avaliação ambiental, do qual resultará o estabelecimento

---

[8] De nossa autoria: STEIGLEDER, Annelise Monteiro. *Responsabilidade civil ambiental. As dimensões do dano ambiental no direito brasileiro*. 3. ed. Porto Alegre: Livraria do Advogado, 2017. p. 121.

[9] CARVALHO, Délton Winter de. *Dano ambiental futuro. A responsabilização pelo risco ambiental*. Rio de Janeiro: Forense Universitária, 2008. p. 127. Ver também: SILVEIRA, Clóvis Eduardo Malinverni da. *Risco ecológico abusivo*: a tutela do patrimônio ambiental nos processos coletivos em face do risco socialmente intolerável. Caxias do Sul: EDUCS, 2014.

[10] MIRAGEM, Bruno. *Direito civil. Responsabilidade civil*. São Paulo: Saraiva, 2015. p. 155.

[11] Nos termos do art. 187 do Código Civil de 2002, segundo o qual "também comete ato ilícito o titular de um direito que, ao exercê-lo, excede manifestamente os limites impostos pelo seu fim econômico ou social, pela boa fé ou pelos bons costumes".

[12] A Resolução CONAMA nº 01/86, em seu art. 1º, define impacto como "qualquer alteração das propriedades físicas, químicas ou biológicas do meio ambiente, causada por qualquer forma de matéria ou energia resultante das atividades humanas, que direta ou indiretamente afetem: a saúde, a segurança e o bem-estar da população (I); as atividades sociais e econômicas (II): as condições estéticas e sanitárias do meio ambiente (III): a qualidade dos recursos naturais (IV). Outro conceito de impacto consta da norma NBR ISO 14.001:2004, da ABNT, segundo a qual impacto ambiental consiste em "qualquer modificação do meio ambiente, adversa ou benéfica, que resulte, no todo ou em parte, das atividades, produtos ou serviços de uma organização" (item 3.4). Segundo essa definição, impacto é qualquer modificação ambiental, independentemente de sua importância.

de medidas preventivas, mitigadoras e compensatórias que possam amortizar as consequências adversas associadas à implantação do empreendimento, observando a melhor tecnologia disponível no que se refere ao estabelecimento de medidas para a prevenção e gestão dos riscos que lhes são associados.[13]

Winter, discorrendo sobre o princípio da "ecoproporcionalidade", propõe a seguinte metodologia para a ponderação entre os riscos e eventuais benefícios, a fim de demarcar a tolerância em relação aos impactos:

> Se uma atividade interfere em recursos naturais, o ator deve perseguir um objetivo social justificável (1), a atividade deve ser prospectivamente adequada, isto é, capaz de servir ao objetivo (2), necessária, isto é, não substituível por qualquer medida alternativa menos intrusiva aos recursos naturais (3) e proporcional em sentido estrito (sopesada), ou seja, não excessivamente intrusiva aos recursos naturais em face da importância do objetivo social (4).[14]

O autor assinala que, "quanto mais sério o dano ou o risco de dano, maior deve ser o peso do benefício, caso o efeito ambiental adverso seja aceito". O autor conclui que parece existir uma *ratio* por trás da configuração da ecoproporcionalidade enquanto princípio:

> O teste da ecoproporcionalidade parece ser tanto mais exigente quanto mais valioso for o recurso natural em apreço ou mais grave for o efeito ambiental adverso. Além disso, a investigação em torno do propósito da atividade lesiva, que deve ser socialmente justificado e deve percorrer os requisitos de adequação, necessidade e proporcionalidade em sentido estrito, significa a adoção de abordagem ética, que produz o seguinte direcionamento dos das decisões: a) excluir opções que acarretem um ônus supérfluo para a natureza; b) escolher a opção que acarrete o menor ônus para o ambiente, sendo ao mesmo tempo adequada; e c) sacrificar o benefício social se o ônus para a natureza for excessivo.[15]

Na mesma linha, Aragão afirma que "se as vantagens da atividade, produto ou tecnologia forem mínimas, os inconvenientes, forem significativos e o nível de proteção exigido for elevado, então a medida proporcional e adequada poderá ser uma proibição *tout court*.[16]

Tratando dos componentes do princípio da proporcionalidade, Freitas e Moreira, assim como Winter, agregam aos elementos tradicionais da adequação, da necessidade ou exigibilidade e da proporcionalidade em sentido estrito, que se investigue se o propósito é adequado sob a perspectiva da legitimidade intertemporal de consecução dos objetivos de desenvolvimento sustentável.[17]

---

[13] LOUBET, Luciano Furtado. *Licenciamento ambiental. A obrigatoriedade da adoção das melhores técnicas disponíveis (MTD)*. Belo Horizonte: Del Rey, 2014. p. 130.

[14] WINTER, Gerd. Proporcionalidade "Eco-lógica": um princípio jurídico emergente para a Natureza? *Veredas do Direito*, Belo Horizonte, v. 10, n. 20, p. 55-78, jul./dez. 2013. p. 61.

[15] WINTER, Gerd. Proporcionalidade "Eco-lógica": um princípio jurídico emergente para a Natureza? *Veredas do Direito*, Belo Horizonte, v. 10, n. 20, p. 55-78, jul./dez. 2013. p. 70.

[16] ARAGÃO, Maria Alexandra de Sousa. Princípio da precaução: manual de instruções. *Revista do Centro de Estudos de Direito do Ordenamento, do Urbanismo e do Ambiente*, n. 2, Coimbra: Impactum Coimbra University Press, 2008. p. 51-52.

[17] FREITAS, Juarez; MOREIRA, Rafael Martins Costa. Sustentabilidade e proporcionalidade: proposta de inserção do critério de legitimidade intertemporal. *Interesse público*, Belo Horizonte, a. 20, n. 108, mar./abr. 2018.

Quanto aos critérios que podem ser utilizados na aplicação do princípio da proporcionalidade para definir quando um impacto negativo deve ser considerado inaceitável, Aragão colaciona três critérios: a abrangência dos riscos envolvidos, que podem estar associados a consequências globais, retardadas ou irreversíveis; a gravidade relevante[18] e a probabilidade de que os cenários negativos construídos quando da avaliação ambiental efetivamente ocorram, ainda que com a implantação de medidas preventivas, mitigadoras e compensatórias. Quanto maior a probabilidade de ocorrência dos riscos, mais intolerável se torna o impacto e mais urgente a adoção de medidas voltadas ao seu impedimento.

A partir deste referencial teórico, tem-se que o juiz, quando se deparar com uma demanda em que se busque o controle judicial da omissão estatal lesiva ao direito fundamental ao ambiente ecologicamente equilibrado, deverá percorrer os componentes do princípio da proporcionalidade para aferir se os danos apontados no caso concreto apresentam-se graves, irreversíveis ou suscetíveis de se prolongarem no tempo, incluindo, na avaliação, dados econômicos, pois a imediata cessação do dano é mais vantajosa, sob o ponto de vista da proteção do erário público, do que a imposição de deveres de restauração. No caso da contaminação do solo e das águas superficiais e subterrâneas, os custos associados ao gerenciamento da área contaminada são expressivos, tudo a recomendar à Administração Pública que se abstenha de toda e qualquer ação que venha a colocar em risco o ambiente e a saúde pública.

3 A política nacional de resíduos sólidos

Por fim, é necessário apontar que, nos termos da Lei Federal nº 12.305/2010, que institui a Política Nacional de Resíduos Sólidos, e da Lei nº 11.445/2007, que institui a Política Nacional do Saneamento Básico, o Município tem o dever de assegurar a gestão e a destinação final dos resíduos sólidos de origem domiciliar, o que significa a sua coleta, armazenamento e destinação em aterro sanitário, ou por meio de alguma outra tecnologia. À época em que o caso do Aterro da Alemoa foi apreciado pelo Tribunal de Justiça de São Paulo, estes marcos legais ainda inexistiam, o que aumenta o valor do acórdão, elaborado a partir da noção de efetividade imediata do direito fundamental ao ambiente ecologicamente equilibrado.

A Lei nº 11.445/2007, em seu art. 3º, inciso I, alínea "b", inclui a "limpeza urbana e o manejo de resíduos sólidos: conjunto de atividades, infraestruturas e instalações operacionais de coleta, transporte, transbordo, tratamento e destino final do lixo doméstico e do lixo originário da varrição e limpeza de logradouros e vias públicas" no conceito de saneamento básico. O art. 8º desta mesma lei permite ao Município, como titular dos serviços públicos de saneamento básico, delegar a organização, a regulação, a fiscalização e a prestação desses serviços, nos termos do art. 241 da Constituição Federal e da Lei Federal nº 11.107/2005.

---

[18] O critério se associa ao regime jurídico incidente sobre os bens ambientais que serão afetados pelo projeto (espécies ameaçadas de extinção ou espécies localizadas em um espaço territorial protegido), à abrangência territorial ou aos riscos de acumulação ou exacerbação de riscos ambientais já existentes. Por vezes, a fragilidade ambiental de determinadas áreas pode representar um obstáculo intransponível à implantação do projeto.

Por seu turno, a Lei nº 12.305/2010, em seus arts. 10 e 26, incumbe ao Município, também como titular dos serviços de limpeza urbana e manejo de resíduos sólidos, a responsabilidade pela organização e prestação direta ou indireta desses serviços, observado o respectivo plano municipal de gestão integrada de resíduos sólidos; e prescreve a disposição final adequada dos rejeitos no prazo de quatro anos, a contar da data da publicação da lei. Muito embora esse prazo não tenha sido observado por diversos municípios brasileiros, o fato é que o dispositivo merece ser colacionado para evidenciar que os direcionamentos normativos foram estabelecidos por lei, e também pelo Decreto Federal nº 7404/2010, que regulamenta essa lei, a partir de uma ponderação operada na esfera política.

Assim, ainda que se possa reconhecer discricionariedade quanto à forma através da qual os resíduos sólidos e os rejeitos serão gerenciados e destinados, pois o Município pode escolher se terá o seu próprio aterro sanitário, ou se contratará uma empresa privada para se incumbir desta tarefa, ou, ainda, se participará de um consórcio intermunicipal para a implantação de um aterro sanitário, inexiste discricionariedade quanto ao dever jurídico de recolher e destinar os resíduos sólidos de origem domiciliar, pois esta providência técnica é imprescindível para evitar a ocorrência de danos ao meio ambiente e à saúde coletiva. O não gerenciar os resíduos e rejeitos implica na produção de danos, porquanto o cidadão não tem meios de se autoprover.

A discricionariedade administrativa refere-se à liberdade de escolha entre duas ou mais soluções igualmente idôneas, tecnicamente adequadas e proporcionais para atingir a finalidade imposta pela legislação, tocando ao administrador público eleger aquela que melhor atende ao interesse público, após uma análise ponderada e baseada em evidências, que considere os diversos elementos influenciadores da decisão (custos, alternativas tecnológicas, fatores políticos, prazos, etc.). Nessa perspectiva, Di Pietro afirma que, na discricionariedade administrativa, "a lei deixa certa margem de liberdade de decisão diante do caso concreto, de tal modo que a autoridade poderá optar por uma dentre várias soluções, todas válidas perante o direito".[19] Portanto, a escolha com amparo em critérios de oportunidade, conveniência, justiça e equidade incide sobre os meios para a concretização do interesse público. Por sua vez, García de Enterría e Fernández afirmam que

> a discricionariedade é essencialmente uma liberdade de escolha entre alternativas igualmente justas, ou se se preferir, entre indiferentes jurídicos, porque a decisão geralmente se fundamenta em critérios extrajurídicos (de oportunidade, econômicos, etc.), não incluídos na Lei e remetidos ao crivo subjetivo da Administração.[20]

Assim, a discricionariedade não está localizada na opção entre destinar ou não os resíduos sólidos de origem domiciliar, com isso evitando o dano ambiental, mas na forma através da qual este dever estatal será prestado, que envolve uma série de fatores complexos. Daroca refere-se a esta situação como dotada de "discricionariedade

---

[19] DI PIETRO, Maria Sylvia. *Direito administrativo*. 11. ed. São Paulo: Atlas, 1999. p. 196-197.

[20] FERNÁNDEZ, Tomás Ramón; GARCÍA DE ENTERRÍA, Eduardo. *Curso de Direito Administrativo*. São Paulo: RT, 2014. p. 467.

técnico-administrativa", pois a norma atribui à Administração a liberdade de escolher o modo através do qual irá agir para a consecução do interesse público.[21]

A partir dessa linha argumentativa, quando o Poder Judiciário afirma o dever jurídico estatal que foi violado, não está criando uma política pública ou inventando um dever até então inexistente. Simplesmente está reconhecendo uma omissão antijurídica que constitui a causa da degradação ambiental, a atrair a responsabilidade civil objetiva do Poder Público, nos termos dos arts. 37, §6º, 225, §3º, da Constituição Federal, e do art. 14, §1º, da Lei nº 6938/81.

Conclusão

O Supremo Tribunal Federal, alinhado com a jurisprudência firme que vem sendo construída ao longo do tempo no direito brasileiro, mostra-se, no precedente ora comentado, consentâneo com sua função constitucional de proteger os direitos fundamentais, zelando por sua concretização quando são vulnerabilizados por ações ou omissões provocadas pelo Poder Público. Revela que o controle judicial é perfeitamente possível quando o caso concreto apontar para situações de risco ambiental grave e relevante, que sinalizem para a elevada probabilidade de ocorrência de danos irreversíveis ou que possam produzir efeitos prolongados no tempo.

Assim, a excepcionalidade do controle judicial será viabilizada a partir da demonstração, no caso concreto, de que os bens jurídicos fundamentais estão em risco intolerável, o que pressupõe um juízo ponderado em torno do conceito de "tolerabilidade", fundado em evidências técnicas e jurídicas que permitam identificar qual a solução proporcional para o problema.

Referências

ALEXY, Robert. *Teoria dos direitos fundamentais.* 2. ed. (Trad. Virgílio Afonso da Silva). São Paulo: Malheiros, 2014.

ARAGÃO, Maria Alexandra de Sousa. Princípio da precaução: manual de instruções. *Revista do Centro de Estudos de Direito do Ordenamento, do Urbanismo e do Ambiente,* n. 2, Coimbra: Impactum Coimbra University Press, 2008.

CARVALHO, Délton Winter de. *Dano ambiental futuro. A responsabilização pelo risco ambiental.* Rio de Janeiro: Forense Universitária, 2008.

DAROCA, Eva Desdentado. *Los problemas del control judicial de la discrecionalidad técnica (un estudio crítico de la jurisprudencia).* Madrid: Editorial Civitas, 1997.

DI PIETRO, Maria Sylvia. *Direito administrativo.* 11. ed. São Paulo: Atlas, 1999.

FERNÁNDEZ, Tomás Ramón; GARCÍA DE ENTERRÍA, Eduardo. *Curso de Direito Administrativo.* São Paulo: RT, 2014.

FREITAS, Juarez; MOREIRA, Rafael Martins Costa. Sustentabilidade e proporcionalidade: proposta de inserção do critério de legitimidade intertemporal. *Interesse público,* Belo Horizonte, a. 20, n. 108, mar./abr. 2018.

GAVIÃO FILHO, Anízio Pires. *Direito fundamental ao ambiente.* Porto Alegre: Livraria do Advogado, 2005.

---

[21] DAROCA, Eva Desdentado. *Los problemas del control judicial de la discrecionalidad técnica (un estudio crítico de la jurisprudencia).* Madrid: Editorial Civitas, 1997. p. 63.

SARLET, Ingo Wolfgang; FENSTERSEIFER, Tiago. *Direito constitucional ambiental. Constituição, direitos fundamentais e proteção do ambiente.* 2. ed. São Paulo: Ed. RT, 2012.

LOUBET, Luciano Furtado. *Licenciamento ambiental. A obrigatoriedade da adoção das melhores técnicas disponíveis (MTD).* Belo Horizonte: Del Rey, 2014.

MARINONI, Luiz Guilherme. *Técnica processual e tutela dos direitos.* São Paulo: Editora dos Tribunais, 2004.

MIRAGEM, Bruno. *Direito civil. Responsabilidade civil.* São Paulo: Saraiva, 2015.

SILVEIRA, Clóvis Eduardo Malinverni da. *Risco ecológico abusivo*: a tutela do patrimônio ambiental nos processos coletivos em face do risco socialmente intolerável. Caxias do Sul: EDUCS, 2014.

STEIGLEDER, Annelise Monteiro. *Responsabilidade civil ambiental. As dimensões do dano ambiental no direito brasileiro.* 3. ed. Porto Alegre: Livraria do Advogado, 2017.

WINTER, Gerd. Proporcionalidade "Eco-lógica": um princípio jurídico emergente para a Natureza? *Veredas do Direito*, Belo Horizonte, v. 10, n. 20, p. 55-78, jul./dez. 2013.

Informação bibliográfica deste texto, conforme a NBR 6023:2018 da Associação Brasileira de Normas Técnicas (ABNT):

STEIGLEDER, Anelise Monteiro. O dever fundamental do Estado de impedir danos ambientais associados à inadequada disposição final de resíduos sólidos – Comentário ao Acórdão RE nº 577.996/STF. *In*: BENJAMIN, Antônio Herman Vasconcelos e; FREITAS, Vladimir Passos de; SOARES JÚNIOR, Jarbas (Coord.). *Comentários aos acórdãos ambientais:* paradigmas do Supremo Tribunal Federal. Belo Horizonte: Fórum, 2021. p. 185-194. ISBN 978-65-5518-077-0.

AÇÃO CIVIL PÚBLICA. DEFESA DO MEIO AMBIENTE. IMPLEMENTAÇÃO DE POLÍTICAS PÚBLICAS. POSSIBILIDADE. VIOLAÇÃO DO PRINCÍPIO DA SEPARAÇÃO DOS PODERES. NÃO OCORRÊNCIA. INSUFICIÊNCIA ORÇAMENTÁRIA. INVOCAÇÃO. IMPOSSIBILIDADE. AG. REG. NO RECURSO EXTRAORDINÁRIO Nº 658.171/DISTRITO FEDERAL

RELATOR: MINISTRO DIAS TOFFOLI

ÁLVARO LUIZ VALERY MIRRA

EMENTA: Agravo regimental no recurso extraordinário. Constitucional. Ação civil pública. Defesa do meio ambiente. Implementação de políticas públicas. Possibilidade. Violação do princípio da separação dos poderes. Não ocorrência. Insuficiência orçamentária. Invocação. Impossibilidade. Precedentes.

1. A Corte Suprema já firmou a orientação de que é dever do Poder Público e da sociedade a defesa de um meio ambiente ecologicamente equilibrado para as presentes e futuras gerações.

2. Assim, pode o Poder Judiciário, em situações excepcionais, determinar que a Administração pública adote medidas assecuratórias desse direito, reputado essencial pela Constituição Federal, sem que isso configure violação do princípio da separação de poderes.

3. A Administração não pode justificar a frustração de direitos previstos na Constituição da República sob o fundamento da insuficiência orçamentária.

4. Agravo regimental não provido.

1 O caso sob julgamento e a decisão proferida pelo Supremo Tribunal Federal

O Ministério Público Federal ajuizou, perante o Juízo da 4ª Vara Federal do Rio Grande Norte, em face da União e do Departamento Nacional de Obras Contra a Seca (DNOCS), ação civil pública visando à recuperação da Barragem de Poço Grande, em virtude da perda constante de água verificada no armazenamento do reservatório na região do semiárido nordestino. A demanda foi ao final julgada procedente pelo Juízo da 4ª Vara Federal do Rio Grande do Norte, com determinação aos demandados do cumprimento de obrigação de fazer, consistente na recuperação da barragem no prazo de seis meses, com imposição, ainda, de multa diária para a eventualidade de não adimplemento da prestação determinada no período de tempo fixado.

Contra essa decisão, a União e o DNOCS interpuseram apelação, fundada na impossibilidade jurídica do pedido do Ministério Público Federal de impor-lhes obrigação de fazer que implica a destinação de vultosa quantia de dinheiro para a recuperação da Barragem de Poço Grande, sob pena de violação do princípio constitucional da separação de poderes e da cláusula da reserva do possível.

No julgamento do recurso em questão, o Tribunal Regional Federal da 5ª Região, embora tivesse reconhecido a excepcionalidade do controle judicial de políticas públicas, frente ao princípio constitucional invocado, em especial quando se trata de hipótese de discricionariedade administrativa, não vislumbrou, no caso, qualquer liberdade para o Poder Público no sentido de agir ou não agir, à vista da Lei nº 4.229/1963, alterada pela Lei nº 10.204/2001, que impõe a realização de obras da natureza daquelas em discussão na hipótese concreta, e devido ao fato de estar-se diante de questão relacionada ao mínimo existencial, dado o caráter vital da água para a subsistência dos habitantes da região do semiárido nordestino. Apenas entendeu a Corte de Justiça que não era possível a fixação do prazo de seis meses para a conclusão das obras, sem maiores estudos, reformando, no ponto, a sentença proferida para determinar ao DNOCS a apresentação, no prazo de sessenta dias, de plano de recuperação da barragem, com discriminação do cronograma dos trabalhos a serem realizados até o final.

Não se conformando, uma vez mais, com a decisão, a União interpôs recurso extraordinário ao Supremo Tribunal Federal, sob o argumento de que o acórdão do Tribunal Regional Federal da 5ª Região violava os arts. 2º e 167, I, da Constituição Federal, uma vez que caberia à Administração Pública, a fim de assegurar o interesse público, decidir com exclusividade sobre a aplicação de recursos financeiros e a realização de investimentos em obras públicas. No entendimento da União, ao Poder Judiciário seria vedado interferir nas prioridades orçamentárias dos entes estatais e determinar a recuperação da Barragem de Poço Grande, na forma como se deu.

Negado seguimento ao recurso no âmbito do Supremo Tribunal Federal, por decisão monocrática do Ministro Dias Toffoli, a União interpôs agravo regimental para a Primeira Turma da Corte, ao qual foi, ao final, negado provimento.

No julgamento do agravo regimental, relatado pelo Ministro Dias Toffoli, aqui comentado, a Primeira Turma do STF reafirmou a orientação da Corte de que "é dever do Poder Público e da sociedade a defesa de um meio ambiente ecologicamente equilibrado para as presentes e futuras gerações, sendo esse um direito transindividual garantido pela Constituição Federal". Ademais, reiterou, também, o Tribunal, o entendimento de que "o Poder Judiciário, em situações excepcionais, pode determinar que a Administração Pública adote medidas assecuratórias de direitos constitucionalmente reconhecidos como essenciais, sem que isso configure violação ao princípio da separação de poderes", ainda que tais providências levem à implementação de políticas públicas na área ambiental. Por fim, a Turma decidiu, ainda, na esteira de outras decisões da própria Corte, que "a Administração não pode justificar a frustração de direitos essenciais previstos na Constituição da República sob o fundamento de insuficiência orçamentária", não sendo invocável, na matéria, a cláusula da reserva do possível.

Participaram do julgamento, igualmente, os Ministros Marco Aurélio (Presidente), Luiz Fux, Rosa Weber e Roberto Barroso.

Como é fácil de perceber, o julgado em questão apresenta grande relevância para o direito ambiental e para a garantia da efetividade do direito fundamental de todos ao meio ambiente ecologicamente equilibrado. Além disso, a decisão da Corte permite compreender, de forma mais clara, o regime jurídico da ação estatal na área ambiental, à luz da Constituição de 1988, e, a partir daí, a possibilidade ampliada de controle social, pela via judicial, das omissões do Estado na adoção de providências necessárias à implementação de políticas públicas indispensáveis à realização do referido direito fundamental.

2 Comentários de ordem doutrinária a respeito do julgado

2.1 O regime jurídico da atuação do Estado na área ambiental na Constituição de 1988

A atuação do Estado, como se sabe, sempre foi tida como fundamental para a proteção do meio ambiente, seja no que se refere ao controle e à fiscalização das atividades potencialmente degradadoras da qualidade ambiental, seja no tocante à adoção de providências administrativas relacionadas à implementação de programas de ação e de políticas públicas ambientais. Nunca houve dúvida, segundo consta, a esse respeito.

No entanto, o entendimento sobre a natureza, a forma e os meios de atuação do Estado na matéria tem se modificado ao longo do tempo, notadamente no que concerne ao exercício de competência discricionária ou vinculada na ação administrativa ambiental.

Com efeito, em tema de poder de polícia ambiental, se, por um lado, não se têm maiores discussões sobre a imprescindibilidade da atuação do Estado nesse domínio, por outro, nunca houve muita clareza a respeito do espaço em que, na esfera do controle e da fiscalização das atividades degradadoras, há o exercício de competência discricionária ou vinculada, em especial quanto aos meios pelos quais se concretiza o exercício do poder de polícia, onde sempre se reconheceu maior liberdade de escolha à Administração.

Já no que concerne à adoção de providências administrativas destinadas à implementação de programas de ação e políticas públicas ambientais, o entendimento que durante muito tempo prevaleceu foi o de que se estaria diante de tarefa privativa do administrador público, o qual, melhor do que ninguém, teria condições de apreciar, à luz da sua competência discricionária, o momento mais adequado para a concretização das medidas de proteção do meio ambiente, ante a realidade administrativa e financeira própria de cada esfera de governo, num determinado momento. Nesse sentido, ao Poder Judiciário seria vedado interferir nessas opções de ordem política e técnica inerentes ao poder de administração, sob pena de invadir a esfera de competência própria e específica do Poder Executivo e violar o princípio constitucional da separação dos poderes ou das funções estatais.[1]

---

[1] No ponto, ver, em especial: FAGUNDES, Seabra. *O controle dos atos administrativos pelo Poder Judiciário*. 6. ed. São Paulo: Saraiva, 1984. p. 82-84 e 126-129; MEIRELLES, Hely Lopes. *Direito administrativo brasileiro*. 11. ed. São

O marco evolutivo que trouxe um novo regime jurídico para a ação estatal na área ambiental e, com isso, permitiu uma nova visão para a atuação do Estado na defesa do meio ambiente, foi, sem dúvida nenhuma, a promulgação da Constituição de 1988. De fato, a Constituição Federal, no art. 225, *caput*, consagrou o *direito* de todos ao meio ambiente ecologicamente equilibrado, ao mesmo tempo em que impôs ao Poder Público e à coletividade o *dever* de defender e de preservar o meio ambiente para as gerações presentes e futuras.

O direito ao meio ambiente ecologicamente equilibrado, consagrado na CF, é, indiscutivelmente, um direito fundamental. Embora não incluído no catálogo dos direitos fundamentais do Título II da Constituição de 1988,[2] o direito ao meio ambiente apresenta, claramente, o traço de fundamentalidade, dada a sua vinculação à preservação da vida e da dignidade humana, núcleo essencial dos direitos humanos, positivados ou não em textos constitucionais.[3]

Efetivamente, ninguém contesta hoje em dia que o atual quadro de destruição ambiental no Brasil e no mundo compromete a possibilidade de existência digna para a humanidade e põe em risco a própria vida humana.[4] Por essa razão, segundo se tem afirmado, uma sadia qualidade de vida, com a manutenção de padrões estáveis de dignidade e bem-estar social, não prescinde de um ambiente saudável e ecologicamente equilibrado.[5] Nesse sentido, a vinculação do direito ao meio ambiente à noção de dignidade humana implica, em definitivo, um padrão de qualidade ambiental suficiente não apenas à simples sobrevivência biológica, como também à satisfação de todas as necessidades fundamentais do homem.[6]

Em conformidade com a doutrina autorizada, o direito ao meio ambiente é um direito fundamental de terceira geração ou dimensão[7] incluído entre os chamados

---

Paulo: Editora Revista dos Tribunais, 1985. p. 166. Sobre a evolução jurisprudencial havida na matéria, a partir da edição da Lei nº 7.347/1985 (Lei da Ação Civil Pública) e da Constituição de 1988, ver: SOARES JÚNIOR, Jarbas; ALVARENGA, Luciano José. A carta de Araxá da Magistratura e do Ministério Público para o meio ambiente: um marco da mudança de paradigma da jurisprudência ambiental do Tribunal de Justiça de Minas Gerais. *In*: SOARES JÚNIOR, Jarbas; PINTO, Carlos Eduardo Ferreira; MIRANDA, Marcos Paulo de Souza. *A evolução da jurisprudência ambiental*: comentários aos acórdãos paradigmas do TJMG. Belo Horizonte: Del Rey, 2018. p. XVI-XXXII.

[2] SARLET, Ingo Wolfgang. *A eficácia dos direitos fundamentais*. 3. ed. Porto Alegre: Livraria do Advogado Editora, 2003. p. 129; MEDEIROS, Fernanda Luiza Fontoura de. *Meio ambiente*: direito e dever fundamental. Porto Alegre: Livraria do Advogado Editora, 2004. p. 110, 114; SARLET, Ingo Wolfgang; MACHADO, Paulo Affonso Leme; FENSTERSEIFER, Tiago. *Constituição e legislação ambiental comentadas*. São Paulo: Saraiva, 2015. p. 51.

[3] A vida e a dignidade humana, segundo se tem entendido, constituem o núcleo essencial dos direitos humanos (cf. COMPARATO, Fábio Konder. Os problemas fundamentais da sociedade brasileira e os direitos humanos. *In*: COMPARATO, Fábio Konder. *Para viver a democracia*. São Paulo: Brasiliense, 1989. p. 36). Ainda: MENDES, Gilmar Ferreira; COELHO, Inocêncio Mártires; BRANCO, Paulo Gustavo Gonet. *Curso de direito constitucional*. São Paulo: Saraiva, 2007. p. 226-227; ANDRADE, José Carlos Vieira de. *Os direitos fundamentais na Constituição Portuguesa de 1976*. 3. ed. Coimbra: Almedina, 2004. p. 50; MIRRA, Álvaro Luiz Valery. *Participação, processo civil e defesa do meio ambiente*. São Paulo: Letras Jurídicas, 2011. p. 103.

[4] DORNELLES, João Ricardo W. *O que são direitos humanos*. São Paulo: Brasiliense, 1989. p. 36; MIRRA, Álvaro Luiz Valery. *Ação civil pública e a reparação do dano ao meio ambiente*. 2. ed. São Paulo: Juarez de Oliveira, 2004. p. 56.

[5] COSTA NETO, Nicolao Dino de Castro e. *Proteção jurídica do meio ambiente*. Belo Horizonte: Del Rey, 2003. p. 17.

[6] PALLEMAERTS, Marc. Le droit de l'homme à un environnement sain en tant que droit materiel. *In*: DÉJEANT-PONS, Maguelone; PALLEMAERTS, Marc. *Droits de l'homme et environnement*. Strasbourg: Conseil de l'Europe, 2002. p. 15.

[7] Como direito de terceira geração, ver as doutrinas de: LAFER, Celso. *A reconstrução dos direitos humanos*: um diálogo com o pensamento de Hannah Arendt. São Paulo: Companhia das Letras, 1988. p. 125-134; CORDINI, Giovanni. *Diritto ambientale comparato*. 3. ed. Padova: Cedam, 2002. p. 02; Ainda: MENDES, Gilmar Ferreira; COELHO, Inocêncio Mártires; BRANCO, Paulo Gustavo Gonet. *Curso de direito constitucional*. São Paulo: Saraiva,

"direitos de solidariedade" ou "direitos dos povos".[8] E, como tal, o direito ao meio ambiente é, ao mesmo tempo, um direito individual e coletivo, de interesse de toda humanidade. Trata-se, portanto, acima de tudo, de um direito fundamental que tem como destinatário precípuo o gênero humano.[9]

Como já teve a oportunidade de decidir o Supremo Tribunal Federal sobre a matéria, em julgado com voto condutor do Ministro Celso de Mello:

> Os preceitos inscritos no art. 225 da Carta Política traduzem a consagração constitucional, em nosso sistema de direito positivo, de uma das mais expressivas prerrogativas asseguradas às formações sociais contemporâneas.
>
> Essa prerrogativa consiste no reconhecimento de que todos têm direito ao meio ambiente ecologicamente equilibrado.
>
> Trata-se, consoante já o proclamou o Supremo Tribunal Federal (RE nº 134.297-SP. Rel. Min. Celso de Mello), de um típico direito de terceira geração que assiste, de modo subjetivamente indeterminado, a todo o gênero humano, circunstância essa que justifica a especial obrigação – que incumbe ao Estado e à própria coletividade – de defendê-lo e preservá-lo em benefício das presentes e das futuras gerações, evitando-se, desse modo, que irrompam, no seio da comunhão social, os graves conflitos intergeneracionais marcados pelo desrespeito ao dever de solidariedade na proteção da integridade desse bem essencial de uso de tantos quantos compõem o grupo social (...).[10]

Na condição de direito fundamental de terceira geração ou dimensão, o direito ao meio ambiente apresenta, ainda, para o que ora interessa mais de perto, uma estrutura bifronte,[11] simultaneamente como direito de defesa e direito prestacional.[12] Por via de

---

8 2007. p. 223-224; SILVA, Vasco Pereira da. *Verde cor de direito*: lições de direito do ambiente. Coimbra: Almedina, 2002. p. 22. Como direito de terceira dimensão, ver as doutrinas de: TRINDADE, Antônio Augusto Cançado. *Direitos humanos e meio-ambiente*: paralelo dos sistemas de proteção internacional. Porto Alegre: Sergio Antonio Fabris, 1993. p. 222-223; BONAVIDES, Paulo. *Curso de direito constitucional*. 12. ed. São Paulo: Malheiros, 2002. p. 525; SARLET, Ingo Wolfgang. *A eficácia dos direitos fundamentais*. 3. ed. Porto Alegre: Livraria do Advogado Editora, 2003. p. 50; COSTA NETO, Nicolao Dino de Castro e. *Proteção jurídica do meio ambiente*. Belo Horizonte: Del Rey, 2003. p. 17; MEDEIROS, Fernanda Luiza Fontoura de. *Meio ambiente*: direito e dever fundamental. Porto Alegre: Livraria do Advogado Editora, 2004. p. 124.

8 Como direito de solidariedade: PRIEUR, Michel. La charte de l'environnement et la constitution française. *Revista de Direito Ambiental*, São Paulo, n. 42, p. 266, abr./jun. 2006; BLANCO-URIBE QUINTERO, Alberto. *La definición del derecho-deber individual y colectivo al ambiente en derecho constitucional comparado*. Caracas: Tribunal Supremo de Justicia, 2005. p. 34; FERREIRA FILHO, Manoel Gonçalves. *Direitos humanos fundamentais*. São Paulo: Saraiva, 1995. p. 06; SARLET, Ingo Wolfgang. *A eficácia dos direitos fundamentais*. 3. ed. Porto Alegre: Livraria do Advogado Editora, 2003. p. 53-54. Como direito de solidariedade e direito dos povos: TRINDADE, Antônio Augusto Cançado. *Direitos humanos e meio-ambiente*: paralelo dos sistemas de proteção internacional. Porto Alegre: Sergio Antonio Fabris, 1993. p. 115 e 122; MORAES, Alexandre de. *Direito constitucional*. 24. ed. São Paulo: Atlas, 2009. p. 31-32; MIRRA, Álvaro Luiz Valery. *Ação civil pública e a reparação do dano ao meio ambiente*. 2. ed. São Paulo: Juarez de Oliveira, 2004. p. 57.

9 SARLET, Ingo Wolfgang. *A eficácia dos direitos fundamentais*. 3. ed. Porto Alegre: Livraria do Advogado Editora, 2003. p. 54; LAFER, Celso. *A reconstrução dos direitos humanos*: um diálogo com o pensamento de Hannah Arendt. São Paulo: Companhia das Letras, 1988. p. 131; BONAVIDES, Paulo. *Curso de direito constitucional*. 12. ed. São Paulo: Malheiros, 2002. p. 523; MIRRA, Álvaro Luiz Valery. *Participação, processo civil e defesa do meio ambiente*. São Paulo: Letras Jurídicas, 2011. p. 105.

10 STF. Tribunal Pleno – MS nº 22.164/SP – j. 30.10.1995 – Rel. Min. Celso de Mello. No mesmo sentido: STF – Primeira Turma – RE nº 134.297/SP – j. 13.06.1995 – Rel. Min. Celso de Mello.

11 Sobre o tema, ver: MIRANDA, Jorge. *Manual de direito constitucional*: direitos fundamentais. 3. ed. Coimbra: Coimbra Editora, 2000. t. 4, p. 542.

12 MEDEIROS, Fernanda Luiza Fontoura de. *Meio ambiente*: direito e dever fundamental. Porto Alegre: Livraria do Advogado Editora, 2004. p. 115 e 121.

consequência, impõem-se aos sujeitos passivos desse direito, ou seja, tanto ao Poder Público quanto aos particulares,[13] uma abstenção, um não fazer, consistente em não degradar a qualidade ambiental e, ao mesmo tempo, uma prestação positiva, um fazer, no sentido da defesa e recuperação da qualidade ambiental degradada,[14] tendentes, em ambas as situações, à obtenção e à manutenção de um *status* previamente definido no texto constitucional: o meio ambiente ecologicamente equilibrado.[15]

Daí o estabelecimento, pela própria Constituição, do dever, igualmente fundamental, do Poder Público – e também da coletividade – de defender e preservar o meio ambiente para as gerações presentes e futuras, certo de que os deveres fundamentais são a exata contrapartida da consagração de direitos fundamentais.[16] No caso, a contrapartida da consagração do direito ao meio ambiente ecologicamente equilibrado, reconhecido como direito prestacional, é, precisamente, a imposição ao Poder Público do dever fundamental de atuar em prol da preservação da qualidade ambiental.

Como analisado por Fábio Konder Comparato:

> (...) o cumprimento do dever universal de desenvolvimento sustentável não pode ser deixado por conta do livre funcionamento dos mercados. O Programa das Nações Unidas para o Meio Ambiente afirmou num relatório intitulado 'GEO 4', publicado em 25 de outubro de 2007, que a privatização generalizada da exploração dos recursos naturais e dos serviços públicos representa o pior cenário para o futuro próximo. É o Estado que deve atuar, precipuamente, como o administrador responsável dos interesses das futuras gerações. Na verdade, tratando-se de um direito da humanidade, não é apenas ao Estado nacional que incumbe essa tarefa, mas sim, ao concerto universal das nações.[17]

Não por outra razão, passou-se a entender, a partir da promulgação da Constituição de 1988, que se a defesa do meio ambiente é um dever fundamental do Estado, a atividade dos órgãos estatais na sua promoção é de natureza compulsória, podendo a sociedade exigir do Poder Público o exercício das suas competências ambientais.[18]

---

[13] PRIEUR, Michel. La charte de l'environnement et la constitution française. *Revista de Direito Ambiental*, São Paulo, n. 42, p. 266, abr./jun. 2006. p. 266; MIRRA, Álvaro Luiz Valery. *Ação civil pública e a reparação do dano ao meio ambiente*. 2. ed. São Paulo: Juarez de Oliveira, 2004. p. 107.

[14] CANOTILHO, J. J. Gomes; MOREIRA, Vital. *Constituição da República Portuguesa anotada*: artigos 1º a 107. São Paulo: Editora Revista dos Tribunais, 2007. v. 1, p. 845-846 e 848; MIRANDA, Jorge. *Manual de direito constitucional*: direitos fundamentais. 3. ed. Coimbra: Coimbra Editora, 2000. t. 4, p. 542; SILVA, José Afonso da. *Direito ambiental constitucional*. São Paulo: Malheiros, 1994. p. 43-44; BARROSO, Luís Roberto. A proteção do meio ambiente na Constituição brasileira. *Revista Forense*, Rio de Janeiro, v. 317, p. 167, jan./mar. 1992; FERREIRA FILHO, Manoel Gonçalves. *Direitos humanos fundamentais*. São Paulo: Saraiva, 1995. p. 66; MIRRA, Álvaro Luiz Valery. *Ação civil pública e a reparação do dano ao meio ambiente*. 2. ed. São Paulo: Juarez de Oliveira, 2004. p. 61, e MIRRA, Álvaro Luiz Valery. *Participação, processo civil e defesa do meio ambiente*. São Paulo: Letras Jurídicas, 2011. p. 107.

[15] FERREIRA FILHO, Manoel Gonçalves. *Direitos humanos fundamentais*. São Paulo: Saraiva, 1995. p. 66.

[16] Sobre o tema da correlação entre direitos fundamentais e deveres fundamentais, ver: COMPARATO, Fábio Konder. O peso da questão agrária na vida política brasileira. *In*: COMPARATO, Fábio Konder. *Rumo à justiça*. 2. ed. São Paulo: Saraiva, 2013. p. 425-426.

[17] COMPARATO, Fábio Konder. *A afirmação histórica dos direitos humanos*. 10. ed. São Paulo: Saraiva, 2015. p. 443.

[18] MIRRA, Álvaro Luiz Valery. Limites e controle dos atos administrativos em matéria ambiental. *In*: MILARÉ, Édis (Coord.). *Ação civil pública – Lei nº 7.347/85*: reminiscências e reflexões após dez anos de aplicação. São Paulo: Editora Revista dos Tribunais, 1995. p. 39-53, e MIRRA, Álvaro Luiz Valery. *Ação civil pública e a reparação do dano ao meio ambiente*. 2. ed. São Paulo: Juarez de Oliveira, 2004. p. 401-410; MARTINS JÚNIOR, Wallace Paiva. Despoluição das águas. *Revista dos Tribunais*, v. 720, falta ano. p. 58 e seguintes; KRELL,

Registre-se que essa nova visão para a ação estatal em matéria ambiental, a partir dos ditames da Constituição Federal, foi amplamente encampada e até mesmo aprofundada pela jurisprudência de muitos dos nossos tribunais e, notadamente, pela jurisprudência das nossas Cortes Superiores.

Realmente, tanto o Supremo Tribunal Federal, quanto o Superior Tribunal de Justiça, já decidiram que a atuação na defesa e na preservação da qualidade ambiental, à luz da Constituição Federal e da Lei da Política Nacional do Meio Ambiente, é tarefa *irrenunciável* do Estado, da qual este último não pode abrir mão.[19] Com isso, reconheceram as nossas Cortes Superiores que a proteção do meio ambiente é uma autêntica função pública, da qual o Poder Público não pode se desvencilhar, sob pena de ficar descaracterizada a própria existência do Estado.[20]

Nessa linha de entendimento, importa ressaltar que, quando o dever fundamental do Estado se apresenta como elemento central para a efetividade de um direito fundamental de terceira geração – segundo se viu, não só de defesa, mas igualmente prestacional –, como o aqui discutido, o cumprimento do referido dever se dá, necessariamente, por intermédio da realização de políticas públicas,[21] vale dizer, por meio de programas de ação coordenados por órgãos públicos, com estrutura e funções determinadas.[22]

A estrutura da política pública ambiental compreende um regramento (leis, decretos e outros atos normativos), uma organização de pessoal (funcionários públicos e instituições públicas) e uma previsão orçamentária específica, adequada ao cumprimento dos programas de ação estabelecidos.[23] Já as funções da política pública ambiental estão definidas na própria Constituição Federal, em especial nos parágrafos 1º a 6º do art. 225, e na Lei da Política Nacional do Meio Ambiente (Lei nº 6.938/1981), a serem efetivadas concretamente.

Não é difícil compreender, do anteriormente exposto, que um quadro normativo constitucional de tal envergadura, como o trazido pela Constituição de 1988, com a consagração do direito fundamental de todos ao meio ambiente sadio e ecologicamente equilibrado e do correspondente dever, não menos fundamental, do Poder Público de atuar concretamente na preservação da qualidade ambiental, a implicar, *necessariamente*,

---

Andreas Joaquim. *Discricionariedade administrativa e proteção ambiental*: o controle dos conceitos jurídicos indeterminados e a competência dos órgãos ambientais: um estudo comparativo. Porto Alegre: Livraria do Advogado Editora, 2004. p. 57 e seguintes; GOMES, Luís Roberto. *O Ministério Público e o controle da omissão administrativa*: o controle da omissão estatal no direito ambiental. Rio de Janeiro: Forense Universitária, 2003. p. 79-110; MANCUSO, Rodolfo de Camargo. Ação civil pública como instrumento de controle judicial das chamadas políticas públicas. *In*: MILARÉ, Édis (Coord.). *Ação civil pública – 15 anos*. São Paulo: Editora Revista dos Tribunais, 2001. p. 707-751; MARINONI, Luiz Guilherme. *Tutela inibitória (individual e coletiva)*. 2. ed. São Paulo: Editora Revista dos Tribunais, 2000. p. 86-94.

[19] STF. Tribunal Pleno – ADI nº 3540/DF-MC – Rel. Min. Celso de Mello – DJ 03.02.2006; STJ – 2ª T. – REsp nº 1071741/SP – j. 24.03.2009 – Rel. Min. Herman Benjamin.

[20] Sobre a questão, em termos gerais no direito público, ver: AGUILLAR, Fernando Herren. *Serviços públicos*: doutrina, jurisprudência e legislação. São Paulo: Saraiva, 2011. p. 28.

[21] Sobre o tema, ver, em termos gerais: COMPARATO, Fábio Konder. O peso da questão agrária na vida política brasileira. *In*: COMPARATO, Fábio Konder. *Rumo à justiça*. 2. ed. São Paulo: Saraiva, 2013. p. 426.

[22] COMPARATO, Fábio Konder. O abuso nas patentes de medicamentos. *In*: COMPARATO, Fábio Konder. *Rumo à justiça*. 2. ed. São Paulo: Saraiva, 2013. p. 136-137. O autor analisa a questão do dever fundamental do Estado ao desenvolvimento de políticas públicas em geral e da política pública de saúde em especial. A análise vale, por certo, igualmente, para a questão da política pública ambiental.

[23] COMPARATO, Fábio Konder. O abuso nas patentes de medicamentos. *In*: COMPARATO, Fábio Konder. *Rumo à justiça*. 2. ed. São Paulo: Saraiva, 2013. p. 136-137.

a implementação de políticas públicas ambientais, acarreta consequências importantes para o regime jurídico da ação estatal em matéria de meio ambiente.

A principal delas, segundo destacado pela doutrina, é, em alguns casos, *retirar* e, em outros, *limitar* a discricionariedade do Estado na área ambiental.[24] Ou seja, por força do dever fundamental do Poder Público de proteger o meio ambiente, para a implementação do direito fundamental de todos ao meio ambiente ecologicamente equilibrado, estabelecido pelo texto constitucional:

Primeiro: não se admite que o Estado opte por não agir na defesa do meio ambiente. O Poder Público deve sempre agir, mediante o controle e a fiscalização das atividades e omissões potencialmente degradadoras e a criação e a implementação de políticas públicas ambientais.[25]

Segundo: não se admite que o Estado atue de maneira insuficiente na proteção do meio ambiente.[26] A atuação estatal deve ser adequada e eficiente no cumprimento das funções preestabelecidas para as políticas públicas ambientais, inclusive no que se refere à manutenção e ao aperfeiçoamento da estrutura organizacional dos órgãos de controle e implementação.

Terceiro: não se admite que o Estado retroceda, no âmbito da sua atuação, no grau de proteção ambiental já alcançado. Uma vez estabelecido um certo padrão de atuação dos órgãos estatais na defesa da qualidade ambiental, esse padrão de atuação deve ser mantido ou reforçado, não se podendo tolerar retrocessos administrativos na matéria, inclusive no tocante à organização de pessoal e à previsão orçamentária (aplicação do princípio da proibição de retrocesso na esfera administrativa).[27]

---

[24] BENJAMIN, Antônio Herman V. Constitucionalização do ambiente e ecologização da Constituição brasileira. *In*: CANOTILHO, José Joaquim Gomes; LEITE, José Rubens Morato (Orgs.). *Direito constitucional ambiental brasileiro*. 6. ed. São Paulo: Saraiva, 2015. p. 101; SARLET, Ingo Wolfgang; FENSTERSEIFER, Tiago. *Direito constitucional ambiental*: constituição, direitos fundamentais e proteção do meio ambiente. 2. ed. São Paulo: Editora Revista dos Tribunais, 2012. p. 188; FENSTERSEIFER, Tiago. *Direitos fundamentais e proteção do meio ambiente*: a dimensão ecológica da dignidade humana no marco jurídico-constitucional do Estado Socioambiental de Direito. Porto Alegre: Livraria do Advogado Editora, 2008. p. 223-224; MIRANDA, Marcos Paulo de Souza. Evolução histórica da legislação protetiva do patrimônio cultural no Brasil. *In*: RODRIGUES, José Eduardo Ramos; MIRANDA, Marcos Paulo de Souza. *Estudos de direito do patrimônio cultural*. Belo Horizonte: Editora Fórum, 2012. p. 211; GUERRA, Sidney; GUERRA, Sérgio. *Intervenção estatal ambiental*: licenciamento e compensação de acordo com a Lei Complementar nº 140/2011. São Paulo: Atlas, 2012. p. 110-118; MIRRA, Álvaro Luiz Valery. *Ação civil pública e a reparação do dano ao meio ambiente*. 2. ed. São Paulo: Juarez de Oliveira, 2004. p. 401-410, e MIRRA, Álvaro Luiz Valery. *Participação, processo civil e defesa do meio ambiente*. São Paulo: Letras Jurídicas, 2011. p. 461-470.

[25] SARLET, Ingo Wolfgang; FENSTERSEIFER, Tiago. *Direito constitucional ambiental*: constituição, direitos fundamentais e proteção do meio ambiente. 2. ed. São Paulo: Editora Revista dos Tribunais, 2012. p. 188; MILARÉ, Édis. *Direito do ambiente*. 10. ed. São Paulo: Editora Revista dos Tribunais, 2015. p. 176; MACHADO, Paulo Affonso Leme. *Direito ambiental brasileiro*. 23. ed. São Paulo: Malheiros, 2015. p. 152-153; LEITE, José Rubens Morato; AYALA, Patryck de Araújo. *Direito ambiental na sociedade de risco*. 2. ed. Rio de Janeiro: Forense Universitária, 2004. p. 262; CANOTILHO, J. J. Gomes. O direito ao meio ambiente como direito subjetivo. *In*: CANOTILHO, José Joaquim Gomes. *Estudos sobre direitos fundamentais*. Coimbra: Coimbra Editora, 2004. p. 181.

[26] SARLET, Ingo Wolfgang; FENSTERSEIFER, Tiago. *Direito constitucional ambiental*: constituição, direitos fundamentais e proteção do meio ambiente. 2. ed. São Paulo: Editora Revista dos Tribunais, 2012. p. 188.

[27] GAVIÃO FILHO, Anizio Pires. *Direito fundamental ao meio ambiente*. Porto Alegre: Livraria do Advogado Editora, 2005. p. 92; SARLET, Ingo Wolfgang; FENSTERSEIFER, Tiago. *Direito constitucional ambiental*: constituição, direitos fundamentais e proteção do meio ambiente. 2. ed. São Paulo: Editora Revista dos Tribunais, 2012. p. 207-208.

Quarto:	não se admite mais, no que se refere ao momento de agir, que o Estado postergue a adoção das medidas necessárias à proteção do meio ambiente, seja no âmbito do poder de polícia ambiental, seja no âmbito da implementação de políticas públicas ambientais, ficando desautorizada qualquer omissão na edição de regramentos, na organização do pessoal necessário e na previsão orçamentária indispensável.[28]
Quinto:	exige-se do Poder Público, no concernente ao modo de agir, que ele adote sempre a melhor alternativa sob o ponto de vista da preservação da qualidade ambiental. Quando concedida certa liberdade de ação ao Poder Público, a escolha a ser feita por este último deve ser sempre a que melhor atenda à necessidade de preservação da qualidade ambiental, finalidade última da atuação do Estado nessa matéria.[29]

Portanto, no sistema jurídico brasileiro, a partir, sobretudo, do novo regime jurídico instituído pela Constituição de 1988 para a ação do Poder Público na área ambiental, passou a haver uma clara limitação à liberdade de conformação dos poderes estatais na adoção das medidas relacionadas à tutela do meio ambiente e na implementação de políticas públicas ambientais,[30] do que resultou, como principal consequência, o *aumento das hipóteses em que o agir dos órgãos estatais se torna vinculado.*

2.2 A ampliação do controle social, pela via judicial, sobre as omissões do Poder Público em matéria ambiental

O novo regime jurídico da atuação do Estado na área ambiental, anteriormente delineado, com as correspondentes (i) imposição do dever fundamental do Poder Público de agir na defesa do meio ambiente, em vista da efetivação do direito fundamental de todos ao meio ambiente ecologicamente equilibrado; (ii) redução da discricionariedade administrativa e (iii) aumento das hipóteses de atuação vinculada dos órgãos estatais, trouxe, também, como consectário lógico, a ampliação do controle, pela via judicial, tanto das ações quanto das omissões dos entes públicos nesse domínio.[31]

---

[28] MIRRA, Álvaro Luiz Valery. Limites e controle dos atos administrativos em matéria ambiental. *In*: MILARÉ, Édis (Coord.). *Ação civil pública – Lei nº 7.347/85*: reminiscências e reflexões após dez anos de aplicação. São Paulo: Editora Revista dos Tribunais, 1995. p. 56; MIRRA, Álvaro Luiz Valery. *Ação civil pública e a reparação do dano ao meio ambiente*. 2. ed. São Paulo: Juarez de Oliveira, 2004. p. 402; MIRRA, Álvaro Luiz Valery. *Participação, processo civil e defesa do meio ambiente*. São Paulo: Letras Jurídicas, 2011. p. 463-464.

[29] MIRRA, Álvaro Luiz Valery. Limites e controle dos atos administrativos em matéria ambiental. *In*: MILARÉ, Édis (Coord.). *Ação civil pública – Lei nº 7.347/85*: reminiscências e reflexões após dez anos de aplicação. São Paulo: Editora Revista dos Tribunais, 1995. p. 53; BENJAMIN, Antônio Herman V. Constitucionalização do ambiente e ecologização da Constituição brasileira. *In*: CANOTILHO, José Joaquim Gomes; LEITE, José Rubens Morato (Orgs.). *Direito constitucional ambiental brasileiro*. 6. ed. São Paulo: Saraiva, 2015. p. 101; GOMES, Luís Roberto. *O Ministério Público e o controle da omissão administrativa*: o controle da omissão estatal no direito ambiental. Rio de Janeiro: Forense Universitária, 2003. p. 86 e 97. No direito público em geral, ver: MELLO, Celso Antônio Bandeira de. *Discricionariedade administrativa e controle jurisdicional*. São Paulo: Malheiros, 1992. p. 32-36; FREITAS, Juarez. *O controle dos atos administrativos e os princípios fundamentais*. 5. ed. São Paulo: Malheiros, 2013. p. 344.

[30] SARLET, Ingo Wolfgang; FENSTERSEIFER, Tiago. *Direito constitucional ambiental*: constituição, direitos fundamentais e proteção do meio ambiente. 2. ed. São Paulo: Editora Revista dos Tribunais, 2012. p. 188.

[31] MIRRA, Álvaro Luiz Valery. *Ação civil pública e a reparação do dano ao meio ambiente*. 2. ed. São Paulo: Juarez de Oliveira, 2004. p. 401 e seguintes; KRELL, Andreas Joaquim. *Discricionariedade administrativa e proteção*

Com efeito, se se retira ou se se limita a liberdade do Poder Público no que se refere a agir ou não agir na defesa do meio ambiente, ao momento em que o Poder Público deve agir e ao modo de ação, aumenta, consequentemente, o espaço de controle da atuação estatal, inclusive pela via judicial.[32]

Vale dizer: quanto menor o espaço de liberdade de ação do Estado na área ambiental, maior a vinculação na sua atuação e mais ampla a possibilidade de controle pela via judicial,[33] inclusive no tocante às omissões do Poder Público na fiscalização das atividades efetiva ou potencialmente degradadoras e na adoção das medidas necessárias à implementação de políticas públicas ambientais. Foi, precisamente, o que decidiram o Juízo da 4ª Vara Federal do Rio Grande do Norte e o Tribunal Regional da 5ª Região, no caso em análise, ao afastarem qualquer liberdade de ação, na esfera administrativa, ao DNOCS e à União, no sentido de estes últimos realizarem ou não as obras de recuperação da Barragem de Poço Grande, e ao admitirem o controle pela via judicial dessa omissão estatal, orientação sufragada pelo Supremo Tribunal Federal no julgado aqui comentado.

Mas não é só do aumento das hipóteses de atuação vinculada do Estado na proteção do meio ambiente que resulta a ampliação do controle, por intermédio do Poder Judiciário, sobre as omissões da Administração Pública na adoção de providências administrativas destinadas à implementação de programas de ação na área ambiental.

É importante compreender, também, que quando se fala em controle *judicial* das ações e omissões do Poder Público em tema de meio ambiente, está-se referindo, em verdade, ao controle *social* do agir administrativo, realizado *por intermédio* do Poder Judiciário. O controle, no caso, é da *sociedade*, exercido pelos indivíduos diretamente ou por entes representativos dos interesses da coletividade na proteção do meio ambiente (associações civis, Ministério Público, Defensoria Pública), que tem no processo jurisdicional um dos seus veículos de expressão.[34] Trata-se de um controle social autorizado por normas constitucionais e infraconstitucionais que garantem a participação pública ambiental por intermédio do Poder Judiciário, pela via do processo civil e das ações coletivas.

---

ambiental: o controle dos conceitos jurídicos indeterminados e a competência dos órgãos ambientais: um estudo comparativo. Porto Alegre: Livraria do Advogado Editora, 2004. p. 81 e seguintes; SARLET, Ingo Wolfgang; FENSTERSEIFER, Tiago. *Direito constitucional ambiental*: constituição, direitos fundamentais e proteção do meio ambiente. 2. ed. São Paulo: Editora Revista dos Tribunais, 2012. p. 188; GOMES, Luís Roberto. *O Ministério Público e o controle da omissão administrativa*: o controle da omissão estatal no direito ambiental. Rio de Janeiro: Forense Universitária, 2003. p. 230-231; MANCUSO, Rodolfo de Camargo. Ação civil pública como instrumento de controle judicial das chamadas políticas públicas. *In*: MILARÉ, Édis (Coord.). *Ação civil pública – 15 anos*. São Paulo: Editora Revista dos Tribunais, 2001. p. 707-751; MARINONI, Luiz Guilherme. *Tutela inibitória (individual e coletiva)*. 2. ed. São Paulo: Editora Revista dos Tribunais, 2000. p. 86-94; SALLES, Carlos Alberto de. Ação civil pública contra omissões do Poder Público: limites e possibilidades. *In*: SALLES, Carlos Alberto de (Org.). *Processo civil e interesse público*: o processo como instrumento de defesa social. São Paulo: Editora Revista dos Tribunais, 2003. p. 211 e seguintes.

[32] MIRRA, Álvaro Luiz Valery. Controle social das omissões do Poder Público em matéria de saneamento básico e resíduos sólidos: evolução e desafios. *In*: FATTORI, Sara Correa. *Arcadas*: 30 anos da turma de 1985. São Paulo: Max Limonad, 2016. p. 25.

[33] GOMES, Luís Roberto. *O Ministério Público e o controle da omissão administrativa*: o controle da omissão estatal no direito ambiental. Rio de Janeiro: Forense Universitária, 2003. p. 96; MIRRA, Álvaro Luiz Valery. Controle social das omissões do Poder Público em matéria de saneamento básico e resíduos sólidos: evolução e desafios. *In*: FATTORI, Sara Correa. *Arcadas*: 30 anos da turma de 1985. São Paulo: Max Limonad, 2016. p. 25.

[34] MIRRA, Álvaro Luiz Valery. *Participação, processo civil e defesa do meio ambiente*. São Paulo: Letras Jurídicas, 2011. p. 463 e nota 1288.

Lembre-se, aqui, que a participação pública por intermédio da jurisdição, a denominada participação judicial ambiental,[35] foi institucionalizada no Brasil, em termos amplos e definitivos, com a consagração, uma vez mais na Constituição de 1988, do *acesso participativo à justiça em tema de meio ambiente*.

De fato, em termos gerais, de acordo com os arts. 1º, *caput*, e parágrafo único, e 5º, XXXV, da CF, a República Federativa do Brasil está organizada sob a forma de Estado Democrático-Participativo,[36] em que se garante o acesso à justiça para a reivindicação e a proteção integral de todos os direitos reconhecidos (individuais, coletivos e difusos). Mais especificamente em matéria ambiental, cabe anotar que o direito ao meio ambiente ecologicamente equilibrado, consagrado no art. 225, *caput*, da CF, tem como consectários lógicos, também, determinados direitos procedimentais, igualmente fundamentais, indispensáveis à efetivação daquele, relacionados à informação ambiental, à ampla participação do público na proteção do meio ambiente e, precisamente, ao acesso à justiça para a preservação da qualidade ambiental.[37]

Assim, o acesso à justiça em matéria ambiental, no Estado Democrático-Participativo, como corolário do direito fundamental de todos ao meio ambiente, só pode ser um acesso *participativo*, aberto aos indivíduos e aos entes intermediários habilitados a exercer o poder de agir em juízo e voltado a tornar efetiva a participação pública ambiental e o controle social sobre as ações e omissões públicas – e, também, privadas – em tema de meio ambiente.[38]

Observe-se que a principal evidência da preocupação do constituinte e do legislador infraconstitucional com a abertura do acesso à justiça para a participação pública na defesa do meio ambiente está na atribuição da titularidade do poder de agir em juízo (a legitimidade para agir), no processo coletivo ambiental, com as variações próprias de cada instituto processual, às pessoas físicas e aos denominados entes intermediários, tanto privados (associações civis), quanto públicos (Ministério Público e Defensoria Pública), os quais representam perante o juiz os interesses da sociedade na proteção do meio ambiente, estando habilitados, a partir daí, a provocar o exercício da jurisdição na esfera ambiental.[39]

---

[35] Sobre a participação judicial, em termos gerais, ver: MOREIRA NETO, Diogo de Figueiredo. *Direito da participação política – legislativa, administrativa, judicial*: fundamentos e técnicas constitucionais da democracia. Rio de Janeiro: Renovar, 1992. p. 144. Sobre a participação judicial ambiental, ver: MIRRA, Álvaro Luiz Valery. *Participação, processo civil e defesa do meio ambiente*. São Paulo: Letras Jurídicas, 2011. p. 166-170 e 174 e seguintes.

[36] BONAVIDES, Paulo. *Teoria constitucional da democracia participativa*: por um direito constitucional de luta e resistência, por uma nova hermenêutica, por uma repolitização da legitimidade. São Paulo: Malheiros, 2001. p. 19; MIRRA, Álvaro Luiz Valery. *Participação, processo civil e defesa do meio ambiente*. São Paulo: Letras Jurídicas, 2011. p. 84-88.

[37] BENJAMIN, Antônio Herman V. O meio ambiente na Constituição Federal de 1988. *In*: KISHI, Sandra Akemi Shimada; SILVA, Solange Teles da; SOARES, Inês Virgínia Prado (Org.). *Desafios do direito ambiental no século XXI*: estudos em homenagem a Paulo Affonso Leme Machado. São Paulo: Malheiros, 2005. p. 386. Ainda: TRINDADE, Antônio Augusto Cançado. *Direitos humanos e meio-ambiente*: paralelo dos sistemas de proteção internacional. Porto Alegre: Sergio Antonio Fabris, 1993. p. 194; CANOTILHO, J. J. Gomes. O direito ao meio ambiente como direito subjectivo. *In*: CANOTILHO, José Joaquim Gomes. *Estudos sobre direitos fundamentais*. Coimbra: Coimbra Editora, 2004. p. 187; DÉJEANT-PONS, Maguelone. Le droit de l'homme à l'environnement en tant que droit procédural. *In*: DÉJEANT-PONS, Maguelone; PALLEMAERTS, Marc. *Droits de l'homme et environnement*. Strasbourg: Conseil de l'Europe, 2002. p. 21; CORDINI, Giovanni. *Diritto ambientale comparato*. 3. ed. Padova: Cedam, 2002. p. 78; MIRRA, Álvaro Luiz Valery. *Participação, processo civil e defesa do meio ambiente*. São Paulo: Letras Jurídicas, 2011. p. 176-177.

[38] MIRRA, Álvaro Luiz Valery. *Participação, processo civil e defesa do meio ambiente*. São Paulo: Letras Jurídicas, 2011. p. 177.

[39] MIRRA, Álvaro Luiz Valery. *Participação, processo civil e defesa do meio ambiente*. São Paulo: Letras Jurídicas, 2011. p. 179.

Com isso, a jurisdição, no processo coletivo ambiental, assumiu contornos específicos, já que passou a ser uma função exercida pelos juízes em vista da tutela de um direito de titularidade coletiva, voltada à resolução de conflitos metaindividuais e destinada à canalização da participação de indivíduos, grupos e entes intermediários na defesa da qualidade ambiental e no controle das ações e omissões públicas e privadas relacionadas à proteção do meio ambiente.[40]

Daí, então, as peculiaridades da jurisdição no processo coletivo ambiental, decorrentes (i) da natureza dos conflitos levados ao exame dos juízes – conflitos ambientais de natureza metaindividual; (ii) da especificidade do direito tutelado nos casos concretos – direito ao meio ambiente como direito fundamental de titularidade coletiva; e (iii) dos objetivos perseguidos com o seu exercício – não só a pacificação social e a realização do direito material, mas também a viabilização da participação pública na defesa do meio ambiente.[41]

Disso tudo resulta que, no processo coletivo ambiental, assume grande importância a *dimensão política da jurisdição*, que passou a ter como um dos seus objetivos principais viabilizar a participação da sociedade, pela via do Poder Judiciário, no controle das ações e omissões públicas e privadas em tema de proteção do meio ambiente. Ademais, a valorização da concepção política da jurisdição levou a uma considerável ampliação da função jurisdicional, inclusive frente aos demais poderes, sejam os poderes estatais (legislativo e executivo), sejam os poderes exercidos pelos agentes econômicos privados, a fim de que os pleitos formulados pelos indivíduos e entes representativos legitimados para o exercício da jurisdição na área ambiental, tendentes ao controle das ações e omissões públicas e privadas nesse campo, possam ser examinados e, se for o caso, deferidos pelo Poder Judiciário.[42]

Portanto, a ampliação da possibilidade de controle social, pela via jurisdicional, das omissões do Poder Público na adoção de providências administrativas destinadas à implementação de políticas públicas ambientais – tema aqui discutido – encontra justificativa constitucional nesses dois pontos:

(a) de um lado, no novo regime jurídico-constitucional da ação estatal na área ambiental, que impôs o dever fundamental do Estado de atuar concretamente na defesa do meio ambiente, como forma de efetivar o direito fundamental de todos ao meio ambiente ecologicamente equilibrado, a impor àquele primeiro a adoção de programas de ação para a preservação da qualidade ambiental, com expressivo aumento das hipóteses de exercício de competência vinculada pelos entes públicos;

(b) de outro lado, na expansão da função jurisdicional, frente aos demais poderes públicos, para viabilizar a participação pública ambiental no controle das ações e, sobretudo, das omissões públicas lesivas ao meio ambiente,

---

[40] MIRRA, Álvaro Luiz Valery. *Participação, processo civil e defesa do meio ambiente*. São Paulo: Letras Jurídicas, 2011. p. 372-373.

[41] MIRRA, Álvaro Luiz Valery. *Participação, processo civil e defesa do meio ambiente*. São Paulo: Letras Jurídicas, 2011. p. 373. Sobre os escopos sociais, jurídico e políticos da jurisdição em geral, no processo civil moderno, ver: DINAMARCO, Cândido Rangel. *A instrumentalidade do processo*. 12. ed. São Paulo: Malheiros, 2003. p. 181 e seguintes (nºs 18 e seguintes).

[42] MIRRA, Álvaro Luiz Valery. *Participação, processo civil e defesa do meio ambiente*. São Paulo: Letras Jurídicas, 2011. p. 373.

decorrente da consagração na Constituição Federal do acesso participativo à justiça em matéria ambiental.

2.3 A expansão da função jurisdicional para viabilizar o controle social das omissões do Poder Público na proteção do meio ambiente e o princípio da separação dos poderes

A expansão da função jurisdicional para viabilizar o controle social das omissões do Poder Público na adoção de medidas administrativas necessárias à implementação de políticas públicas ambientais, anteriormente referida, não acarreta, ao contrário do que se poderia supor, invasão por parte do Poder Judiciário de competências exclusivas do Executivo, com violação ao princípio da separação dos poderes ou das funções estatais. Expresso, a esse respeito, o Supremo Tribunal Federal, no acórdão aqui examinado, ao decidir que "(...) o Poder Judiciário, em situações excepcionais, pode determinar que a Administração Pública adote medidas assecuratórias de direitos constitucionalmente reconhecidos como essenciais [como o direito ao meio ambiente ecologicamente equilibrado] sem que isso configure violação do princípio da separação de poderes".

Com efeito, em termos gerais, como salienta Fábio Konder Comparato, é necessário compreender que a transformação do Estado contemporâneo, engendrada pela Revolução Industrial, impôs a reconsideração das finalidades da organização dos poderes, calcadas até então na ideia de segurança e conservação da sociedade, para alcançar-se a necessária transformação social, com vistas ao grande ideal de igualdade de todos os homens em todos os planos. Correlatamente, no âmbito das instituições jurídicas, o que se observou foi uma mudança do eixo central das atividades estatais, da legislação para a administração, da proclamação e aplicação do Direito para a elaboração e execução de programas de ação, de políticas públicas. E os objetivos a serem atingidos por essas políticas públicas passaram a impor-se, a partir dessa época, como normas obrigatórias, ao próprio governo, organizando-se, por via de consequência, todo o sistema jurídico em função desses objetivos concretos das políticas públicas.[43]

Nesses termos, prossegue o jurista, "(...) se o Estado contemporâneo tem por finalidade última a transformação social, segue-se que a sociedade como um todo ou os diferentes grupos por ela beneficiados têm em conjunto o direito à aplicação dos programas de ação conducentes a esse resultado. E, se têm esse direito, devem ter também uma ação judicial que o assegure".[44]

Não é outro, a propósito, o ensinamento de Mauro Cappelletti, segundo o qual, no Estado contemporâneo, de cunho marcadamente social, houve, em um primeiro momento, expressivo crescimento da atividade legislativa, inclusive constitucional, não mais de natureza protetiva e repressiva, mas de natureza promocional, com a prescrição de programas de ação a serem executados gradualmente, e, num segundo momento, o fortalecimento da atividade administrativa, a fim de dar cabo das tarefas do denominado *Welfare State*. Disso resultou, como não poderia deixar de ser, a necessidade de maior

---

[43] COMPARATO, Fábio Konder. Novas funções judiciais no Estado moderno. *In*: COMPARATO, Fábio Konder. *Para viver a democracia*. São Paulo: Brasiliense, 1989. p. 151.

[44] COMPARATO, Fábio Konder. Novas funções judiciais no Estado moderno. *In*: COMPARATO, Fábio Konder. *Para viver a democracia*. São Paulo: Brasiliense, 1989. p. 148-151.

controle, por parte do Poder Judiciário, das atividades legislativas e executivas, seja para conter eventuais abusos, seja para suprir as cada vez mais frequentes omissões do Legislativo e do Executivo.[45] Assim, conclui o mestre italiano, o incremento do papel do Poder Judiciário, no Estado contemporâneo, representa o necessário contrapeso, num sistema democrático de *checks and balances*, à paralela expansão dos ramos ditos políticos do próprio Estado (legislativo e executivo).[46]

Tal perspectiva, cumpre anotar, não se alterou, na essência, com a consagração, na Constituição de 1988, do Estado Democrático-Participativo,[47] o qual, tido como um Estado Neo-Social ou Pós-Social,[48] manteve íntegro o ideário do Estado de Bem-Estar, que, por seu turno, segundo se viu, não prescinde da ação governamental nas tarefas consideradas irrenunciáveis, como aquelas relacionadas à área ambiental. O que se passou, em verdade, com o advento do Estado da democracia participativa, foi a crescente abertura de canais para a participação pública e o controle social relativamente a todas as esferas de poder, desde as estatais até as não estatais, firmando-se, nesse cenário, o Poder Judiciário como espaço institucional participativo.[49]

Portanto, não há como negar que o Poder Judiciário está, de fato, politicamente legitimado a julgar demandas tendentes à superação das omissões estatais na área ambiental. Como observa Cândido Rangel Dinamarco, ao Judiciário está reservado, indiscutivelmente, papel de grande relevância, como órgão estatal capaz de dar resposta às exigências sociais, inclusive no plano da proteção do meio ambiente. O Judiciário constitui, efetivamente, legítimo canal por meio do qual se permite ao universo axiológico da sociedade impor as suas pressões. O juiz, exercendo o poder nacional em nome do Estado, dita decisões que são providas de imperatividade e que podem influir no conteúdo da Constituição ou das leis, no significado dos textos legais, ou, mesmo, nas diretrizes políticas do próprio Estado.[50]

Saliente-se, no ponto, que, ao se admitir a determinação aos entes estatais, por intermédio de ações judiciais, da adoção de determinadas medidas destinadas à supressão da omissão lesiva ao meio ambiente, como a aqui discutida, de recuperação da Barragem de Poço Grande, não se está atribuindo ao Judiciário o poder de *criar* políticas públicas ambientais, mas tão somente o de *impor a execução* daquelas já estabelecidas na Constituição e nas leis ou nos regulamentos editados pelos próprios governos.[51] Nesse sentido, se em hipóteses como a presente o Poder Judiciário acaba por influir nas diretrizes políticas do Estado, isto se dá porque, antes, houve indevida omissão

---

[45] CAPPELLETTI, Mauro. *Juízes legisladores?* (Trad. Carlos Alberto Alvaro de Oliveira). Porto Alegre: Sergio Antonio Fabris Editor, 1993. p. 40 e seguintes.

[46] CAPPELLETTI, Mauro. *Juízes legisladores?* (Trad. Carlos Alberto Alvaro de Oliveira). Porto Alegre: Sergio Antonio Fabris Editor, 1993. p. 19.

[47] BONAVIDES, Paulo. *Teoria constitucional da democracia participativa*: por um direito constitucional de luta e resistência, por uma nova hermenêutica, por uma repolitização da legitimidade. São Paulo: Malheiros, 2001. p. 20.

[48] SILVA, Vasco Pereira da. *Verde cor de direito*: lições de direito do ambiente. Coimbra: Almedina, 2002. p. 23-25.

[49] MIRRA, Álvaro Luiz Valery. *Participação, processo civil e defesa do meio ambiente*. São Paulo: Letras Jurídicas, 2011. p. 383.

[50] DINAMARCO, Cândido Rangel. *A instrumentalidade do processo*. 12. ed. São Paulo: Malheiros, 2003. p. 44-50.

[51] MIRRA, Álvaro Luiz Valery. *Ação civil pública e a reparação do dano ao meio ambiente*. 2. ed. São Paulo: Juarez de Oliveira, 2004. p. 406. Em termos gerais, para além da questão ambiental, ver: COMPARATO, Fábio Konder. Novas funções judiciais no Estado moderno. *In*: COMPARATO, Fábio Konder. *Para viver a democracia*. São Paulo: Brasiliense, 1989. p. 157-158.

administrativa a legitimar sua intervenção, provocada pela sociedade que dele espera o cumprimento do papel que lhe foi atribuído pela ordem constitucional.[52]

Por outro lado, deve ter-se claro, ainda, que, conforme leciona, uma vez mais, Fábio Konder Comparato, "[a] separação dos poderes, como precisou a ciência jurídica contemporânea, nada mais é que uma *garantia institucional* dos direitos humanos, ou seja, uma forma de organização interna do Estado, destinada a impedir o abuso de poder, o qual, desde a república romana e a democracia grega, sempre foi considerado como a negação dos grandes valores da convivência humana".[53]

Ora, se assim de fato é, ou seja, se a separação dos poderes representa uma garantia institucional destinada a assegurar a proteção dos direitos humanos contra o arbítrio do Estado, seria no mínimo contraditório que ela fosse invocada pelos detentores do poder de administração como fundamento, precisamente, para negar a efetivação de um direito humano fundamental, como o direito ao meio ambiente ecologicamente equilibrado, que se pretende alcançar com a supressão da omissão estatal lesiva.[54]

2.4 O controle social, pela via judicial, das omissões estatais lesivas ao meio ambiente e a questão das disponibilidades financeiras do Poder Público

Outro aspecto digno de nota no julgado ora em análise diz respeito à rejeição, pelo Supremo Tribunal Federal, da possibilidade de o órgão administrativo incumbido da adoção das medidas necessárias à implementação dos programas de ação tendentes à garantia do direito ao meio ambiente ecologicamente equilibrado invocar a ausência de recursos financeiros para o cumprimento desse seu dever. Como constou expressamente do acórdão, "(...) a Administração não pode justificar a frustração de direitos essenciais previstos na Constituição da República sob o fundamento da insuficiência orçamentária".

Tal vedação resulta, sem dúvida, do regime jurídico da ação estatal na área ambiental, estabelecido pela Constituição de 1988, que, segundo se viu, impôs ao Poder Público o dever fundamental de proteção do meio ambiente, com redução da liberdade do administrador quanto ao momento da adoção das medidas necessárias à implementação de políticas públicas ambientais, seja no que se refere à edição dos regramentos pertinentes, seja na organização do pessoal, seja, ainda, na previsão orçamentária indispensável à realização dos programas de ação correlatos, nenhuma dessas ações administrativas podendo, assim, ser postergada.

Nesse contexto, não parece, de fato, haver espaço para a incidência da teoria da reserva do possível,[55] segundo a qual a realização efetiva e concreta dos direitos de

---

[52] MIRRA, Álvaro Luiz Valery. *Ação civil pública e a reparação do dano ao meio ambiente*. 2. ed. São Paulo: Juarez de Oliveira, 2004. p. 410.

[53] COMPARATO, Fábio Konder. O papel do juiz na efetivação dos direitos humanos. *In: Direitos humanos*: visões contemporâneas. São Paulo: Associação Juízes para Democracia, 2001. p. 15-29, especialmente p. 16.

[54] MIRRA, Álvaro Luiz Valery. *Ação civil pública e a reparação do dano ao meio ambiente*. 2. ed. São Paulo: Juarez de Oliveira, 2004. p. 409.

[55] Sobre a cláusula da "reserva do possível", ver: KRELL, Andreas J. *Direitos sociais e controle judicial no Brasil e na Alemanha*: os (des)caminhos de um direito constitucional "comparado". Porto Alegre: Sergio Antonio Fabris Editor, 2002. p. 51-57; SARLET, Ingo Wolfgang. *A eficácia dos direitos fundamentais*. 3. ed. Porto Alegre: Livraria do Advogado Editora, 2003. p. 274 e seguintes.

segunda (direitos sociais) e terceira (direitos de solidariedade) gerações por parte do Estado, sob a ótica prestacional, ficaria sempre na dependência dos recursos financeiros disponíveis, cuja insuficiência, uma vez comprovada, constituiria limite fático intransponível para o amparo a ser prestado pela via jurisdicional.[56] Em verdade, admitir o condicionamento imposto pela reserva do possível implicaria, invariavelmente, afastar a possibilidade de a sociedade, por meio dos indivíduos e entes intermediários legitimados para as ações coletivas, obter judicialmente a supressão de omissões estatais efetiva ou potencialmente lesivas ao meio ambiente, já que, no mais das vezes, os entes públicos não teriam dificuldades de monta para justificar racionalmente o déficit orçamentário na área ambiental.

Como discorre sobre o tema Andreas J. Krell, ao criticar a transposição pura e simples da referida teoria, desenvolvida pela jurisprudência constitucional alemã no contexto socioeconômico e político de um país central, para um país periférico como o Brasil:

> Essa teoria [da reserva do possível], na verdade, representa uma adaptação de um *topos* da jurisprudência constitucional alemã (*Der Vorbehalt des Möglichen*), que entende que a construção de direitos subjetivos à prestação material de serviços públicos pelo Estado está sujeita à condição da disponibilidade dos respectivos recursos. Ao mesmo tempo, a decisão sobre a disponibilidade dos mesmos estaria localizada no campo discricionário das decisões governamentais e dos parlamentos, através da composição dos orçamentos públicos.
>
> Segundo o Tribunal Constitucional Federal da Alemanha, esses direitos a prestações positivas (*Teilhaberechte*) 'estão sujeitos à reserva do possível no sentido daquilo que o indivíduo, de maneira racional, pode esperar da sociedade'.
>
> Essa teoria impossibilita exigências acima de um certo limite básico social (...).
>
> Alguns autores brasileiros acataram a argumentação da 'reserva do possível' negando de maneira categórica a competência dos juízes ('não legitimados pelo voto') a dispor sobre medidas de políticas sociais que exigem gastos orçamentários.
>
> Para não precisar negar por completo a efetividade dos direitos sociais sob o argumento da 'reserva do possível', Amaral recomenda a exigência de que 'o Estado demonstre, judicialmente, que tem motivos fáticos razoáveis para deixar de cumprir, concretamente, a norma constitucional assecuratória de prestações positivas'; 'demonstrada a ponderabilidade dessas razões, não poderia o Judiciário se substituir ao Administrador'.
>
> (...).
>
> Todavia, parece difícil que um ente público não possa conseguir 'justificar' sua omissão social perante critérios de política monetária, estabilidade, contenção de gastos, as exigências financeiras dos diferentes órgãos (Assembleias Legislativas, Tribunais de Justiça, Tribunais de Contas, etc.) (...).
>
> No Brasil, como em outros países periféricos, é justamente a questão de analisar quem possui a legitimidade para definir o que seja 'o possível' na área das prestações sociais básicas face à composição distorcida dos orçamentos dos diferentes entes federativos. Os problemas de exclusão social [e, acrescente-se, de degradação ambiental] no Brasil de hoje

---

[56] Nesse sentido, vale conferir as doutrinas de: LEAL, Márcio Flávio Mafra. *Ações coletivas*: história, teoria e prática. Porto Alegre: Sergio Antonio Fabris, 1998. p. 108-112, e de: ROCHA JÚNIOR, Paulo Sérgio Duarte da. *Controle jurisdicional de políticas públicas*. Dissertação (Mestrado), Faculdade de Direito, Universidade de São Paulo, 2008. p. 52-54.

se apresentam numa intensidade tão grave que não podem ser comparados à situação social [e ambiental] dos países-membros da União Europeia.[57]

Por essa razão, a realização do controle social, pela via judicial, das omissões estatais lesivas ao meio ambiente independe da consideração das disponibilidades orçamentárias do Poder Público, uma vez que a efetividade do direito ao meio ambiente ecologicamente equilibrado, consagrado na Constituição de 1988, reveste-se, em si mesma, como reconhecido pelo STF, de "essencial fundamentalidade", direcionando-se, ainda, em inúmeros casos, como o aqui examinado, da preservação de recursos hídricos na região do semiárido nordestino, à garantia do mínimo existencial indispensável à dignidade humana. E tais circunstâncias definitivamente afastam a incidência da cláusula da reserva do possível.[58]

Daí, inclusive, a afirmação do Supremo Tribunal Federal, em julgado invocado no acórdão ora comentado, de que "[a] Administração não pode invocar a cláusula da 'reserva do possível' a fim de justificar a frustração de direitos previstos na Constituição da República, voltados à garantia da dignidade da pessoa humana, sob o fundamento da insuficiência orçamentária".[59]

Considerações finais

Como resulta claro do que vem a ser analisado, o acórdão do Supremo Tribunal Federal aqui examinado, relatado pelo Ministro Dias Toffoli, apresenta grande relevância para o direito ambiental, notadamente no que concerne à compreensão do regime jurídico-constitucional da ação estatal na área ambiental, imprescindível à garantia da efetividade do direito de todos ao meio ambiente ecologicamente equilibrado, consagrado na Constituição de 1988 como direito de terceira geração, de natureza prestacional.

Efetivamente, segundo se viu, ao impor ao Poder Público o dever fundamental de proteger o meio ambiente para as gerações presentes e futuras, como contrapartida à consagração do direito, igualmente fundamental, de todos ao meio ambiente, a Constituição de 1988 estabeleceu um regime jurídico para a atuação do Estado nessa matéria, marcado pela irrenunciabilidade na adoção de medidas protetivas da qualidade ambiental, inclusive no tocante à adoção e à implementação de políticas públicas ambientais, imprescindíveis quando o dever fundamental dos órgãos estatais está relacionado à efetivação de direitos fundamentais prestacionais.

Disso resultou uma clara limitação à liberdade de conformação dos poderes estatais na adoção das medidas relacionadas à tutela do meio ambiente, notadamente no tocante ao momento em que o Poder Público deve agir para a realização concreta de programas de ação na área ambiental, via edição de regramentos, organização de pessoal e previsão orçamentária específica, afastando-se a discricionariedade do administrador público na matéria.

---

[57] KRELL, Andreas J. *Direitos sociais e controle judicial no Brasil e na Alemanha*: os (des)caminhos de um direito constitucional "comparado". Porto Alegre: Sergio Antonio Fabris Editor, 2002. p. 52-53.

[58] STF. ADPF nº 45-9 – j. 29.04.2004 – Rel. Min. Celso de Mello (decisão monocrática); STF – Segunda Turma – ARE nº 639.337/SP-AgR – Dje de 15.09.2011 – Rel. Min. Celso de Mello.

[59] STF. Primeira Turma – AI nº 674.764/PI-AgR – Dje de 25.10.2011 – Rel. Min. Dias Toffoli.

Como consequência, houve a ampliação do espaço de controle pela via judicial das omissões do Estado na adoção das medidas necessárias à implementação de políticas públicas ambientais, sem que se possa falar em violação ao princípio da separação dos poderes, até porque o controle em questão, na realidade, é um controle social, realizado por intermédio do Poder Judiciário, amparado na garantia constitucional do acesso participativo à justiça em matéria ambiental, pela qual se permite aos indivíduos e aos entes intermediários, tanto privados (associações civis) quanto públicos (Ministério Público, Defensoria Pública), obter em juízo a superação das omissões estatais lesivas ao meio ambiente.

Ademais, dada a essencial fundamentalidade do direito ao meio ambiente ecologicamente equilibrado, cuja garantia se destina, ainda, muitas vezes, à preservação do mínimo existencial indispensável à dignidade humana, o controle social admitido, pela via judicial, das omissões do Poder Público na matéria não pode ser obstado pela alegação de ausência de disponibilidade orçamentária dos entes administrativos, não havendo espaço, consequentemente, nesse tema, para incidência da cláusula da reserva do possível.

Registre-se, por fim, que o referido entendimento adotado pelo Supremo Tribunal Federal não só reafirmou como também tem dado respaldo a diversos outros julgados da própria Corte Suprema, do Superior Tribunal de Justiça e das demais Cortes de Justiça do país, que igualmente vêm admitindo, em inúmeras e variadas hipóteses, o controle judicial para supressão das omissões do Poder Público em tema de meio ambiente, especialmente no concernente à omissão na fiscalização das atividades potencialmente degradadoras[60] e à omissão na adoção de providências administrativas indispensáveis à implementação das mais diversas políticas públicas ambientais, como as relacionadas ao tratamento de esgotos e efluentes líquidos e sólidos antes do lançamento em cursos d'água,[61] à implantação de sistemas de coleta e tratamento de resíduos sólidos,[62] à desocupação de áreas de mananciais irregularmente ocupadas,[63] à regularização de loteamentos e desmembramentos irregulares[64] e à implantação de espaços territoriais especialmente protegidos (parques, áreas de proteção ambiental).[65]

Esses, portanto, os principais aspectos que se extraem do julgado aqui analisado.

---

[60] STJ. 2ª T. – REsp nº 1071741/SP – j. 24.03.2009 – Rel. Min. Herman Benjamin; STJ – 2ª T. – REsp nº 604725/PR – j. 21.06.2005 – Rel. Min. Castro Meira; STJ – 1ª T. – AgRg no Ag nº 822.764/MG – j. 05.06.2007 – Rel. Min. José Delgado; STJ – 2ª T. – AgRg no Ag nº 973577/SP – j. 16.09.2008 – Rel. Min. Mauro Campbell Marques; STJ – 2ª T. – REsp nº 1376199/SP – j. 19.08.2014 – Rel. Min. Herman Benjamin.

[61] STF. 1ª T. – RE nº 254764/SP – j. 24.08.2010 – Rel. Min. Marco Aurélio; STF – 1ª T. – RE nº 417408 – j. 20.03.2012 – Rel. Min. Dias Toffoli; STJ – 2ª T. – REsp nº 1366331/RS – j. 16.12.2014 – Rel. Min. Humberto Martins; STJ – 2ª T. – REsp nº 1220669/MG – j. 17.04.2012 – Rel. Min. Herman Benjamin.

[62] STJ. 1ª T. – REsp nº 575998/MG – j. 07.10.2004 – Rel. Min. Luiz Fux; STJ – 2ª T. – REsp nº 1267549/MG – j. 02.09.2014 – Rel. Min. Humberto Martins.

[63] STJ. 2ª T. – REsp nº 1376199/SP – j. 19.08.2014 – Rel. Min. Herman Benjamin; STJ – 2ª T. – REsp nº 403190/SP – j. 27.06.2006 – Rel. Min. João Otávio de Noronha; STJ – 1ª T. – REsp nº 1150392/RS – j. 13.09.2016 – Rel. Min. Sergio Kukina.

[64] STJ. 2ª T. – REsp nº 1.113.789/SP – j. 16.06.2009 – Rel. Min. Castro Meira; STJ – 2ª T. – REsp nº 333.056/SP – Rel. Min. Castro Meira; STJ – 2ª T. – REsp nº 131697/SP – Rel. Min. João Otávio de Noronha; STJ – 2ª T. – REsp nº 124.714/SP – Rel. Min. Francisco Peçanha Martins; STJ – 2ª T. – REsp nº 259.982/SP – Rel. Min. Franciulli Netto; STJ – 2ª T. – REsp nº 292.846/SP – Rel. Min. Humberto Gomes de Barros.

[65] STF. 2ª T. – ARE nº 903241AgR – j. 22.06.2018 – Rel. Min. Edson Fachin; STJ – 2ª T. – REsp nº 1163524/SC – j. 05.05.2011 – Rel. Min. Humberto Martins.

Referências

AGUILLAR, Fernando Herren. *Serviços públicos*: doutrina, jurisprudência e legislação. São Paulo: Saraiva, 2011.

ANDRADE, José Carlos Vieira de. *Os direitos fundamentais na Constituição Portuguesa de 1976*. 3. ed. Coimbra: Almedina, 2004.

BARROSO, Luís Roberto. A proteção do meio ambiente na Constituição brasileira. *Revista Forense*, Rio de Janeiro, v. 317, p. 167, jan./mar. 1992.

BENJAMIN, Antônio Herman V. Constitucionalização do ambiente e ecologização da Constituição brasileira. *In*: CANOTILHO, José Joaquim Gomes; LEITE, José Rubens Morato (Orgs.). *Direito constitucional ambiental brasileiro*. 6. ed. São Paulo: Saraiva, 2015.

BENJAMIN, Antônio Herman V. O meio ambiente na Constituição Federal de 1988. *In*: KISHI, Sandra Akemi Shimada; SILVA, Solange Teles da; SOARES, Inês Virgínia Prado (Org.). *Desafios do direito ambiental no século XXI*: estudos em homenagem a Paulo Affonso Leme Machado. São Paulo: Malheiros, 2005.

BLANCO-URIBE QUINTERO, Alberto. *La definición del derecho-deber individual y colectivo al ambiente en derecho constitucional comparado*. Caracas: Tribunal Supremo de Justicia, 2005.

BONAVIDES, Paulo. *Curso de direito constitucional*. 12. ed. São Paulo: Malheiros, 2002.

BONAVIDES, Paulo. *Teoria constitucional da democracia participativa*: por um direito constitucional de luta e resistência, por uma nova hermenêutica, por uma repolitização da legitimidade. São Paulo: Malheiros, 2001.

CANOTILHO, J. J. Gomes. O direito ao meio ambiente como direito subjectivo. *In*: CANOTILHO, José Joaquim Gomes. *Estudos sobre direitos fundamentais*. Coimbra: Coimbra Editora, 2004.

CANOTILHO, J. J. Gomes; MOREIRA, Vital. *Constituição da República Portuguesa anotada*: artigos 1º a 107. São Paulo: Editora Revista dos Tribunais, 2007. v. 1.

CAPPELLETTI, Mauro. *Juízes legisladores?* (Trad. Carlos Alberto Álvaro de Oliveira). Porto Alegre: Sergio Antonio Fabris Editor, 1993.

COMPARATO, Fábio Konder. *A afirmação histórica dos direitos humanos*. 10. ed. São Paulo: Saraiva, 2015.

COMPARATO, Fábio Konder. Novas funções judiciais no Estado moderno. *In*: COMPARATO, Fábio Konder. *Para viver a democracia*. São Paulo: Brasiliense, 1989.

COMPARATO, Fábio Konder. O abuso nas patentes de medicamentos. *In*: COMPARATO, Fábio Konder. *Rumo à justiça*. 2. ed. São Paulo: Saraiva, 2013.

COMPARATO, Fábio Konder. O papel do juiz na efetivação dos direitos humanos. *In*: *Direitos humanos*: visões contemporâneas. São Paulo: Associação Juízes para Democracia, 2001.

COMPARATO, Fábio Konder. O peso da questão agrária na vida política brasileira. *In*: COMPARATO, Fábio Konder. *Rumo à justiça*. 2. ed. São Paulo: Saraiva, 2013.

COMPARATO, Fábio Konder. Os problemas fundamentais da sociedade brasileira e os direitos humanos. *In*: COMPARATO, Fábio Konder. *Para viver a democracia*. São Paulo: Brasiliense, 1989.

CORDINI, Giovanni. *Diritto ambientale comparato*. 3. ed. Padova: Cedam, 2002.

COSTA NETO, Nicolao Dino de Castro e. *Proteção jurídica do meio ambiente*. Belo Horizonte: Del Rey, 2003.

DÉJEANT-PONS, Maguelone. Le droit de l'homme à l'environnement en tant que droit procédural. *In*: DÉJEANT-PONS, Maguelone; PALLEMAERTS, Marc. *Droits de l'homme et environnement*. Strasbourg: Conseil de l'Europe, 2002.

DINAMARCO, Cândido Rangel. *A instrumentalidade do processo*. 12. ed. São Paulo: Malheiros, 2003.

DORNELLES, João Ricardo W. *O que são direitos humanos*. São Paulo: Brasiliense, 1989.

FAGUNDES, Seabra. *O controle dos atos administrativos pelo Poder Judiciário*. 6. ed. São Paulo: Saraiva, 1984.

FENSTERSEIFER, Tiago. *Direitos fundamentais e proteção do meio ambiente*: a dimensão ecológica da dignidade humana no marco jurídico-constitucional do Estado Socioambiental de Direito. Porto Alegre: Livraria do Advogado Editora, 2008.

FERREIRA FILHO, Manoel Gonçalves. *Direitos humanos fundamentais*. São Paulo: Saraiva, 1995.

FREITAS, Juarez. *O controle dos atos administrativos e os princípios fundamentais*. 5. ed. São Paulo: Malheiros, 2013.

GAVIÃO FILHO, Anízio Pires. *Direito fundamental ao meio ambiente*. Porto Alegre: Livraria do Advogado Editora, 2005.

GOMES, Luís Roberto. *O Ministério Público e o controle da omissão administrativa*: o controle da omissão estatal no direito ambiental. Rio de Janeiro: Forense Universitária, 2003.

GUERRA, Sidney; GUERRA, Sérgio. *Intervenção estatal ambiental*: licenciamento e compensação de acordo com a Lei Complementar nº 140/2011. São Paulo: Atlas, 2012.

KRELL, Andreas J. *Direitos sociais e controle judicial no Brasil e na Alemanha*: os (des)caminhos de um direito constitucional "comparado". Porto Alegre: Sergio Antonio Fabris Editor, 2002.

KRELL, Andreas Joaquim. *Discricionariedade administrativa e proteção ambiental*: o controle dos conceitos jurídicos indeterminados e a competência dos órgãos ambientais: um estudo comparativo. Porto Alegre: Livraria do Advogado Editora, 2004.

LAFER, Celso. *A reconstrução dos direitos humanos*: um diálogo com o pensamento de Hannah Arendt. São Paulo: Companhia das Letras, 1988.

LEAL, Márcio Flávio Mafra. *Ações coletivas*: história, teoria e prática. Porto Alegre: Sergio Antonio Fabris, 1998.

LEITE, José Rubens Morato; AYALA, Patryck de Araújo. *Direito ambiental na sociedade de risco*. 2. ed. Rio de Janeiro: Forense Universitária, 2004.

MACHADO, Paulo Affonso Leme. *Direito ambiental brasileiro*. 23. ed. São Paulo: Malheiros, 2015.

MANCUSO, Rodolfo de Camargo. Ação civil pública como instrumento de controle judicial das chamadas políticas públicas. *In*: MILARÉ, Édis (Coord.). *Ação civil pública – 15 anos*. São Paulo: Editora Revista dos Tribunais, 2001.

MARINONI, Luiz Guilherme. *Tutela inibitória (individual e coletiva)*. 2. ed. São Paulo: Editora Revista dos Tribunais, 2000.

MARTINS JÚNIOR, Wallace Paiva. Despoluição das águas. *Revista dos Tribunais*, v. 720, falta ano.

MEDEIROS, Fernanda Luiza Fontoura de. *Meio ambiente*: direito e dever fundamental. Porto Alegre: Livraria do Advogado Editora, 2004.

MEIRELLES, Hely Lopes. *Direito administrativo brasileiro*. 11. ed. São Paulo: Editora Revista dos Tribunais, 1985.

MELLO, Celso Antônio Bandeira de. *Discricionariedade administrativa e controle jurisdicional*. São Paulo: Malheiros, 1992.

MENDES, Gilmar Ferreira; COELHO, Inocêncio Mártires; BRANCO, Paulo Gustavo Gonet. *Curso de direito constitucional*. São Paulo: Saraiva, 2007.

MILARÉ, Édis. *Direito do ambiente*. 10. ed. São Paulo: Editora Revista dos Tribunais, 2015.

MIRANDA, Jorge. *Manual de direito constitucional*: direitos fundamentais. 3. ed. Coimbra: Coimbra Editora, 2000. t. 4.

MIRANDA, Marcos Paulo de Souza. Evolução histórica da legislação protetiva do patrimônio cultural no Brasil. *In*: RODRIGUES, José Eduardo Ramos; MIRANDA, Marcos Paulo de Souza. *Estudos de direito do patrimônio cultural*. Belo Horizonte: Editora Fórum, 2012.

MIRRA, Álvaro Luiz Valery. *Ação civil pública e a reparação do dano ao meio ambiente*. 2. ed. São Paulo: Juarez de Oliveira, 2004.

MIRRA, Álvaro Luiz Valery. Controle social das omissões do Poder Público em matéria de saneamento básico e resíduos sólidos: evolução e desafios. *In*: FATTORI, Sara Correa. *Arcadas*: 30 anos da turma de 1985. São Paulo: Max Limonad, 2016.

MIRRA, Álvaro Luiz Valery. Limites e controle dos atos administrativos em matéria ambiental. *In*: MILARÉ, Édis (Coord.). *Ação civil pública – Lei nº 7.347/85*: reminiscências e reflexões após dez anos de aplicação. São Paulo: Editora Revista dos Tribunais, 1995.

MIRRA, Álvaro Luiz Valery. *Participação, processo civil e defesa do meio ambiente*. São Paulo: Letras Jurídicas, 2011.

MORAES, Alexandre de. *Direito constitucional*. 24. ed. São Paulo: Atlas, 2009.

MOREIRA NETO, Diogo de Figueiredo. *Direito da participação política – legislativa, administrativa, judicial*: fundamentos e técnicas constitucionais da democracia. Rio de Janeiro: Renovar, 1992.

PALLEMAERTS, Marc. Le droit de l'homme à un environnement sain en tant que droit materiel. *In*: DÉJEANT-PONS, Maguelone; PALLEMAERTS, Marc. *Droits de l'homme et environnement*. Strasbourg: Conseil de l'Europe, 2002.

PRIEUR, Michel. La charte de l'environnement et la constitution française. *Revista de Direito Ambiental*, São Paulo, n. 42, p. 266, abr./jun. 2006.

ROCHA JÚNIOR, Paulo Sérgio Duarte da. *Controle jurisdicional de políticas públicas*. Dissertação (Mestrado), Faculdade de Direito, Universidade de São Paulo, 2008.

SALLES, Carlos Alberto de. Ação civil pública contra omissões do Poder Público: limites e possibilidades. *In*: SALLES, Carlos Alberto de (Org.). *Processo civil e interesse público*: o processo como instrumento de defesa social. São Paulo: Editora Revista dos Tribunais, 2003.

SARLET, Ingo Wolfgang. *A eficácia dos direitos fundamentais*. 3. ed. Porto Alegre: Livraria do Advogado Editora, 2003.

SARLET, Ingo Wolfgang; FENSTERSEIFER, Tiago. *Direito constitucional ambiental*: constituição, direitos fundamentais e proteção do meio ambiente. 2. ed. São Paulo: Editora Revista dos Tribunais, 2012.

SARLET, Ingo Wolfgang; MACHADO, Paulo Affonso Leme; FENSTERSEIFER, Tiago. *Constituição e legislação ambiental comentadas*. São Paulo: Saraiva, 2015.

SILVA, José Afonso da. *Direito ambiental constitucional*. São Paulo: Malheiros, 1994.

SILVA, Vasco Pereira da. *Verde cor de direito*: lições de direito do ambiente. Coimbra: Almedina, 2002.

SOARES JÚNIOR, Jarbas; ALVARENGA, Luciano José. A carta de Araxá da Magistratura e do Ministério Público para o meio ambiente: um marco da mudança de paradigma da jurisprudência ambiental do Tribunal de Justiça de Minas Gerais. *In*: SOARES JÚNIOR, Jarbas; PINTO, Carlos Eduardo Ferreira; MIRANDA, Marcos Paulo de Souza. *A evolução da jurisprudência ambiental*: comentários aos acórdãos paradigmas do TJMG. Belo Horizonte: Del Rey, 2018.

TRINDADE, Antônio Augusto Cançado. *Direitos humanos e meio-ambiente*: paralelo dos sistemas de proteção internacional. Porto Alegre: Sergio Antonio Fabris, 1993.

Informação bibliográfica deste texto, conforme a NBR 6023:2018 da Associação Brasileira de Normas Técnicas (ABNT):

MIRRA, Álvaro Luiz Valery. Ação Civil Pública. Defesa do meio ambiente. Implementação de políticas públicas. Possibilidade. Violação do princípio da separação dos poderes. Não ocorrência. Insuficiência orçamentária. Invocação. Impossibilidade. Ag. Reg. no Recurso Extraordinário nº 658.171/Distrito Federal. *In*: BENJAMIN, Antônio Herman Vasconcelos e; FREITAS, Vladimir Passos de; SOARES JÚNIOR, Jarbas (Coord.). *Comentários aos acórdãos ambientais*: paradigmas do Supremo Tribunal Federal. Belo Horizonte: Fórum, 2021. p. 195-215. ISBN 978-65-5518-077-0.

PRIVATE GAINS FOR PUBLIC GOALS: OS DANOS CAUSADOS PELOS VAZAMENTOS DE ÓLEO NO MAR E A EMERGÊNCIA DE UM DIREITO AMBIENTAL TRANSNACIONAL PRIVADO – AG. REG. NO AGRAVO DE INSTRUMENTO Nº 747.154/SÃO PAULO

RELATOR: MINISTRO LUIZ FUX

BRUNO DANTAS

CAIO VICTOR RIBEIRO DOS SANTOS

EMENTA: AGRAVO REGIMENTAL NO AGRAVO DE INSTRUMENTO. AÇÃO CIVIL PÚBLICA. INDENIZAÇÃO POR DANOS AMBIENTAIS. DERRAMAMENTO DE ÓLEO DIESEL NO MAR. ALEGAÇÃO DE VIOLAÇÃO AOS ARTIGOS 5º, II e LV, e 93, IX, DA CONSTITUIÇÃO FEDERAL. AUSÊNCIA DE PREQUESTIONAMENTO. SÚMULA Nº 282/ STF. FATOS E PROVAS. IMPOSSIBILIDADE. INCIDÊNCIA DA SÚMULA Nº 279 DO STF. MATÉRIA INFRACONSTITUCIONAL. 1. O requisito do prequestionamento é indispensável, por isso que inviável a apreciação, em sede de recurso extraordinário, de matéria sobre a qual não se pronunciou o Tribunal de origem, incidindo o óbice da Súmula nº 282 do Supremo Tribunal federal. 2. A violação indireta ou reflexa das regras constitucionais não enseja recurso extraordinário. Precedentes: AI nº 738.145 – AgR, Rel. Min. CELSO DE MELLO, 2ª Turma, DJ 25.02.11; AI nº 482.317 – AgR, Rel. Min. ELLEN GRACIE, 2ª Turma DJ 15.03.11; AI nº 646.103-AgR, Rel. Ministra CARMEM LÚCIA, 1ª Turma, DJ 18.03.11. 3. Inexiste ofensa ao art. 93, IX, da Constituição quando o Tribunal de origem, embora sucintamente, pronuncia-se de forma clara e suficiente sobre a questão posta nos autos. (Precedentes: RE nº 611.926 – AgR/SC, 1ª T., Rel. Min. CÁRMEM LÚCIA, DJ 03.03.2011; RE nº 626.689 – AgR/MG, 1ª T., Rel. Min. CARMEM LÚCIA, DJ 02.03.11; AI nº 727.517 – AgR/RJ, 2ª T., Rel. Min. ELLEN GRACIE, DJ 08.02.11; AI nº 749.229 – AgR/RS, 2ª T., Rel. Min. ELLEN GRACIE, DJ 08.02.11) 4. As alegações de ofensa aos postulados da legalidade, do devido processo legal, da ampla defesa, da motivação dos atos decisórios, do contraditório, dos limites da coisa julgada e da prestação jurisdicional, se ocorrente, seria indireta ou reflexa. Precedentes: AI nº 803.857-AgR, Rel. Min. CELSO DE MELLO, 2ª Turma, DJ 17.03.11; AI nº 812.678-AgR, Rel. Min. ELLEN GRACIE, 2ª Turma, DJ 08.02.11; AI nº 513.804-AgR, Rel. Min. JOAQUIM BARBOSA, 1ª Turma, DJ 01.02.11. 5. *In casu*, o acórdão recorrido decidiu a lide com aplicação de normas infraconstitucionais a saber: Leis nºs 6.938/81 e 7.347/85, por isso que eventual violação à Constituição o foi de forma indireta ou reflexa, o que inviabiliza a admissibilidade do recurso extraordinário. 6. O recurso extraordinário não é servil ao exame de questões que demandam o revolvimento do contexto fático-probatório encartado nos autos, em face do óbice erigido pela Súmula nº 279 do STF, de seguinte teor: para reexame de prova não cabe recurso extraordinário. 7. Agravo Regimental desprovido (AI nº 747.154 AgR/SP, Rel. Min. Luiz Fux).

Introdução

Em 1989, o navio petroleiro Exxon Valdez naufragou no Estreito de Prince William, derramando cerca de 40 milhões de litros de petróleo cru ao mar, que se espalhou rapidamente por cerca de 28 mil quilômetros quadrados de oceano e mais de 2.000 quilômetros da costa do Alasca. O acidente, segundo maior da história, provocou uma verdadeira destruição da fauna local, dizimando milhares de animais marinhos.

Duas décadas depois ocorreria o maior vazamento de petróleo até hoje documentado: a plataforma Deepwater Horizon, da petrolífera inglesa British Petroleum, explodiu e provocou o vazamento de cerca de 5 milhões de barris de petróleo ao mar do Golfo do México (o que equivale a quase o dobro da produção diária no Brasil), se espalhando por mais de 1.500km no litoral norte-americano, e deixando, em dimensão catastrófica, mortos ou contaminados outros milhares de animais marinhos.

Entre esses, citados apenas a título de exemplo, centenas de outros vazamentos são documentados anualmente. Acidentes dessa monta, entretanto, sempre deixam suas lições, que devem ser convertidas em políticas públicas concretas e normas jurídicas pela doutrina ambiental. Não foi diferente com a catástrofe de Chernobyl, nem com Bophal, tampouco, no Brasil, com os rompimentos das barragens de Mariana e Brumadinho.

O recente vazamento de petróleo que se espalhou pelo Nordeste brasileiro, devido às suas múltiplas variáveis, reaqueceu o debate em torno da natureza do dano ambiental. O que as experiências citadas apresentam em comum é o fato de que os conflitos decorrentes de danos ambientais parecem exigir mecanismos mais flexíveis para sua resolução.[1] São objeto desses conflitos, por exemplo, questões tais como: seria o dano ambiental um problema unicamente jurídico? Como deve ser feita a quantificação do prejuízo sofrido? Quem é o juiz competente, se o dano, via de regra, não é estático? Quem tem direito a propor a ação judicial, as pessoas afetadas ou todos os interessados?[2] Como deve se dar a responsabilização quando o dano atinge múltiplos países, ou quando ignora-se o seu responsável, a exemplo de muitos derramamentos de petróleo ao mar?

O que se pretende, neste singelo ensaio, é discorrer acerca do dano ambiental, buscando lançar luz sobre sua natureza e alguns pontos essenciais, a fim de subsidiar

---

[1] Não sem razão o direito ambiental tem se revelado campo fértil para a temática das decisões estruturais. Nesse sentido, assevera Sérgio Cruz Arenhart: 'Muitas decisões em ação coletiva ambiental têm imposto a obrigação de sujeitar qualquer modificação na área afetada à prévia manifestação (ou orientação) do órgão ambiental competente, ou ainda a de condicionar a prática de certos atos com repercussão ambiental à prévia autorização do órgão de fiscalização ambiental. É natural que as várias facetas existentes nos litígios ambientais e a necessidade de proteção simultânea de diversos interesses façam com que aqui as decisões estruturais sejam ainda mais necessárias. (ARENHART, Sérgio Cruz. Decisões estruturais no direito processual civil brasileiro. *Revista de Processo*, v. 225, 2013).

[2] VALENZUELA-RENDÓN, Angelina Isabel. The damage to the Environment: a view from law. *Athens Journal of Law*, v. 1, issue 2, p. 127-140, 2015.

o correto endereçamento das questões propostas anteriormente e demonstrar, ao final, a emergência de um modelo transnacional privado para o gerenciamento de riscos e danos ambientais.

1 O dano ambiental na sociedade do risco

Os danos são subprodutos da vida em sociedade e dela indissociáveis. O que distingue os sistemas jurídicos, neste ponto, não é propriamente a natureza do dano, sobretudo em um mundo globalizado onde a fruição de serviços e bens é cada vez mais compartilhada e homogênea, mas sim, a forma como gerenciam os danos que produzem. Anderson Schreiber anota que 'a cada sistema jurídico compete decidir o que fazer com diversos danos produzidos, implicando a própria ausência de decisão, neste caso, em uma decisão em si, que corresponde a 'deixar o dano onde cair' (*the loss lies where it falls*)'.

A transição da sociedade industrial para aquilo que Ulrich Beck descreveu como a 'sociedade do risco'[3] é um evento importante no que diz respeito aos danos ambientais. Para Beck, a transição da sociedade industrial para a sociedade pós-industrial do risco traz uma série de novas características para as relações e estruturas sociais.

A sociedade industrial, segmentada em classes, tem sua estrutura regida fundamentalmente por uma lógica de distribuição de riquezas, de modo que nela a distribuição dos riscos seguiria o padrão da classe dominante: enquanto a riqueza se concentraria no topo, os riscos, em regra, seriam acumulados e divididos na base. Nessa acepção, os riscos podem ser qualificados como hierárquicos, pessoais e calculáveis.[4]

Vem dessa sociedade a noção capitalista-moderna e também tradicional do regime de responsabilidade civil, que reserva aos danos um remédio individualista (que contrapõe um autor a um réu, desconsiderando a dimensão coletiva do ato ilícito), restritivo (em que o ônus de comprovar os pressupostos necessários recai pesadamente sobre o acionador do remédio), a *ex-post facto* (acionável apenas após a ocorrência do dano) e pecuniário (que termina com a entrega de soma em dinheiro).[5]

A natureza restritiva desse remédio é uma característica fortemente delatora do compartilhamento dos riscos apenas na base da estrutura social. Conforme anota Schreiber, as "dificuldades de demonstração da culpa atendiam [na sociedade industrial], plenamente, ao propósito liberal de ampliar ao máximo o espaço da autonomia privada, sem criar desnecessários desestímulos ao exercício da vontade individual". O intuito era justamente dificultar o dever de reparar da classe responsável por prover serviços e circular bens, de modo que o dano fosse menos um problema de quem o produzisse e mais de quem o sofresse (*the loss lies where it falls*), obrigando a vítima de um dano a inúmeras vezes superar as intransponíveis barreiras da demonstração da culpa do ofensor e do nexo de causalidade entre sua conduta e o dano. A inversão do ônus da prova é uma conquista apenas recente, e valiosa, para o gerenciamento dos danos em sociedade.

---

[3] ULRICH, Beck. *Risk society*: towards a new modernity. London: Sage, 1992.

[4] ULRICH, Beck. *Risk society*: towards a new modernity. London: Sage, 1992. p. 35.

[5] SCHREIBER, Anderson. Responsabilidade civil como política pública. *In*: FACHIN, Edson; TEPEDINO, Gustavo (Org.). *O direito e o tempo*: embates jurídicos e utopias contemporâneas – Estudos em homenagem ao Professor Ricardo Pereira Lira. Rio de Janeiro: Renovar, 2008. p. 744.

Por outro lado, a 'sociedade do risco', na acepção de Ulrich Beck, é fundamentada na lógica de distribuição dos riscos, tendo em vista o seu próprio desenvolvimento tecnológico. Esses novos riscos tendem a ser invisíveis (às descrições científicas e aos sentidos humanos), globais (não se limitam às barreiras de um território em específico) e de potencial catastrófico (consequências irreversíveis ou de longa duração).[6]

Assim, enquanto a sociedade industrial apresenta como características centrais a estratificação social e a distribuição de riqueza, respondendo a danos concretos ou perceptíveis, a 'sociedade do risco', ou sociedade pós-industrial, é caracterizada pela distribuição dos riscos, cabendo-lhe gerenciar, sobretudo, riscos invisíveis e globais.

Dentro desse contexto pós-industrial é que se inserem os riscos ecológicos, caracterizados por sua invisibilidade, transnacionalidade e potencial catastrófico. Essas características, que tornam o dano ambiental e sua consequência extremamente impactantes, são os motores que incitam o desenvolvimento de um regime de responsabilidade cada vez mais aderente às vicissitudes do mundo globalizado.

Com a multiplicação massiva dos danos após o desenvolvimento do capitalismo industrial, cresce a tendência de se retirar dos ombros das vítimas a histórica carga probatória que lhes havia legado o direito moderno.[7] O regime tradicional de responsabilidade é *ex-post facto* e aplica sanções após a demonstração do nexo causal, porém, o gerenciamento dos riscos em uma sociedade pós-industrial requer decisões que operem de outra forma, visto que tais riscos são, muitas das vezes, completamente ignorados pelo sistema jurídico e pela ciência, às vezes anônimos, além de ser difícil em muitas ocasiões comprovar o nexo causal entre eles, a conduta e o dano ambiental.

Dessa forma, a fim de endereçar devidamente os riscos e danos ambientais, o conceito tradicional de responsabilidade civil teria que ser reinterpretado em diversos aspectos, sobretudo o nexo de causalidade e a imputação da responsabilidade, de modo a compatibilizá-los com a realidade de que os danos constituem um problema coletivo. Não se trata propriamente de uma socialização dos danos, mas de uma socialização ou 'comunicação dos riscos', na acepção de Luhmann,[8] visto que a ampliação dos danos acidentais são consequências de atividades socialmente úteis e aproveitadas por todos.[9]

A própria conceituação do dano ambiental, a depender do ponto de vista adotado, gera interpretações diversas sobre o seu regime de responsabilidade, como veremos.

---

[6] ULRICH, Beck. *Risk society*: towards a new modernity. London: Sage, 1992. p. 29.

[7] SCHREIBER, Anderson. Responsabilidade civil como política pública. *In*: FACHIN, Edson; TEPEDINO, Gustavo (Org.). *O direito e o tempo*: embates jurídicos e utopias contemporâneas – Estudos em homenagem ao Professor Ricardo Pereira Lira. Rio de Janeiro: Renovar, 2008. p. 747.

[8] LUHMANN, Niklas. *Risk*: a sociological theory. Edison: Aldine Transaction, 2005.

[9] Nessa linha, destaca Anderson Schreiber: 'A ampliação dos danos acidentais, anônimos, como produtos inevitáveis de atividades socialmente úteis, chamaram atenção para a necessidade de enxergar a responsabilidade civil não apenas como um mecanismo de atribuição do ônus indenizatório a quem deve reparar um dano, mas a quem pode repará-lo. Vive-se um momento de erosão dos filtros da reparação, no qual a prova da culpa e a prova do nexo causal vêm perdendo, gradativamente, seu papel de contenção do ressarcimento'. (SCHREIBER, Anderson. Responsabilidade civil como política pública. *In*: FACHIN, Edson; TEPEDINO, Gustavo (Org.). *O direito e o tempo*: embates jurídicos e utopias contemporâneas – Estudos em homenagem ao Professor Ricardo Pereira Lira. Rio de Janeiro: Renovar, 2008. p. 747).

2 O dano ambiental entre o antropocentrismo e o ecocentrismo

Há quase dois séculos, Heine alertava os franceses para não subestimarem o poder das ideias: conceitos filosóficos desenvolvidos na quietude do gabinete de um professor poderiam destruir uma civilização.[10] O poeta alemão se referia à filosofia de Kant, que teria colocado fim no deísmo alemão, e à Rousseau, mentor intelectual de Robespierre, que levou suas ideias para a Revolução Francesa e terminou sujando-as de sangue. O mesmo se diga, ao revés, do poder das ideias para a construção de uma civilização, a exemplo do mito de Rômulo e Remo para a expansão civilizatória romana ou do ideal salvacionista protestante no sucesso inicial do capitalismo norte-americano.[11]

Essa realidade é marcadamente presente no campo do direito ambiental, onde a discussão dos direitos ambientais perpassa uma tensão entre duas correntes ideológicas cuja divisão vai desaguar, em última instância, em políticas públicas. Enquanto há quem se contente com os conceitos atuais de sustentabilidade, para outros a marcha do direito ambiental não se sustentará em passo progressivo se não lograr romper, concomitantemente, com certos aspectos de mais de dois milênios de pensamento ocidental sobre o meio ambiente, que posiciona o ser humano no centro da proteção.[12]

A discussão ética no âmbito do direito ambiental surgiu, naturalmente, como uma resposta à mentalidade predatória e insustentável da natureza que, pelo menos no Brasil, já vem sendo combatida há algumas décadas, com todos os instrumentos da Política Nacional do Meio Ambiente. Nesse contexto é que se inserem as duas tendências sobreditas: de um lado, o *antropocentrismo ecológico* e, de outro, o *ecocentrismo*.

Essencialmente, ambas as correntes divergem mais em grau do que em tipo quanto à seguinte questão: merece o meio ambiente proteção em razão do valor que apresenta para a vida humana, ou em razão de si mesmo, pelo valor intrínseco que possui? A questão não é abstrata ou de pouca utilidade prática; na verdade, tem repercussão jurídica direta nos meios de tutela do meio ambiente, visto que dela decorre uma distinção entre danos ambientais de natureza diversa que atraem, por consequência, regimes diferentes de responsabilização, além de influenciar a própria feitura de políticas públicas.

Destaca José Roque Junges[13] que o *antropocentrismo* 'admite a existência de deveres humanos, ao menos indiretos, em relação à natureza ou de uma responsabilidade dos humanos pelos recursos naturais diante das gerações futuras'. Trata, essa corrente, de limitar a intervenção na natureza para a preservação de seus recursos para os próprios seres humanos. É antropocêntrica, porquanto os critérios para as restrições são os interesses, as necessidades ou as preferências humanas, e não tanto a natureza em si.

---

[10] BERLIN, Isaiah. *Quatro ensaios sobre a liberdade*. (Trad. Wamberto Hudson Ferreira). Brasília: Editora Universidade de Brasília, 1981. p. 227.

[11] WEBER, Max. *A ética protestante e o 'espírito' do capitalismo*. (Trad. José Marcos Mariani de Macedo). São Paulo: Companhia das Letras, 2004.

[12] Nesse sentido, assevera Peter Singer: 'Embora a atitude contemporânea face aos animais seja suficientemente benévola – numa base muito seletiva – para permitir a introdução de melhorias nas condições de vida dos animais sem questionar a nossa atitude básica, estas melhorias estarão sempre em perigo se não conseguirmos alterar a posição subjacente que sanciona a exploração brutal dos não humanos para fins humanos. Só poderemos contribuir para a abolição desta exploração se conseguirmos romper radicalmente com mais de dois mil anos de pensamento ocidental relativo aos animais'. (SINGER, Peter. *Libertação animal*. 1. ed. São Paulo: WMF Martins Fontes, 2010. p. 309-310).

[13] JUNGES, José Roque. Ética ecológica: antropocentrismo ou biocentrismo? *Pespec. Teol.*, Belo Horizonte, n. 89, v. 33, p. 36-40, 2001. p. 36.

É o que se acha, por exemplo, na própria definição tradicional de 'sustentabilidade', adotada pela Comissão Mundial sobre o Meio Ambiente e Desenvolvimento (*Bruntland Comission*), e que se pode encontrar na doutrina, que prescreve: 'Desenvolvimento sustentável é o desenvolvimento que atende às necessidades do presente sem comprometer a capacidade das gerações futuras de atender às suas próprias necessidades'.[14] Isto é: as necessidades em torno do qual giram o conceito são as necessidades humanas. Por essa definição, continuar-se-ia a permitir que seja reduzida em boa monta a diversidade ecológica, condicionando-a, no entanto, à possibilidade de que as gerações futuras sejam capazes de conviver com essa redução.[15]

São igualmente manifestações dessa concepção ambiental expressões como o 'bem-estar da população', a 'sadia qualidade de vida', não raro adotadas pela legislação brasileira ambiental quando da invocação das razões para as medidas de tutela ambiental.

O *ecocentrismo*, por sua vez, também denominado biocentrismo ecológico, considera a natureza sujeita de direitos. Adota por ponto de partida a ideia de que todo sujeito de vida merece consideração moral, não podendo o ser humano se antepor e definir, pelo seu ponto de vista, o valor que aquele possuiria. Anota Junges que, 'quem possui esse ponto de vista é o depositário de valor inerente e titular de direitos inalienáveis, não podendo sofrer alterações e interferências no curso da sua vida'.[16]

Aqui, leva-se em consideração uma série de critérios para se definir o que seria um sujeito de vida com capacidade de direito, que varia tanto quanto os autores que se debruçam sobre o tema: identidade psicofísica, capacidade de desejos e atuar com objetivo,[17] a capacidade de sentir dor e prazer, de ter consciência,[18] a organização biológica,[19] entre outros. Grosso modo, trata, o ecocentrismo, de rejeitar a ética ecológica kantiana, para defender que não apenas o homem, mas também a natureza como um todo, é um 'fim em si mesmo', digna de tutela em razão do valor intrínseco que teria.[20]

---

[14] Ver documento: UN DOCUMENTS. *Report of the World Commission on Environment and Development*. Disponível em: http://www.un-documents.net/ocf-02.htm#I. Acesso em 19 jan. 2020.

[15] Nesse sentido, Kortetmaki: 'This definition would still allow us to decrease environmental diversity a great deal, as far as human generations are able to live with that decrease'. (KORTETMAKI, T. Anthropocentrism versus ecocentrism revisited: theoretical confusions and practical conclusions. *SATS: Northern European Journal of Philosophy*, 14 (1), p. 35, 2013. Disponível em: https://jyx.jyu.fi/bitstream/handle/123456789/42918/anthropocentrismvsecocentrismunpublished.pdf?sequence=1. Acesso em 20 jan. 2020).

[16] JUNGES, José Roque. Ética ecológica: antropocentrismo ou biocentrismo? *Pespec. Teol.*, Belo Horizonte, n. 89, v. 33, p. 36-40, 2001. p. 40.

[17] REGAN, Tom. *The case for Animal Rights*. Los Angeles: The regents of the University of California, 1983.

[18] SINGER, Peter. *Libertação animal*. 1. ed. São Paulo: WMF Martins Fontes, 2010. p. 201.

[19] TAYLOR, Paul W. *Respect for Nature*: a theory of environmental ethics. Princeton: Princeton University Press, 1986.

[20] Kant possuía um entendimento peculiar acerca da ética animal e é tido como um dos aliados da concepção antropocêntrica de meio ambiente. Apesar da ideia explorada em suas obras, de que o 'o homem é um fim em si mesmo', não tratou o autor de estender essa concepção para a natureza – o que é feito atualmente pelas correntes ecocentristas, que concebem a *natureza* como um fim em si mesmo – e propugnava a restrição à crueldade com os animais sob o argumento de seu potencial nocivo de incentivo à crueldade com humanos, e não por qualquer valor intrínseco que possuísse. Para mais, ver: GONÇALVES, Sara Fernandes. *Utilitarismo, deontologia kantiana e animais*: análise e avaliação críticas. Dissertação (Mestrado em Filosofia) – Universidade Federal de Uberlândia. Uberlândia, 2015. p. 9: 'Já a visão de Kant, no século 18, considerava que animais eram sencientes, mas que, no entanto, nós não tínhamos obrigação moral direta para com eles: condutas de crueldade para com os animais são incorretas, mas apenas em razão de induzirem à crueldade com humanos, ou ferir os interesses humanos'.

É exemplo dessa visão ecocêntrica o fenômeno da personalização jurídica dos animais, que faz uma releitura do direito das coisas, atenuando o rigor do *jus utendi, jus fruendi e jus abutendi* e rompe, assim, com a influência do personalismo ético, que tornou-se a principal diretriz do Direito Civil desde as codificações do século XIX e colocou os animais, enquanto coisas, à mercê do livre sabor dos interesses humanos.[21]

Nota-se, portanto, que a depender do tipo de interesse humano, temos duas éticas sutilmente distintas: uma ética de conservação, e outra de preservação. Enquanto a ética de conservação, preocupada com as necessidades materiais dos humanos, está interessada em conservar os recursos naturais, tendo em vista sua limitação e também por pertencerem às gerações futuras, a ética de preservação pretende preservar a natureza para o seu próprio respeito, para ao crescimento humano e interiorização espiritual.[22]

Essa estrutura teórica repercute sobre a natureza do dano ambiental. O meio ambiente é um sistema composto de múltiplos elementos, sendo um deles o ser humano. E o dano ambiental *lato sensu*, embora seja de difícil conceituação e apresente diversas definições para denominá-lo,[23] pode ser dividido em duas espécies em função da sua conexão com esse elemento humano: dano indireto e dano direto aos seres humanos.

Evidentemente, ambos os tipos de danos ferem o ser humano enquanto membro de um sistema holístico. Os graus de violação, a depender do enfoque, é que são diferentes. Considera-se direto o dano ambiental quando ele atinge o patrimônio ou a saúde das pessoas, sendo também conhecido, por parte da doutrina, como dano individual ambiental;[24] e indireto, quando atinge qualquer outro elemento da natureza que não o humano, também chamado de dano ambiental *per se* ou dano ecológico puro.[25]

Em um caso, como o recente no Brasil, de derramamento de petróleo ao mar, pode-se verificar a existência do dano ambiental indireto (puro) na contaminação da água e areia e no comprometimento do ecossistema marinho causado pelas espessas borras de óleo, podendo-se dele destacar o dano ambiental direto (individual), que se acha nas consequências à saúde causadas pelo contato humano com o material, que podem ir desde náuseas, vômitos, gastroenterite, ao favorecimento de desenvolvimento de câncer.[26]

---

[21] AZEVEDO, Antonio Junqueira. Crítica ao personalismo ético da Constituição da República e do Código Civil: em favor de uma ética biocêntrica. *Revista da Faculdade de Direito da Univerisdade de São Paulo*, v. 103, p. 115-126, jan./dez. 2008.

[22] JUNGES, José Roque. Ética ecológica: antropocentrismo ou biocentrismo? *Pespec. Teol.*, Belo Horizonte, n. 89, v. 33, p. 36-40, 2001. p. 36.

[23] Carvalho, inclusive, anota que a abstração do conceito de dano ambiental é algo positivo: 'A existência de previsão expressa do conceito de dano ambiental favorece uma construção dinâmica de seu sentido na interação entre a doutrina e os tribunais, atendendo à necessária ponderação dos interesses em jogo e à garantia da qualidade de vida assegurada constitucionalmente. O dano ambiental detém um conceito aberto, dependendo da avaliação do caso concreto pelo intérprete para a sua configuração, em face da dimensão multifacetária que engendra seu diagnóstico. (CARVALHO, Délton Winter de. *Dano ambiental futuro*: a responsabilização civil pelo risco ambiental. 2. ed. Porto Alegre: Livraria do Advogado, 2013. p. 102).

[24] PINHO, Hortênsia Comes. *Prevenção e reparação de danos ambientais*: as medidas de reposição natural, compensatórias e preventivas e a indenização pecuniária. 1. ed. Rio de Janeiro: GZ Verde, 2010. p. 139-140.

[25] LEITE, J. R. M. *Dano Ambiental*: do individual ao coletivo extrapatrimonial. 4. ed. São Paulo: LTr, 2003.

[26] As pesquisas acerca das consequências à saúde causadas pelo contato humano com o petróleo bruto foram conduzidas após a catástrofe de Deep Water Horizon, ocorrida em 2010. Para mais, ver: KWOK, Richard K. *et al.* The gulf study: a prospective study of persons involved in the deepwater horizon oil spill response and Clean-up. *Enviromental Heal Perspectives*, v. 125, n. 4, 2017. Disponível em: https://ehp.niehs.nih.gov/doi/pdf/10.1289/EHP715. Acesso em 20 jan. 2020.

Não se trata, a distinção, de mero preciosismo teórico: na verdade, a falta de uma diferenciação precisa, por muito tempo, fez com que o direito ambiental carecesse de instrumentos aderentes à realidade do dano. Em boa parte dos países latino-americanos, por exemplo, os danos diretos e indiretos ao meio ambiente ainda são tratados da mesma maneira, apesar do esforço da doutrina que, apenas mais recentemente, vem alterando essa realidade. No Brasil, a Lei de Crimes Ambientais (Lei nº 9.605/1998) se refere em diversos dispositivos ao dano ambiental (Art. 40, §2º, art. 58, I, art. 54, §3º, art. 17, art. 14, II, art. 28, I, art. 20), mas não entabula legalmente a diferenciação entre os tipos de danos ambientais. Pesquisa desenvolvida por José Juan Gonzáles, professor mexicano, mostrou que essa é realidade do Chile, Brasil, Costa Rica, Cuba e Nicarágua.[27]

Sem distinção precisa, a consequência resultante foi, e por vezes ainda o é, a inapropriada aplicação do direito privado para a resolução de questões envolvendo o dano ambiental, que apresenta variáveis bem mais complexas do que o ilícito civil comum.

Neste ponto, um dos casos mais marcantes a nível mundial envolvendo dano ambiental causado por derramamento de óleo foi o caso Chevron, petrolífica norte-americana que por trinta anos debateu nas cortes de vários países os limites de sua responsabilidade pela contaminação à floresta amazônica do Equador durante os anos de 1964 a 1992, causada pela Texaco (empresa adquirida pela Chevron). Um dos pontos mais polêmicos da discussão estava em saber se o acordo realizado à época pela Texaco perante o governo equatoriano para a limpeza da área – na qual foram empregados 40 milhões de dólares – absolveria ou não a sucessora de qualquer responsabilidade futura.[28]

O caso é emblemático, entre outros aspectos, por colocar em tensão a aplicação do direito privado e o direito ambiental público à espécie, bem como por questionar os parâmetros usados na mensuração dos danos ecológicos. Quando da época da realização do acordo, o Equador carecia de uma legislação regulatória apropriada à matéria, de modo que a quantificação do valor fixada em acordo para a reparação foi ditada sobremaneira pela ótica do direito civil, e por isso, naturalmente, questionada mais tarde.

É possível que essa mesma discussão venha a ser suscitada, eventualmente, quanto aos limites preclusivos dos TAC (termos de ajustamento de conduta) em matéria ambiental: até onde se pode invocar a segurança do negócio jurídico perfeito, ou a própria segurança jurídica do empreendedor, como legítimo argumento para uma limitação estanque da responsabilidade por danos ambientais, sobretudo quando o responsável vier a cumprir efetivamente as cláusulas do acordo pactuadas à época do evento danoso?

---

[27] Ver documento: MÁRQUEZ, José Juan Gonzáles. *La responsabilidad por el daño ambiental em la América Latina*. Disponível em: http://centro.paot.org.mx/documentos/pnud/Dano_ambiental.pdf. Acesso em 20 jan. 2020.

[28] Para mais, ver: PERCIVAL, Robert V. *Liability for Global Environmental Harm and the Evolving Relationship between Public and Private Law*. 25 Md. J. int'L. 37. Disponível em: https://digitalcommons.law.umaryland.edu/cgi/viewcontent.cgi?article=2021&context=fac_pubs. Acesso em 21 jan. 2020: 'Chevron's defense is that everything it did in Ecuador was legal and that it spent $40 million on environmental cleanup and was released from further liability by the government of Ecuador in 1992 when Texaco left the country. The plaintiffs claim that this settlement with a too-compliant government does not absolve Texaco of responsibility for the harm their activities caused to the individual plaintiffs in the lawsuit. While the litigation over environmental devastation caused by oil production in Ecuador has been underway for nearly two decades, the basic legal question at the heart of the controversy is remarkably simple: Should governments be able to insulate private companies from liability for acts that foreseeably cause significant harm to others?'.

Sobre a responsabilidade em relação ao dano ambiental, registra Paulo de Bessa Antunes:

> O dano ambiental é de difícil reparação. Daí que o papel da responsabilidade civil, especialmente quando se trata de mera indenização (não importa seu valor), é sempre insuficiente. Por mais custosa que seja a reparação, jamais se reconstituirá a integridade ambiental ou a qualidade do meio que for afetado. Por isso, indenizações e compensações serão sempre mais simbólicas do que reais, se comparadas ao valor intrínseco da biodiversidade, do equilíbrio ecológico ou da qualidade ambiental. A prevenção nesta matéria – aliás, como em quase todos os aspectos da sociedade industrial – é a melhor, quando não a única solução.[29]

A quantificação de danos, portanto, em matéria ambiental, não deve levar em consideração tão somente seu impacto ao patrimônio ou à saúde das vítimas – o que se faria sob uma perspectiva antropocêntrica e obsoleta do assunto –, mas tendo em conta, igualmente, seu impacto direto e isolado ao meio ambiente, sob uma perspectiva ecocêntrica, tendo em vista que sua perda, enquanto sujeito autônomo de direitos, embora simbolicamente avaliada a título de reparação, é sempre maior do que se pode mensurar.

Deve-se ter claro, com isso, que a conceituação do dano ambiental *lato sensu* em danos indiretos e diretos aos seres humanos, considerando as peculiaridades de cada um, é de suma relevância para a matéria, visto que conduz a regimes diversos de responsabilização: enquanto os danos diretos atraem o regime privado, os danos indiretos atraem o regime público. Essa distinção revela que devemos enxergá-la da mesma maneira que Wittgenstein visualizava as palavras em geral: elas podem não ter fronteiras precisas, tampouco ser definidas exaustivamente, mas ainda são úteis à discussão.[30]

3 Direito ambiental transnacional privado: a emergência de um modelo contratual para a prevenção de danos ambientais

Os danos pertencem à sociedade. Em um mundo globalizado, e cujos sistemas jurídicos têm passado a conceber também o meio ambiente como sujeito de direitos, os danos ambientais não podem ser vistos como um problema tão só daquele que o sofre diretamente, mas de todos. Rejeita-se a ideia de 'deixar o dano onde ele cair'.

Notáveis são os esforços da comunidade internacional em torno do desenvolvimento de um direito ambiental global pela via diplomática, da negociação de tratados multilaterais entre os países. Apesar disso, o que se nota é que baixo tem sido o progresso que essa via tem produzido para a efetiva prevenção de ameaças ambientais.[31]

Dentro desse quadro de prevenção, registra Mariana Heck, em extensa pesquisa sobre o tema, que a dificuldade de lidar com os danos ambientais, no que concerne ao

---

[29] ANTUNES, Paulo de Bessa. *Direito ambiental*. 11. ed. Rio de Janeiro: Lumen Juris, 2008. p. 238.

[30] WITTGENSTEIN, L. *Tractatus logico-philosophicus*. São Paulo: Edusp, 1994.

[31] Exemplo disso foi a Conferência de Copenhagen, em 2009, cujo acordo acerca das mudanças climáticas não foi aprovado à unanimidade pelos países participantes e tampouco goza de força vinculativa. Para mais, ver: PERCIVAL, Robert V. *Liability for Global Environmental Harm and the Evolving Relationship between Public and Private Law*. 25 Md. J. int'L. 37. p. 21. Disponível em: https://digitalcommons.law.umaryland.edu/cgi/viewcontent.cgi?article=2021&context=fac_pubs. Acesso em 21 jan. 2020.

derramamento de óleo ao mar, parece não estar legislação, cuja fartura é inquestionável, mas na forma como os atores, privados ou públicos, têm feito sua aplicação:

> O problema parece não estar nas convenções, e sim no modo como elas são aplicadas: não parece estar na estrutura, no conteúdo ou na qualidade das disposições jurídicas, mas, talvez, na inabilidade em implementá-las ou na falta de estímulo para seu cumprimento. Assim, a OMI não tem priorizado a modificação dos seus instrumentos de trabalho (convenções, resoluções, *guidelines*, códigos de conduta), e sim o método de adoção deles, os meios de implementação e o controle de sua aplicação.[32]

Nessa esteira, à margem do tradicional direito internacional, novas esferas e formas de elaboração de normas vocacionadas a regular a proteção do meio ambiente têm surgido, tornando o Estado apenas mais um ator entre outros capazes de endereçar questões ambientais com repercussão internacional.[33] Esse movimento ocorre pela via de normatização e contratualização privada, numa espécie de *private goals for public gains*, sobre o qual escrevemos em outra oportunidade envolvendo as *class actions*,[34] que não só aumenta a qualidade da regulação, como cria uma rede global e voluntária de proteção.

Vem do setor privado os maiores riscos para a natureza e, não sem razão, na 'era da sustentabilidade' espera-se das empresas um comportamento sustentável,[35] sob pena, inclusive, de responsabilização pela via do direito público ambiental. Entretanto, se este cria um incentivo exterior à conformidade com as normas de proteção ambiental, a submissão a elas pela via dos contratos privados cria um incentivo interno aos envolvidos.

Estímulos econômico-privados podem ser mais efetivos para a tutela ambiental que os estímulos comuns esperados da legislação pública, sobretudo quando a condição imposta goza de um caráter extraterritorial. À título de exemplo, empresas e países não participantes da União Europeia, se quiserem ter acesso ao mercado europeu, precisam se adequar às diretivas daquela acerca da proteção ambiental, como no caso de comercialização de produtos químicos, organismos geneticamente modificados, utilização de energia proveniente de fontes renováveis, entre outras exigências.[36]

Como assevera Priscila Pereira, "o interesse geral de proteção do meio ambiente e os interesses particulares das empresas podem coexistir por meio do instrumento contratual". À parte do direito público, os contratos podem constituir uma fonte autônoma e voluntária de obrigações ambientais, regulando, por exemplo, as formas de conservação e de exploração das florestas, a forma de negociação dos créditos de

---

[32] HECK, Mariana. A ação normativa da organização marítima internacional e seus instrumentos em face da poluição marítima por óleo causada por navios. *Revista de Direito Internacional*, v. 9, n. 3, p. 212, 2012. Disponível em: https://www.publicacoesacademicas.uniceub.br/rdi/article/view/2051/1952. Acesso em 21 jan. 2020.

[33] ANDRADE, Priscilla Pereira de. A emergência do direito transnacional ambiental. *Revista de Direito Internacional*, v. 13, n. 3, p. 19, 2016. Disponível em: https://www.publicacoesacademicas.uniceub.br/rdi/issue/view/DT/showToc. Acesso em 21 jan. 2020.

[34] DANTAS, Bruno; RIBEIRO, Caio Victor. Dos entusiastas aos 'estrangeiros' da jurisdição coletiva nos EUA: como incentivos errados transformaram as *class actions* em mercadoria. *Interesse Público – IP*, Belo Horizonte, a. 21, n. 114, p. 36-46, mar./abr. 2019.

[35] ANDRADE, Priscilla Pereira de. A emergência do direito transnacional ambiental. *Revista de Direito Internacional*, v. 13, n. 3, p. 19, 2016. Disponível em: https://www.publicacoesacademicas.uniceub.br/rdi/issue/view/DT/showToc. Acesso em 21 jan. 2020.

[36] ANDRADE, Priscilla Pereira de. A emergência do direito transnacional ambiental. *Revista de Direito Internacional*, v. 13, n. 3, p. 22, 2016. Disponível em: https://www.publicacoesacademicas.uniceub.br/rdi/issue/view/DT/showToc. Acesso em 21 jan. 2020.

redução das emissões de gases de efeito estufa negociados no mercado de carbono, o nível da qualidade sustentável de biocombustíveis, a submissão a regras específicas de tratados internacionais que versem sobre a emissão de gases e mudanças climáticas, entre outros.[37]

As possibilidades são múltiplas. Nesse contexto, fornecedores exercem relevante função em prol da extraterritorialidade dessas normas privadas, tendo em vista a posição que ostentam na cadeia comercial. É o caso das condições de compra impostas em contratos internacionais celebrados pela empresa *Royal Dutch Shell*, as quais se referem, a título de exemplo, à obrigação de respeitar condições de trabalho impostas pelas Convenções da OIT (Organização Internacional do Trabalho) ou à obrigação de preservar a biodiversidade em algumas regiões úmidas, conforme Convenção de Ramsar.[38]

No que toca ao gerenciamento dos riscos pelos danos ambientais, o ponto alto desse modelo é que a normatização pública e privada internacional, uma vez internalizada na esfera do direito privado pelos termos contratuais, adquire força vinculante, afastando-se as dificuldades inerentes à voluntariedade no cumprimento das normas internacionais.

Exemplificando, empresas petrolíferas poderiam, na celebração de contratos com transportadoras de petróleo, exigir submissão ao *Oil Pollution Act* (OPA 90) dos Estados Unidos, legislação interna norte-americana que impôs requisitos de casco duplo para os navios-petroleiros, faixas de idade, além de prazo de retirada para os petroleiros de casco simples, mas que só vincula os navios que navegam nas águas daquele país.[39]

O gerenciamento dos riscos em uma sociedade pós-industrial requer decisões que fujam à mera lógica tradicional de produção legislativa. A fartura de convenções e outras normas versando sobre a poluição por óleo é prova de que a comunidade internacional tem grande interesse no tema, e sua proliferação nos últimos anos, de que esse interesse ainda não diminuiu. No entanto, pouco progresso têm elas produzido. Se o que se pretende é a construção de uma rede transnacional de prevenção a tais tipos de dano, é preciso que a comunicação dos riscos seja introduzida e entremeada em toda cadeia comercial, tendo em conta que, muitas vezes, obrigações contratuais são mais fortes que obrigações legais.

Daí o relevante papel das multinacionais e dos fornecedores na implementação de uma efetiva política de sustentabilidade e de redução de riscos. Não basta se intitular sustentável: é preciso garantir que seus parceiros comerciais também o sejam.

---

[37] ANDRADE, Priscilla Pereira de. A emergência do direito transnacional ambiental. *Revista de Direito Internacional*, v. 13, n. 3, p. 24, 2016. Disponível em: https://www.publicacoesacademicas.uniceub.br/rdi/issue/view/DT/showToc. Acesso em 21 jan. 2020.

[38] ANDRADE, Priscilla Pereira de. A emergência do direito transnacional ambiental. *Revista de Direito Internacional*, v. 13, n. 3, p. 24, 2016. Disponível em: https://www.publicacoesacademicas.uniceub.br/rdi/issue/view/DT/showToc. Acesso em 21 jan. 2020.

[39] Releva destacar, nesse exemplo, que, a partir de 2005, os petroleiros de casco simples foram banidos das águas norte-americanas e, em decorrência disso, começaram a operar em outras regiões do mundo, inclusive no Brasil, onde a legislação ainda os tolera. Isso aumenta o risco de poluição do mar nos países que seguem tão somente os requisitos impostos pelas convenções internacionais (a exemplo da Convenção Internacional para a Prevenção da Poluição por Navios e da Convenção Internacional sobre o Direito no mar), as quais foram julgadas insuficientes, pelos Estados Unidos, para a efetiva proteção contra a poluição, após o desastre de *Exxon Valdez* em 1989. Daí o porquê de terem editado o *Oil Pollution Act*, com requisitos mais rigorosos para os navios petroleiros que navegam em suas águas, elevando o nível de sua proteção ambiental.

Conclusão

A transição de uma sociedade industrial para a sociedade do risco deve ser acompanhada de uma consequente modificação de seus regimes de gerenciamento de riscos: em um mundo onde a maior parte dos riscos de danos, ou a mais letal dela, é de danos invisíveis, como os danos ambientais, o foco deve recair não sobre regimes *ex post* de responsabilidade, mas sobre uma rede *ex ante* de prevenção difusa.

Se se concebe o meio ambiente por um viés ecocentrista, toda responsabilização após o evento danoso é resultado de uma perda já irreparável e, ainda que se atribua algum valor ao dano causado, ele há de ser sempre simbólico e incapaz de representar a verdadeira perda que a natureza terá de suportar, às vezes, por milhares de anos.

O problema, quanto aos vazamentos de óleo, parece não estar nas convenções e normas jurídicas já existentes sobre o tema – cuja abundância é inquestionável e, no entanto, ainda insuficiente para evitar os milhares de vazamentos documentados anualmente, sobretudo vindo de navios. O problema reside na aplicação dessas normas. Por isso, cresce a importância do que se vem denominando de direito ambiental transnacional privado: um conjunto de regras, práticas e processos desenvolvidos pelo setor privado, e implementado pela via contratual, em que se estabelecem cláusulas de proteção ambiental como condições para a negociação com parceiros comerciais.

Na era da sustentabilidade, espera-se das empresas que se comportem de forma sustentável, e fazê-lo é um dever que não pode se encerrar de forma isolada em um ator apenas, mas deve ser transferido para toda a cadeia comercial: não basta se dizer sustentável, é preciso garantir que aqueles com quem se faz negócios também o sejam.

Referências

ANDRADE, Priscilla Pereira de. A emergência do direito transnacional ambiental. *Revista de Direito Internacional*, v. 13, n. 3, p. 19, 2016. Disponível em: https://www.publicacoesacademicas.uniceub.br/rdi/issue/view/DT/showToc. Acesso em 21 jan. 2020.

ANTUNES, Paulo de Bessa. *Direito ambiental*. 11. ed. Rio de Janeiro: Lumen Juris, 2008.

ARENHART, Sérgio Cruz. Decisões estruturais no direito processual civil brasileiro. *Revista de Processo*, v. 225, 2013.

AZEVEDO, Antonio Junqueira. Crítica ao personalismo ético da Constituição da República e do Código Civil: em favor de uma ética biocêntrica. *Revista da Faculdade de Direito da Universidade de São Paulo*, v. 103, p. 115-126, jan./dez. 2008.

BERLIN, Isaiah. *Quatro ensaios sobre a liberdade*. (Trad. Wamberto Hudson Ferreira). Brasília: Editora Universidade de Brasília, 1981.

CARVALHO, Délton Winter de. *Dano ambiental futuro*: a responsabilização civil pelo risco ambiental. 2. ed. Porto Alegre: Livraria do Advogado, 2013.

DANTAS, Bruno; RIBEIRO, Caio Victor. Dos entusiastas aos 'estrangeiros' da jurisdição coletiva nos EUA: como incentivos errados transformaram as *class actions* em mercadoria. *Interesse Público – IP*, Belo Horizonte, a. 21, n. 114, p. 36-46, mar./abr. 2019.

GONÇALVES, Sara Fernandes. *Utilitarismo, deontologia kantiana e animais*: análise e avaliação críticas. Dissertação (Mestrado em Filosofia) – Universidade Federal de Uberlândia. Uberlândia, 2015.

HECK, Mariana. A ação normativa da organização marítima internacional e seus instrumentos em face da poluição marítima por óleo causada por navios. *Revista de Direito Internacional*, v. 9, n. 3, p. 212, 2012. Disponível em: https://www.publicacoesacademicas.uniceub.br/rdi/article/view/2051/1952. Acesso em 21 jan. 2020.

JUNGES, José Roque. Ética ecológica: antropocentrismo ou biocentrismo? *Pespec. Teol.*, Belo Horizonte, n. 89, v. 33, p. 36-40, 2001.

KORTETMAKI, T. Anthropocentrism versus ecocentrism revisited: theoretical confusions and practical conclusions. *SATS: Northern European Journal of Philosophy*, 14 (1), p. 35, 2013. Disponível em: https://jyx.jyu. fi/bitstream/handle/123456789/42918/anthropocentrismvsecocentrismunpublished.pdf?sequence=1. Acesso em 20 jan. 2020.

KWOK, Richard K. *et al.* The gulf study: a prospective study of persons involved in the deepwater horizon oil spill response and clean-up. *Enviromental Heal Perspectives*, v. 125, n. 4, 2017. Disponível em: https://ehp. niehs.nih.gov/doi/pdf/10.1289/EHP715. Acesso em 20 jan. 2020.

LEITE, J. R. M. *Dano Ambiental*: do individual ao coletivo extrapatrimonial. 4. ed. São Paulo: LTr, 2003.

LUHMANN, Niklas. *Risk*: a sociological theory. Edison: Aldine Transaction, 2005.

PERCIVAL, Robert V. *Liability for Global Environmental Harm and the Evolving Relationship between Public and Private Law*. 25 Md. J. int'L. 37. Disponível em: https://digitalcommons.law.umaryland.edu/cgi/viewcontent. cgi?article=2021&context=fac_pubs. Acesso em 21 jan. 2020.

PINHO, Hortênsia Comes. *Prevenção e reparação de danos ambientais*: as medidas de reposição natural, compensatórias e preventivas e a indenização pecuniária. 1. ed. Rio de Janeiro: GZ Verde, 2010.

REGAN, Tom. *The case for Animal Rights*. Los Angeles: The regents of the University of California, 1983.

SCHREIBER, Anderson. Responsabilidade civil como política pública. *In*: FACHIN, Edson; TEPEDINO, Gustavo (Org.). *O direito e o tempo*: embates jurídicos e utopias contemporâneas – Estudos em homenagem ao Professor Ricardo Pereira Lira. Rio de Janeiro: Renovar, 2008.

SINGER, Peter. *Libertação animal*. 1. ed. São Paulo: WMF Martins Fontes, 2010.

TAYLOR, Paul W. *Respect for Nature*: a theory of environmental ethics. Princeton: Princeton University Press, 1986.

ULRICH, Beck. *Risk society*: towards a new modernity. London: Sage, 1992.

VALENZUELA-RENDÓN, Angelina Isabel. The damage to the Environment: a view from law. *Athens Journal of Law*, v. 1, issue 2, p. 127-140, 2015.

WEBER, Max. *A ética protestante e o 'espírito' do capitalismo*. (Trad. José Marcos Mariani de Macedo). São Paulo: Companhia das Letras, 2004.

WITTGENSTEIN, L. *Tractatus logico-philosophicus*. São Paulo: Edusp, 1994.

Informação bibliográfica deste texto, conforme a NBR 6023:2018 da Associação Brasileira de Normas Técnicas (ABNT):

DANTAS, Bruno; SANTOS, Caio Victor Ribeiro dos. *Private Gains for Public Goals*: os danos causados pelos vazamentos de óleo no mar e a emergência de um direito ambiental transnacional privado – Ag. Reg. no Agravo de Instrumento nº 747.154/São Paulo. *In*: BENJAMIN, Antônio Herman Vasconcelos e; FREITAS, Vladimir Passos de; SOARES JÚNIOR, Jarbas (Coord.). *Comentários aos acórdãos ambientais*: paradigmas do Supremo Tribunal Federal. Belo Horizonte: Fórum, 2021. p. 217-229. ISBN 978-65-5518-077-0.

VAZAMENTO DE ÓLEO – AGRAVO REGIMENTAL NO RECURSO EXTRAORDINÁRIO Nº 898.716/PARANÁ

RELATORA: MINISTRA ROSA WEBER

ROBERTSON FONSECA DE AZEVEDO

FÁBIO AURÉLIO DA SILVA ALCURE

RAFAEL FERREIRA FILIPPIN

EMENTA: "DIREITO AMBIENTAL E PROCESSUAL CIVIL. AÇÃO CIVIL PÚBLICA. RESPONSABILIDADE POR DANO AO MEIO AMBIENTE. VAZAMENTO DE ÓLEO DO OLEODUTO DA REPAR QUE ATINGIU O RIO IGUAÇU. COMPETÊNCIA DA JUSTIÇA FEDERAL FIRMADA NO ACÓRDÃO DE ORIGEM. REELABORAÇÃO DA MOLDURA FÁTICA. PROCEDIMENTO VEDADO NA INSTÂNCIA EXTRAORDINÁRIA. NEGATIVA DE PRESTAÇÃO JURISDICIONAL. ART. 93, IX, DA CONSTITUIÇÃO DA REPÚBLICA. NULIDADE. INOCORRÊNCIA. RAZÕES DE DECIDIR EXPLICITADAS PELO ÓRGÃO JURISDICIONAL. ALEGAÇÃO DE OFENSA AO ART. 5º, LIV E LV, DA CONSTITUIÇÃO DA REPÚBLICA. CONTRADITÓRIO E AMPLA DEFESA. DEVIDO PROCESSO LEGAL. NATUREZA INFRACONSTITUCIONAL DA CONTROVÉRSIA. SÚMULAS Nº 282 E Nº 356 DO SUPREMO TRIBUNAL FEDERAL. AUSÊNCIA DE PREQUESTIONAMENTO. ACÓRDÃO RECORRIDO PUBLICADO EM 13.4.2010 (STF. AG. REG. NO RECURSO EXTRAORDINÁRIO Nº 898.716 PARANÁ, RELATORA: MINISTRA ROSA WEBER, PRIMEIRA TURMA, JULGADO EM 29.9.2015)".

Introdução

O texto apresenta a seguir alguns breves comentários ao trecho do Acórdão proferido no Agravo Regimental interposto no Recurso Extraordinário nº 898.716/ PR, relatado pela Ministra Rosa Weber, em que consta a fundamentação da decisão que enfim definiu a competência da Justiça Federal para julgar a ação civil pública na qual foi debatida a responsabilidade civil ambiental decorrente de vazamento de óleo ocorrido na bacia hidrográfica do Rio Iguaçu.

Esse trecho da fundamentação foi escolhido porque, na opinião dos autores, ele evidencia a contribuição do Supremo Tribunal Federal – STF para a Modernização

Ecológica do Direito Brasileiro, conceito este de sociologia ambiental[1] que visa a explicar a direção das mudanças ocorridas nas instituições políticas da sociedade em nível global e que, em última análise, consiste numa evidência objetiva da construção do Estado Constitucional Ecológico Brasileiro, expressão esta inaugurada pelo jurista português José Joaquim Gomes Canotilho.[2]

Além disso, é oportuno registrar, desde logo, a relevância da análise doutrinária constante da jurisprudência do STF, não só porque este é evidentemente o intérprete último da Constituição da República de 1988, mas também e principalmente porque o entendimento da Corte deve ser replicado de forma coerente pelas instâncias inferiores, como relembra o jurista brasileiro Lênio Luiz Streck,[3] de modo a manter a integridade do Sistema Jurídico Brasileiro e evitar arbitrariedades interpretativas, de acordo com o que recomendava o jurista americano Ronald Dworkin.[4]

Assim sendo, o efeito de modernizar o Direito Brasileiro que a jurisprudência do STF promove deve ser observado e analisado cientificamente pela doutrina, para se compreender a direção que o Direito Brasileiro está tomando, à luz das teorias que se propõem a explicar esse fenômeno, conforme recomenda Karl Popper, quando afirma que: "na verdade, os enunciados singulares comuns são sempre interpretações dos 'fatos' à luz de teorias".[5]

O texto ainda adota uma metodologia interdisciplinar,[6] porque promoveu a articulação de conhecimentos amealhados por diversas disciplinas, como a Ecologia, a Geografia, a História e a Sociologia, além do próprio Direito. Para esse mister, o texto então apresenta o contexto geográfico e histórico do caso no qual o Acórdão foi proferido, menciona alguns conceitos teóricos da sociologia ambiental e da sociologia jurídica, avalia os institutos jurídicos sopesados no trecho posto em relevo e, ao final, conclui registrando a direção para a qual este entendimento do STF sinaliza.

1 O caso

Em 16 de julho de 2000, domingo, em pleno inverno curitibano, na Refinaria Getúlio Vargas – REPAR, localizada no município industrial de Araucária-PR (Região Metropolitana de Curitiba), ocorreu o vazamento de cerca de quatro milhões de litros de petróleo cru (aproximadamente 25.160 barris) transportados pelo Oleoduto Santa Catarina – Paraná – OSPAR. A maior parte do óleo vazado percorreu um trajeto de cerca de 2.800 metros dentro da área da refinaria, entre as 13hs e as 15hs, atingindo em seguida os cursos d'água da bacia hidrográfica do rio Iguaçu. Segundo a literatura:

---

[1] LENZI, Cristiano Luis. Modernização ecológica e a política ambiental catarinense. *Revista de Ciências Humanas*, EDUFSC, Florianópolis, n. 39, p. 117-134, abril 2006. p. 121-122.

[2] CANOTILHO, J. J. Gomes. Estado Constitucional Ecológico e Democracia Sustentada. *In*: LEITE, José Rubens Morato; FERREIRA, Heline Sivini. *Estado de Direito Ambiental*: tendências: aspectos Constitucionais e Diagnóstico. Rio de Janeiro: Forense Universitária, 2004. p. 3.

[3] STRECK, Lênio Luiz. O novo Código do Processo Civil (CPC) e as inovações hermenêuticas: o fim do livre convencimento e a adoção do integracionismo dworkiniano. *Revista de Informação Legislativa*, a. 52, n. 206, p. 33-51, abr./jun. 2015. Disponível em: https://www2.senado.leg.br/bdsf/item/id/512448. Acesso em 20 jan. 2020.

[4] DWORKIN, Ronald. *O Império do Direito*. (Trad. Jefferson Luiz Camargo). São Paulo: Martins Fontes, 1999.

[5] POPPER, Karl. *A lógica da pesquisa científica*. 12. ed. São Paulo: Cultrix, 2006. p. 484.

[6] FLORIANI, Dimas. Marcos conceituais para o desenvolvimento da interdisciplinaridade. *In*: PHILIPPI JR., Arlindo *et al*. *Interdisciplinaridade em Ciências Ambientais*. São Paulo: Signus Editora, 2000. p. 95-108.

Esse foi considerado o maior derramamento de óleo na história do Brasil. Apesar do uso de barreiras de contenção, o óleo escorregadio alcançou até 45km rio abaixo de um pequeno riacho (Arroio Saldanha) e dois rios importantes da região (Rio Barigüi e Rio Iguaçu).[7]

Os impactos ambientais causados ao ecossistema da bacia hidrográfica estão registrados em vários trabalhos científicos.[8] Por sua vez, os desdobramentos do caso no nível jurídico foram: a imposição de sanções administrativas pelos órgãos ambientais[9] e a propositura de diversas demandas judiciais.[10] Dentre as controvérsias que foram levantadas logo após o acidente, chamou a atenção a fragilização das condições de trabalho na empresa:

> Exatamente em frente do local de onde vazaram, no último domingo, 4 milhões de litros de óleo cru na Repar, refinaria da Petrobras em Araucária (PR), há uma construção abandonada. Um pouco maior que uma guarita, com uma imensa janela e equipamentos às moscas, há cerca de dois anos a casa ainda abrigava um ou dois funcionários da estatal. Ficavam ali tão-somente para observar o funcionamento do duto através do qual chega o óleo vindo de São Francisco do Sul (SC). O posto de operação foi desativado. Parece piada de mau gosto, mas o motivo do segundo maior desastre da história da Petrobras, que comprometeu 43 quilômetros do rio Iguaçu, foi o mesmo que causou o acidente na Guanabara: sensores que deveriam avisar sobre a diferença de pressão no duto falharam. 'Os funcionários que ficam, acumulam funções, comprometendo a eficiência do trabalho', diz o presidente do Sindicato dos Petroleiros do Paraná, Hélio Luiz Seidel. Só na Repar, em cinco anos, o quadro de pessoal foi reduzido em quase 40%. Para Maurício Rubem França, coordenador da Federação Única dos Petroleiros, a Petrobras erra também ao intensificar o processo de terceirização dos setores de manutenção e segurança das refinarias. 'Prova de que isso não dá certo é que, só no ano passado, morreram 24 trabalhadores em refinarias. Destes, 23 são terceirizados'.[11]

---

[7] PILSHOWSKI, Robert Willian. *Avaliação dos impactos de derramamento de óleo sobre a ictiofauna do altíssimo, alto e médio rio Iguaçu, Paraná, Brasil*. Dissertação apresentada ao Curso de Pós-Graduação em Ciências Veterinárias, da Universidade Federal do Paraná, como requisito parcial à obtenção do grau de mestre em Ciências Veterinárias, 2003. Disponível em: https://acervodigital.ufpr.br/bitstream/handle/1884/28199/D%20-%20ROBERT%20 WILLIAN%20PILSHOWSKI.pdf?sequence=1&isAllowed=y. Acesso em 03 jan. 2020.

[8] MARANHO, LT. *et al*. Effects of the pollution by petroleum on the tracheids along the stem of Podocarpus lambertii Klotzsch ex Endl. Podocarpaceae. *Braz. J. Biol.*, [online], v. 69, n. 2, p. 263-269, 2009; GUEDES, C. L. B. *et al*. Tratamento de solo contaminado com petróleo utilizando tensoativos e peróxido de hidrogênio. *Semina – Ciências Exatas e Tecnológicas*, Londrina, v. 31, n. 2, p. 87-100, jul./dez. 2010. p. 87-99; BERTOLI, Ana Lúcia; RIBEIRO, Maisa de Souza. Passivo ambiental: estudo de caso da Petróleo Brasileiro S.A – Petrobrás. A repercussão ambiental nas demonstrações contábeis, em consequência dos acidentes ocorridos. *Rev. adm. contemp.* [online], v. 10, n. 2, p. 117-136, 2006; FAVERO, J. L.; MUNIZ, A. R.; SANTOS, R. P. B. Análise teórico-experimental da dispersão de poluentes líquidos em solos. *Engenharia sanitária e ambiental*, v. 12, n. 4, p. 410-416, out./dez. 2007; BONA, C. *et al*. Effect of soil contaminated by diesel oil on the germination of seeds and the growth of Schinus terebinthifolius Raddi (Anacardiaceae) Seedlings. *Brazilian Archives of Biology and Technology* Print version, Curitiba, ISSN 1516-8913 Braz. arch. biol. Technol, v. 54, n. 6, nov./dec. 2011; SILVA, C. A. *et al*. Evaluation of waterborne exposure to oil spill 5 years after an accident in Southern Brazil. *Ecotoxicology and Environmental Safety*, v. 72, Issue 2, p. 400-409, feb. 2009.

[9] BRASIL. Ministério do Meio Ambiente. *Ibama multa Petrobras em R$168 milhões*. 01 ago. 2000. Disponível em: https://www.mma.gov.br/informma/item/968-ibama-multa-petrobras-em-r-168-milhoes.html. Acesso em 06 jan. 2020.

[10] BRASIL. Justiça Federal – Tribunal Regional Federal da 4ª Região. *TRF4 confirma condenação da Petrobrás por vazamento de óleo no PR*. 07 out. 2019. Disponível em: https://www.trf4.jus.br/trf4/controlador.php?acao=noticia_ visualizar&id_noticia=14797TH. Acesso em 06 jan. 2020.

[11] GARÇONI, Ines. Inexplicável – Vazamento de 4 milhões de litros de óleo no maior rio do Paraná expõe descaso da Petrobras em prevenir acidentes e falta de estrutura para amenizar estragos. *Revista IstoÉ*, 19 jul. 2000. Disponível em: https://istoe.com.br/29869_INEXPLICAVEL/. Acessado em 03 jan. 2020.

Para além do debate de mérito propriamente dito, o que chama a atenção no caso é que as controvérsias discutidas nos autos envolveram não só os efeitos deletérios ao ambiente natural, mas levaram em consideração também o ambiente do trabalho, o que foi ao final enfrentado pelo STF no Acórdão em comento.

2 A bacia hidrográfica do Rio Iguaçu

O geógrafo alemão Reinhard Maack descreve os detalhes morfológicos do rio Iguaçu, que tem "as nascentes situadas na frente ocidental da Serra do Mar" e, no trecho do alto curso, "em virtude da queda módica que ocorre na região do primeiro planalto de Curitiba até Engenheiro Bley, o rio Iguaçu desenvolveu meandros de curvaturas amplas com águas antigas e com extensas várzeas".[12]

O brasilianista americano Warren Dean destaca ainda a importância do rio Iguaçu para a ocupação territorial do Paraná, com a instalação de comunidades em suas margens,[13] em cujo cenário, descrito inicialmente em 1882 pelo naturalista francês Auguste de Saint Hilaire,[14] concentrou-se uma das maiores regiões metropolitanas do país, com cerca de 3,5 milhões de habitantes e a maior concentração de atividades econômicas e industriais no estado do Paraná.[15]

Em que pese ser conhecido pelas belezas das Cataratas, localizadas no Parque Nacional situado em Foz do Iguaçu-PR, cerca de 1.300km a oeste, o alto rio Iguaçu encontra-se, há décadas, sob contínua pressão poluidora gerada na Região Metropolitana de Curitiba. Também não é diferente a situação do rio Barigui, seu afluente diretamente afetado pelo vazamento:

> A história ecológica do principal rio dessa bacia, o rio Barigui, revela alterações do espaço físico decorrentes da ocupação humana, demonstradas inicialmente pela imediata supressão da vegetação original componente daquele espaço, demandando ainda obras de engenharia de retificação do leito, originalmente meândrico, e de aprofundamento de sua calha, afetando sua dinâmica hídrica. Tais obras, consideradas fundamentais para conter as constantes enchentes que naturalmente atingiam a planície de inundação, favoreceram unicamente a população ali estabelecida – um dilema socioambiental no mínimo equivocado. Ainda, no panorama de rios em espaços urbanos, a água – o recurso natural indispensável à vida –, de uma forma ilógica, fica relegada ao papel de receptor e transportador de resíduos humanos.[16]

---

[12] MAACK, Reinhard. *Geografia física do Estado do Paraná*. 4. ed. 1. reimp. Ponta Grossa: Editora UEPG, 2017. p. 526, e mapas.

[13] DEAN, Warren. *A ferro e fogo*: a história e a devastação da mata atlântica brasileira. (Trad. Cid Knipel Moreira). São Paulo: Companhia das Letras, 1996. p. 172.

[14] SAINT-HILAIRE, Auguste de. *Viagem pela comarca de Curitiba*. (Trad. de Cassiana Lacerda Carollo). Curitiba: Fundação Cultural, 1995.

[15] CURITIBA. Prefeitura municipal de Curitiba. *Região Metropolitana de Curitiba*. Disponível em: https://www. curitiba.pr.gov.br/conteudo/regiao-metropolitana-de-curitiba/186. Acesso em 06 jan. 2020.

[16] AUER, Ana Marise. *Avaliação dos processos de ocupação antrópica da bacia do Rio Barigui e suas implicações ecológicas*. Tese de Doutorado – Universidade Federal do Paraná, Setor de Ciências Agrárias, Programa de Pós-Graduação em Engenharia Florestal. Curitiba, 29 mar. 2010. Disponível em: https://acervodigital.ufpr.br/bitstream/handle/1884/36798/R%20-%20T%20-%20ANA%20MARISE%20AUER.pdf?sequence=3&isAllowed=y. Acesso em 06 jan. 2020.

O alto rio Iguaçu, desconsiderada a área utilizada para abastecimento da região metropolitana de Curitiba, onde há rios de qualidade de água boa e razoável, é altamente comprometido do ponto de vista ambiental:

> A condição ruim, em termos de qualidade, no corpo principal do Alto Rio Iguaçu, é principalmente influenciada pelos afluentes da margem direita, que drenam a cidade de Curitiba, como os Rios Belém, Ivo, Atuba, Bacacheri, Padilha, Barigüi, Água Verde, Fanny e Parolin, que estão caracterizados como 'Poluídos e Extremamente Poluídos', com altos teores de coliformes fecais e matéria orgânica e baixa concentração de oxigênio dissolvido, sendo, portanto, incapazes de manter vida aquática.[17]

Em que pese tal situação, a importância ambiental do rio Iguaçu é reconhecida na literatura científica de referência, como mostra o ictiólogo brasileiro Angelo Antonio Agostinho:

> O rio Iguaçu, conhecido em todo mundo pelas belezas de suas Cataratas, tem, como demonstrado nesse livro, outra preciosidade que deve ser reconhecida como excepcional pela humanidade: a alta taxa de endemismo de sua ictiofauna. É mostrado que 70% das espécies de peixes nativas não são encontradas em qualquer outra parte do planeta. Isso, ao mesmo tempo em que se constitui num privilégio para a região, é também motivo de profunda preocupação. Extinções locais nessa bacia podem significar extinções globais, o que requer cuidados especiais nas ações praticadas na bacia.[18]

E, mesmo passados muitos anos desde o vazamento da REPAR em Araucária, a contaminação decorrente ainda era constatada em pesquisas científicas:

> Um dos mais notáveis tipos de poluição resultantes do petróleo são os vazamentos de tanques, oleodutos e no seu transporte. Um desses foi o acidente ocorrido em 2000, no arroio Saldanha, um afluente do Rio Barigui. Esse rio deságua no Rio Iguaçu, na cidade de Araucária, Paraná. (...) Nos sedimentos foram encontrados valores significativos para fenantrenos, fluorantenos e pirenos, sugerindo que a fonte desses componentes é petrogênica. Os n-alcanos encontrados na área não foram suficientes para determinar suas fontes. Comparando-se os resultados obtidos com pesquisas semelhantes da região do desastre, sugere-se que esses contaminantes resultantes do derramamento ainda não foram completamente degradados no meio, sendo uma fonte constante de contaminação ao meio e aos organismos aquáticos.[19]

Isso evidencia, por exemplo, a necessidade de que os estudos sobre o tema continuem sendo feitos, nas mais variadas áreas do conhecimento, uma vez que o episódio ainda gera consequências, dentre elas, as ambientais e jurídicas.

---

[17] PARANÁ. Unidades Hidrográficas do Alto Iguaçu e Ribeira, do Médio Iguaçu e do Baixo Iguaçu. *In: Bacias Hidrográficas do Paraná – série histórica.* Curitiba: SEMA, 2010. p. 35. Disponível em: http://www.meioambiente. pr.gov.br/arquivos/File/corh/Revista_Bacias_Hidrograficas_do_Parana.pdf. Acesso em 06 jan. 2020.

[18] AGOSTINHO, Angelo Antonio. Prefácio. *In:* BAUMGARTNER, Gilmar *et al. Peixes do baixo Rio Iguaçu – Ilustrações de peixes Gabriel de Carvalho Deprá.* Maringá: Eduem, 2012. XIX, p. 203.

[19] BREHM, Franciane de Almeida; RICHTER, Larissa. *Avaliação da contaminação dos sedimentos do rio Iguaçu e Barigui por derivados do petróleo.* 68 f. Trabalho de Conclusão de Curso (Graduação) – Universidade Tecnológica Federal do Paraná, Curitiba, 2013. Disponível em: http://repositorio.roca.utfpr.edu.br/jspui/handle/1/999. Acesso em 06 jan. 2020.

3 A modernização ecológica do direito e a construção do estado constitucional ecológico

Contextualizado o tema, isto é, narrada brevemente a história do acidente e descrita a área geográfica em que este ocorreu, é oportuno agora invocar os conceitos teóricos por meio dos quais a realidade será analisada.

De início cabe objetivar o sentido da expressão modernização que é adotada neste texto. Para isso, é oportuna a lembrança da definição dada pelo cientista italiano Gianfranco Pasquino: "Entende-se por Modernização aquele conjunto de mudanças operadas nas esferas política, econômica e social que têm caracterizado os dois últimos séculos".[20] Ou seja, o conceito de modernização traz a ideia de mudança.

Por sua vez, o conceito de Modernização Ecológica traz, consequentemente, a ideia de uma mudança qualificada, que tem:

> (...) confiança no desenvolvimento científico e tecnológico; preferência por soluções preventivas para os problemas ambientais; possibilidade de se alcançar, simultaneamente, objetivos ambientais e econômicos; e envolvimento direto e cooperativo na tomada de decisão.[21]

A propósito, o sociólogo brasileiro Cristiano Lenzi afirma que, para que se possa falar em Modernização Ecológica, é preciso que se constate a existência de:

> (...) um sistema político aberto e democrático; um Estado intervencionista e legítimo com uma infraestrutura diferenciada e avançada; consciência ambiental ampla e organizações ambientais bem organizadas (...), que tenham recursos para impelir a uma mudança ecológica radical; organizações de negócios capazes de representar produtores em negociações numa base regional e setorial; experiência e tradição com sistemas de tomada de decisão negociada; um sistema detalhado de monitoração ambiental que gera dados ambientais públicos, confiáveis e satisfatórios; uma economia de mercado regulada pelo Estado, que controla o processo de produção e consumo; e desenvolvimento tecnológico avançado.[22]

Ou seja, a Modernização Ecológica traz consigo a ideia de que as instituições sociais estão em constante alteração qualitativa. Na esteira desse pensamento, os juristas brasileiros José Rubens Morato Leite e Heline Sivini Ferreira afirmam que o Direito também está em processo de mudança, a ponto de dizerem que "a legislação ambiental brasileira tem experimentado um constante processo de esverdeamento".[23]

Em outras palavras, há um discernimento dentre os pensadores do Direito Ambiental de que tem havido esse "esverdeamento", isto é, uma Modernização Ecológica do Direito, por meio da aplicação das normas aos casos concretos, com um

---

[20] PASQUINO, Gianfranco. Modernização. *In*: BOBBIO, Norberto; MATTEUCCI, Nicola; PASQUINO, Gianfranco (Coord.). *Dicionário de política*. (Trad. João Ferreira). 11. ed. Brasília: Editora Universidade de Brasília, 1998. p. 768-776.

[21] MILANEZ, Bruno. Modernização ecológica no Brasil: limites e perspectivas. *Desenvolvimento e Meio Ambiente*, Editora UFPR, n. 20, p. 77-89, jul./dez. 2009. p. 78.

[22] LENZI, Cristiano Luis. Modernização ecológica e a política ambiental catarinense. *Revista de Ciências Humanas*, EDUFSC, Florianópolis, n. 39, p. 117-134, abril 2006. p. 121-122.

[23] LEITE, José Rubens Morato; FERREIRA, Heline Sivini; CAETANO, Matheus Almeida. *Repensando o estado de direito ambiental*. Florianópolis: Fundação Boiteux, 2012. p. 28.

discurso no sentido de que as decisões judiciais buscam alcançar, na realidade, uma situação diferente e mais qualificada do que aquela que havia antes.

Em outras palavras, as decisões judiciais não caracterizariam, agora, somente a concretização do Estado Democrático de Direito, mas passariam a implantar um Estado Democrático de Direito esverdeado, denominado Estado de Direito Ambiental, ou ainda um Estado Constitucional Ecológico, nas palavras do constitucionalista português José Joaquim Gomes Canotilho.[24]

Em síntese, o Estado de Direito que produz normas e decisões judiciais com conteúdo permeado de valores como Justiça e Democracia também incorpora valores "esverdeados", isto é, é um Estado modernizado do ponto de vista ecológico. Ou seja:

> Trata-se de um processo político-legal de esverdeamento do Estado, marcado por uma constante atualização, aperfeiçoamento e incorporação de novos elementos que modificam a sua própria estrutura e racionalidade tradicionais. Inclui também um processo de transformação da própria sociedade, a qual, ao tomar conhecimento do quadro de crise ambiental, participa, exige e adota métodos voltados à busca do equilíbrio ecológico como (um dos) requisito(s) essencial(ais) à sadia qualidade de vida.[25]

O Acórdão proferido pelo STF e que ora está em comento é uma sinalização objetiva de que os Poderes Constituídos do Estado Brasileiro estão se modernizando no sentido de "esverdear" as suas decisões, isto é, modernizá-las de modo a incorporar uma nova qualidade que não tinham antes.

Este é um processo que vem sendo constatado em sucessivos julgamentos judiciais proferidos em casos ocorridos na bacia hidrográfica do rio Iguaçu,[26] mas que o Acórdão em comento sinaliza que esta pode se tornar uma tendência nacional.

4 O acórdão

O Acórdão do Agravo Regimental em Recurso Extraordinário n° 898.716/PR, da Primeira Turma do Supremo Tribunal Federal, datado de 29 de setembro de 2015 e relatado pela Ministra Rosa Weber, é uma nítida expressão da modernização ecológica do direito brasileiro, isto é, do esverdeamento da jurisprudência do STF e da efetiva implementação de um Estado Constitucional Ecológico. Além disso, a sua maior relevância, ao menos na visão dos autores deste texto, está no fato de decidir que o que leva à definição do órgão jurisdicional competente para o julgamento é a abrangência dos impactos ambientais constatados, o que o torna, de fato, um importante paradigma produzido pela Corte Constitucional da República Federativa do Brasil na área do Direito Ambiental.

---

[24] CANOTILHO, J. J. Gomes. Estado Constitucional Ecológico e Democracia Sustentada. *In*: LEITE, José Rubens Morato; FERREIRA, Heline Sivini. *Estado de Direito Ambiental*: tendências: aspectos Constitucionais e Diagnóstico. Rio de Janeiro: Forense Universitária, 2004. p. 3.

[25] LEITE, José Rubens Morato; FERREIRA, Heline Sivini; CAETANO, Matheus Almeida. *Repensando o estado de direito ambiental*. Florianópolis: Fundação Boiteux, 2012. p. 53.

[26] FILIPPIN, Rafael Ferreira. *O verdejar da justiça*: os conflitos gerados pelo aproveitamento hidrelétrico da Bacia do Rio Iguaçu à luz dos conceitos da justiça ambiental e da modernização ecológica. Tese de Doutorado. Universidade Federal do Paraná, Programa de Pós-Graduação em Meio Ambiente e Desenvolvimento. Curitiba, 2016. Disponível em: https://acervodigital.ufpr.br/handle/1884/45229. Acesso em 15 jan. 2020.

Por outro lado, apesar de ser manifestação da mais alta instância jurisdicional no Sistema Brasileiro, à qual será vinculado o conjunto dos residentes no país, apenas parcela ínfima da população terá acesso às suas razões (CF, art. 93, IX). Mesmo na comunidade de operadores jurídicos, é minoria quem, durante os procedimentos de cada atividade dentro do sistema, tenha familiaridade com esse Acórdão.

Por isso é relevante a análise do seu conteúdo, sendo que o intuito dos autores é então aprofundar a interpretação[27] do referido Acórdão, explorando o principal entendimento jurídico consagrado nesta decisão. Trata-se da *ratio decidendi*, daquilo que, nos sistemas jurídicos anglo-saxões, chama-se *holding*[28] do Aresto.

Desde a ementa percebe-se o apreço pela melhor técnica.[29] A verbetação indica os institutos jurídicos objeto da decisão (DIREITO AMBIENTAL E PROCESSUAL CIVIL. AÇÃO CIVIL PÚBLICA. RESPONSABILIDADE POR DANO AO MEIO AMBIENTE) e o fato a que se refere (VAZAMENTO DE ÓLEO DO OLEODUTO DA REPAR QUE ATINGIU O RIO IGUAÇU).

Na sequência constam os entendimentos jurisdicionais, começando pela fixação da competência (COMPETÊNCIA DA JUSTIÇA FEDERAL FIRMADA NO ACÓRDÃO DE ORIGEM), ao que seguem os argumentos e decisões sobre estes, assim apresentados:

1 – REELABORAÇÃO DA MOLDURA FÁTICA. PROCEDIMENTO NEGADO NA INSTÂNCIA EXTRAORDINÁRIA;

2 – NEGATIVA DE PRESTAÇÃO JURISDICIONAL. ART. 93, IX, DA CONSTITUIÇÃO DA REPÚBLICA. NULIDADE. INOCORRÊNCIA. RAZÕES DE DECIDIR EXPLICITADAS PELO ÓRGÃO JURISDICIONAL;

3 – ALEGAÇÃO DE OFENSA AO ART. 5º, LIV E LV, DA CONSTITUIÇÃO DA REPÚBLICA. CONTRADITÓRIO E AMPLA DEFESA. DEVIDO PROCESSO LEGAL. NATUREZA INFRACONSTITUCIONAL DA CONTROVÉRSIA. SÚMULAS Nº 282 E Nº 356 DO SUPREMO TRIBUNAL FEDERAL. AUSÊNCIA DE PREQUESTIONAMENTO.

Com o efeito, a decisão estatui a não ocorrência de violação de ausência de fundamentação (art. 93, IX da Constituição Federal), afronta ao devido processo legal e ao contraditório e ampla defesa (art. 5º, LIV e LV da Constituição Federal) e aplicação ao caso das Súmulas nº 282 e nº 356 do STF, sobre prequestionamento, confirmando decisão do Tribunal Regional Federal da 4ª Região sobre competência da Justiça Federal para decidir as demandas constantes de ação civil pública.

O relatório sintetiza a gênese do agravo regimental, a matéria debatida e os fatos que deram origem à demanda judicial inicial. Elenca as razões de pedir do recurso e reproduz a ementa da decisão do TRF – 4ª Região e o Acórdão da Segunda Turma do

---

[27] "Interpretação é a operação lógica que, obedecendo aos princípios e leis científicas ditados pela Hermenêutica e visando a integrar o conteúdo orgânico do direito, apura o sentido e os fins das normas jurídicas, ou apura novos prceitos (sic) normativos, para o efeito de sua aplicação às situações de fato incidentes na esfera do direito". RÁO, Vicente. *O Direito e a vida dos Direitos*. 3. ed. São Paulo: Revista dos Tribunais, 1991. v. 1, p. 420-421.

[28] "Princípio ou princípios de direito nos quais a Corte alcança sua decisão. A *ratio* do caso deve ser deduzida a partir de seus fatos, das razões que a Corte se fundamentou para alcançar sua decisão e a decisão propriamente dita". OXFORD. *Oxford Reference, a dictionary of LAW*. 3. ed. Oxford, Nova York: OUP Oxford, 1994. p. 327.

[29] GUIMARÃES, José Augusto Chaves. Elaboração de ementas jurisprudenciais: elementos teórico-metodológicos. *Série Monografias do CEJ*, Brasília-DF, v. 9, p. 1-154, 2004. Disponível em: https://www1.tjrs.jus.br/export/poder_judiciario/tribunal_de_justica/centro_de_estudos/doc/monografia09.pdf. Acesso em 03 jan. 2020.

Superior Tribunal de Justiça – STJ e que identificou muito pertinentemente que, apesar de constar o pedido de que fossem contratados recursos humanos para as atividades de remediação dos impactos ocasionados pelo vazamento, e das alegações da empresa ré de que isso interferiria em sua liberdade contratual e que isso só poderia ser discutido na Justiça Especializada do Trabalho, esse não era o melhor entendimento, na medida em que a ação civil pública proposta não pretendia discutir obrigações trabalhistas propriamente ditas, mas apenas determinar que fossem adotadas medidas para remediar o dano ambiental. Isto incluiria, segundo o pedido, a contratação de recursos humanos, o que, por si só, segundo o entendimento desposado pelo TRF4, pelo STJ e pelo STF, não faria com que, *ipso facto*, a competência para a discussão desse pedido fosse cindida e redistribuída à Justiça do Trabalho, pois os danos ambientais devem ser discutidos na Justiça Federal e independentemente de qualquer contratação de recursos humanos, isso não estabelece a competência da Justiça do Trabalho.

No voto, a Ministra Rosa Weber transcreve decisão anterior, da própria relatora, que negou seguimento a recurso extraordinário e deu origem ao agravo regimental objeto deste Acórdão em comento, bem como se referiu a onze diferentes arestos do STF, de dez diferentes ministros, incluindo os atuais ministros Marco Aurélio, Cármen Lúcia e Luiz Fux, afastando todos os argumentos de ordem processual constitucional.

Além disso, os argumentos da empresa ré (agravante) são mais uma vez refutados, com novas referências para afastamento de análise de normas infraconstitucionais em sede de recurso extraordinário, bem como reafirmando a aplicação das Súmulas nº 282 e nº 356 do STF. Os dez precedentes transcritos são da lavra de cinco diferentes ministros que atualmente compõem o colegiado do STF, incluindo os ministros Gilmar Mendes, Dias Toffoli e Roberto Barroso.

Há expressa referência ao fato de que, ao decidir pela competência da Justiça Federal para analisar as questões referentes ao dano ambiental, neste juízo e valor jurisdicional estão evidentemente incluídos eventuais efeitos deletérios ao meio ambiente do trabalho, pois o TRF4 lastreou-se na prova produzida em primeira instância de que ocorreu dano ambiental de abrangência regional e que também inclui o ambiente de trabalho local da REPAR. Isso faz com que, portanto, a aferição "de eventual afronta aos preceitos constitucionais invocados no apelo extremo exigiria o revolvimento do quadro fático delineado, procedimento vedado em sede extraordinária".

E é este o cerne do Acórdão em tela: a reiteração da decisão do Tribunal Regional Federal da 4ª Região, estabelecendo atribuição da Justiça Federal para analisar o mérito dos fatos decorrentes do dano ambiental em seu sentido ampliado, o que também abrange a proteção ao meio ambiente do trabalho.

5 O *holding*

Como visto, o *holding* do Acórdão ora em comento é exatamente a impropriedade da cisão dos conceitos de meio ambiente e de meio ambiente do trabalho, que consistem num mesmo objeto. Este é o núcleo do entendimento do STF no caso:

> Não há como dissociar o acidente de seu entorno, ou seja, as matérias estão entrelaçadas e devem ser decididas conjuntamente. O objetivo da ação civil pública é maior, que é o de alcançar, com a compatibilização do meio ambiente de trabalho, meios eficazes para

prevenir novos danos ao meio ambiente e, diante deste contexto, não há como cindir o processo. Não se trata, portanto, de analisar questões meramente trabalhistas, da seara do direito do trabalho.

Esta é, sem dúvida, a grande contribuição do Acórdão em comento à concretização do Estado Constitucional Ecológico brasileiro, uma vez que concentra a competência para conhecer e decidir o caso num único órgão jurisdicional, de modo a prevenir decisões eventualmente conflitantes entre si, emitidas por distintos órgãos, mantendo assim a coerência e a integridade do Sistema Jurídico Brasileiro, e com uma modernização, isto é, uma qualidade a mais, "esverdeada".

6 O conceito de meio ambiente engloba o de ambiente do trabalho

O conceito fundamental de meio ambiente no Direito Brasileiro é aquele positivado no art. 3º, I, da Lei Federal nº 6.938/1981, que instituiu a Política Nacional de Meio Ambiente e definiu: "I- meio ambiente, o conjunto de condições, leis, influências e interações de ordem física, química e biológica, que permite, abriga e rege a vida em todas as suas formas; (...)".

No entanto, não é porque não menciona expressamente o ambiente de trabalho que a citada definição legal o exclui. Afinal, é antiga a percepção de que a realidade global do meio ambiente inclui diferentes dimensões do fenômeno.

Já na Declaração da Conferência das Nações Unidas sobre o Meio Ambiente, de 1972, está registrado que "[o]s dois aspectos do meio ambiente humano, o natural e o artificial, são essenciais para o bem-estar do homem (*rectius:* ser humano) e para o gozo dos direitos humanos fundamentais, inclusive o direito à vida mesma".

No mesmo sentido, a Lei Federal nº 10.257/2001, que "Regulamenta os arts. 182 e 183 da Constituição Federal, estabelece diretrizes gerais da política urbana e dá outras providências" e é mais conhecida como Estatuto das Cidades, prevê como uma das diretrizes gerais a "proteção, a preservação e a recuperação do meio ambiente natural e construído, do patrimônio cultural, histórico, artístico, paisagístico e arqueológico" (art. 2º, XII), trazendo o conceito de meio ambiente construído, ampliando o conceito de meio ambiente, para além do ambiente natural.

Adotando-se a perspectiva da Declaração da Conferência das Nações Unidas sobre o Meio Ambiente, de 1972, que é *soft law*, e a interpretação sistemática do conceito de meio ambiente a partir da Lei da Política Nacional do Meio Ambiente e do Estatuto das Cidades, o meio ambiente de trabalho estaria evidentemente inserido na categoria do ambiente artificial, enquanto dimensão do ambiente forjada pela ação humana. Trata-se, portanto, de uma dimensão do meio ambiente expressamente consagrada pela legislação brasileira, e inclusive pela Constituição Federal, que prevê, em seu art. 200, VIII, que compete ao Sistema Único de Saúde "colaborar na proteção do meio ambiente, nele compreendido o do trabalho".

Ou seja, para que haja coerência e integridade no Sistema Jurídico Brasileiro, o STF interpretou, sistematicamente, as normas jurídicas vigentes e incluiu, evidentemente, o conceito de meio ambiente de trabalho, que é mais recente e surgiu a partir da temática da "segurança e higiene do trabalho", na definição legal sistemática de meio ambiente.

Entretanto, um olhar atento já podia identificar algo nesse sentido na própria denominação do Capítulo V do Título II ("Das normas gerais de tutela do trabalho") da redação original da Consolidação das Leis do Trabalho, de 1943. Isso fica ainda mais evidente quando, em 1966, a Organização das Nações Unidas adotou e publicou o Pacto Internacional dos Direitos Econômicos, Sociais e Culturais, que prevê, em seu artigo 7º, que "[o]s Estados Partes do presente Pacto reconhecem o direito de toda pessoa de gozar de condições de trabalho justas e favoráveis, que assegurem especialmente: (...) b) A segurança e a higiene no trabalho; (...)".

Já em 1967, a Consolidação das Leis do Trabalho passou por uma reforma, por meio da entrada em vigor do Decreto-Lei n º 229/1967, que alterou substancialmente o capítulo referente a essa temática – com a inclusão de diversas "seções" e dispositivos mais específicos, que passou a se denominar "Segurança e higiene do trabalho".

Todo esse contexto normativo fez parecer cada vez mais razoável visualizar a questão da saúde e segurança no trabalho como uma questão ambiental, a ponto de se poder falar na existência de um meio ambiente do trabalho, parte indissociável do ambiente, apesar de suas especificidades.

Mais nenhuma dúvida a respeito disso poderia persistir após o advento da Convenção nº 155 da Organização Internacional do Trabalho – OIT, do ano de 1981, que é denominada a Convenção sobre "Segurança e Saúde dos Trabalhadores e o Meio Ambiente do Trabalho". Essa Convenção não só traz expressamente o conceito de meio ambiente de trabalho, mas também traz diversas previsões de proteção da qualidade do ambiente de trabalho.

Nesse sentido, define como local de trabalho "todos os lugares onde os trabalhadores devem permanecer ou onde têm que comparecer, e que esteja sob o controle, direto ou indireto, do empregador" e como saúde no trabalho "não só a ausência de afecções ou de doenças, mas também os elementos físicos e mentais que afetam a saúde e estão diretamente relacionados com a segurança e a higiene no trabalho".

Ou seja, a construção normativa do conceito de meio ambiente do trabalho é mais uma expressão do "esverdeamento" da legislação em vigor no Brasil, no sentido da construção de um Estado Constitucional Ecológico.

Enfim, esse entendimento de que o conceito de meio ambiente do trabalho está abrangido na definição de ambiente já está consolidado na doutrina. É o que explica o jurista brasileiro Sidnei Machado:

> É possível pensar em uma associação entre a garantia de um meio ambiente ecologicamente equilibrado com a redução dos riscos do trabalho. Várias normas da OIT já estão fazendo a aproximação entre saúde, segurança e meio ambiente. Há, assim, uma relação direta entre ambos os direitos, o que nos leva a compreender que a garantia do meio ambiente de trabalho (equilibrado) significa não apenas a ausência de fatores de risco no local de trabalho, mas as condições de efetiva valorização e proteção do bem-estar individual e coletivo, indispensável à qualidade de vida humana. Significativo é o avanço do direito fundamental à proteção ao meio ambiente de trabalho, ao propor conceito mais abrangente do conteúdo do artigo 7º, inciso XXII, da Constituição. O direito fundamental a um ambiente de trabalho ecologicamente equilibrado pressupõe a garantia de um ambiente seguro, salubre e que assegure qualidade de vida.[30]

---

[30] MACHADO, Sidnei. *O direito à proteção ao meio ambiente de trabalho no Brasil*: os desafios para a construção de uma racionalidade normativa. São Paulo: LTr, 2001. p. 89.

O direito fundamental ao meio ambiente ecologicamente equilibrado, previsto no art. 225 da Constituição Federal, é essencial à "sadia qualidade de vida", nos termos da redação do dispositivo, naturalmente abrangendo todas as formas de vida, incluindo os trabalhadores e o meio em que estão inseridos. Não pode ser outro o entendimento, eis que:

> A saúde dos seres humanos não existe somente numa contraposição a não ter doenças diagnosticadas no presente. Leva-se em conta o estado dos elementos da Natureza – águas, solo, ar, flora, fauna e paisagem – para aquilatar se esses elementos estão em estado de sanidade e se de seu uso advêm saúde ou doenças e incômodos para os seres humanos.[31]

O direito fundamental ao meio ambiente de trabalho ecologicamente equilibrado estaria voltado, naturalmente, à garantia da "sadia qualidade de vida" do trabalhador, mas a ideia de promoção de uma qualidade de vida do trabalhador (no ambiente de trabalho), é corolário da proteção da saúde e segurança do trabalhador.

A necessidade de uma maior integração entre essas dimensões e seus respectivos sistemas de tutela é evidenciada na ementa do Acórdão do STF, quando, ao fazer referência ao julgado do TRF4, cita que "não há como dissociar o acidente do seu entorno, ou seja, as matérias estão entrelaçadas e devem ser decididas conjuntamente".

A conexão entre meio ambiente de trabalho e meio ambiente geral pôde ser claramente percebida no momento do vazamento do óleo, isto é, que ocorreu no contexto da atividade empresarial onde há um ambiente do trabalho e que acabou gerando danos ambientais externos e de grande monta.

Toda uma discussão foi gerada acerca de como tutelar a realidade que, na prática, não distingue ambiente natural e artificial (construído, do trabalho) e, de quem seria a competência para decidir a causa. De certo modo, prevaleceu o entendimento modernizado ecologicamente: de que a empresa e o seu entorno são uma coisa só e as questões deveriam, portanto, ser decididas de forma conjunta.

Mesmo porque os efeitos deletérios causados ao ambiente natural e ao ambiente do trabalho são fruto de um mesmo fenômeno, que evidencia uma crise ambiental, que demanda a modernização ecológica das instituições jurídicas, ao mesmo tempo em que é ocasionada por um processo de apropriação predatório que não foi fiscalizado a contento, o que é tratado pelo cientista social brasileiro Michel Löwy:

> A crise econômica e a crise ecológica resultam do mesmo fenômeno: um sistema que transforma tudo – a terra, a água, o ar que respiramos, os seres humanos – em mercadoria, e que não conhece outro critério que não seja a expansão dos negócios e a acumulação de lucros. As duas crises são aspectos interligados de uma crise mais geral, a crise da civilização capitalista industrial moderna (...) A questão da ecologia, do meio ambiente, é a questão central do capitalismo; para parafrasear uma observação do filósofo da Escola de Frankfurt Max Horkheimer – 'se você não quiser falar do capitalismo, não adianta falar do fascismo' – eu diria, também: se você não quer falar do capitalismo, não adianta falar do meio ambiente, porque a questão da destruição, da devastação, do envenenamento ambiental é produto do processo de acumulação do capital.[32]

---

[31] MACHADO, Paulo Affonso Leme Machado. *Direito Ambiental Brasileiro*. São Paulo: Malheiros Editores, 2013. p. 156.

[32] LOWY, Michael. Crise ecológica, crise capitalista, crise de civilização: a alternativa ecossocialista. *Cad. CRH [online]*, v. 26, n. 67, p.79-86, 2013. ISSN 0103-4979. p. 79-81. Disponível em: http://dx.doi.org/10.1590/S0103-49792013000100006. Acesso em 03 jan. 2020.

Nessa perspectiva crítica, o modo de produção reproduzido por instituições jurídicas e políticas não modernizadas ecologicamente produzem "o modelo de propriedade corporativista convencional, que tem como característica principal a máxima extração financeira",[33] e que deve ser superada por meio da implantação na realidade da instituição denominada Estado Constitucional Ecológico,

> que serve às necessidades da vida, pois tem a tendência de ser socialmente justa e ecologicamente inserida na tessitura mesma de suas estruturas organizacionais, o que a torna sustentável. Ela gera bem-estar e riqueza genuína, viva, do tipo de que necessitamos para transformar o capital em *commons*, ou seja, em bens e recursos comuns.[34]

Pode-se então vislumbrar que o "esverdeamento" das instituições jurídicas está ocorrendo paulatinamente, e pode iniciar o processo de transformação do meio ambiente de trabalho de uma propriedade extrativista para outra generativa. Como um breve exercício de imaginação, é oportuna a lembrança de Michel Löwy:

> Uma reorganização do conjunto do modo de produção e de consumo é necessária, baseada em critérios exteriores ao mercado capitalista: as necessidades reais da população e a defesa do equilíbrio ecológico. (...) Esta transição conduziria, não só a um novo modo de produção e a uma sociedade mais igualitária, mais solidária e mais democrática, mas, também, a um modo de vida alternativo, uma nova civilização, ecossocialista, mais além do reino do dinheiro, dos hábitos de consumo artificialmente induzidos pela publicidade e da produção ao infinito de mercadorias inúteis.[35]

Mesmo porque o desequilíbrio do meio ambiente de trabalho, enquanto *locus* da atividade empresarial sem a modernização ecológica, é causa de poluição crônica e aguda do meio ambiente geral. E isso fica ainda mais evidente em situações como a do vazamento de óleo da REPAR, com danos ambientais externos, também chamados de acidentes de trabalho ampliados. A esse respeito, é oportuno lembrar a exposição da jurista brasileira Evanna Soares:

> O meio ambiente do trabalho interfere cada vez mais no meio ambiente geral, afetando a saúde, a segurança e o bem-estar das populações, como se pode constatar diante da necessidade, por exemplo, de uma gestão dos produtos químicos e dejetos perigosos, ecologicamente racional, bem assim pelo crescente número de graves acidentes industriais.[36]

Abordando os efeitos ambientais de tais acidentes e seus impactos sobre a saúde humana, discorre a médica brasileira Raquel Rigotto:

---

[33] CAPRA, Fritjof; MATTEI, Ugo. *A revolução ecojurídica*: o direito sistêmico em sintonia com a natureza e com a comunidade. São Paulo: Cultrix, 2018. p. 207.

[34] CAPRA, Fritjof; MATTEI, Ugo. *A revolução ecojurídica*: o direito sistêmico em sintonia com a natureza e com a comunidade. São Paulo: Cultrix, 2018. p. 208.

[35] CAPRA, Fritjof; MATTEI, Ugo. *A revolução ecojurídica*: o direito sistêmico em sintonia com a natureza e com a comunidade. São Paulo: Cultrix, 2018. p. 83.

[36] SOARES, Evanna. *Ação ambiental trabalhista*: uma proposta de defesa judicial do direito humano ao meio ambiente do trabalho no Brasil. Porto Alegre: Sergio Antônio Fabris, 2004. p. 74.

Os impactos dos problemas ambientais gerados pelos processos de produção e consumo sobre a saúde humana podem se manifestar sob a forma de eventos agudos, como no caso dos acidentes industriais ampliados (...).[37]

Trazendo a discussão de volta à realidade do ordenamento jurídico vigente, a ordem econômica nacional, tal como regulamentada pela Constituição Federal, tem como seus princípios tanto a propriedade privada quanto a função social da propriedade (art. 170, II e III).

O Código Civil traz importante previsão sobre a propriedade e sua função social no dispositivo contido no artigo 1228, §1º, que contém a seguinte redação:

§1º O direito de propriedade deve ser exercido em consonância com as suas finalidades econômicas e sociais e de modo que sejam preservados, de conformidade com o estabelecido em lei especial, a flora, a fauna, as belezas naturais, o equilíbrio ecológico e o patrimônio histórico e artístico, bem como evitada a poluição do ar e das águas.

Ou seja, o direito brasileiro é "esverdeado" e a sua interpretação sistemática induz a concluir que deve haver uma modernização ecológica do modo de produção, respeitando-se a função social da propriedade e da atividade empresarial, bem como o meio ambiente de trabalho deve ser estruturado e organizado de modo tal que não represente riscos ao meio ambiente geral e que garanta a preservação dos recursos naturais e o equilíbrio ecológico, além da própria saúde e segurança do trabalhador.

Buscar essa modernização ecológica, isto é, empenhar esforços das instituições jurídicas para que o meio ambiente de trabalho se converta em propriedade que atenda a sua função social, é tarefa que encontra respaldo nas normas principiológicas constitucionais e em toda legislação vigente que delas derivam.

Além da legislação, o aparato estatal de fiscalização e o sistema de Justiça devem estar imbuídos do mesmo propósito, evidentemente, e conscientes de que, em matéria de Direito Ambiental (incluindo o do Trabalho), os princípios jurídicos são os pilares centrais e devem ser concretizados na realidade em respeito à integridade e à coerência do sistema jurídico "esverdeado".

Nesse sentido, interessante a perspectiva exposta pela professora Raquel Rigotto, evidenciando a necessidade da modernização ecológica das instituições:

Um exemplo de aperfeiçoamento destes mecanismos regulatórios dos conflitos ambientais e de saúde, na linha de uma abordagem integrada, pode ser pensado no tocante aos processos produtivos. A tendência atual, neste campo, é ir além das ações de controle de poluentes ou resíduos gerados e priorizar a prevenção em sua fase estrutural, como denominado por Porto, e a exemplo do que propõe o Regulamento nº 96/61 da União Europeia, sobre a prevenção e o controle integrados da contaminação. A ênfase estaria na análise prévia do projeto tecnológico e organizacional das empresas – anterior à sua construção e operação, examinando os padrões de proteção ambiental e também de segurança e saúde no trabalho, para estabelecer as modificações necessárias no processo produtivo, visando evitar a geração de contaminantes e definir um programa eficaz de gestão de riscos.[38]

---

[37] RIGOTTO, Raquel. Saúde Ambiental & Saúde dos Trabalhadores: uma aproximação promissora entre o verde e o vermelho. *Revista Brasileira Epidemiol*, vol. 6, n. 4, 2003. p. 395.

[38] RIGOTTO, Raquel. Saúde Ambiental & Saúde dos Trabalhadores: uma aproximação promissora entre o verde e o vermelho. *Revista Brasileira Epidemiol*, vol. 6, n. 4, 2003. p. 395. p. 401-402.

Talvez nada seja mais consentâneo com os princípios jurídicos do Direito Ambiental do que um sistema rigoroso de inspeção prévia e licenciamento dos empreendimentos econômicos. Mas, ainda que essas precauções venham a falhar, como no caso do vazamento de óleo da REPAR, o Direito Brasileiro está apto a dar respostas apropriadas, a começar pela definição do órgão jurisdicional competente para conhecer e decidir o mérito dessas demandas.

7 Competência jurisdicional

Por mais que o Acórdão que é objeto de análise neste texto tenha dito que a "matéria debatida, em síntese, diz com a competência da Justiça Federal em caso de acidente de trabalho em refinaria de petróleo que gerou dano ambiental de grande dimensão", o fato é que o episódio se encaixa no que se convencionou chamar de acidente ampliado, de grande abrangência geográfica, com inúmeras consequências em vários aspectos da realidade (natural e humana).

Foi por isso que o Superior Tribunal de Justiça, em sede de recurso especial, manteve o entendimento quanto à competência, fundamentando que a "existência de um pedido, no rol de pleitos, da ação civil pública que verse sobre a contratação de pessoal, seja por parte da empresa, seja por alguma subsidiária, não justifica a remessa da controvérsia à Justiça Trabalhista, porquanto fica claro que o tema laboral é uma consequência em meio ao debate de proteção ao meio ambiente".

Do ponto de vista racional e lógico, não faria sentido cindir o processo e remeter à Justiça do Trabalho as questões referentes ao meio ambiente do trabalho, na medida em que está inserido no contexto do ambiente como um todo. O que então se discutiu neste processo judicial foi a regularização do meio ambiente do trabalho, por meio de contratações de recursos humanos apropriados, na perspectiva da prevenção de novos danos ambientais e da remediação do ambiente natural atingido pelo vazamento.

Desse modo, não se justificaria redistribuir à Justiça Trabalhista a análise da causa global, com o devido respeito às opiniões em contrário, porque o foco não é apenas a saúde e a segurança dos trabalhadores envolvidos na operação, mas sim, a recuperação do ambiente como um todo, matéria que, numa análise mais expedida, alheia à competência da Justiça especializada.

Não se pode olvidar o teor da Súmula nº 736 do STF, que dispõe competir "à Justiça do Trabalho julgar as ações que tenham como causa de pedir o descumprimento de normas trabalhistas relativas à segurança, higiene e saúde dos trabalhadores". Mas a causa de pedir, no caso, não é propriamente o descumprimento das normas de saúde e segurança no trabalho, tratando-se antes da questão dos riscos ambientais existentes, além, evidentemente, dos danos ambientais consumados em razão do vazamento de óleo. O descumprimento das normas trabalhistas é fator de risco – de grande importância, sem dúvida, mas não parece constituir a matéria discutida nesse Acórdão.

Ademais, é preciso reconhecer que o Acórdão do Supremo Tribunal Federal em comento não esmiúça à exaustão, em seus fundamentos, as razões técnico-jurídicas processuais para o reconhecimento da competência da Justiça Federal. Do mesmo modo, as ementas das decisões do Tribunal Regional Federal da 4ª Região e do Superior Tribunal de Justiça, citadas no relatório da decisão sob análise, também não invocam motivos técnico-jurídicos processuais específicos, lançando mão, em verdade, de um argumento lógico de que a discussão sobre o meio ambiente do trabalho está, evidentemente, englobada pelo debate maior sobre a proteção ao meio ambiente.

Considerações finais

A conclusão a que os autores chegam é a de que o Acórdão do STF ora em comento, com o devido respeito às opiniões em contrário, é um exemplo de modernização ecológica das instituições jurídicas brasileiras, e pode e deve servir de paradigma para os mais variados órgãos do Poder Judiciário Brasileiro, a fim de que avaliem questões relativas à competência para processar e julgar ações civis públicas ambientais, levando em consideração a abrangência dos efeitos, sem cindir as matérias casuisticamente, mantendo-se, assim, a integridade e a coerência do sistema jurídico brasileiro, com o objetivo último de concretizar o Estado Constitucional Ecológico previsto na Constituição da República de 1988.

Referências

AGOSTINHO, Angelo Antonio. Prefácio. *In*: BAUMGARTNER, Gilmar *et al. Peixes do baixo Rio Iguaçu – Ilustrações de peixes Gabriel de Carvalho Deprá*. Maringá: Eduem, 2012.

AUER, Ana Marise. *Avaliação dos processos de ocupação antrópica da bacia do Rio Barigui e suas implicações ecológicas.* Tese de Doutorado – Universidade Federal do Paraná, Setor de Ciências Agrárias, Programa de Pós-Graduação em Engenharia Florestal. Curitiba, 29 mar. 2010. Disponível em: https://acervodigital.ufpr.br/bitstream/handle/1884/36798/R%20-%20T%20-%20ANA%20MARISE%20AUER.pdf?sequence=3&isAllowed=y. Acesso em 06 jan. 2020.

BERTOLI, Ana Lúcia; RIBEIRO, Maisa de Souza. Passivo ambiental: estudo de caso da Petróleo Brasileiro S.A – Petrobrás. A repercussão ambiental nas demonstrações contábeis, em consequências dos acidentes ocorridos. *Rev. adm. contemp. [online]*, v. 10, n. 2, p. 117-136, 2006.

BONA, C. *et al.* Effect of soil contaminated by diesel oil on the germination of seeds and the growth of Schinus terebinthifolius Raddi (Anacardiaceae) Seedlings. *Brazilian Archives of Biology and Technology Print version*, Curitiba, ISSN 1516-8913 Braz. arch. biol. Technol, v. 54, n. 6, nov./dec. 2011.

BRASIL. Ministério do Meio Ambiente. *Ibama multa Petrobras em R$168 milhões*. 01 ago. 2000. Disponível em: https://www.mma.gov.br/informma/item/968-ibama-multa-petrobras-em-r-168-milhoes.html. Acesso em 06 jan. 2020.

BRASIL. Justiça Federal – Tribunal Regional Federal da 4ª Região. *TRF4 confirma condenação da Petrobrás por vazamento de óleo no PR*. 07 out. 2019. Disponível em: https://www.trf4.jus.br/trf4/controlador.php?acao=noticia_visualizar&id_noticia=14797TH. Acesso em 06 jan. 2020.

BREHM, Franciane de Almeida; RICHTER, Larissa. *Avaliação da contaminação dos sedimentos do rio Iguaçu e Barigui por derivados do petróleo*. 68 f. Trabalho de Conclusão de Curso (Graduação) – Universidade Tecnológica Federal do Paraná, Curitiba, 2013. Disponível em: http://repositorio.roca.utfpr.edu.br/jspui/handle/1/999. Acesso em 06 jan. 2020.

CANOTILHO, J. J. Gomes. Estado Constitucional Ecológico e Democracia Sustentada. *In*: LEITE, José Rubens Morato; FERREIRA, Heline Sivini. *Estado de Direito Ambiental*: tendências: aspectos Constitucionais e Diagnóstico. Rio de Janeiro: Forense Universitária, 2004.

CAPRA, Fritjof; MATTEI, Ugo. *A revolução ecojurídica*: o direito sistêmico em sintonia com a natureza e com a comunidade. São Paulo: Cultrix, 2018.

CURITIBA. Prefeitura municipal de Curitiba. *Região Metropolitana de Curitiba*. Disponível em: https://www.curitiba.pr.gov.br/conteudo/regiao-metropolitana-de-curitiba/186. Acesso em 06 jan. 2020.

DEAN, Warren. *A ferro e fogo*: a história e a devastação da mata atlântica brasileira. (Trad. Cid Knipel Moreira). São Paulo: Companhia das Letras, 1996.

DWORKIN, Ronald. *O Império do Direito*. (Trad. Jefferson Luiz Camargo). São Paulo: Martins Fontes, 1999.

FAVERO, J. L.; MUNIZ, A. R.; SANTOS, R. P. B. Análise teórico-experimental da dispersão de poluentes líquidos em solos. *Engenharia sanitária e ambiental*, v. 12, n. 4, p. 410-416, out./dez. 2007.

FILIPPIN, Rafael Ferreira. *O verdejar da justiça*: os conflitos gerados pelo aproveitamento hidrelétrico da Bacia do Rio Iguaçu à luz dos conceitos da justiça ambiental e da modernização ecológica. Tese de Doutorado. Universidade Federal do Paraná, Programa de Pós-Graduação em Meio Ambiente e Desenvolvimento. Curitiba, 2016. Disponível em: https://acervodigital.ufpr.br/handle/1884/45229. Acesso em 15 jan. 2020.

FLORIANI, Dimas. Marcos conceituais para o desenvolvimento da interdisciplinaridade. *In*: PHILIPPI JR., Arlindo *et al*. *Interdisciplinaridade em Ciências Ambientais*. São Paulo: Signus Editora, 2000.

GARÇONI, Ines. Inexplicável – Vazamento de 4 milhões de litros de óleo no maior rio do Paraná expõe descaso da Petrobras em prevenir acidentes e falta de estrutura para amenizar estragos. *Revista IstoÉ*, 19 jul. 2000. Disponível em: https://istoe.com.br/29869_INEXPLICAVEL/. Acessado em 03 jan. 2020.

GUEDES, C. L. B. *et al*. Tratamento de solo contaminado com petróleo utilizando tensoativos e peróxido de hidrogênio. *Semina – Ciências Exatas e Tecnológicas*, Londrina, v. 31, n. 2, p. 87-100, jul./dez. 2010.

GUIMARÃES, José Augusto Chaves. Elaboração de ementas jurisprudenciais: elementos teórico-metodológicos. *Série Monografias do CEJ*, Brasília-DF, v. 9, p. 1-154, 2004. Disponível em: https://www1.tjrs. jus.br/export/poder_judiciario/tribunal_de_justica/centro_de_estudos/doc/monografia09.pdf. Acesso em 03 jan. 2020.

LEITE, José Rubens Morato; FERREIRA, Heline Sivini; CAETANO, Matheus Almeida. *Repensando o estado de direito ambiental*. Florianópolis: Fundação Boiteux, 2012.

LENZI, Cristiano Luis. Modernização ecológica e a política ambiental catarinense. *Revista de Ciências Humanas*, EDUFSC, Florianópolis, n. 39, p. 117-134, abril 2006.

LOWY, Michael. Crise ecológica, crise capitalista, crise de civilização: a alternativa ecossocialista. *Cad. CRH [online]*, v. 26, n. 67, p.79-86, 2013. ISSN 0103-4979. Disponível em: http://dx.doi.org/10.1590/S0103-49792013000100006. Acesso em 03 jan. 2020.

MAACK, Reinhard. *Geografia física do Estado do Paraná*. 4. ed. 1. reimp. Ponta Grossa: Editora UEPG, 2017.

MACHADO, Paulo Affonso Leme Machado. *Direito Ambiental Brasileiro*. São Paulo: Malheiros Editores, 2013.

MACHADO, Sidnei. *O direito à proteção ao meio ambiente de trabalho no Brasil*: os desafios para a construção de uma racionalidade normativa. São Paulo: LTr, 2001.

MARANHO, LT. *et al*. Effects of the pollution by petroleum on the tracheids along the stem of Podocarpus lambertii Klotzsch ex Endl. Podocarpaceae. *Braz. J. Biol.*, [online], v. 69, n. 2, p. 263-269, 2009.

MILANEZ, Bruno. Modernização ecológica no Brasil: limites e perspectivas. *Desenvolvimento e Meio Ambiente*, Editora UFPR, n. 20, p. 77-89, jul./dez. 2009.

OXFORD. *Oxford Reference, a dictionary of LAW*. 3. ed. Oxford, Nova York: OUP Oxford, 1994.

PARANÁ. Unidades Hidrográficas do Alto Iguaçu e Ribeira, do Médio Iguaçu e do Baixo Iguaçu. *In*: *Bacias Hidrográficas do Paraná – série histórica*. Curitiba: SEMA, 2010. Disponível em: http://www.meioambiente. pr.gov.br/arquivos/File/corh/Revista_Bacias_Hidrograficas_do_Parana.pdf. Acesso em 06 jan. 2020.

PASQUINO, Gianfranco. Modernização. *In*: BOBBIO, Norberto; MATTEUCCI, Nicola; PASQUINO, Gianfranco (Coord.). *Dicionário de política*. (Trad. João Ferreira). 11. ed. Brasília: Editora Universidade de Brasília, 1998.

PILSHOWSKI, Robert Willian. *Avaliação dos impactos de derramamento de óleo sobre a ictiofauna do altíssimo, alto e médio rio Iguaçu, Paraná, Brasil*. Dissertação apresentada ao Curso de Pós-Graduação em Ciências Veterinárias, da Universidade Federal do Paraná, como requisito parcial à obtenção do grau de mestre em Ciências Veterinárias, 2003. Disponível em: https://acervodigital.ufpr.br/bitstream/handle/1884/28199/D%20-%20ROBERT%20WILLIAN%20PILSHOWSKI.pdf?sequence=1&isAllowed=y. Acesso em 03 jan. 2020.

POPPER, Karl. *A lógica da pesquisa científica*. 12. ed. São Paulo: Cultrix, 2006.

RÁO, Vicente. *O Direito e a vida dos Direitos*. 3. ed. São Paulo: Revista dos Tribunais, 1991. v. 1.

RIGOTTO, Raquel. Saúde Ambiental & Saúde dos Trabalhadores: uma aproximação promissora entre o verde e o vermelho. *Revista Brasileira Epidemiol*, vol. 6, n. 4, 2003.

SAINT-HILAIRE, Auguste de. *Viagem pela comarca de Curitiba*. (Trad. de Cassiana Lacerda Carollo). Curitiba: Fundação Cultural, 1995.

SILVA, C. A. *et al*. Evaluation of waterborne exposure to oil spill 5 years after an accident in Southern Brazil. *Ecotoxicology and Environmental Safety*, v. 72, Issue 2, p. 400-409, feb. 2009.

SOARES, Evanna. *Ação ambiental trabalhista*: uma proposta de defesa judicial do direito humano ao meio ambiente do trabalho no Brasil. Porto Alegre: Sergio Antônio Fabris, 2004.

STRECK, Lênio Luiz. O novo Código do Processo Civil (CPC) e as inovações hermenêuticas: o fim do livre convencimento e a adoção do integracionismo dworkiniano. *Revista de Informação Legislativa*, a. 52, n. 206, p. 33-51, abr./jun. 2015. Disponível em: https://www2.senado.leg.br/bdsf/item/id/512448. Acesso em 20 jan. 2020.

Informação bibliográfica deste texto, conforme a NBR 6023:2018 da Associação Brasileira de Normas Técnicas (ABNT):

AZEVEDO, Robertson Fonseca de; ALCURE, Fábio Aurélio da Silva; FILIPPIN, Rafael Ferreira. Vazamento de óleo – Agravo Regimental no Recurso Extraordinário nº 898.716/Paraná. *In*: BENJAMIN, Antônio Herman Vasconcelos e; FREITAS, Vladimir Passos de; SOARES JÚNIOR, Jarbas (Coord.). *Comentários aos acórdãos ambientais:* paradigmas do Supremo Tribunal Federal. Belo Horizonte: Fórum, 2021. p. 231-248. ISBN 978-65-5518-077-0.

AÇÃO DIRETA DE INCONSTITUCIONALIDADE Nº 4.983/ CE: EFEITOS ALÉM DA REAÇÃO LEGISLATIVA

RELATOR: MINISTRO MARCO AURÉLIO

LUCIANO NUNES MAIA FREIRE

LÍVIA AVANCE ROCHA

EMENTA: PROCESSO OBJETIVO – AÇÃO DIRETA DE INCONSTITUCIONALIDADE – ATUAÇÃO DO ADVOGADO-GERAL DA UNIÃO. Consoante dispõe a norma imperativa do §3º do artigo 103 do Diploma Maior, incumbe ao Advogado-Geral da União a defesa do ato ou texto impugnado na Ação Direta de Inconstitucionalidade, não lhe cabendo emissão de simples parecer, a ponto de vir a concluir pela pecha de inconstitucionalidade. VAQUEJADA – MANIFESTAÇÃO CULTURAL – ANIMAIS – CRUELDADE MANIFESTA – PRESERVAÇÃO DA FAUNA E DA FLORA – INCONSTITUCIONALIDADE. A obrigação de o Estado garantir a todos o pleno exercício de direitos culturais, incentivando a valorização e a difusão das manifestações, não prescinde da observância do disposto no inciso VII do artigo 225 da Carta Federal, o qual veda prática que acabe por submeter os animais à crueldade. Discrepa da norma constitucional a denominada vaquejada. (ADI nº 4.983, Relator Min. MARCO AURÉLIO, Tribunal Pleno, julgado em 06.10.2016, DJe-087 DIVULG 26.04.2017 PUBLIC 27.04.2017).

1 A Ação Direta de Inconstitucionalidade nº 4.983/CE

A Ação Direta de Inconstitucionalidade destinou-se a promover o controle de constitucionalidade da lei do Estado do Ceará por meio da qual a vaquejada foi regulamentada como prática desportiva e cultural.

Por intermédio da Lei nº 15.299/2013, o Estado do Ceará regulamentou a prática da vaquejada, na qual uma dupla de vaqueiros, montados em cavalos distintos, busca derrubar um boi, puxando-o pelo rabo dentro de uma área demarcada, da seguinte forma:

> Art. 1º. Fica regulamentada a vaquejada como atividade desportiva e cultural no Estado do Ceará.
> Art. 2º. Para efeitos desta Lei, considera-se vaquejada todo evento de natureza competitiva, no qual uma dupla de vaqueiro a cavalo persegue animal bovino, objetivando dominá-lo.

§1º. Os competidores são julgados na competição pela destreza e perícia, denominados vaqueiros ou peões de vaquejada, no dominar animal.

§2º. A competição deve ser realizada em espaço físico apropriado, com dimensões e formato que propiciem segurança aos vaqueiros, animais e ao público em geral.

§3º. A pista onde ocorre a competição deve, obrigatoriamente, permanecer isolada por alambrado, não farpado, contendo placas de aviso e sinalização informando os locais apropriados para acomodação do público.

Art. 3º. A vaquejada poderá ser organizada nas modalidades amadora e profissional, mediante inscrição dos vaqueiros em torneio patrocinado por entidade pública ou privada.

Art. 4º. Fica obrigado aos organizadores da vaquejada adotar medidas de proteção à saúde e à integridade física do público, dos vaqueiros e dos animais.

§1º. O transporte, o trato, o manejo e a montaria do animal utilizado na vaquejada devem ser feitos de forma adequada para não prejudicar a saúde do mesmo.

§2º. Na vaquejada profissional, fica obrigatória a presença de uma equipe de paramédicos de plantão no local durante a realização das provas.

§3º. O vaqueiro que, por motivo injustificado, se exceder no trato com o animal, ferindo-o ou maltratando-o de forma intencional, deverá ser excluído da prova.

Art. 5º. Esta Lei entra em vigor na data de sua publicação.

Art. 6º. Revogam-se as disposições em contrário.

A Procuradoria-Geral da República propôs a ação direta de inconstitucionalidade, sob a compreensão de que a prática expõe os animais a maus-tratos e crueldade.

De outro giro, o Governador do estado do Ceará defendeu a constitucionalidade da norma, por tutelar o patrimônio cultural do povo cearense.

Em votação apertada (por 6 votos a 5), encerrada no dia 6 de outubro de 2016, prevaleceu o entendimento pela declaração da inconstitucionalidade da lei estadual cearense, porquanto a disciplina da prática desportiva e cultural da vaquejada se revelou, para maioria dos ministros, incompatível com a tutela do meio ambiente constitucionalmente erigida, especialmente com a vedação da submissão de animais à crueldade, estabelecida pelo artigo 225, §1º, inciso VII da Constituição Federal.

Votaram nesse sentido o Relator, ministro Marco Aurélio, no que foi acompanhado pelos ministros Luís Roberto Barroso, Rosa Weber, Ricardo Lewandowski, Celso de Mello e Cármen Lúcia. A divergência foi inaugurada pelo ministro Edson Fachin, seguido pelos ministros Teori Zavascki, Luiz Fux, Dias Toffoli e Gilmar Mendes.

1.1 O conflito entre direitos fundamentais

O controle da constitucionalidade da lei cearense foi enfrentado como a colisão entre, de um lado, a proteção da fauna e da flora como modo de assegurar o direito ao meio ambiente sadio e equilibrado (artigo 225, §1º, inciso VII da Constituição Federal) e, de outro, o pleno exercício dos direitos culturais (artigo 215, *caput* e §1º da Constituição Federal).

O conflito entre os referidos direitos fundamentais já foi vislumbrado em outras controvérsias de natureza similar: o Recurso Extraordinário nº 153.531/SC e as Ações Direta de Inconstitucionalidade nº 2.514/SC, nº 1.856/RJ e nº 3.776/RN.

No Recurso Extraordinário nº 153.531/SC, apreciado em 3 de junho de 1997, a Corte Suprema assentou a inconstitucionalidade da "Festa da Farra do Boi", manifestação cultural no Estado de Santa Catarina, haja vista a crueldade da prática que tratava os animais "sob vara", embora não se lhe tenha sido negado o caráter de manifestação cultural ao evento.

De igual sorte, foram declaradas inconstitucionais pelo Supremo Tribunal Federal leis estaduais de Santa Catarina, do Rio de Janeiro e do Rio Grande do Norte, respectivamente, que admitiam o costume popular denominado "briga de galo", sob o argumento de que a prática submetia animais à crueldade (Ação Direta de Inconstitucionalidade nº 2.514/SC, Ação Direta de Inconstitucionalidade nº 1.856/RJ e Ação Direta de Inconstitucionalidade nº 3.776/RN).

Aliás, mesmo em período que antecedeu a promulgação da Constituição, a Suprema Corte, em decisões proferidas há quase 60 anos, já enfatizava que as brigas de galo, por configurarem atos de crueldade contra as referidas aves, deveriam expor-se à repressão penal do Estado (RE nº 39.152/SP, Rel. Min. HENRIQUE DÁVILLA – RHC nº 35.762/SP, Rel. Min. AFRÂNIO COSTA), eis que "a briga de galo não é um simples desporto, pois maltrata os animais em luta" (RHC nº 34.936/SP, Rel. Min. CÂNDIDO MOTA FILHO).

Nesse cenário, para o Ministro Relator Marco Aurélio, a conclusão de que a vaquejada e a lei estadual que a regulamentou mostravam-se incompatíveis com a Constituição Federal era um consectário da jurisprudência consolidada do Supremo Tribunal Federal.

Em contraponto, posição sustentada no voto do Ministro Gilmar Mendes, defendeu que a "rinha de galo" e a "farra do boi" tinha como consequência inequívoca a mutilação do animal, ao passo que a vaquejada não teria consequência imperativamente fatal e, por essa razão, o caso não atrairia a incidência da jurisprudência remansosa da Corte Constitucional.

1.2 A vaquejada enquanto manifestação cultural tradicional

O reconhecimento da vaquejada enquanto manifestação cultural não foi rechaçado em quaisquer dos votos e manifestações esboçadas no curso do julgamento da ADI nº 4.983/CE.

Na defesa do reconhecimento da atividade como manifestação cultural com amparo constitucional, ressalte-se o voto do ministro Edson Fachin, que expressou a compreensão de que a vaquejada traduzia o modo de criar, fazer e viver da população sertaneja, razão pela qual a lei cearense se encontrava sob a tutela do artigo 216, II, da Constituição Federal.

O histórico da manifestação cultural foi minuciosamente retratado no julgamento, notadamente nos votos dos ministros Luís Roberto Barroso e Cármen Lúcia, segundo os quais a origem das vaquejadas remonta às práticas pecuárias nordestinas dos séculos XVII e XVIII, quando as fazendas de pecuária bovina não tinham sua extensão delimitada por cercas.

Nesse período, vaqueiros eram convocados por fazendeiros para separar seus bois e vacas que se misturavam aos de outras fazendas, prática conhecida como "apartação". Em virtude do terreno acidentado e da mata fechada, na região Nordeste, a derrubada do boi se desenvolveu pela "puxada" do rabo.

Por atrair a atenção da comunidade local, a atividade tornou-se um evento festivo, de sorte que, por volta de 1940, os vaqueiros nordestinos começaram a divulgar suas habilidades na lida com o rebanho por meio da denominada "corrida de mourão", atividade realizada nos pátios das fazendas, nessa época, já delimitadas e cercadas.

Nesse contexto, passou-se a denominar *vaquejada* o costume de fazendeiros nordestinos de promover competição de derrubada de bois, na qual os vaqueiros vencedores recebiam prêmio em dinheiro.

Nas últimas décadas do século passado, a prática evoluiu, de modo que se tornou uma atividade com características de esporte, na qual dois competidores a cavalos perseguem um boi que sai em disparada em uma pista de competição, após ser solto do brete, local onde o boi fica enclausurado antes de iniciar a prova.

O objetivo da dupla é derrubar o boi dentro de um espaço demarcado entre duas linhas feitas geralmente a cal, denominado faixa. Após o animal ser solto, os dois vaqueiros competidores correm paralelamente entre si e lateralmente ao boi, um de cada lado. Um deles tem a função de vaqueiro-esteireiro, responsável por direcionar o boi ao longo da pista, emparelhando-o com o vaqueiro-puxador. Próximo à faixa, o vaqueiro-esteireiro recolhe o rabo do animal e o entrega ao vaqueiro-puxador para que este, torcendo-o lateralmente, derrube o boi dentro do espaço demarcado. Se o boi, quando tombado, ficar por um instante com as quatro patas voltadas para cima, o juiz declara ao público "valeu boi", bordão usado para sinalizar que a dupla de vaqueiros ganhou pontos. Se, pelo contrário, o boi não voltar as quatro patas para cima ao ser derrubado, ele declara "zero boi" e a dupla não pontua.

Embora existam modalidades semelhantes em Portugal e na Espanha, que se utilizam da vara para pegar o boi, a vaquejada tradicional é puramente nordestina, com uma tradição de mais de 100 anos.

A despeito do reconhecimento da vaquejada como manifestação cultural e desportiva, prevaleceu a compreensão de que, ainda assim, a prática não se torna imune ao contraste com valores constitucionais destinados à proteção ambiental. E, nesse cotejo, a tutela do meio ambiente, no viés do dever de proteção animal e da vedação à crueldade, resultou na declaração da inconstitucionalidade da legislação.

1.3 A crueldade intrínseca da vaquejada

Parcela dos vencidos defendeu que não haveria prova da crueldade da vaquejada, diante das dificuldades de aferir as sensações dos animais, bem como que a atividade poderia ser realizada sem crueldade, razão pela qual se justificaria o reconhecimento da constitucionalidade da legislação cearense, que inclusive exigia o tratamento animal com respeito à sua integridade física e mental, linha argumentativa especialmente adotada pelo Ministro Gilmar Mendes.

No entanto, para a maioria dos ministros do Supremo Tribunal Federal, a vaquejada é indissociável à imposição dos animais à crueldade, já que o objetivo da prática é a derrubada do boi pelos vaqueiros, o que fazem em arrancada, puxando-o pelo rabo que é torcido até que o animal caia com as quatro patas para cima e, assim, fique finalmente dominado. Isso tudo acontece depois de o animal ser enclausurado, açoitado e instigado a sair em disparada quando da abertura do portão do brete, já que o comportamento agitado e arredio não é natural dos bovinos, em regra.

A maioria dos Ministros entendeu, com fundamento nos dados e pareceres técnicos compilados aos autos, incontestável a conclusão no que tange às consequências nocivas à saúde dos bovinos, tais como fraturas nas patas, ruptura de ligamentos e de vasos sanguíneos, traumatismos e deslocamento da articulação do rabo ou até seu arrancamento, comprometimento da medula espinhal e dos nervos espinhais, dores físicas e sofrimento mental.

Nesse cenário, ainda que a regulamentação atacada buscasse reduzir o sofrimento, a crueldade e a violência física e mental são inerentes à vaquejada e, sendo assim, incompatível com a proteção ao meio ambiente equilibrado estabelecida constitucionalmente.

Na visão prevalecente, capitaneada no ponto pelo ministro Luís Barroso, é impossível a regulamentação da vaquejada de modo a evitar a crueldade sem a descaracterização da própria prática esportiva.

Diante dessas considerações, considerando-se a colisão entre direitos fundamentais, a Corte Suprema decidiu pela prevalência do artigo 225, §1º, VII da Constituição Federal, cuja aplicação não admitiria mitigação nem mesmo a pretexto de efetivação dos artigos 215 e 216 da Carta Magna. Com efeito, por consectário lógico, declarou a inconstitucionalidade da lei cearense que disciplinava a prática da vaquejada.

Segundo adverte a doutrina, mais do que representar o conflito entre direitos fundamentais, o julgamento da Ação Direta de Inconstitucionalidade nº 4.983/CE trouxe à tona discussão sobre o próprio sentido de Constituição, notadamente de tutelar o meio ambiente em sua plenitude.[1]

2 A Lei nº 13.364, de 29 de novembro de 2016, e a Emenda Constitucional nº 96, de 6 de junho de 2017

Em 29 de novembro de 2016, portanto, pouco mais de um mês após a conclusão do julgamento da ADI nº 4.983, o Congresso Nacional aprovou a Lei nº 13.364, que elevou a vaquejada à condição de manifestação da cultura nacional e de patrimônio cultural imaterial.

A norma pretendeu alcançar o enquadramento da vaquejada e de outras manifestações associadas como manifestações culturais nacionais e patrimônio cultural imaterial brasileiro e, dessa forma, obter a proteção constitucional plasmada nos artigos 215, parágrafo 1º e 216, incisos I e II da Constituição Federal.

No entanto, vozes se levantaram para apontar a incompatibilidade da norma com o texto constitucional, ante a vedação à submissão dos animais a crueldade, mandamento insculpido no artigo 225, §1º, VII, da Constituição Federal. Reputou-se que a lei federal buscou conferir aparente legalidade à atividade declarada inconstitucional na Ação Direta de Inconstitucionalidade nº 4.983/CE.[2]

---

[1] CHUEIRI, Vera Karam de; MACEDO, José Arthur Castillo. Teorias Constitucionais Progressistas, Backlash e Vaquejada. *Sequência*, Florianópolis, n. 80, p. 123-150, dez. 2018. Disponível em: https://periodicos.ufsc.br/index.php/sequencia/article/view/2177-7055.2018v39n80p123. Acesso em 28 fev. 2020.

[2] MIRANDA, Marcos Paulo de Souza. Lei que reconhece a vaquejada como patrimônio cultural é inconstitucional. *Revista Consultor Jurídico*, 17 nov. 2016. Disponível em: https://www.conjur.com.br/2016-dez-17/ambiente-juridico-lei-reconhece-vaquejada-patrimonio-inconstitucional?. Acesso em 19 fev. 2020.

Nesse cenário foi que, em 06 de junho de 2017, o Congresso Nacional promulgou a Emenda Constitucional nº 96, que inseriu na Constituição Federal o artigo 225, §7º, com a finalidade de afastar a vedação à submissão dos animais a crueldade em relação às práticas desportivas que utilizem animais, desde que sejam manifestações culturais, conforme o §1º do art. 215 desta Constituição Federal, registradas como bem de natureza imaterial integrante do patrimônio cultural brasileiro, devendo ser regulamentadas por lei específica que assegure o bem-estar dos animais envolvidos.

Em 19 de outubro de 2016, o Senador Otto Alencar (PSD/BA) apresentou uma Proposta de Emenda à Constituição (PEC nº 50/2016) para incluir o §7º ao artigo 225 da CF, no sentido de permitir a realização das manifestações culturais registradas como patrimônio cultural brasileiro que não atentem contra o bem-estar animal.

A própria justificativa da proposta da emenda constitucional declarou a finalidade buscada, qual seja, de encerrar controvérsias sobre a questão e, portanto, tornou evidente o objetivo de superar a decisão do Supremo Tribunal Federal.

Destarte, o caso passou a ser interpretado como uma superação legislativa da jurisprudência.

O chamado efeito *backlash* consiste em uma reação conservadora de parcela da sociedade ou dos demais poderes instituídos diante de uma decisão liberal do Poder Judiciário em um tema polêmico. Quando um movimento muda a tradição constitucional, nasce, em contraponto, a vontade de estabelecimento e resgate de ideais conservadores, despertando um processo cíclico de controvérsias culturais e sucessivas tentativas do convencimento oposto.[3]

O termo *backlash* é empregado, atualmente, na esfera pública, para designar a reação negativa e violenta a condutas, omissões ou decisões, sobretudo de autoridades públicas.[4]

A lógica da reação legislativa pode ser assim definida:

> (1) Em uma matéria que divide a opinião pública, o Judiciário profere uma decisão liberal, assumindo uma posição de vanguarda na defesa dos direitos fundamentais. (2) Como a consciência social ainda não está bem consolidada, a decisão judicial é bombardeada com discursos conservadores inflamados, recheados de falácias com forte apelo emocional. (3) A crítica massiva e politicamente orquestrada à decisão judicial acarreta uma mudança na opinião pública, capaz de influenciar as escolhas eleitorais de grande parcela da população. (4) Com isso, os candidatos que aderem ao discurso conservador costumam conquistar maior espaço político, sendo, muitas vezes, campeões de votos. (5) Ao vencer as eleições e assumir o controle do poder político, o grupo conservador consegue aprovar leis e outras medidas que correspondam à sua visão de mundo. (6) Como o poder político também influencia a composição do Judiciário, já que os membros dos órgãos de cúpula são indicados politicamente, abre-se um espaço para mudança de entendimento dentro do próprio poder judicial. (7) Ao fim e ao cabo, pode haver um retrocesso jurídico capaz

---

[3] CHUEIRI, Vera Karam de; MACEDO, José Arthur Castillo. Teorias Constitucionais Progressistas, Backlash e Vaquejada. *Sequência*, Florianópolis, n. 80, p. 123-150, dez. 2018. Disponível em: https://periodicos.ufsc.br/index.php/sequencia/article/view/2177-7055.2018v39n80p123. Acesso em 28 fev. 2020.

[4] CHUEIRI, Vera Karam de; MACEDO, José Arthur Castillo. Teorias Constitucionais Progressistas, Backlash e Vaquejada. *Sequência*, Florianópolis, n. 80, p. 123-150, dez. 2018. Disponível em: https://periodicos.ufsc.br/index.php/sequencia/article/view/2177-7055.2018v39n80p123. Acesso em 28 fev. 2020.

de criar uma situação normativa ainda pior do que a que havia antes da decisão judicial, prejudicando os grupos que, supostamente, seriam beneficiados com aquela decisão.[5]

Vista como efeito colateral da ADI nº 4.193/CE, a Emenda Constitucional nº 96/2017 pode vir a gerar dúvidas sobre o real benefício da jurisdição constitucional na afirmação do direito fundamental ao meio ambiente, em sentido amplo.

Porém, mais do que uma tensão entre poderes instituídos, o julgamento da ADI nº 4.983/CE e seus consectários legislativos pode ser entendido como o enriquecimento do debate sobre o significado da Constituição.

Para mensurar a complexidade e a controvérsia geradas em torno da questão, destaca-se a rápida e significativa mobilização por parte da população nordestina ligada a essa prática esportiva-cultural. Em Salvador, em Brasília e em outras cidades, além de manifestações a favor da prática, houve a defesa da prática por meio de adesivos colocados em carros e caminhões.

Na visão de Chueiri e Macedo:

> Tanto a reação popular quanto a legislativa, ambas imediatas ao fato, desafiaram várias interpretações a respeito do tema, expondo as múltiplas vozes que dão sentido à Constituição, seus princípios, suas diretrizes e seus possíveis arranjos.[6]

Em contrapartida, no processado da PEC nº 50/2016, o Senado Federal recebeu moções de protesto de vereadores das Câmaras Municipais de Campinas/SP e de Joinville/SC, que se opuseram à aprovação da emenda constitucional, entendida como um retrocesso à proteção animal.

Nesse particular, cumpre salientar que a justificação da proposta de emenda constitucional nº 50/2016, de autoria do Senador da República Otto Alencar (PSD/BA), compreendia que a regulamentação da vaquejada representava em verdade a preservação do bem-estar animal e a garantia à proteção da integridade física e mental dos animais, visão muito similar àquela esboçada pelos Ministros Gilmar Mendes e Teori Zavascki, por ocasião do julgamento da ADI nº 4.983/CE.

Outro dado relevante é que o Iphan – Instituto do Patrimônio Histórico e Artístico Nacional –, no bojo do processo da PEC nº 50/2016, manifestou-se pelo não reconhecimento da constitucionalidade do projeto de lei que elevou a vaquejada e outras manifestações à condição de manifestação cultural nacional e de patrimônio cultural e imaterial do Brasil por reputar que não foram atendidos os princípios e procedimentos da política de patrimônio imaterial, instituídos pelo Decreto nº 3.551/2000, e nem a Convenção UNESCO para a Salvaguarda do Patrimônio Imaterial, ratificada pelo Brasil em 2006. Na visão do Instituto, a aplicação do registro é sua atribuição exclusiva.

A partir desse controverso panorama é que foram ajuizadas perante o Supremo Tribunal Federal as Ações Diretas de Inconstitucionalidade nº 5.772/DF e nº 5.728/DF,

---

[5] MARMELSTEIN, George. Efeito Backlash da Jurisdição Constitucional: reações políticas à atuação judicial. *DireitosFundamentais.net*, 2015. p. n.p. Disponível em: https://direitosfundamentais.net/2015/09/05/efeito-backlash-da-jurisdicao-constitucional-reacoes-politicas-a-atuacao-judicial/. Acesso em 28 fev. 2020.

[6] CHUEIRI, Vera Karam de; MACEDO, José Arthur Castillo. Teorias Constitucionais Progressistas, Backlash e Vaquejada. *Sequência*, Florianópolis, n. 80, p. 123-150, dez. 2018. p. 145. Disponível em: https://periodicos.ufsc.br/index.php/sequencia/article/view/2177-7055.2018v39n80p123. Acesso em 28 fev. 2020.

com o objetivo de promover o controle da constitucionalidade, desta vez, em relação à Emenda Constitucional nº 96/2017.

Em ambas as ações constitucionais a Advocacia Geral da União manifestou-se pela improcedência das ações, portanto, pela constitucionalidade da Emenda nº 96/2017 e da prática cultural e esportiva da vaquejada.

Sendo assim, é possível reconhecer que, assim como o julgamento da ADI nº 4.983/CE não exauriu o debate sobre a constitucionalidade da regulamentação da vaquejada, a reação legislativa com a promulgação da Emenda Constitucional nº 96/2017 tampouco encerrou a questão.

No caso em debate, o efeito *backlash* não significou pura e simplesmente o desafio da autoridade do Supremo Tribunal Federal pelo Congresso Nacional. As consequências do julgamento da ADI nº 4.983/CE ainda estão em desenvolvimento com o saldo do positivo estímulo das disputas sobre os sentidos profundos do que representam a tutela à cultura e à proteção animal no texto constitucional.

É fundamental ter em conta que a mobilização da população e de movimentos sociais, com o objetivo de influenciar os poderes constituídos reforça a autoridade da Constituição, porquanto o centro da disputa é a interpretação de direitos fundamentais.[7]

Por mais paradoxal que possa parecer, quando a identidade constitucional está em disputa, essa querela pode reforçar a autoridade da Constituição, já que a atribuição de sentido da Constituição passa a agregar a participação dos cidadãos e dos poderes constituídos, o que agrega legitimidade democrática ao significado constitucional.[8]

Até o momento, uma consequência parece ser irreversível: a abertura do debate sobre a extensão e os limites da proteção constitucional do meio ambiente e das manifestações culturais.

Nessa toada, foi que, durante o julgamento da ADI nº 4.193/CE inaugurou-se a discussão sobre o reconhecimento do direito dos animais no Brasil, debate que certamente poderá ser retomado no julgamento das Ações Diretas de Inconstitucionalidade nº 5.772/DF e nº 5.728/DF.

3 A vedação à crueldade como direito autônomo

Questão incidental levantada no julgamento da ADI nº 4.193/CE disse respeito à compreensão do direito dos animais como direito autônomo, o que justificaria, por si só, a vedação à crueldade animal, independentemente da funcionalidade dessa medida para a preservação do meio ambiente ecologicamente equilibrado e para o benefício humano.

Embora reconheça que a maior parte da doutrina e a própria jurisprudência do Supremo Tribunal Federal têm interpretado a tutela constitucional dos animais contra a crueldade como dependente do direito ao meio ambiente sustentável, o ministro Luís Roberto Barroso defendeu que a vedação da crueldade contra animais na Constituição

---

[7] CHUEIRI, Vera Karam de; MACEDO, José Arthur Castillo. Teorias Constitucionais Progressistas, Backlash e Vaquejada. *Sequência,* Florianópolis, n. 80, p. 123-150, dez. 2018. Disponível em: https://periodicos.ufsc.br/index.php/sequencia/article/view/2177-7055.2018v39n80p123. Acesso em 28 fev. 2020.

[8] CHUEIRI, Vera Karam de; MACEDO, José Arthur Castillo. Teorias Constitucionais Progressistas, Backlash e Vaquejada. *Sequência,* Florianópolis, n. 80, p. 123-150, dez. 2018. Disponível em: https://periodicos.ufsc.br/index.php/sequencia/article/view/2177-7055.2018v39n80p123. Acesso em 28 fev. 2020.

Federal deve ser considerada uma norma autônoma, apartada da função ecológica ou preservacionista, a fim de que os animais não sejam reduzidos à mera condição de elementos do meio ambiente, de forma a reconhecer que o sofrimento animal importa, por si só, independentemente do equilíbrio do meio ambiente, de sua função ecológica ou de sua importância para a preservação da espécie.

Ponderou o julgador que a vedação da crueldade contra animais, referida no artigo 225, §1º, VII da Constituição, já não se limita à proteção do meio-ambiente ou mesmo apenas a preservar a função ecológica das espécies. Protegem-se os animais contra a crueldade não apenas como uma função da tutela de outros bens jurídicos, mas como um valor autônomo, de *per si*.

O contraponto desse posicionamento foi levantado, sobretudo, pelo ministro Luiz Fux, para quem, levada às últimas consequências, a tese implicaria em restrições sérias ao modo de vida do mundo contemporâneo.

Embora tenha sido ponto incidental das discussões, é possível vislumbrar que o debate sobre o direito animal ganhou espaço no tribunal constitucional brasileiro.

O reconhecimento sobre o direito dos animais é fruto dos movimentos ecológicos e tem como proposta estender a outras espécies a titularidade de direitos inerentes à condição existencial humana, de maneira a alargar os horizontes do princípio da dignidade, basilar de todo o ordenamento jurídico-constitucional contemporâneo.

A teoria pós-humanista permite um diálogo entre os direitos fundamentais dos animais não humanos com a doutrina humanista clássica e propõe a construção de um panorama inclusivo de proteção. A restruturação desse paradigma não visa excluir direitos dos sujeitos humanos, nem negar valores existenciais do ser humano, mas sim, questionar a sua posição central e exclusiva na condição de titulares de direitos fundamentais.[9]

A concepção kantiana de que a dignidade é atributo exclusivo da pessoa humana e a ideia de animal máquina formulada por Descartes são alguns dos pensamentos que sedimentaram a compreensão de que os animais não possuem valor próprio e autorizou o processo de instrumentalização e apropriação da natureza e dos recursos naturais, em relação aos quais o ser humano não seria parte integrante.[10]

Assim, especialmente em relação aos animais não humanos, a nova ética animal reformula o conceito de dignidade, objetivando o reconhecimento de um fim em si mesmo, ou seja, de um valor intrínseco conferido aos seres sensitivos não humanos, de sorte a exigir a conferir novo *status* jurídico aos animais.

A proteção do ambiente como valor ético-jurídico fundamental indica que não mais está em causa apenas a vida humana, mas a preservação de todos os recursos naturais, incluindo todas as formas de vida existentes no planeta.

O reconhecimento de interesses dos animais não seria indiferente à esfera jurídica humana, posto que, em reflexo, a reconfiguração jurídica geraria deveres ao homem,

---

[9] OLIVEIRA, Kaluaná; PETER, CHRISTINE. Direitos dos animais confirmam quarta dimensão dos direitos fundamentais. *Revista Consultor Jurídico*, 16 jun. 2018. Disponível em: https://www.conjur.com.br/2018-jun-16/observatorio-constitucional-animais-ligados-quarta-dimensao-direitos-fundamentais? Acesso em 19 fev. 2020.

[10] FENSTERSEIFER, Tiago; SARLET, Ingo Wolfgang. *Direito Constitucional Ambiental*: Constituição, Direitos Fundamentais e Proteção do Ambiente. 5. ed., atual. e ampl. São Paulo: Revista dos Tribunais, 2017.

como, por exemplo, o dever de não provocar exclusivamente para fins de entretenimento a crueldade animal. Nesse sentido, ressalta Tuglio:

> Espera-se que o conceito atual de proteção animal, visto como dever do homem, evolua a ponto de ser definido como direito do animal, vez que este e o homem diferem em muitos aspectos, mas têm em comum, pelo menos, a sensação da dor e do sofrimento.[11]

Nessa perspectiva, tem-se que a proteção de valores e bens jurídicos ecológicos imporia restrições aos próprios direitos e ao comportamento do ser humano, em virtude do nascimento dos deveres de respeito, tratamento, cuidado e proteção da vida não humana.

No voto do Relator, ministro Marco Aurélio, enfatizou-se a existência do direito-dever fundamental ao meio ambiente ecologicamente equilibrado.

A afirmação de interesses e valores para além da órbita humana foi inaugurada, entre as constituições brasileiras, pela Constituição Federal de 1988, a primeira entre as constituições brasileiras a se importar com a proteção da fauna e da flora, de sorte a dar contorno moderado ao antropocentrismo adotado pelo texto constituinte, o texto constitucional de 1988 também inovou no campo do direito animal, sendo uma dos poucos no mundo a vedar expressamente a crueldade contra os animais (artigo 225, §1º, VII).

Para José Afonso da Silva:

> O segundo encontra-se no §1º do artigo 225, com seus incisos, que estatui sobre os instrumentos de garantia da efetividade do direito enunciado no "caput" do artigo [direito de todos ao meio ambiente ecologicamente equilibrado]. Mas não se trata de normas simplesmente processuais, meramente formais. Nelas, aspectos normativos integradores do princípio revelado no "caput" se manifestam através de sua instrumentalidade. São normas-instrumentos da eficácia do princípio, mas também são normas que outorgam direitos e impõem deveres relativamente ao setor ou ao recurso ambiental que lhes é objeto. Nelas se conferem ao Poder Público os princípios e instrumentos fundamentais de sua atuação para garantir o direito ao meio ambiente ecologicamente equilibrado.[12]

Conforme advertido no curso do julgamento, a doutrina hodiernamente predominante reconhece que a atribuição ao Estado do dever de proteção à fauna das práticas que coloquem em risco sua função ecológica, provoquem a extinção de espécies ou submetam os animais a crueldade (inciso VII do §1º do artigo 225) e a criminalização dos maus-tratos contra os animais (artigo 32 da Lei nº 9.605/1998) podem ser lidas como concessões favoráveis ao reconhecimento da tutela jurídica autônoma dos bens jurídicos ambientais e da concepção jurídica biocêntrica.[13]

No entanto, a concepção antropocêntrica predomina na estrutura jurídica brasileira. Vejamos:

---

[11] TUGLIO, Vânia. Espetáculos públicos e exibição de animais. *Revista Brasileira de Direito Animal*, São Paulo, n. 1, p. 231-247, jan./dez. 2006. p. 346.

[12] SILVA, José Afonso da. *Direito Ambiental Constitucional*. 8. ed., atual. São Paulo: Malheiros, 2010. p. 52.

[13] FENSTERSEIFER, Tiago; SARLET, Ingo Wolfgang. *Direito Constitucional Ambiental*: Constituição, Direitos Fundamentais e Proteção do Ambiente. 5. ed., atual. e ampl. São Paulo: Revista dos Tribunais, 2017.

Dessa forma, a ordem constitucional está a reconhecer a vida do animal não humano e a Natureza em geral como um fim em si mesmo, de modo a superar ou ao menos relativizar o antropocentrismo kantiano e reconhecer um valor inerente à vida e à Natureza de um modo geral como sendo digno e exigente de proteção jurídico-constitucional.[14]

Diante do exposto, reforça-se que o Supremo Tribunal Federal não enfrentou expressa e amplamente a questão do direito animal como direito autônomo.

A compreensão pela inconstitucionalidade da vaquejada decorrente da vedação à crueldade animal derivou, para a maioria, da constatação de que a atividade se destinava ao exclusivo entretenimento humano. Portanto, da prescindibilidade da prática para a sobrevivência humana, de sorte que resultado diverso, como advertiu o ministro Luiz Fux, poderia ser obtido se a discussão circulasse em torno do abate animal para alimentação humana.

Ainda que incidental, o debate sobre o direito animal com autonomia fundada no dever jurídico é, para além da ampliação das discussões sobre os conceitos constitucionais de proteção cultural e ambiental, uma das heranças do julgamento da ADI nº 4.983/CE.

Conclusão

A vaquejada é uma prática que remonta às técnicas de apartação de bois nos séculos XVII e XVIII, e, ao longo do tempo, consolidou-se como evento esportivo, recreativo e cultural, principalmente no norte e no nordeste do Brasil, com notáveis repercussões econômicas e sociais nas respectivas regiões.

No julgamento da Ação Direta de Inconstitucionalidade nº 4.983/CE, encerrado no dia 06 de outubro de 2016, o Supremo Tribunal Federal, em votação acirrada, por 6 votos a 5, declarou a inconstitucionalidade da Lei nº 15.299/2013, do Estado do Ceará, ocasião na qual prevaleceu a compreensão de que a disciplina da vaquejada é incompatível com a proteção constitucional ao meio ambiente, sobretudo ao imperativo da vedação do tratamento cruel aos animais.

Enfrentada a questão como a colisão entre direitos fundamentais, nos moldes dos debates pela constitucionalidade da "rinha de galo" e da "farra do boi", a maioria dos ministros compreendeu que a tutela exigida pelo artigo 225, §1º, VII, da Constituição Federal prevalecia no caso em questão, muito embora também tenha havido o reconhecimento da vaquejada como atividade cultural.

Mais do que a solução do conflito entre direitos fundamentais, o julgamento em estudo representou a concretização do texto constitucional e dos reais sentidos e amplitudes das tutelas ao meio ambiente e à cultura no patamar constitucional.

O efeito *backlash*, materializado pela Lei nº 13.364, de 29 de novembro de 2016, e pela Emenda Constitucional nº 96, de 6 de junho de 2017, não representa pura e simplesmente a tensão entre poderes constituídos da República.

---

[14] FENSTERSEIFER, Tiago; SARLET, Ingo Wolfgang. *Direito Constitucional Ambiental*: Constituição, Direitos Fundamentais e Proteção do Ambiente. 5. ed., atual. e ampl. São Paulo: Revista dos Tribunais, 2017. p. 118.

As reações popular e legislativa viabilizam a ampliação do debate e da construção da Constituição e, portanto, podem contribuir para conferir legitimidade à decisão da Suprema Corte sobre o significado dos artigos 215, 216 e 225 da Constituição Federal.

Destarte, com o ajuizamento das Ações Diretas de Inconstitucionalidade nº 5.728 e nº 5.722, cujos objetos consistem no controle de constitucionalidade, desta vez, da Emenda Constitucional nº 96/2017, o Supremo Tribunal Federal terá novo encontro marcado com a controvérsia que se revela complexa e multifacetada, de sorte a romper com o imaginário de que a vontade majoritária é a vontade legislativa, rígida e estanque.

O caso da vaquejada descortinou na Corte Suprema diferentes interpretações, ora em favor do direito dos animais e pela proibição da crueldade, ora em favor da manifestação cultural, desde que não resulte em crueldade.

É inegável que um relevante legado da Ação Direta de Inconstitucionalidade nº 4.983/CE consiste na inauguração dos debates sobre o direito dos animais enquanto direito autônomo.

Ainda que de forma incidental, o direito animal autônomo teve assento no debate levado a efeito pela corte jurisdicional de mais elevada instância do país e, ao que tudo indica, será retomado no julgamento das Ações Diretas de Inconstitucionalidade nº 5.728 e nº 5.722.

O reconhecimento sobre o direito dos animais é fruto dos movimentos ecológicos e tem como proposta estender a outras espécies a titularidade de direitos inerentes à condição existencial humana, de maneira a alargar os horizontes do princípio da dignidade, basilar de todo o ordenamento jurídico-constitucional contemporâneo.

O debate sobre o direito animal com autonomia fundada no dever jurídico é, para além da ampliação das discussões sobre os conceitos constitucionais de proteção cultural e ambiental, uma das heranças do julgamento da ADI nº 4.983/CE.

A mobilização popular e o salutar diálogo entre os poderes constituídos da República proclamarão a vencedora: a democracia brasileira.

Referências

BRASIL. Supremo Tribunal Federal. *Ação Direta de Inconstitucionalidade nº 4.983-CE*. Requerente: Procurador-Geral da República. Relator: Ministro Marco Aurélio, DJe-087, 27 abr. 2017.

BRASIL. Senado Federal. *Proposta de Emenda Constitucional nº 50/2016*. Brasília, DF, 19 out. 2016. Disponível em: https://www25.senado.leg.br/web/atividade/materias/-/materia/127262. Acesso em 20 fev. 2020.

CARVALHO, Márcia Haydeé Porto de; MURAD, Rakel Dourado. O caso da vaquejada entre o Supremo Tribunal Federal e o Poder Legislativo: a quem cabe a última palavra? *Revista de Biodireito e Direitos dos Animais*, Maranhão, v. 3, n. 2, jul./dez. 2017. Disponível em: https://www.researchgate.net/publication/323751287_O_CASO_DA_VAQUEJADA_ENTRE_O_SUPREMO_TRIBUNAL_FEDERAL_E_O_PODER_LEGISLATIVO_A_QUEM_CABE_A_ULTIMA_PALAVRA. Acesso em 20 fev. 2020.

CHUEIRI, Vera Karam de; MACEDO, José Arthur Castillo. Teorias Constitucionais Progressistas, Backlash e Vaquejada. *Sequência*, Florianópolis, n. 80, p. 123-150, dez. 2018. Disponível em: https://periodicos.ufsc.br/index.php/sequencia/article/view/2177-7055.2018v39n80p123. Acesso em 28 fev. 2020.

FENSTERSEIFER, Tiago; SARLET, Ingo Wolfgang. *Direito Constitucional Ambiental*: Constituição, Direitos Fundamentais e Proteção do Ambiente. 5. ed., atual. e ampl. São Paulo: Revista dos Tribunais, 2017.

MARMELSTEIN, George. Efeito Backlash da Jurisdição Constitucional: reações políticas à atuação judicial. *DireitosFundamentais.net*, 2015. Disponível em: https://direitosfundamentais.net/2015/09/05/efeito-backlash-da-jurisdicao-constitucional-reacoes-politicas-a-atuacao-judicial/. Acesso em 28 fev. 2020.

MIRANDA, Marcos Paulo de Souza. Lei que reconhece a vaquejada como patrimônio cultural é inconstitucional. *Revista Consultor Jurídico*, 17 nov. 2016. Disponível em: https://www.conjur.com.br/2016-dez-17/ambiente-juridico-lei-reconhece-vaquejada-patrimonio-inconstitucional? Acesso em 19 fev. 2020.

OLIVEIRA, Kaluaná; PETER, CHRISTINE. Direitos dos animais confirmam quarta dimensão dos direitos fundamentais. *Revista Consultor Jurídico*, 16 jun. 2018. Disponível em: https://www.conjur.com.br/2018-jun-16/observatorio-constitucional-animais-ligados-quarta-dimensao-direitos-fundamentais? Acesso em 19 fev. 2020.

SILVA, José Afonso da. *Direito Ambiental Constitucional.* 8. ed., atual. São Paulo: Malheiros, 2010.

SILVA, Tagore Trajano de Almeida. Direito animal e pós-humanismo: formação e autonomia de um saber pós-humanista. *Revista Brasileira de Direito Animal*, 2013. Disponível em: https://portalseer.ufba.br/index.php/RBDA/article/viewFile/9144/6591. Acesso em 20 fev. 2020.

TUGLIO, Vânia. Espetáculos públicos e exibição de animais. *Revista Brasileira de Direito Animal*, São Paulo, n. 1, p. 231-247, jan./dez. 2006.

Informação bibliográfica deste texto, conforme a NBR 6023:2018 da Associação Brasileira de Normas Técnicas (ABNT):

FREIRE, Luciano Nunes Maia; ROCHA, Lívia Avance. Ação Direta de Inconstitucionalidade nº 4.983/CE: efeitos além da reação legislativa. *In*: BENJAMIN, Antônio Herman Vasconcelos e; FREITAS, Vladimir Passos de; SOARES JÚNIOR, Jarbas (Coord.). *Comentários aos acórdãos ambientais:* paradigmas do Supremo Tribunal Federal. Belo Horizonte: Fórum, 2021. p. 249-261. ISBN 978-65-5518-077-0.

COMPETÊNCIA PARA O JULGAMENTO DE CRIME CONTRA ESPÉCIMES DA FAUNA SILVESTRE COM REFLEXOS INTERNACIONAIS – COMENTÁRIOS AO ACÓRDÃO Nº 835.558/SP

RELATOR: MINISTRO LUIZ FUX

VLADIMIR PASSOS DE FREITAS

EMENTA: 'RECURSO EXTRAORDINÁRIO. REPERCUSSÃO GERAL RECONHECIDA. CONSTITUCIONAL. PROCESSUAL PENAL. CRIME AMBIENTAL TRANSNACIONAL. COMPETÊNCIA DA JUSTIÇA FEDERAL. INTERESSE DA UNIÃO RECONHECIDO. RECURSO EXTRAORDINÁRIO A QUE SE DÁ PROVIMENTO.

1. As florestas, a fauna e a flora restam protegidas, no ordenamento jurídico inaugurado pela Constituição de 1988, como poder-dever comum da União, dos Estados, do Distrito Federal e dos Municípios (art. 23, VII, da Constituição da República).

2. Deveras, a Carta Magna dispõe que "todos têm direito ao meio ambiente ecologicamente equilibrado, bem de uso comum do povo e essencial à sadia qualidade de vida, impondo-se ao Poder Público e à coletividade o dever de defendê-lo e preservá-lo para as presentes e futuras gerações" (CF/88, art. 225, caput), incumbindo ao Poder Público "proteger a fauna e a flora, vedadas, na forma da lei, as práticas que coloquem em risco sua função ecológica, provoquem a extinção de espécies ou submetam os animais a crueldade" (CF/88, art. 225, §1º, VII).

3. A competência de Justiça Estadual é residual, em confronto com a Justiça Federal, à luz da Constituição Federal e da jurisprudência do Supremo Tribunal Federal.

4. A competência da Justiça Federal aplica-se aos crimes ambientais que também se enquadrem nas hipóteses previstas na Constituição, a saber: (a) a conduta atentar contra bens, serviços ou interesses diretos e específicos da União ou de suas entidades autárquicas; (b) os delitos, previstos tanto no direito interno quanto em tratado ou convenção internacional, tiverem iniciado a execução no país, mas o resultado tenha ou devesse ter ocorrido no estrangeiro – ou na hipótese inversa; (c) tiverem sido cometidos a bordo de navios ou aeronaves; (d) houver grave violação de direitos humanos; ou ainda (e) guardarem conexão ou continência com outro crime de competência federal; ressalvada a competência da Justiça Militar e da Justiça Eleitoral, conforme previsão expressa da Constituição.

5. As violações ambientais mais graves, recentemente testemunhadas no plano internacional e no Brasil, repercutem de modo devastador na esfera dos direitos humanos e fundamentais de

comunidades inteiras. E as graves infrações ambientais podem constituir, a um só tempo, graves violações de direitos humanos, máxime se considerarmos que o núcleo material elementar da dignidade humana "é composto do mínimo existencial, locução que identifica o conjunto de bens e utilidades básicas para a subsistência física e indispensável ao desfrute da própria liberdade. Aquém daquele patamar, ainda quando haja sobrevivência, não há dignidade".

6. A Ecologia, em suas várias vertentes, reconhece como diretriz principal a urgência no enfrentamento de problemas ambientais reais, que já logram pôr em perigo a própria vida na Terra, no paradigma da sociedade de risco. É que a crise ambiental traduz especial dramaticidade nos problemas que suscita, porquanto ameaçam a viabilidade do 'continuum das espécies'. Já, a interdependência das matrizes que unem as diferentes formas de vida, aliada à constatação de que a alteração de apenas um dos fatores nelas presentes pode produzir consequências significativas em todo o conjunto, reclamam uma linha de coordenação de políticas, segundo a lógica da responsabilidade compartilhada, expressa em regulação internacional centrada no multilateralismo.

7. (a) Os compromissos assumidos pelo Estado Brasileiro, perante a comunidade internacional, de proteção da fauna silvestre, de animais em extinção, de espécimes raras e da biodiversidade, revelaram a existência de interesse direto da União no caso de condutas que, a par de produzirem violação a estes bens jurídicos, ostentam a característica da transnacionalidade.

(b) Deveras, o Estado Brasileiro é signatário de Convenções e acordos internacionais como a Convenção para a Proteção da Flora, da Fauna e das Belezas Cênicas Naturais dos Países da América (ratificada pelo Decreto Legislativo nº 3, de 1948, em vigor no Brasil desde 26 de novembro de 1965, promulgado pelo Decreto nº 58.054, de 23 de março de 1966); a Convenção de Washington sobre o Comércio Internacional das Espécies da Flora e da Fauna Selvagens em Perigo de Extinção – CITES (ratificada pelo Decreto-Lei nº 54/75 e promulgado pelo Decreto nº 76.623, de novembro de 1975) e a Convenção sobre Diversidade Biológica – CDB (ratificada pelo Brasil por meio do Decreto Legislativo nº 2, de 8 de fevereiro de 1994), o que destaca o seu inequívoco interesse na proteção e conservação da biodiversidade e recursos biológicos nacionais.

(c) A República Federativa do Brasil, ao firmar a Convenção para a Proteção da Flora, da Fauna e das Belezas Cênicas Naturais dos Países da América, em vigor no Brasil desde 1965, assumiu, dentre outros compromissos, o de "tomar as medidas necessárias para a superintendência e regulamentação das importações, exportações e trânsito de espécies protegidas de flora e fauna, e de seus produtos, pelos seguintes meios: a) concessão de certificados que autorizem a exportação ou trânsito de espécies protegidas de flora e fauna ou de seus produtos".

(d) Outrossim, o Estado Brasileiro ratificou sua adesão ao Princípio da Precaução, ao assinar a Declaração do Rio, durante a Conferência das Nações Unidas sobre Meio Ambiente e Desenvolvimento (RIO 92) e a Carta da Terra, no "Fórum Rio+5"; com fulcro neste princípio fundamental de direito internacional ambiental, os povos devem estabelecer mecanismos de combate preventivos às ações que ameaçam a utilização sustentável dos ecossistemas, biodiversidade e florestas, fenômeno jurídico que, a toda evidência, implica interesse direto da União quando a conduta revele repercussão no plano internacional.

8. A *ratio essendi* das normas consagradas no direito interno e no direito convencional conduz à conclusão de que a transnacionalidade do crime ambiental, voltado à exportação de animais silvestres, atinge interesse direto, específico e imediato da União, voltado à garantia da segurança ambiental no plano internacional, em atuação conjunta com a Comunidade das Nações.

9. (a) Atrai a competência da Justiça Federal a natureza transnacional do delito ambiental de exportação de animais silvestres, nos termos do art. 109, IV, da CF/88; (b) *In casu*, cuida-se de envio clandestino de animais silvestres ao exterior, a implicar interesse direto da União no controle de entrada e saída de animais do território nacional, bem como na observância dos compromissos do Estado brasileiro perante a Comunidade Internacional, para a garantia conjunta de

concretização do que estabelecido nos acordos internacionais de proteção do direito fundamental à segurança ambiental.

10. Recurso extraordinário a que se dá provimento, com a fixação da seguinte tese: "Compete à Justiça Federal processar e julgar o crime ambiental de caráter transnacional que envolva animais silvestres, ameaçados de extinção e espécimes exóticas ou protegidas por Tratados e Convenções internacionais".

Introdução

O acórdão que ora se comenta foi proferido no Recurso Extraordinário nº 835.558/SP, relatado pelo Ministro Luiz Fux, julgado pelo Plenário do Supremo Tribunal Federal aos 9 de fevereiro de 2017, no exame de recurso especial interposto contra acórdão do Tribunal Regional Federal da 3ª Região, com sede em São Paulo, tendo por foco o exame da competência jurisdicional na hipótese de exportação de animais silvestres em caráter transnacional.

Cumpre inicialmente traçar um breve resumo do currículo do Ministro Relator, para que melhor se compreendam as motivações não só explícitas, como as implícitas, no seu voto. Luiz Fux nasceu no Rio de Janeiro, em 26 de abril de 1953. Juiz de carreira, ingressou na magistratura de seu estado com 30 anos (1983). Alcançou todas as promoções, atingindo a condição de Desembargador do Tribunal de Justiça no ano de 1997. Prosseguiu na sua trajetória, sendo empossado como Ministro do Superior Tribunal de Justiça em 2001 e, posteriormente, alçou o cargo máximo da magistratura nacional, ou seja, o de Ministro do Supremo Tribunal Federal, no ano de 2011. Além da sólida carreira na magistratura, conquistou todos os títulos acadêmicos e é professor doutor de Direito Processual Civil, da Universidade do Estado do Rio de Janeiro (UERJ).

O caso em discussão diz respeito à denúncia ofertada pelo Ministério Público Federal ao Juízo Federal Criminal em São Paulo, atribuindo ao acusado G.C.G a "prática dos crimes do art. 29, §1º, III, e §4º, I, da Lei nº 9.605/98 e, por três vezes, a do art. 299 c/c 71 do Código Penal, em razão das condutas irregulares de manter em cativeiro e exportar animais silvestres da fauna brasileira, inclusive espécimes ameaçados de extinção".

Recebendo a inicial acusatória, o MM. Juiz Federal declinou da competência para a Justiça Estadual, comarca de São Paulo, porque, depois do cancelamento da Súmula 91, o Superior Tribunal de Justiça firmou o entendimento de que, salvos os casos de evidente lesão a bens, serviços ou interesses da União, autarquias ou empresas públicas (art. 109 da CF), compete à Justiça Estadual julgar os crimes contra a fauna.

Subiram os autos ao Tribunal Regional Federal da 3ª Região, onde foi negado provimento ao recurso, pelos fundamentos da decisão monocrática e face à jurisprudência do Superior Tribunal de Justiça. O Ministério Público Federal interpôs recurso extraordinário, com fundamento no artigo 102, III, a, da Constituição Federal, no qual sustenta a repercussão geral do tema, por ser essencial que o

> E. Supremo Tribunal Federal se posicione quanto à transnacionalidade do delito evidenciar – ou não – interesse da União que justifique a fixação da competência da Justiça Federal, questão esta que não se relaciona somente com os crimes ambientais, mas com quaisquer delitos genericamente considerados que extrapolem os limites do território brasileiro, com repercussões internacionais, patenteando a relevância jurídica da matéria e a sua transcendência ao caso concreto.

Processado o recurso, sem que tenha havido qualquer manifestação da Justiça Estadual, vez que os autos a ela não chegaram a ser remetidos, decidiu a Suprema Corte, na forma da ementa adiante reproduzida, dar provimento ao recurso extraordinário:

EMENTA: RECURSO EXTRAORDINÁRIO. REPERCUSSÃO GERAL RECONHECIDA. CONSTITUCIONAL. PROCESSUAL PENAL. CRIME AMBIENTAL TRANSNACIONAL. COMPETÊNCIA DA JUSTIÇA FEDERAL. INTERESSE DA UNIÃO RECONHECIDO. RECURSO EXTRAORDINÁRIO A QUE SE DÁ PROVIMENTO.

1. As florestas, a fauna e a flora restam protegidas, no ordenamento jurídico inaugurado pela Constituição de 1988, como poder-dever comum da União, dos Estados, do Distrito Federal e dos Municípios (art. 23, VII, da Constituição da República).

2. Deveras, a Carta Magna dispõe que "todos têm direito ao meio ambiente ecologicamente equilibrado, bem de uso comum do povo e essencial à sadia qualidade de vida, impondo-se ao Poder Público e à coletividade o dever de defendê-lo e preservá-lo para as presentes e futuras gerações" (CF/88, art. 225, caput), incumbindo ao Poder Público "proteger a fauna e a flora, vedadas, na forma da lei, as práticas que coloquem em risco sua função ecológica, provoquem a extinção de espécies ou submetam os animais a crueldade" (CF/88, art. 225, §1º, VII).

3. A competência de Justiça Estadual é residual, em confronto com a Justiça Federal, à luz da Constituição Federal e da jurisprudência do Supremo Tribunal Federal.

4. A competência da Justiça Federal aplica-se aos crimes ambientais que também se enquadrem nas hipóteses previstas na Constituição, a saber: (a) a conduta atentar contra bens, serviços ou interesses diretos e específicos da União ou de suas entidades autárquicas; (b) os delitos, previstos tanto no direito interno quanto em tratado ou convenção internacional, tiverem iniciada a execução no país, mas o resultado tenha ou devesse ter ocorrido no estrangeiro – ou na hipótese inversa; (c) tiverem sido cometidos a bordo de navios ou aeronaves; (d) houver grave violação de direitos humanos; ou ainda (e) guardarem conexão ou continência com outro crime de competência federal; ressalvada a competência da Justiça Militar e da Justiça Eleitoral, conforme previsão expressa da Constituição.

5. As violações ambientais mais graves recentemente testemunhadas no plano internacional e no Brasil, repercutem de modo devastador na esfera dos direitos humanos e fundamentais de comunidades inteiras. E as graves infrações ambientais podem constituir, a um só tempo, graves violações de direitos humanos, máxime se considerarmos que o núcleo material elementar da dignidade humana "é composto do mínimo existencial, locução que identifica o conjunto de bens e utilidades básicas para a subsistência física e indispensável ao desfrute da própria liberdade. Aquém daquele patamar, ainda quando haja sobrevivência, não há dignidade".

6. A Ecologia, em suas várias vertentes, reconhece como diretriz principal a urgência no enfrentamento de problemas ambientais reais, que já logram pôr em perigo a própria vida na Terra, no paradigma da sociedade de risco. É que a crise ambiental traduz especial dramaticidade nos problemas que suscita, porquanto ameaçam a viabilidade do 'continuum das espécies'. Já, a interdependência das matrizes que unem as diferentes formas de vida, aliada à constatação de que a alteração de apenas um dos fatores nelas presentes pode produzir consequências significativas em todo o conjunto, reclamam uma linha de coordenação de políticas, segundo a lógica da responsabilidade compartilhada, expressa em regulação internacional centrada no multilateralismo.

7. (a) Os compromissos assumidos pelo Estado Brasileiro, perante a comunidade internacional, de proteção da fauna silvestre, de animais em extinção, de espécimes raras e da biodiversidade, revelaram a existência de interesse direto da União no caso de condutas que, a par de produzirem violação a estes bens jurídicos, ostentam a característica da transnacionalidade.

(b) Deveras, o Estado Brasileiro é signatário de Convenções e acordos internacionais como a Convenção para a Proteção da Flora, da Fauna e das Belezas Cênicas Naturais dos Países da América (ratificada pelo Decreto Legislativo nº 3, de 1948, em vigor no Brasil desde 26 de novembro de 1965, promulgado pelo Decreto nº 58.054, de 23 de março de 1966); a Convenção de Washington sobre o Comércio Internacional das Espécies da Flora e da Fauna Selvagens em Perigo de Extinção (CITES ratificada pelo Decreto-Lei nº 54/75 e promulgado pelo Decreto nº 76.623, de novembro de 1975) e a Convenção sobre Diversidade Biológica CDB (ratificada pelo Brasil por meio do Decreto Legislativo nº 2, de 8 de fevereiro de 1994), o que destaca o seu inequívoco interesse na proteção e conservação da biodiversidade e recursos biológicos nacionais.

(c) A República Federativa do Brasil, ao firmar a Convenção para a Proteção da Flora, da Fauna e das Belezas Cênicas Naturais dos Países da América, em vigor no Brasil desde 1965, assumiu, dentre outros compromissos, o de "tomar as medidas necessárias para a superintendência e regulamentação das importações, exportações e trânsito de espécies protegidas de flora e fauna, e de seus produtos, pelos seguintes meios: a) concessão de certificados que autorizem a exportação ou trânsito de espécies protegidas de flora e fauna ou de seus produtos".

(d) Outrossim, o Estado Brasileiro ratificou sua adesão ao Princípio da Precaução, ao assinar a Declaração do Rio, durante a Conferência das Nações Unidas sobre Meio Ambiente e Desenvolvimento (RIO 92) e a Carta da Terra, no "Fórum Rio+5"; com fulcro neste princípio fundamental de direito internacional ambiental, os povos devem estabelecer mecanismos de combate preventivos às ações que ameaçam a utilização sustentável dos ecossistemas, biodiversidade e florestas, fenômeno jurídico que, a toda evidência, implica interesse direto da União quando a conduta revele repercussão no plano internacional.

8. A *ratio essendi* das normas consagradas no direito interno e no direito convencional conduz à conclusão de que a transnacionalidade do crime ambiental, voltado à exportação de animais silvestres, atinge interesse direto, específico e imediato da União, voltado à garantia da segurança ambiental no plano internacional, em atuação conjunta com a Comunidade das Nações.

9. (a) Atrai a competência da Justiça Federal a natureza transnacional do delito ambiental de exportação de animais silvestres , nos termos do art. 109, IV, da CF/88 ; (b) *In casu*, cuida-se de envio clandestino de animais silvestres ao exterior, a implicar interesse direto da União no controle de entrada e saída de animais do território nacional, bem como na observância dos compromissos do Estado brasileiro perante a Comunidade Internacional, para a garantia conjunta de concretização do que estabelecido nos acordos internacionais de proteção do direito fundamental à segurança ambiental.

10. Recurso extraordinário a que se dá provimento, com a fixação da seguinte tese: "Compete à Justiça Federal processar e julgar o crime ambiental de caráter transnacional que envolva animais silvestres, ameaçados de extinção e espécimes exóticas ou protegidas por Tratados e Convenções internacionais".

1 A matéria de fato e os tipos penais em discussão

Para que o Acórdão sob estudo seja bem compreendido, reproduz-se a matéria de direito e de fato em discussão:

Fatos: A leitura do Acórdão revela duas referências aos fatos:

Primeira referência: No relatório, fl 5: *Por fim, alega a transnacionalidade do delito, uma vez que os documentos que embasaram a denúncia demonstram remessas em grande quantidade de animais vivos, sem autorização do Ibama e por meio do correio aéreo para os Estados Unidos da América, caracterizando o interesse federal na causa, a fim de evitar mercancia ilegal de animais, inclusive por meio cruel, e evitar possíveis danos à reputação do país junto à comunidade internacional.*

Segunda referência: no voto da Ministra Rosa Weber, fl. 32: *Senhor Presidente, eu estou acompanhando o eminente Relator e os Colegas que me antecederam, destacando que se trata de 35 aranhas vivas provenientes de criadouros não autorizados, sem a devida permissão, mais 58 aranhas vivas, 2 escorpiões e 1 jabuti – exportação irregular.*

Direito: o Ministério Público Federal denunciou os acusados ao Juízo Federal Criminal de São Paulo, atribuindo-lhe infringência ao *art. 29, §1º, III, e §4º, I, da Lei nº 9.605/98 e, por três vezes, a do art. 299 c/c 71 do Código Penal, em razão das condutas irregulares de manter em cativeiro e exportar animais silvestres da fauna brasileira, inclusive espécimes ameaçados de extinção* (relatório, 1º parágrafo).

Regra de competência em discussão:

Art. 109. Aos juízes federais compete processar e julgar:
I – ...
V – os crimes previstos em tratado ou convenção internacional, quando, iniciada a execução no País, o resultado tenha ou devesse ter ocorrido no estrangeiro, ou reciprocamente;

Dois aspectos suscitam dúvidas e, por isso, aqui são mencionados.

O primeiro é o desfecho ignorado da acusação pelo crime do artigo 299 do Código Penal, cuja pena é de 1 a 5 anos, portanto bem superior à do ilícito contra a fauna, apenado com a sanção simbólica de 6 meses a 1 ano. É razoável supor que o crime de falsidade ideológica foi afastado por decisão no primeiro ou segundo grau de jurisdição.

O segundo aspecto diz respeito à dúvida sobre possível prescrição. Não há qualquer referência no Acórdão à data dos fatos ou das decisões de primeiro e segundo grau, as quais não são interruptivas da prescrição (art. 117 do Código Penal). No final do relatório (fl. 5 do voto do Relator), há menção a que o julgamento do recurso que reconheceu a repercussão geral ocorreu em 3 de maio de 2013.

Ocorre que o julgamento ora analisado é de 9 de fevereiro de 2017. Considerando que os fatos são anteriores a 2013, e que, no caso, a prescrição se dá em 4 anos (art. 109, IV, do Código Penal), é razoável cogitar se os fatos não estavam prescritos quando do julgamento, até porque a extinção da punibilidade deve ser decretada de ofício (artigo 61 do Código de Processo Penal). Ou, caso a Corte concluísse que, mesmo prescrita a ação penal, a relevância recomendava o julgamento, o fato poderia ficar consignado, a fim de que dúvida alguma pairasse a respeito.

2 A competência para julgar os crimes contra a fauna

Há décadas discute-se qual a Justiça competente para processar e julgar os crimes contra a fauna, outrora previstos na Lei nº 5.197, de 1967, e agora disciplinados na Lei nº 9.605, de 1998, conhecida como Lei dos Crimes Ambientais. No fim dos anos 1970, o Supremo Tribunal Federal direcionou a competência para a Justiça Federal, entendendo que a fauna era bem do Estado, ou seja, da União. Houve discordância do Ministro Moreira Alves quanto a este aspecto, mas concordou com a competência federal sob o argumento de que, ainda que a fauna não fosse considerada bem da União, esta tinha interesse na sua proteção.[1]

Sob a vigência da Constituição de 1988, o Superior Tribunal de Justiça consolidou a sua jurisprudência na Súmula 51, que dizia: *Compete à Justiça Federal processar e julgar os crimes praticados contra a fauna.* No entanto, a Corte Superior voltou atrás e acabou cancelando a Súmula citada,[2] remanescendo a competência federal apenas para os casos em que o crime foi praticado em parques nacionais ou de espécies listadas pelo IBAMA como em extinção.

Em meio aos anos em que esta discussão se desenrolava, o Brasil firmou, entre outros acordos internacionais, a Convenção sobre Comércio Internacional das Espécies da Flora e Fauna Selvagens em Perigo de Extinção – CITES, internalizada através do Decreto nº 3.607, de 2000. Porém, como o próprio nome indica, é necessário que os espécimes da fauna sejam selvagens e em perigo de extinção.

No caso em tela, a denúncia atribui ao acusado a morte de animais (art. 29, §1º, III) c.c. art. 4º, ambos da Lei nº 9.605/98, sem fazer qualquer referência à sua condição de selvagens ou declarados em extinção. Por tal motivo, o Tribunal Regional Federal da 3ª Região, prestigiando decisão do Juiz Federal de primeira instância, decidiu que: *A mera transnacionalidade do delito que não encontra previsão específica em tratado internacional em que o Brasil figure como signatário, não atrai a competência da Justiça Federal.*

Registre-se que este tipo de ocorrência com características internacionais geralmente vem acompanhado de delito de falsidade ideológica ou de documento da área federal, o que facilita a fixação da competência na Justiça Federal. Mas não foi o que ocorreu neste caso, onde o delito do art. 299 do Código Penal foi excluído da discussão.

Portanto, o conflito nos posicionamentos situa-se exclusivamente em dois tipos de visão: a) a da Corte Regional Federal, entendendo que por não estar a conduta em discussão prevista, especificamente, em Tratado Internacional, a competência é da Justiça Estadual; b) a do Supremo Tribunal Federal, que afasta a exigência de previsão explícita, bastando o reconhecimento do caráter transnacional da ação para que se estabeleça a competência federal.

A nova interpretação dada pelo Supremo Tribunal, portanto, amplia a regra de competência jurisdicional da Justiça Federal, prevista para a jurisdição criminal no art. 109 e incisos.

Para que possamos entender o ponto central desta mudança, identificado com a palavra transnacional, vejamos, inicialmente, qual o seu significado. Ela não consta no conceituado dicionário de Aurélio Buarque de Holanda Ferreira, edição de 1969.[3] Disto se pode concluir que se trata de palavra nova no vocabulário pátrio e, quiçá por isso mesmo, não incluída nas Constituições de 1967 (art. 119) e 1988 (art. 109) quando trataram da competência jurisdicional.

Mais adequado ao mundo contemporâneo, o Dicionário Online de português define transnacional como: *Que vai além das fronteiras nacionais, sendo comum a vários países,*

---

[1] STF. Conflito de Jurisdição nº 6.115/RJ, Tribunal Pleno, j. 03.11.1978, rel. subst. Min. Soares Muñoz, *RTJ* nº 91/423-428.

[2] STJ. 3.ª Seção, rel. Min. Fontes de Alencar, J. 08.11.2000, *DJU* 23.11.2000. p. 101.

[3] FERREIRA, Aurélio Buarque de Holanda. *Pequeno Dicionário Brasileiro da Língua Portuguesa.* 11. ed. São Paulo: Ed. Civilização Brasileira S.A., 1969. p. 1.194.

unidos política e economicamente: corporação transnacional. [Por Extensão]: Que ultrapassa os limites geográficos de um país, abarcando outros.[4]

3 A discussão no plenário do Supremo Tribunal Federal

O Acórdão ora estudado, no item 7, "b", da ementa, foi minucioso ao mostrar a existência de diversos tratados ou acordos internacionais, nos quais o Brasil se comprometeu, de formas diversas, a proteger a fauna. Por outro lado, no item 9 da ementa mencionam-se os compromissos do Estado brasileiro perante a Comunidade Internacional.

A conclusão a que se chega, diante dos termos do voto do Ministro Relator, adotado por seus pares, é a de que o Acórdão sob análise quis avançar no conceito de relevância dos delitos contra a fauna com repercussão internacional, dar um passo além dos rígidos limites constitucionais expressos no inciso V do art. 109 da Carta Magna, que diz: *V – os crimes previstos em tratado ou convenção internacional, quando, iniciada a execução no País, o resultado tenha ou devesse ter ocorrido no estrangeiro, ou reciprocamente.*

O raciocínio desenvolvido para chegar-se a tal conclusão partiu de uma minuciosa análise sobre a competência para processar e julgar os crimes ambientais, inclusive com menção a precedentes da Corte Suprema (fls. 5 a 11). Na sequência, passou a discorrer sobre tratados internacionais relacionados com a proteção ambiental, didaticamente explicando que *exige-se a incidência simultânea da transnacionalidade e da assunção de compromisso internacional de reprimir criminalmente a conduta delitiva, constante de tratados ou convenções internacionais, para que a conduta atraia a competência da Justiça Federal* (fl.12, último parágrafo).

Prossegue o voto, expondo quais as outras hipóteses de competência da Justiça Federal prevista no art. 109 da Constituição Federal, mencionando e incluindo as hipóteses de conexão ou continência (fls. 13 a 15).

A partir deste momento, o eminente Ministro Relator direciona suas considerações para foco diverso, passando a analisar os graves efeitos dos danos ambientais que, inclusive, *podem repercutir de modo devastador na esfera dos direitos humanos e fundamentais de toda uma comunidade* (fl. 16). Em seguida, tecendo comentários sobre o recurso extraordinário interposto pelo Ministério Público Federal e adicionando comentários sobre a competência federal, torna ao tema dos direitos humanos (fls. 20 a 23).

Neste particular, com a devida vênia, observo que o tema trazido à lume – direitos humanos – cuja relevância ninguém ousará discutir, soa dispensável na análise da demarcação dos limites da competência jurisdicional. Com efeito, tal aspecto não faz parte da denúncia, que fala em espécimes da fauna. Além disso, a menção do Princípio da Precaução (fls. 22 e 23) não guarda nenhuma relação com a matéria decidida. Sim, porque este princípio diz respeito à cautela a ser tomada em caso de dúvida científica com possibilidade de dano futuro, ou seja, algo estranho à discussão.

Dir-se-á que tais ponderações em nada alteraram o raciocínio e, ao contrário, serviriam para demonstrar a importância da preservação ambiental. Sim e não. Elas não prejudicaram a conclusão final, com certeza. Mas elas carregam consigo uma ofensa à

---

[4] DICIO. *Dicionário Online de português.* Disponível em: https://www.dicio.com.br/transnacional/. Acesso em 2 fev. 2020.

objetividade que se deseja de todas as decisões judiciais. Com efeito, em um mundo ditado pela ditadura das redes sociais, onde o tempo é cada vez mais precioso, todos os atos processuais (petição inicial, sentença, recursos, etc.), devem pautar-se pelo rigor da fundamentação forte, bem fundamentada, mas concisa.

Esta foi a explícita posição do Ministro Edson Fachin no seu voto (fl. 30), ao registrar que *a tese proposta, ao fazer referência a tratados e convenções internacionais, talvez deva, quiçá, cingir-se numa formulação não tão rica quanto essa, mas talvez mais adequada à solução do caso, a um interesse da União, nos termos do inciso IV do artigo 109 da Constituição Federal. Mas isso, de qualquer sorte, fica para a tese.*

Ainda. Se isto é uma verdade na fundamentação do voto, mais ainda o será na ementa. Esta deve ser o mais direta possível, a síntese extrema do decidido, levando aos leitores o pensamento da Corte. No caso do Supremo Tribunal Federal, ainda mais importante é que a decisão seja por todos compreendida. Neste raciocínio, conclui-se que os itens 2, 5, 6 e 7, "d", não eram necessários e que, se ausentes, dariam maior destaque aos demais, em especial ao item 10, que é o extrato do pensamento validado pelo Plenário da Corte.

As discussões que se travaram durante a sessão enriqueceram o Acórdão, além do voto do Ministro Edson Fachin, já mencionado, a tese do Relator teve o apoio dos Ministros Luís Roberto Barroso e Rosa Weber (fl. 31 e 32).

O Ministro Dias Toffoli revelou a sua preocupação com a redação do voto condutor, lembrando que não há tipificação em tratados internacionais, razão pela qual sugeriu a retirada daquela palavra, que poderia ser substituída por compromissos assumidos pelo Brasil, além do que fez juntar voto escrito. O Ministro Ricardo Lewandowski fez seguidas intervenções, afirmando que, ao seu ver, a proteção deveria estender-se a todos os animais silvestres. O Ministro Marco Aurélio fez várias intervenções, registrando que *não inseriria a referência a protegidos por convenção nacional, porque a cláusula é limitativa* (fl. 7) da discussão no Plenário.

O Ministro Celso de Mello concordou com a redação final, antes fazendo a defesa do princípio da legalidade, anotando que: *Esse princípio, além de consagrado em nosso ordenamento positivo (CF, art. 5º, XXXIX), também encontra expresso reconhecimento na Convenção Americana de Direitos Humanos (Artigo 9º) e no Pacto Internacional sobre Direitos Civis e Políticos (Artigo 15), que representam atos de direito internacional público a que o Brasil efetivamente aderiu* (fl. 4). Esta posição foi alterada aos 13 de junho de 2019, quando o ilustre decano da Corte votou a favor da equiparação das condutas homofóbicas aos crimes de racismo previstos no artigo 20 da Lei nº 7.716, de 1989.[5]

4 O ponto exato da divergência

Vista a motivação do voto condutor e feitas menções aos votos dos demais Ministros, à exceção da Ministra Cármen Lúcia que, justificadamente, estava ausente, vejamos agora a divergência entre o Acórdão do Tribunal Regional Federal da 3ª Região e o do Supremo Tribunal Federal. No ponto que interessa, eis a ementa de ambos:

---

[5] COELHO, Gabriela. Supremo aprova equiparação de homofobia a crime de racismo. *Revista eletrônica Consultor Jurídico*, 13 jun. 2019. Disponível em: https://www.conjur.com.br/2019-jun-13/stf-reconhece-criminalizacao-homofobia-lei-racismo. Acesso em 7 abr. 2020.

TRF 3:

5. *A mera transnacionalidade do delito que não encontra previsão específica em tratado internacional em que o Brasil figure como signatário, não atrai a competência da Justiça Federal.*

STF:

10. Recurso extraordinário a que se dá provimento, com a fixação da seguinte tese: compete à Justiça Federal processar e julgar o crime ambiental de caráter transnacional que envolva animais silvestres, ameaçados de extinção e espécimes exóticas ou protegidas por Tratados e Convenções internacionais.

O contraste pode ser resumido no fato de que, para a Corte Regional, é necessário que haja previsão explícita da conduta delituosa no tratado internacional. Para a Suprema Corte, basta que haja tratado ou convenção internacional que, genericamente, proteja a fauna.

Esta é a divergência que acabou sendo resolvida a favor da ampliação da competência prevista no art. 109, inciso V, da Constituição da República.

Mas, o que justifica este posicionamento inovador?

A resposta é simples. Significa simplesmente adequar a Constituição de 1988 aos tempos ora vividos. Naquela época, de ideias e ideais bem mais singelos, até mesmo ingênuos, a questão ambiental não havia atingido a gravidade que hoje se vive. Não se imaginava o que seria o aquecimento global, não se imaginava que o excesso de população poderia pressionar os recursos naturais, praticamente não existia poluição de recursos hídricos e o problema do destino dos resíduos, cuja quantidade era evidentemente muito menor, se resolvia com o lançamento em local distante dos centros urbanos, os chamados "lixões".

Mudam os tempos, mudam os anseios, as necessidades, cabendo à Suprema Corte adequar as regras existentes à nova realidade. Isto não é novidade alguma, cuida-se da chamada interpretação histórico-evolutiva de que fala Carlos Maximiliano, onde se permite *que se observe não só o que o legislador quis, mas também o que ele quereria se vivesse no meio atual.*[6]

Conclusões

a) O recurso extraordinário que resultou no Acórdão do Supremo Tribunal Federal de nº 835.558/SP, relatado pelo Ministro Luiz Fux, ora objeto de estudo, teve o nítido objetivo de estabelecer tese de competência no caso de exportação de espécimes da fauna, sendo secundárias as consequências dos fatos do caso concreto que, inclusive, podem ter sido alcançadas pela prescrição que, no caso, é de apenas 2 (dois) anos, uma vez que se regula pelo artigo 114, inciso I, do Código Penal.

b) Ao estabelecer que compete à Justiça Federal processar e julgar os crimes ambientais *que envolvam animais silvestres, ameaçados de extinção e espécimes exóticas ou protegidas por Tratados e Convenções internacionais,* ou seja, quando a conduta tenha caráter transnacional, após rica discussão no Plenário, o

---

[6] MAXIMILIANO, Carlos. *Hermenêutica e Aplicação do Direito.* 9. ed. Rio de Janeiro: Forense, 1981. p. 47.

Supremo Tribunal Federal prestou significativa colaboração à proteção do meio ambiente, adequando a interpretação do contido no artigo 109, inciso V, à ampla proteção do meio ambiente prevista no artigo 225, ambos da Constituição Federal.

c) O objetivo do Ministério Público Federal ao recorrer do decidido pelo Tribunal Regional Federal da 3ª Região foi plenamente alcançado, pois, reconhecida a competência da Justiça Federal pelo Plenário do Supremo Tribunal Federal, tendem a diminuir os conflitos de jurisdição nestas relevantes ações penais.

d) Resta agora cumprir-se a nova diretiva sobre a competência nos crimes de exportação de espécimes da fauna silvestre, uma vez que o Acórdão do Plenário da Suprema Corte em exame de repercussão geral tem efeito vinculante sobre todos os Juízos e Tribunais do país.

Referências

COELHO, Gabriela. Supremo aprova equiparação de homofobia a crime de racismo. *Revista eletrônica Consultor Jurídico*, 13 jun. 2019. Disponível em: https://www.conjur.com.br/2019-jun-13/stf-reconhece-criminalizacao-homofobia-lei-racismo. Acesso em 7 abr. 2020.

DICIO. *Dicionário Online de português*. Disponível em: https://www.dicio.com.br/transnacional/. Acesso em 2 fev. 2020.

FERREIRA, Aurélio Buarque de Holanda. *Pequeno Dicionário Brasileiro da Língua Portuguesa*. 11. ed. São Paulo: Ed. Civilização Brasileira S.A., 1969. p. 1.194.

MAXIMILIANO, Carlos. *Hermenêutica e Aplicação do Direito*. 9. ed. Rio de Janeiro: Forense, 1981. p. 47.

Informação bibliográfica deste texto, conforme a NBR 6023:2018 da Associação Brasileira de Normas Técnicas (ABNT):

FREITAS, Vladimir Passos de. Competência para o julgamento de crime contra espécimes da fauna silvestre com reflexos internacionais – Comentários ao Acórdão nº 835.558/SP. *In*: BENJAMIN, Antônio Herman Vasconcelos e; FREITAS, Vladimir Passos de; SOARES JÚNIOR, Jarbas (Coord.). *Comentários aos acórdãos ambientais:* paradigmas do Supremo Tribunal Federal. Belo Horizonte: Fórum, 2021. p. 263-273. ISBN 978-65-5518-077-0.

LIMITES DA APLICAÇÃO DO PRINCÍPIO DA PRECAUÇÃO EM ÁREAS DE INCERTEZA CIENTÍFICA: EXPOSIÇÃO A CAMPOS ELETROMAGNÉTICOS DAS LINHAS DE TRANSMISSÃO DE ENERGIA ELÉTRICA. (REPERCUSSÃO GERAL NO RECURSO EXTRAORDINÁRIO Nº 627.189/SP).

IMPOSIÇÃO DE OBRIGAÇÃO À ELETROPAULO PARA REDUÇÃO DO CAMPO ELETROMAGNÉTICO DE UMA DE SUAS LINHAS DE TRANSMISSÃO

RELATOR: MINISTRO DIAS TOFFOLI

ÉDIS MILARÉ

EMENTA: "Recurso extraordinário. Repercussão geral reconhecida. Direito Constitucional e Ambiental. Acórdão do tribunal de origem que, além de impor normativa alienígena, desprezou norma técnica mundialmente aceita. Conteúdo jurídico do princípio da precaução. Ausência, por ora, de fundamentos fáticos ou jurídicos a obrigar as concessionárias de energia elétrica a reduzirem o campo eletromagnético das linhas de transmissão de energia elétrica abaixo do patamar legal. Presunção de constitucionalidade não elidida. Recurso provido. Ações civis públicas julgadas improcedentes.

1. O assunto corresponde ao Tema nº 479 da Gestão por Temas da Repercussão Geral do portal do STF na internet e trata, à luz dos arts. 5º, caput e inciso II, e 225, da Constituição Federal, da possibilidade, ou não, de se impor a concessionária de serviço público de distribuição de energia elétrica, por observância ao princípio da precaução, a obrigação de reduzir o campo eletromagnético de suas linhas de transmissão, de acordo com padrões internacionais de segurança, em face de eventuais efeitos nocivos à saúde da população.

2. O princípio da precaução é um critério de gestão de risco a ser aplicado sempre que existirem incertezas científicas sobre a possibilidade de um produto, evento ou serviço desequilibrar o meio ambiente ou atingir a saúde dos cidadãos, o que exige que o estado analise os riscos, avalie os custos das medidas de prevenção e, ao final, execute as ações necessárias, as quais serão decorrentes de decisões universais, não discriminatórias, motivadas, coerentes e proporcionais.

3. Não há vedação para o controle jurisdicional das políticas públicas sobre a aplicação do princípio da precaução, desde que a decisão judicial não se afaste da análise formal dos limites desses parâmetros e que privilegie a opção democrática das escolhas discricionárias feitas pelo legislador e pela Administração Pública.

4. Por ora, não existem fundamentos fáticos ou jurídicos a obrigar as concessionárias de energia elétrica a reduzirem o campo eletromagnético das linhas de transmissão de energia elétrica abaixo do patamar legal fixado.

5. Por força da repercussão geral, é fixada a seguinte tese: no atual estágio do conhecimento científico, que indica ser incerta a existência de efeitos nocivos da exposição ocupacional e da população em geral a campos elétricos, magnéticos e eletromagnéticos gerados por sistemas de energia elétrica, não existem impedimentos, por ora, a que sejam adotados os parâmetros propostos pela Organização Mundial de Saúde, conforme estabelece a Lei nº 11.934/2009.

6. Recurso extraordinário provido para o fim de julgar improcedentes ambas as ações civis públicas, sem a fixação de verbas de sucumbência". (RE Nº 627.189/SP, Tribunal Pleno, Rel. Min. Dias Toffoli, j. 08.06.2016, Acórdão Eletrônico Repercussão Geral – Mérito DJe-066 Divulg 31.03.2017 Public 03.04.2017).

Considerações iniciais

O modelo de desenvolvimento da sociedade contemporânea tem privilegiado as inovações tecnológicas. No entanto, quando destacamos essa tendência, faz-se necessária uma reflexão crítica sobre como o direito pode reagir à eventual acentuação de riscos delas decorrentes.

Em um primeiro momento, diante das incertezas que inicialmente cercam toda inovação tecnológica, o princípio da precaução surge como um mecanismo de proteção (da sociedade e do mundo natural) a ser aplicado quando uma avaliação científica objetiva apontar motivos razoáveis e indicativos de que, dessa inovação, podem decorrer efeitos potencialmente perigosos – para o ambiente, para a saúde das pessoas e dos animais – incompatíveis com os padrões de proteção que se busca garantir. Entretanto, a questão de saber quando e como se deve utilizar esse princípio tem suscitado numerosas discussões e tomadas de posição heterogêneas, e por vezes contraditórias, por parte do Poder Público, da sociedade civil organizada e da comunidade científica.

Consequentemente, as instâncias de decisão enfrentam um constante dilema de estabelecer o equilíbrio entre, de um lado, as liberdades e os direitos dos indivíduos, das empresas e das organizações e, de outro, a necessidade de reduzir os riscos de efeitos nocivos para a saúde ambiental, como pressuposto da saúde humana. Diante desse quadro de entendimentos muitas vezes contrapostos, assume importância a busca de um equilíbrio de posicionamentos, de modo a alcançar decisões proporcionais, não discriminatórias, transparentes e coerentes, não dúbias, por meio de um processo de tomada de decisões estruturado, com informações científicas detalhadas e outras informações pertinentes.

Essa problemática ficou muito bem caracterizada na discussão a respeito da aplicação do princípio da precaução aos campos eletromagnéticos gerados por estações radiobase de telefonia celular, em razão de eventuais efeitos negativos que podem causar à saúde pública ou ao ambiente. O assunto corresponde ao Tema nº 479 da Gestão por Temas da Repercussão Geral do Supremo Tribunal Federal e foi analisado pelo Tribunal Pleno daquela Corte de forma emblemática no julgamento do Recurso Extraordinário n° 627.189. Analisar, pois, o entendimento firmado pela Suprema Corte quanto aos limites da aplicação do princípio da precaução ao desenvolvimento e inovações tecnológicas nesse importante precedente é o que nos propomos aqui.

1 O princípio da precaução

As divergências acerca da aplicação e dos limites do princípio da precaução iniciam já com a própria nomenclatura. Enquanto alguns juristas seguem essa mesma denominação (princípio da precaução),[1] outros a ele se referem como princípio da prevenção,[2] e há, ainda, os que usam ambas as expressões, supondo ou não diferença entre elas.[3]

Com efeito, há cambiantes semânticos entre essas expressões, ao menos no que se refere à etimologia. Prevenção é substantivo do verbo prevenir (do latim *prae* = antes e *venire* = vir, chegar), e significa ato ou efeito de antecipar-se, chegar antes; induz uma conotação de generalidade, simples antecipação no tempo, é verdade, mas com intuito conhecido. Precaução é substantivo do verbo precaver-se (do latim *prae* = antes e *cavere* = tomar cuidado), e sugere cuidados antecipados com o desconhecido, cautela para que uma atitude ou ação não venha a concretizar-se ou a resultar em efeitos indesejáveis.

No entanto, se, num primeiro momento, malgrado a diferença etimológica e semântica, preferimos adotar princípio da prevenção como fórmula que englobaria a precaução, passamos, num segundo momento, a entender como necessária a distinção entre os dois princípios.

Pode-se dizer, de maneira sintética, que a prevenção trata de riscos ou impactos já conhecidos pela ciência, ao passo que a precaução se destina a gerir riscos ou impactos desconhecidos. Em outros termos, enquanto a prevenção trabalha com o risco certo, a precaução vai além e se preocupa com o risco incerto. Ou ainda, a prevenção se dá em relação ao perigo concreto, ao passo que a precaução envolve perigo abstrato.[4]

Ambos são basilares em Direito Ambiental, concernindo a prioridade que deve ser dada às medidas que evitem o nascimento de agressões ao ambiente, de modo a reduzir ou a eliminar as causas de ações suscetíveis de alterar a sua qualidade.

---

[1] SILVA, Geraldo Eulálio do Nascimento e. *Direito ambiental internacional*: meio ambiente, desenvolvimento sustentável e os desafios da nova ordem mundial. 2. ed. Rio de Janeiro: Thex Ed. Biblioteca Estácio de Sá, 2002. p. 55; DERANI, Cristiane. *Direito ambiental econômico*. 3. ed. São Paulo: Saraiva, 2008. p. 149.

[2] MIRRA, Álvaro Luiz Valery. Princípios fundamentais do direito ambiental. *Revista de direito ambiental*, São Paulo: Ed. RT, v. 2, p. 36-62, 1996. p. 36; MUKAI, Toshio. *Direito ambiental sistematizado*. 6. ed. Rio de Janeiro: Forense Universitária, 2007. p. 35.

[3] MACHADO, Paulo Affonso Leme. *Estudos de direito ambiental*. São Paulo: Malheiros, 1994. p. 35; BRINDEIRO, Geraldo. A implementação das normas de direito ambiental no Brasil: o papel do Ministério Público. Revista da Procuradoria-Geral da República, São Paulo: Ed. RT, v. 8, p. 104, 1996. *In*: VAZ, Paulo Afonso Brum; MENDES, Murilo. Meio ambiente e mineração. *Revista de direito ambiental*, São Paulo: Ed. RT, v. 7, p. 16, 1997. O Professor PRIEUR, Michel, em seu *Droit de l'environnement*, distingue abertamente os dois princípios. No Capítulo 2 da Primeira Parte, trata do *Princípio da Prevenção*, que embasa as ações administrativas de cunho preventivo, inclusive a avaliação de impactos. E o fundamento corrente das autorizações e licenças que normalmente são requeridas (PRIEUR, Michel. *Droit de l'environnement*. Paris: Dalloz, 2004. p. 110-147). No Capitulo 7, ao invés, aborda sucintamente o *Princípio da Precaução*, a partir da irreversibilidade de certas agressões ambientais e das incertezas científicas que cercam tais casos, propondo, na prática, que, em tais circunstâncias, haja uma contraperícia, invocando a legislação francesa a respeito (PRIEUR, Michel. *Droit de l'environnement*. Paris: Dalloz, 2004. p. 208-210).

[4] MARCHESAN, Ana Maria Moreira *et al*. *Direito ambiental*. 2. ed. Porto Alegre: Verbo Jurídico, 2005. p. 30.

Focando-se, especificamente, no princípio da precaução, tem-se que sua invocação é uma decisão a ser tomada quando a informação científica é insuficiente, inconclusiva ou incerta e haja indicações de que os possíveis efeitos sobre o ambiente, a saúde das pessoas ou dos animais ou a proteção vegetal possam ser potencialmente perigosos e incompatíveis com o nível de proteção escolhido.

A bem ver, tal princípio enfrenta a incerteza dos saberes científicos em si mesmos. Sua aplicação observa argumentos de ordem hipotética, situados no campo das possibilidades, e não necessariamente de posicionamentos científicos claros e conclusivos. Procura instituir procedimentos capazes de embasar uma decisão racional na fase de incertezas e controvérsias, de forma a diminuir os custos da experimentação.

É recorrente sua invocação, por exemplo, quando se discutem questões como o aquecimento global, a engenharia genética e os organismos geneticamente modificados, a clonagem e, inclusive, nos casos de exposição a campos eletromagnéticos das linhas de transmissão de energia elétrica,[5] tema sobre o qual se detém o presente estudo.

Veja-se que, seguindo a aplicação dada também pelo direito internacional, dois dos principais documentos acordados pelo Brasil no âmbito da Organização das Nações Unidas, por ocasião da Eco 92 – a Declaração do Rio e a Convenção sobre a Mudança do Clima – contemplaram no seu ideário, de forma expressa, o princípio da precaução.

Com efeito, no teor do Princípio 15 da Declaração do Rio, a ausência de certeza científica absoluta não deve servir de pretexto para procrastinar a adoção de medidas efetivas capazes de evitar a degradação do meio ambiente.[6] Vale dizer, a incerteza científica milita em favor do ambiente, carreando-se ao interessado o ônus de provar que as intervenções pretendidas não trarão consequências indesejadas ao meio considerado.

O motivo para a adoção de um posicionamento dessa natureza é simples: em muitas situações, torna-se verdadeiramente imperativa a cessação de atividades potencialmente degradadoras do meio ambiente, mesmo diante de controvérsias científicas em relação aos seus efeitos nocivos. Isso porque, segundo se entende, nessas hipóteses, o dia em que se puder ter certeza absoluta dos efeitos prejudiciais das atividades questionadas, os danos por elas provocados no meio ambiente e na saúde e segurança da população terão atingido tamanha amplitude e dimensão que não poderão mais ser revertidos ou reparados – serão já nessa ocasião irreversíveis.[7]

---

[5] Ver sobre o tema em: MILARE, Édis; SETZER, Joana. Aplicação do princípio da precaução em áreas de incerteza científica: exposição a campos eletromagnéticos gerados por estações de radiobase. *Revista de direito ambiental*, São Paulo: Ed. RT, v. 41, p. 7-25, 2006.

[6] Princípio 15: "Com o fim de proteger o meio ambiente, o princípio da precaução deverá ser amplamente observado pelos Estados, de acordo com suas capacidades. Quando houver ameaça de danos graves ou irreversíveis, a ausência de certeza científica absoluta não será utilizada como razão para o adiamento de medidas eficazes e economicamente viáveis para prevenir a degradação ambiental".
Observe-se, por oportuno, que também o Princípio 2 da Declaração do Rio, em seu item 6, faz alusão ao Princípio em comento, averbando que: "6. Prevenir o dano ao ambiente como o melhor método de proteção ambiental e, quando o conhecimento for limitado, assumir uma postura de precaução: a) orientar ações para evitar a possibilidade de sérios ou irreversíveis danos ambientais mesmo quando a informação científica for incompleta ou não conclusiva; b) impor o ônus da prova àqueles que afirmarem que a atividade proposta não causará dano significativo e fazer com que os grupos sejam responsabilizados pelo dano ambiental; c) garantir que a decisão a ser tomada se oriente pelas consequências humanas globais, cumulativas, de longo prazo, indiretas e de longo alcance; d) impedir a poluição de qualquer parte do meio ambiente e não permitir o aumento de substâncias radioativas, tóxicas ou outras substâncias perigosas; e) evitar que atividades militares causem dano ao meio ambiente".

[7] MIRRA, Álvaro Luiz Valery. Princípios fundamentais do direito ambiental. *Revista de direito ambiental*, São Paulo: Ed. RT, v. 2, p. 36-62, 1996. p. 62.

A seu turno, a Convenção sobre a Mudança do Clima assentou, no seu art. 3º, 3, que "as partes devem adotar medidas de precaução para prever, evitar ou minimizar as causas da mudança do clima e mitigar seus efeitos negativos. Quando surgirem ameaças de danos sérios ou irreversíveis, a falta de plena certeza científica não deve ser usada como razão para postergar essas medidas".

Releva observar, no ponto, que a ratificação deste documento, pelo Decreto Legislativo 1, de 03.02.1994, incorporou, às expressas, o princípio da precaução na legislação pátria. Aliás, pode-se também dizer que o princípio já havia sido implicitamente adotado pela Constituição Federal de 1988, na preocupação do legislador em "controlar a produção, a comercialização e o emprego de técnicas, métodos e substâncias que comportem risco para a vida, a qualidade de vida e o meio ambiente", manifestada no seu art. 225, §1º, V.

Anote-se, por fim, que a omissão na adoção de medidas de precaução, em caso de risco de dano ambiental grave ou irreversível, foi considerada pela Lei nº 9.605/1998 (Lei dos Crimes Ambientais) como circunstância capaz de sujeitar o infrator a reprimenda mais severa, idêntica à do crime de poluição qualificado pelo resultado (art. 54, §3º). Por igual, a Lei nº 11.105/2005 (Lei da Biossegurança) também fez menção expressa ao princípio em suas exposições preliminares e gerais, ao mencionar como diretrizes "o estímulo ao avanço científico na área de biossegurança e biotecnologia, a proteção à vida e à saúde humana, animal e vegetal, e a observância do princípio da precaução para a proteção do meio ambiente" (art. 1º, *caput*).

A bem ver, a celeuma da aplicação do princípio da precaução e, nesse caso, dos seus respectivos limites, passa também pelo seu cotejamento com o princípio da proporcionalidade, que exige uma análise dos riscos em causa e os meios disponíveis à proteção do bem coletivo de interesse, para que se possa, então, definir as medidas mais adequadas e proporcionais para o efetivo controle ambiental, em termos de eficácia e de viabilidade ambiental, social e econômica.

No sentido da necessidade de observância da proporcionalidade, como já tivemos a oportunidade de sustentar em outros momentos, estão as lições de Jacqueline Morand-Deviller, ilustre professora da Sorbonne, especialista em regulação de riscos, que assim se manifesta sobre o tema:

> Cumpre relembrar que o princípio da precaução está diretamente vinculado ao princípio da proporcionalidade, sendo que este exige ponderação entre o eventual interesse de agir ou não e – em caso de ação – a necessidade de limitar-se às medidas provisórias e reversíveis, em face de possíveis evoluções. A única obrigação que compete ao decisor público é a de requerer uma avaliação científica séria sobre o alcance do risco – salvo se a urgência da situação tornar impossível essa avaliação –, como também lhe compete, em função dos resultados da perícia, ponderar as vantagens e os inconvenientes das medidas vislumbradas e realizar sua escolha a partir dos interesses concretos – ações estas que configuram, no momento, uma avaliação política, a que Jean Charbonnier chamou de 'ponderação analítica'. Inúmeros parâmetros deverão ser levados em conta. Desse modo, a utilização do princípio da precaução somente se dará se a ameaça for realmente séria e a medida preventiva somente será concebida quando representar 'um custo econômico aceitável', sendo certo que o nível de proteção deverá sempre ser 'elevado' (art. 145, §1º e 173, §2º, do Tratado CEE).[8]

---

[8] "O sistema pericial – perícia científica e gestão do meio ambiente". Em: VARELLA, Marcelo Dias (Org.). *Governo dos Riscos*. Brasília: Pallotti, 2005. p. 98-99.

Sendo assim, infere-se que a medida de precaução e prevenção a ser adotada ou determinada em cada caso deve observar também o princípio da proporcionalidade em seu sentido amplo (subprincípio da adequação + princípio da necessidade + subprincípio da proporcionalidade em sentido estrito 'ponderação' = eficácia e eficiência), sob pena de igualmente estar se violando outros princípios basilares do nosso direito constitucional ambiental e, eventualmente, até se prejudicando a ordem e os bens que se busca proteger.

2 Os limites na aplicação do princípio da precaução segundo o Recurso Extraordinário nº 627.189/SP

2.1 Resumo do caso

O Recurso Extraordinário nº 627.189/SP foi interposto pela Eletropaulo Metropolitana – Eletricidade de São Paulo S/A, com fundamento na alínea "a" do permissivo constitucional contra acórdão da Câmara Especial do Meio Ambiente do Tribunal de Justiça do Estado de São Paulo, proferido em ações civis públicas ajuizadas com o objetivo de compelir a recorrente a reduzir o campo eletromagnético das linhas de transmissão de energia elétrica situadas nas proximidades dos bairros paulistanos de City Boaçava e de Alto de Pinheiros, em razão de alegado potencial cancerígeno da radiação por elas produzidas.

O assunto corresponde ao Tema nº 479 da Gestão por Temas da Repercussão Geral: "479 – Imposição de obrigação de fazer à concessionária de serviço público para que observe padrão internacional de segurança". No recurso se discute, à luz do art. 5º, *caput* e inc. II, e art. 225 da Constituição Federal, a possibilidade, ou não, de se impor à concessionária de serviço público de distribuição de energia elétrica, por observância ao princípio da precaução, a obrigação de reduzir o campo eletromagnético de suas linhas de transmissão, de acordo com padrões internacionais de segurança, em face de eventuais efeitos nocivos à saúde da população.

O fato ensejador do Recurso Extraordinário nº 627.189/SP se iniciou com a discordância dos moradores dos bairros da Vila Leopoldina e Alto de Pinheiros, Região Oeste da Capital Paulista, em aceitar a produção de campo eletromagnético de 7,5 microteslas por uma das linhas de transmissão de energia elétrica da Eletropaulo Metropolitana – Eletricidade de São Paulo S.A. Os representantes locais alegavam que os raios emitidos pela linha eram capazes de gerar efeitos negativos à saúde pública, principalmente em virtude de sua ação cancerígena.

Diante da ameaça iminente, os moradores, por intermédio da Sociedade de Amigos do Bairro City Boaçava, acionaram o Poder Judiciário, invocando a aplicação do princípio da precaução para requerer a interrupção da atividade da linha de transmissão da concessionária, até a redução dos níveis de eletromagnetismo a patamares de 01 (um) microtesla, referencial exigido por normas da Suíça.

Em sua defesa, a concessionária requerida argumentou que a diminuição do campo eletromagnético pretendido significaria a aplicação de norma alienígena. Também alegou que a Comissão Internacional de Proteção às Radiações Não-ionizantes (ICNIRP), entidade especializada na matéria e reconhecida pela Organização Mundial da Saúde (OMS) e pela Associação Brasileira de Normas Técnicas (ABNT), aceita os patamares de 83,3 microteslas, valores bem acima do que seria produzido pela companhia. Sustentou, por fim, que a empresa estaria operando regularmente, em conformidade com todas as normas da ANEEL (Agência Nacional de Energia Elétrica). Diante disso, a Eletropaulo requereu a não aplicação do princípio da precaução e a manutenção de suas atividades.

Inicialmente, a sentença julgou parcialmente procedentes os pedidos formulados nas ações civis públicas nºs 583.00.2001.019177-9 e 583.00.2001.019178-0, e condenou a requerida a, dentro do prazo de seis meses, a contar da publicação da sentença, a

> reduzir o campo magnético das linhas de transmissão de energia elétrica compreendida na área territorial descrita à fls. 65 dos autos nº 01.019178-0, a 01 (um) µT (microtesla), a uma altura de um metro e meio do solo (local de posicionamento do sensor medidor), a ser medido nos pontos mencionados nos relatórios nºs 51135 e 51140 elaborados pela Universidade de São Paulo – Instituto de Eletrotécnica e Energia e juntados aos autos nº 01.019178-0 a fls. 79/80, 84, 89/90, sem a interferência de aparelhos elétricos, vedado qualquer aumento deste campo, qualquer que seja a causa, em qualquer destes pontos, sob pena de multa de quinhentos mil reais para cada dia em que ocorrer o aumento.

Decidiu-se, ainda, que "as linhas de transmissão ainda por instalar, após sua efetiva instalação, não poderão gerar campo eletromagnético superior ao ora fixado, em qualquer ponto ao longo de sua faixa de passagem e em pontos residenciais próximos às linhas, sob as mesmas penas".

Por fim, condenou-se a empresa,

> a custear a Universidade de São Paulo e um Engenheiro indicado pelas autoras, que apresentarão às autoras relatório mensal (até o último dia de cada mês) das medições diárias do campo eletromagnético gerado pelas referidas linhas de distribuição e transmissão atuais e daquelas instaladas posteriormente. Os critérios e métodos de medição devem ser aqueles utilizados pelos relatórios nº[s] 51135 e 51140, observado no mais o critério da sentença (fls. 966 a 1005, com os ajustes fixados na decisão que acolheu parcialmente os embargos de declaração, fls. 1023 e 1024).

A Câmara Especial do Meio Ambiente do Tribunal de Justiça do Estado de São Paulo, ao analisar a apelação apresentada pela Eletropaulo, por maioria, deu provimento parcial ao recurso, sendo mantida a sentença para determinar a redução do campo eletromagnético de 83,3 microteslas para 1 microtesla, com alteração apenas em relação ao prazo para as providências determinadas, aumentado de 06 (seis) meses para 03 (três) anos, vencido o 3º Juiz que o provia integralmente.

Para o Desembargador Antonio Celso Aguilar Cortez, em voto divergente, haveria de se reconhecer a prevalência da análise da Administração Pública no seu âmbito de competência licenciatória, sustentando que "nada autoriza que o Poder Judiciário se sobreponha à análise e decisão administrativa sem prova de ilegalidade, avançando no mérito do ato administrativo, com base no medo do risco, equiparando potencial de risco com potencial de dano, à vista de avaliações divergentes por critérios subjetivos".

Noutro giro, para o Relator, Des. Renato Nalini, cujo posicionamento foi seguido pela Desembargadora Regina Capistrano, mesmo quando há controvérsia acerca dos danos conhecidos ou potenciais, "a mera potencialidade justifica incidência do princípio da precaução", pautando-se, no caso concreto, nos riscos potenciais levantados por laudo pericial e, pois, na aplicação da máxima *"in dubio pro ambiente"*, *verbis*:

A cautela é medida que se impõe. Uma questão que afeta o meio ambiente e a saúde pública não pode ceder a interesses meramente econômicos. Incide na espécie o princípio da precaução, segundo o qual 'as pessoas e o seu ambiente devem ter em seu favor o benefício da dúvida, quando haja incerteza sobre se uma dada ação os vai prejudicar'.

Tal princípio, positivado em documentos internacionais e no ordenamento interno, traduz-se na adaptação de conhecido brocardo latino: *in dubio pro* ambiente; ou seja, existindo dúvida sobre a periculosidade que determinada atividade representa para o meio ambiente, deve-se decidir favoravelmente a ele – ambiente – e contra o potencial poluidor. A humanidade não pode correr o risco de percorrer veredas ignoradas e depois constatar – quando já for muito tarde – que estava errada.

Considera-se perigosa a ação da qual ainda não se verificam quaisquer danos, mas que inspira receio não confirmado por conta de falta de provas científicas, ou quando, havendo danos provocados, não há como comprovar nexo de causalidade entre a lesão e uma determinada causa possível.

Vale dizer: sempre que houver 'probabilidade não quantificada mínima de que o dano se materialize como consequência da atividade suspeita de ser lesiva', há necessidade de uma providência de ordem cautelar, mesmo que isso implique numa aparente contradição com um suposto progresso social ou interesse de ordem econômica.

Nesse sentido, discorre o Ilustre Desembargador José Geraldo de Jacobina Rabello, integrante desta Câmara Especial do Meio Ambiente:

O professor argentino Nestor Cafferatta ressaltou em artigo que '(...) o princípio que diferencia o Direito Ambiental do resto das disciplinas clássicas é o princípio precautório (*in dubio pro* ambiente), que nada mais é do que o exercício ativo da dúvida'. Segundo ele, não se pode olvidar que o Direito Ambiental tem natureza essencialmente preventiva, impondo-se a tomada de soluções *ex ante* e não *ex post*. E acrescentou: 'Frente ao perigo de dano grave e irreversível, a falta de certeza científica ou a ausência de informação não deverá ser utilizada como razão para adiar a adoção de medidas eficazes'. Do contrário, o Direito Ambiental careceria de efetividade, com o que prioritária a outorga de instrumentos legais e concreto emprego seu, sem embargo da necessidade de superação dos obstáculos que possam se antepor ao asseguramento estabelecido também ao desenvolvimento sustentável'.

Cabe àquele que pratica a atividade de risco comprovar a inocuidade dos procedimentos ao meio ambiente, além de indicar que tomou medidas de precaução específicas. E desde que do ônus probatório, cuja inversão foi determinada pelo saneador, não se desincumbiu a ré, outro não poderia ser o teor da sentença.

A documentação produzida pela ELETROPAULO, bem como o parecer de seu assistente técnico, tão somente demonstraram a inegável controvérsia na comunidade científica. Não afastaram a existência de risco dos campos eletromagnéticos para a saúde das pessoas.

O princípio da precaução é corolário da diretiva constitucional que impõe a preservação do meio ambiente, que por sua vez está indissociavelmente ligada à proteção da vida. Como pontua o relatório do 5º Programa da Comunidade Europeia de política e ação em matéria de ambiente e desenvolvimento sustentável, que ora se reitera de forma expressa: 'não podemos dar-nos ao luxo de esperar ... E estarmos errados'.

A história recente do país é pródiga em exemplos sobre tragédias anunciadas e que poderiam ter sido evitadas. Melhor se precaver que remediar: o potencial de desenvolvimento tecnológico que originou a atividade suspeita deve existir em proporção idêntica no sentido de minorar, ou mesmo anular, os riscos envolvidos. Por isso não há que se invocar a vultuosidade dos investimentos ao cumprimento do julgado. As providências determinadas na sentença já deveriam ter sido adotadas pela ré antes mesmo que o projeto saísse do papel, sem que fosse necessário à comunidade se socorrer do Estado-juiz.

À vista disso, a Eletropaulo interpôs o Recurso Extraordinário nº 627.189, ao qual foi atribuída repercussão geral, sobrevindo julgamento de mérito em 08.06.2016, nos termos que se passa a analisar.

2.2 O entendimento do STF sobre a aplicação do princípio da precaução ao caso

Como já mencionado, o assunto objeto do Recurso Extraordinário nº 627.189/SP corresponde ao Tema nº 479 da Gestão por Temas da Repercussão Geral do portal do STF na internet e trata, à luz do art. 5º, *caput* e inc. II, e art. 225, da Constituição Federal, da possibilidade, ou não, de se impor à concessionária de serviço público de distribuição de energia elétrica, por observância ao princípio da precaução, a obrigação de reduzir o campo eletromagnético de suas linhas de transmissão, de acordo com padrões internacionais de segurança, em face de eventuais efeitos nocivos à saúde da população.

Nele, o Supremo Tribunal Federal, por maioria e nos termos do voto do relator, Dias Toffoli, em julgamento no dia 08.06.2016, fixou a seguinte tese:

> No atual estágio do conhecimento científico, que indica ser incerta a existência de efeitos nocivos da exposição ocupacional e da população em geral a campos elétricos, magnéticos e eletromagnéticos gerados por sistemas de energia elétrica, não existem impedimentos, por ora, a que sejam adotados os parâmetros propostos pela Organização Mundial de Saúde, conforme estabelece a Lei nº 11.934/2009.

A decisão majoritária seguiu o voto do relator do caso, ministro Dias Toffoli, e a matéria, com repercussão geral reconhecida, foi analisada pelo Plenário da Corte, sendo vencidos os Ministros Edson Fachin, Rosa Weber, Marco Aurélio e Celso de Mello, que negavam provimento ao recurso. Impedido o Ministro Ricardo Lewandowski (Presidente) por ter atuado no processo quando era desembargador do TJ/SP.

O relator, Ministro Dias Toffoli, votou pelo provimento do recurso, a fim de julgar improcedentes as ações civis públicas que deram origem ao processo. Para ele, não haveria dúvida de que os níveis colhidos pela prova pericial produzida nos autos se encontram dentro dos parâmetros exigidos no ordenamento jurídico brasileiro, nos termos da Lei nº 11.934/2009 e de resolução da Agência Nacional de Energia Elétrica (ANEEL).

Além disso, para o Relator, "o princípio da precaução é um critério de gestão de risco a ser aplicado sempre que existirem incertezas científicas sobre a possibilidade de um produto, evento ou serviço desequilibrar o meio ambiente ou atingir a saúde dos cidadãos, o que exige que o Estado analise os riscos, avalie os custos das medidas de prevenção".

No entanto, conforme explicou, a aplicação do princípio não pode gerar como resultados temores infundados: "havendo relevantes elementos de convicção sobre os riscos, o Estado há de agir de forma proporcional". Mencionou estudos da OMS segundo os quais não há evidências científicas convincentes de que a exposição humana a valores de campos eletromagnéticos, acima dos limites estabelecidos, cause efeitos adversos à saúde. Por isso, para o ministro, o Estado brasileiro adotou as cautelas necessárias, com base no princípio constitucional da precaução, além de pautar a legislação nacional de acordo com os parâmetros de segurança reconhecidos internacionalmente.

Observou que não existem fundamentos fáticos ou jurídicos a obrigar as concessionárias de energia a reduzirem o campo eletromagnético abaixo do patamar legal. Porém, destacou ser evidente que, no futuro, caso surjam efetivas e reais razões científicas ou políticas para a revisão do que se deliberou no âmbito normativo, "o espaço para esses debates e a tomada de novas decisões há de ser respeitado", já que "a caracterização do que é seguro ou não depende do avanço do conhecimento", manifestando-se pela reforma da decisão do Tribunal recorrido.

O ministro Edson Fachin abriu a divergência ao votar pelo desprovimento do recurso. Para ele, o acórdão recorrido partiu de premissas e dados razoáveis que concretizam os direitos fundamentais de proteção ao meio ambiente e à saúde, sem afrontar o princípio da legalidade constitucional. Para ele, a discussão tem origem no embate entre direito fundamental à distribuição de energia elétrica ao mercado consumidor, de um lado, e o direito à saúde daqueles que residem em locais próximos às linhas que efetuam essas transmissões, de outro. Segundo o ministro, o acórdão recorrido partiu da dúvida da comunidade científica quanto aos efeitos danosos à saúde, com base nos princípios da precaução, da proteção ao meio ambiente e à saúde. "Entendo que estes devam prevalecer", concluiu.

O ministro Luís Roberto Barroso, acompanhando o Relator, salientou que o voto do ministro Dias Toffoli "administra de maneira adequada e proporcional os riscos aqui envolvidos". Ainda destacou nosso entendimento quanto à aplicação do princípio da precaução, a ser invocado em situações de incerteza, insuficiência ou inconclusiva informação científica que possa indicar possíveis efeitos sobre o ambiente, à saúde das pessoas ou dos animais ou à proteção vegetal, ressalvando que não é o princípio da precaução o único a ser avaliado *in casu*. Destacando as disposições da Lei nº 11.934/2009 e a aplicação do parâmetro internacional rejeitado pela decisão recorrida, cotejou o ministro os demais princípios incidentes, concluindo pelo provimento do recurso com a seguinte tese: "Enquanto não houver certeza científica acerca dos efeitos nocivos da exposição ocupacional e da população em geral a campos elétricos, magnéticos e eletromagnéticos, gerados por sistemas de energia elétrica, devem ser adotados os parâmetros propostos pela Organização Mundial da Saúde, conforme estabelece a Lei nº 11.934/2009".

Também acompanhando o Relator, o ministro Teori Zavascki frisou que a declaração de constitucionalidade da legislação sobre a matéria feita neste momento pelo STF nada impede a revisão de uma inconstitucionalidade superveniente, ou seja, se houver mudanças no futuro quanto aos pontos então incertos, a decisão pode vir a ser modificada, explicou. Mas, para o ministro, dado o conhecimento científico atual, a legislação tem aplicado corretamente o princípio da precaução, de modo que cabido o provimento do recurso da companhia de energia.

A ministra Rosa Weber, por sua vez, acompanhou a divergência, apontando como argumento a falta de evidência científica e a incerteza acerca dos danos apontados, que são temidos. Se a dúvida, ou a ausência de certeza científica, é o que embasa o princípio da precaução, que foi acionado para efeito de deferimento dos pleitos, a ministra disse que não poderia concluir no sentido de provimento do recurso.

Já para o ministro Luiz Fux, que também votou pelo provimento do Recurso Extraordinário, a solução adotada pelo relator, depois da realização da audiência pública, em que foram ouvidos técnicos e especialistas sobre o tema, passa pelo teste do princípio da razoabilidade. A tese apresentada pelo ministro é no sentido de não caber ao Poder Judiciário impor, sob o fundamento do princípio da precaução, o reaparelhamento de linhas de transmissão a partir do parâmetro normativo que não conste de obrigação legal tecnicamente consubstanciada.

A ministra Cármen Lúcia, votando pelo provimento do recurso, ressaltou, em seu voto, que o princípio da precaução é aplicado quando há dúvida, mas dúvida razoável. Segundo ela, decidiu acompanhar o relator após os esclarecimentos obtidos a partir da audiência pública, levando em conta, também, o fato de que, após a prolação do acórdão do Tribunal de Justiça do Estado de São Paulo questionado no Recurso Extraordinário, sobreveio a legislação que assegurou o respeito ao princípio da precaução, concluindo que "não há a comprovação da existência do risco na aplicação desta lei tal como está posta".

O ministro Gilmar Mendes votou também com o relator. Ele reforçou o argumento trazido pelo ministro Teori Zavascki no sentido de que, se no futuro se chegar a um laudo que indique que os dados científicos que foram incorporados pela legislação estão ultrapassados, a norma pode passar a ser considerada inconstitucional, a chamada inconstitucionalidade superveniente. Todavia, até lá, entendeu o ministro ter-se demonstrado que, segundo os parâmetros utilizados pela legislação brasileira – que seguem os parâmetros internacionais (sendo a norma Suíça uma exceção ao seguido pelos demais países) –, não se discrepou da inteligência adotada, e, portanto, "operou com critérios de segurança".

Já para o ministro Marco Aurélio, que acompanhou a divergência, o embate nesse processo é desequilibrado, por envolver de um lado o poder econômico e de outro a população, destacando que a prova técnica das instâncias ordinárias, reproduzida pelo acórdão recorrido, traria elementos dos danos potenciais à população menos afortunada que a Recorrente. Assim, ante a controvérsia sobre os efeitos da radiação e a possiblidade de ocorrência de danos para a população, incluindo várias doenças graves, as medidas determinadas pelo Tribunal de Justiça do Estado de São Paulo seriam razoáveis e proporcionais.

Por fim, o ministro Celso de Mello reconheceu que o princípio da precaução desempenha papel de fundamental importância, acompanhando a divergência. Citando trechos do acórdão atacado e a possibilidade de ligação entre os campos eletromagnéticos e certas patologias graves, especialmente o câncer, ele salientou que, conforme doutrina e jurisprudência, sempre que houver probabilidade de que o dano se concretize a partir de qualquer atividade, impõe-se ao Estado a adoção de medidas de índole cautelar destinadas a preservar a incolumidade do meio ambiente e proteger a integridade da vida e saúde humanas. Por isso, correta estaria a decisão do TJSP recorrida, à luz dos preceitos constitucionais.

Considerações finais

Observa-se que, a despeito dos votos divergentes ao relator, que invocaram indiscriminadamente o princípio da precaução para justificar a obrigatoriedade das concessionárias com a redução do campo eletromagnético de suas linhas de transmissão, prevaleceu o entendimento da proporcionalidade, que buscou equilibrar o exercício das liberdades e dos direitos dos indivíduos, das empresas e das organizações com uma margem de segurança razoável, ancorada pela não evidência científica de que os efeitos à exposição "a valores de campos eletromagnéticos, acima dos limites estabelecidos, cause efeitos adversos à saúde".

Com efeito, os vários estudos e revisões feitas até a data de apreciação do tema pela Suprema Corte compartilham a conclusão de que, atendidos os níveis de exposição estabelecidos pela ICNIRP, não existe indício de que as radiações geradas por campos eletromagnéticos possam causar efeitos adversos à saúde.

Vale frisar, essas pesquisas sobre campos eletromagnéticos têm sido conduzidas por mais de cinquenta anos, e o banco de dados disponível nos anos 90 subsidiou o desenvolvimento do padrão da Comissão Internacional de Proteção às Radiações Não Ionizantes (International Commission on Non-Ionizing Radiation Protection – ICNIRP), recomendado pela OMS e que prevalece no mundo inteiro. Esse padrão ICNIRP foi hoje ampliado e ainda não houve quem provasse que a exposição a campos eletromagnéticos, dentro desses limites, pudesse apresentar algum risco à saúde humana ou ao meio ambiente.

Daí o entendimento de que a manutenção desses campos eletromagnéticos dentro dos limites estabelecidos e aceitos internacionalmente não poderia ser considerada como "dúvida razoável" para fins de aplicação de medidas, em princípio, não proporcionais.

De toda forma, a decisão majoritária da Corte não deve ser tratada como uma condição irreversível, sendo passível de alteração caso surjam novos dados que alterem o conteúdo fático dessa realidade.

Referências

AGÊNCIA NACIONAL DE TELECOMUNICAÇÕES. *Dados sobre número de telefones móveis e fixos até setembro de 2005*. Disponível em: http://www.anatel.gov.br. Acesso em 10 jan. 2006.

ANTUNES, Paulo de Bessa. *Direito ambiental*. Rio de Janeiro: Lumen Juris, 2002.

AYRES, José Ricardo de Carvalho *Mesquita*. *Sobre o risco*: para compreender a epidemiologia. São Paulo: Hucitec, 2002.

BRINDEIRO, Geraldo. A implementação das normas de direito ambiental no Brasil: o papel do Ministério Público. Revista da Procuradoria-Geral da República, São Paulo: Ed. RT, v. 8, p. 104, 1996. *In*: VAZ, Paulo Afonso Brum; MENDES, Murilo. Meio ambiente e mineração. *Revista de direito ambiental*, São Paulo: Ed. RT, v. 7, p. 16, 1997.

CLÈVE, Clèmerson Merlin. *Atividade Legislativa do Poder Executivo no Estado Contemporâneo e na Constituição de 1988*. São Paulo: Revista dos Tribunais, 1993.

COMISSÃO EUROPÉIA. *Comunicação da Comissão Europeia sobre o Princípio da Precaução*. Fev. 2000. Disponível em: http://europa.eu.inticommidgs/ health_consumedlibrary/press/press38_ern.litml. Acesso em 10 jan. 2006.

CORTE EUROPÉIA DE JUSTIÇA. *Processo nº C-241/01*, National Farmers Union contra Secrétariat General du Governement. Conclusões do Advogado-Geral, apresentadas em 02.07.2002. Disponível em: dattp://curia. eu.int/jurisp. Acesso em 10 jan. 2006.

DERANI, Cristiane. *Direito ambiental econômico*. 3. ed. São Paulo: Saraiva, 2008.

FOSTER, Kenneth, R. The Precautionary Principie – Common Sense or Environmental Extremism? *!ee Technology and Society Magazine*, v. 21, Issue 4, p. 8-13, Winter 2002-2003. Disponível em: http://repository. upenn.edui be_papers/28/. Acesso em 10 jan. 2006.

FOSTER, Kenneth, R. *Texto-base para a apresentação feita na Conferência "Aplicação do Princípio da Precaução"*, co-organizada pela Comissão Europeia e pelo Instituto Norte-Americano de Saúde Ambiental, em Luxemburgo. Fev. 2003. Disponível em: http://www.seas.upenn.eduí-kfosterikfoster.htm. Acesso em 10 jan. 2006.

HAMMERSCHMIDT, Denise. Risco na sociedade contemporânea e o princípio da precaução no direito ambiental. *Revista de Direito Ambiental*, São Paulo: Revista dos Tribunais, n. 31, 2003.

HERMITTE, M-A. Os fundamentos jurídicos da sociedade do risco – Uma análise de U. Beck. *In*: VARELLA, Marcelo Dias (Org.). *Governo dos Riscos*. Brasília: Rede Latino-Americana-Europeia sobre Governo dos Riscos, 2005.

HOONG, Ng Kwan. *Radiation, Mobile Phones, Base Stations and Your Health*. Malásia: Comissão de Comunicações e Multimídia da Malásia, 2003.

INTERNATIONAL AGENCY FOR RESEARCH ON CANCER. O *Interphone Project*. Disponível em: http://www.iarc.fr. Acesso em 10 jan. 2006.

MACHADO, Paulo Affonso Leme. *Estudos de direito ambiental*. São Paulo: Malheiros, 1994.

MACHADO, Paulo Affonso Leme. *Direito Ambiental Brasileiro*. São Paulo: Malheiros, 2004.

MARCHESAN, Ana Maria Moreira. As estações rádio-base de telefonia celular no contexto de uma sociedade de riscos. *Revista de Direito Ambiental*, São Paulo: Revista dos Tribunais, n. 39, 2005.

MARCHESAN, Ana Maria Moreira *et al. Direito ambiental*. 2. ed. Porto Alegre: Verbo Jurídico, 2005.

MILARÉ, Édis. *Direito do Ambiente*. 11. ed. São Paulo: Revista dos Tribunais, 2018.

MILARE, Édis; SETZER, Joana. Aplicação do princípio da precaução em áreas de incerteza científica: exposição a campos eletromagnéticos gerados por estações de radiobase. *Revista de direito ambiental*, São Paulo: Ed. RT, v. 41, p. 7-25, 2006.

MIRRA, Álvaro Luiz Valery. Princípios fundamentais do direito ambiental. *Revista de direito ambiental*, São Paulo: Ed. RT, v. 2, p. 36-62, 1996.

MUKAI, Toshio. *Direito ambiental sistematizado*. 6. ed. Rio de Janeiro: Forense Universitária, 2007.

MOBILE MANIFACTURERS FORUM. *Radiofrequência e efeitos biológicos* informações científicas atualizadas. Bruxelas: Mobile Manifacturers Fórum, 2004.

NAIM-GERBERT, Eric. *Les dimensions scientifiques du droit de l'environnement*: contribuition à l'étude des rapports de la science et du droit. Bruxelas: Vubpress, 2001.

OST, François. *A natureza à margem da Lei. A ecologia à prova do direito*. Lisboa: Instituto Piaget, 1995.

PRIEUR, Michel. *Droit de l'environnement*. Paris: Dalloz, 2004.

SILVA, Geraldo Eulálio do Nascimento e. *Direito ambiental internacional*: meio ambiente, desenvolvimento sustentável e os desafios da nova ordem mundial. 2. ed. Rio de Janeiro: Thex Ed. Biblioteca Estácio de Sá, 2002.

SOARES, Guido Fernando Silva. *Direito internacional do meio ambiente*: emergência, obrigações e responsabilidades. São Paulo: Atlas, 2001.

SUBSTEIN, Cass R. *Laws of Fear – beyond the precautionary principie*. Reino Unido: Cambridge University Press, 2005.

UNIVERSIDADE DE BRASÍLIA. Departamento de Engenharia Elétrica. *Sistemas de telefonia celular:* respondendo ao chamado da razão. Brasília: ACEL, 2005.

TAVARES, Walkyria Menezes Leitão Tavares. Consultoria Legislativa da Área XIV (Comunicação Social, Informática, Telecomunicações, Sistema Postal, Ciência e Tecnologia). *Radiação das antenas do serviço móvel celular e seu tratamento na legislação brasileira e de outros países*. Câmara dos Deputados, 2004.

VARELLA, Marcelo Dias; PLATIAU, Ana Flavia Barros (Org.). *Princípio da Precaução. Coleção Direito Ambiental em Debate*. Belo Horizonte: Del Rey, 2004. v. 1.

VARELLA, Marcelo Dias (Org.). *Governo dos Riscos*. Brasília: Pallotti, 2005.

WORLD HEALTH ORGANIZATION. *Banco de dados com estudos e revisões da Organização Mundial da Saúde*. Disponível em: www.whointipeh-emf/en. Acesso em 10 jan. 2006.

WORLD HEALTH ORGANIZATION. *Diretrizes da OMS para o desenvolvimento de medidas preventivas em áreas de incerteza científica*. Disponível em: http://www.who.intipeh-emf. Acesso em 10 jan. 2006.

Informação bibliográfica deste texto, conforme a NBR 6023:2018 da Associação Brasileira de Normas Técnicas (ABNT):

MILARÉ, Édis. Limites da aplicação do princípio da precaução em áreas de incerteza científica: exposição a campos eletromagnéticos das linhas de transmissão de energia elétrica. (Repercussão Geral no Recurso Extraordinário nº 627.189/SP). Imposição de obrigação à Eletropaulo para redução do campo eletromagnético de uma de suas linhas de transmissão. *In*: BENJAMIN, Antônio Herman Vasconcelos e; FREITAS, Vladimir Passos de; SOARES JÚNIOR, Jarbas (Coord.). *Comentários aos acórdãos ambientais*: paradigmas do Supremo Tribunal Federal. Belo Horizonte: Fórum, 2021. p. 275-288. ISBN 978-65-5518-077-0.

A APLICAÇÃO DO PRINCÍPIO DO NÃO RETROCESSO DE PROTEÇÃO AMBIENTAL DIANTE DA LEI Nº 12.651/2012 (NOVO CÓDIGO FLORESTAL) E ALTERAÇÕES TRAZIDAS PELA LEI Nº 12.727/2012:

ANÁLISE DO VOTO DO MINISTRO GILMAR MENDES NA AÇÃO DECLARATÓRIA DE CONSTITUCIONALIDADE Nº 42

RELATOR: MINISTRO GILMAR MENDES

CRISTINA SEIXAS GRAÇA

EMENTA: DIREITO CONSTITUCIONAL. DIREITO AMBIENTAL. ART. 225 DA CONSTITUIÇÃO. DEVER DE PROTEÇÃO AMBIENTAL. NECESSIDADE DE COMPATIBILIZAÇÃO COM OUTROS VETORES CONSTITUCIONAIS DE IGUAL HIERARQUIA. ARTIGOS 1º, IV; 3º, II E III; 5º, *CAPUT* E XXII; 170, *CAPUT* E INCISOS II, V, VII E VIII, DA CRFB. DESENVOLVIMENTO SUSTENTÁVEL. JUSTIÇA INTERGERACIONAL. ALOCAÇÃO DE RECURSOS PARA ATENDER AS NECESSIDADES DA GERAÇÃO ATUAL. ESCOLHA POLÍTICA. CONTROLE JUDICIAL DE POLÍTICAS PÚBLICAS. IMPOSSIBILIDADE DE VIOLAÇÃO DO PRINCÍPIO DEMOCRÁTICO. EXAME DE RACIONALIDADE ESTREITA. RESPEITO AOS CRITÉRIOS DE ANÁLISE DECISÓRIA EMPREGADOS PELO FORMADOR DE POLÍTICAS PÚBLICAS. INVIABILIDADE DE ALEGAÇÃO DE "VEDAÇÃO AO RETROCESSO". NOVO CÓDIGO FLORESTAL. AÇÕES DIRETAS DE INCONSTITUCIONALIDADE E AÇÃO DECLARATÓRIA DE CONSTITUCIONALIDADE JULGADAS PARCIALMENTE PROCEDENTES. (STF: AÇÃO DECLARATÓRIA DE CONSTITUCIONALIDADE Nº 42. DISTRITO FEDERAL. Data do julgamento: 28.02.2018).

Introdução

Neste momento, em que é incontestável uma preocupação geral em relação às consequências negativas das mudanças climáticas, à extinção em massa de espécies e à escassez de recursos naturais, o Brasil, possuidor de uma das maiores biodiversidade do mundo, tem conduzido de forma controversa a questão ambiental. Com a edição do novo marco regulatório de proteção à vegetação nativa, a Lei nº 12.651/2012, alterada pela Lei nº 12.727/2012, denominado Novo Código Florestal, esse contexto ficou ainda mais evidenciado.

Essa nova lei sofreu um combate severo junto ao Supremo Tribunal Federal – STF, tendo em vista o ajuizamento de diversas ações arguindo sua inconstitucionalidade e culminou com um julgamento histórico e de relevância para a política ambiental brasileira.

A Ação Declaratória de Constitucionalidade (ADC) nº 42 e as Ações Diretas de Inconstitucionalidade (ADI) nºs 4.901, 4.902, 4.903, e a 4.937, de 22.02.2018 propostas pelo Ministério Público brasileiro e pelo Partido Socialismo e Liberdade (PSOL) buscaram questionar, em síntese, o provável retrocesso socioambiental trazido pela norma de 2012 que, entre outras determinações, reduziu o instituto da reserva legal, dispensou sua constituição para determinados tipos de empreendimentos, anistiou os produtores rurais que desmataram áreas de reserva legal e preservação permanente antes de 22.07.2008, enquanto a ação de constitucionalidade de autoria do Partido Progressista (PP) na ADC abordou sua total conformidade aos artigos 186 e 225 da Constituição Federal.

Dessa maneira, após quase uma década de promulgação da lei em comento, com enormes discussões, acadêmicas, cientificas e jurídicas, ainda há questionamento se a votação do STF em 2018 representou, na prática, um retrocesso para a proteção da qualidade do meio ambiente, especialmente para os ecossistemas florestais e a biodiversidade, criando, por conseguinte, uma atmosfera em prol do desmatamento consolidada pela concessão de anistia aos degradadores, e ferindo gravemente o direito fundamental ao meio ambiente ecologicamente equilibrado, vez que ele se encontra localizado no "*núcleo duro*" dos direitos fundamentais previstos na Constituição Federal de 1988 e blindado contra tais retrocessos.

Este artigo tem por escopo analisar, mesmo que perfunctoriamente, o voto do ministro do Supremo Tribunal Federal Gilmar Mendes no julgamento da ADC nº 42, que também apreciou as matérias contidas nas ADIs, sob a luz do princípio de não retrocesso, da existência do fato consumado e da segurança jurídica. A decisão da Suprema Corte em face das ações interpostas tratou de 23 tópicos da nova legislação e destes, 18 foram considerados constitucionais.

Assim, a análise e discussão dos motivos determinantes do voto parecem importantes para a ativação da consciência ambiental num atual cenário político, social, econômico e cultural de muita resistência à visão protetiva e enorme influência de grupos e setores econômicos sobre a legislação ambiental brasileira.

A partir da leitura e análise do voto foi realizada uma revisão bibliográfica acerca dos argumentos que conduziram a decisão pela constitucionalidade da maioria dos dispositivos do novo Código Florestal, suas prováveis consequências e a necessidade de constantes estudos técnico-científicos em vista do bem ambiental afetado.

1 Principais alterações trazidas pelo novo Código Florestal

A Lei nº 12.651/2012, que dispõe sobre a proteção da vegetação nativa; altera as Leis nº 6.938, de 31 de agosto de 1981, nº 9.393, de 19 de dezembro de 1996, e nº 11.428, de 22 de dezembro de 2006; revoga as Leis nº 4.771, de 15 de setembro de 1965, e nº 7.754, de 14 de abril de 1989, e a Medida Provisória nº 2.166-67, de 24 de agosto de 2001. Essa norma trouxe profundas modificações ao regime jurídico de proteção ambiental da Reserva Legal (RL), das Áreas de Preservação Permanente (APPs) e inovações controversas como a regulação do Cadastro Ambiental Rural (CAR) e da Cota de Reserva Ambiental (CRA).

Outra relevante mudança refere-se à permissão de continuidade de atividades ilegalmente instaladas em áreas ambientalmente protegidas, desde que anteriores a 22 de julho de 2008, e 31 de dezembro de 2007, para áreas rurais e urbanas respectivamente. Essas áreas foram definidas como áreas rural e urbana consolidadas, por meio dos incisos IV e XXVI do artigo 3º, justificadas tais condições pela teoria do fato consumado e da segurança jurídica aos infratores.

Quanto à Reserva Legal, o artigo 12 do Novo Código Florestal dispensa, em alguns casos, os proprietários do referido instituto – que tem a finalidade precípua de salvaguardar a biodiversidade nativa brasileira –, priorizando, dessa maneira, um suposto desenvolvimento econômico em detrimento da proteção ambiental.

Nesse sentido, também se mostra perigosa a permissão legal trazida no §3º do artigo 66 do Novo Código Florestal, de recompor a Reserva Legal com espécies exóticas. É importante destacar que as espécies exóticas representam uma das principais ameaças à biodiversidade nativa. Assim, a introdução de espécies exóticas desvirtua a função precípua das reservas legais, de conservação de espécies nativas e a sua exploração sustentável.

2 O pedido contido na ADC nº 42 e a decisão frente ao voto examinado

A ADC nº 42, com pedido de medida cautelar ajuizada pelo Partido Progressista (PP), teve por finalidade estabelecer que os dispositivos da Lei nº 12.651/2012 e as modificações realizadas pela Lei nº 12.727/2012, a saber: alínea "b" dos incisos VIII, XIX e parágrafo único do art. 3º; art. 4º, §§1º, 4º e 6º; as expressões "de 30 metros e máxima" e "de 15 metros e máxima" no art. 5º; art. 7º, §3º; art. 8º, §2º; art. 12, §§4º, 5º, 6º, 7º e 8º; art. 13, §1º; art. 15; art. 44; art. 48, §2º; art. 59; art. 60; art. 61-A; art. 61-B; art. 61-C; art. 63; art. 66, §3º e §5º, incisos II e III e §6º; art. 67; art. 68 e, por fim, art. 78-A, estão conforme a Constituição Federal no tocante à proteção ao meio ambiente e à função social da propriedade rural.

E o ministro Gilmar Mendes, ao apreciar a ADC nº 42 decidiu da seguinte forma: a) declarou a inconstitucionalidade das expressões "gestão de resíduos" e "instalações necessárias à realização de competições esportivas estaduais, nacionais e internacionais", previstas no art. 3º, inciso VIII, letra b, nos termos do voto do Relator; b) concedeu interpretação conforme aos artigos 3º, inciso XVII, e 4º, inciso IV, no sentido "de que os entornos das nascentes e dos olhos d'água intermitentes configuram área de preservação permanente", nos termos do voto do Relator; c) declarou a inconstitucionalidade das expressões "demarcadas" e "tituladas", contidas no art. 3º, parágrafo único, nos termos do voto do Relator; d) atribuiu interpretação conforme ao art. 48, §2º, para se determinar que a compensação da reserva legal ocorra apenas entre áreas com identidade ecológica, nos termos da proposta do ministro Marco Aurélio; e) conferiu interpretação conforme aos §§4º e 5º do art. 59, "de modo a afastar, no decurso da execução dos termos de compromisso subscritos nos Programas de Regularização Ambiental, o risco de decadência ou prescrição, seja dos ilícitos ambientais praticados antes de 22 de julho de 2008, seja das sanções deles decorrentes, aplicando-se extensivamente o disposto no §1º do art. 60, segundo o qual 'a prescrição ficará interrompida durante o período de suspensão da pretensão punitiva'; e, f) por fim, declarou a constitucionalidade dos demais dispositivos questionados.

3 A necessidade de aplicação do princípio do não retrocesso de proteção ambiental

O principal aspecto examinado no julgamento para justificar a constitucionalidade da maioria dos dispositivos da lei impugnada, é que o voto analisado rejeita a aplicação do princípio da vedação de retrocesso à proteção ambiental e se fundamenta na ponderação de princípios constitucionais em favor da segurança jurídica, do desenvolvimento sustentável e da efetividade da proteção do meio ambiente.

Argumenta, ainda, que a própria Constituição Federal permite, em matéria ambiental, alteração de níveis de tutela, citando o artigo 225, §1º, inciso III, que trata da possibilidade de alteração e supressão de espaços territoriais protegidos e das Unidades de Conservação por lei. Constrói o seu fundamento sob a perspectiva de permissão constitucional de variação de níveis protetivos, ao afirmar que:

> (...) em que pese à amplitude da tutela constitucional conferida ao meio ambiente, não é possível infirmar que seja inconstitucional a variação de níveis de proteção ambiental, desde que resguardado o núcleo duro do direito ao meio ambiente ecologicamente equilibrado, mesmo porque eventuais perdas ambientais podem ser compensadas, por exemplo, pela preservação de outras áreas ou mesmo por instrumentos.[1]

Nesse sentido, o voto concluiu que não houve retrocesso na proteção ao meio ambiente, ocorrendo apenas uma autorização constitucional para modificação dos níveis de proteção, mediante a possibilidade de compensação aos danos existentes.

Com o devido o respeito à interpretação emanada no voto e à doutrina nele colacionada, é necessário salientar que não se pode de forma simplista determinar o afastamento da aplicação do princípio de não retrocesso ambiental sem que se promova a compreensão ecológica do objeto desta proteção e dos efeitos materiais concretos da nova norma que incidirão sobre o bem afetado. Com base nessa abordagem, trazemos as conclusões de Ayala ao se referir à proibição de retrocesso nos níveis de proteção:

> Qualquer abordagem sobre a noção de proibição de retrocesso, incluída aqui uma abordagem ecológica sobre o princípio, não pode prescindir de que se determine, primeiro, de que o objeto se ocupa a proteção de retrocesso, mais especificamente, de garantir uma proteção dos efeitos materiais da norma no plano da proteção concreta dos bens ou uma proteção de uma determinada realidade normativa (das realidades existenciais proporcionadas, ou de posições jurídicas constituídas), e depois, de que modo pode ser demonstrada uma situação objetiva de retrocesso ou de reversão proibida.[2]

---

[1] INTEIRO TEOR DO VOTO DO MINISTRO GILMAR MENDES NA ADC Nº 42. p. 544-566. Disponível em: / processos/downloadPeca.asp?id=15340792543&ext=.pdf. Acesso em 21 jan. 2020.

[2] AYALA, Patryck de Araújo. *Devido processo ambiental e o direito fundamental ao meio ambiente.* Rio de Janeiro: Lumen Juris, 2011. p. 256-259.

Diante dos efeitos materiais concretos da legislação sobre o bem ambiental, é importante levar em consideração o contexto em que tais leis ambientais foram elaboradas na atual realidade brasileira. Descortina-se uma maior flexibilização da proteção ambiental para privilegiar interesses de uma minoria que tem poder de controle e comando nas escolhas legislativas, e acabam por ampliar a fragmentação da legislação, além de se beneficiar da falta de estrutura dos órgãos de controle, como salienta Marchesan,[3] permitindo com isso a apropriação setorial dos bens ambientais, que são definitivamente de natureza difusa. Setores econômicos, portanto, se organizam de maneira aparentemente democrática e legítima, conseguem impor leis que afetam os ecossistemas e a governança ambiental. Tudo justificado na conquista de um suposto "patamar ótimo" de crescimento econômico para elaboração das chamadas "leis de ocasião".[4]

Por toda essa conjuntura, é importante definir o ponto de equilíbrio em que se verificam os retrocessos de proteção ambiental, a construção conformadora do poder legislativo e a interpretação da constitucionalidade dessas leis pelo poder judiciário, delineando qual o modelo de desenvolvimento proposto. Com essa conformação, vão se destacando argumentações contrárias ao que balizou a Constituição Federal para a defesa do meio ambiente, como a existência do fato consumado e a segurança jurídica alegada, visando a perpetuação da degradação produzida em razão das atividades econômicas, o que fragiliza o dever fundamental de proteção ambiental do Estado e da coletividade.

Nesse caso, em face da hegemonia econômica sobre a elaboração das leis, parece desarrazoado avaliar a pertinência constitucional da Lei nº 12.651/2012, sem realizar uma análise sistêmica de todos os efeitos materiais dela nos ecossistemas impactados.

3.1 O limite discricionário do legislador para redução do direito fundamental ao meio ambiente: necessidade de embasamento científico que determine a possibilidade de redução da proteção prevista na constituição e na legislação infraconstitucional

Ao comentar sobre o princípio do não retrocesso, Benjamin[5] registra a situação de que a doutrina e a jurisprudência majoritária consideram a proibição de retrocesso como um princípio geral insculpido na Constituição Brasileira, e também conformado em outras normas, como no artigo 2º da Lei nº 6.938/1981, Política Nacional do Meio Ambiente, que inclui como objetivo da política nacional de meio ambiente o princípio da conservação e melhoria da qualidade ambiental propícia à vida.

Assim, com a obrigação de conservação e melhoria da qualidade ambiental e diante de uma realidade de desastres climáticos, é de se garantir cada vez mais a aplicação do princípio de não retrocesso a ser invocado na avaliação da legitimidade de iniciativas legislativas destinadas a reduzir o patamar de tutela legal do meio

---

[3] MARCHESAN, Ana Maria Moreira. *O fato consumado em matéria ambiental.* Salvador: JusPodivm, 2019.

[4] STRECK, Lenio Luiz. *Dicionário de Hermenêutica*: quarenta temas fundamentais da teoria do Direito á luz da Crítica Hermenêutica do Direito. Belo Horizonte: Casa do Direito, 2017. p. 257.

[5] BENJAMIN, Antônio Herman. *Princípio da proibição de retrocesso ambiental. Colóquio sobre o princípio da proibição de retrocesso ambiental.* Brasília: Senado Federal, 2012.

ambiente, mormente naquilo que afete em particular a) processos ecológicos essenciais, b) ecossistemas frágeis ou à beira de colapso, e c) espécies ameaçadas de extinção".[6]

Como se pode inferir técnica e cientificamente, as inúmeras alterações da lei de proteção à vegetação nativa reduziu, infundadamente, a proteção de áreas com maior fragilidade, destinadas a garantir o equilíbrio ambiental, e que prestam inúmeros serviços ambientais insubstituíveis[7] como foi ostensivamente demonstrado, especialmente, em estudos realizados pela comunidade científica e apresentados durante o julgamento.

O voto em comento, ao afastar o princípio geral de não retrocesso, deveria, sem dúvida, se arrimar em uma fundamentação científica e técnica que contestasse os inúmeros estudos apresentados antes e durante o julgamento das ações. Esses estudos e pesquisas tiverem reforço na audiência pública de 18.04.16, no STF, quando cientistas de notório saber na matéria advertiram sobre diversas situações em que a nova lei retrocedia na proteção. Mencionaram, só para exemplificar, como prejuízo decorrente da aplicação da lei, a redução na Amazônia de quase 400 mil km^2 de APP que passariam a ser desmatadas legalmente e que a recomposição da RL com espécies exóticas revelava proteção insuficiente em certas regiões do país, pois elas são uma das principais causas de perda de biodiversidade nativa nos ecossistemas.

Destacaram, entre outros danos, que ao isentar propriedades rurais de recuperação da RL, em razão da quantidade de módulos fiscais existente na propriedade, gerou uma imensidão de áreas sem recuperação, já que um módulo fiscal pode ultrapassar 100 hectares.[8] Essa alteração poderá promover um efeito impactante, favorecendo a redução da cobertura florestal da Amazônia para níveis abaixo dos 60%, que é considerado um percentual no limiar crítico para manutenção da conectividade (ou continuidade) física da floresta.

Visando lastrear os julgadores como propõe a doutrina da hermenêutica do Direito Ambiental, robustas contribuições científicas acerca dos efeitos materiais concretos da lei foram trazidas ao julgamento pelo Grupo de Trabalho da Sociedade Brasileira para o Progresso da Ciência – SPBC e da Academia Brasileira de Ciência – ABC,[9] esclarecendo as consequências de cada dispositivo impugnado nas ADIs. Contudo, em momento algum do voto em comento, se observa menção a tais estudos.

---

[6] BENJAMIN, Antônio Herman. *Princípio da proibição de retrocesso ambiental. Colóquio sobre o princípio da proibição de retrocesso ambiental*. Brasília: Senado Federal, 2012.

[7] A Avaliação Ecossistêmica do Milênio (MEA, 2005) organizada pela ONU elaborou uma classificação dos serviços ecossistêmicos, demonstrando a sua importância para a manutenção da vida, e com a finalidade de orientar a governança ambiental, políticas públicas e o sistema de avaliação de impacto ambiental em muitos países. (MILLENIUM ECOSYSTEM ASSESSMENT. *Relatório síntese da avaliação ecossistêmica do milênio*. Disponível em: https://www.millenniumassessment.org/documents/document.446.aspx.pdf. Acesso em 29 jan. 2020).

[8] Na audiência pública de 18 de abril de 2016, no Supremo Tribunal, a Professora Nurit Bensusan, ressaltou a redução de APP no leito regular de rio, aduzindo que: "Quando a gente examina essas imagens do Rio Cuiabá, vale mencionar um outro dispositivo questionado pela ADI nº 4.903, a questão da consideração da borda da calha do leito regular do rio – que já foi dito aqui – como ponto a partir do qual se define a APP. O Código Florestal anterior considerava o nível mais alto da água na faixa marginal como ponto inicial para medição das áreas de preservação permanente. Tal dispositivo reduz as áreas de preservação permanente na Amazônia em 400 mil km^2, ou seja, uma área equivalente ao Paraguai pode ser agora legalmente desmatada". BRASIL. Ministério Público Federal. Memorial da Procuradoria Geral da República. *Inconstitucionalidade de dispositivos do Código Florestal (Lei nº 12.657/2012)*. Brasília, DF, 9 out. 2017. Disponível em: http://www.mpf.mp.br/pgr/documentos/Memorial_AADDI_4901_NovoCodigoFlorestal.pdf. Acesso em 20 dez. 2019.

[9] ACADEMIA BRASILEIRA DE CIÊNCIA – ABC. *O código florestal e a ciência – contribuições para o diálogo*. São Paulo, 2011. Disponível em: http://www.abc.org.br/IMG/pdf/doc-547.pdf. Acesso em 09 fev. 2020.

Considerando a inegável transdisciplinaridade de normas ambientais e a importância do embasamento técnico-científico das decisões judiciais nessa matéria, é de notar que dados do IBGE evidenciaram que a devastação das florestas brasileiras, entre 2000 e 2010, teve como maior responsável a expansão de atividades agrícolas. Cerca de 236.600km² de áreas foram desflorestadas para lavouras, quase o tamanho do Estado de São Paulo, representando 65% do total do desmate no período, com expansão das áreas para pastagens de cerca de mais de 35% do desflorestamento. Dessa forma, a atividade em 10 anos ocupou 127.200km² de áreas da Amazônia ou da Mata Atlântica. Agregado a esses números, o Instituto Nacional de Pesquisa – INPE confirma o aumento do desmatamento das florestas nativas brasileiras entre 2002 até 2019, como sendo o pior quadro do Bioma Amazônico, que alcançou em 2019 um índice de quase 183% de aumento.[10]

Esses dados permitem que os tomadores de decisão possam avaliar o potencial degradador da atividade agrícola sob as florestas nativas e adotem posição de maior proteção, como determina a Constituição Federal e a Política Nacional do Meio Ambiente.[11]

Fica evidente que pelo avanço da atividade agrícola, o nível de preservação e de restauração dos processos ecológicos essenciais, relacionado diretamente às florestas nativas e à biodiversidade brasileira estava crítico quando da elaboração da nova lei, o que deveria ter sido considerado como mais um impeditivo da redução da proteção ambiental em prol do agronegócio. É mais do que significativo que os conceitos de ecologia sejam trazidos para a elaboração de normas ambientais e essa visão mais abrangente na provisão dos processos ecológicos precisa ser compreendida por quem faz a norma e por quem decide conflitos instaurados em decorrência dela.

Nessa linha, propõe-se também uma articulação com o princípio da resiliência, aqui conceituado como a capacidade que um ecossistema tem de absorver distúrbios, readaptar-se e persistir funcionando dentro de determinado domínio de estabilidade.[12]

Quanto a todos esses aspectos, Ayala[13] expõe que apesar do legislador ter o poder de realizar escolhas acerca do estágio de desenvolvimento de direitos fundamentais, ele não pode dispor livremente sobre eles. Complementa a construção do pensamento focado na orientação de Novais,[14] no sentido de que a função legislativa pode efetivamente alterar ou revisar um nível de proteção existente, contudo, está condicionada a fazê-lo "mediante a apresentação e a demonstração de relevantes razões jusfundamentais de justificação", impondo-lhes, destarte, limites não discricionários à atuação legislativa.

Em face do modelo construtivo da norma, em prol da atividade econômica, dos estudos científicos existentes para arrimar a não redução de proteção, dos fatos comprovados de descumprimento ilegal da lei anterior com graves prejuízos aos processos ecológicos essenciais num momento de crise climática, do avanço da atividade agrícola,

---

[10] WATANABE, Phillippe. *Desmatamento na Amazônia cresce 183% em dezembro em relação ao mesmo mês de 2018.* São Paulo, 14 jan. 2020. Disponível em: https://www1.folha.uol.com.br/ambiente/2020/01/desmatamento-na-amazonia-cresce-183-em-dezembro-em-relacao-ao-mesmo-mes-de-2018.shtml. Acesso em 15 mar. 2020.

[11] UOL. *IBGE:* Agricultura é maior responsável por desmatamento de florestas no país. São Paulo, 25 set. 2015. Disponível em: https://noticias.uol.com.br/meio-ambiente/ultimas-noticias/redacao/2015/09/25/fronteiras-agricolas-sao-maiores-responsaveis-por-desmatamento-diz-ibge.htm. Acesso em 15 mar. 2020.

[12] DEMANGE, Lia Helena Monteiro de Lima. Resiliência ecológica: o papel do indivíduo, da empresa e do Estado. *Revista de Direito Ambiental,* v. 82, abr./jun. 2016.

[13] AYALA, Patryck de Araújo. *Devido processo ambiental e o direito fundamental ao meio ambiente.* Rio de Janeiro: Lumen Juris, 2011. p. 256-259.

[14] NOVAIS, Jorge Reis. *As restrições aos direitos fundamentais não expressamente autorizadas pela Constituição.* Coimbra: Coimbra Editora, 2003. p. 138.

permitindo o seu desenvolvimento econômico, tem-se motivos determinantes para a aplicação do princípio do não retrocesso do patamar protetivo na interpretação da (in) constitucionalidade proposta, principalmente por sua natureza ética, prática e judiciária, como explica Cook.[15] Nesse diapasão, relata Benjamin,[16] em síntese, que, no controle judicial de retrocesso ambiental não se deve esquecer que a degradação ambiental, por representar um custo social, "gera uma tributação para as gerações futuras, encargos esses que da sua imposição política os nossos descendentes não participaram".

4 O fato consumado, a segurança jurídica e a decisão de constitucionalidade que acatou a anistia dos degradadores baseada na teoria dedutiva hipotética

Para justificar a decisão de que a nova lei florestal tem efetiva constitucionalidade, o voto sob análise faz alusão ao racionalismo crítico de Karl Popper[17] (teoria do método hipotético dedutivo vinculado à falseabilidade e aos limites da ciência) e por isso aquilata que não seria possível comparar leis criadas em tempos diferentes, vez que as ciências biológicas e a forma de praticar a agricultura evoluíram muito nesse período e haveria insegurança da área jurídica em decidir sob tema afeto à ciência e à tecnologia.

Conquanto não haja menção expressa no voto à teoria do fato consumado, para garantir a manutenção da degradação de APPs e RLs pelos proprietários rurais, praticada durante a vigência da lei anterior, ele foi consagrado ao considerar adequada e proporcional a substituição da multa pelo descumprimento da lei, sob o argumento de que 89% das propriedades rurais são pequenas e médias, com dificuldades de recompor áreas degradadas.

Examinando os argumentos citados, é possível concordar apenas que entre a lei de 1965 e a de 2012, a ciência evoluiu extraordinariamente e continua demonstrando a importância e o valor dos processos ecológicos essenciais nos espaços especialmente protegidos e previstos na lei anterior, inclusive com mais segurança e tempo de experimentação, conforme alertas da comunidade cientifica.

É de conhecimento geral que hoje a agricultura e a pecuária extensiva atuam com técnicas muito mais degradadoras, como a ocupação de grandes extensões territoriais e uso intenso de água em campos irrigados por quase 24 horas por dia, como no caso das plantações de soja transgênicas, milho, cana de açúcar e outras monoculturas, além de utilizar cada vez mais pesticidas e agrotóxicos altamente prejudiciais à saúde humana e aos ecossistemas.[18] Riscos que precisam ser considerados, e que o tempo poderá confirmar, como prejudicial para a própria economia.

---

[15] R. J. COOK. Reservation to the convention on the elimination of all forms of discrimination Aigainst Women. *30 VJIL*, p. 643-716, 1990.

[16] BENJAMIN, Antônio Herman. *Princípio da proibição de retrocesso ambiental. Colóquio sobre o princípio da proibição de retrocesso ambiental*. Brasília: Senado Federal, 2012.

[17] POPPER, Karl. *A vida é aprendizagem*: epistemologia evolutiva e sociedade aberta. Lisboa: Edições 70, 2017. p. 142-143.

[18] O Brasil é o campeão de uso de agrotóxicos no mundo, permitiu, em 2019 e 2020, a entrada no país e o uso de mais de 400 tipos de agrotóxicos, inclusive alguns banidos no continente europeu. (FERREIRA, Ivanir. Lançado na Europa mapa do envenenamento de alimentos no Brasil. *Jornal da USP*, 01 jul. 2019. Disponível em: https://jornal.usp.br/ciencias/ciencias-ambientais/lancado-na-europa-mapa-do-envenenamento-de-alimentos-no-brasil/. Acesso em 19 jan. 2020).

Conforme excepcional pesquisa realizada por Marchesan,[19] em pelo menos 13 acórdãos do Superior Tribunal de Justiça, os ministros daquela corte decidiram pelo afastamento do fato consumado em matéria ambiental, inclusive atrelando a decisão à responsabilidade solidária do particular e do Estado para a reparação do dano. Deste modo, harmonizaram entendimento no sentido de que o Novo Código Florestal não pode retroagir para atingir o ato jurídico perfeito, os direitos ambientais adquiridos e a coisa julgada, tampouco pode reduzir áreas e obrigações sem as necessárias compensações ambientais.

Com riscos e danos significativos, amplamente expostos nesta senda da alteração do Código Florestal, permitir que quase 50 anos de descumprimento da lei florestal seja anistiado e que a reparação ambiental adequada não ocorra é atribuir o ônus da degradação produzida e da necessidade de sua possível restauração a todas as gerações, tanto do presente quanto do futuro.

Cabe, perfeitamente, mais uma vez trazer a lição de Marchesan sobre a aplicação do fato consumado na análise de constitucionalidade da anistia concedida aos proprietários rurais que descumpriram o antigo Código Florestal:

> O fato consumado promove uma distorção nessa relação, pois convoca o intérprete, o julgador ou o administrador a aceitar o dano ilícito ao meio ambiente, banalizando a degradação e desconsiderando um outro princípio, também com matriz constitucional e já reconhecido pela Suprema Corte brasileira, que é o da reparação integral (art. 225, §1º, inc. I, da CF), o qual fundamenta a ideia, reiteradamente pronunciada nos recentes acórdãos do STJ, da inexistência de um direito adquirido de poluir.[20]

Sob o império desse paradigma é que não se permite aceitar a derrogação do princípio da reparação integral do dano ambiental e, consequentemente, causar uma insegurança jurídica para a manutenção e a melhoria dos processos ecológicos, diante do quanto foi proposto na lei nova. Em especial pelo fato de que, ao criar os mecanismos de compensação em contrapartida à manutenção da degradação de áreas protegidas ou com limitações de uso, não estabeleceu qualquer parâmetro adequado de compensação ecológica ou indenização pecuniária equivalente à degradação praticada. O sistema jurídico ambiental tem definido de forma precisa, como bem esclarece Mirra,[21] que a ideia de compensação implica numa certa equivalência, dentro do possível em relação ao quanto foi perdido com a degradação ambiental e o que vai ser alcançado com a restauração do ambiente ao seu estado anterior. Ao propor normas para a compensação do dano, o legislador deve considerar a equivalência ecológica do bem lesado, a razoabilidade e a proporcionalidade da reparação, além de calcular o valor dos serviços ambientais perdidos.[22]

Também não se pode falar em segurança jurídica para direitos que são inexistentes, pois as áreas consolidadas nas propriedades urbanas ou rurais se constituíram sob o manto da ilegalidade, e que a omissão ou a incapacidade operacional do estado em

---

[19] MARCHESAN, Ana Maria Moreira. *O fato consumado em matéria ambiental*. Salvador: JusPodivm, 2019. p. 124.

[20] MARCHESAN, Ana Maria Moreira. *O fato consumado em matéria ambiental*. Salvador: JusPodivm, 2019. p. 159.

[21] MIRRA, Álvaro Luiz Valery. *Ação civil pública e a reparação do dano ao meio ambiente*. São Paulo: Juarez de Oliveira, 2002. p. 288.

[22] COSTANZA, Robert *et al.* The value of the world's ecosystem services and natural capital. *Nature*, v. 387, 1997.

coibir tais práticas, permitindo que essa situação fática se consolidasse no tempo, não cria direito adquirido de poluir e não gera qualquer segurança jurídica para degradadores.

Em decisão relevante sobre o fato consumado, o ministro Herman Benjamim, no acórdão de sua relatoria, no Recurso Especial nº 948921/SP,[23] baseando-se no princípio da equidade intergeracional prevista na Constituição pátria, afirma, peremptoriamente, que o tempo é incapaz de curar ilegalidades ambientais de natureza permanente.[24]

Considerações finais

É um desafio a análise do voto em comento, num contexto em que a sociedade brasileira enfrenta dificuldades para concretizar o almejado Estado de Direito Ambiental diante do modelo de desenvolvimento planejado e executado pela classe econômica dominante e forças políticas. Essas modestas impressões sobre os fundamentos da interpretação da constitucionalidade da lei referem-se a aspectos pontuais e não têm a pretensão de esgotar o tema.

Na apreciação da complexa decisão da ADC nº 42, para compatibilização da constitucionalidade do novo Código Florestal, com a obrigação de efetivação de direito fundamental ao meio ambiente ecologicamente equilibrado e ao desenvolvimento sustentável, ficou delineada a indispensável imersão do julgador no campo da ciência e da técnica para tomada de decisão.

A atual conformação social, de avanços tecnológicos constantes e mutantes, com a rapidez e fluidez de informações, deduz que o jurista constitucional deve preocupar-se com o modo de julgar questões desse jaez, mesclando a análise jurídica aos conhecimentos técnico e científico, visando evitar a consolidação de danos e as consequências que serão pagas e cobradas no futuro, por quem não deu causa à degradação.

Isso corresponde a concluir que em face do ordenamento jurídico ambiental, e pelos princípios do não retrocesso, da reparação integral do dano, pela não incidência do fato consumado em matéria ambiental e para a segurança jurídica ambiental, o conhecimento cientifico e tecnológico existente, apontando que uma lei nova traz uma redução ou flexibilização da proteção alcançada sem o estabelecimento de compensação em equivalente ecológico, ou a reparação integral do dano, seja considerada uma modificação inconstitucional, observando, ainda, o princípio do *in dubio pro ambiente*.

É salutar que a comunidade cientifica continue a elaborar estudos e a promover uma análise crítica sobre os efeitos da nova lei nos ecossistemas afetados, principalmente após o julgamento do STF, visando embasar a proteção adequada e definir no plano ecológico seus efeitos deletérios, pois, sem considerar o conhecimento científico e as experiências vividas ao longo dos próximos anos, a manutenção da lei pode gerar consequências irremediáveis para a conservação da biodiversidade, para a manutenção de serviços ecossistêmicos e para um desenvolvimento socioeconômico duradouro. Afinal, o mandamento constitucional de melhoria contínua dos níveis de proteção ambiental,

---

[23] BRASIL. Superior Tribunal de Justiça. *Recurso Especial nº 948.921 – SP (2005/0008476-9)*. Relator: Ministro Herman Benjamin. Data do julgamento: 23 de outubro de 2007. Brasília – DF. Disponível em: http://amazonia. ibam.org.br/jurisprudencia/download/VQD8u&&7C&&7CmfEBQCKyjBJjPtqUITY6Dalk6ODxEnZrIIKYc&& 3D. Acesso em 20 dez. 2019.

[24] Neste ponto, importante observar acerca da Teoria do Fato Consumado a Súmula nº 613 do STJ.

previsto no artigo 225, caput, da Constituição da República, e inserto na Política Nacional de Meio Ambiente, não pode ser descumprido, ficando sempre resguardando o que, na relação com o crescimento econômico, é o mais frágil, ou seja, o meio ambiente.

Referências

AB'SÁBER, Aziz Nacib. Do código florestal para o código da biodiversidade. *Biota Neotropica*, São Paulo, 2010. Disponível em: http://www.biotaneotropica.org.br/v10n4/pt/fullpaper?bn01210042010+pt. Acesso em 17 jan. 2020.

ACADEMIA BRASILEIRA DE CIÊNCIA – ABC. *O código florestal e a ciência – contribuições para o diálogo*. São Paulo, 2011. Disponível em: http://www.abc.org.br/IMG/pdf/doc-547.pdf. Acesso em 09 fev. 2020.

AYALA, Patryck de Araújo. *Devido processo ambiental e o direito fundamental ao meio ambiente*. Rio de Janeiro: Lumen Juris, 2011.

BENJAMIN, Antônio Herman. *Princípio da proibição de retrocesso ambiental*. Colóquio sobre o princípio da proibição de retrocesso ambiental. Brasília: Senado Federal, 2012.

BRASIL. *Constituição da República Federativa do Brasil de 1988*: promulgada em 5 de outubro de 1988. 55. ed. atual. ampl. São Paulo: Saraiva, 2019.

BRASIL. Lei Federal nº 4.771, de 15 de setembro de 1965. Institui o Novo Código Florestal. *Diário Oficial da União*, Brasília, DF, 16 set. 1965, retificado em 28 set. 1965. Disponível em: http://www.planalto.gov.br/ccivil_03/leis/l4771.htm. Acesso em 20 dez. 2019.

BRASIL. Lei nº 6.938, de 31 de agosto de 1981. Dispõe sobre a Política Nacional do Meio Ambiente, seus fins e mecanismos de formulação e aplicação, e dá outras providências. *Diário Oficial da União*, Brasília, DF, 02 set. 1981. Disponível em: http://www.planalto.gov.br/CCIVIL/LEIS/L6938.htm. Acesso em 21 jan. 2020.

BRASIL. Lei Federal nº 12.651, de 25 de maio de 2012. Dispõe sobre a proteção da vegetação nativa; altera as Leis nºs 6.938, de 31 de agosto de 1981, 9.393, de 19 de dezembro de 1996, e 11.428, de 22 de dezembro de 2006; revoga as Leis nºs 4.771, de 15 de setembro de 1965, e 7.754, de 14 de abril de 1989, e a Medida Provisória nº 2.166-67, de 24 de agosto de 2001; e dá outras providências. *Diário Oficial da União*, Brasília, DF, 25 mai. 2012. Disponível em: http://www.planalto.gov.br/ccivil_03/_ato2011-2014/2012/lei/l12651.htm. Acesso em 15 jan. 2020.

BRASIL. Lei Federal nº 12.727 de 17 de outubro de 2012. Altera a Lei nº 12.651, de 25 de maio de 2012, que dispõe sobre a proteção da vegetação nativa; altera as Leis nºs 6.938, de 31 de agosto de 1981, 9.393, de 19 de dezembro de 1996, e 11.428, de 22 de dezembro de 2006; e revoga as Leis nºs 4.771, de 15 de setembro de 1965, e 7.754, de 14 de abril de 1989, a Medida Provisória nº 2.166-67, de 24 de agosto de 2001, o item 22 do inciso II do art. 167 da Lei nº 6.015, de 31 de dezembro de 1973, e o §2º do art. 4º da Lei nº 12.651, de 25 de maio de 2012. *Diário Oficial da União*, Brasília, DF, 18 out. 2012. Disponível em: http://www.planalto.gov.br/ccivil_03/_ato2011-2014/2012/lei/l12727.htm. Acesso em 16 jan. 2020.

BRASIL. Ministério Público Federal. Memorial da Procuradoria Geral da República. *Inconstitucionalidade de dispositivos do Código Florestal (Lei nº 12.657/2012)*. Brasília, DF, 9 out. 2017. Disponível em: http://www.mpf. mp.br/pgr/documentos/Memorial_AADDI_4901_NovoCodigoFlorestal.pdf. Acesso em 20 dez. 2019.

BRASIL. Superior Tribunal de Justiça. *Recurso Especial nº 948.921 – SP (2005/0008476-9)*. Relator: Ministro Herman Benjamin. Data do julgamento: 23 de outubro de 2007. Brasília – DF. Disponível em: http://amazonia. ibam.org.br/jurisprudencia/download/VQD8u&&7C&&7CmfEBQCKyjBJjPtqUITY6Dalk6ODxEnZrIIKYc&&3D. Acesso em 20 dez. 2019.

BRASIL. Superior Tribunal de Justiça. *Súmula nº 613*. Não se admite a aplicação da teoria do fato consumado em tema de Direito Ambiental. Súmula nº 613, PRIMEIRA SEÇÃO, julgado em 09.05.2018, DJe 14.05.2018.

CANDIOTTO, Luciano Zanetti Pessoa; VARGAS, Fábio Alves de. Principais Alterações no Novo Código Florestal Brasileiro e os Principais Impactos ao Meio Ambiente. *Observatorium: Revista Eletrônica de Geografia*, v. 9, n. 22, p. 181-207, mai./ago. 2018.

CANOTILHO, José Joaquim Gomes. *Direito Constitucional Ambiental Brasileiro*. São Paulo: Saraiva, 2015.

COSTANZA, Robert *et al.* The value of the world's ecosystem services and natural capital. *Nature*, v. 387, 1997.

DEMANGE, Lia Helena Monteiro de Lima. Resiliência ecológica: o papel do indivíduo, da empresa e do Estado. *Revista de Direito Ambiental*, v. 82, abr./jun. 2016.

FERRAJOLI, Luigi. *Principios juris*: teoría del derecho y de la democracia. Madrid: Trotta, 2016.

FERREIRA, Ivanir. Lançado na Europa mapa do envenenamento de alimentos no Brasil. *Jornal da USP*, 01 jul. 2019. Disponível em: https://jornal.usp.br/ciencias/ciencias-ambientais/lancado-na-europa-mapa-do-envenenamento-de-alimentos-no-brasil/. Acesso em 19 jan. 2020.

GALETTI, M. *et al.* Mudanças no código florestal e seu impacto na ecologia e diversidade dos mamíferos no Brasil. *Biota Neotropica*, São Paulo, 2010. Disponível em: http://www.biotaneotropica.org.br/v10n4/pt/fullpaper?bn00710042010+pt. Acesso em 20 jan. 2020.

LANDAU, E. C. *et al. Variação geográfica do tamanho dos módulos fiscais no Brasil*. Sete Lagoas-MG: Embrapa, 2012. Disponível em: https://www.infoteca.cnptia.embrapa.br/bitstream/doc/949260/1/doc146.pdf. Acesso em 20 jan. 2020.

LEITE, José Rubens Morato; AYALA, Patryck de Araújo Ayala. *Dano ambiental*: do individual ao coletivo extrapatrimonial. Teoria e prática. 5. ed. rev., atual. e ampl. São Paulo: Editora Revista dos Tribunais, 2012.

LEITE, José Rubens Morato. *Dano ambiental na sociedade de risco*. São Paulo: Saraiva, 2012.

MARCHESAN, Ana Maria Moreira. *O fato consumado em matéria ambiental*. Salvador: JusPodivm, 2019.

MIRRA, Álvaro Luiz Valery. *Ação civil pública e a reparação do dano ao meio ambiente*. São Paulo: Juarez de Oliveira, 2002.

NOVAIS, Jorge Reis. *As restrições aos direitos fundamentais não expressamente autorizadas pela Constituição*. Coimbra: Coimbra Editora, 2003.

POPPER, Karl. *A vida é aprendizagem*: epistemologia evolutiva e sociedade aberta. Lisboa: Edições 70, 2017.

R. J. COOK. Reservation to the convention on the elimination of all forms of discrimination Aigainst Women. *30 VJIL*, p. 643-716, 1990.

SARLET, Ingo Wolfgang; FENSTERSEIFER, Tiago. *Direito Constitucional Ambiental*. 2. ed. São Paulo: Revista dos Tribunais, 2012.

SARLET, Ingo Wolfgang; FENSTERSEIFER, Tiago. *Dano ambiental na sociedade de risco*. São Paulo: Saraiva, 2012.

SARLET, Ingo Wolfgang; FENSTERSEIFER, Tiago. *A eficácia dos direitos fundamentais*. 7. ed. Porto Alegre: Livraria do Advogado, 2007.

STRECK, Lenio Luiz. *Dicionário de Hermenêutica*: quarenta temas fundamentais da teoria do Direito à luz da Crítica Hermenêutica do Direito. Belo Horizonte: Casa do Direito, 2017.

UOL. *IBGE*: Agricultura é maior responsável por desmatamento de florestas no país. São Paulo, 25 set. 2015. Disponível em: https://noticias.uol.com.br/meio-ambiente/ultimas-noticias/redacao/2015/09/25/fronteiras-agricolas-sao-maiores-responsaveis-por-desmatamento-diz-ibge.htm. Acesso em 15 mar. 2020.

WATANABE, Phillippe. *Desmatamento na Amazônia cresce 183% em dezembro em relação ao mesmo mês de 2018*. São Paulo, 14 jan. 2020. Disponível em: https://www1.folha.uol.com.br/ambiente/2020/01/desmatamento-na-amazonia-cresce-183-em-dezembro-em-relacao-ao-mesmo-mes-de-2018.shtml. Acesso em 15 mar. 2020.

Informação bibliográfica deste texto, conforme a NBR 6023:2018 da Associação Brasileira de Normas Técnicas (ABNT):

GRAÇA, Cristina Seixas. A aplicação do princípio do não retrocesso de proteção ambiental diante da Lei nº 12.651/2012 (Novo Código Florestal) e alterações trazidas pela Lei nº 12.727/2012: análise do voto do Ministro Gilmar Mendes na Ação Declaratória de Constitucionalidade nº 42. *In*: BENJAMIN, Antônio Herman Vasconcelos e; FREITAS, Vladimir Passos de; SOARES JÚNIOR, Jarbas (Coord.). *Comentários aos acórdãos ambientais*: paradigmas do Supremo Tribunal Federal. Belo Horizonte: Fórum, 2021. p. 289-300. ISBN 978-65-5518-077-0.

AMBIENTE: UM DIREITO DE SEGUNDA CLASSE?

(EXCURSO SOBRE O VOTO DO MINISTRO LUÍS ROBERTO BARROSO NA ADC Nº 42/DF)

JOSÉ ADÉRCIO LEITE SAMPAIO

EMENTA: DIREITO CONSTITUCIONAL. DIREITO AMBIENTAL. ART. 225 DA CONSTITUIÇÃO. DEVER DE PROTEÇÃO AMBIENTAL. NECESSIDADE DE COMPATIBILIZAÇÃO COM OUTROS VETORES CONSTITUCIONAIS DE IGUAL HIERARQUIA. ARTIGOS 1º, IV; 3º, II E III; 5º, *CAPUT* E XXII; 170, *CAPUT* E INCISOS II, V, VII E VIII, DA CRFB. DESENVOLVIMENTO SUSTENTÁVEL. JUSTIÇA INTERGERACIONAL. ALOCAÇÃO DE RECURSOS PARA ATENDER AS NECESSIDADES DA GERAÇÃO ATUAL. ESCOLHA POLÍTICA. CONTROLE JUDICIAL DE POLÍTICAS PÚBLICAS. IMPOSSIBILIDADE DE VIOLAÇÃO DO PRINCÍPIO DEMOCRÁTICO. EXAME DE RACIONALIDADE ESTREITA. RESPEITO AOS CRITÉRIOS DE ANÁLISE DECISÓRIA EMPREGADOS PELO FORMADOR DE POLÍTICAS PÚBLICAS. INVIABILIDADE DE ALEGAÇÃO DE "VEDAÇÃO AO RETROCESSO". NOVO CÓDIGO FLORESTAL. AÇÕES DIRETAS DE INCONSTITUCIONALIDADE E AÇÃO DECLARATÓRIA DE CONSTITUCIONALIDADE JULGADAS PARCIALMENTE PROCEDENTES. (STF: AÇÃO DECLARATÓRIA DE CONSTITUCIONALIDADE Nº 42. DISTRITO FEDERAL. Data do julgamento: 28.02.2018).

O Novo Código Florestal, Lei nº 12.651/2012, gerou ampla discussão entre ambientalistas e estudiosos do Direito Ambiental. Retrocesso era a palavra de ordem. O ambiente havia perdido sensivelmente sua proteção para os interesses econômicos, o direito fundamental ao meio ambiente ecologicamente equilibrado havia sido duramente vulnerado.[1]

---

[1] WEISSHEIMER, Marco. Cientistas apontam graves problemas no Código Florestal. *Extraclasse*, 17 mar. 2012. Disponível em: https://www.extraclasse.org.br/opiniao/colunistas/2012/03/cientistas-apontam-graves-problemas-no-codigo-florestal/. Acesso em 11 mar. 2020; AGÊNCIA ESTADO. Para ambientalistas, novo Código Florestal é 'retrocesso'. *AE*, 29 mai. 2012. Disponível em: https://www.em.com.br/app/noticia/politica/2012/05/29/interna_politica,296975/para-ambientalistas-novo-codigo-florestal-e-retrocesso.shtml. Acesso em 11 mar. 2020; INSTITUTO SOCIAMBIENTAL. *Estudo do ISA revela que nova Lei Florestal trouxe retrocesso ambiental em três municípios do Xingu.* 5 jun. 2015. Disponível em: https://www.socioambiental.org/pt-br/noticias-socioambientais/estudo-do-isa-revela-que-novo-codigo-florestal-trouxe-retrocesso-ambiental-em-tres-municipios-do-xingu-mtpa. Acesso em 11 mar. 2020; FONSECA, Vandré. O desastre da mudança do Código Florestal em números. *Eco*, 30 abr. 2014. Disponível em: https://www.oeco.org.br/noticias/28260-o-desastre-da-mudanca-do-codigo-

Entre os empresários, havia um tímido festejo, embora com as lantejoulas de uma necessária atualização das normas.[2]

A polêmica chegou ao Supremo Tribunal Federal por meio de cinco ações do controle concentrado de constitucionalidade: foram quatro ações diretas de inconstitucionalidade e uma ação declaratória de constitucionalidade.[3] Em julgamento conjunto, finalizado em 28 de fevereiro de 2018, a Corte assim decidiu:

> (a) Art. 3º, inciso VIII, alínea b, e inciso IX (alargamento das hipóteses que configuram interesse social e utilidade pública): "As hipóteses de intervenção em áreas de preservação permanente por utilidade pública e interesse social devem ser legítimas e razoáveis para compatibilizar a proteção ambiental com o atendimento a outros valores constitucionais (...). O regime de proteção das áreas de preservação permanente (APPs) apenas se justifica se as intervenções forem excepcionais, na hipótese de inexistência de alternativa técnica e/ou locacional. (...). Ademais, não há justificativa razoável para se permitir intervenção em APPs para fins de gestão de resíduos e de realização de competições esportivas estaduais, nacionais ou internacionais, sob pena de subversão da prioridade constitucional concedida ao meio ambiente em relação aos demais bens jurídicos" – (i) interpretação conforme à Constituição aos incisos VIII e IX do artigo 3º da Lei nº 12.651/2012, de modo a se condicionar a intervenção excepcional em APP, por interesse social ou utilidade pública, à inexistência de alternativa técnica e/ou locacional à atividade proposta, e (ii) declaração de inconstitucionalidade das expressões gestão de resíduos e instalações necessárias à realização de competições esportivas estaduais, nacionais ou internacionais, do artigo 3º, VIII, b, da Lei nº 12.651/2012; (b) Art. 3º, XVII, e art. 4º, IV (exclusão das nascentes e dos olhos d'água intermitentes das áreas de preservação permanente): "Não cabe ao Judiciário criar requisitos extras para a permissão legal já estabelecida, limitando os sujeitos beneficiados a comunidades tradicionais ou até mesmo proibindo a utilização de agrotóxicos. A possibilidade excepcional do uso agrícola de várzeas é compatível com a otimização da produtividade sustentável em consonância com realidade dos pequenos produtores do país, sendo a definição de requisitos gerais e abstratos tarefa a ser exercida, por excelência, pelo Poder Legislativo" – interpretação conforme ao artigo 4º, inciso IV, para reconhecer que os entornos das nascentes e dos olhos d'água intermitentes configuram área de preservação permanente; (c) Art. 3º, XIX (alteração do conceito de leito regular): "O legislador possui discricionariedade para modificar a metragem de áreas de preservação ambiental, na medida em que o art. 225, §1º, III, da Constituição, expressamente permite

---

florestal-em-numeros/. Acesso em 11 mar. 2020; CASTELO, Thiago B. Legislação Florestal Brasileira e Políticas de Governo de Combate ao Desmatamento na Amazônia Legal. *Ambiente & Sociedade*, v. 18, n. 4, p. 221-242, dec. 2015.

[2] COSTA, Fátima. Código Florestal foi um avanço para o País. Entrevista com Samanta Pineda. *Dinheiro Rural*, n. 8, 1 jul. 2011. Disponível em: https://www.dinheirorural.com.br/secao/entrevista/o-codigo-florestal-foi-um-avanco-para-o-pais. Acesso em 11 mar. 2020; STEPHANES, Reinhold. Novo Código Florestal e o setor produtivo. *Folha de S. Paulo*, 3 jun. 2012. Disponível em: https://www1.folha.uol.com.br/fsp/opiniao/46567-novo-codigo-florestal-e-o-setor-produtivo.shtml. Acesso em 15 mar. 2020.

[3] A Procuradoria-Geral da República ajuizou, em 21 de janeiro de 2013, três ações (ADIs nºs 4.901/DF; 4.902/DF e 4.903/DF). O Partido Socialismo e Liberdade (PSOL) ingressou, em 4 de abril de 2016, uma (ADI nº 4.937/DF) e o Partido Progressista (PP) ajuizou em 8 de abril de 2016, uma (ADC nº 42/DF). Foram objeto das ações: (i) na ADI nº 4.901/DF: art. 12, §§4º, 5º, 6º, 7º e 8º ; art. 13, §1º; art. 15; art. 28 (pedido de interpretação conforme); art. 48, §2º; art. 66, §3º, §5º, II, III e IV e §6º ; e art. 68; (ii) na ADI nº 4.902/DF: art. 7º, §3º; art. 17, §3º; art. 59, §§4º e 5º; art. 60, art. 61-A; art. 61-B; art. 61-C; art. 63; art. 67; e art. 78-A; (iii) na ADI nº 4.903/DF: art. 3º, VIII, "b", IX, XVII, XIX e parágrafo único ; art. 4º, III, IV, §§1º, 4º, 5º e 6º; art. 5º; art. 8º, §2º; art. 11 e art. 62; (iv) na ADI nº 4.937/DF: além dos dispositivos impugnados acima, o art. 44 e §2º do art. 59; (v) ADC nº 42/DF: art. 3º, VIII, " b", XIX e parágrafo único; art. 4º, §§1º, 4º e 6º; art. 5º, expressões "de 30 metros e máxima" e "de 15 metros e máxima"; art. 7º, §3º; art. 8º, §2º; art. 12, §§4º, 5º, 6º, 7º e 8º; art. 13, §1º; art. 15; art. 44; art. 48, §2º; art. 60; art. 61-A; art. 61-B; art.61-C; art. 63; art. 66, §§3º e 5º, II e III, e §6º; art. 67; art. 68; e, por fim, o art. 78-A.

que a lei altere ou suprima espaços territoriais e seus componentes a serem especialmente protegidos" – declaração de constitucionalidade; (d) Art. 3º, parágrafo único (extensão do tratamento dispensado à pequena propriedade ou posse rural familiar aos imóveis com até 4 módulos fiscais): "O tamanho da propriedade em módulos fiscais é critério legítimo para a incidência das normas especiais sobre Áreas de Preservação Permanente e de Reserva Legal previstas nos artigos 52 e seguintes do novo Código Florestal, quanto mais quando em concurso com outras formalidades, como a inscrição no cadastro ambiental rural (CAR) e o controle e a fiscalização dos órgãos ambientais competentes. (...). [A] exigência de demarcação de terras indígenas e da titulação das áreas de povos e comunidades tradicionais, como pressuposto para a aplicação do aludido regime especial, viola o art. 231 da CF e o art. 68 da ADCT" – declaração de inconstitucionalidade das expressões demarcadas e tituladas, do art. 3º, parágrafo único, da Lei nº 12.651/2012; (e) Art. 4º, inciso III e §§1º e 4º (áreas de preservação permanente no entorno de reservatórios artificiais que não decorram de barramento de cursos d'água naturais e de reservatórios naturais ou artificiais com superfície de até um hectare): declaração de constitucionalidade; (f) Art. 4º, §5º (uso agrícola de várzeas em pequenas propriedades ou posses rurais familiares): "A possibilidade excepcional do uso agrícola de várzeas é compatível com a otimização da produtividade sustentável em consonância com a realidade dos pequenos produtores do país, sendo a definição de requisitos gerais e abstratos tarefa a ser exercida, por excelência, pelo Poder Legislativo" – declaração da constitucionalidade; (g) Art. 4º, incisos I, II, e §6º (permissão do uso de APPs à margem de rios e no entorno de lagos e lagoas naturais para implantar atividades de aquicultura): "O legislador estabeleceu rígidos critérios para a admissão da referida atividade, a serem perquiridos em concreto pelo órgão ambiental competente. Havendo autorização legal restrita a pequenas e médias propriedades, proibição a novas supressões de vegetação nativa, necessidade de inscrição no Cadastro Ambiental Rural (CAR), exigência de compatibilidade com os respectivos planos de bacia ou planos de gestão de recursos hídricos, bem como imposição de práticas sustentáveis de manejo de solo e água e de recursos hídricos" – declaração de constitucionalidade; (h) Artigos 5º, caput e §§1º e 2º, e 62 (redução da largura mínima da APP no entorno de reservatórios d'água artificiais implantados para abastecimento público e geração de energia): "O estabelecimento legal de metragem máxima para áreas de proteção permanente (...) constitui legítima opção de política pública ante a necessidade de compatibilizar a proteção ambiental com a produtividade das propriedades contíguas, em atenção a imperativos de desenvolvimento nacional e eventualmente da própria prestação do serviço público de abastecimento ou geração de energia (art. 175 da CF). (...) [A] definição de dimensões diferenciadas da APP em relação a reservatórios registrados ou contratados no período anterior à MP nº 2166-67/2001 se enquadra na liberdade do legislador para adaptar a necessidade de proteção ambiental às particularidades de cada situação" – declaração de constitucionalidade; (i) Artigos 7º, §3º, e 17, caput e §3º (desnecessidade de reparação de danos ambientais anteriores a 22.8.2008 para a obtenção de novas autorizações para suprimir vegetação em APPs e para a continuidade de atividades econômicas em RLs): "O novo Código Florestal levou em consideração a salvaguarda da segurança jurídica e do desenvolvimento nacional (art. 3º, II, da CRFB) ao estabelecer uma espécie de marco zero na gestão ambiental do país, sendo, consectariamente, constitucional a fixação da data de 22 de julho de 2008 como marco para a incidência das regras de intervenção em Área de Preservação Permanente ou de Reserva Legal" – declaração de constitucionalidade; (j) Art. 8º, §2º (possibilidade de intervenção em restingas e manguezais para a execução de obras habitacionais e de urbanização em áreas urbanas consolidadas ocupadas por população de baixa renda): "o legislador promoveu louvável compatibilização entre a proteção ambiental e os vetores constitucionais de erradicação da pobreza e da marginalização, e redução das desigualdades sociais (art. 3º, IV, da CRFB); de promoção do direito à moradia (art. 6º da CRFB); de promover a construção de moradias e a melhoria das condições habitacionais e de saneamento básico (art. 23, IX, da CRFB); de combater as causas da pobreza e os fatores de marginalização, promovendo a integração social dos setores desfavorecidos (art. 23, X, da CRFB); e de estabelecer política de desenvolvimento urbano para ordenar o pleno desenvolvimento das funções sociais da cidade e garantir o bem-estar de seus habitantes (art. 182 da CRFB)" – declaração de constitucionalidade; (k) Art. 11 (possibilidade de manejo florestal sustentável para o exercício de atividades agrossilvipastoris em áreas de inclinação entre 25 e 45 graus): "... se insere na margem de discricionariedade do legislador, máxime quando estabelecidos critérios para a autorização dessas práticas, exigindo dos órgãos ambientais a fiscalização da observância de boas práticas agronômicas, bem como vedando a conversão de novas áreas para as atividades mencionadas" – declaração de constitucionalidade; (l) Art. 12, §§4º e 5º (possibilidade de redução da Reserva Legal para até 50% da área total do imóvel em face da existência, superior a determinada extensão do Município ou Estado, de unidades de conservação da natureza de domínio público e de terras indígenas homologadas): "O Judiciário não é órgão dotado de expertise ou legitimidade democrática para definir percentuais de espaços territoriais especialmente protegidos (...). Relativamente aos Municípios, as normas impugnadas visam a possibilitar uma alternativa institucional de manutenção da viabilidade e autonomia da municipalidade que tenha sua área sensivelmente afetada por iniciativa dos Estados (mediante a criação de unidades de conservação estadual), ou da União (seja pela instituição de unidades federais de proteção ambiental, seja pela homologação de terras indígenas)" – declaração de constitucionalidade; (m) Art. 12, §§6º, 7º e 8º (dispensa de reserva legal para exploração de potencial de energia hidráulica e construção ou ampliação de rodovias e ferrovias): "... opção do legislador amparada pelos benefícios gerados quanto à satisfação dos objetivos constitucionais de prestação de serviços de energia elétrica e de aproveitamento energético dos cursos de água (art. 21, XII, b, da CRFB), de exploração dos potenciais de energia hidráulica (art. 176 da CRFB), de atendimento do direito ao transporte (art. 6º da CRFB) e de integração das regiões do país (art. 43, §1º, I)" – declaração da constitucionalidade; (n) Art. 68 (dispensa de os proprietários que realizaram supressão de vegetação nativa respeitando os percentuais da legislação revogada se adaptarem às regras mais restritivas do novo Código Florestal): "A aplicação da norma sob a regra *tempus regit actum* para fins de definição do percentual de área de Reserva Legal encarta regra de transição com vistas à preservação da segurança jurídica (art. 5º, caput, da Constituição). O benefício legal para possuidores e proprietários que preservaram a vegetação de seus imóveis em percentuais superiores ao exigido pela legislação anterior, consistente na possibilidade de constituir servidão ambiental, Cota de Reserva Ambiental e outros instrumentos congêneres, traduz formato de política pública inserido na esfera de discricionariedade do legislador" – declaração de constitucionalidade; (o) Art. 13, §1º (possibilidade de redução da reserva legal para até 50% da área total do imóvel rural): "A redução ou aumento da Reserva Legal pelo poder público federal, por indicação do Zoneamento Ecológico-Econômico estadual, para fins de regularização em imóveis com área rural consolidada na Amazônia Legal, valoriza as particularidades das áreas, com o intuito de fixar alternativas de uso e gestão que oportunizam as vantagens competitivas do território, contempladas variadas atividades de preservação e desenvolvimento em níveis nacional, regional e local" – declaração de constitucionalidade; (p) Art. 15 (possibilidade de se computar as Áreas de Preservação Permanente para cômputo do percentual da Reserva Legal, em hipóteses legais específicas): "... a incidência cumulativa de ambos os institutos em uma mesma propriedade pode aniquilar substancialmente a sua utilização produtiva. O cômputo das Áreas de Preservação Permanente no percentual de Reserva Legal resulta de legítimo exercício, pelo legislador, da função que lhe assegura o art. 225, §1º, III, da Constituição, cabendo-lhe fixar os percentuais de proteção que atendem da melhor forma os valores constitucionais atingidos, inclusive o desenvolvimento nacional (art. 3º, II, da CRFB) e o direito de propriedade (art. 5º, XXII, da

CRFB)"- declaração de constitucionalidade; (q) Art. 28 (proibição de conversão de vegetação nativa para uso alternativo do solo no imóvel rural que possuir área abandonada): "A ausência de vedação específica à conversão para uso alternativo do solo em áreas subutilizadas ou mal utilizadas não ofende a Constituição, mercê de o legislador ter transferido ao órgão ambiental competente a tarefa de apreciar a forma de utilização do imóvel ao decidir sobre o requerimento de autorização para a referida conversão" – declaração de constitucionalidade; (r) Arts. 44; 48, §2º; e 66, §§5º e 6º (Cota de Reserva Ambiental CRA): "... além de atender aos ditames do art. 225 da Constituição, no que se refere à proteção do meio ambiente, esse instrumento ["Market-based"] introduzido pelo novo Código Florestal também satisfaz o princípio da eficiência, plasmado no art. 37, caput, da Carta Magna. Por fim, a necessidade de compensação entre áreas pertencentes ao mesmo bioma, bem como a possibilidade de compensação da Reserva Legal mediante arrendamento da área sob regime de servidão ambiental ou Reserva Legal, ou, ainda, por doação de área no interior de unidade de conservação, são preceitos legais compatíveis com a Carta Magna, decorrendo de escolha razoável do legislador em consonância com o art. 5º, caput e XXIV, da Constituição" – (i) declaração de constitucionalidade dos artigos 44, e 66, §§5º e 6º, do novo Código Florestal; e (ii) interpretação conforme a Constituição ao art. 48, §2º, para permitir compensação apenas entre áreas com identidade ideológica; (s) Arts. 59 e 60 (Programas de Regularização Ambiental – PRAs): "Os Programas de Regularização Ambiental (PRAs) promovem transição razoável entre sistemas legislativos, revelando técnica de estabilização e de regularização das situações jurídicas (...). Necessidade de resguardar a interrupção da prescrição punitiva durante a execução do PRA, mediante interpretação conforme dos dispositivos questionados" – (i) interpretação conforme do artigo 59, §§4º e 5º, de modo a afastar, no decurso da atuação de compromissos subscritos nos Programas de Regularização Ambiental, o risco de decadência ou prescrição, seja dos ilícitos ambientais praticados antes de 22.7.2008, seja das sanções dele decorrentes; e (ii) declaração de constitucionalidade do artigo 60 da Lei nº 12.651/2012; (t) Art. 66, §3º (possibilidade de plantio intercalado de espécies nativas e exóticas para recomposição de área de Reserva Legal): "Não existem elementos empíricos que permitam ao Judiciário afirmar, com grau de certeza, que a introdução de espécies exóticas compromete a integridade dos atributos de áreas de Reserva Legal. Tampouco há provas científicas de que utilização de espécies exóticas para o reflorestamento de biomas sempre prejudica as espécies nativas ou causa desequilíbrio no habitat. (...) A literatura científica pode conferir mais certeza sobre as características da espécie exótica, como a sua interação com outras espécies ou resposta a pragas, em contraposição ao possível desconhecimento do comportamento da espécie nativa [e] todos esses elementos devem ser considerados pelo órgão competente do Sisnama ao estabelecer os critérios para a recomposição da Reserva Legal. (...). É defeso ao Judiciário, sob pena de nociva incursão em tarefa regulatória especializada, impor ao Administrador espécies de plantas a serem aplicadas em atividades de reflorestamento" – declaração de constitucionalidade; (u) Arts. 61-A, 61-B, 61-C, 63 e 67 (regime das áreas rurais consolidadas até 22.7.2008): "O Poder Legislativo dispõe de legitimidade constitucional para a criação legal de regimes de transição entre marcos regulatórios, por imperativos de segurança jurídica (art. 5º, caput, da CRFB) e de política legislativa (artigos 21, XVII, e 48, VIII, da CRFB). (...). O tamanho do imóvel é critério legítimo para definição da extensão da recomposição das Áreas de Preservação Permanente [arts. 61-A, 61-B, 61-C, 63 e 67], mercê da legitimidade do legislador para estabelecer os elementos norteadores da política pública de proteção ambiental, especialmente à luz da necessidade de assegurar minimamente o conteúdo econômico da propriedade (...), por meio da adaptação da área a ser recomposta conforme o tamanho do imóvel rural" – declaração de constitucionalidade; (v) Art. 78-A (Condicionamento legal da inscrição no Cadastro Ambiental Rural CAR para a concessão de crédito agrícola): "O condicionamento legal da inscrição no Cadastro Ambiental Rural (CAR) para a concessão de crédito agrícola é um incentivo para que proprietários e possuidores de imóveis rurais forneçam informações ambientais de suas propriedades, a fim de compor base de dados para controle, monitoramento, planejamento ambiental e econômico e combate ao desmatamento. Não há norma constitucional que proíba a concessão de crédito para agricultores sem inscrição em cadastro de cunho ambiental, enquadrando-se a implementação do aludido condicionamento em zona de discricionariedade legislativa" – declaração de constitucionalidade.[4]

Cada entendimento exposto anteriormente mereceria um comentário apurado, desenvolvido, no entanto, com mais inteligência e maestria por outros colaboradores deste compêndio. Por orientação dos coordenadores da obra, o presente artigo se deterá ao exame do voto proferido pelo Ministro Luís Roberto Barroso. Não foi um voto exatamente longo, mas nem por isso horizontal. Nele, houve mais concordância do que discordância com a maioria dos integrantes da Corte. Analisá-lo com profundidade exigiria o exame "per relatione" dos votos dados, notadamente o do relator, Ministro Luiz Fux; o que se pode verificar ao longo dos demais artigos.

Em que pontos o Ministro Barroso ficou vencido? Na declaração de constitucionalidade do arts. 7º, §3º, e 17, §3º (anistia dos ilícitos anteriores a 22.7.2008) e do art. 12, §§4º e 5º (redução da reserva legal); na interpretação conforme dada ao art. 48, §2º (compensação de reserva legal apenas entre áreas com identidade ecológica) e ao art. 59, §§4º e 5º (afastar o risco de decadência ou prescrição dos ilícitos ambientais, praticados antes de 22.7.2008, bem como de suas sanções, no decurso da execução dos termos de compromissos subscritos nos programas de regularização ambiental).

Em vista da limitação de páginas e do próprio talento do subscritor deste texto, não se chegará a tanto. Antes será feita uma abordagem tópica sobre os argumentos apresentados, segundo um recorte que procurará revelar a imaturidade conceitual e operatória do "direito fundamental ao meio ambiente ecologicamente equilibrado", denunciada por uma forte carga retórica que não se aprofunda nos elementos constitutivos da jusfundamentalidade, designadamente de um plexo de situações jurídicas, objetivas e subjetivas, e que, por isso mesmo, acaba sendo deixado ao crivo definitório (e quase insindicável) de um legislador de conformação. Alie-se a tudo a sua imersão num ambiente de cultura dominado pelos valores típicos do Antropoceno que, de modo até inconsciente, afeta o trabalho legislativo e interfere nos exercícios de aplicação judiciais.

I

A definição do que seja um direito fundamental não é tão simples quanto aparenta ser. Parte-se em geral da ideia de que um conceito senão autoevidente, que se satisfaz com correções lexicais que, no mais das vezes, reproduzem tautologia. Na linha do realismo escandinavo, seria um "conceito imaginário", "místico" e "vazio".[5] É paradoxal que um instituto constitucional de tamanha relevância, guindado à centralidade substantiva da Constituição e do próprio direito, padeça dessa inanição conceitual. Se "A" diz que

---

[4] BRASIL. Supremo Tribunal Federal. Pleno. *ADC nº 42/DF*. Rel. Min. Luiz Fux. J. 28.2.2018. Disponível em: http://redir.stf.jus.br/paginadorpub/paginador.jsp?docTP=TP&docID=750504737. Acesso em 01 mar. 2020.

[5] COLEMAN, Gordon. Scandinavian Legal Realists: A Critical Analysis. *University of Toronto Faculty of Law Review*, v. 18, p. 152-162, 1960; CARTY, Anthony. Scandinavian Realism and Phenomenological Approaches to Statehood and General Custom in International Law. *European Journal of International Law*, v. 14, n. 4, p. 817-841, 2003.

a situação, posição, status ou qualidade jurídica "z" é um direito fundamental, que argumentação poderá trazer à discussão para justificar a assertiva? E que justificativa convenceria a comunidade jurídica e política de sua correção? Quando se afirma que o direito ao meio ambiente ecologicamente equilibrado é um direito fundamental, o que faz a todos assentir com essa afirmação? E que consequências se poderiam dela extrair?[6]

Nem tudo é deserto na literatura. Há quem se baste com a alternativa formal ou dogmática: fundamental é todo direito assim reconhecido pela Constituição.[7] Quem assim o faz se depara com alguma dificuldade. A Constituição brasileira, por exemplo, dedica o Título II aos "Direitos e Garantias Fundamentais". Estariam sob esse Título todos os direitos fundamentais por ela reconhecidos? Qualquer iniciante nos estudos de Direito Constitucional responderá com um rotundo "não", baseado na linha do pensamento dogmático e na jurisprudência do Supremo Tribunal Federal. O Tribunal já reconheceu que alguns direitos dos contribuintes, presentes – ainda que na forma de garantias institucionais – no art. 150 da Constituição, integram o patrimônio da jusfundamentalidade.[8]

Assim como se lembrará do profundo voto do ministro Celso de Mello que nele também inseriu o direito ao meio ambiente ecologicamente equilibrado.[9] Nenhum repertório será exaustivo nem estático, em virtude da possibilidade sempre posta no horizonte de construção hermenêutica da Corte. Essa construção vale-se da sistematicidade constitucional que perpassa as frestas do parágrafo segundo do artigo quinto (dimensão formal ou jurídica), orientada pela circunstância histórica e factual (dimensão sociológica ou empírica) e pelas exigências de justiça (dimensão ética e moral), com apoio em quase sempre ousadas ou ao menos inovadoras literaturas (dimensão epistêmica), que refletem (mas também contribuem para) o resultado de lutas e conflitos sociais nem sempre visíveis (ou expressos) nesse "processo de revelação" (dimensão política).

Esses direitos "in fieri" podem tanto já estar presentes na forma de reivindicações ainda não suficientemente amadurecidas em qualquer das quatro dimensões de positivação jusfundamental ou, mais especificamente, do "direito judicial jusfundamental"; como ainda viverem num futuro que mais ou menos se avizinha. Não haverá desaviso, se em breve se estiver falando e reivindicando um direito fundamental robótico ou

---

[6] Um pouco sobre as dificuldades, vejam-se: SAMPAIO, José Adércio L. *Direitos fundamentais*: retórica e historicidade. Belo Horizonte: Del Rey, 2004; RAINBOLT, George W. *The Concept of Rights*. Dordrecht: Springer, 2006; ORTIZ, Irene. Who Has the Right to Have Rights? *Social Philosophy Today*, v. 34, p. 63-74, 2018.

[7] SAMPAIO, José Adércio L. *Direitos fundamentais*: retórica e historicidade. Belo Horizonte: Del Rey, 2004 p. 27 ss. Como normas de hierarquia superior no ordenamento jurídico: MARCOUX, JR., Laurent; MARCOUX, Laurent. Le concept de droits fondamentaux dans le droit de la Communauté économique européenne. *Revue internationale de droit comparé*, v. 35, n. 4, p. 691-733, 1983.

[8] BRASIL. Supremo Tribunal Federal. Pleno. *ADI nº 4628/DF*. Rel. Min. Luiz Fux. j. 17.09.2014. Disponível em: http://redir.stf.jus.br/paginadorpub/paginador.jsp?docTP=TP&docID=7310046. Acesso em 15 mar. 2020; RE nº 636941/RS. Rel. Min. Luiz Fux, j. 13.02.2014. Disponível em: http://www.stf.jus.br/portal/inteiroTeor/obterInteiroTeor.asp?idDocumento=5581480. Acesso em 15 mar. 2020.

[9] "Todos têm direito ao meio ambiente ecologicamente equilibrado. Trata-se de um típico direito de terceira geração (ou de novíssima dimensão), que assiste a todo o gênero humano (RTJ nº 158/205-206). Incumbe, ao Estado e à própria coletividade, a especial obrigação de defender e preservar, em benefício das presentes e futuras gerações, esse direito de titularidade coletiva e de caráter transindividual (RTJ nº 164/158-161). O adimplemento desse encargo, que é irrenunciável, representa a garantia de que não se instaurarão, no seio da coletividade, os graves conflitos intergeracionais marcados pelo desrespeito ao dever de solidariedade, que a todos se impõe, na proteção desse bem essencial de uso comum das pessoas em geral". ADIMC nº 3540/DF. Rel. Min. Celso de Mello, j. 01.09.2005. Disponível em: http://www.stf.jus.br/portal/inteiroTeor/obterInteiroTeor.asp?id=387260. Acesso em 15 mar. 2020.

clônico.[10] A ficção é forma tanto de simular quanto de antecipar situações virtuosas ou problemáticas da existência individual e social da humanidade. A distopia é um alerta; a utopia, um guia.

As lutas e conflitos, os existentes e em devir, são traduzidos em argumentos jurídicos materiais de justificação de um direito fundamental.[11] Como não se pode admitir que seja dado um salto lógico entre a concretude do real e a abstração generalizante da norma, costuma-se valer de expressões valiosas como a "essencialidade", a "importância", a "relevância" e outras do gênero, para "demonstrar" ou "justificar" – como norma de inferência, por exemplo, – que uma situação ou qualidade jurídica "z" é um direito fundamental.[12] Veja-se, por exemplo, que o Ministro Roberto Barroso recorreu, ainda que lateral e sumariamente, a esse expediente argumentativo, ao afirmar que "[a] grande abrangência da disciplina tem por fundamento a relevância da preservação do meio ambiente como bem coletivo de caráter indivisível" como um dever jusfundamental.

Há mesmo quem, às vezes, relevando a base sociológica e política da luta de reconhecimento, recorra a uma "consciência moral" como elemento de definição, tanto em sentido kantiano, de uma manifestação da razão solitária que não se deixa extraviar pelo diversionismo mundano; quanto em sentido epistêmico e pedagógico no feitio de uma introjeção do sentido da fundamentalidade pelo reconhecimento discursivo de sua verdade e correção;[13] ou pelas demandas das expectativas normativas de confiança, igual respeito e consideração.[14] Horizontes próximos, mas diferentes entre si. Mais comum mesmo é o apelo tautológico: o meio ambiente ecologicamente equilibrado é um direito fundamental, dada a sua importância ou indispensabilidade para a sadia qualidade da vida, preferencialmente, humana.[15] Ele é fundamental, porque é importante, é indispensável, é fundamental.

Não são incompatíveis as duas orientações: um argumento material se alia ao componente formal (e vice-versa) para equipar uma dada situação, qualidade ou posição jurídica de uma retórica – quase apologética – de um direito fundamental. Nem sempre,

---

[10] MEHLMAN, Maxwell J. *Transhumanist dreams and dystopian nightmares*: the promise and peril of genetic engineering. Baltimore: The Johns Hopkins University Press, 2012; ROBERTSON, Jennifer. Human rights vs. robot rights: Forecasts from Japan. *Critical Asian Studies*, v. 46, n. 4, p. 571-598, 2014; GUNKEL, David J. *Robot rights*. Cambridge: MIT Press, 2018.

[11] SAMPAIO, José Adércio L. *Direitos fundamentais*: retórica e historicidade. Belo Horizonte: Del Rey, 2004. p. 27; 313 ss; DUSSEL, Enrique. Direitos Humanos e Ética da Libertação: pretensão política de justiça e a luta pelo reconhecimento dos novos direitos. *Revista InSURgência, Brasília*, v. 1, p. 121-135, 2015. Veja-se a doutrina da "luta de reconhecimento" em: HONNETH, Axel. *Luta pelo reconhecimento*: para uma gramática moral dos conflitos sociais. São Paulo: Ed. 70, 2011; e uma interessante abordagem functional: THORNHILL, Chris. Re-conceiving rights revolutions: The persistence of a sociological deficit in theories of rights. *Zeitschrift für Rechtssoziologie*, v. 31, n. 2, p. 177-208, 2010.

[12] MARCOUX, JR., Laurent; MARCOUX, Laurent. Le concept de droits fondamentaux dans le droit de la Communauté économique européenne. *Revue internationale de droit comparé*, v. 35, n. 4, p. 691-733, 1983. p. 691.

[13] BROCHADO, Mariá. Pedagogia Jurídica para o cidadão: formação da Consciência Jurídica a partir de uma compreensão Ética do Direito. *Revista da Faculdade Direito Universidade Federal Minas Gerais*, v. 48, p. 159-188, 2006; SILVEIRA, Rosa Maria Godoy et al. *Educação em Direitos Humanos*: fundamentos teórico-metodológicos. João Pessoa: Editora Universitária, 2007; REARDON, Betty. *Educating for human dignity*: Learning about rights and responsibilities. Philadelphia: University of Pennsylvania Press, 2010; TIBBITTS, Felisa; FERNEKES, William R. Teaching and studying social issues: Major programs and approaches. *Human rights education*, p. 87-118, 2011.

[14] RAWLS, John. *Teoría de la Justicia*. (Trad. María Dolorez González). México: Fondo de Cultura Económica, 1993. p. 82; DWORKIN, Ronald. *Taking rights seriously*. Cambridge: Harvard University Press, 1977. p. 131 ss.

[15] RENEDO, César A. La difícil concepción del medio ambiente como derecho constitucional en el ordenamiento español. *Revista de derecho político*, n. 54, p. 129-152, 2002.

porém, extraindo-se daí as consequências jurídicas adequadas. Faltam-lhe atributos jurídico-constitucionais que a tornam distinguíveis dentro do arsenal de conceitos e direitos: servir de escudo contra incursões majoritárias que amesquinhem ou ponham em risco minorias. A velha – nem por isso desgastada – fórmula dworkiana de "trunfos" dos indivíduos ou da minoria.[16] Essa resistência existencial – e do mundo empírico – se transporta na linguagem deôntica de uma posição jurídica de resistência a intervenções legislativas que promovam aquele amesquinhamento ou risco. A "liberdade de configuração do legislador" é, na verdade, uma vinculação a um dever de tutela que suficientemente assegure a convivência de outros interesses constitucionais conflitantes aos das minorias sem que as ponham em risco nem as amesquinhem. Pôr em risco é desafiar a sua integridade física ou moral, sincrônica e diacronicamente. Amesquinhar é deixar de tratar-lhes – e às suas pretensões – com o devido respeito e consideração.

II

A linguagem constitucional é vezeira em dar nomes aos supostos testes de resolução dos conflitos entre interesses constitucionalmente protegidos. Razoabilidade, proporcionalidade, ponderação, sopesamento e concordância prática são algumas denominações, ora diferenciais, por matriz teórica ou relacional; ora equivalentemente empregadas, por erro ou deliberação, para resolver conflitos constitucionais. Não passam de operações semântico-sintáticas que se balizam pela coerência e coesão argumentativa, mais do que por seu aspecto pragmático, embora seja esse, no fundo, o mais decisivo. O "pragma" da linguagem aqui se refere tanto à consideração dos efeitos da operação, denunciada nalguns fóruns como consequencialista e invasiva dos domínios políticos; quanto pelas motivações profundas da decisão, relegadas a estudos das ciências sociais e à historiografia dos jogos de linguagem do sistema de dominação.[17]

O juiz é um "ser no mundo", submetido às contingências de seu tempo e aos seus preconceitos. Não é um autômato, máquina ou robô. A sua imparcialidade é sempre uma parcialidade refreada por um sentido deontológico de correção, mas é incapaz de subtraí-lo dos embates valorativos, especialmente em domínios de interação entre demandas de (sub)sistemas sociais que lhe (im)pressionam.[18] A cultura do Antropoceno,

---

[16] DWORKIN, Ronald. *Taking Rights Seriously*. Cambridge: Harvard University Press, 1977. p. 133, 188. O tema também é defendido por: TRIBE, Laurence; DORF, Michael. *Hermenêutica constitucional*. (Trad. Amarílis de Souza Birchal). Belo Horizonte: Del Rey, 2007.

[17] TANFORD, J. Alexander. The limits of a scientific jurisprudence: the Supreme Court and psychology. *Indiana Law Journal*, v. 66, p. 137-173, 1990; STINSON, Veronica *et al*. How effective is the motion-to-suppress safeguard? Judges' perceptions of the suggestiveness and fairness of biased lineup procedures. *Journal of Applied Psychology*, v. 82, n. 2, p. 211-220, 1997; NORTON, Michael I. *et al*. Mixed motives and racial bias: the impact of legitimate and illegitimate criteria on decision making. *Psychology, Public Policy, and Law*, v. 12, n. 1, p. 36-55, 2006; GIBSON, James L. Challenges to the impartiality of state supreme courts: legitimacy theory and "new-style" judicial campaigns. *American Political Science Review*, v. 102, n. 1, p. 59-75, 2008; RACHLINSKI, Jeffrey J. Processing pleadings and the psychology of prejudgments. *DePaul Law Review*, v. 60, p. 413-430, 2010. Não é diferente em outros processos decisórios: HASTIE, Reid; DAWES, Robyn M. *Rational choice in an uncertain world*: the psychology of judgment and decision making. London: Sage Publications, 2009.

[18] Vejam-se as indicações na nota anterior e, especialmente: PRADO, Lídia Reis de A. Neutralidade e imparcialidade dos juízes? *In*: GROENINGA, Giselle C. (Org.). *Direito de família e psicanálise*: rumo a uma nova epistemologia. Rio de Janeiro: Imago, 2003; RIBEIRO, Ivan César. *Robin Hood versus King John*: como os juízes locais decidem casos no Brasil. Brasília: Ipea, Prêmio IpeaCEF, 2006; GIBSON, James L. Challenges to the impartiality of state supreme courts: Legitimacy theory and "new-style" judicial campaigns. *American Political Science Review*, v. 102, n. 1, p. 59-75, 2008. Ainda: IRWIN, John F.; REAL, Daniel L. Unconscious influences on judicial decision-making: the illusion of objectivity. *McGeorge Law Review*, v. 42, p. 1-18, 2010; NEITZ, Michele Benedetto. Socioeconomic Bias in the Judiciary. *Cleveland Stata Law Review*, v. 61, p. 137-165, 2013; DE CARVALHO, Alexandre Douglas Z.

por exemplo, o embebe e as suas decisões, podendo tornar razoáveis e proporcionais muitas intervenções legislativas que traduzem valores econômicos sobrepostos a interesses ambientais, cuja prevalência, em outros domínios, por exemplo, na venda de órgãos humanos ou na celebração de contratos de escravidão sexual, seria inteiramente refutada, por desarrazoada, desproporcional, absurda.

A própria equivalência aqui enunciada será, certamente, vista como despropositada. O domínio do econômico sobre o corpo, a sexualidade e a liberdade seguem uma gramática diferente daquela que lida com o ecológico. Nem sempre, porém, foi considerado desproporcional o instituto da escravidão – o sexo como acessório e franquia do principal. Nos debates em torno de uma eventual lei que abolisse a escravidão no Brasil, pesaram, durante muitos anos, argumentos que defendiam a propriedade e o direito adquirido contra a figura jurídica da escravidão,[19] hoje atentatória ao sistema de direitos e à dignidade humana. Fossem os termos moda ao tempo, não seria difícil encontrar, na literatura da época, que tal intervenção no Estado nas relações privadas seria desarrazoada e desproporcional.

Embora seja negada a hierarquização *a priori* entre direitos fundamentais, os exemplos dados mostram que, na prática, ela existe. A tolerância à intervenção do legislador no âmbito normativo e de incidência do direito é seu melhor termômetro. Quanto mais tolerante, menos "fundamental".[20] É o império do tempo, de suas contingências e valores; uma faticidade que desafia o sentido da normatividade.

O institucionalismo, sobretudo de apelo democrático, refuta essas notas: cabe ao legislador definir os espaços de proteção jusfundamental, atendendo ao mandamento de justa causa, do "devido" processo constitucional ou da proporcionalidade, por meio do escrutínio da ponderação, que há de respeitar, no limite, o conteúdo essencial do direito.[21] Não haveria relação de prioridade entre direitos, portanto, mas uma tarefa de "harmonização de valores constitucionais". Barroso seguiu essas linhas, mesmo sem a declarada vocação institucionalista:

> Ao legislador compete a conformação da proteção do direito fundamental ao meio ambiente ecologicamente equilibrado e sua harmonização com outros interesses constitucionais igualmente relevantes [dentre eles, destacam-se: o desenvolvimento nacional, a redução das desigualdades sociais e regionais e a erradicação da pobreza]. O Poder Judiciário somente deve interferir em caso de manifesta falta de razoabilidade ou desproporcionalidade da medida.

Imagens da imparcialidade entre o discurso constitucional e a prática judicial. São Paulo: Grupo Almedina, 2020.

[19] COSTA, Emília Viotti da. *Da senzala à colônia.* 4. ed. São Paulo: Ed. UNESP, 1997. p. 489 ss. COSTA, Emília Viotti da. *Da Monarquia à República*: momentos decisivos. 6. ed. São Paulo: Ed. UNESP, 1999. p. 138 ss; GRINBERG, Keila. Em defesa da propriedade: Antônio Pereira Rebouças e a Escravidão. *Afro-Asia*, n. 21-22, p. 111-146, 1998-1999; SAMPAIO, José Adércio L. *Direitos fundamentais*: retórica e historicidade. Belo Horizonte: Del Rey, 2004. p. 323 ss; MENDONÇA, Joseli Maria Nunes. *Entre a mão e os anéis*: a Lei dos sexagenários e os caminhos da Abolição no Brasil. 2. ed. Campinas: Editora da UNICAMP, 2008.

[20] Outra forma de ver o problema é a partir do direito, interesse ou bem que justifica a limitação ou intervenção ao direito. Veja-se: GERVIER, Pauline. La limitation des droits fondamentaux constitutionnels par l'ordre public. *Les Nouveaux Cahiers du Conseil constitutionnel*, n. 4, p. 105-112, 2014; SAMPAIO, José Adércio Leite. Direitos fundamentais como trufas da maioria. *Revista de Estudos Constitucionais, Hermenêutica e Teoria do Direito*, v. 7, n. 3, p. 226-234, 2015.

[21] HÄBERLE, Peter. *La Libertad Fundamental en el Estado Constitucional.* (Trad. César Landa). San Miguel (Perú): Pontificia Universidad Católica del Perú, 1997. p. 55 ss, 157; SAMPAIO, José Adércio L. *Teoria da Constituição e dos Direitos Fundamentais*. Belo Horizonte: Del Rey, 2013. p. 689 ss.

Logo se poderia encontrar no conteúdo essencial do direito, como limite dos limites, seja no resíduo da proporcionalidade (em seu matiz relativo), seja na inexpugnável dignidade humana (em sua feição absoluta), o elemento de identificação do ponto vedado de ultrapassagem do legislador e equipará-lo à zona proibida de amesquinhamento ou risco sério à minoria, fazendo um amálgama – recorrente e tantas vezes equivocado – entre Dworkin e a Jurisprudência Constitucional alemã.

Mesmo essa mistura pode esconder a diferença de tratamento dispensado à "arbitragem" dos conflitos entre direitos. Uma rápida pesquisa na jurisprudência do Supremo Tribunal Federal mostra como há uma deferência maior ao legislador no estabelecimento das fronteiras do direito ao meio ambiente ecologicamente equilibrado, se comparado a outros direitos fundamentais.[22] A economia socava o núcleo de proteção ambiental com muito mais facilidade, constrangendo-lhe o que seria um conteúdo essencial. Aliás, essa é uma tendência na jurisprudência comparada. A Suprema Corte dos Estados Unidos, por exemplo, reluta em dar razão a argumentos em defesa do meio ambiente. A discricionariedade técnica e política se sobrepõe às teses preservacionistas com bastante frequência.[23] Mas há um crédito a ser dado ao par americano do Supremo Tribunal Federal: a proteção ambiental lá tem sede meramente legal.

III

É de ser considerado, no entanto, que o direito ao meio ambiente ecologicamente equilibrado apresenta dificuldades dogmáticas e operacionais que, para além de sua interferência e externalidade econômicas e das pré-compreensões do intérprete, tornam a definição de seu conteúdo e limites muito mais problemática.[24] O estranhamento com os elementos ecossistêmicos não pode ser desconsiderado. O que é um "meio ambiente ecologicamente equilibrado"? Um entendimento radical impediria qualquer tipo de intervenção que impactasse as relações ecológicas. Ainda que dinâmicas, tais relações seguem regras próprias que são abaladas com interferências massivas como a exploração minerária ou a construção de uma usina hidroelétrica. Um entendimento tênue não pode deixar de ter em conta que o nível de rebaixamento dessas relações não pode significar a destruição do ecossistema. Mas de que ecossistema se está a falar? Aqui também o conceito pode ser amplo: a rede de interações em todo Planeta.

---

[22] Sobre a jurisprudência do Tribunal em matéria ambiental: WEDY, Gabriel. O STF e o enfrentamento do conflito aparente entre o princípio da preservação do meio ambiente e o princípio do desenvolvimento econômico e da livre iniciativa. Direito Federal. *Revista da Associação dos juízes federais do Brasil*, Brasília-DF, v. 23, p. 175-202, 2008; VILANI, Rodrigo Machado. A aplicação do conceito constitucional de desenvolvimento sustentável sob a perspectiva do STJ e do STF. *Revista Brasileira de Direito Constitucional*, v. 13, n. 1, p. 63-79, 2009; ROCHA, Caroline Medeiros. *O STF e o meio ambiente*: a tutela do meio ambiente e sede de controle concentrado de constitucionalidade. Tese de Doutorado. Universidade de São Paulo, 2013. Disponível em: http://www.teses.usp.br/teses/disponiveis/2/2134/tde-05122013-154012/publico/Dissertacao_Final_Caroline_Medeiros_Rocha.pdf. Acesso em 12 mar. 2020; GAIO, Daniel. *A interpretação do direito de propriedade em face da proteção constitucional do meio ambiente urbano*. Curitiba: Renovar, 2015.

[23] FARBER, Daniel A. Is the Supreme Court Irrelevant-Reflections on the Judicial Role in Environmental Law. *Minnesota Law Review*, v. 81, p. 547, 1996; LAZARUS, Richard J. Thirty Years of Environmental Protection Law in the Supreme Court. *Pace Environmental Law Review*, v. 17, p. 1-32, 1999; PAUTZ, Michelle C. Regulating Greenhouse Gas Emissions: the Supreme Court, the Environmental Protection Agency, Madison's "Auxiliary Precautions," and Rohr's "Balance Wheel". *Public Integrity*, v. 18, n. 2, p. 149-166, 2016.

[24] SAMPAIO, José Adércio L. Direito e Constituição. *In*: SAMPAIO, J. A. L.; WOLD, C.; NARDY, A. *Princípios de Direito Ambiental*. Belo Horizonte: Del Rey, 2003. p. 89 ss.

Dificilmente, nesse caso, será possível identificar o abalo ao equilíbrio ecossistêmico, a menos que seja revelado por eventos extremos e por um vínculo de causalidade sempre aberto à discussão. Que o diga o aquecimento global.[25] Um conceito mais restrito de ecossistema atentaria para as relações cruzadas no espaço de intervenção ambiental e no seu circunscrito entorno. No primeiro caso, a resposta tem que ser mais que nacional, transfronteira e suficientemente forte, para que se possa evitar o colapso da vida e da humanidade. No segundo, seria admissível um "trade-off" entre o dano inevitável e os benefícios gerados pela intervenção,[26] definido pela expressão complicada de "desenvolvimento sustentável" que surgiu na literatura na segunda metade dos anos 1980 e se tornou popular com o Relatório Brundtland e com a Eco-1992.[27]

Esse recorte não é estanque nem imune a problemas conceituais. Um efeito global tende a ser a soma de "trade-offs" pontuais entre danos e benefícios. A emissão de gases do efeito estufa era um efeito colateral admissível (e sequer muito contestado) à exploração econômica e ao transporte, até que atingiu um nível de acúmulo que balançou o equilíbrio ecossistêmico global. Que socorro se teria com o emprego do "desenvolvimento sustentável"? Basta que se atente ao (quase) paradoxo de sua definição, valendo-se aqui daquela apresentada pelo Ministro Barroso: "Desenvolvimento sustentável, compreendido como aquele apto a atender às necessidades básicas das gerações atuais e futuras, viabilizando, ao mesmo tempo, a renovação dos estoques atuais de recursos".

Imagine-se que seja fácil identificar as "necessidades básicas", entendendo que o transporte aéreo para turismo transatlântico seja uma necessidade básica, ainda que menos do que a segurança alimentar. Como pensar em "renovação de estoques atuais de recursos"? Os materiais metálicos usados na fuselagem e fios do avião, tanto quanto o combustível por ele utilizado não são renováveis. As "trocas" que suportam o conceito de desenvolvimento sustentável apenas se legitimam para os que depositam sua fé na força curativa da tecnologia. Aos demais, deixam perplexidade. O binômio terminológico não passa de um limite imanente ao direito fundamental ao meio ambiente ecologicamente equilibrado ou, como mais se usa internacionalmente, sadio ou saudável. E, como todo limite imanente, traz os riscos de abreviar as justificativas às restrições de conteúdo ou exercício. Um tema importante, mas que não há espaço para ser debulhado neste breve artigo.[28]

---

[25] NANDA, Hiranmaya; MOHAPATRA, Chinmaya Kumar. Ecological Balance and Air Pollution on Environment: a threat to humanity. *Indian Journal of Public Health Research & Development*, v. 8, n. 4, p. 231-235, 2017; VERMA, A. K. *et al*. Ecological balance: an indispensable need for human survival. *Journal of Experimental Zoology*, India, v. 21, n. 1, p. 407-409, 2018.

[26] BLASI, E. *et al*. An ecological footprint approach to environmental–economic evaluation of farm results. *Agricultural systems*, v. 145, p. 76-82, 2016.

[27] BOROWY, Iris. Sustainable development in brundtland and beyond: how (not) to reconcile material wealth, environmental limits and just distribution. *In*: VAZ, E.; MELO, C. J.; PINTO, L. M. C. (Eds.). *Environmental History in the Making. Vol 1*: explaining. Braga; Lisboa; Cham: Springer, 2017. p. 91-108; FEIL, Alexandre André; SCHREIBER, Dusan. Sustainability and sustainable development: unraveling overlays and scope of their meanings. *Cadernos EBAPE.BR*, v. 14, n. 3, p. 667-681, 2017; PAPUZIŃSKI, Andrzej. The enlightenment assumptions of the brundtland report. *Problemy Ekorozwoju*, v. 13, n. 1, p. 7-14, 2018; ENGEL, Jake. An addiction to capitalism: a rhetorical criticism of mainstream environmentalism. *IdeaFest: Interdisciplinary Journal of Creative Works and Research from Humboldt State University*, v. 3, n. 1, p. 68-76, 2019.

[28] Veja-se: SAMPAIO, José Adércio L. *Teoria da Constituição e dos Direitos Fundamentais*. Belo Horizonte: Del Rey, 2013. p. 690, 699 ss.

O direito fundamental ao meio ambiente ecologicamente equilibrado tem suas particularidades que vão além de um índice elevado de indeterminação semântica e de uma necessidade de conhecimentos que estão fora do Direito. Demore-se um pouco nesse último aspecto. Mais do que em qualquer outro domínio jurídico, as "ciências auxiliares" aqui são determinantes na atribuição de sentidos aos institutos e na formulação de políticas públicas de promoção jusfundamental.[29] É um aspecto que quase sempre passa despercebido ou não recebe a devida atenção.

As particularidades, como se disse, estão também dentro do Direito. A natureza dos bens jurídicos tutelados e a necessidade de sua proteção eficaz justificam o desenvolvimento de princípios como o poluidor-pagador e a precaução.[30] Ambos, bem ou mal, reconhecidos pelo Supremo Tribunal Federal, importam outro: a inversão do ônus da prova.[31] Cabe ao proponente de intervir no ambiente provar que não ocorrerão danos além dos aceitáveis no "trade-off" de custos e benefícios, assim como ao que está respondendo por danos ambientais demonstrar que não os causou ou o fez em menor escala.

Esse princípio, ainda restrito ao processo, há de ser aplicado também às políticas públicas que resultem em maior intervenção ecológica: cabe a seus formuladores demonstrarem, com suportes fáticos e prognoses verossímeis, que não haverá comprometimento sério à integridade ecossistêmica ou, se houver, que houve um juízo de adequado sopesamento entre os interesses preservacionistas e os benefícios gerados com a nova política, a ponto de justificar o "trade-off" ambiental.[32] A presunção de constitucionalidade de uma lei ou ato administrativo não pode desconsiderar essa inversão.

---

[29] CARREÑO, Santiago M. Álvarez. El derecho ambiental entre la ciencia, la economía y la sociología: Reflexiones introductorias sobre el valor normativo de los conceptos extrajurídicos. *Revista Catalana de Dret Ambiental*, v. 10, n. 1, p. 1-26, 2019.

[30] O STF já reconheceu a precaução como princípio do direito ambiental. Sua aplicação é, todavia, problemática. A própria decisão em comento parece se contradizer ao mencionar que a incerteza exige silêncio das Cortes: "A capacidade institucional, ausente em um cenário de incerteza, impõe autocontenção do Judiciário, que não pode substituir as escolhas dos demais órgãos do Estado por suas próprias escolhas". (ADC nº 42. Item 18 da Ementa). Num tempo em que a incerteza é o novo normal, a adoção dessa doutrina pode significar a negativa de jurisdição, notadamente no campo ambiental.

[31] A matéria é pacífica no âmbito do Superior Tribunal de Justiça (Súmula nº 618). No STF, há reconhecimento em matéria de defesa do consumidor (Pleno. ARE-ED-AgR nº 1224559/PR. Rel. Min. Dias Toffoli, j. 11.11.2019). O assunto não foi enfrentado em recurso extraordinário por dispor sobre questão intraconstitucional (1ª Turma. AI-AgR nº 794553/RS. Rel. Min. Dias Toffoli, j. 18.06.2013).

[32] Em domínios gerais, o controle é mais deferente, defendendo alguns a "não controlabilidade das prognoses legislativas" (CANOTILHO, José Joaquim Gomes. *Direito Constitucional*. Coimbra: Almedina, 1991. p. 1123). Na Alemanha, a falta ou falha de prognósticos *ab initio* pode levar à nulidade da lei. O erro de prognóstico, verificável apenas *a posteriori*, não permite controle, desde que tenha sido feito no âmbito de um processo legislativo regular; MENDES, Gilmar Ferreira. Controle de constitucionalidade: hermenêutica constitucional e revisão de fatos e prognoses legislativos pelo órgão judicial. *Revista Jurídica da Presidência*, v. 1, n. 8, 2000. Disponível em: https://revistajuridica.presidencia.gov.br/index.php/saj/article/viewFile/1063/1047. Acesso em 11 mar. 2020. Sobre a necessidade de realização de uma prognose legislativa, balizada, inclusive, em dados empíricos, como exige expressamente o art. 170 da Constituição suíça: SCALCON, Raquel L. Avaliação de impacto legislativo: a prática europeia e suas lições para o Brasil. *Revista de Informação Legislativa*, v. 54, n. 214, p. 113-130, abr./jun. 2017; BICKENBACH, Christian. Legislative Margins of Appreciation as the Result of Rational Lawmaking. *In*: MEßERSCHMIDT, Klaus; OLIVER-LALANA, A. Daniel (Eds.). *Rational Lawmaking under Review*. Nürnberg; Zaragoza: Springer, p. 235-256, 2016. O controle judicial dos "fatos legislativos" seria uma exigência do "devido" processo constitucional" e da democracia: GUBA Egon G.; LINCOLN, Yvonna S. *Fourth Generation Evaluation*. Beverly Hills: Sage, 1989; STEELE, Graham. Who speaks for parliament? Hansard, the Courts, and Legislative Intent. *Canadian Parliamentary Review*, p. 6-10, 2017. Disponível em: https://www.legco. gov.hk/general/english/library/stay_informed_parliamentary_news/who_speaks_for_parliament.pdf. Acesso em 11 fev. 2020; ROSE-ACKERMAN, Susan; EGIDY, Stefanie; FOWKES, James. *Due process of lawmaking*: the United States, South Africa, Germany, and European Union. New York: Cambridge University Press, 2015.

Ao contrário, deve contemplá-la. Só há presunção se houver elementos bastantes de correção da prognose.

O Ministro Barroso, em seu voto, lamenta que não se tenha uma preocupação com estudos que revelem a eficácia das políticas públicas adotadas. Sua ênfase, talvez pelo cuidado em não dizer mais do que o necessário ao caso e pela atenção a um entendimento consolidado da capacidade institucional do Judiciário, dá-se para o momento de aplicação das políticas. O próprio Supremo Tribunal, valendo-se de entendimento do seu par estadunidense, afastou a possibilidade de escrutínio empírico da escolha do legislador que se pode fundar em "especulações racionais não embasadas em provas ou dados empíricos".[33]

Essa ênfase e afastamento mostram problemas em temas ambientais, todavia. Barroso escreveu que as "alegações (...) de inconstitucionalidade [das alterações legislativas do novo Código Florestal] não possuem base empírica suficiente para afastar a presunção de constitucionalidade de que se revestem naturalmente os atos emanados do poder público". Alterações legislativas supostamente mais gravosas ao meio ambiente devem estar ancoradas em evidências empíricas que permitam ao intérprete identificar a justeza de seus prognósticos e a correção dos argumentos de justificação empregados.

Ao legislador é dado um amplo espaço na construção discursiva de consensos possíveis, segundo a normatividade de pretensões de certeza e correção moral e ética, e a faticidade de acordos equânimes de interesses, que, dentro de seu espaço de discricionariedade, deve estar imune ao escrutínio judicial.[34] Não quer isso dizer que esteja inteiramente livre de controle de seus prognósticos. As cortes, aliás, vão e vêm nessa doutrina de insindicabilidade.[35] O próprio juízo de ponderação, tão caro ao Supremo Tribunal Federal, é uma forma de perscrutação dos motivos instrumentais da opção legislativa. A franquia tem limite.

IV

Noutra volta, o Ministro atentou para um princípio formal igualmente aplicável às alterações legislativas mais gravosas ao ambiente: a vedação do retrocesso socioambiental. Não se trata de novidade no domínio dos direitos fundamentais sociais. As conquistas sociais, transpostas ao plano dos direitos, devem ser estabilizadas e, como "acquis social", não podem retroceder.[36] A mesma lógica se aplicaria ao direito ao meio

---

[33] No item 17 da ementa à ADC nº 42 se lê: "A Jurisdição Constitucional encontra óbice nos limites da capacidade institucional dos seus juízes, notadamente no âmbito das políticas públicas, cabendo ao Judiciário a análise racional do escrutínio do legislador, consoante se colhe do julgado da Suprema Corte Americana *FCC v. Beach Communications, Inc.* 508 U.S. 307 (1993), em que se consignou que 'a escolha do legislador não está sujeita ao escrutínio empírico dos Tribunais e pode se basear em especulações racionais não embasadas em provas ou dados empíricos' ('Legislative choice is not subject to courtroom factfinding and may be based on rational speculation unsupported by evidence or empirical data')".

[34] HABERMAS, Jürgen. *Facticidad y validez*: sobre el derecho y el Estado democrático de derecho en términos de teoría del discurso. 4. ed. (Trad. Manuel Jiménez Redondo). Madrid: Trotta, 2005. p. 219.

[35] CHENG, Edward K. Independent Judicial Research in the Daubert Age. *Duke Law Journal*, v. 56, p. 1263-1318, 2007; LARSEN, Allison O. Confronting Supreme Court Fact Finding. *Virginia Law Review*, v. 98, p. 1255-1312, 2012; ROSS, Bertrall L. The State as Witness: Windsor, Shelby County, and Judicial Distrust of the Legislative Record. *New York University Law Review*, v. 89, p. 2027-2105, 2014.

[36] SARLET, Ingo Wolfgang; FENSTERSEIFER, Tiago. Notas sobre os deveres de proteção do estado e a garantia da proibição de retrocesso em matéria (socio) ambiental. In: *Direito constitucional do ambiente*: teoria e aplicação. Caxias do Sul: Educs, 2011. p. 121-206; SAMPAIO, Jose Adércio L. Da cláusula do não retrocesso social à proibição de reversibilidade socioambiental. In: *Direito Humanos e Direitos Fundamentais. Diálogos Contemporâneos*. 1. ed. Salvador: JusPodivm, 2013. v. 1, p. 391-417.

ambiente ecologicamente equilibrado. Embora se busquem argumentos na propriedade de um direito que se promove progressivamente, como prescreve o art. 2(1) do Pacto Internacional dos Direitos Sociais, Econômicos e Culturais, cuida-se, na verdade, de um esforço para garantir um direito reconhecido às intempéries da economia. Uma precaução a direitos que dependem maioritariamente de gastos públicos (a maioria dos direitos sociais, econômicos e culturais) ou que impactam diretamente o capital privado como externalidade ou despesa (alguns direitos sociais e econômicos como os trabalhistas e o direito ao meio ambiente ecologicamente equilibrado) diante das crises da economia, mas que tem sofrido "choques de realidade" nos ventos neoliberais, com a imposição da gramática do capital, convertendo-se num princípio formal que admite rebaixamento do nível de proteção, desde que não se chegue ao rés do chão, a zero.

O Ministro Barroso o reconhece como um "princípio constitucional implícito", mas, como a Corte, assume seu perfil débil: o legislador pode alterar o nível de tutela dos direitos desde que respeite o seu "núcleo essencial" e "não implique um déficit significativo de proteção". A admissão de um "retrocesso relativo", para ele, seria decorrência do princípio democrático e não uma concessão aos mandos econômicos:

> Tal princípio, todavia, não pode ser compreendido como vedação absoluta a escolhas legislativas cujos propósitos podem ser considerados razoáveis para a garantia e a efetivação de interesses condicionais relevantes. Interpretá-lo de outra forma limitaria excessivamente o exercício da função típica do Poder Legislativo e seria incompatível com o princípio democrático.[37]

Outra vez assombra a diferença de status dos direitos fundamentais em questão, comparativamente àqueles de matriz liberal: é admissível um retrocesso nos quadros de proteção do direito de propriedade ou da liberdade? Possível é: em situações de sérias (e excepcionais) crises, a exemplo de graves pandemias e terrorismo, aceitam-se

---

[37] O relator da ação, Ministro Luiz Fux, redigiu a ementa em tons mais enfáticos, quase que reduzindo a proibição do retrocesso a um apelo ao legislador sem consequências efetivas ao escrutínio judicial: "19. O Princípio da vedação do retrocesso não se sobrepõe ao princípio democrático no afã de transferir ao Judiciário funções inerentes aos Poderes Legislativo e Executivo, nem justifica afastar arranjos legais mais eficientes para o desenvolvimento sustentável do país como um todo. 20. A propósito, a jurisprudência do Supremo Tribunal Federal demonstra deferência judicial ao planejamento estruturado pelos demais Poderes no que tange às políticas públicas ambientais. No julgamento do Recurso Extraordinário nº 586.224/SP (Rel. Ministro Luiz Fux, julgamento em 05.03.2016), apreciou-se o conflito entre lei municipal proibitiva da técnica de queima da palha da cana de açúcar e a lei estadual definidora de uma superação progressiva e escalonada da referida técnica. Decidiu a Corte que a lei do ente menor, apesar de conferir aparentemente atendimento mais intenso e imediato ao interesse ecológico de proibir queimadas, deveria ceder ante a norma que estipulou um cronograma para adaptação do cultivo da cana de açúcar a métodos sem a utilização de fogo. Dentre os fundamentos utilizados, destacou-se a necessidade de acomodar, na formulação da política pública, outros interesses igualmente legítimos, como os efeitos sobre o mercado de trabalho e a impossibilidade do manejo de máquinas diante da existência de áreas cultiváveis acidentadas. Afastou-se, assim, a tese de que a norma mais favorável ao meio ambiente deve sempre prevalecer (*in dubio pro natura*), reconhecendo-se a possibilidade de o regulador distribuir os recursos escassos com vistas à satisfação de outros interesses legítimos, mesmo que não promova os interesses ambientais no máximo patamar possível. Idêntica lição deve ser transportada para o presente julgamento, a fim de que seja refutada a aplicação automática da tese de 'vedação ao retrocesso' para anular opções validamente eleitas pelo legislador". Abriu-se a porteira conceitual do princípio e sucumbiu a proteção ambiental à discricionariedade do legislador, mesmo em caso de importante dúvida.

intervenções legislativas que rebaixem temporariamente níveis de proteção desses direitos. Lembre-se das mudanças no "Habeas Corputs Act" britânico para enfrentar os ataques terroristas do IRA, e mesmo das mudanças na legislação estadunidense, como o "Patriot Act", após o 11 de Setembro. Mesmo assim, sob fortes críticas, à esquerda e à direita do espectro político, que denunciam uma tentação autoritária ou, no mínimo, o que já é grave, um "retrocesso constitucional".[38]

Ainda nos Estados Unidos se escutam ecos, agora cada vez mais audíveis, de que o "New Deal" teria levado desastrosamente à lona a "Era Lochner" e a sua negativa a intervenções do Estado na propriedade privada e na liberdade contratual.[39] Para os direitos sociais e ambientais, essa resistência a mudanças legislativas gravosas é menos sentida e cada vez mais silenciosa. Alguém retrucará com a lembrança de que, como fez o Ministro Barroso, qualquer direito pode sofrer restrições em face de pretensões legítimas de outros interesses constitucionais. É mais fácil, no entanto, reduzir o tamanho de uma área de proteção permanente do que ampliar as hipóteses de prisão em flagrante. Jurídica e politicamente.

V

O direito ao meio ambiente ecologicamente equilibrado consegue ser ainda mais um direito de escalão inferior no trato jurisprudencial que a ele é dispensado, quase um direito sem direito, um lugar vazio, no sentido mais real do que afirmavam os realistas escandinavos.[40] Um exemplo pode ser encontrado no reconhecimento da constitucionalidade da anistia do poluidor e degradador do meio ambiente. Direito vale-se do passado como repositório de experiência e resguardo de situações legítimas, mas se projeta como estabilizante de expectativas de comportamento. Ao chancelar a anistia, o Supremo Tribunal Federal deu um sinal positivo àqueles que exploram o meio ambiente: há um direito adquirido a degradar e a poluir. Nos planejamentos de custos e na aritmética dos lobbies, vale a pena degradar e ver o que acontece na firme lembrança de que não vai acontecer nada, pois podem não tardar novos "refis ambientais".

O Ministro Barroso, nesse ponto, rompeu com a maioria:

> Significativa atenuação do dever de reparação ao meio ambiente, com a definição de regime jurídico mais favorável para aqueles que desmataram áreas de preservação permanente e de reserva legal, anteriormente a 22 de julho de 2008 (...) viola, a meu ver, o princípio da proporcionalidade, tanto na dimensão da proteção deficiente quanto na proporcionalidade em sentido estrito, porque impõe severos ônus ao meio ambiente, mas gera benefícios ínfimos em razão da estabilização de situações jurídicas consolidadas.

---

[38] HUQ, Aziz; GINSBURG, Tom. How to lose a constitutional democracy. *UCLA Law Review*, v. 65, p. 78-169, 2018; THOMPSON, Tommie Y. *The return of history*: a new wave of democratic backsliding. Tese de Doutorado. Georgetown University, 2018. Disponível em: https://repository.library.georgetown.edu/bitstream/handle/10822/1050864/Thompson_georgetown_0076M_13960.pdf?sequence=1. Acesso em 11 mar. 2020.

[39] GIFFORD, Daniel J. The new deal regulatory model: a history of criticisms and refinements. *Minnesota Law Review*, v. 68, p. 299-332, 1983; GOULD, Lewis L.; GERSTLE, Gary. *The rise and fall of the new deal order, 1930-1980*. Princeton: Princeton University Press, 1989; FRIEMAN, Milton. *Why Government Is the Problem*. Stanford, California: Hoover Institution Press, 1993; SCHMIESING, Kevin. Catholic Critics of the New Deal. *Catholic Social Science Review*, v. 7, p. 145-159, 2002; CLARKE, John. *Changing welfare, changing states*: new directions in social policy. London: Sage, 2004.

[40] SAMPAIO, José Adércio L. Direito ao Meio Ambiente Equilibrado: Um Direito Inconveniente? *In*: VITORIA, Ignacio G.; CID, José Manuel A. (Orgs.). *Direito e Justiça – Número III – Protección de los Derechos Fundamentales en un Contexto Global*. Curitiba; Barcelona: Juruá, 2016. p. 65-86.

A menos que existam prescrições extintivas legalmente previstas ou razões públicas suficientemente demonstradas, não se estabilizam situações antijurídicas consolidadas, pois aqueles que, antes de 22 de julho de 2008, desmataram, fizeram-no, por óbvio, ilicitamente, seja porque não possuíam autorização a tanto ou se a detinha, não cumpriu com sua obrigação de reparar. Dano ambiental é dinâmico e duradouro, alguns permanentes, de modo que o dever de reparar não se pode prescrever ou, no mínimo, desafia um longo prazo de prescrição. A anistia, por seu lado, é um poder-dever do Congresso Nacional, mas depende de uma justificação constitucional que ultrapasse o mero recurso à discricionariedade legislativa. Que seja, como fez Barroso, pela exigência da proporcionalidade estrita. Fora desse quadro, ingressa-se no "arbítrio" ou, dá no mesmo, na "tirania do legislador", o que é violação do primado da Constituição.[41]

A mesma ordem de ideia se aplica à autorização que passou a ser dada pelo novo estatuto florestal, à destruição de APPs tanto para desenvolvimento de atividades altamente lesivas ao ambiente, quanto para aquelas de menos impacto, sem requerer um profundo estudo de alternativas locacionais. A franquia foi tamanha que o Ministro não teve dúvidas:

> Afigura-se desproporcional também a realização, em áreas de preservação permanente, de atividades com alto potencial lesivo ao meio ambiente, como a gestão de resíduos ou de atividades que, além de menos relevantes na escala constitucional de valores, podem ser praticadas em quaisquer outros locais, como as competições desportivas.

Igual inspiração o fez seguir a maioria para dar interpretação conforme, a Constituição, ao art. 3º, VIII e IX, do Código Florestal, condicionando a intervenção excepcional em área de proteção permanente, por interesse social ou utilidade pública, à inexistência de alternativa técnica e/ou locacional à atividade proposta. Não poderia ser diferente.

Em outro ponto, recorreu ao princípio interpretativo da máxima eficácia constitucional, um vetor argumentativo importante, para conferir maior proteção ao meio ambiente. Como escreveu, "o intérprete privilegia o sentido que confira maior efetividade ao direito fundamental ao meio ambiente". E, o que parecia óbvio aos principiantes de engenharia ambiental, nascentes e olhos d'água devem ser protegidos. Foi enfático o Ministro: "Diante da polissemia da norma, deve-se compreender que os entornos das nascentes e dos olhos d'água intermitentes configuram área de preservação permanente". Ponto e pronto. A Corte, por maioria, também assim entendeu.

Preocupou-lhe, em especial, a redução da reserva legal para até 50% da Amazônia Legal. O bioma gozava de proteção especial no texto da Constituição e, ademais, intervenções passadas não contribuíram para o desenvolvimento da região. Novamente, o cálculo do custo-benefício conduzia ao entendimento da inconstitucionalidade:

---

[41] Não foi como entendeu a maioria dos Ministros. Na ementa, constou: "O legislador tem o dever de promover transições razoáveis e estabilizar situações jurídicas consolidadas pela ação do tempo ao edificar novos marcos legislativos, tendo em vista que a Constituição da República consagra como direito fundamental a segurança jurídica (art. 5º, caput). O novo Código Florestal levou em consideração a salvaguarda da segurança jurídica e do desenvolvimento nacional (art. 3º, II, da CRFB) ao estabelecer uma espécie de 'marco zero na gestão ambiental do país', sendo, consectariamente constitucional a fixação da data de 22 de julho de 2008 como marco para a incidência das regras de intervenção em Área de Preservação Permanente ou de Reserva Legal". Dá-se a entender que o "marco zero" pode ser redefinido pelo amplo espaço de discricionariedade que foi reconhecido ao legislador.

Nós temos que transformar a manutenção da floresta em algo mais valioso do que a sua derrubada, até porque com a expressiva, absurda, criminosa, política de desmatamento que vigeu por muitos anos, o produto interno bruto da Amazônia não aumentou nenhum ponto percentual. Portanto nós destruímos a floresta sem melhorar a vida das pessoas, de modo que era preciso incluir a preservação da Amazônia com prioridade máxima num projeto de preservação da floresta e tornar social e economicamente mais interessante preservá-la que derrubá-la.[42]

Esse, no entanto, não foi o entendimento da Corte. Num exercício de autocontenção, afirmou-se que o Judiciário "não é órgão dotado de expertise ou legitimidade democrática para definir percentuais de espaços territoriais especialmente protegidos, à medida que o próprio art. 225, §1º, III, da Constituição, atribui essa definição ao Executivo e ao Legislativo".[43] Argumento dessa latitude, como se tem visto nas lições do Ministro, encontra limite apenas num juízo de proporcionalidade que, apesar do rigor em elaboração dogmática e seu desenvolvimento em subprincípios ou máximas, em que sobressai a ponderação, sucumbe às incertezas de ser "texto" aberto a intepretações e, portanto, à pré-compreensão do intérprete. Uma nota exemplar a esse respeito é a adesão de Barroso ao entendimento exposto pelo relator de que a compensação de área de reserva legal entre imóveis situados no mesmo bioma, como previsto na Lei, era constitucional, não exigindo, como postulado, "identidade ecológica" ou de equivalência do conjunto de ambientes, paisagens e processos ecológicos entre elas.[44]

Nesse caso, não se valeu da discussão do nível de proteção obtida entre as duas alternativas, em suas operações de custo e benefício, situadas no centro da proporcionalidade estrita, para simplesmente concordar que as condições para a transação se encontravam plenamente no âmbito de conformação do legislador. A tese liberal de Fux e Barroso viam no mercado de cotas de reserva ambiental um incentivo à proteção do meio ambiente mais poderoso do que a política de "command-and-control", que impunha um poder vigilante e sancionador do poder público sobre os infratores do meio ambiente.

---

[42] Note-se que a Amazônia Legal tem sido uma preocupação do Ministro Barroso: tem havido exploração predatória, pelo menos, desde os anos 1970, sem que isso tenha gerado equivalentes benefícios aos que lá vivem. A participação da produção regional no PIB brasileiro mantém-se inalterado nesse período. Consulte-se seu voto no ADI nº 4269/DF. Rel. Min. Edson Fachin. Julgamento 18.10.2017. Disponível em: http://www.stf.jus.br/portal/inteiroTeor/obterInteiroTeor.asp?idDocumento=749032559. Acesso em 11 jan. 2020.

[43] A Lei também permitia a redução, no entender da Corte, "em graduação deveras razoável", de 80% (oitenta por cento) para até 50% (cinquenta por cento), criando normas para exercício dessa faculdade pelos Estados e Municípios. O Ministro Fux, em nome da maioria, foi descritivo: "Quando o poder público estadual optar pela redução, deverá ouvir o Conselho Estadual de Meio Ambiente, órgão estadual responsável pela análise da viabilidade ecológica dessa iniciativa, e possuir Zoneamento Ecológico-Econômico aprovado. Relativamente aos Municípios, as normas impugnadas visam a possibilitar uma alternativa institucional de manutenção da viabilidade e autonomia da municipalidade que tenha sua área sensivelmente afetada por iniciativa dos Estados (mediante a criação de unidades de conservação estadual), ou da União (seja pela instituição de unidades federais de proteção ambiental, seja pela homologação de terras indígenas)". Alguma inconstitucionalidade? Nenhuma: "Trata-se, a rigor, de uma cláusula legal que protege o ente municipal de indevida intervenção estadual para além das cláusulas taxativas do art. 35 do texto constitucional" (Item 22(l) da Ementa).

[44] A Cota de Reserva Ambiental (CRA) é um título representativo de uma área de vegetação nativa em imóvel: (a) em regime de servidão ambiental; (b) que possuir área de reserva legal instituída acima do percentual exigido por lei; (c) protegido como Reserva Particular do Patrimônio Natural (RPPN); ou (iv) inserido em unidade de conservação de domínio público, mas ainda não desapropriada. Esse título é emitido pelo órgão ambiental competente, mediante apresentação de laudo comprobatório e inclusão do imóvel no Cadastro Ambiental Rural (CAR), e pode ser transferido, onerosa ou gratuitamente, e utilizado para compensar a área de reserva legal existente em outro imóvel de extensão inferior à exigida por lei.

VI

Será mesmo o direito ao meio ambiente ecologicamente equilibrado um direito fundamental no Brasil? Retórica e moralmente, sim, como se viu. Acrescente-se um derradeiro argumento a esse ponto, antes de retomar os problemas de eficácia: o direito ao ambiente ecologicamente equilibrado tem firme conexão com as minorias, podendo servir-lhes de escudo contra investidas da maioria, inclusive mediadas por lei. Diversos estudos, com fortes evidências empíricas, demonstram haver uma divisão entre ônus e bônus do crescimento econômico. Os benefícios da exploração dos recursos naturais tendem a se concentrar no topo da pirâmide social: fortuna, riqueza, bem-estar. Os malefícios se concentram mais em espaços físicos e sociais ocupados por grupos mais vulneráveis: poluição, áreas degradadas, enfermidades.[45]

Em vista desse estado de coisas, surgiu, nos Estados Unidos, um movimento social e acadêmico chamado de "justiça ambiental", que tem hoje dimensão internacional.[46] Por meio dele, luta-se pela redução das assimetrias geradas pelo crescimento econômico. Embora aqui não se tenha tempo nem espaço para avançar no tema, deixe-se expresso que o direito a um ambiente equilibrado ou saudável é o veículo de atendimento às reivindicações dessa justiça e da defesa dos grupos social e politicamente mais vulneráveis. Por isso também, há de ser levado mais a sério como obstáculo à atuação do legislador que, ao fim, mais atende a demandas da maioria, quase sempre, identificadas com o poder econômico.

Ao Judiciário, mais notadamente, ao Supremo Tribunal Federal, é passada a hora de retirá-lo da condição de um direito de segunda categoria.

Referências

AGÊNCIA ESTADO. Para ambientalistas, novo Código Florestal é 'retrocesso'. *AE*, 29 mai. 2012. Disponível em: https://www.em.com.br/app/noticia/politica/2012/05/29/interna_politica,296975/para-ambientalistas-novo-codigo-florestal-e-retrocesso.shtml. Acesso em 11 mar. 2020.

AGYEMAN, Julian *et al*. Trends and directions in environmental justice: from inequity to everyday life, community, and just sustainabilities. *Annual Review of Environment and Resources*, v. 41, p. 321-340, 2016.

BICKENBACH, Christian. Legislative Margins of Appreciation as the Result of Rational Lawmaking. *In*: MEßERSCHMIDT, Klaus; OLIVER-LALANA, A. Daniel (Eds.). *Rational Lawmaking under Review*. Nürnberg; Zaragoza: Springer, p. 235-256, 2016.

BLASI, E. *et al*. An ecological footprint approach to environmental–economic evaluation of farm results. *Agricultural systems*, v. 145, p. 76-82, 2016.

---

[45] SCHERR, Sara J. A downward spiral? Research evidence on the relationship between poverty and natural resource degradation. *Food policy*, v. 25, n. 4, p. 479-498, 2000; DASGUPTA, Susmita *et al*. Where is the poverty–environment nexus? Evidence from Cambodia, Lao PDR, and Vietnam. *World Development*, v. 33, n. 4, p. 617-638, 2005; GRAY, Leslie C.; MOSELEY, William G. A geographical perspective on poverty–environment interactions. *Geographical Journal*, v. 171, n. 1, p. 9-23, 2005; WOODWARD, David *et al*. Growth is failing the poor: the unbalanced distribution of the benefits and costs of global economic growth. UN: Department of Economic and Social Affairs, 2006.

[46] ROBERTS, J. Timmons; PELLOW, David; MOHAI, Paul. Environmental justice. *Annual Review of Environment and Resources*, v. 34, p. 405-430, 2009; AGYEMAN, Julian *et al*. Trends and directions in environmental justice: from inequity to everyday life, community, and just sustainabilities. *Annual Review of Environment and Resources*, v. 41, p. 321-340, 2016; PELLOW, David Naguib. *What is critical environmental justice?* Cambridge: John Wiley & Sons, 2017.

BOROWY, Iris. Sustainable development in brundtland and beyond: how (not) to reconcile material wealth, environmental limits and just distribution. *In*: VAZ, E.; MELO, C. J.; PINTO, L. M. C. (Eds.). *Environmental History in the Making. Vol 1*: explaining. Braga; Lisboa; Cham: Springer, 2017.

BRASIL. Supremo Tribunal Federal. Pleno. *ADC nº 42/DF*. Rel. Min. Luiz Fux. J. 28.2.2018. Disponível em: http://redir.stf.jus.br/paginadorpub/paginador.jsp?docTP=TP&docID=750504737. Acesso em 01 mar. 2020.

BRASIL. Supremo Tribunal Federal. Pleno. *ADI nº 4628/DF*. Rel. Min. Luiz Fux. j. 17.09.2014. Disponível em: http://redir.stf.jus.br/paginadorpub/paginador.jsp?docTP=TP&docID=7310046. Acesso em 15 mar. 2020.

BROCHADO, Mariá. Pedagogia Juridica para o cidadão: formação da Consciência Jurídica a partir de uma compreensão Ética do Direito. *Revista da Faculdade Direito Universidade Federal Minas Gerais*, v. 48, p. 159-188, 2006.

CANOTILHO, José Joaquim Gomes. *Direito Constitucional*. Coimbra: Almedina, 1991.

CARREÑO, Santiago M. Álvarez. El derecho ambiental entre la cienia, la economía y la sociología: Reflexiones introductorias sobre el valor normativo de los conceptos extrajurídicos. *Revista Catalana de Dret Ambiental*, v. 10, n. 1, p. 1-26, 2019.

CARTY, Anthony. Scandinavian Realism and Phenomenological Approaches to Statehood and General Custom in International Law. *European Journal of International Law*, v. 14, n. 4, p. 817-841, 2003.

CASTELO, Thiago B. Legislação Florestal Brasileira e Políticas de Governo de Combate ao Desmatamento na Amazônia Legal. *Ambiente & Sociedade*, v. 18, n. 4, p. 221-242, dec. 2015.

CHENG, Edward K. Independent Judicial Research in the Daubert Age. *Duke Law Journal*, v. 56, p. 1263-1318, 2007.

CLARKE, John. *Changing welfare, changing states*: new directions in social policy. London: Sage, 2004.

COLEMAN, Gordon. Scandinavian Legal Realists: A Critical Analysis. *University of Toronto Faculty of Law Review*, v. 18, p. 152-162, 1960.

COSTA, Emília Viotti da. *Da Monarquia à República*: momentos decisivos. 6. ed. São Paulo: Ed. UNESP, 1999.

COSTA, Emília Viotti da. *Da senzala à colônia*. 4. ed. São Paulo: Ed. UNESP, 1997.

COSTA, Fátima. Código Florestal foi um avanço para o País. Entrevista com Samanta Pineda. *Dinheiro Rural*, n. 8, 1 jul. 2011. Disponível em: https://www.dinheirorural.com.br/secao/entrevista/o-codigo-florestal-foi-um-avanco-para-o-pais. Acesso em 11 mar. 2020.

DASGUPTA, Susmita *et al*. Where is the poverty–environment nexus? Evidence from Cambodia, Lao PDR, and Vietnam. *World Development*, v. 33, n. 4, p. 617-638, 2005.

DE CARVALHO, Alexandre Douglas Z. *Imagens da imparcialidade entre o discurso constitucional e a prática judicial*. São Paulo: Grupo Almedina, 2020.

DUSSEL, Enrique. Direitos Humanos e Ética da Libertação: pretensão política de justiça e a luta pelo reconhecimento dos novos direitos. *Revista InSURgência, Brasília*, v. 1, p. 121-135, 2015.

DWORKIN, Ronald. *Taking rights seriously*. Cambridge: Harvard University Press, 1977.

ENGEL, Jake. An addiction to capitalism: a rhetorical criticism of mainstream environmentalism. *IdeaFest: Interdisciplinary Journal of Creative Works and Research from Humboldt State University*, v. 3, n. 1, p. 68-76, 2019.

FARBER, Daniel A. Is the Supreme Court Irrelevant-Reflections on the Judicial Role in Environmental Law. *Minnesota Law Review*, v. 81, p. 547, 1996.

FEIL, Alexandre André; SCHREIBER, Dusan. Sustainability and sustainable development: unraveling overlays and scope of their meanings. *Cadernos EBAPE.BR*, v. 14, n. 3, p. 667-681, 2017.

FONSECA, Vandré. O desastre da mudança do Código Florestal em números. *Eco*, 30 abr. 2014. Disponível em: https://www.oeco.org.br/noticias/28260-o-desastre-da-mudanca-do-codigo-florestal-em-numeros/. Acesso em 11 mar. 2020.

FRIEMAN, Milton. *Why Government Is the Problem*. Stanford, California: Hoover Institution Press, 1993.

GAIO, Daniel. *A interpretação do direito de propriedade em face da proteção constitucional do meio ambiente urbano*. Curitiba: Renovar, 2015.

GERVIER, Pauline. La limitation des droits fondamentaux constitutionnels par l'ordre public. *Les Nouveaux Cahiers du Conseil constitutionnel*, n. 4, p. 105-112, 2014.

GIBSON, James L. Challenges to the impartiality of state supreme courts: legitimacy theory and "new-style" judicial campaigns. *American Political Science Review*, v. 102, n. 1, p. 59-75, 2008.

GIFFORD, Daniel J. The new deal regulatory model: a history of criticisms and refinements. *Minnesota Law Review*, v. 68, p. 299-332, 1983.

GOULD, Lewis L.; GERSTLE, Gary. *The rise and fall of the new deal order, 1930-1980*. Princeton: Princeton University Press, 1989.

GRAY, Leslie C.; MOSELEY, William G. A geographical perspective on poverty–environment interactions. *Geographical Journal*, v. 171, n. 1, p. 9-23, 2005.

GRINBERG, Keila. Em defesa da propriedade: Antônio Pereira Rebouças e a Escravidão. *Afro-Asia*, n. 21-22, p. 111-146, 1998-1999.

GUBA Egon G.; LINCOLN, Yvonna S. *Fourth Generation Evaluation*. Beverly Hills: Sage, 1989.

GUNKEL, David J. *Robot rights*. Cambridge: MIT Press, 2018.

HÄBERLE, Peter. *La Libertad Fundamental en el Estado Constitucional*. (Trad. César Landa). San Miguel (Perú): Pontificia Universidad Católica del Perú, 1997.

HABERMAS, Jürgen. *Facticidad y validez*: sobre el derecho y el Estado democrático de derecho en términos de teoría del discurso. 4. ed. (Trad. Manuel Jiménez Redondo). Madrid: Trotta, 2005.

HASTIE, Reid; DAWES, Robyn M. *Rational choice in an uncertain world*: the psychology of judgment and decision making. London: Sage Publications, 2009.

HONNETH, Axel. *Luta pelo reconhecimento*: para uma gramática moral dos conflitos sociais. São Paulo: Ed. 70, 2011.

HUQ, Aziz; GINSBURG, Tom. How to lose a constitutional democracy. *UCLA Law Review*, v. 65, p. 78-169, 2018.

INSTITUTO SOCIAMBIENTAL. *Estudo do ISA revela que nova Lei Florestal trouxe retrocesso ambiental em três municípios do Xingu*. 5 jun. 2015. Disponível em: https://www.socioambiental.org/pt-br/noticias-socioambientais/estudo-do-isa-revela-que-novo-codigo-florestal-trouxe-retrocesso-ambiental-em-tres-municipios-do-xingu-mtpa. Acesso em 11 mar. 2020.

IRWIN, John F.; REAL, Daniel L. Unconscious influences on judicial decision-making: the illusion of objectivity. *McGeorge Law Review*, v. 42, p. 1-18, 2010.

LARSEN, Allison O. Confronting Supreme Court Fact Finding. *Virginia Law Review*, v. 98, p. 1255-1312, 2012.

LAZARUS, Richard J. Thirty Years of Environmental Protection Law in the Supreme Court. *Pace Environmental Law Review*, v. 17, p. 1-32, 1999.

MARCOUX, JR., Laurent; MARCOUX, Laurent. Le concept de droits fondamentaux dans le droit de la Communauté économique européenne. *Revue internationale de droit comparé*, v. 35, n. 4, p. 691-733, 1983.

MEHLMAN, Maxwell J. *Transhumanist dreams and dystopian nightmares*: the promise and peril of genetic engineering. Baltimore: The Johns Hopkins University Press, 2012.

MENDES, Gilmar Ferreira. Controle de constitucionalidade: hermenêutica constitucional e revisão de fatos e prognoses legislativos pelo órgão judicial. *Revista Jurídica da Presidência*, v. 1, n. 8, 2000. Disponível em: https://revistajuridica.presidencia.gov.br/index.php/saj/article/viewFile/1063/1047. Acesso em 11 mar. 2020.

MENDONÇA, Joseli Maria Nunes. *Entre a mão e os anéis*: a Lei dos sexagenários e os caminhos da Abolição no Brasil. 2. ed. Campinas: Editora da UNICAMP, 2008.

NANDA, Hiranmaya; MOHAPATRA, Chinmaya Kumar. Ecological Balance and Air Pollution on Environment: a threat to humanity. *Indian Journal of Public Health Research & Development*, v. 8, n. 4, p. 231-235, 2017.

NEITZ, Michele Benedetto. Socioeconomic Bias in the Judiciary. *Cleveland Stata Law Review*, v. 61, p. 137-165, 2013.

NORTON, Michael I. *et al*. Mixed motives and racial bias: the impact of legitimate and illegitimate criteria on decision making. *Psychology, Public Policy, and Law*, v. 12, n. 1, p. 36-55, 2006.

ORTIZ, Irene. Who Has the Right to Have Rights? *Social Philosophy Today*, v. 34, p. 63-74, 2018.

PAPUZIŃSKI, Andrzej. The enlightenment assumptions of the brundtland report. *Problemy Ekorozwoju*, v. 13, n. 1, p. 7-14, 2018.

PAUTZ, Michelle C. Regulating Greenhouse Gas Emissions: the Supreme Court, the Environmental Protection Agency, Madison's "Auxiliary Precautions," and Rohr's "Balance Wheel". *Public Integrity*, v. 18, n. 2, p. 149-166, 2016.

PELLOW, David Naguib. *What is critical environmental justice?* Cambridge: John Wiley & Sons, 2017.

PRADO, Lídia Reis de A. Neutralidade e imparcialidade dos juízes? *In*: GROENINGA, Giselle C. (Org.). *Direito de família e psicanálise*: rumo a uma nova epistemologia. Rio de Janeiro: Imago, 2003.

RACHLINSKI, Jeffrey J. Processing pleadings and the psychology of prejudgments. *DePaul Law Review*, v. 60, p. 413-430, 2010.

RAINBOLT, George W. *The Concept of Rights*. Dordrecht: Springer, 2006.

RAWLS, John. *Teoría de la Justicia*. (Trad. María Dolorez González). México: Fondo de Cultura Económica, 1993.

REARDON, Betty. *Educating for human dignity*: Learning about rights and responsibilities. Philadelphia: University of Pennsylvania Press, 2010.

RENEDO, César A. La difícil concepción del medio ambiente como derecho constitucional en el ordenamiento español. *Revista de derecho político*, n. 54, p. 129-152, 2002.

RIBEIRO, Ivan César. *Robin Hood versus King John*: como os juízes locais decidem casos no Brasil. Brasília: Ipea, Prêmio IpeaCEF, 2006.

ROBERTS, J. Timmons; PELLOW, David; MOHAI, Paul. Environmental justice. *Annual Review of Environment and Resources*, v. 34, p. 405-430, 2009.

ROBERTSON, Jennifer. Human rights vs. robot rights: Forecasts from Japan. *Critical Asian Studies*, v. 46, n. 4, p. 571-598, 2014.

ROCHA, Caroline Medeiros. *O STF e o meio ambiente*: a tutela do meio ambiente e sede de controle concentrado de constitucionalidade. Tese de Doutorado. Universidade de São Paulo, 2013. Disponível em: http://www.teses.usp.br/teses/disponiveis/2/2134/tde-05122013-154012/publico/Dissertacao_Final_Caroline_Medeiros_Rocha.pdf. Acesso em 12 mar. 2020.

ROSE-ACKERMAN, Susan; EGIDY, Stefanie; FOWKES, James. *Due process of lawmaking*: the United States, South Africa, Germany, and European Union. New York: Cambridge University Press, 2015.

ROSS, Bertrall L. The State as Witness: Windsor, Shelby County, and Judicial Distrust of the Legislative Record. *New York University Law Review*, v. 89, p. 2027-2105, 2014.

SAMPAIO, Jose Adércio L. Da cláusula do não retrocesso social à proibição de reversibilidade socioambiental. *In*: *Direito Humanos e Direitos Fundamentais. Diálogos Contemporâneos*. 1. ed. Salvador: JusPodivm, 2013. v. 1.

SAMPAIO, José Adércio L. Direito ao Meio Ambiente Equilibrado: Um Direito Inconveniente? *In*: VITORIA, Ignacio G.; CID, José Manuel A. (Orgs.). *Direito e Justiça – Número III – Protección de los Derechos Fundamentales en un Contexto Global*. Curitiba; Barcelona: Juruá, 2016.

SAMPAIO, José Adércio L. Direito e Constituição. *In*: SAMPAIO, J. A. L.; WOLD, C.; NARDY, A. *Princípios de Direito Ambiental*. Belo Horizonte: Del Rey, 2003.

SAMPAIO, José Adércio L. *Direitos fundamentais*: retórica e historicidade. Belo Horizonte: Del Rey, 2004.

SAMPAIO, José Adércio L. *Teoria da Constituição e dos Direitos Fundamentais*. Belo Horizonte: Del Rey, 2013.

SAMPAIO, José Adércio Leite. Direitos fundamentais como trufas da maioria. *Revista de Estudos Constitucionais, Hermenêutica e Teoria do Direito*, v. 7, n. 3, p. 226-234, 2015.

SARLET, Ingo Wolfgang; FENSTERSEIFER, Tiago. Notas sobre os deveres de proteção do estado e a garantia da proibição de retrocesso em matéria (socio) ambiental. *In*: *Direito constitucional do ambiente*: teoria e aplicação. Caxias do Sul: Educs, 2011.

SCALCON, Raquel L. Avaliação de impacto legislativo: a prática europeia e suas lições para o Brasil. *Revista de Informação Legislativa*, v. 54, n. 214, p. 113-130, abr./jun. 2017.

SCHERR, Sara J. A downward spiral? Research evidence on the relationship between poverty and natural resource degradation. *Food policy*, v. 25, n. 4, p. 479-498, 2000.

SCHMIESING, Kevin. Catholic Critics of the New Deal. *Catholic Social Science Review*, v. 7, p. 145-159, 2002.

SILVEIRA, Rosa Maria Godoy *et al. Educação em Direitos Humanos*: fundamentos teórico-metodológicos. João Pessoa: Editora Universitária, 2007.

STEELE, Graham. Who speaks for parliament? Hansard, the Courts, and Legislative Intent. *Canadian Parliamentary Review*, p. 6-10, 2017. Disponível em: https://www.legco.gov.hk/general/english/library/stay_informed_parliamentary_news/who_speaks_for_parliament.pdf. Acesso em 11 fev. 2020.

STEPHANES, Reinhold. Novo Código Florestal e o setor produtivo. *Folha de S. Paulo*, 3 jun. 2012. Disponível em: https://www1.folha.uol.com.br/fsp/opiniao/46567-novo-codigo-florestal-e-o-setor-produtivo.shtml. Acesso em 15 mar. 2020.

STINSON, Veronica *et al.* How effective is the motion-to-suppress safeguard? Judges' perceptions of the suggestiveness and fairness of biased lineup procedures. *Journal of Applied Psychology*, v. 82, n. 2, p. 211-220, 1997.

TANFORD, J. Alexander. The limits of a scientific jurisprudence: the Supreme Court and psychology. *Indiana Law Journal*, v. 66, p. 137-173, 1990.

THOMPSON, Tommie Y. *The return of history*: a new wave of democratic backsliding. Tese de Doutorado. Georgetown University, 2018. Disponível em: https://repository.library.georgetown.edu/bitstream/handle/10822/1050864/Thompson_georgetown_0076M_13960.pdf?sequence=1. Acesso em 11 mar. 2020.

THORNHILL, Chris. Re-conceiving rights revolutions: The persistence of a sociological deficit in theories of rights. *Zeitschrift für Rechtssoziologie*, v. 31, n. 2, p. 177-208, 2010.

TIBBITTS, Felisa; FERNEKES, William R. Teaching and studying social issues: Major programs and approaches. *Human rights education*, p. 87-118, 2011.

TRIBE, Laurence; DORF, Michael. *Hermenêutica constitucional*. (Trad. Amarílis de Souza Birchal). Belo Horizonte: Del Rey, 2007.

VERMA, A. K. *et al.* Ecological balance: an indispensable need for human survival. *Journal of Experimental Zoology*, India, v. 21, n. 1, p. 407-409, 2018.

VILANI, Rodrigo Machado. A aplicação do conceito constitucional de desenvolvimento sustentável sob a perspectiva do STJ e do STF. *Revista Brasileira de Direito Constitucional*, v. 13, n. 1, p. 63-79, 2009.

WEDY, Gabriel. O STF e o enfrentamento do conflito aparente entre o princípio da preservação do meio ambiente e o princípio do desenvolvimento econômico e da livre iniciativa. Direito Federal. *Revista da Associação dos juízes federais do Brasil*, Brasília-DF, v. 23, p. 175-202, 2008.

WEISSHEIMER, Marco. Cientistas apontam graves problemas no Código Florestal. *Extraclasse*, 17 mar. 2012. Disponível em: https://www.extraclasse.org.br/opiniao/colunistas/2012/03/cientistas-apontam-graves-problemas-no-codigo-florestal/. Acesso em 11 mar. 2020.

WOODWARD, David *et al. Growth is failing the poor*: the unbalanced distribution of the benefits and costs of global economic growth. UN: Department of Economic and Social Affairs, 2006.

Informação bibliográfica deste texto, conforme a NBR 6023:2018 da Associação Brasileira de Normas Técnicas (ABNT):

SAMPAIO, José Adércio Leite. Ambiente: um direito de segunda classe? (Excurso sobre o voto do Ministro Luís Roberto Barroso na ADC nº 42/DF). *In*: BENJAMIN, Antônio Herman Vasconcelos e; FREITAS, Vladimir Passos de; SOARES JÚNIOR, Jarbas (Coord.). *Comentários aos acórdãos ambientais*: paradigmas do Supremo Tribunal Federal. Belo Horizonte: Fórum, 2021. p. 301-323. ISBN 978-65-5518-077-0.

COMENTÁRIOS AO ACÓRDÃO DO SUPREMO TRIBUNAL FEDERAL QUE JULGOU AS AÇÕES DIRETAS DE INCONSTITUCIONALIDADE Nºs 4.901, 4.902, 4.903 E 4.937 E A AÇÃO DECLARATÓRIA DE CONSTITUCIONALIDADE (ADC Nº 42) ENVOLVENDO O NOVO CÓDIGO FLORESTAL (LEI Nº 12.651/2012)

RELATOR: MINISTRO LUIZ FUX

MARCELO ABELHA RODRIGUES

1 A ementa

DIREITO CONSTITUCIONAL. DIREITO AMBIENTAL. ART. 225 DA CONSTITUIÇÃO. DEVER DE PROTEÇÃO AMBIENTAL. NECESSIDADE DE COMPATIBILIZAÇÃO COM OUTROS VETORES CONSTITUCIONAIS DE IGUAL HIERARQUIA. ARTIGOS 1º, IV; 3º, II E III; 5º, CAPUT E XXII; 170, CAPUT E INCISOS II, V, VII E VIII, DA CRFB. DESENVOLVIMENTO SUSTENTÁVEL. JUSTIÇA INTERGERACIONAL. ALOCAÇÃO DE RECURSOS PARA ATENDER AS NECESSIDADES DA GERAÇÃO ATUAL. ESCOLHA POLÍTICA. CONTROLE JUDICIAL DE POLÍTICAS PÚBLICAS. IMPOSSIBILIDADE DE VIOLAÇÃO DO PRINCÍPIO DEMOCRÁTICO. EXAME DE RACIONALIDADE ESTREITA. RESPEITO AOS CRITÉRIOS DE ANÁLISE DECISÓRIA EMPREGADOS PELO FORMADOR DE POLÍTICAS PÚBLICAS. INVIABILIDADE DE ALEGAÇÃO DE VEDAÇÃO AO RETROCESSO. NOVO CÓDIGO FLORESTAL. AÇÕES DIRETAS DE INCONSTITUCIONALIDADE E AÇÃO DECLARATÓRIA DE CONSTITUCIONALIDADE JULGADAS PARCIALMENTE PROCEDENTES. 1. O meio ambiente é tutelado constitucionalmente pela regra matriz do artigo 225, caput, da Constituição, que dispõe que todos têm direito ao meio ambiente ecologicamente equilibrado, bem de uso comum do povo e essencial à sadia qualidade de vida, impondo-se ao Poder Público e à coletividade o dever de defendê-lo e preservá-lo para as presentes e futuras gerações. 2. O meio ambiente assume função dúplice no microssistema jurídico, na medida em que se consubstancia simultaneamente em direito e em dever dos cidadãos, os quais paralelamente se posicionam, também de forma simultânea, como credores e como devedores da obrigação de proteção respectiva. 3. O homem é parte indissociável do meio ambiente, uma vez que, por intermédio das interações genéticas biologicamente evolutivas que se sucederam nos últimos milhares de anos, o meio ambiente produziu a espécie humana, cuja vida depende dos recursos nele contidos. Nesse ponto, nem os mais significativos avanços tecnológicos permitirão ao homem, em algum momento futuro, dissociar-se do meio ambiente, na medida em que a atividade humana inventiva e transformadora depende da matéria nele contida, sob todas as suas formas, para se concretizar. 4. A capacidade dos indivíduos de desestabilizar o equilíbrio do conjunto de recursos naturais que lhes fornece a própria existência tem gerado legítimas preocupações, que se intensificaram no último século. Afinal, recursos naturais têm sido extintos; danos irreversíveis ou extremamente agressivos à natureza tornaram-se mais frequentes; disfunções climáticas são uma realidade científica; diversas formas de poluição se alastram pelos grandes centros, entre outras evidências empíricas do que se cognomina crise ambiental. Nesse ínterim, o foco no crescimento econômico sem a devida preocupação ecológica consiste em ameaça presente e futura para o progresso sustentável das nações e até mesmo para a sobrevivência da espécie humana. O homem apenas progride como ser biológico e como coletividade quando se percebe como produto e não como proprietário do meio ambiente. 5. A Declaração das Nações Unidas sobre o Meio Ambiente Humano, editada por ocasião da Conferência de Estocolmo, em 1972, consistiu na primeira norma a reconhecer o direito humano ao meio ambiente de qualidade. 6. Por sua vez, a Conferência Eco-92, no Rio de Janeiro, introduziu o princípio do desenvolvimento sustentável, consubstanciado na necessária composição entre o crescimento socioeconômico e o uso adequado e razoável dos recursos naturais. Essa nova perspectiva demandou aos Estados a construção de políticas públicas mais elaboradas, atentas à gestão eficiente das matérias primas, ao diagnóstico e ao controle das externalidades ambientais, bem como ao cálculo de níveis ótimos de poluição. Todos esses instrumentos atendem a perspectiva intergeracional, na medida em que o desenvolvimento sustentável estabelece uma ponte entre os impactos provocados pelas gerações presentes e o modo como os recursos naturais estarão disponíveis para as gerações futuras. 7. A recente Conferência das Nações Unidas sobre Desenvolvimento Natural (Rio+20), em 2012, agregou ao debate a ideia de governança ambiental global. 8. Paralelamente a esses marcos, são incontáveis os documentos internacionais bilaterais e multilaterais que têm disciplinado questões específicas do meio ambiente. Exemplificadamente, cito a Convenção para Prevenção da Poluição Marinha por Fontes Terrestres (1974), a Convenção para Proteção dos Trabalhadores contra Problemas Ambientais (1977), a Convenção sobre Poluição Transfronteiriça (1979), o Protocolo sobre Áreas Protegidas e Fauna e Flora (1985), a Convenção sobre Avaliação de Impacto Ambiental em Contextos Transfronteiriços (1991), a Convenção da Biodiversidade (1992), o Protocolo de Quioto (1997), dentre outros. 9. Essa movimentação política de âmbito global tem despertado os Estados nacionais e a coletividade para a urgência e a importância da causa ambiental. Comparativamente, 150 constituições atualmente em vigor tratam da proteção ao meio ambiente em seus textos. No Brasil, não obstante constituições anteriores tenham disciplinado aspectos específicos relativos a alguns recursos naturais (água, minérios etc.), a Carta de 1988 consistiu em marco que elevou a proteção integral e sistematizada do meio ambiente ao status de valor central da nação. Não à toa, a comunidade internacional a apelidou de Constituição Verde, considerando-a a mais avançada do mundo nesse tema. 10. O caráter transnacional e transfronteiriço das causas e dos efeitos da crise ambiental demanda dos Estados, dos organismos internacionais e das instituições não governamentais, progressivamente, uma atuação mais articulada para transformar a preservação da natureza em instrumento de combate à pobreza e às desigualdades. 11. Por outro lado, as políticas públicas ambientais devem conciliar-se com outros valores democraticamente eleitos pelos legisladores como o mercado de trabalho, o desenvolvimento social, o atendimento às necessidades básicas de consumo dos cidadãos etc. Dessa forma, não é adequado desqualificar determinada regra legal como contrária ao comando constitucional de defesa do meio ambiente (art. 225, caput, CRFB), ou mesmo sob o genérico e subjetivo rótulo de retrocesso ambiental, ignorando as diversas nuances que permeiam o processo decisório do legislador, democraticamente investido da função de apaziguar interesses conflitantes por meio de regras gerais e objetivas. 12. Deveras, não se deve desprezar que a mesma Constituição protetora dos recursos ambientais do país também exorta o Estado brasileiro a garantir a livre iniciativa (artigos 1º, IV, e 170) e o desenvolvimento nacional (art. 3º, II), a erradicar a pobreza e a marginalização, a reduzir as desigualdades sociais e regionais (art. 3º, III; art. 170, VII), a proteger a propriedade (art. 5º, caput e XXII; art. 170, II), a buscar o pleno emprego (art. 170, VIII; art. 6º) e a defender o consumidor (art. 5º, XXXII; art. 170, V) etc. 13. O desenho institucional das políticas públicas ambientais suscita o duelo valorativo entre a tutela ambiental e a tutela do desenvolvimento, tendo como centro de gravidade o bem comum da pessoa humana no cenário de escassez. É dizer, o desenvolvimento econômico e a preservação do meio ambiente não são políticas intrinsecamente antagônicas. 14. A análise de compatibilidade entre natureza e obra humana é ínsita à ideia de desenvolvimento sustentável, expressão popularizada pelo relatório Brundtland, elaborado em 1987 pela Comissão Mundial sobre o Meio Ambiente e Desenvolvimento. A mesma organização eficiente dos recursos disponíveis que conduz ao progresso econômico, por meio da aplicação do capital acumulado no modo mais produtivo possível, é também aquela capaz de garantir o racional manejo das riquezas ambientais em face do crescimento populacional. Por conseguinte, a proteção ao meio ambiente, no contexto de um desenvolvimento sustentável, não equivale a uma visão estática dos bens naturais, que pugna pela proibição de toda e qualquer mudança ou interferência em processos ecológicos ou correlatos. A história humana e natural é feita de mudanças e adaptações, não de condições estáticas ou de equilíbrio. 15. A preservação dos recursos naturais para as gerações futuras não pode significar a ausência completa de impacto do homem na natureza, consideradas as carências materiais da geração atual e também a necessidade de gerar desenvolvimento econômico suficiente para assegurar uma travessia confortável para os nossos descendentes. 16. Meio ambiente e Desenvolvimento Econômico encerram conflito aparente normativo entre diversas nuances, em especial a justiça intergeracional, demandando escolhas trágicas a serem realizadas pelas instâncias democráticas, e não pela convicção de juízes, por mais bem-intencionados que sejam.[1] 17. A Jurisdição Constitucional encontra óbice nos limites da capacidade institucional dos seus juízes, notadamente no âmbito das políticas públicas, cabendo ao Judiciário a análise racional do escrutínio do legislador, consoante se colhe do julgado da Suprema Corte Americana FCC v. Beach Communications , Inc. 508 U.S. 307 (1993), em que se consignou que a escolha do legislador não está sujeita ao escrutínio empírico dos Tribunais e pode se basear em especulações racionais não embasadas em provas ou dados empíricos (Legislative choice is not subject to courtroom factfinding and may be based on rational speculation unsupported by evidence or empirical data). 18. A capacidade institucional, ausente em um cenário de incerteza, impõe autocontenção do Judiciário, que não pode substituir as escolhas dos demais órgãos do Estado por suas próprias escolhas.[2] 19. O Princípio da vedação do retrocesso não se sobrepõe ao princípio democrático no afã de transferir ao Judiciário funções inerentes aos Poderes Legislativo e Executivo, nem justifica afastar arranjos legais mais eficientes para o desenvolvimento sustentável do país como um todo. 20. A propósito, a jurisprudência do Supremo Tribunal Federal demonstra deferência judicial ao planejamento estruturado pelos demais Poderes no que tange às políticas públicas ambientais. No julgamento do Recurso Extraordinário nº 586.224/SP (Rel. ministro Luiz Fux, julgamento em 05.03.2016), apreciou-se o conflito entre lei

---

[1] REVESZ, Richard L.; STAVINS, Robert N. Environmental law. *In*: POLINSKY, A. Mitchell; SHAVELL, Steven (Ed.). *Handbook of law and economics*. Boston: Elsevier, 2007. v. 1, p. 507.

[2] VERMEULE, Adrian. *Laws abnegation*. Cambridge: Harvard University Press, 2016. p. 130, 134-135.

municipal proibitiva da técnica de queima da palha da cana de açúcar e a lei estadual definidora de uma superação progressiva e escalonada da referida técnica. Decidiu a Corte que a lei do ente menor, apesar de conferir aparentemente atendimento mais intenso e imediato ao interesse ecológico de proibir queimadas, deveria ceder ante a norma que estipulou um cronograma para adaptação do cultivo da cana de açúcar a métodos sem a utilização do fogo. Dentre os fundamentos utilizados, destacou-se a necessidade de acomodar, na formulação da política pública, outros interesses igualmente legítimos, como os efeitos sobre o mercado de trabalho e a impossibilidade do manejo de máquinas diante da existência de áreas cultiváveis acidentadas. Afastou-se, assim, a tese de que a norma mais favorável ao meio ambiente deve sempre prevalecer (*in dubio pro natura*), reconhecendo-se a possibilidade de o regulador distribuir os recursos escassos com vistas à satisfação de outros interesses legítimos, mesmo que não promova os interesses ambientais no máximo patamar possível. Idêntica lição deve ser transportada para o presente julgamento, a fim de que seja refutada a aplicação automática da tese de vedação ao retrocesso para anular opções validamente eleitas pelo legislador. 21. O Código Florestal ostenta legitimidade institucional e democrática, sendo certo que a audiência pública realizada nas presentes ações apurou que as discussões para a aprovação da Lei questionada se estenderam por mais de dez anos no Congresso Nacional. Destarte, no âmbito do Parlamento, mais de 70 (setenta) audiências públicas foram promovidas com o intuito de qualificar o debate social em torno das principais modificações relativas ao marco regulatório da proteção da flora e da vegetação nativa no Brasil. Consectariamente, além da discricionariedade epistêmica e hermenêutica garantida ao Legislativo pela Constituição, também militam pela autocontenção do Judiciário no caso em tela a transparência e a extensão do processo legislativo desenvolvido, que conferem legitimidade adicional ao produto da atividade do Congresso Nacional. 22. Apreciação pormenorizada das impugnações aos dispositivos do novo Código Florestal (Lei nº 12.651/2012): (a) Art. 3º, inciso VIII, alínea b , e inciso IX (Alargamento das hipóteses que configuram interesse social e utilidade pública): As hipóteses de intervenção em áreas de preservação permanente por utilidade pública e interesse social devem ser legítimas e razoáveis para compatibilizar a proteção ambiental com o atendimento a outros valores constitucionais, a saber: prestação de serviços públicos (art. 6º e 175 da CRFB); políticas agrícolas (art. 187 da CRFB) e de desenvolvimento urbano (art. 182 da CRFB); proteção de pequenos produtores rurais, famílias de baixa renda e comunidades tradicionais; o incentivo ao esporte (art. 217 da CRFB), à cultura (art. 215 da CRFB) e à pesquisa científica (art. 218 da CRFB); e o saneamento básico (artigos 21, XX, e 23, IX, da CRFB). O regime de proteção das áreas de preservação permanente (APPs) apenas se justifica se as intervenções forem excepcionais, na hipótese de inexistência de alternativa técnica e/ou locacional. No entanto, o art. 3º, inciso IX, alínea g, limitou-se a mencionar a necessidade de comprovação de alternativa técnica e/ou locacional em caráter residual, sem exigir essa circunstância como regra geral para todas as hipóteses. Essa omissão acaba por autorizar interpretações equivocadas segundo as quais a intervenção em áreas de preservação permanente é regra, e não exceção. Ademais, não há justificativa razoável para se permitir intervenção em APPs para fins de gestão de resíduos e de realização de competições esportivas estaduais, nacionais ou internacionais, sob pena de subversão da prioridade constitucional concedida ao meio ambiente em relação aos demais bens jurídicos envolvidos nos dispositivos respectivos; Conclusão : (i) interpretação conforme a Constituição aos incisos VIII e IX do artigo 3º da Lei nº 12.651/2012, de modo a se condicionar a intervenção excepcional em APP, por interesse social ou utilidade pública, à inexistência de alternativa técnica e/ou locacional à atividade proposta, e (ii) declaração de inconstitucionalidade das expressões gestão de resíduos e instalações necessárias à realização de competições esportivas estaduais, nacionais ou internacionais , do artigo 3º, VIII, b, da Lei nº 12.651/2012; (b) Art. 3º, XVII, e art. 4º, IV (Exclusão das nascentes e dos olhos d'água intermitentes das áreas de preservação permanente): Interpretações diversas surgem da análise sistemática dos incisos I e IV do artigo 4º da Lei nº 12.651/2017. Embora o artigo 4º, inciso IV, apenas tenha protegido o entorno de nascentes e olhos d'água perenes, o art. 4º, inciso I, protege, como áreas de preservação permanente, as faixas marginais de qualquer curso d'água natural perene e intermitente, excluídos os efêmeros (grifo nosso). *In casu*, a polissemia abrange duas interpretações: a primeira inclui as nascentes e os olhos d'água intermitentes como APPs; a segunda os exclui. Assim, cabe ao STF selecionar a interpretação que melhor maximize a eficácia das normas constitucionais. Considerando que o art. 225, §1º, da Constituição Federal, determina que incumbe ao Poder Público preservar e restaurar os processos ecológicos essenciais e promover o manejo ecológico das espécies e ecossistemas, a interpretação mais protetiva deve ser selecionada. O Projeto de Lei nº 350/2015 (Autoria do Dep. Fed. Sarney Filho), em trâmite perante a Câmara Federal, prevê alteração nesse sentido no novo Código Florestal. A proteção das nascentes e olhos d'água é essencial para a existência dos cursos d'água que deles se originam, especialmente quanto aos rios intermitentes, muito presentes em áreas de seca e de estiagem; Conclusão: interpretação conforme ao artigo 4º, inciso IV, da Lei nº 12.651/2017, com vistas a reconhecer que os entornos das nascentes e dos olhos d'água intermitentes configuram área de preservação permanente (APP); (c) Art. 3º, XIX (Alteração do conceito de leito regular): A legislação em vigor tão somente modificou o marco para a medição da área de preservação ambiental ao longo de rios e cursos d'água, passando a ser o leito regular respectivo, e não mais o seu nível mais alto. O legislador possui discricionariedade para modificar a metragem de áreas de preservação ambiental, na medida em que o art. 225, §1º, III, da Constituição, expressamente permite que a lei altere ou suprima espaços territoriais e seus componentes a serem especialmente protegidos; Conclusão: declaração de constitucionalidade do art. 3º, XIX, do novo Código Florestal; (d) Art. 3º, parágrafo único (Extensão do tratamento dispensado à pequena propriedade ou posse rural familiar aos imóveis com até 4 módulos fiscais): o tamanho da propriedade em módulos fiscais é critério legítimo para a incidência das normas especiais sobre Áreas de Preservação Permanente e de Reserva Legal previstas nos artigos 52 e seguintes do novo Código Florestal, quanto mais quando em concurso com outras formalidades, como a inscrição no Cadastro Ambiental Rural (CAR) e o controle e a fiscalização dos órgãos ambientais competentes. Ademais, o módulo fiscal não consiste em unidade de medida baseada apenas no tamanho da propriedade imobiliária, uma vez que reúne uma série de outros critérios socioeconômicos que, uma vez conjugados, atendem às noções de razoabilidade e de equidade atinentes às especificidades da agricultura familiar. Por outro lado, a exigência de demarcação de terras indígenas e da titulação das áreas de povos e comunidades tradicionais, como pressuposto para a aplicação do aludido regime especial, viola o art. 231 da CF e o art. 68 da ADCT. A demarcação e a titulação de territórios têm caráter meramente declaratório e não constitutivo, pelo que o reconhecimento dos direitos respectivos, inclusive a aplicação de regimes ambientais diferenciados, não pode depender de formalidades que nem a própria Constituição determinou, sob pena de violação da isonomia e da razoabilidade; Conclusão: Declaração de inconstitucionalidade das expressões demarcadas e tituladas, do art. 3º, parágrafo único, da Lei nº 12.651/2012; (e) Art. 4º, inciso III e §§1º e 4º (Áreas de Preservação Permanente no entorno de reservatórios artificiais que não decorram de barramento de cursos d'água naturais e de reservatórios naturais ou artificiais com superfície de até um hectare): As alegações dos requerentes sugerem a falsa ideia de que o novo Código Florestal teria extinto as APPs no entorno dos reservatórios d'água artificiais, decorrentes de barramento ou represamento de cursos d'água naturais. No entanto, esses espaços especialmente protegidos continuam a existir, tendo a lei delegado ao órgão que promover a licença ambiental do empreendimento a tarefa de definir a extensão da APP, consoante as especificidades do caso concreto. Essa opção legal evita os inconvenientes da solução *one size fits all* e permite a adequação da norma protetiva ao caso concreto. Por sua vez, a pretensão de constitucionalização da metragem de Área de Proteção Permanente estabelecida na lei revogada ofende o princípio democrático e a faculdade conferida ao legislador pelo art. 225, §1º, III, da Constituição, segundo o qual compete à lei alterar, ou até mesmo suprimir, espaços territoriais especialmente protegidos. Pensamento diverso transferiria ao Judiciário o poder de formular políticas públicas no campo ambiental. Conclusão: declaração de constitucionalidade do art. 4º, III e §§1º e 4º, do novo Código Florestal; (f) Art. 4º, §5º (Uso agrícola de várzeas em pequenas propriedades ou posses rurais familiares): o dispositivo em referência admite o uso agrícola de várzeas na pequena propriedade ou posse rural familiar, assim entendida aquela explorada mediante o trabalho pessoal do agricultor familiar e empreendedor familiar rural, incluindo os assentamentos e projetos de reforma agrária, e que atenda ao disposto no art. 3º da Lei nº 11.326/2006. Não cabe ao Judiciário criar requisitos extras para a permissão legal já estabelecida, limitando os sujeitos beneficiados a comunidades tradicionais ou até mesmo proibindo a utilização de agrotóxicos. A possibilidade excepcional do uso agrícola de várzeas é compatível com a otimização da produtividade sustentável em consonância com realidade dos pequenos produtores do país, sendo a definição de requisitos gerais e abstratos tarefa a ser exercida, por excelência, pelo Poder Legislativo; Conclusão: declaração da constitucionalidade do art. 4º, §5º, do novo Código Florestal; (g) Art. 4º, incisos I, II, e §6º (Permissão do uso de APPs à margem de rios e no entorno de lagos e lagoas naturais para implantar atividades de aquicultura: o uso de áreas de preservação permanente à margem de rios (art. 4º, I) e no entorno de lagos e lagoas naturais (art. 4º, II) para atividades de aquicultura não encontra óbice constitucional. O legislador estabeleceu rígidos critérios para a admissão da referida atividade, a serem perquiridos em concreto pelo órgão ambiental competente. Havendo autorização legal restrita a pequenas e médias propriedades, proibição a novas supressões de vegetação nativa, necessidade de inscrição no Cadastro Ambiental Rural (CAR), exigência de compatibilidade com os respectivos planos de bacia ou planos de gestão de recursos hídricos, bem como imposição de práticas sustentáveis de manejo de solo e água e de recursos hídricos, é de concluir-se pela plena legitimidade do regime jurídico criado pelo novo Código Florestal, à luz do preceito constitucional que consagra a utilização adequada dos recursos naturais disponíveis e preservação do meio ambiente (art. 186, II, da CRFB); Conclusão: declaração de constitucionalidade do art. 4º, §6º, do novo Código Florestal; (h) Artigos 5º, caput e §§1º e 2º, e 62 (Redução da largura mínima da APP no entorno de reservatórios d'água artificiais implantados para abastecimento público e geração de energia): o estabelecimento legal de metragem máxima para áreas de proteção permanente no entorno de reservatórios d'água artificiais constitui legítima opção de política pública ante a necessidade de compatibilizar a proteção ambiental com a produtividade das propriedades contíguas, em atenção a imperativos de desenvolvimento nacional e eventualmente da própria prestação do serviço público de abastecimento ou geração de energia (art. 175 da CF). Por sua vez, a definição de dimensões diferenciadas da APP em relação a reservatórios registrados ou contratados no período anterior à MP nº 2166-67/2001 se enquadra na liberdade do legislador para adaptar a necessidade de proteção ambiental às particularidades de cada situação, em atenção ao poder que lhe confere a Constituição para alterar ou suprimir espaços territoriais especialmente protegidos (art. 225, §1º, III). Trata-se da fixação de uma referência cronológica básica que serve de parâmetro para estabilizar expectativas quanto ao cumprimento das obrigações ambientais exigíveis em consonância com o tempo de implantação do empreendimento; Conclusão: declaração de constitucionalidade dos artigos 5º, caput e §§1º e 2º, e 62, do novo Código Florestal; (i) Artigos 7º, §3º, e 17, caput e §3º (Desnecessidade de reparação de danos ambientais anteriores a 22.08.2008 para a obtenção de novas autorizações para suprimir vegetação em APPs e para a continuidade de atividades econômicas em RLs): o legislador tem o dever de promover transições razoáveis e estabilizar situações jurídicas consolidadas pela ação do tempo ao edificar novos marcos legislativos, tendo em vista que a Constituição da República consagra como direito fundamental a segurança jurídica (art. 5º, caput). O novo Código Florestal levou em consideração a salvaguarda da segurança jurídica e do desenvolvimento nacional (art. 3º, II, da CRFB) ao estabelecer uma espécie de marco zero na gestão ambiental do país, sendo, consectariamente, constitucional a fixação da data de 22 de julho de 2008 como marco para a incidência das regras de intervenção em Área de Preservação Permanente ou de Reserva Legal; Conclusão: Declaração de constitucionalidade do art. 7º, §3º, e do art. 17, caput e §3º, da Lei nº 12.651/2012 (vencido o Relator); (j) Art. 8º, §2º (Possibilidade de intervenção em restingas e manguezais para a execução de obras habitacionais e de urbanização em áreas urbanas consolidadas ocupadas por população de baixa renda): Ao possibilitar a intervenção em restingas e manguezais para a execução de obras habitacionais e de urbanização em áreas urbanas consolidadas ocupadas por população de baixa renda, o legislador promoveu louvável compatibilização entre a proteção ambiental e os vetores constitucionais de erradicação da pobreza e da marginalização, e redução das desigualdades sociais (art. 3º, IV, da CRFB); de promoção do direito à moradia (art. 6º da CRFB); de promover a construção de moradias e a melhoria das condições habitacionais e de saneamento básico (art. 23, IX, da CRFB); de combater as causas da pobreza e os fatores de marginalização, promovendo a integração social dos setores desfavorecidos (art. 23, X, da CRFB); e de estabelecer política de desenvolvimento urbano para ordenar o pleno desenvolvimento das funções sociais da cidade e garantir o bem-estar de seus habitantes (art. 182 da CRFB). Ademais, os empreendimentos respectivos devem sempre vir acompanhados de estudos de impacto ambiental e medidas compensatórias, além das medidas de fiscalização administrativa, consoante a determinação constitucional. Ante a previsão legal desses requisitos estritos e plenamente razoáveis, considerados os interesses em jogo, exige-se do Judiciário uma postura de autocontenção, em homenagem à função constitucionalmente garantida ao Legislativo para resolver conflitos de valores na formulação de políticas públicas. Conclusão: declaração de constitucionalidade do artigo 8º, §2º, do novo Código Florestal; (k) Art. 11 (Possibilidade de manejo florestal sustentável para o exercício de atividades agrossilvipastoris em áreas de inclinação entre 25 e 45 graus): A admissão do manejo florestal sustentável e do exercício de atividades agrossilvipastoris em áreas de inclinação entre 25º e 45º se insere na margem de discricionariedade do legislador, máxime quando estabelecidos critérios para a autorização dessas práticas, exigindo dos órgãos ambientais a fiscalização da observância de boas práticas agronômicas, bem como vedando a conversão de novas áreas para as atividades mencionadas. Além disso, a legislação anterior já admitia atividades extrativas nessas áreas de inclinação, estabelecendo como restrição apenas a cláusula aberta da utilização racional. Nesse particular, as atividades agrossilvipastoris, em aperfeiçoamento das práticas agrícolas ortodoxas, são destinadas à otimização das vocações produtivas e ambientais na atividade agrícola; Conclusão: declaração de constitucionalidade do artigo 11 do novo Código Florestal; (l) Art. 12, §§4º e 5º (Possibilidade de redução da Reserva Legal para até 50% da área total do imóvel em face da existência, superior a determinada extensão do Município ou Estado, de unidades de conservação da natureza de domínio público e de terras indígenas homologadas): a redução excepcional e facultativa da área de Reserva Legal em face de existência de unidades de conservação da natureza de domínio público e terras indígenas homologadas acomoda o atendimento de diversos interesses igualmente salvaguardados pela Carta Magna, como a proteção do meio ambiente (art. 225), o reconhecimento dos direitos dos índios (art. 231), o desenvolvimento nacional (art. 3º, II), a redução das desigualdades regionais (art. 3º, III) e a preservação dos entes federativos menores (art. 18). O Judiciário não é órgão dotado de expertise ou legitimidade democrática para definir percentuais de espaços territoriais especialmente protegidos, à medida que o próprio art. 225, §1º, III, da Constituição atribui essa definição ao Executivo e ao Legislativo. A redução da área de Reserva Legal ocorre em graduação deveras razoável: de 80% (oitenta por cento) para até 50% (cinquenta por cento). Quando o poder público estadual optar pela redução, deverá ouvir o Conselho Estadual de Meio Ambiente, órgão estadual responsável pela análise da viabilidade ecológica dessa iniciativa, e possuir Zoneamento Ecológico-Econômico aprovado. Relativamente aos Municípios, as normas impugnadas visam a possibilitar uma alternativa institucional de manutenção da viabilidade e autonomia da municipalidade que tenha sua área sensivelmente afetada por iniciativa dos Estados (mediante a criação de unidades de conservação estadual), ou da União (seja pela instituição de unidades federais de proteção ambiental, seja pela homologação de terras indígenas). Trata-se, a rigor, de uma cláusula legal que protege o ente municipal de indevida intervenção estadual para além das cláusulas taxativas do art. 35 do texto constitucional; Conclusão: declaração de constitucionalidade do artigo 12, §§4º e 5º, do novo Código Florestal; (m) Art. 12, §§6º, 7º e 8º (Dispensa de reserva legal para exploração de potencial de energia hidráulica e construção ou ampliação de rodovias e ferrovias): na hipótese, a dispensa de reserva legal resulta de opção do legislador amparada pelos benefícios gerados quanto à satisfação dos objetivos constitucionais de prestação de serviços de energia elétrica e de aproveitamento energético dos cursos de água (art. 21, XII, b, da CRFB), de exploração dos potenciais de energia hidráulica (art. 176 da CRFB), de atendimento do direito ao transporte (art. 6º da CRFB) e de integração das regiões do país (art. 43, §1º, I). Ademais, o novo Código Florestal não afastou a exigência de licenciamento ambiental, com estudo prévio de impacto, para instalação de obra ou atividade potencialmente causadora de significativa degradação do meio ambiente (art. 225, §1º, IV, da Constituição); Conclusão: declaração da constitucionalidade do artigo 12, §§6º, 7º e 8º, do novo Código Florestal; (n) Art. 68 (Dispensa de os proprietários que realizaram supressão de vegetação nativa respeitando os percentuais da legislação revogada se adaptarem às regras mais restritivas do novo Código Florestal): a aplicação da norma sob a regra *tempus regit actum* para fins de definição do percentual de área de Reserva Legal encarta regra de transição com vistas à preservação da segurança jurídica (art. 5º, caput, da Constituição). O benefício legal para possuidores e proprietários que preservaram a vegetação de seus imóveis em percentuais superiores ao exigido pela legislação anterior, consistente na possibilidade de constituir servidão ambiental, Cota de Reserva Ambiental e outros instrumentos congêneres, traduz formato de política pública inserido na esfera de discricionariedade do legislador; Conclusão: declaração de constitucionalidade do artigo 68 do Código Florestal; (o) Art. 13, §1º (Possibilidade de redução da reserva legal para até 50% da área total do imóvel rural): a redução ou o aumento da Reserva Legal pelo poder público federal, por indicação do Zoneamento Ecológico-Econômico estadual, para fins de regularização em imóveis com área rural consolidada na Amazônia Legal, valoriza as particularidades das áreas, com o intuito de fixar alternativas de uso e gestão que oportunizam as vantagens competitivas do território, contempladas variadas atividades de preservação e desenvolvimento em níveis nacional, regional e local; Conclusão: declaração de constitucionalidade do artigo 13, §1º, do novo Código Florestal; (p) Art. 15 (Possibilidade de se computar as Áreas de Preservação Permanente para cômputo do percentual da Reserva Legal, em hipóteses legais específicas): as Áreas de Preservação Permanente são zonas específicas nas quais se exige a manutenção da vegetação, como restingas, manguezais e margens de cursos d'água. Por sua vez, a Reserva Legal é um percentual de vegetação nativa a ser mantido no imóvel, que pode chegar a 80% (oitenta por cento) deste, conforme localização definida pelo órgão estadual integrante do Sisnama à luz dos critérios previstos no art. 14 do novo Código Florestal, dentre eles a maior importância para a conservação da biodiversidade e a maior fragilidade ambiental. Em regra, consoante o caput do art. 12 do novo Código Florestal, a fixação da Reserva Legal é realizada sem prejuízo das áreas de preservação permanente. Entretanto, a incidência cumulativa de ambos os institutos em uma mesma propriedade pode aniquilar substancialmente a sua utilização produtiva. O cômputo das Áreas de Preservação Permanente no percentual de Reserva Legal resulta de legítimo exercício, pelo legislador, da função que lhe assegura o art. 225, §1º, III, da Constituição, cabendo-lhe fixar os percentuais de proteção que atendem da melhor forma os valores constitucionais atingidos, inclusive o desenvolvimento nacional (art. 3º, II, da CRFB) e o direito de propriedade (art. 5º, XXII, da CRFB). Da mesma forma, impedir o cômputo das áreas de preservação permanente no cálculo da extensão da Reserva Legal equivale a tolher a prerrogativa da lei de fixar os percentuais de proteção que atendem da melhor forma os valores constitucionais atingidos; Conclusão: declaração de constitucionalidade do artigo 15 do Código Florestal; (q) Art. 28 (Proibição de conversão de vegetação nativa para uso alternativo do solo no imóvel rural que possuir área abandonada): a ausência de vedação específica à conversão para uso alternativo do solo em áreas subutilizadas ou mal utilizadas não ofende a Constituição, mercê de o legislador ter transferido ao órgão ambiental competente a tarefa de apreciar a forma de utilização do imóvel ao decidir sobre o requerimento de autorização para a referida conversão; Conclusão: declaração de constitucionalidade do artigo 28 do novo Código Florestal; (r) Arts. 44; 48, §2º; e 66, §§5º e 6º (Cota de Reserva Ambiental CRA): a Cota de Reserva Ambiental (CRA) consiste em mecanismo de incentivos em busca da proteção ambiental, não se limitando às tradicionais e recorrentemente pouco efetivas regras de imposições e proibições (*command-and--control*), por meio da criação de ativos correspondentes à preservação dos recursos ecológicos, de modo que qualquer tipo de degradação da natureza passa também a ser uma agressão ao próprio patrimônio. As soluções de mercado (*market-based*) para questões ambientais são amplamente utilizadas no Direito Comparado e com sucesso, a exemplo do sistema de permissões negociáveis de emissão de carbono (*European Union Permission Trading System ETS*). Um grande caso de sucesso é o comércio internacional de emissões de carbono, estruturado em cumprimento aos limites de emissões fixados pelo Protocolo de Kyoto. A União Europeia, por exemplo, estabeleceu, em 2005, um sistema de permissões negociáveis de emissão de carbono, especificando os limites que cada poluidor deve atender, os quais são reduzidos periodicamente (*European Union Permission Trading System ETS*). Ao final de cada ano, as companhias devem possuir permissões suficientes para atender às toneladas de dióxido de carbono e outros gases de efeito estufa emitidos, sob pena de pesadas multas. Dessa forma, a possibilidade de negociação (*cap--and-trade*) incentiva a redução de emissões como um todo e, ao mesmo tempo, possibilita que os cortes sejam feitos em setores nos quais isso ocorra com o menor custo. Nesse sentido, além de atender aos ditames do art. 225 da Constituição, no que se refere à proteção do meio ambiente, esse instrumento introduzido pelo novo Código Florestal também satisfaz o princípio da eficiência, plasmado no art. 37, caput, da Carta Magna. Por fim, a necessidade de compensação entre áreas pertencentes ao mesmo bioma, bem como a possibilidade de compensação da Reserva Legal mediante arrendamento da área sob regime de servidão ambiental ou Reserva Legal, ou, ainda, por doação de área no interior de unidade de conservação, são preceitos legais compatíveis com a Carta Magna, decorrendo de escolha razoável do legislador em consonância com o art. 5º, caput e XXIV, da Constituição; Conclusão: declaração de constitucionalidade dos artigos 44, e 66, §§5º e 6º, do novo Código Florestal; Interpretação conforme a Constituição ao art. 48, §2º, para permitir compensação apenas entre áreas com identidade ideológica (vencido o relator); (s) Arts. 59 e 60 (Programas de Regularização Ambiental – PRAs): os Programas de Regularização Ambiental (PRAs) promovem transição razoável entre sistemas legislativos, revelando técnica de estabilização e de regularização das situações jurídicas já utilizada em outras searas do Direito brasileiro que igualmente envolvem a proteção de bens jurídicos igualmente indisponíveis. Eventual mora dos entes federados na regulamentação dos PRAs deverá ser combatida pelas vias próprias, não fulminando de inconstitucionalidade a previsão do novo Código Florestal. Necessidade de resguardar a interrupção da prescrição punitiva durante a execução do PRA, mediante interpretação conforme dos dispositivos questionados. Conclusão: interpretação

conforme do artigo 59, §§4º e 5º, de modo a afastar, no decurso da atuação de compromissos subscritos nos Programas de Regularização Ambiental, o risco de decadência ou prescrição, seja dos ilícitos ambientais praticados antes de 22.07.2008, seja das sanções deles decorrentes, aplicando-se extensivamente o disposto no §1º do art. 60 da Lei nº 12.651/2012 (vencido o relator); Declaração de constitucionalidade do artigo 60 da Lei nº 12.651/2012 (vencido o relator); (t) Art. 66, §3º (Possibilidade de plantio intercalado de espécies nativas e exóticas para recomposição de área de Reserva Legal): não existem elementos empíricos que permitam ao Judiciário afirmar, com grau de certeza, que a introdução de espécies exóticas compromete a integridade dos atributos de áreas de Reserva Legal. Tampouco há provas científicas de que utilização de espécies exóticas para o reflorestamento de biomas sempre prejudica as espécies nativas ou causa desequilíbrio no habitat. A autorização legal para a recomposição de áreas de Reserva Legal com plantio intercalado de espécies pode ser justificada em diversas razões de primeira e de segunda ordem: pode ser que o conhecimento da composição original da floresta nativa seja de difícil apuração; a espécie exótica pode apresentar crescimento mais rápido, acelerando a recuperação da floresta; a literatura científica pode conferir mais certeza sobre as características da espécie exótica, como a sua interação com outras espécies ou resposta a pragas, em contraposição ao possível desconhecimento do comportamento da espécie nativa etc. Todos esses elementos devem ser considerados pelo órgão competente do Sisnama ao estabelecer os critérios para a recomposição da Reserva Legal, consoante o cronograma estabelecido pelo art. 66, §2º, do novo Código Florestal. É defeso ao Judiciário, sob pena de nociva incursão em tarefa regulatória especializada, impor ao Administrador espécies de plantas a serem aplicadas em atividades de reflorestamento. Conclusão: declaração de constitucionalidade do artigo 66, §3º, do Código Florestal; (u) Arts. 61-A, 61-B, 61-C, 63 e 67 (Regime das áreas rurais consolidadas até 22.07.2008): o Poder Legislativo dispõe de legitimidade constitucional para a criação legal de regimes de transição entre marcos regulatórios, por imperativos de segurança jurídica (art. 5º, caput, da CRFB) e de política legislativa (artigos 21, XVII, e 48, VIII, da CRFB). Os artigos 61-A, 61-B, 61-C, 63 e 67 da Lei nº 12.651/2012 estabelecem critérios para a recomposição das Áreas de Preservação Permanente, de acordo com o tamanho do imóvel. O tamanho do imóvel é critério legítimo para definição da extensão da recomposição das Áreas de Preservação Permanente, mercê da legitimidade do legislador para estabelecer os elementos norteadores da política pública de proteção ambiental, especialmente à luz da necessidade de assegurar minimamente o conteúdo econômico da propriedade, em obediência aos artigos 5º, XXII, e 170, II, da Carta Magna, por meio da adaptação da área a ser recomposta conforme o tamanho do imóvel rural. Além disso, a própria lei prevê mecanismos para que os órgãos ambientais competentes realizem a adequação dos critérios de recomposição para a realidade de cada nicho ecológico; Conclusão: declaração de constitucionalidade dos artigos 61-A, 61-B, 61-C, 63 e 67 do Código Florestal; (v) Art. 78-A (Condicionamento legal da inscrição no Cadastro Ambiental Rural – CAR para a concessão de crédito agrícola): o condicionamento legal da inscrição no Cadastro Ambiental Rural (CAR) para a concessão de crédito agrícola é um incentivo para que proprietários e possuidores de imóveis rurais forneçam informações ambientais de suas propriedades, a fim de compor base de dados para controle, monitoramento, planejamento ambiental e econômico e combate ao desmatamento. Não há norma constitucional que proíba a concessão de crédito para agricultores sem inscrição em cadastro de cunho ambiental, enquadrando-se a implementação do aludido condicionamento em zona de discricionariedade legislativa; Conclusão: declaração de constitucionalidade do artigo 78-A do Código Florestal. 23. Ações Diretas de Inconstitucionalidade nº 4.901, 4.902, 4.903 e 4.937 e Ação Declaratória de Constitucionalidade nº 42 julgadas parcialmente procedentes.
(ADC nº 42, Relator(a): Min. LUIZ FUX, Tribunal Pleno, julgado em 28.02.2018, PROCESSO ELETRÔNICO DJe-175 DIVULG 12.08.2019 PUBLIC 13.08.2019).

2 Introito

Não é demais lembrar que o tema "meio ambiente" recebeu tratamento singular na Constituição Federal de 1988, quando se observa que um capítulo inteiro[3] foi dedicado ao tema, e, no artigo que o preenche (art. 225) há nada mais, nada menos que 7 (sete) diferentes parágrafos, sendo que no primeiro deles existem 7 (sete) incisos com temas capitais do direito ambiental. Justamente porque existe uma referência direta do tema "meio ambiente" na CF/88, não será incomum, portanto, que tanto pela via difusa, quanto pela via concentrada, o Supremo Tribunal Federal seja convocado para dar a última palavra sobre o tema.

Ao tempo que oportunamente registro o meu agradecimento e honra pelo convite que me foi feito pelos Coordenadores deste importante projeto literário, também aproveito para fazer os maiores elogios à nossa Suprema Corte pela significativa contribuição na formação de *precedentes* ambientais, seja por meio de julgamentos em controle concentrado ou difuso.

3 Premissas metodológicas deste ensaio

Ciente do limite do número de laudas, e, já me penitenciando pela extrapolação, e, considerando ainda que o acórdão objeto de nosso comentário contém 113 páginas, procuraremos ir direto ao ponto, fazendo uso de uma sistemática que torne compreensível os inúmeros dispositivos que foram objeto do controle de constitucionalidade. Contudo, algumas observações são importantes do ponto de vista metodológico para aquele que ler este ensaio:

3.1 Admissibilidade e mérito

Não faremos comentários referentes ao julgamento das questões preliminares ao exame do mérito;

3.2 Dispositivo por dispositivo, tema por tema

Relembramos que o objeto de nossa análise concentra o julgamento de 4 (quatro) Ações Diretas de Inconstitucionalidade (ADIs nºs 4.901, 4.902, 4.903 e 4.937) e 01 Ação Declaratória de Constitucionalidade (ADC nº 42).

Como todas elas envolvem o Novo Código Florestal (Lei nº 12.651/2012) os nossos comentários seguirão exatamente a ordem sistemática estabelecida pelo acórdão do STF, lembrando que as cinco ações discutem 23 artigos do Novo Código Florestal.

Nesta toada, como em algumas vezes o mesmo dispositivo foi objeto de mais de uma impugnação, então faremos uma subdivisão temática para situar o leitor sobre qual item ou ponto – ainda que do mesmo dispositivo – será objeto do referido comentário.

---

[3]   O Capítulo VI (do meio ambiente) contido no Título VIII (Da ordem social).

3.3 As premissas teóricas comuns do acórdão

Antes de enfrentar o exame dos artigos impugnados em específico, o acórdão estabeleceu o que chamou de "premissas teóricas" que serviram para serem invocadas no julgamento dos artigos impugnados.

Estas *premissas teóricas comuns* fixadas no preâmbulo do acórdão foram constantemente invocadas no enfrentamento das questões e serviram para embasar a análise dos artigos impugnados pelas referidas ações.

É de se dizer que as *premissas teóricas fixadas no acórdão* constituem uma verdadeira aula de Direito Ambiental e de Direito Constitucional, não havendo nenhum ponto de discordância do que ali foi dito, exceto um esclarecimento que entendemos necessário em relação à sétima premissa arrolada a seguir, e que será objeto de comentário apartado quando tratarmos da evolução do processo legislativo que deu origem ao Novo Código Florestal no item 4.1 *infra*.

1. A *primeira* premissa foi a natureza dúplice do meio ambiente em relação à coletividade. Esta possui *dever e direito* nos termos do artigo 225 da CF/88, lembrando que *"o homem apenas progride como ser biológico e como coletividade quando se percebe como produto – e não proprietário – do meio ambiente"*.

2. A *segunda* premissa revela a importância do desenvolvimento sustentável como axioma do direito ambiental reconhecido em todos os importantes diplomas internacionais e nacionais e o compromisso público de implementar a *"necessária composição entre o crescimento socioeconômico e o uso adequado e razoável dos recursos naturais"*.

3. A *terceira* premissa é o reconhecimento da dificuldade de acomodar o dever de proteção do meio ambiente com outros valores igualmente importantes para a coletividade como mercado de trabalho, necessidades básicas da população, emprego, etc., fazendo lembrar que não se poderia simplesmente desqualificar o processo decisório do legislador, alcunhando-o de "retrocesso ambiental", quando o que ele pretende é apenas apaziguar os ditos interesses. É emblemática a afirmação de que *"não se deve desprezar que a mesma Constituição protetora dos recursos ambientais do país também exorta o Estado brasileiro a garantir a livre iniciativa (artigos 1º, IV, e 170), o desenvolvimento nacional (art. 3º, II), a erradicar a pobreza e a marginalização e reduzir as desigualdades sociais e regionais (art. 3º, III; art. 170, VII), a proteger a propriedade (art. 5º, caput e XXII; art. 170, II), a buscar o pleno emprego (art. 170, VIII; art. 6º), a defender o consumidor (art. 5º, XXXII; art. 170, V) etc."*. Ratificando o que foi dito, afirma que o conceito de sustentabilidade não é sinônimo de estabilidade dos recursos ambientais, na medida em que não seria possível promover o desenvolvimento sustentável mediante a intocabilidade dos recursos ambientais, mas sim, por meio de métodos e soluções que garantam o desenvolvimento ao mesmo tempo que se estabelece uma *"travessia confortável para os nossos descendentes"*.

4. A *quarta* premissa é a de que se deve preservar e proteger as escolhas feitas pelo legislador, representante que é da soberania popular (democracia), de forma que o Judiciário deve interferir apenas em limites bem estreitos se e quando a base racional do direito esteja comprometida, ou seja, não pode o Judiciário *"substituir as escolhas dos demais órgãos do Estado pelas suas próprias escolhas"*.

5. A *quinta* premissa é a de que o chavão da "vedação ao retrocesso" não pode ser utilizado para impedir ou anular ou desfazer as escolhas democráticas feitas pelo legislador no processo decisório legislativo, sob pena de ruptura da própria democracia e harmonia entre os Poderes. *"Os Tribunais não são a sede adequada para reverter o resultado do jogo democrático quando a vontade de certos grupos não for privilegiada pela lei, salvante as hipóteses de claro, específico e direto comando constitucional dirigido ao legislador ou administrador"*.

6. A *sexta* premissa é a de fixar o conteúdo do que vem a ser a *vedação ao retrocesso*, ou seja, não seria *"qualquer tipo de reforma legislativa ou administrativa que possa causar decréscimo na satisfação de um dado valor constitucional"* que justificaria a sua invocação, posto que para que exista um retrocesso inaceitável seria necessário que houvesse ofensa ao *"núcleo essencial de uma ordem constitucional"*, ou ainda, *"quando eliminada determinada norma infraconstitucional ou estrutura material essencial para a concretização mínima de um comando explícito da Carta Magna"*.

7. A *sétima* premissa é a de que, segundo afirma, além de todos estes aspectos que devem impor limites ao Poder Judiciário no controle de constitucionalidade, afirma o acórdão que o processo legislativo da Lei nº 12.651 teria sido *transparente* e com amplo *debate social*, o que tornaria ainda mais robusta a afirmação de que seria bastante estreita a faixa de controle do Judiciário das escolhas feitas pelo Legislativo.

3.4 Os possíveis resultados: a) ganhar, b) perder *perdendo*, c) perder *sem prejuízo* e d) perder *ganhando*

Ao passar à análise "dispositivo por dispositivo" (e dentro de cada um deles, "tema por tema") das impugnações específicas apresentadas por meio das 5 ações, o Supremo Tribunal Federal ora *declara a constitucionalidade* (ADC nº 42), ora reconhece a *inconstitucionalidade* (total ou parcial) de determinado dispositivo.

Contudo, é importante fazer uma advertência ao leitor: do ponto de vista da tutela do direito ambiental nem sempre a *improcedência* das Ações Diretas de Inconstitucionalidade é sinônimo de "derrota", senão o contrário. Explico.

É que no referido acórdão, embora em relação a alguns dispositivos questionados o *resultado final* seja da *improcedência da ADI*, é preciso identificar a fundamentação do que foi decidido, podendo extrair as seguintes situações: perder perdendo, perder sem prejuízo e perder ganhando.

O que consta na fundamentação – *fundamento determinante* – é determinante para se aferir o resultado. Assim, inúmeras vezes a fundamentação contém uma série de premissas que são favoráveis à tutela ambiental e, como foi salientado, constituem *precedentes ambientais favoráveis* na acepção mais técnica do termo. Além disso, há casos em que a derrota não trouxe efetivo prejuízo para a tutela ambiental. Exatamente por isso é que iremos usar as três etiquetas a seguir, descritas anteriormente, no curso ou no final de cada comentário:

1. Ganhou ganhando (procedência da ADI ou improcedência da ADC, com vitória na fundamentação);

2. Perdeu perdendo (improcedência da ADI ou procedência da ADC com derrota na fundamentação);

3. Perdeu sem prejuízo (o resultado da improcedência não altera o regime jurídico de proteção ambiental);

4. Perdeu ganhando (improcedência da ADI com vitória na fundamentação).

4 Comentários

4.1 Os *10 anos* de trâmite legislativo do novo Código Florestal

Segundo consta no penúltimo parágrafo das *premissas teóricas* trazidas no acórdão em comento, a presente lei teria sido gestacionada por 10 anos no Congresso Nacional, tendo sido realizada mais de 70 audiências públicas, *in verbis*:

> É preciso, portanto, desde logo assentar que as opções legislativas positivadas no Novo Código Florestal gozam de legitimidade institucional e democrática. Segundo apurei por ocasião da audiência pública realizada nas presentes ações, *as discussões para a aprovação da Lei se estenderam por mais de dez anos no Congresso Nacional*. Somente no âmbito do Parlamento, mais de 70 (setenta) audiências públicas foram promovidas com o intuito de qualificar o debate social em torno das principais modificações relativas ao marco regulatório da proteção da flora e da vegetação nativa no Brasil. Dessa maneira, além da discricionariedade epistêmica e hermenêutica garantida ao Legislativo pela Constituição, também militam pela autocontenção do Judiciário no caso em tela a transparência e a extensão do processo legislativo desenvolvido, que conferem legitimidade adicional ao produto da atividade do Congresso Nacional. A transparência cria um ambiente propício à consistência regulatória, na medida em que constrange os agentes decisórios a explicitar, com maior rigor analítico, os motivos causadores e fins perseguidos pela intervenção estatal. Sem prejuízo de todos os fatores já enumerados, que sugerem uma postura judicial deferente, também as características do processo legislativo que culminou na lei em apreço aumentam o ônus argumentativo para o apontamento de inconstitucionalidades no novo Código Florestal. (Sem realce no original).

A afirmação de que a Lei nº 12.651 *as discussões para a aprovação da Lei se estenderam por mais de dez anos no Congresso Nacional* merece algum esclarecimento.

Para aquele que busca a *origem legislativa* da Lei nº 12.651, tanto no Portal da Câmara, quanto no sitio eletrônico do Planalto, verá a referência que se lhe impõe é a de que *estaria vinculada ao Projeto de Lei (PL) nº 1876/1999* de autoria do Deputado Sérgio Carvalho do PSDB-RO (médico que fez carreira política em Rondônia, tendo falecido quando exercia o seu segundo mandato, em 3 de maio de 2003).[4]

O esclarecimento que precisa ser feito é que *entre o que constava no texto original do PL nº 1876/99 e o que consta na Lei nº 12.651 aprovada há um abismo sem fim*. Sendo sincero, não há ponte, por mais flexível que possa ser, que permita unir ou aproximar o conteúdo do que constava no projeto original com aquilo que saiu do forno do Congresso Nacional por meio da Lei nº 12.651. Por incrível que possa parecer, o verdadeiro DNA da Lei nº 12.651 não é o PL nº 1876/99. Uma simples leitura diagonal dos dois textos verá que são imiscíveis e que um não é a continuidade do outro.

Não que o PL nº 1876, que continha 34 artigos, fosse um primor, antes o contrário, mas vocacionado basicamente a tratar as APPs e Reserva Legal, estabelecia um patamar mínimo – muito próximo da Lei nº 4.771/65 então em vigor, mas permitia que, segundo o caso concreto, o CONAMA e o licenciamento ambiental pudessem definir para cada região e localidade, diferentes limites técnicos que se mostrassem mais adequados para os referidos espaços especialmente protegidos, evitando assim, que tipos legais idênticos pudessem ser iguais para todos os locais do país.

---

[4] Sobre a biografia: CARVALHO, Sérgio. *Verbete*. Disponível em: http://www.fgv.br/cpdoc/acervo/dicionarios/verbete-biografico/carvalho-sergio-ro. Acesso em 06 fev. 2020.

A rigor, num genuíno exame de DNA, pode-se perceber, sem maiores dificuldades, que a origem intelectual do texto da Lei nº 12.651, que possui 84 artigos, é o parecer do Deputado Aldo Rebelo (PCdoB-SP) apresentado em 08.06.2010, posteriormente por ele mesmo complementado quase um mês depois em 06.07.2010.

Um *confronto e contraste* – como diria *Euclides da Cunha*[5] – entre a *Lei nº 12.651, publicada em 25.05.2012*, e o *parecer Aldo Rebelo complementado em 06.07.2010* permitirá identificar, sem sustos ou dúvidas, que o Novo Código Florestal não nasceu, nem materialmente e nem ideologicamente, do PL nº 1876, do Deputado Sergio Carvalho, mas sim, deste trabalho com mais de 270 páginas apresentado pelo referido Deputado Aldo Rebelo.

Nada obstante terem ocorrido diversas audiências públicas após a apresentação do Parecer de Aldo Rebelo, é de se observar que o Novo Código Florestal brasileiro teve, a rigor, *menos de 2 anos de trâmite legislativo*, e, se descontado o tempo em que esteve no Senado (seis meses) e o tempo em que adormeceu na Casa Civil para ser sancionado pelo Presidente da República, esse tempo é ainda menor.

No histórico do PL nº 1876/99 ver-se-á que ele, inclusive, foi arquivado na forma regimental (fim da legislatura, art. 105 do Regimento Interno da Câmara dos Deputados) em 31 de janeiro de 2003 e posteriormente desarquivado em 28 de março de 2003, passando a ser apreciado pela Comissão de Agricultura, Pecuária, Abastecimento e Desenvolvimento Rural; pela Comissão de Meio Ambiente e Desenvolvimento Sustentável; pela Comissão de Constituição e Justiça e de Cidadania; e pelo Plenário da Casa.

Após o desarquivamento, um novo relator foi designado, o então deputado Moacir Micheletto,[6] integrante da bancada ruralista e frente parlamentar agropecuária. Sob a batuta do referido relator, o PL nº 1876/99 que, frise-se, é totalmente diferente da Lei nº 12.651, propôs a rejeição do referido projeto de lei, cujo teor da justificativa fala por si só:

---

[5]   CUNHA, Euclides da. Entre o madeira e o javari. *In: Contrastes e confrontos*. Disponível em: http://www.dominiopublico.gov.br/download/texto/bn000017.pdf. Acesso em 03 jan. 2018.

[6]   Falecido em 2012, Moacir Micheletto foi um engenheiro agrônomo que durante muitos anos trabalhou na EMATER, e entre 1993 e 1999 foi vice-presidente da Federação da Agricultura do Estado do Paraná (Faep). Não por acaso integrava a bancada ruralista no Congresso Nacional e lutava pela bandeira que o elegeu. "A Comissão de Agricultura, Pecuária, Abastecimento e Desenvolvimento Rural da Câmara dos Deputados inaugurou, nesta quarta-feira (23), a Sala Moacir Micheletto, na presidência da CAPADR, em homenagem ao deputado falecido em janeiro de 2012. O tributo está no Projeto de Resolução 105/12, de autoria dos deputados Duarte Nogueira (PSDB-SP) e Luis Carlos Heinze (PP-RS), aprovado em março deste ano. Na ocasião estavam presentes o prefeito de Assis Chateaubriand, Marcel Micheletto, representando a família do deputado Moacir Micheletto, a presidenta da Frente Parlamentar da Agropecuária (FPA), a deputada Tereza Cristina (DEM-MS), o prefeito de Ribeirão Preto, Duarte Nogueira, o ex-deputado relator do projeto de lei que instituiu o Código Florestal, Aldo Rebelo, além de outras autoridades e lideranças políticas. Na homenagem, o deputado Sérgio Souza (MDB-PR), vice-presidente da FPA na Região Sul, relembrou os ensinamentos e as orientações que recebeu de Moacir Micheletto. "Ele foi meu pai aqui em Brasília. Foi ele quem me ensinou a atuar em defesa do setor agropecuário, dos produtores rurais, do cidadão brasileiro". Sérgio Souza credita ao então deputado, principalmente, o mérito da atuação e representatividade que os deputados têm hoje frente à garantia dos direitos do setor produtivo nacional. "Daqui a 200 anos, vão lembrar do nome dele como sinônimo do patamar que a agricultura conquistou, que é o de alimentar o nosso planeta", afirmou o deputado". (Cf. Sala Moacir Micheletto é inaugurada na Comissão de agricultura. *Agência FPA*, 24 mai. 2018. Disponível em: https://agencia. fpagropecuaria.org.br/2018/05/24/sala-moacir-micheletto-e-inaugurada-na-comissao-de-agricultura/. Acesso em 05 fev. 2020).

A falta de adequação do Código Florestal, sobretudo no que concerne às áreas de preservação permanente e à reserva legal, tem prejudicado a produção agropecuária em nosso País. O cabal deslinde da matéria, com a remoção de pontos controversos ou ambíguos, e a definição precisa dos parâmetros a serem observados, viriam ao encontro dos interesses de todo o conjunto da sociedade brasileira.

A rejeição se deu porque o referido projeto não estava adequado aos anseios e reclamações da bancada ruralista que ele representava.

Assim, após a referida rejeição proposta, o projeto foi novamente arquivado e desarquivado, e passou por várias comissões, novos relatores foram designados, até que depois de tantos outros projetos de lei que a ele foram apensados, em 14.10.2009 foi, enfim, constituída uma *Comissão Especial* destinada a proferir parecer ao Projeto de Lei nº 1876, de 1999, do Sr. Sérgio Carvalho, que "dispõe sobre Áreas de Preservação Permanente, Reserva Legal, exploração florestal e dá outras providências" (revoga a Lei nº 4.771, de 1965 – Código Florestal; altera a Lei nº 9.605, de 1998) (PL nº 187699), tendo sido designado como Relator o Deputado Aldo Rebelo (PCdoB-SP), reconhecidamente uma genuína liderança parlamentar, com virtudes de habilidade e articulação política e que conduziu até a aprovação da Lei nº 12.651/2012.

Entre a data da sua nomeação e a apresentação do seu parecer foram requeridas, deferidas e realizadas diversas audiências públicas com os mais variados setores da sociedade, juristas, técnicos, entidades públicas e privadas, etc.

Colhe-se do voto contrário ao Parecer Aldo Rebelo, proferido pela Deputada Rosinha (06.07.2010), o quadro quantitativo e qualitativo de participação destas audiências durante a tramitação deste parecer que reforça bastante a força da bancada agropecuária na condução do projeto de lei:

> Segundos dados da Secretaria da Comissão foram apresentados 85 requerimentos, obtendo-se aprovação em 78 deles – 160 nomes foram confirmados para serem ouvidos. Como resultado, 57% foram efetivamente convidados e 43% não chegaram a ser chamados a comparecer. Das pessoas convidadas, somente 37% aceitaram o convite, ou seja, 35 expositores manifestaram suas posições. Entre elas, 4 (quatro) pertenciam ao agronegócio; 3 (três) à agricultura familiar; 4 (quatro) a organizações não governamentais ligadas a políticas ambientais; 5 (cinco) à EMBRAPA; 2 (dois) Ministros de Estados (MMA e MAPA); e 6 (seis) ao segmento universitário. Além destas houveram (sic!) 24 (vinte e quatro) audiências externas em 18 (dezoito) estados. Nelas foram ouvidas aproximadamente 337 pessoas, assim enquadradas: 11 (onze) representantes de Universidades; 40 (quarenta) Deputados Estaduais; 75 (setenta e cinco) entidades e órgão ligados ao agronegócio; 25 (vinte e cinco) entidades ligadas à agricultura familiar; 14 (quatorze) cooperativas agrícolas; 12 (doze) Vereadores e Associações de Vereadores; 22 (vinte e dois) Prefeitos e Vices Prefeitos; 34 (trinta e quatro) órgãos técnicos estaduais de meio ambiente e agricultura; 10 (dez) órgãos técnicos ambientais e de agricultura municipal; 11 (onze) membros do Ministério Público Federal e Estadual; 18 (dezoito) organizações não governamentais ligadas a políticas ambientais e públicas; 9 (nove) órgãos técnicos de Classe, 18 (dezoito) representantes partidários; 6 (seis) técnicos independentes; 9 do setor industrial e 2 Governadores.[7]

---

[7] Segundo o voto proferido pela Deputada Rosinha (06.07.2010).

Para aquele que não pretender ler, passo a passo, a evolução legislativa no sítio eletrônico do portal da câmara dos Deputados,[8] poderá ter uma dimensão a partir do quadro descrito anteriormente, sendo fácil perceber em que proporção se deu o *debate social* envolvendo, de um lado, os ambientalistas, e de outro, o setor agropecuário. Não haveria de se ter dúvidas de quem ganharia o cabo de guerra.

Assim, em *08.06.2010*, seguindo regime de prioridade, e após 10 meses desse *debate social*, foi apresentado pelo deputado um denso parecer com mais de 270 folhas, alcunhado de Parecer Aldo Rebelo, sendo interessante registrar que logo na sua primeira página constava a dedicatória:

Dedicado aos agricultores brasileiros.

Merece registro que o parecer é uma verdadeira aula de literatura e história do Brasil, com amplo espaço dedicado aos homenageados, os agricultores brasileiros. Ainda traz em seu bojo o histórico de tramitação legislativa até que no final culmina com a *apresentação do projeto substitutivo ao projeto de Lei nº 1876/99.*[9]

Ainda que tal Parecer Aldo Rebelo tenha sido remetido para o Senado Federal em 01.06.2011, ele rapidamente retornou para a Câmara em 09.12.2011, pouco mais de seis meses depois, por meio de apresentação da Emenda/Substitutivo do Senado nº 1876/1999, com *pontuais* alterações ao projeto que foi aprovado na Câmara.

O projeto apresentado – com a complementação de voto – pelo referido Deputado é quase um espelho da Lei nº 12.651, com algumas mínimas modificações, obviamente. É importante dizer isso, porque não há, mais uma vez frise-se, similitude alguma entre o projeto Sérgio Carvalho e a Lei nº 12.651. A paternidade desta é justamente este parecer apresentado pelo Deputado Aldo Rebelo.

Ainda no mês de junho de 2011, durante o seu debate, dois pareceres contrários ao projeto foram apresentados e merecem destaque, porque extremamente sérios e robustos, e que foram apresentados pelos Deputados Ivan Valente e José Sarney Filho. Colhe-se os seguintes excertos de ambos, um pouco da indignação dos ambientalistas em relação ao que foi apresentado, respectivamente:

Muitos projetos de lei têm sido apresentados desvirtuando as garantias fixadas ao longo destes 45 anos pelo Código Florestal. Contudo, o que sobressalta no presente processo é a agressividade da Comissão Especial constituída para apreciar o PL nº 1.876/1999 e seus apensos. As mudanças propostas nessa Comissão são de tal magnitude que praticamente eliminam a proteção da vegetação nativa no ordenamento jurídico nacional. A área de preservação permanente e a reserva legal, instrumentos essenciais de proteção da biodiversidade e da qualidade ambiental de uma forma ampla, são enfraquecidas sobremaneira, ensejando maiores taxas de desmatamento em futuro imediato, ao mesmo tempo em que se regulariza quase na íntegra o desmatamento ilegal já efetuado. Os que querem esse retrocesso alegam que o Código Florestal não é bom porque é uma lei antiga, anti-produtivista e que ele não foi elaborado com base em critérios científicos. Dizer que o Código Florestal é anti-produtivista também é equivocado. As medidas previstas no

---

[8]   BRASIL. Câmara dos Deputados. *Projeto de Lei nº 1876/1999.* Disponível em: https://www.camara.leg.br/proposicoesWeb/fichadetramitacao?idProposicao=17338. Acesso em 25 jan. 2020.

[9]   É de se dizer que, 28 dias depois, este parecer teve ainda uma complementação de voto do referido relator em 06.07.2010, ganhando assim o esqueleto, a musculatura e a alma que hoje possui a Lei nº 12.651.

Código Florestal visam internalizar a proteção da vegetação nativa no empreendimento agropecuário, em prol dos serviços ecossistêmicos prestados pela biodiversidade, como a regulação do clima, a proteção do solo e da água, a polinização e a dispersão de sementes e o controle biológico de pragas. Todos esses serviços são essenciais para a própria produção rural em bases perenes. A reserva legal e as áreas de preservação permanente são uma das contrapartidas do produtor rural pelos benefícios econômicos auferidos com a exploração do solo. Essas normas não são, de modo algum, anti-produtivistas. No mundo contemporâneo, o empreendedor deve internalizar a proteção ambiental no cálculo dos custos e lucros de sua atividade. Toda atividade econômica deve estar sujeita a essas regras e a agropecuária não se pode esquivar delas". (Do coto em separado do Deputado Ivan Valente).

Consideramos que o substitutivo às proposições legislativas em tela, que foi formulada pelo Relator, Deputado Aldo Rebelo, representa uma grave e inaceitável ameaça de retrocesso da legislação ambiental, uma vez que retira diversas garantias ambientais importantes atualmente em vigor. Constituem exemplos dos problemas existentes no texto, entre vários outros, a redução das áreas de preservação permanente e da reserva legal, e a anistia a produtores rurais que foram multados por causarem dano à flora, embutida em programas de regularização ambiental frágeis, mal definidos e pouco transparentes. O texto, bem como parte das proposições em pauta no processo, têm como objetivo a remoção dos "entraves ao desenvolvimento rural" – leia-se, a revogação de nosso sistema jurídico de proteção ao meio ambiente, sob o frágil argumento de que constitui invenção dos ambientalistas, ignorando que parte importante das normas sobre o assunto foram feitas com a participação dos técnicos da área da agricultura, inclusive o Código Florestal atual, elaborado em 1965, sob orientação dos mais renomados especialistas da época. (Das conclusões do voto em separado do Deputado José Sarney Filho).

Rejeitados os votos contrários e os recursos, o parecer Aldo Rebelo foi então enviado para o Senado Federal na data de 01.06.2011, tendo de lá retornado em 09.12.2011, portanto, seis meses e alguns dias depois. O projeto substitutivo do senado continha alterações pontuais ao parecer Aldo Rebelo e foi apresentado à Comissão Especial da Câmara responsável pelo projeto, em 13.12.2011, em regime de urgência de tramitação. Eis que em 24.4.2012, em turno único, foi colocado em discussão o Substitutivo do Senado Federal. Houve adiamento da sessão e o debate reiniciou no dia seguinte, em 25.04.2012, sendo então apresentado pela Comissão Especial que concluiu pela constitucionalidade, juridicidade e técnica legislativa e, no mérito, pela aprovação do Substitutivo do Senado Federal e pela rejeição dos seguintes dispositivos:

1) o art. 1º e seus incisos do Substitutivo do Senado Federal, restabelecendo o art. 1º do texto da Câmara dos Deputados;

2) o inciso XI do art. 3º do Substitutivo do Senado Federal, restabelecendo o inciso VIII do art. 3º do texto da Câmara dos Deputados);

3) os incisos XX, XXIV e XXV do art. 3º do Substitutivo do Senado Federal, renumerando os demais;

4) a expressão "a faixa marginal, em projeção horizontal, com largura mínima de 50 (cinquenta) metros, delimitada a partir do espaço brejoso e encharcado" contida no inciso XI do art. 4º do Substitutivo do Senado Federal;

5) o §4º do art. 4º do Substitutivo do Senado Federal, *restabelecendo o §4º do art. 4º do texto da Câmara dos Deputados*);

6) o inciso IV do §6º do art. 4º do Substitutivo do Senado Federal;

7) as expressões "sem prejuízo dos limites estabelecidos pelo inciso I do caput deste artigo" e "sem prejuízo do disposto nos incisos do caput deste artigo" contidas, respectivamente, nos §§7º e 8º do art. 4º do Substitutivo do Senado Federal;

8) o inciso II do art. 6º do Substitutivo do Senado Federal, *restabelecendo os incisos II e III do art. 6º do texto da Câmara dos Deputados*);

9) o Capítulo IV, "Do Uso Ecologicamente Sustentável dos Apicuns e Salgados", exceto os §§5º e 6º, suprindo-se do §5º a expressão "em escala mínima de 1:10.000, que deverá ser concluído por cada Estado no prazo máximo de 1 (um) ano";

10) o art. 16 do Substitutivo do Senado Federal, *restabelecendo o art. 16 do texto da Câmara dos Deputados*);

11) a expressão "nos termos do art. 32" contida no caput do art. 23 do Substitutivo do Senado Federal;

12) o caput e o §1º do art. 26 do Substitutivo do Senado Federal, passando o §2º a ser o caput do art. 26;

13) o inciso IV do §1º e os incisos V e VI do §4º do art. 27 do Substitutivo do Senado Federal;

14) o parágrafo único do art. 28 do Substitutivo do Senado Federal;

15) os §§2º, 5º e 10 do art. 42 do Substitutivo do Senado Federal, renumerando os demais;

16) o art. 43 do Substitutivo do Senado Federal;

17) os §§2º e 3º do art. 54 do Substitutivo do Senado Federal;

18) os §§4º, 5º, 6º, 7º, 13 e 14 do art. 62 do Substitutivo do Senado Federal;

19) o §1º do art. 64 do Substitutivo do Senado Federal, restabelecendo o §1º do art. 10 do texto da Câmara dos Deputados;

20) o art. 65 do Substitutivo do Senado Federal;

21) o art. 78 do Substitutivo do Senado Federal.

Assim, às 21:52 do dia 25.04.2012 foi aprovado o texto e enviado à sanção presidencial em 07.05.2012, a Mesa Diretora da Câmara dos Deputados remeteu à sanção através da Mensagem nº 10/12, tendo se transformado na Lei Ordinária nº 12.651/2012 e publicada no DOU em 28.05.12.

Mas engana-se quem imagina que os embates políticos terminaram aí. Isso porque a Lei nº 12.651 foi sancionada com 12 vetos e, em seguida, no mesmo dia, também foi publicada a Medida Provisória nº 571 (25 de maio de 2012) com 32 modificações em relação ao texto aprovado pelo Congresso.

Eis que então, quando da conversão da Medida Provisória em Lei – dando origem à Lei nº 12.727/2012 –, o que se fez não foi apenas converter em lei o texto da Medida Provisória nº 571, que já havia feito inúmeras alterações no Código Florestal (Lei nº 12.651/2012), mas alterar diversos dispositivos que não estavam de acordo com o que fora debatido pelas bases governistas e que havia sido "adulterado" pela respectiva Medida Provisória.

Assim, o novo Código Florestal, Lei nº 12.651/2012, já nasceu com duas sensíveis alterações perpetradas pela Medida Provisória nº 571/2012 e, posteriormente, pela Lei nº 12.727/2012, ainda a favor da frente parlamentar agropecuária.

4.2 Discussão em torno das hipóteses que configuram interesse social e utilidade pública – art. 3º, VIII, 'b', e IX (Objeto das ADIS nºs 4.903 e 4.937; e da ADC nº 42)

(continua)

Lei nº 4.771/65	Lei nº 12.651/12
Art. 1º, §2º Para os efeitos deste Código, entende-se por: IV – Utilidade pública: a) as atividades de segurança nacional e proteção sanitária; b) as obras essenciais de infra-estrutura destinadas aos serviços públicos de transporte, saneamento e energia; e b) as obras essenciais de infraestrutura destinadas aos serviços públicos de transporte, saneamento e energia e aos serviços de telecomunicações e de radiodifusão; c) demais obras, planos, atividades ou projetos previstos em resolução do Conselho Nacional de Meio Ambiente – CONAMA; V – Interesse social: a) as atividades imprescindíveis à proteção da integridade da vegetação nativa, tais como: prevenção, combate e controle do fogo, controle da erosão, erradicação de invasoras e proteção de plantios com espécies nativas, conforme resolução do CONAMA; b) as atividades de manejo agroflorestal sustentável praticadas na pequena propriedade ou posse rural familiar, que não descaracterizem a cobertura vegetal e não prejudiquem a função ambiental da área; e c) demais obras, planos, atividades ou projetos definidos em resolução do CONAMA; Art. 4º A supressão de vegetação em área de preservação permanente somente poderá ser autorizada em caso de utilidade pública ou de interesse social, devidamente caracterizados e motivados em procedimento administrativo próprio, quando inexistir alternativa técnica e locacional ao empreendimento proposto.	Art. 3º Para os efeitos desta Lei, entende-se por: VIII – Utilidade pública: a) as atividades de segurança nacional e proteção sanitária; b) as obras de infraestrutura destinadas às concessões e aos serviços públicos de transporte, sistema viário, inclusive aquele necessário aos parcelamentos de solo urbano aprovados pelos Municípios, saneamento, *gestão de resíduos*, energia, telecomunicações, radiodifusão, *instalações necessárias à realização de competições esportivas estaduais, nacionais ou internacionais*, bem como mineração, exceto, neste último caso, a extração de areia, argila, saibro e cascalho; c) atividades e obras de defesa civil; d) atividades que comprovadamente proporcionem melhorias na proteção das funções ambientais referidas no inciso II deste artigo; e) *outras atividades similares devidamente caracterizadas e motivadas em procedimento administrativo próprio, quando inexistir alternativa técnica e locacional ao empreendimento proposto, definidas em ato do Chefe do Poder Executivo federal*; IX – Interesse social: a) as atividades imprescindíveis à proteção da integridade da vegetação nativa, tais como prevenção, combate e controle do fogo, controle da erosão, erradicação de invasoras e proteção de plantios com espécies nativas; b) a exploração agroflorestal sustentável praticada na pequena propriedade ou posse rural familiar ou por povos e comunidades tradicionais, desde que não descaracterize a cobertura vegetal existente e não prejudique a função ambiental da área; c) a implantação de infraestrutura pública destinada a esportes, lazer e atividades educacionais e culturais ao ar livre em áreas urbanas e rurais consolidadas, observadas as condições estabelecidas nesta Lei; d) a regularização fundiária de assentamentos humanos ocupados predominantemente por população de baixa renda em áreas urbanas consolidadas, observadas as condições estabelecidas na Lei nº 11.977, de 7 de julho de 2009;

(conclusão)

Lei nº 4.771/65	Lei nº 12.651/12
	e) implantação de instalações necessárias à captação e condução de água e de efluentes tratados para projetos cujos recursos hídricos são partes integrantes e essenciais da atividade; f) as atividades de pesquisa e extração de areia, argila, saibro e cascalho, outorgadas pela autoridade competente; g) *outras atividades similares devidamente caracterizadas e motivadas em procedimento administrativo próprio, quando inexistir alternativa técnica e locacional à atividade proposta, definidas em ato do Chefe do Poder Executivo federal;*

4.2.1 A intervenção em APP continua a ser em "em casos excepcionais" – *perdeu ganhando*

O Novo Código Florestal (NCF) regulamenta, em seu artigo 8º, a intervenção em APP em 03 situações distintas: utilidade pública, interesse social e atividades de baixo impacto. Contudo, é no artigo 3º que identifica quais situações jurídicas abstratas se encaixam em cada um dos três tipos.

Logo, o alargamento das hipóteses pela Lei implica em aumento da possibilidade de intervenção em APP. Num plano teórico, repisa-se, o alargamento das hipóteses de interesse social, utilidade pública e baixo impacto implicam em diminuir a excepcionalidade da intervenção em APP.

É curioso observar que este último "tipo" – *baixo impacto* –, que já era previsto na legislação anterior, leva em consideração um critério *qualitativamente* diferente dos dois anteriores.[10] Também importa notar que enquanto os dois primeiros atendem a um *bem comum*, ou seja, admite-se que seja sacrificado um espaço especialmente protegido (*bem de uso comum e essencial à sadia qualidade de vida*) para atender a um fim coletivo, já na outra hipótese (baixo impacto) o critério é, por exclusão, os empreendimentos e ações que não se encaixam no interesse social e nem no de utilidade pública, mas que podem levar à intervenção em APP, porque possuem um nível de impactação ambiental baixo.

O problema em questão trazido na ação direta de inconstitucionalidade refere-se justamente à forma com que se deve enxergar a intervenção em APP, pois, à medida que crescem as hipóteses que admitem a intervenção nestas áreas sagradas ao equilíbrio ecológico, reduz-se a índole excepcional das intervenções.

Nesse aspecto a ADI foi julgada improcedente, pois não se vislumbrou que os acréscimos das hipóteses implicaram em redução da *excepcionalidade da intervenção*, que, expressamente, continua a ser o vetor que baliza qualquer tentativa de intervenção nestas

---

[10] O artigo 4º, §3º, do Código Revogado dizia: "O órgão ambiental competente poderá autorizar a supressão eventual e de baixo impacto ambiental, assim definido em regulamento, da vegetação em área de preservação permanente". Agora as *fattispecies* estão descritas no inciso X do artigo 3º da Lei nº 12.651.

áreas. Como dissemos nas premissas apresentadas em ocasião anterior, a improcedência não reflete uma derrota para a tutela jurídica do meio ambiente, tendo em vista os fundamentos determinantes do acórdão.

Nada obstante a improcedência nesta parte das ADI's, é certo que não houve uma "derrota ambiental", porque os *fundamentos* utilizados pelo acórdão são bastante importantes e se projetam como *precedentes* que não podem ser ignorados. Corretamente disse o STF que:

> As hipóteses em abstrato de utilidade pública e de interesse social, encartadas no Código Florestal, não eximem que os empreendimentos respectivos sejam submetidos ao devido licenciamento ambiental.

Portanto, o que fez a corte maior foi dizer, valendo-se da legislação ambiental (art. 225, §1º, IV e Resolução CONAMA nº 237/97) que toda e qualquer hipótese de intervenção de APP prevista no artigo 3º, VIII e IX continua a ser vista com ar de excepcionalidade, pois a regra é a da sua preservação, conservação e recuperação, ou seja, toda intervenção pretendida nas *restritas* hipóteses abstratas devem se submeter aos rigores de um licenciamento ambiental, inclusive, com EIA/RIMA, se for o caso.

O fato de a atividade estar ali descrita na lei como possível de gerar uma intervenção em APP não significa que assim será, ou seja, é preciso que exista um procedimento de licenciamento ambiental da atividade, obra, ação ou empreendimento, de tal forma que fique devidamente comprovado, diante das circunstancias do caso concreto e dos estudos técnicos ambientais, que a tal pretensão é viável do ponto de vista ambiental; caso isso não ocorra, poderá (rectius = deverá) levar à negativa do empreendimento.

Isso significa dizer que qualquer intervenção em APP continua a ser *excepcional*, ainda que se tenha alargado as hipóteses abstratas de utilidade pública e interesse social. O regime jurídico que serve de *regra* para o Código é o da *fundamentalidade das APPs* no equilíbrio ecológico, devendo ser preservada, conservada ou restaurada.

No voto proferido restou pacificado que apenas *excepcionalmente* e num regular procedimento de licenciamento ambiental, em cada caso concreto, poderá ser admitida a intervenção em APP nos casos de utilidade pública e de interesse social.

Obviamente que tanto na hipótese de interesse social quanto no de utilidade pública o nível de impacto pode ser alto ou baixo, e isso deve ser verificado no procedimento licenciatório competente, com as exigências ambientais que sejam inerentes, como expressamente disse o acórdão. Contudo, é possível ir além a partir da exegese dos *fundamentos determinantes* do acórdão.

Deve-se deixar também claro que todas as hipóteses exemplificadas no inciso X como de "baixo impacto ambiental" – *além de outras ações ou atividades similares, reconhecidas como eventuais e de baixo impacto ambiental em ato do Conselho Nacional do Meio Ambiente – CONAMA ou dos Conselhos Estaduais de Meio Ambiente (alínea k)* – não prescindem da chancela do órgão ambiental competente, que é quem irá dizer se a atividade ou a ação é ou não de baixo impacto ambiental. Uma coisa é a previsão abstrata da possibilidade de que as intervenções em APP possam acontecer naquelas hipóteses, e outra, é a verificação, em cada caso concreto, mediante um procedimento administrativo ambiental de licenciamento, que dirá se tal hipótese é viável ambientalmente.

É de se notar que por mais simples que possa parecer a intervenção no caso concreto, como, por exemplo, a *manutenção de uma cerca da propriedade* descrita na alínea F do inciso X, que trata das situações de baixo impacto, ainda assim é preciso que o órgão ambiental competente avalie se de fato o que pretende o empreendedor é algo que causa baixo impacto.

A identificação, no caso concreto, do *alto ou baixo impacto* não é de avaliação do empreendedor, mas sim do órgão ambiental competente. Ora, as APPs possuem uma função ecológica fundamental aos processos ecológicos essenciais e por isso mesmo têm um valor difuso que não pode ser sacrificado sem um mínimo de segurança à coletividade.

Não há porque isolar a interpretação do acórdão – *da exigência do procedimento administrativo adequado perante o órgão competente que dirá no caso concreto se a atividade é viável do ponto de vista ambiental* – apenas para as hipóteses que atendam ao interesse coletivo. Com muito maior razão deve-se aplicar o mesmo raciocínio para as hipóteses descritas no inciso X do artigo 3º.

Conclui-se que a *improcedência* da ADI neste particular não reflete nenhuma derrota para o meio ambiente, porque em sua fundamentação o acórdão expressamente reconhece, mediante uma interpretação sistemática do Novo Código, que nada obstante o alargamento das hipóteses de interesse social e utilidade pública, a regra regente das intervenções em APP é a da excepcionalidade. E mais que isso, ainda reconhece a necessidade de um procedimento de licenciamento ambiental onde as circunstâncias do caso concreto é que ditarão *se e como* será realizada a intervenção.

4.2.2 A expressão *"quando inexistir alternativa técnica e locacional à atividade proposta"* deve ser estendida a qualquer hipótese de intervenção em APP – *ganhou*

O artigo 3º do NCF é formado por 27 incisos. Os incisos VIII, IX e X tratam, respectivamente, de hipóteses abstratas em que estariam encartadas nas expressões *utilidade pública, interesse social* e *atividades eventuais ou de baixo impacto ambiental*. Cada um destes incisos contém uma série de alíneas com *hipóteses abstratas* que se encaixam nos referidos tipos.

Uma observação curiosa deve ser feita em relação aos incisos VIII, IX e X do artigo 3º. Em todos três a última alínea não descreve uma hipótese de interesse social, de baixo impacto ou de utilidade pública. Ao invés de prever abstratamente mais uma hipótese como já tinha feito em alíneas anteriores, o legislador deixou uma abertura proposital, uma norma de encerramento, que constitui uma técnica legislativa que permite estender o mesmo conceito para outros tipos que não foram preenchidos pelo legislador, segundo os critérios que devem ser atendidos em cada caso concreto.

A redação da alínea "e" do inciso VIII e da alínea "g" do inciso IX que tratam, respectivamente, das hipóteses de utilidade pública e do interesse social são idênticas. Ambas dizem que assim serão consideradas "outras atividades similares devidamente caracterizadas e motivadas em procedimento administrativo próprio, quando inexistir alternativa técnica e locacional à atividade proposta, definidas em ato do Chefe do Poder Executivo federal". Da mesma forma, mas com redação diferente, diz a alínea "k" do inciso X do artigo 3º, que trata das atividades de baixo impacto, que *outras ações ou atividades similares, reconhecidas como eventuais e de baixo impacto ambiental em ato do Conselho Nacional do Meio Ambiente – CONAMA ou dos Conselhos Estaduais de Meio Ambiente.*

O presente tópico, objeto das ADIs, refere-se apenas a questionamento servível às hipóteses de interesse social e utilidade pública, pois é neste que, *a priori*, exsurge o problema de um alto impacto ambiental, que por sua vez impõe o requisito das alternativas locacionais.

Relembremos que o artigo 4º do Código revogado dizia que:

> Art. 4º. A supressão de vegetação em área de preservação permanente somente poderá ser autorizada em caso de utilidade pública ou de interesse social, devidamente caracterizados e motivados em procedimento administrativo próprio, quando inexistir alternativa técnica e locacional ao empreendimento proposto.

Como se observa, o regime anterior era expresso em exigir como requisito para a intervenção em APP a inexistência de alternativa técnica e locacional ao empreendimento proposto. O motivo desta exigência justifica-se porque a lei presume que toda intervenção em APP por utilidade pública e interesse social causa um prejuízo irrecuperável para a coletividade, e, por isso mesmo, só em casos excepcionais e absolutamente *necessários* é que podem acontecer. Ora, se existir alternativa locacional não haverá "necessidade" que justifique o sacrifício de tão importante daquela específica área protegida. Isso, obviamente só pode ser verificado em processo administrativo ambiental regular e adequado.

A questão decidida no julgamento é a de que o requisito, "quando inexistir alternativa técnica e locacional à atividade proposta", que consta apenas nas alíneas de encerramento dos casos de utilidade pública e interesse social, *serve a todas as hipóteses descritas nas alíneas anteriores*. Neste aspecto é expresso o acórdão ao dizer:

> Segundo, alternativas técnicas e locacionais podem adequadamente ser analisadas no curso do procedimento de licenciamento ambiental prévio à intervenção em APP, nos termos acima já expostos. O ordenamento jurídico precisa ser lido como uma unidade sistemática, e não a partir de interpretações fragmentadas de dispositivos isolados. Assim, impor aos órgãos ambientais a observância de um novo procedimento não apenas não previsto em lei, mas também contemplado por alternativas já previstas em outras normas, imporia aumento desnecessário de custos e de burocracia à Administração, sem o devido incremento de eficiência. Esse cenário de "over-enforcement" implicaria a frustração não justificada de outros interesses igualmente protegidos pela Constituição, tais como o desenvolvimento econômico sustentável.

Isso implica dizer que, no procedimento administrativo de licenciamento ambiental respectivo, para autorizar a intervenção em APP nos casos de utilidade pública e interesse social, este é *um dos importantes requisitos* para *toda e qualquer hipótese descrita nos incisos VIII e IX do artigo 3º*, ou seja, deve ser levado em consideração pelo órgão ambiental na eventual concessão da licença ambiental dentro de um regular procedimento administrativo.

A interpretação do Supremo Tribunal Federal coaduna-se com o dever de proteção do meio ambiente e a adoção da precaução contra riscos ambientais (art. 225, §1º, I, II, V e VII), afinal de contas, é no processo de licenciamento que se poderá antecipar os impactos e assim construir soluções que possam neutralizá-lo, mitiga-lo ou compensá-lo, se for o caso.

Assim, *contrario sensu*, se *existir alternativa técnica e locacional à atividade proposta*, não se deve permitir a intervenção em APP, porque absolutamente *desnecessária*, sob pena, inclusive, de ferir o dever de eficiência na gestão pública. Trocando em miúdos, e trazendo um exemplo para facilitar a compreensão, tem-se que se obras de infraestrutura destinadas à construção de um sistema viário puderem, sem prejuízos, ser realizadas em local diverso de onde se encontra uma APP, não há porque prejudicar a coletividade com o impacto ambiental desnecessário. Isso serve para toda e qualquer situação de utilidade pública e interesse social.

4.2.3 A redução do texto – eliminação da hipótese de intervenção em APP por utilidade pública para "gestão de resíduos" e "instalações necessárias à realização de competições esportivas estaduais, nacionais ou internacionais" – *ganhou*

O Novo Código Florestal inseriu como hipóteses de utilidade pública (art. 3º, VIII, "b"), para fins de intervenção em APP, as atividades de "gestão de resíduos" e "instalações necessárias à realização de competições esportivas estaduais, nacionais ou internacionais". Neste particular, com a procedência da ADI, estas duas situações de utilidade pública foram suprimidas e a alínea "b" do inciso VIII do artigo 3º teve a redução do texto.

Como foi muito bem observado pelo STF, nada obstante a gestão dos resíduos ser algo extremamente importante para a sociedade, não é possível admitir, pelo próprio paradoxo axiológico entre os valores envolvidos, que ela seja permitida em local que gere intervenção em APP. Aí neste caso houve "a subversão do mosaico de valores constitucionais estabelecido pelo constituinte, a autorizar a intervenção do Poder Judiciário".

Apenas para registro, o próprio art. 84 do Decreto nº 7.404/2010 da Lei de Gerenciamento de Resíduos Sólidos (observe que o texto do Código Florestal falava genericamente em "resíduos") alterou o artigo 62 do Decreto nº 6.514/2008 para incluir os seguintes "tipos" que ficam sujeitos às sanções administrativas:

> Art. 84. O art. 62 do Decreto nº 6.514, de 22 de julho de 2008, passa a vigorar com a seguinte redação:
> "Art. 62 ....
> IX – Lançar resíduos sólidos ou rejeitos em praias, no mar ou quaisquer recursos hídricos;
> X – Lançar resíduos sólidos ou rejeitos *in natura* a céu aberto, excetuados os resíduos de mineração;
> XI – queimar resíduos sólidos ou rejeitos a céu aberto ou em recipientes, instalações e equipamentos não licenciados para a atividade;

Ora, como seria possível admitir que um tipo de atividade deste jaez, extremamente impactante segundo presunção legal estabelecida no anexo da Resolução CONAMA nº 237/97 e pelo próprio artigo 3º, VII, da Lei nº 12305/2010, pudesse ser realizado em uma área que não por acaso deve ser de *preservação permanente* em razão da sua importância aos processos ecológicos essenciais?

Como bem disse o voto do Ilmo. Ministro Luiz Fux,

> permitir atividade com presunção legal de alto impacto ambiental em APP's, tal como a gestão de resíduos, implica negar vigência à norma do art. 225, §1º, inciso III, da CF, uma vez que a integridade dos atributos ambientais que justifica a criação desses espaços especialmente protegidos se encontraria em absoluto risco. (Realce no original).

E, nesta toada, seguindo o mesmo raciocínio, a mesma redução de texto foi aplicada à frase "instalações necessárias à realização de competições esportivas estaduais, nacionais ou internacionais", excluindo-a das hipóteses abstratas de *interesse social*.

Mas, neste caso, o STF ainda foi além ao estabelecer, a partir de uma análise semântica da carta maior, uma *ordem de prioridade da proteção do meio ambiente sobre o incentivo ao desporto*.

Segundo o STF:

> A norma do artigo 3º, inciso VIII, alínea b, do Código Florestal, apôs o valor constitucional incentivo ao desporto em prevalência sobre o valor proteção ambiental. No entanto, o texto constitucional dispensa proteção muito mais abrangente ao meio ambiente – "bem de uso comum do povo e essencial à sadia qualidade de vida" (art. 225, CF) – do que ao desporto – "direito de cada um", "forma de promoção social" (art. 217, CF). (...) o constituinte originário impôs ao legislador que o meio ambiente deve prevalecer sobre o desporto quando necessária a composição entre esses dois valores. Por isso mesmo, admitir intervenções em APP's para realização de competições esportivas viola a ordem de preferência constitucional, cabendo ao Judiciário restabelecer a autoridade da escolha constituinte.

A absurdez da tentativa do legislador foi *em tempo excluída pelo STF,* tendo sido relevante para a proteção do meio ambiente o reconhecimento da inconstitucionalidade das referidas hipóteses que levaram à redução do texto do dispositivo, para exclusão das expressões "gestão de resíduos" e "instalações necessárias à realização de competições esportivas estaduais, nacionais ou internacionais" das hipóteses de utilidade pública do artigo 3º, VIII da Lei nº 12.651.

4.3 Reconhecimento de que as nascentes e os olhos d'água *intermitentes* são considerados Áreas de Preservação Permanente – *ganhou*

Lei nº 4.771/65	Lei nº 12.651/12
Art. 2º Consideram-se de preservação permanente, pelo só efeito desta Lei, as florestas e demais formas de vegetação natural situadas: (...) c) nas nascentes, *ainda que intermitentes* e nos chamados "olhos d'água", qualquer que seja a sua situação topográfica, num raio mínimo de 50 (cinquenta) metros de largura.	Art. 4º Considera-se Área de Preservação Permanente, em zonas rurais ou urbanas, para os efeitos desta Lei: (...) IV – as áreas no entorno das nascentes e dos olhos d'água *perenes*, qualquer que seja sua situação topográfica, no raio mínimo de 50 (cinquenta) metros.

O debate trazido por meio do controle de constitucionalidade girava em torno de se saber se apenas as áreas no entorno de nascentes e olhos d'água *perenes* é que deveriam ser consideradas como APP. Foi requerida a *interpretação conforme a Constituição ao art. 3º, XVII, e ao art. 4º, IV, da Lei nº 12.651/2012, a fim de nela incluir a proteção às nascentes e olhos d'água intermitentes.*

O comparativo apresentado, entre o diploma antigo e o novo, demonstra a intenção do novo legislador de excluir as nascentes *intermitentes* e os olhos d'água *não perenes* do rol de APPs. Inclusive, reforça esta intenção o fato de que no mesmo dia em que foi publicada a Lei, também foi publicada a Medida Provisória nº 571/2012, editada pelo Poder Executivo, que *excluía a exclusão* cometida pelo legislador, repristinando, assim, a redação do Código revogado. Contudo, isso não durou muito tempo, já que em 17 de outubro de 2012, menos de seis meses depois, o legislador restabelecia o texto excludente, quando da conversão da medida provisória em lei.

Assim, a discussão foi trazida em ação direta de inconstitucionalidade sob o fundamento de retrocesso ambiental, porque o Código anterior considerava como APP (artigo 2º, "c") a vegetação situada nas nascentes, ainda que *intermitentes* e nos chamados *olhos d'água*, qualquer que fosse a situação topográfica, num raio mínimo de 50 metros de largura. Já o novo Código elencou no artigo 4º, IV, como APP legal, apenas as áreas no entorno de nascentes e olhos d'água *perenes*, qualquer que seja sua situação topográfica, no raio mínimo de 50 metros de largura.

A "omissão" do legislador em inserir os "intermitentes" nas áreas de preservação permanente não impediu que o STF enxergasse, a partir de uma análise contextual e sistemática da referida lei, *como sendo conforme a Constituição os artigos 3º, inciso XVII, e 4º, inciso IV, da Lei nº 12.651/2017, para fixar a interpretação de que os entornos das nascentes e dos olhos d'água intermitentes configuram área de preservação permanente (APP).*

Para chegar a esta conclusão, o STF foi buscar na conjugação do art. 4º, inciso I, o ponto de partida para se chegar à referida conclusão. Neste dispositivo consta que são consideradas APPs, "I – as faixas marginais de qualquer curso d'água natural perene e intermitente, excluídos os efêmeros, desde a borda da calha do leito regular (...)".

Partindo daí, e considerando as evidencias "técnico-científicas", interpretou corretamente o STF que há um vínculo entre:

(i) a preservação de nascentes e de olhos d'água e (ii) a sustentabilidade dos cursos d'água deles decorrentes. Esse nexo subsiste ainda quando se trata de nascentes e de olhos d'águas intermitentes, que podem dar origem a cursos d'água igualmente intermitentes, situação especialmente comum nas regiões de longos períodos de estiagem ("seca"). A ausência de preservação do entorno dessas áreas, por óbvio, pode ter direta repercussão no desaparecimento de rios temporários.

Importante relembrar que o PL nº 1876, que é injustamente apontado como a fonte primária da Lei nº 12.651, expressamente mantinha no artigo 2º, I, "C", a redação do Código Florestal de 1965, ou seja, reconhecendo expressamente como APPs os olhos d'água e nascentes intermitentes.

Mantem-se válida e em plena vigência o artigo 2º, II, da Resolução CONAMA nº 302/2002, que expressamente define "nascente ou olho d'água: local onde aflora naturalmente, mesmo que de forma intermitente, a água subterrânea".

É importante dizer que por meio de interpretação conforme à Constituição, o STF entendeu que o artigo 4º, I, da Lei nº 12.651, estaria diretamente conectado com o artigo 225, §1º, I, e, por isso, *não haveria porque não inserir as nascentes e olhos d'água intermitentes nas hipóteses de APP.*

Mas é preciso dizer que este dispositivo (art. 4º, I) exclui expressamente *apenas* os *cursos de água efêmeros* das faixas marginais de qualquer curso d'água natural perene e intermitente, desde a borda da calha do leito regular nas metragens que são estabelecidas nas alíneas do referido dispositivo.

Com isso, primeiro, é preciso dizer que a distinção entre cursos d'água *intermitentes* e cursos d'água *efêmeros* não se aplicam aos olhos d'água e nascentes. Estes dois últimos serão sempre protegidos, independentemente do rio (curso d'água) a ser formado vir a ser *efêmero ou intermitente.*

Pela etimologia da palavra *efêmero,* ela significa aquilo "que dura um só dia", ou, por extensão "aquilo que é de brevíssima duração". Não se confunde, portanto, com o que é *intermitente* (do latim, intermitente) que significa aquilo que "cessa e recomeça por intervalos; intervalado", ou seja, é o que é interrompido e logo se reinicia por períodos de tempo.

No ordenamento jurídico brasileiro já existe a distinção entre o rio efêmero e o intermitente. Segundo o artigo 2º, I e II, da Resolução CONAMA nº 141/2012, considera-se:

I – rios intermitentes: corpos de água lóticos que naturalmente não apresentam escoamento superficial por períodos do ano;

II – rios efêmeros: corpos de água lóticos que possuem escoamento superficial apenas durante ou imediatamente após períodos de precipitação;

III – rios perenes: corpos de água lóticos que possuem naturalmente escoamento superficial durante todo o período do ano;

IV – rios perenizados: trechos de rios intermitentes ou efêmeros cujo fluxo de água seja mantido a partir de intervenções na bacia hidrográfica, inclusive obras de infraestrutura hídrica;

Como se observa da definição apresentada, apenas os cursos d'água efêmeros (rios efêmeros) – não as nascentes e nem os olhos d'água – é que se encaixam na exclusão do artigo 4º, I da Lei nº 12.651.

4.4 A interpretação do conceito de "leito regular" como marco delimitador de APP (art. 3º, XIX) – *perdeu perdendo*

Lei nº 4.771/65	Lei nº 12.651/12
Art. 2º Consideram-se de preservação permanente, pelo só efeito desta Lei, as florestas e demais formas de vegetação natural situadas: a) ao longo dos rios ou de qualquer curso d'água *desde o seu nível mais alto em faixa marginal* cuja largura mínima será: (...)	Art. 3º Para os efeitos desta Lei, entende-se por: (...) XIX – leito regular: a calha por onde correm regularmente as águas do curso d'água durante o ano; Art. 4º Considera-se Área de Preservação Permanente, em zonas rurais ou urbanas, para os efeitos desta Lei: I – as faixas marginais de qualquer curso d'água natural perene e intermitente, excluídos os efêmeros, *desde a borda da calha do leito regular*, em largura mínima de: (...)

O problema no presente caso foi bem resumido no acórdão em comento:

A Procuradoria-Geral argumenta que *"a definição de leito regular prevista nesse art. 3º, XIX, não é clara em que aquele corresponda ao leito maior, ou seja, ao leito do rio em sua cheia sazonal"*, motivo pelo qual sustenta haver *"ofensa aos já citados dispositivos constitucionais de proteção ambiental"*. Com essas razões, requer, verbis: *"declarar inconstitucionalidade do art. 3º, XIX, da Lei nº 12.651/2012 ou a ele se deve conferir interpretação conforme a Constituição, para que o termo 'leito regular' seja compreendido como leito maior, na forma antes prevista na legislação.*

No Código Florestal anterior, uma das hipóteses de APP eram as faixas marginais aos cursos d'água, segundo a metragem estabelecida no referido diploma, levando-se em consideração um *marco inicial indistinto – nível mais alto de qualquer curso d'água –* e um *marco final distinto,* posto que definido de acordo com a largura do próprio curso d'água.

Assim, por exemplo, se o curso d'água tivesse 30 metros de largura, o *marco inicial* da faixa marginal de APP iniciaria do *nível mais alto* do rio e terminaria na metragem fixada pela alínea "a, 1"; e se fosse um rio de 50 metros, o *marco inicial* seria o *nível mais alto* do curso d'água até o limite estabelecido na alínea "a, 2", e assim por diante.

O marco inicial de contagem da metragem da APP seria sempre o nível mais alto do rio, variando a largura da faixa marginal de APP de acordo com o tamanho do rio. E este marco inicial era importante, porque muitos rios possuem cheias sazonais, variável com a estação das chuvas e, com isso, o seu nível altera consideravelmente ao longo deste período.

No novo Código Florestal, o dispositivo correspondente (art. 4º, I) trocou a expressão "nível mais alto" por "leito regular", ou seja, o *marco inicial* para demarcação da faixa marginal não seria mais do *nível mais alto do curso d'água,* mas sim, do seu *leito regular.*

Até aqui, fosse apenas esta mudança, não haveria problema algum em termos de *ganho ou perda* da proteção da mata ciliar como APP, pois *bastaria considerar como leito regular o seu nível mais alto*. O problema é que além de alterar a nomenclatura do *marco inicial*, o legislador também optou por *definir* no artigo 3º, XIX, o conceito de "leito regular" que restou assim definido:

> XIX – leito regular: a calha por onde correm regularmente as águas do curso d'água durante o ano;

Em relação a esse tópico, o STF foi curto e direto:

> Não há qualquer base exegética ou empírica para sustentar que a Constituição impediu o legislador de modificar a metragem de áreas de preservação permanente. Ao contrário, o art. 225, §1º, III, da Carta Magna expressamente permite que a lei altere ou suprima "espaços territoriais e seus componentes a serem especialmente protegidos". Na hipótese, a legislação em vigor tão somente modificou o marco para a medição da área de preservação ambiental ao longo de rios e cursos d'água, passando a ser o leito regular destes e não mais o seu nível mais alto, tudo nos lindes do espaço interpretativo assegurado ao legislador democrático

Trazendo à tona as premissas teóricas do voto, o Supremo Tribunal Federal deixou claro que não caberia a ele decidir, sem expertise técnica, e sem a legitimidade social, qual deve ser a faixa de APP, sendo esta, segundo afirma, uma permissão do legislador inserida no artigo 225, §1º, III da CF/88.

Entretanto, nem tudo está "perdido", pois só haverá realmente um problema de redução de APP – de diminuição da faixa marginal –, se as cheias sazonais não acontecerem no período de um ano, pois o próprio legislador considera como "leito regular" a "calha por onde corre a água *durante o ano*".

Observe que o critério temporal – um ano – é que define o que deve ser a calha regular do curso d'água. Logo, será considerado *regular* a calha do rio com nível mais alto *durante o ano*. Problema haverá apenas se a sazonalidade das cheias não se derem no período de um ano. Portanto, a derrota aqui não representa, necessariamente, uma diminuição em concreto da largura das faixas marginais (mata ciliares) tomadas como APP, segundo as metragens estabelecidas na nova Lei.

4.5 Dois pontos: (a) A extensão do tratamento especial conferido pela legislação à agricultura familiar para abranger também as propriedades ou posses rurais com até quatro módulos fiscais (art. 3º, parágrafo único); (b) exigência de titulação da área para terras indígenas e comunidades tradicionais – *perdeu ganhando e ganhou ganhando*

Lei nº 4.771/65	Lei nº 12.651/12
Art. 1º, (...) §2º Para os efeitos deste Código, entende-se por: I – pequena propriedade rural ou posse rural familiar: aquela explorada mediante o trabalho pessoal do proprietário ou posseiro e de sua família, admitida a ajuda eventual de terceiro e cuja renda bruta seja proveniente, no mínimo, em oitenta por cento, de atividade agroflorestal ou do extrativismo, cuja área não supere: a) cento e cinqüenta hectares se localizada nos Estados do Acre, Pará, Amazonas, Roraima, Rondônia, Amapá e Mato Grosso e nas regiões situadas ao norte do paralelo 13º S, dos Estados de Tocantins e Goiás, e ao oeste do meridiano de 44º W, do Estado do Maranhão ou no Pantanal mato-grossense ou sul-mato-grossense; b) cinqüenta hectares, se localizada no polígono das secas ou a leste do Meridiano de 44º W, do Estado do Maranhão; c) trinta hectares, se localizada em qualquer outra região do País;	Art. 3º Para os efeitos desta Lei, entende-se por: (...) V – Pequena propriedade ou posse rural familiar: aquela explorada mediante o trabalho pessoal do agricultor familiar e empreendedor familiar rural, incluindo os assentamentos e projetos de reforma agrária, e que atenda ao disposto no art. 3º da Lei nº 11.326, de 24 de julho de 2006; Parágrafo único. Para os fins desta Lei, estende-se o tratamento dispensado aos imóveis a que se refere o inciso V deste artigo às propriedades e posses rurais com até 4 (quatro) módulos fiscais que desenvolvam atividades agrossilvipastoris, bem como às *terras indígenas demarcadas* e às demais *áreas tituladas* de povos e comunidades tradicionais que façam uso coletivo do seu território.

A) Conquanto o primeiro ponto ter sido julgado improcedente, o pedido de declaração de inconstitucionalidade não pode ser considerado uma derrota para a tutela jurídica do meio ambiente em razão dos fundamentos adotados.

A celeuma aqui reside no fato de que ao longo de todo o Código a agricultura familiar, como já era inclusive no Código anterior, foi tratada de forma especial em razão da presunção de hipossuficiência dos seus titulares. O tratamento especial se verifica, por exemplo, em regime jurídico especial em relação às intervenções em APP e Reserva Legal, tal como enuncia o artigo 52 da Lei nº 12.651:

> Art. 52. A intervenção e a supressão de vegetação em Áreas de Preservação Permanente e de Reserva Legal para as atividades eventuais ou de baixo impacto ambiental, previstas no inciso X do art. 3º, excetuadas as alíneas b e g, quando desenvolvidas nos imóveis a que se refere o inciso V do art. 3º, dependerão de simples declaração ao órgão ambiental competente, desde que esteja o imóvel devidamente inscrito no CAR

Da mesma forma, há tratamento especial – regime jurídico mais brando – em relação ao dever de manutenção da área de reserva legal, como expressamente diz o artigo 54:

> Art. 54. Para cumprimento da manutenção da área de reserva legal nos imóveis a que se refere o inciso V do art. 3º, poderão ser computados os plantios de árvores frutíferas, ornamentais ou industriais, compostos por espécies exóticas, cultivadas em sistema intercalar ou em consórcio com espécies nativas da região em sistemas agroflorestais.
>
> Parágrafo único. O poder público estadual deverá prestar apoio técnico para a recomposição da vegetação da Reserva Legal nos imóveis a que se refere o inciso V do art. 3º.

Já manifestamos nosso entendimento de que esta não parece ser a melhor política pública – tratamento diferenciado dado à agricultura familiar por meio de regras mais brandas em relação às intervenções em APP –, porque, afinal de contas, o prejuízo causado ao equilíbrio ecológico é também suportado, inclusive em maior escala, pelos hipossuficientes. Todavia, não houve questionamento da constitucionalidade do regime jurídico especial conferido aos agricultores familiares, mas sim, a extensão deste tratamento às propriedades ou posses rurais com até quatro módulos fiscais.

A questão reside em saber se a presunção de hipossuficiência que é conferida ao agricultor familiar pode ser estendida aos proprietários ou possuidores rurais com até quatro módulos fiscais.

Enfim, o fator que permite a desigualação do agricultor familiar às regras comuns em relação à intervenção de APP e manutenção de reserva legal também estaria presente para os outros casos alargados pelo dispositivo?

A posição do Supremo no referido acórdão não foi de enfrentar a questão apresentada, mas tão somente de dizer que

> inexiste regra constitucional que impeça o Parlamento de eleger o tamanho da propriedade como critério para a incidência das normas especiais sobre Áreas de Preservação Permanente e de Reserva Legal previstas nos artigos 52 e seguintes do novo Código Florestal.

A despeito da premissa transcrita, o Supremo Tribunal Federal foi além ao dizer que, a rigor, o tamanho da propriedade não foi o único critério adotado pelo legislador para estender os benefícios. E essa ressalva foi muito importante, porque afasta qualquer tentativa de tratar o tema apenas sob a perspectiva da metragem da área, *in verbis*:

> Entretanto, sequer é esse o caso do dispositivo impugnado, que adota como critério adicional à extensão do imóvel o desenvolvimento de atividades agrossilvipastoris. Ressalte-se que a qualificação da propriedade, nos termos do art. 3º, V, e parágrafo único, do Código, não dispensa a observância de diversas outras formalidades, como a inscrição no cadastro ambiental rural (CAR) e o controle e a fiscalização dos órgãos ambientais competentes.

Além disso, também foi igualmente importante o STF ter alertado, quase em exortação, que

> o módulo fiscal não consiste em unidade de medida baseada apenas no tamanho da propriedade imobiliária, mas certamente reúne uma série de critérios socioeconômicos, geográficos e climático, os quais, uma vez conjugados, atendem às noções de razoabilidade e de equidade atinentes às especificidades da agricultura familiar.

Partindo da premissa de que o módulo fiscal é unidade de medida calculada em hectares e é variável de Município por Município (determinado pelo INCRA segundo vários critérios), restou claro e fundamentado que o legislador *não estendeu o benefício* pelo *tamanho da propriedade*, mas sim, adotou vários critérios necessários para que se faça *jus* ao regime jurídico diferenciado, deixando evidente que a legislação teve uma preocupação de atender aos ditames do artigo 186, II da CF/88 (*utilização adequada dos recursos naturais disponíveis e preservação do meio ambiente*). Embora improcedente o pedido, a fundamentação foi bastante lúcida no sentido de garantir que todos os requisitos devem ser atendidos para que se estenda o referido regime jurídico às referidas propriedades.

B) O segundo ponto objeto do controle de constitucionalidade refere-se às expressões "demarcadas" e "tituladas" constante no parágrafo único citado em linhas anteriores.

Segundo o dispositivo, o regime especial mencionado alhures também poderia ser estendido às terras indígenas *demarcadas* e às áreas de povos e comunidades tradicionais *tituladas*.

Para o Supremo Tribunal Federal, as duas expressões realçadas não deveriam constar no texto e, por isso, houve a redução do texto com a exclusão dos dois vocábulos. É que tais expressões levariam à conclusão de que tanto a *demarcação* quanto a *titulação* seriam atos jurídicos constitutivos, caso em que contrariaria a natureza declaratória reconhecida constitucionalmente (art. 231 da CF/88 e art. 68 das ADCT da CF/88), *in verbis*:

> A exigência de demarcação de terras indígenas e da titulação das áreas de povos e comunidades tradicionais, como pressuposto para a aplicação do aludido regime especial, viola o art. 231 da Constituição e o art. 68 dos Atos das Disposições Constitucionais Transitórias. Afinal, a demarcação e a titulação de territórios têm caráter meramente declaratório – e não constitutivo –, pelo que o reconhecimento dos direitos respectivos, inclusive a aplicação de regimes ambientais diferenciados, não pode depender de formalidades que nem a própria Constituição determinou.
> *Ex positis, declaro a inconstitucionalidade das expressões "demarcadas" e "tituladas" do art. 3º, parágrafo único, da Lei nº 12.651/2012.*

4.6 Supressão da APP ao redor das lagoas, lagos ou reservatórios artificiais

Lei nº 4.771/65	Lei nº 12.651/12
Art. 2º Consideram-se de preservação permanente, pelo só efeito desta Lei, as florestas e demais formas de vegetação natural situadas: (...) b) ao redor das lagoas, lagos ou reservatórios d'água naturais *ou artificiais*;	Art. 4º Considera-se Área de Preservação Permanente, em zonas rurais ou urbanas, para os efeitos desta Lei: (...) III – as áreas no entorno dos reservatórios d'água *artificiais, decorrentes de barramento ou represamento de cursos d'água naturais*, na faixa definida na licença ambiental do empreendimento
Art. 4º §6º. Na implantação de reservatório artificial é obrigatória a desapropriação ou aquisição, pelo empreendedor, das áreas de preservação permanente criadas no seu entorno, cujos parâmetros e regime de uso serão definidos por resolução do CONAMA.	§1º Não será exigida Área de Preservação Permanente no entorno de reservatórios artificiais de água que não decorram de barramento ou represamento de cursos d'água naturais. §4º Nas acumulações naturais ou artificiais de água com superfície inferior a 1 (um) hectare, fica dispensada a reserva da faixa de proteção prevista nos incisos II e III do caput, vedada nova supressão de áreas de vegetação nativa, salvo autorização do órgão ambiental competente do Sistema Nacional do Meio Ambiente – Sisnama.

A PGR pretendeu a declaração de inconstitucionalidade dos §§1º e 4º do art. 4º da Lei nº 12.651/2012, pois, como se observa no contraste do Código anterior com o Código novo, há a extinção de dois tipos de APPs, sendo ambas relacionadas ao entorno dos reservatórios artificiais de água. Assim, segundo a Lei nº 12.651, não se exige APP para os reservatórios genuinamente artificiais, ou seja, *que não decorram de barramento de cursos d'água naturais*; e também para reservatórios que, muito embora possam ser decorrentes de barramento de cursos d'água naturais, possuam uma *superfície de até um hectare*.

A ideia do legislador foi, primeiro, de vincular a existência da APP apenas àquelas situações que são criadas pela própria natureza, ou seja, *contrario sensu*, quando o reservatório for genuína e exclusivamente artificial (não decorra de barramento de um curso natural), não poderia o proprietário ser "penalizado" com a contrapartida da APP no seu entorno. Já a segunda hipótese, imagina o legislador que os reservatórios, naturais ou artificiais, que sejam de até um hectare, não precisam de ter no entorno as APPs, por presumir que ali seria um exemplo de *baixo impacto*.

O equívoco das premissas sob a perspectiva ambiental é patente, pois engana-se aquele que pensa que a APP tem for finalidade uma função exclusivamente de proteção do meio ambiente natural. O artigo, 6º, em seus incisos, revela esse papel de proteção do meio ambiente artificial:

Art. 6º Consideram-se, ainda, de preservação permanente, quando declaradas de interesse social por ato do Chefe do Poder Executivo, as áreas cobertas com florestas ou *outras formas de vegetação* destinadas a uma ou mais das *seguintes finalidades*:

I – conter a erosão do solo e mitigar riscos de enchentes e deslizamentos de terra e de rocha;

V – proteger sítios de excepcional beleza ou de valor científico, cultural ou histórico;

VI – formar faixas de proteção ao longo de rodovias e ferrovias;

VII – assegurar condições de bem-estar público.

Ademais, não é porque a origem de um reservatório é exclusivamente artificial que ali não irão se formar e desenvolver processos ecológicos, antes, o contrário. Se uma área de mínima biodiversidade for recheada de recursos ambientais pela ação do homem, como um reservatório de água e áreas cobertas no seu entorno, em pouco tempo diversos ecossistemas terão se formado e inegável será o benefício à coletividade. Uma visão mais altruísta e menos egoísta poderia ter sido idealizada pelo legislador.

Sob a perspectiva jurídico-constitucional, o STF entendeu que as alterações estão dentro do espaço atribuído ao legislador, segundo o artigo 225, §1º, III, que revela a possibilidade de, por meio de lei, alterar ou suprimir espaços territoriais e seus componentes a serem especialmente protegidos. No presente caso, segundo constatou o acórdão, não teria havido ofensa ao núcleo essencial do objeto de proteção das APPs (art. 225, §1º, I e II) que justificasse a interferência do Poder Judiciário mediante controle de constitucionalidade.

Segundo o acórdão:

Igualmente não se observa inconstitucionalidade pelo não estabelecimento de áreas de preservação permanente no entorno de reservatórios artificiais que não decorram de barramento de cursos d'água naturais e de reservatórios naturais ou artificiais com superfície de até um hectare. Aqui, uma vez mais, é de ser respeitado o espaço de atuação do legislador, que estabeleceu parâmetros razoáveis para a configuração desta forma específica de espaços territoriais especialmente protegidos. Inclusive, no que diz respeito aos reservatórios com superfície não excedente de um hectare, vedou-se "nova supressão de áreas de vegetação nativa, salvo autorização do órgão ambiental competente do Sistema Nacional do Meio Ambiente – SISNAMA". Em suma, não há elementos para que esta Egrégia Corte afirme decorrer da Constituição a qualificação de áreas de preservação permanente para todo e qualquer reservatório, independente do tamanho ou de eventual formação artificial.

Destarte, fez questão de observar o acórdão que o inciso III da nova lei não suprimiu – e isso parece estar claro – a exigência de APPs, ou seja, *as áreas no entorno dos reservatórios d'água artificiais, decorrentes de barramento ou represamento de cursos d'água naturais, a APP será na faixa cuja metragem será definida na licença ambiental do empreendimento.*

Isso implica reconhecer, embora seja claro o dispositivo, que todo reservatório artificial feito a partir de uma barragem ou represamento de cursos d'água naturais terá que ter uma faixa de APP no seu entorno. Todavia, ao contrário do que previa o Código anterior, não há mais uma metragem pré-estabelecida pelo CONAMA (art. 3º da Resolução nº 302), mas caberá ao órgão licenciador do empreendimento definir o tamanho da faixa, que poderá ser, inclusive, maior do que o *patamar mínimo* que era estabelecido na mencionada resolução.

Neste particular, disse o acórdão que:

As alegações do Requerente sugerem a falsa ideia de que o novo Código Florestal teria extinto as áreas de proteção permanente no entorno dos reservatórios d'água artificiais, decorrentes de barramento ou represamento de cursos d'água naturais. No entanto, esses espaços especialmente protegidos continuam a existir, tendo a lei delegado ao órgão que promover a licença ambiental do empreendimento a tarefa de definir a extensão da APP, consoante as particularidades do caso concreto.

A novidade é tão legítima quanto pertinente, já que contorna os inconvenientes da solução "one size fits all", ou seja, uma única metragem mínima de APP para todo e qualquer empreendimento realizado no país em localidades do gênero. A decisão administrativa decorrente do processo de licenciamento deve ser devidamente motivada, inclusive em consonância com os estudos prévios de impacto ambiental antecedentes à instalação de obra ou atividade potencialmente causadora de significativa degradação do meio ambiente, nos termos do inciso IV do art. 225 da CRFB.

(...)

O novo Código Florestal apenas estabeleceu a denominada "deslegalização" da matéria (...).

Assim, em conclusão, pode-se dizer que, no que concerne ao inciso III do art. 4º não houve nenhum prejuízo o não reconhecimento de inconstitucionalidade, tendo em vista que houve apenas a "deslegalização da matéria", ou seja, o órgão ambiental licenciador é que deverá fixar os parâmetros adequados em regular processo administrativo, segundo as circunstancias do caso concreto. Tais medidas podem ser, inclusive, maiores do que as estabelecidas na Resolução CONAMA nº 302.

No que concerne ao reconhecimento da constitucionalidade da eliminação das APPs em reservatórios genuína e exclusivamente artificiais, entende-se que houve uma *perda ambiental*, como explicamos anteriormente. Igualmente, para os casos de reservatórios, naturais ou artificiais, que tenham no máximo um hectare, ainda que o STF tenha feito a ressalva que nestas hipóteses (*que o legislador considera como de pequeno impacto pelo tamanho da área*) esteja vedada nova supressão de áreas de vegetação nativa, salvo autorização do órgão ambiental competente do Sistema Nacional do Meio Ambiente – Sisnama.

4.7 Permissão do uso agrícola de várzeas em pequenas propriedades ou posses rurais familiares (art. 4º, §3º do NCF) – *perdeu ganhando*

Lei nº 4.771/65	Lei nº 12.651/12
2º. Para os efeitos deste Código, entende-se por: I – pequena propriedade rural ou posse rural familiar: aquela explorada mediante o trabalho pessoal do proprietário ou posseiro e de sua família, admitida a ajuda eventual de terceiro e cuja renda bruta seja proveniente, no mínimo, em oitenta por cento, de atividade agroflorestal ou do extrativismo, cuja área não supere: a) cento e cinqüenta hectares se localizada nos Estados do Acre, Pará, Amazonas, Roraima, Rondônia, Amapá e Mato Grosso e nas regiões situadas ao norte do paralelo 13o S, dos Estados de Tocantins e Goiás, e ao oeste do meridiano de 44o W, do Estado do Maranhão ou no Pantanal mato-grossense ou sul-mato-grossense; b) cinqüenta hectares, se localizada no polígono das secas ou a leste do Meridiano de 44º W, do Estado do Maranhão; e c) trinta hectares, se localizada em qualquer outra região do País;	Art. 4º Art. 4º Considera-se Área de Preservação Permanente, em zonas rurais ou urbanas, para os efeitos desta Lei: §5º É admitido, para a pequena propriedade ou posse rural familiar, de que trata o inciso V do art. 3º desta Lei, o plantio de culturas temporárias e sazonais de vazante de ciclo curto na faixa de terra que fica exposta no período de vazante dos rios ou lagos, desde que não implique supressão de novas áreas de vegetação nativa, seja conservada a qualidade da água e do solo e seja protegida a fauna silvestre.

Como se observa na tabela apresentada, não há um dispositivo no Código revogado correspondente ao do art. 4º, §5º, do NCF.

No entanto, a permissão de intervenção em APP no caso de interesse social para a pequena propriedade rural ou posse rural familiar, prevista no artigo 2º, I, "a" do Código revogado, fez com que fosse editada uma Resolução pelo CONAMA (nº 425/2010) regulamentando as condições genéricas estabelecidas pelo legislador. Nesta regulamentação feita pelo Conselho Nacional do Meio Ambiente, estava prevista a possibilidade de plantio em área de várzea (APP), segundo rígidas condições:

> Art. 2º São considerados de interesse social, com base no art. 1º, §2º, inciso V, alínea "c" da Lei nº 4.771, de 15 de setembro de 1965, as atividades previstas no art. 1º acima que se caracterizem por uma ou mais das seguintes situações:
>
> I – a manutenção do pastoreio extensivo tradicional nas áreas com cobertura vegetal de campos de altitude, desde que não promova a supressão adicional da vegetação nativa ou a introdução de espécies vegetais exóticas;
>
> II – a manutenção de culturas com espécies lenhosas ou frutíferas perenes, não sujeitas a cortes rasos sazonais, desde que utilizadas práticas de manejo que garantam a função ambiental da área, em toda extensão das elevações com inclinação superior a 45 graus, inclusive em topo de morro;
>
> III – as atividades de manejo agroflorestal sustentável, desde que não descaracterizem a cobertura vegetal e não prejudiquem a função ambiental da área; e

IV – atividades sazonais da agricultura de vazante, tradicionalmente praticadas pelos agricultores familiares, especificamente para o cultivo de lavouras temporárias de ciclo curto, na faixa de terra que fica exposta no período de vazante dos rios ou lagos, desde que não impliquem supressão e conversão de áreas com vegetação nativa, no uso de agroquímicos e práticas culturais que prejudiquem a qualidade da água.

Parágrafo único. O órgão ambiental competente, no procedimento administrativo específico previsto no art. 4º da Lei nº 4.771, de 1965, regularizará as atividades realizadas que se enquadrem numa das situações previstas nesta Resolução, reconhecendo seu interesse social.[11]

Assim, o que fez o Novo Código Florestal foi trazer para o referido diploma as regras que até então estavam estabelecidas no dispositivo da referida Resolução. Entretanto, quando se compara o texto do §3º do art. 4º do NCF com a redação do inciso IV do artigo 2º da Resolução nº 425, tem-se, *a priori*, a sensação de que houve uma redução de exigências para que tal atividade de agricultura familiar pudesse ser praticada em áreas de várzea.

No acórdão, o STF deixou claro que isso não aconteceu, e que, portanto, pode-se afirmar que não houve prejuízo ambiental pelo não reconhecimento da inconstitucionalidade do dispositivo. Vejamos.

Segundo o Supremo Tribunal Federal,

Ademais, não procede a alegação de que a nova regra dispensa o controle do uso de várzeas pela Administração Pública. Afinal, o próprio dispositivo, consoante acentuado anteriormente, estabelece diversas condicionantes para a incidência da norma permissiva: proibição de supressão de novas áreas de vegetação nativa, conservação da qualidade da água e do solo, e proteção da fauna silvestre. Nesse sentido, descabe afirmar que houve liberação genérica para a prática de agricultura de vazantes. Os requisitos legais impostos pela nova norma serão devidamente apreciados pela Administração, inclusive mediante os instrumentos de controle já existentes, tais como o estudo de impacto e o licenciamento ambiental. Mais uma vez, cabe ressaltar que a autorização para uso excepcional das várzeas não exime o empreendedor ou produtor de obter a necessária licença ambiental para a exploração de seu empreendimento.

Verdadeiramente, a Resolução Conama era mais explícita, por exemplo, em relação à proibição de utilização de agrotóxicos, mas parece *clara a fundamentação do STF no sentido de que mesmo não constando a mesma restrição prevista na referida Resolução, e, neste particular, tendo sido silente a lei, tal aspecto será objeto de análise e – possivelmente de proibição – quando do licenciamento ambiental da atividade,*[12] pois prescreve o artigo 225, §1º, V, da CF/88, ser dever do poder público *controlar a produção, a comercialização e o emprego de técnicas, métodos e substâncias que comportem risco para a vida, a qualidade de vida e o meio ambiente*, e dúvidas não há que numa área sensível como a várzea, considerada como APP, deve ser vedada a utilização de agrotóxicos.

---

[11] Assim definida no Novo CF: art. 3º. (...) XXI – várzea de inundação ou planície de inundação: áreas marginais a cursos d'água sujeitas a enchentes e inundações periódicas; XXII – faixa de passagem de inundação: área de várzea ou planície de inundação adjacente a cursos d'água que permite o escoamento da enchente.

[12] Esses três requisitos previsto na lei (§5º) são condições necessárias a serem integralmente preenchidas no licenciamento ambiental: (1) não implique supressão de novas áreas de vegetação nativa, (2) seja conservada a qualidade da água e do solo e (3) seja protegida a fauna silvestre.

4.8 A aquicultura em APPs (margem dos rios e entorno de lagos e lagoas naturais)

Lei nº 4.771/65	Lei nº 12.651/12
Sem correspondente	§6º Nos imóveis rurais com até 15 (quinze) módulos fiscais, é admitida, nas áreas de que tratam os incisos I e II do caput deste artigo, a prática da aquicultura e a infraestrutura física diretamente a ela associada, desde que: I – sejam adotadas práticas sustentáveis de manejo de solo e água e de recursos hídricos, garantindo sua qualidade e quantidade, de acordo com norma dos Conselhos Estaduais de Meio Ambiente; II – esteja de acordo com os respectivos planos de bacia ou planos de gestão de recursos hídricos; III – seja realizado o licenciamento pelo órgão ambiental competente; IV – o imóvel esteja inscrito no Cadastro Ambiental Rural – CAR. V – não implique novas supressões de vegetação nativa.

Como se observa na tabela, não há um dispositivo no Código revogado, correspondente ao do art. 4º, §6º, do NCF. Assim como no dispositivo anterior houve uma inserção dentro da Lei nº 12.651, da possibilidade de que a aquicultura possa ser realizada em APPs, precisamente à margem de rios (art. 4, I)[13] e no entorno de lagos e lagoas (art. 4º, II).

O questionamento trazido na Ação Direta de Inconstitucionalidade refere-se à violação do dever geral de proteção ambiental (art. 225, caput) com a introdução na lei da possibilidade de que seja desenvolvida a aquicultura no entorno dos rios e dos lagos, que são áreas de preservação permanente.

O STF, afastando a inconstitucionalidade, disse que:

> Não há norma constitucional que proíba a aquicultura nas APP's à margem de rios ou no entorno de lagos e lagoas naturais, nem há elementos que permitam concluir que o legislador regulamentou a matéria de forma desproporcional e arbitrária.

A rigor, já havia regulamentação da atividade econômica e previsão de regras de licenciamento da aquicultura nos referidos locais de APP por meio da Resolução nº 413 do Conselho Nacional do Meio Ambiente que, dentre outros considerandos, dizia que:

---

[13] Art. 4º Considera-se Área de Preservação Permanente, em zonas rurais ou urbanas, para os efeitos desta Lei:
I – as faixas marginais de qualquer curso d'água natural perene e intermitente, excluídos os efêmeros, desde a borda da calha do leito regular, em largura mínima de: (...)
II – as áreas no entorno dos lagos e lagoas naturais, em faixa com largura mínima de: (...)".

Considerando os benefícios nutricionais, sociais, ambientais e econômicos que estão geralmente associados ao desenvolvimento sustentável e ordenado da aquicultura;

Considerando a necessidade de ordenamento e controle da atividade aquícola com base numa produção ambientalmente correta com todos os cuidados na proteção dos remanescentes florestais e da qualidade das águas, inclusive em empreendimentos já existentes, resolve.[14]

Segundo esta Resolução, aquicultura é "o cultivo ou a criação de organismos cujo ciclo de vida, em condições naturais, ocorre total ou parcialmente em meio aquático" (art. 3, I) e a área onde é realizada a atividade denomina-se "área aquícola" que quer dizer "espaço físico contínuo em meio aquático, delimitado, destinado a projetos de aquicultura, individuais ou coletivos" (art. 3, II). Uma série de outras definições, bem como as normas e critérios para o licenciamento ambiental da aquicultura estão regulamentados na citada Resolução.

É importante dizer que a Resolução Conama permanece de pé, em plena vigência, ainda mais com os *fundamentos* do acórdão trazido pelo STF.

Ao mesmo tempo que reconheceu não haver inconstitucionalidade no referido dispositivo em comento, por outro lado fez questão de frisar que o legislador estabeleceu para a atividade e infraestrutura a ela conectada critérios como tamanho da área, adotadas práticas sustentáveis de manejo de solo e água e de recursos hídricos que garantam a sua qualidade e quantidade, de acordo com norma dos Conselhos Estaduais de Meio Ambiente; esteja de acordo com os respectivos planos de bacia ou planos de gestão de recursos hídricos; *seja realizado o licenciamento pelo órgão ambiental competente*; o imóvel esteja inscrito no Cadastro Ambiental Rural – CAR; não implique novas supressões de vegetação nativa.

Fizemos o realce da exigência citada, porque ao reconhecer a necessidade expressa de licenciamento pelo órgão ambiental, o Supremo – tanto quanto o legislador – admite a presunção de impacto ambiental e outorga ao órgão administrativo ambiental competente o dever de licenciar a atividade num regular, motivado e transparente processo administrativo de licenciamento, que, neste caso, trata-se dos procedimentos, diretrizes e regras da Resolução CONAMA Nº 413.

Nesse sentido o STF:

> Primeiro, ressalto a obrigatoriedade de licenciamento ambiental para a localização, a instalação, a ampliação e a operação do empreendimento. No âmbito desse procedimento administrativo, o órgão competente tem o poder-dever de estabelecer as condições, as restrições e as medidas de controle ambiental que deverão ser obedecidas, inclusive mediante a verificação da satisfação dos requisitos legais.

O fato de o legislador ter eriçado à lei a previsão da atividade (nas quais se inclui a piscicultura, a ranicultura, etc.), sem ter excluído os critérios da Resolução, em nada muda a situação que já era vigente. Há, inclusive, agora, expressa previsão legal de licenciamento ambiental, ainda que simplificado, como admite a resolução em hipóteses

---

[14] Não se incluem nesta resolução os empreendimentos relativos à carcinicultura em zona costeira, objeto da Resolução CONAMA nº 312, que se sabe, são regulados na Lei nº 12.651 no artigo 11-A e ss. (Uso ecologicamente sustentável dos apicuns e salgados).

de baixo impacto, e há limites que antes não estavam previstos, como o tamanho da área, o impedimento de supressão de outras áreas de cobertura nativa, etc.

No que concerne ao *tamanho da área,* o STF ainda foi categórico ao dizer, apoiando-se em seguida no artigo 186, II, da CF/88, que:

> Ressalto a limitação do empreendimento aos imóveis de até 15 (quinze) módulos fiscais, o que tornam apenas pequenas e médias propriedades aptas a adotar a aquicultura. Essa limitação ressalta a função social da medida liberatória adotada pelo novo Código Florestal, que certamente beneficiará pequenos produtores que vivem em áreas marginais e disporão de atividade econômica alternativa à agricultura familiar, especialmente nos meses de entressafra das regiões Norte e Nordeste.

Não houve derrota, antes, o contrário.

4.9 A redução dos limites da APP no entorno de reservatórios d'água artificiais implantados para abastecimento público e geração de energia

(continua)

Lei nº 4.771/65	Lei nº 12.651/12
Art. 2º b) ao redor das lagoas, lagos ou reservatórios d'água naturais ou artificiais; Art. 4º §6º Na implantação de reservatório artificial é obrigatória a desapropriação ou aquisição, pelo empreendedor, das áreas de preservação permanente criadas no seu entorno, cujos parâmetros e regime de uso serão definidos por resolução do CONAMA.	Art. 5º Na implantação de reservatório d'água artificial destinado a geração de energia ou abastecimento público, é obrigatória a aquisição, desapropriação ou instituição de servidão administrativa pelo empreendedor das Áreas de Preservação Permanente criadas em seu entorno, conforme estabelecido no licenciamento ambiental, observando-se a faixa mínima de 30 (trinta) metros e máxima de 100 (cem) metros em área rural, e a faixa mínima de 15 (quinze) metros e máxima de 30 (trinta) metros em área urbana. §1º Na implantação de reservatórios d'água artificiais de que trata o caput, o empreende-dor, no âmbito do licenciamento ambiental, elaborará Plano Ambiental de Conservação e Uso do Entorno do Reservatório, em con-formidade com termo de referência expedido pelo órgão competente do Sistema Nacional do Meio Ambiente – Sisnama, não podendo o uso exceder a 10% (dez por cento) do total da Área de Preservação Permanente. (Redação dada pela Lei nº 12.727, de 2012). §2º O Plano Ambiental de Conservação e Uso do Entorno de Reservatório Artificial, para os empreendimentos licitados a partir da vigência desta Lei, deverá ser apresentado ao órgão ambiental concomitantemente com o Plano Básico Ambiental e aprovado até o início da operação do empreendimento, não constituindo a sua ausência impedimento para a expedição da licença de instalação.

(conclusão)

Lei nº 4.771/65	Lei nº 12.651/12
	Art. 62. Para os reservatórios artificiais de água destinados a geração de energia ou abastecimento público que foram registrados ou tiveram seus contratos de concessão ou autorização assinados anteriormente à Medida Provisória nº 2.166-67, de 24 de agosto de 2001, a faixa da Área de Preservação Permanente será a distância entre o nível máximo operativo normal e a cota máxima *maximorum*.

Com vistas à regulamentação do artigo 2º, B, da Lei nº 4.771, que previa como APP *as áreas ao redor das lagoas, lagos ou reservatórios d'água naturais ou artificiais*, bem como para atender às responsabilidades assumidas pelo Brasil por força da Convenção da Biodiversidade, de 1992, da Convenção de Ramsar, de 1971, da Convenção de Washington, de 1940, e da Declaração do Rio de Janeiro, de 1992, o CONAMA editou a Resolução nº 302/2002. Nessa resolução, restou definido, dentre vários aspectos, o conceito de reservatório artificial (art. 3º, I – acumulação não natural de água destinada a quaisquer de seus múltiplos usos), bem como as metragens das APPs no entorno desses reservatórios, como se observa no artigo 3º:

Art. 3º Constitui Área de Preservação Permanente a área com largura mínima, em projeção horizontal, no entorno dos reservatórios artificiais, medida a partir do nível máximo normal de:

I – trinta metros para os reservatórios artificiais situados em áreas urbanas consolidadas e cem metros para áreas rurais;

II – quinze metros, no mínimo, para os reservatórios artificiais de geração de energia elétrica com até dez hectares, sem prejuízo da compensação ambiental.

III – quinze metros, no mínimo, para reservatórios artificiais não utilizados em abastecimento público ou geração de energia elétrica, com até vinte hectares de superfície e localizados em área rural.

A própria resolução admite a ampliação e a redução desses limites, segundo critérios que nela também foram estabelecidos.

A discussão trazida à declaração de inconstitucionalidade refere-se, justamente, à fixação pela lei – e não mais pela Resolução – da redução dos patamares mínimos e máximos da largura da APP no entorno dos reservatórios artificiais.

Valendo-se do artigo 225, §1º, III, o STF decidiu, novamente, que está no espaço do legislador democrático decidir qual deve ser a metragem adequada para delimitação do espaço especialmente protegido, e que não teria o Supremo Tribunal Federal, inclusive, expertise técnica para definir se a alteração dos patamares traz ou não prejuízo ambiental. A seu ver, o núcleo essencial do direito referente à área protegida teria sido mantido, inclusive em razão das exigências formuladas pelo legislador.

O estabelecimento legal de metragem máxima para áreas de proteção permanente no entorno de reservatórios d'água artificiais constitui legítima opção de política pública ante a necessidade de compatibilizar a proteção ambiental com a produtividade das propriedades contíguas, em atenção a imperativos de desenvolvimento nacional e eventualmente da própria prestação do serviço público de abastecimento ou geração de energia (art. 175 da CRFB). A revisão judicial do modelo implantado pelo legislador equivaleria a indevida violação ao princípio democrático, resultando em reacomodação discricionária do grau de satisfação dos valores em tensão sem base empírica ou normativa.

No que concerne ao artigo 62 citado, verifica-se tratar de uma norma de transição, pois regulamenta as situações que se referem apenas aos reservatórios artificiais de água destinados à geração de energia ou abastecimento público *que foram registrados ou tiveram seus contratos de concessão ou autorização assinados anteriormente à Medida Provisória nº 2.166-67, de 24 de agosto de 2001.*

Bem se sabe que a redação do artigo 4º, §6º, da Lei nº 4.771/65, foi estabelecida pela referida Medida Provisória, ou seja, o artigo 62 refere-se, portanto àquelas situações jurídicas concebidas antes da matéria ser regulamentada pelo §6º do artigo 4º revogado.

Para estas, segundo o legislador, a faixa da Área de Preservação Permanente será a distância entre o nível máximo operativo normal e a cota máxima *maximorum*, que, trocando em miúdos, significa a preservação da faixa situada entre o nível máximo de operação e o nível mais elevado para o qual ele foi projetado. Obviamente que da forma como dito pelo legislador *não* é possível admitir que *não* exista diferença entre os dois níveis, pois desta forma estar-se-ia suprimindo totalmente a APP. Se o legislador determinou que esta é a faixa, então tem que haver distinção entre uma cota e outra, e isso deve ser verificado no licenciamento.

Em seu acórdão, o STF nem adentrou nesta questão, entendendo que era uma norma razoável de transição entre uma situação consolidada e a nova situação determinada na lei.

O estabelecimento de dimensões diferenciadas da APP em relação a reservatórios registrados ou contratados no período anterior à MP nº 2166-67/2001 se enquadra na liberdade do legislador para adaptar a necessidade de proteção ambiental às particularidades de cada situação, em atenção ao poder que lhe confere a Constituição para alterar ou suprimir espaços territoriais especialmente protegidos (art. 225, §1º, III).

Trata-se da fixação de uma referência cronológica básica que serve de parâmetro para estabilizar expectativas quanto ao cumprimento das obrigações ambientais exigíveis em consonância com o tempo de implantação do empreendimento.

No presente caso houve o reconhecimento da constitucionalidade dos artigos 5º, *caput* e §§1º e 2º, e 62 do novo Código Florestal, mas isso não implicou em derrota significativa ambiental, na medida em que, embora as faixas possam ser sido reduzidas, à exceção da metragem pré-fixada pela Resolução CONAMA nº 302, todos os demais aspectos referentes ao tema que nela estão constantes continuam válidos e aplicáveis.

4.10 A data de 22.07.2008 estabelecida como marco temporal para diferença de tratamento jurídico dos desmatamentos irregulares em APP e Reserva Legal – *ganhou ganhando*

Lei nº 4.771/65	Lei nº 12.651/12
Sem correspondente	Art. 7º A vegetação situada em Área de Preservação Permanente deverá ser mantida pelo proprietário da área, possuidor ou ocupante a qualquer título, pessoa física ou jurídica, de direito público ou privado. §3º No caso de supressão não autorizada de vegetação realizada após 22 de julho de 2008, é vedada a concessão de novas autorizações de supressão de vegetação enquanto não cumpridas as obrigações previstas no §1º. Art. 17. A Reserva Legal deve ser conservada com cobertura de vegetação nativa pelo proprietário do imóvel rural, possuidor ou ocupante a qualquer título, pessoa física ou jurídica, de direito público ou privado. §3º É obrigatória a suspensão imediata das atividades em área de Reserva Legal desmatada irregularmente após 22 de julho de 2008.

A primeira pergunta que salta aos olhos é a seguinte: a) por que o legislador anistiou os desmatamentos irregulares? E, em seguida, por que a data de 22.07.2008? O porquê desta data, deste marco temporal, é, a nosso ver, uma quimera jurídica, e ainda bem que isso foi observado pelo STF.

Expliquemos. É que em 22.07.2008 passou a valer o Decreto nº 6.514/08, que dispõe sobre as infrações e sanções administrativas ao meio ambiente, e estabelece o processo administrativo federal para apuração dessas infrações e dá outras providências. No artigo 43 e ss. deste decreto regulamentador da Lei de Crimes e Infrações Administrativas Ambientais (Lei nº 9.605/98) constam as sanções administrativas pelas infrações contra a flora, nas quais se inserem, inclusive, as áreas de preservação permanente e reserva legal.

No raciocínio do legislador, esta seria a data em que a Lei nº 9.605 teria sido regulamentada e, apenas a partir daí é que poderia haver o sancionamento administrativo (multa) pelo desmatamento irregular de APP e Reserva Legal. Enfim, deu a entender que antes desta data os atos praticados teriam sido lícitos e feitos de boa-fé. Contudo, isso é uma grande inverdade. Antes do Decreto nº 6515, de 22.08.2008, a Lei nº 9.605 já era regulamentada pelo Decreto nº 3179. Mas não é só.

A mentira se descortina facilmente, porque tanto a supressão de APP, quanto a de Reserva Legal já eram regulamentadas e vedadas pelo Código Florestal anterior (nº 4.771/65) como ainda por cima já era possível sancionar administrativamente com base nos Decretos nº 88.351/83 e, posteriormente, pelo de nº 99.274/90, que veio a substituí-lo; decretos estes que regulamentavam a Lei nº 6.938/81. Tanto que vários destes produtores rurais que "consolidaram" a supressão já respondiam a processos administrativos de multa. Era preciso parar de tratar ideologicamente esta questão como se houvesse uma batalha entre meio ambiente e agronegócio. A questão passa pela análise da licitude e da ilicitude, da constitucionalidade ou da inconstitucionalidade, como fez o STF.

> Interpretados ambos os dispositivos legais a *contrario sensu*, o novo diploma florestal permite que proprietários, possuidores ou ocupantes a qualquer título de imóvel rural que tenham desmatado irregularmente antes de 22.07.2008 a) obtenham novas autorizações para supressão de vegetação em APP, e b) continuem empreendimento de exploração econômica de reservas legais, sem que incorram na obrigação de reparar o dano pretérito.
>
> Na prática, os dispositivos impugnados extinguem as consequências jurídicas aplicáveis aos causadores de desmatamentos irregulares em APP's e em reservas legais, desde que os atos tenham sido realizados até 22.07.2008, sem exigir demonstração de impossibilidade de cumprimento respectivo. Reputo que essa norma viola o artigo 225, §§1º, 3º e 4º, e o artigo 186, I e II, da Constituição.
>
> De fato, em tese, a Constituição não veda que o legislador isente pessoas físicas ou jurídicas do cumprimento de determinada obrigação. Todavia, tal dispensa não pode deixar o núcleo essencial de nenhum valor constitucional completamente esvaziado, como exatamente ocorre na espécie. Afinal, ao permitir que desmatamentos irregulares empreendidos antes de 22.07.2008 não gerem qualquer consequência jurídica gravosa aos infratores, as normas dos artigos 7º e 17 subvertem integralmente os deveres de "preservar e restaurar os processos ecológicos essenciais", de "prover o manejo ecológico das espécies e ecossistemas" e de "recuperar o meio ambiente degradado", todos do art. 225, da Constituição.

> Houve ainda uma tentativa de se enquadrar os desmatadores ilegais nas situações de "áreas consolidadas" como se os dois institutos tratassem da mesma moldura fática. Isso foi objeto de expressa manifestação do STF que rechaçou a alegação ao dizer que: No entanto, a leitura conjugada dos artigos 7º e 61-A (APP) e dos artigos 17 e 66 (Reserva Legal) não permite a conclusão de que a recomposição dos desmatamentos irregulares anteriores a 22.07.2008 permanece obrigatória, como tenta fazer crer a Advocacia-Geral da União. Os artigos 61-A e 66 não se configuram antíteses dos artigos 7º, §3º, e 17, §3º, respectivamente. Pelo contrário, conforme explicitado acima, os artigos 61-A e 66 tratam de hipóteses específicas de recomposição da vegetação em APP's e em reservas legais, inaplicáveis à generalidade dos casos abrangidos pelos artigos 7º e 17, e, por isso mesmo, incapazes de suprir os déficits de normatividade constitucional descortinados por esses últimos. Continuidade de atividades econômicas consolidadas até 22.07.2008 em APP's (objeto do art. 61-A) não tem necessária conexão com pedido de novas autorizações de desmatamento de APP's (objeto do artigo 7º). Igualmente, adequação da extensão da área de reserva legal irregular (artigo 66) também não tem necessária conexão com a sanção de suspensão de atividades por realização de desmatamento irregular em reservas legais (art. 17). Os dispositivos aqui referidos dispõem de objetos distintos uns dos outros e tutelam situações fáticas distintas.

Muito antes do STF reconhecer a ilicitude do marco temporal para afastar a anistia aos desmatadores de APP e de reserva legal, o Superior Tribunal de Justiça, ainda na fumaça da pólvora, no mesmo ano de vigência da Lei nº 12.651, afirmou que,

[n]o novo Código Florestal (art. 59), o legislador não anistiou geral e irrestritamente as infrações ou extinguiu a ilicitude de condutas anteriores a 22 de julho de 2008, de modo a implicar perda superveniente de interesse de agir. Ao contrário, a recuperação do meio ambiente degradado nas chamadas áreas rurais consolidadas continua de rigor, agora por meio de procedimento administrativo, no âmbito de Programa de Regularização Ambiental – PRA, após a inscrição do imóvel no Cadastro Ambiental Rural – CAR (§2º) e a assinatura de Termo de Compromisso (TC), valendo este como título extrajudicial (§3º). Apenas a partir daí "serão suspensas" as sanções aplicadas ou aplicáveis (§5º, grifo acrescentado). Com o cumprimento das obrigações previstas no PRA ou no TC, "as multas" (e só elas) "serão consideradas convertidas em serviços de preservação, melhoria e recuperação da qualidade do meio ambiente". Ora, se os autos de infração e multas lavrados tivessem sido invalidados pelo novo Código ou houvesse sido decretada anistia geral e irrestrita das violações que lhe deram origem, configuraria patente contradição e ofensa à lógica jurídica a mesma lei referir-se a "suspensão" e "conversão" daquilo que não mais existiria: o legislador não suspende, nem converte o nada jurídico. Vale dizer, os autos de infração já constituídos permanecem válidos e blindados como atos jurídicos perfeitos que são – apenas a sua exigibilidade monetária fica suspensa na esfera administrativa, no aguardo do cumprimento integral das obrigações estabelecidas no PRA ou no TC. (PET no REsp nº 1240122/PR, Rel. Ministro HERMAN BENJAMIN, SEGUNDA TURMA, julgado em 02.10.2012, DJe 19.12.2012).

Acaso o STF tivesse validado o marco temporal proposto pelo legislador nos dispositivos ora em comento, certamente que cometeria uma quebra da isonomia com aqueles que antes de 22.07.2008 cumpriram as prescrições legais, e, por ricochete, criaria a expectativa de que seria sempre possível cometer ilícitos, porque poderiam ser anistiados pelo legislador no futuro.

Importantíssima vitória obtida em prol do meio ambiente com a improcedência da ADC nº 42 e a procedência das ADIs nºs 4.902 e 4.903, reconhecendo como inconstitucional a expressão "realizada após 22 de julho de 2008", contida no artigo 7º, §3º da Lei nº 12.651/2012.

4.11 A possibilidade de intervenção em área de manguezal e restinga, cuja função ecológica esteja comprometida, para a execução de obras habitacionais e de urbanização em áreas urbanas consolidadas ocupadas por população de baixa renda – *perdeu perdendo*

Lei nº 4.771/65	Lei nº 12.651/12
Sem correspondente.	Art. 8º A intervenção ou a supressão de vegetação nativa em Área de Preservação Permanente somente ocorrerá nas hipóteses de utilidade pública, de interesse social ou de baixo impacto ambiental previstas nesta Lei. §2º A intervenção ou a supressão de vegetação nativa em Área de Preservação Permanente de que tratam os incisos VI e VII do caput do art. 4º poderá ser autorizada, excepcionalmente, em locais onde a função ecológica do manguezal esteja comprometida, para execução de obras habitacionais e de urbanização, inseridas em projetos de regularização fundiária de interesse social, em áreas urbanas consolidadas ocupadas por população de baixa renda.

O NCF define manguezal e restinga no artigo 3º, incisos XIII e XVI, respectivamente:

XIII – manguezal: ecossistema litorâneo que ocorre em terrenos baixos, sujeitos à ação das marés, formado por vasas lodosas recentes ou arenosas, às quais se associa, predominantemente, a vegetação natural conhecida como mangue, com influência fluviomarinha, típica de solos limosos de regiões estuarinas e com dispersão descontínua ao longo da costa brasileira, entre os Estados do Amapá e de Santa Catarina;

XVI – restinga: depósito arenoso paralelo à linha da costa, de forma geralmente alongada, produzido por processos de sedimentação, onde se encontram diferentes comunidades que recebem influência marinha, com cobertura vegetal em mosaico, encontrada em praias, cordões arenosos, dunas e depressões, apresentando, de acordo com o estágio sucessional, estrato herbáceo, arbustivo e arbóreo, este último mais interiorizado;

Por sua vez, o art. 4º considera como Área de Preservação Permanente, em zonas rurais ou urbanas:

VI – As restingas, como fixadoras de dunas ou estabilizadoras de mangues;
VII – Os manguezais, em toda a sua extensão;

O objeto de questionamento perante o STF foi justamente a violação do artigo 225, §1º, que impõe o dever do poder público de preservar e restaurar os processos ecológicos essenciais e prover o manejo ecológico das espécies e ecossistemas. E, neste particular, bem sabemos que tanto as restingas, quanto os manguezais são áreas sagradas, berçários e zonas de transição essenciais para o equilíbrio dos ecossistemas.

O que foi oportunamente arguido pelo legislador é, afinal de contas, por que existem favelas nos morros, bairros inteiros construídos em áreas que deveriam ser de mangues? Deve o poder público abrir mão do preceito constitucional e legitimar as invasões e ocupações irregulares?

O que não se tem em conta é que uma área de mangue que venha a ser ocupada ou um topo de morro que venha a ser favelizado, em algum momento trará revés exatamente para aquele que não possui a moradia e acabou por ocupar um local de APP. Relembro que as APPs não se destinam apenas aos *processos ecológicos* – como se isso fosse algo desimportante e desconectado à vida do ser humano... – mas também à proteção dos ecossistemas artificiais.

Insta dizer que o Superior Tribunal de Justiça, em súmula exemplar (nº 613), disse que "não se admite a aplicação da teoria do fato consumado em tema de Direito Ambiental". Não seria isso o que fez o legislador neste dispositivo? Ora, não se desconsidera que existe um direito fundamental à moradia, um princípio fundamental de erradicação da pobreza, etc. O problema é que não se pode pensar tais direitos como antagônicos à proteção do meio ambiente. É importante que fique claro que proteger o meio ambiente e as áreas de mangue e restingas, restaurando aquelas que estão antropizadas, evitará que aqueles que ocuparam essas áreas para fins de moradia não se vejam surpreendidos, no futuro, com "inesperados alagamentos", "imprevisíveis desmoronamentos de morros", "surpreendentes invasões do mar nas favelas litorâneas", etc. Em algum momento, a "fatura do desequilíbrio ambiental" aparece na forma mais drástica. Eis alguns exemplos corriqueiros e recentes:

"Maré alta fora do comum atinge o Centro de Itajaí; fenômeno pode se repetir";[15]

"Pela minha janela, vejo a água invadir condomínios e alagar carros";[16]

"O Avanço das Águas: mar pode 'engolir' territórios de 22 cidades de Santa Catarina em 30 anos";[17]

"Defesa Civil ainda monitora 30 áreas de risco em Itaquaquecetuba".[18]

---

[15] SPAUTZ, Dagmara. Maré alta fora do comum atinge o centro de Itajaí; fenômeno pode se repetir. *NCS total*, 10 fev. 2020. Disponível em: https://www.nsctotal.com.br/colunistas/dagmara-spautz/mare-alta-fora-do-comum-atinge-o-centro-de-itajai-fenomeno-pode-se. Acesso em 15 set. 2020.

[16] MARQUES, Jairo. Pela minha janela, vejo a água invadir condomínios e alagar carros. *Folha de São Paulo*, 10 fev. 2020. Disponível em: https://www1.folha.uol.com.br/cotidiano/2020/02/pela-minha-janela-vejo-a-agua-invadir-condominios-e-alagar-carros.shtml. Acesso em 11 set. 2020.

[17] CARRASCO, Beatriz. Mar pode 'engolir' territórios de 22 cidades de Santa Catarina em 30 anos. *ND notícias*, 19 dez. 2019. Disponível em: https://ndmais.com.br/reportagem-especial/o-avanco-das-aguas-mar-pode-engolir-territorios-de-22-cidades-de-santa-catarina-em-30-anos/. Acesso em 15 set. 2020.

[18] PAES, Carolina; LEAL, Patrícia. Defesa civil ainda monitora 30 áreas de risco em Itaquaquecetuba. *TV diário*, 12 fev. 2020. Disponível em: https://g1.globo.com/sp/mogi-das-cruzes-suzano/noticia/2020/02/12/defesa-civil-ainda-monitora-30-areas-de-risco-em-itaquaquecetuba.ghtml. Acesso em 11 set. 2020.

Retomando a discussão, o Supremo Tribunal Federal enxergou neste dispositivo e na discussão mencionada anteriormente, que não haveria nenhuma inconstitucionalidade, posto que estaria dentro do espaço de discricionariedade da definição da política legislativa em privilegiar outros interesses sociais igualmente fundamentais, *in verbis*:

> A correta compreensão do dispositivo impugnado permite concluir que o legislador promoveu louvável compatibilização entre a proteção ambiental e os vetores constitucionais de erradicação da pobreza e da marginalização, e redução das desigualdades sociais (art. 3º, IV, da CRFB); de promoção do direito à moradia (art. 6º da CRFB); de promover a construção de moradias e a melhoria das condições habitacionais e de saneamento básico (art. 23, IX, da CRFB); de combater as causas da pobreza e os fatores de marginalização, promovendo a integração social dos setores desfavorecidos (art. 23, X, da CRFB); e de estabelecer política de desenvolvimento urbano para ordenar o pleno desenvolvimento das funções sociais da cidade e garantir o bem-estar de seus habitantes (art. 182 da CRFB).

Para o STF, a atuação do legislador foi "louvável", na medida em que teria compatibilizado interesses igualmente relevantes, e ainda ter deixado claro que estas hipóteses seriam excepcionais e submetidas a requisitos: (1) em locais onde a função ecológica do manguezal esteja comprometida; (2) para execução de obras habitacionais e de urbanização; (3) inseridas em projetos de regularização fundiária de interesse social; (4) em áreas urbanas consolidadas ocupadas por população de baixa renda.

Dada a *excepcionalidade* da intervenção, os requisitos devem ser rigidamente cumpridos, e relembra-se que a verificação de alguns deles, como, por exemplo, *o comprometimento da função do manguezal*, depende de análise técnica feita pelo órgão ambiental competente, no curso do procedimento de licenciamento ambiental.

4.12 As áreas de uso restrito – áreas de inclinação entre 25º e 45º

Lei nº 4.771/65	Lei nº 12.651/12
Art. 10. Não é permitida a derrubada de florestas, situadas em áreas de inclinação entre 25 a 45 graus, só sendo nelas tolerada a extração de toros, quando em regime de utilização racional, que vise a rendimentos permanentes.	Art. 11. Em áreas de inclinação entre 25º e 45º, serão permitidos o manejo florestal sustentável e o exercício de atividades agrossilvipastoris, bem como a manutenção da infraestrutura física associada ao desenvolvimento das atividades, observadas boas práticas agronômicas, sendo vedada a conversão de novas áreas, excetuadas as hipóteses de utilidade pública e interesse social.

A simples leitura do quadro anterior, fazendo o "antes e o depois", permite vislumbrar que antes, em áreas de inclinação entre 25 a 45 graus, só se admitia (tolerada) a extração de toros, quando em regime de utilização racional, que vise a rendimentos permanentes; e, agora, o NCF fez considerável ampliação das atividades, pois permitiu *o manejo florestal sustentável e o exercício de atividades agrossilvipastoris* (aí incluída a infraestrutura física associada ao desenvolvimento destas atividades), sendo que elas devem observar as boas práticas agronômicas, sendo vedada a conversão de novas áreas, excetuadas as hipóteses de utilidade pública e interesse social.

Não houve inconstitucionalidade para o Supremo Tribunal Federal, que não viu aí um retrocesso ambiental, antes, o contrário. Segundo o STF:

> Não cabe ao Judiciário, ausente comando expresso e específico da Constituição, inutilizar todas as áreas do país com inclinação entre 25º e 45º para atividades produtivas. Uma postura dessa natureza seria insensível à necessidade de preservar o sustento daqueles que dependem das atividades agrossilvipastoris e de manejo florestal sustentável. É de se ressaltar que o legislador foi cuidadoso ao estabelecer os critérios para a autorização dessas práticas, exigindo dos órgãos ambientais a fiscalização da observância de boas práticas agronômicas, bem como vedando a conversão de novas áreas para as atividades mencionadas, salvante os excepcionais casos de utilidade pública e interesse social – cujos requisitos são igualmente rígidos.
>
> Além disso, a legislação anterior já admitia atividades extrativas nessas áreas de inclinação, estabelecendo como restrição apenas a cláusula aberta da "utilização racional". Nesse particular, durante a audiência pública promovida nestes autos, o representante da Embrapa enfatizou que as atividades agrossilvipastoris, em aperfeiçoamento das práticas agrícolas ortodoxas, são destinadas à otimização das vocações produtivas e ambientais na atividade agrícola.

Não custa lembrar que em relação às áreas de inclinação mencionadas no citado artigo 11, é preciso lembrar que o art. 4º, V, estabeleceu a regra de que são APPs "as encostas ou partes destas, com declividade superior a 45º, equivalente a 100% (cem por cento) na linha de maior declive".

O fato de estas áreas, contendo esta inclinação, terem sido tratadas como APP e, por isso mesmo, terem sido submetidas a um regime especial de proteção, não significa que as inclinações inferiores a esta não devam ser objeto de proteção especial. Este foi o motivo de se estabelecer esta área de uso restrito, ou seja, embora não fosse justificável a sua transformação em APP, a inclinação entre 25º e 45º deve ter um uso restrito. Sob esta perspectiva era importante que o legislador não tivesse ampliado as hipóteses de atividades econômicas.

Ao declarar a constitucionalidade do artigo 11 do novo Código Florestal, julgando improcedente a ADI nº 4.903, houve uma derrota para o meio ambiente.

4.13 Possibilidade de redução da Reserva Legal para até 50% (cinquenta por cento) na Amazônia legal

Lei nº 4.771/65	Lei nº 12.651/12
Art. 16. As florestas e outras formas de vegetação nativa, ressalvadas as situadas em área de preservação permanente, assim como aquelas não sujeitas ao regime de utilização limitada ou objeto de legislação específica, são suscetíveis de supressão, desde que sejam mantidas, a título de reserva legal, no mínimo:	Art. 12. Todo imóvel rural deve manter área com cobertura de vegetação nativa, a título de Reserva Legal, sem prejuízo da aplicação das normas sobre as Áreas de Preservação Permanente, observados os seguintes percentuais mínimos em relação à área do imóvel, excetuados os casos previstos no art. 68 desta Lei: (Redação dada pela Lei nº 12.727, de 2012).
I – oitenta por cento, na propriedade rural situada em área de floresta localizada na Amazônia Legal; á: (Incluído pela Medida Provisória nº 2.166-67, de 2001)	I – localizado na Amazônia Legal:
I – reduzir, para fins de recomposição, a reserva legal, na Amazônia Legal, para até cinqüenta por cento da propriedade, excluídas, em qualquer caso, as Áreas de Preservação Permanente, os ecótonos, os sítios e ecossistemas especialmente protegidos, os locais de expressiva biodiversidade e os corredores ecológicos; (...)	a) 80% (oitenta por cento), no imóvel situado em área de florestas; (...) §4º Nos casos da alínea a do inciso I, o poder público poderá reduzir a Reserva Legal para até 50% (cinquenta por cento), para fins de recomposição, quando o Município tiver mais de 50% (cinquenta por cento) da área ocupada por unidades de conservação da natureza de domínio público e por terras indígenas homologadas.
II – Ampliar as áreas de reserva legal, em até cinqüenta por cento dos índices previstos neste Código, em todo o território nacional. §6º Será admitido, pelo órgão ambiental competente, o cômputo das áreas relativas à vegetação nativa existente em área de preservação permanente no cálculo do percentual de reserva legal, desde que não implique em conversão de novas áreas para o uso alternativo do solo, e quando a soma da vegetação nativa em área de preservação permanente e reserva legal exceder a: I – oitenta por cento da propriedade rural localizada na Amazônia Legal;	§5º Nos casos da alínea a do inciso I, o poder público estadual, ouvido o Conselho Estadual de Meio Ambiente, poderá reduzir a Reserva Legal para até 50% (cinquenta por cento), quando o Estado tiver Zoneamento Ecológico-Econômico aprovado e mais de 65% (sessenta e cinco por cento) do seu território ocupado por unidades de conservação da natureza de domínio público, devidamente regularizadas, e por terras indígenas homologadas.
II – cinqüenta por cento da propriedade rural localizada nas demais regiões do País; e (Incluído pela Medida Provisória nº 2.166-67, de 2001) III – vinte e cinco por cento da pequena propriedade definida pelas alíneas "b" e "c" do inciso I do §2º do art. 1º.	

O objeto de discussão no controle do constitucionalidade residiria em saber se teria ocorrido retrocesso ambiental com a possibilidade de redução do percentual de reserva legal nas áreas da Amazônia legal.

Não custa lembrar que o Bioma da Amazônia ocupa 49% do território do Brasil, dele fazendo parte os Estados do Acre, Amapá, Amazonas, Pará, Rondônia, Roraima e parte dos Estados do Maranhão, Tocantins e Mato Grosso. Curiosamente, neste particular, vale citar o conceito de Amazônia Legal (art. 3º da Lei nº 12.651 e LC nº 124/2007) que leva em consideração boa parte dos limites ambientais do bioma (e os reflexos disso na economia e na sociedade) e não propriamente os limites políticos da região norte ou do estado do Amazonas.

É neste bioma que está a maior floresta tropical do mundo, com inúmeros recursos minerais e, nada mais nada menos, que 20% da água doce disponível no mundo. Com uma exuberante biodiversidade, contém áreas inexploradas e desconhecidas, sendo impressionante o *recente* reconhecimento de *floresta estacional sempre verde* em algumas regiões, as campinaranas e campinas que formam ecossistemas muito particulares.

É desnecessário falar sobre a importância ecológica do referido bioma e por isso mesmo a preocupação que se deve ter com a sua manutenção, daí porque se justificam os percentuais mais altos de reserva legal estabelecidos pelo legislador desde o Código anterior.

Segundo o STF – mesmo diante da importância do referido bioma – o legislador não hesitou em considerar como constitucional a possibilidade de redução da reserva legal[19] neste bioma, ainda que nas restritas hipóteses admitidas pelo NCF.

> Pretendeu o legislador, com a redução excepcional da área de Reserva Legal, acomodar diversos interesses igualmente salvaguardados pela Carta Magna: à proteção do meio ambiente (art. 225) e ao reconhecimento dos direitos dos índios (art. 231), somam-se imperativos de desenvolvimento nacional (art. 3º, II), de redução das desigualdades regionais (art. 3º, III) e de preservação dos entes federativos menores (art. 18), dentre outros. Quanto ao último aspecto, tem-se que os Estados e Municípios inseridos na denominada "Amazônia legal" seriam economicamente sufocados caso a quase totalidade de seu território útil fosse composto por áreas de reserva legal (80%), unidades de conservação e terras indígenas (50% do território do Município ou 65% do território do Estado). Nos termos do art. 2º da Lei Complementar nº 124/2007, a Amazônia Legal compreende os 7 (sete) Estados da Região Norte (AC, AM, AP, PA, RO, RR e TO), 1 (um) Estado da Região Centro-Oeste (MT) e uma parcela de 1 dos Estados da Região Norte (MA), unidades federativas que ainda dependem de impulso econômico para promover o desenvolvimento social em prol de seus habitantes. O novo Código Florestal, assim, rendeu homenagens à cláusula pétrea da forma federativa do Estado brasileiro, ex vi do art. 60, §4º, II, da Constituição.
>
> A redução da área de Reserva Legal, que é meramente facultativa, ocorre em graduação deveras razoável: de 80% (oitenta por cento) para até 50% (cinquenta por cento). Quando o poder público estadual optar pela redução, deverá ouvir o Conselho Estadual de Meio Ambiente, órgão estadual responsável pela análise da viabilidade ecológica dessa iniciativa,

---

[19] Art. 3º, III – Reserva Legal: área localizada no interior de uma propriedade ou posse rural, delimitada nos termos do art. 12, com a função de assegurar o uso econômico de modo sustentável dos recursos naturais do imóvel rural, auxiliar a conservação e a reabilitação dos processos ecológicos e promover a conservação da biodiversidade, bem como o abrigo e a proteção de fauna silvestre e da flora nativa.

e possuir Zoneamento Ecológico-Econômico aprovado. Relativamente aos Municípios, as normas impugnadas visam a possibilitar uma alternativa institucional de manutenção da viabilidade e autonomia da municipalidade que tenha sua área sensivelmente afetada por iniciativa dos Estados (mediante a criação de unidades de conservação estadual), ou da União (seja pela instituição de unidades federais de proteção ambiental, seja pela homologação de terras indígenas). Trata-se, a rigor, de uma cláusula legal que protege o ente municipal de indevida intervenção estadual para além das cláusulas taxativas do art. 35 do texto constitucional.

Há, sem dúvida, um prejuízo ambiental na medida em que é dada a possibilidade de que venham a ser reduzidos os percentuais de reserva legal nesta região (de 80% para 30%). O alento que fica é que pelo menos isso só pode acontecer em situações muito peculiares e atendidas as exigências inegociáveis previstas nos dois parágrafos.

4.14 Eliminação da exigência de reserva legal para: a) empreendimentos de abastecimento público de água e tratamento de esgoto; b) áreas adquiridas ou desapropriadas por detentor de concessão, permissão ou autorização para exploração de potencial de energia hidráulica, nas quais funcionem empreendimentos de geração de energia elétrica, subestações ou sejam instaladas linhas de transmissão e de distribuição de energia elétrica e c) áreas adquiridas ou desapropriadas com o objetivo de implantação e ampliação de capacidade de rodovias e ferrovias – *perdeu perdendo*

Lei nº 4.771/65	Lei nº 12.651/12
Sem correspondente.	§6º Os empreendimentos de abastecimento público de água e tratamento de esgoto não estão sujeitos à constituição de Reserva Legal §7º Não será exigido Reserva Legal relativa às áreas adquiridas ou desapropriadas por detentor de concessão, permissão ou autorização para exploração de potencial de energia hidráulica, nas quais funcionem empreendimentos de geração de energia elétrica, subestações ou sejam instaladas linhas de transmissão e de distribuição de energia elétrica. §8º Não será exigido Reserva Legal relativa às áreas adquiridas ou desapropriadas com o objetivo de implantação e ampliação de capacidade de rodovias e ferrovias.

Como se observa no quadro apresentado, houve supressão da exigência de reserva legal – independentemente da sua localização – para situações que se aproximam das hipóteses de utilidade pública descritas no art. 4º, VIII, "b". A proposição legislativa coloca em contraposição e em polos antagônicos algo que não deveria ser tratado desta forma, como se a escolha de uma política implicasse no sacrifício de outra. A pergunta que não cala é a seguinte: por que eliminar a reserva legal desses empreendimentos? Não deveria ser o inverso? Não seriam esses empreendimentos de grande porte e maior impacto que deveriam fazer uma contrapartida ambiental em prol do próprio interesse coletivo?

Observa-se que as razões que justificam a intervenção em APP em prol do interesse social e da utilidade pública se justificam porque, não havendo alternativa locacional, aí sim, não há escolha, e há uma razão verificada no caso concreto que justifica balancear os interesses em jogo para fazer uma opção de política pública.

Contudo, isso não se passa nas hipóteses de *reserva legal,* que poderiam, inclusive, ser exigidas em outro local, mas no mesmo bioma. Não há justificativa lógica para que o legislador elimine, como eliminou, a necessidade de constituir reserva legal nas hipóteses que ali estão arroladas.

A nosso ver, deveriam, sim, ser considerados inconstitucionais – porque evidente o retrocesso ambiental – os dispositivos que retiram a necessidade de constituição de Reserva Legal. Observe-se que aqui não houve uma redução de percentual, mas a eliminação do espaço ambiental especialmente protegido, o que, no nosso entender, ofende o núcleo essencial que justifica a intervenção do Judiciário. Ora, considerando a importância da função da reserva legal,[20] parece-nos que o dispositivo depõe contra o dever de proteção ambiental previsto no artigo 225, caput e §1º, I.

O Supremo Tribunal Federal não entendeu desse modo, e usou a fórmula já mencionada anteriormente, para justificar a constitucionalidade dos dispositivos, argumentando que:

> Opção do legislador estaria amparada em razões de primeira ordem, quais sejam, os benefícios gerados quanto à satisfação dos objetivos constitucionais de prestação de serviços de energia elétrica e aproveitamento energético dos cursos de água (art. 21, XII, 'b', da CRFB), exploração dos potenciais de energia hidráulica (art. 176 da CRFB), atendimento do direito ao transporte (art. 6º da CRFB), integração das regiões do país (art. 43, §1º, I) etc. Consigne-se que a Carta Magna permite ao Congresso Nacional até mesmo a relativização da proteção aos territórios ocupados pelos índios para fins de "aproveitamento dos recursos hídricos, incluídos os potenciais energéticos" (art. 231, §3º), de modo que seria arbitrário extrair da mesma Constituição a impossibilidade de relativização de áreas de Reserva Legal.

Como dissemos alhures, não é possível aplicar esse raciocínio, cabível para a intervenção em APP, porque a *localização* da reserva legal admite *flexibilização,* tal como prevê o próprio CNCF, por exemplo, no artigo 48, §2º.

Com a devida vênia à posição adotada pelo STF, não há nesta hipótese, a nosso ver, uma espécie de escolha disjuntiva entre os objetivos constitucionais citados e

---

[20] Art. 3º. III – Reserva Legal: área localizada no interior de uma propriedade ou posse rural, delimitada nos termos do art. 12, com a função de assegurar o uso econômico de modo sustentável dos recursos naturais do imóvel rural, auxiliar a conservação e a reabilitação dos processos ecológicos e promover a conservação da biodiversidade, bem como o abrigo e a proteção de fauna silvestre e da flora nativa.

a supressão de reserva legal, como se a adoção de um sugerisse o sacrifício total do outro. Poderia, perfeitamente, ser exigido pelo legislador que tais empreendimentos instituíssem a reserva legal fora da propriedade, mas no mesmo bioma ou até mesmo em percentuais mais reduzidos. Ademais, frise-se, sob a perspectiva do impacto gerado pelo empreendimento, a despeito das compensações pelos eventuais impactos verificados no âmbito do licenciamento, haveria muito mais razão para se exigir a reserva legal nestas hipóteses do que em outras.

4.15 Proteção da supressão lícita nos percentuais de reserva legal anteriores e manutenção dos mesmos percentuais para aqueles que não desmataram, mas poderiam tê-lo feito no regime legal anterior – *perdeu sem prejuízo*

Lei nº 4.771/65	Lei nº 12.651/12
Sem correspondência	Art. 68. Os proprietários ou possuidores de imóveis rurais que realizaram supressão de vegetação nativa respeitando os percentuais de Reserva Legal previstos pela legislação em vigor à época em que ocorreu a supressão são dispensados de promover a recomposição, compensação ou regeneração para os percentuais exigidos nesta Lei. §1º Os proprietários ou possuidores de imóveis rurais poderão provar essas situações consolidadas por documentos tais como a descrição de fatos históricos de ocupação da região, registros de comercialização, dados agropecuários da atividade, contratos e documentos bancários relativos à produção, e por todos os outros meios de prova em direito admitidos. §2º Os proprietários ou possuidores de imóveis rurais, na Amazônia Legal, e seus herdeiros necessários que possuam índice de Reserva Legal maior que 50% (cinquenta por cento) de cobertura florestal e não realizaram a supressão da vegetação nos percentuais previstos pela legislação em vigor à época poderão utilizar a área excedente de Reserva Legal também para fins de constituição de servidão ambiental, Cota de Reserva Ambiental – CRA e outros instrumentos congêneres previstos nesta Lei.

Um dos pontos mais polêmicos da Lei nº 12.651/2012 foi a criação de um instituto jurídico apelidado de "área consolidada", para o qual o legislador dedicou o Capítulo XIII, nominado "disposições transitórias", sendo ele composto de 3 seções:

Seção I – Disposições Gerais (arts. 59-60).

Seção II – Das Áreas Consolidadas em Áreas de Preservação Permanente (arts. 61-A, B e C ao artigo 65).

Seção III – Das Áreas Consolidadas em Área de Reserva Legal (arts. 66-68).

Nitidamente observa-se que o legislador criou um regime jurídico singular para proprietários e possuidores de imóveis rurais naquilo que ele denominou de área consolidada, previsto no artigo 3º, IV:

Art. 3º Para os efeitos desta Lei, entende-se por: (...)

IV – área rural consolidada: área de imóvel rural com ocupação antrópica preexistente a 22 de julho de 2008, com edificações, benfeitorias ou atividades agrossilvipastoris, admitida, neste último caso, a adoção do regime de pousio; (...).

O objeto da ação direta de inconstitucionalidade refere-se, neste particular, apenas ao artigo 68, ao argumento de que tal dispositivo causaria flagrante retrocesso ambiental, porque estaria prescindindo tais áreas de atender aos percentuais de reserva legal que teriam sido elevados.

É preciso separar o *joio do trigo,* pois o tema é complexo.

Tratando-se, aqui, apenas das áreas consolidadas em áreas de reserva legal previstas na seção III, é preciso dizer que os artigos 66 e 67 tratam de situações fáticas distintas da prevista no artigo 68.

Nos dois primeiros artigos – que não são objeto desta análise – o legislador teve por bem criar um regime jurídico diferenciado, para atender à situação de inúmeros proprietários rurais que exerciam *ilicitamente* atividades como agricultura e pecuária em APPs, Reserva Legal e áreas de uso restrito, e que, portanto, estavam sujeitos às sanções administrativas legalmente previstas. Para tanto, fez um marco temporal (22.07.2008)[21] sobre o qual já foi mencionado alhures.

Concentrando-nos apenas no artigo 68, neste dispositivo o legislador tutelou proprietários ou possuidores de imóveis rurais que:

1. realizaram supressão de vegetação nativa respeitando os percentuais de Reserva Legal previstos pela legislação em vigor à época em que ocorreu a supressão e

2. os que poderiam ter realizado a referida supressão, mas não o fizeram.

Portanto, a premissa aqui na hipótese 1, referida anteriormente, é a de que não houve ilícito e que tais situações consolidadas poderiam ser provadas por documentos tais como a descrição de fatos históricos de ocupação da região, registros de comercialização,

---

[21] O marco temporal de 22.7.2008 foi escolhido por ser a data em que teve início a vigência do Decreto nº 6.514/2008, que, revogando o Decreto nº 3.179/99, passou a regulamentar a lei de crimes e sanções administrativas ambientais. Também já lembramos que antes desta data já era possível sancionar administrativamente pela indevida supressão em APP's e reserva legal, daí porque se falou tanto em anistia dos desmatadores.

dados agropecuários da atividade, contratos e documentos bancários relativos à produção, e por todos os outros meios de prova em direito admitidos. No tocante a esta hipótese não parece haver nenhuma irregularidade cometida pelo legislador, pois, em tese, os atos praticados foram lícitos, já que dentro dos limites legais estabelecidos. Certamente, o legislador quis proteger aqueles que desmataram licitamente, mas não tinham como comprovar tal situação. Contudo, é de se prever que, infelizmente, muitos infratores poderão utilizar tal dispositivo para esconder infrações cometidas, dizendo que praticaram desmatamento lícito, quando na verdade eram ilícitos. Aqui, registre-se que a melhor prova é sem dúvida a técnica (perícia complexa), porque, tratando-se de fatos (área desmatada há tempos) que dependem de conhecimento técnico, a perícia multidisciplinar não pode nem mesmo ser dispensada pelo juiz.[22]

Já na segunda hipótese mencionada (2), a situação é um pouco diversa, pois transforma o que seria uma "expectativa de direito" em "direito adquirido", afinal de contas, se não houve supressão de Reserva Legal nos limites em que poderia ter sido feito e novos limites são impostos pela Lei, por que razão manter vigentes os limites àqueles que *poderiam ter feito, mas não o fizeram*?

Para o Supremo Tribunal Federal há aí uma regra de transição sobre a qual o legislador poderia sim atuar.

> No entanto, caso acolhida essa alegação, seria forçoso concluir que os percentuais estabelecidos pela legislação anterior eram inconstitucionais, por incorrerem no que o Requerente considera uma proteção deficiente. Contudo, consoante já afirmado, a Constituição conferiu ao poder público discricionariedade na fixação de percentuais para a definição dos espaços territoriais especialmente protegidos (art. 225, §1º, III, da CRFB). O dispositivo em apreço tão somente estabelece critérios para uma transição razoável de regimes, bem assim concede benefícios àqueles que, embora habilitados a desmatar sob a égide da legislação anterior, não o fizeram. Rever essas legítimas escolhas realizadas pelo legislador não é tarefa conferida pela Carta Magna ao Judiciário.

Frise-se, mais uma vez, no artigo 68, caput e §1º, que haveria ofensa ao direito adquirido e ao ato jurídico perfeito[23] se lhes fossem exigidos ampliar os percentuais de reserva legal acima daqueles que licitamente utilizam em áreas consolidadas. Já no parágrafo segundo, sim, há uma regra de transição, mas que, a nosso ver, transforma expectativa em direito.

---

[22] Da forma como se expressou, o legislador silenciou sobre a utilização da prova técnica para tais situações. Contudo, é certo que a prova técnica não poderá ser prescindida, antes o contrário, pois nada melhor do que uma prova pericial para se identificar o período, a vegetação desmatada e sua extensão.

[23] Neste sentido, o STF, ao afirmar que "eventuais atos regulares de supressão praticados no passado, em consonância com a legislação vigente à época, recobrem-se da estabilidade própria do ato jurídico perfeito, cujo fundamento constitucional é o princípio da segurança jurídica".

4.16 Sanção premial pela manutenção da reserva legal com a possibilidade de sua redução – *perdeu sem prejuízo*

Lei n° 4.771/65	Lei n° 12.651/12
Art. 14. §5º O Poder Executivo, se for indicado pelo Zoneamento Ecológico Econômico – ZEE e pelo Zoneamento Agrícola, ouvidos o CONAMA, o Ministério do Meio Ambiente e o Ministério da Agricultura e do Abastecimento, poderá: I – reduzir, para fins de recomposição, a reserva legal, na Amazônia Legal, para até cinqüenta por cento da propriedade, excluídas, em qualquer caso, as Áreas de Preservação Permanente, os ecótonos, os sítios e ecossistemas especialmente protegidos, os locais de expressiva biodiversidade e os corredores ecológicos; e (Incluído pela Medida Provisória nº 2.166-67, de 2001) II – ampliar as áreas de reserva legal, em até cinqüenta por cento dos índices previstos neste Código, em todo o território nacional.	Art. 13. Quando indicado pelo Zoneamento Ecológico- Econômico – ZEE estadual, realizado segundo metodologia unificada, o poder público federal poderá: I – reduzir, exclusivamente para fins de regularização, mediante recomposição, regeneração ou compensação da Reserva Legal de imóveis com área rural consolidada, situados em área de floresta localizada na Amazônia Legal, para até 50% (cinquenta por cento) da propriedade, excluídas as áreas prioritárias para conservação da biodiversidade e dos recursos hídricos e os corredores ecológicos; (...) §1º No caso previsto no inciso I do caput, o proprietário ou possuidor de imóvel rural que mantiver Reserva Legal conservada e averbada em área superior aos percentuais exigidos no referido inciso poderá instituir servidão ambiental sobre a área excedente, nos termos da Lei nº 6.938, de 31 de agosto de 1981, e Cota de Reserva Ambiental".

O comparativo dos dispositivos permite perceber que pequenas mudanças foram feitas pelo legislador, sempre no sentido de reduzir as exigências ambientais. Observe-se que antes, além do ZEE, teria que ser ouvido o CONAMA e o Ministério da Agricultura, ao passo que, agora, basta o ZEE para que o Poder Público Federal reduza para 50% o percentual de reserva legal na Amazônia legal.

Ambos os dispositivos permitiam a redução para fins de regularização, sendo que o novo Código expressamente fez questão de dizer quais são as formas de regularização, daí porque falou em recomposição, regeneração e compensação.

Na legislação anterior falava-se apenas na "Amazônia legal" e no novo dispositivo fala em área de floresta na Amazônia legal, o que é bastante diferente. Antes, tal redução não seria possível quando resultasse em redução de Áreas de Preservação Permanente, os ecótonos, os sítios e os ecossistemas especialmente protegidos, os locais de expressiva biodiversidade e os corredores ecológicos. Agora, fica excluída da redução as áreas prioritárias para conservação da biodiversidade e dos recursos hídricos e os corredores ecológicos. Houve alteração, mas é perfeitamente possível inserir as restrições previstas no revogado inciso I do §5º do artigo 14 no novo inciso I do artigo 13.

Já o parágrafo primeiro cuida de conceder o benefício – que já poderia ser obtido no artigo 41 e ss. do NCF – aos titulares de imóveis que tenham sido beneficiados pela redução prevista no inciso I, e que mantenham Reserva Legal conservada e averbada em área superior ao exigido.

Para o STF, não há inconstitucionalidade no dispositivo fundamentando a sua decisão, na premissa de que

> também quanto a esse dispositivo, pretendeu o legislador conciliar as finalidades da preservação ambiental com a diretriz constitucional do desenvolvimento nacional. A redução da Reserva Legal (assim como o aumento, facultado pelo inciso II do art. 13) deve ser indicada pelo Zoneamento Ecológico-Econômico estadual, bem como depende de ato do poder público federal. Esse Zoneamento é um mecanismo de gestão ambiental que consiste na delimitação de zonas ambientais e atribuição de usos e atividades compatíveis segundo as características (potenciais e restrições) de cada uma delas. O objetivo, em síntese, é conferir uso sustentável e racional dos recursos naturais, bem como o equilíbrio dos ecossistemas existentes. Considerando que cada zona territorial ostentará características ambientais, sociais, econômicas e culturais distintas, assim como vulnerabilidades e potencialidades próprias, o padrão de desenvolvimento das unidades de planejamento não é uniforme. O ZEE valoriza, em consequência, as particularidades das áreas, com o intuito de fixar alternativas de uso e gestão que oportunizam as vantagens competitivas do território, contempladas variadas atividades de preservação e desenvolvimento em níveis nacional, regional e local. Resta claro, portanto, que o legislador não descurou do seu dever de proteção ambiental ao editar a norma, tendo apenas realizado legítimo sopesamento em atenção a outros interesses relevantes.

A nosso ver, mesmo com a improcedência, não houve derrota ou perda ambiental pelos motivos expostos.

4.17 Cômputo de APP em Reserva Legal – *perdeu perdendo*

Lei nº 4.771/65	Lei nº 12.651/12
Art. 16. §6º Será admitido, pelo órgão ambiental competente, o cômputo das áreas relativas à vegetação nativa existente em área de preservação permanente no cálculo do percentual de reserva legal, desde que não implique em conversão de novas áreas para o uso alternativo do solo, e quando a soma da vegetação nativa em área de preservação permanente e reserva legal exceder a: I – oitenta por cento da propriedade rural localizada na Amazônia Legal; II – cinqüenta por cento da propriedade rural localizada nas demais regiões do País; e III – vinte e cinco por cento da pequena propriedade definida pelas alíneas "b" e "c" do inciso I do §2º do art. 1º.	Art. 15. Será admitido o cômputo das Áreas de Preservação Permanente no cálculo do percentual da Reserva Legal do imóvel, desde que: I – o benefício previsto neste artigo não implique a conversão de novas áreas para o uso alternativo do solo; II – a área a ser computada esteja conservada ou em processo de recuperação, conforme comprovação do proprietário ao órgão estadual integrante do Sisnama; e III – o proprietário ou possuidor tenha requerido inclusão do imóvel no Cadastro Ambiental Rural – CAR, nos termos desta Lei. §1º O regime de proteção da Área de Preservação Permanente não se altera na hipótese prevista neste artigo.

Lei nº 4.771/65	Lei nº 12.651/12
§7º O regime de uso da área de preservação permanente não se altera na hipótese prevista no §6º.	§2º O proprietário ou possuidor de imóvel com Reserva Legal conservada e inscrita no Cadastro Ambiental Rural – CAR de que trata o art. 29, cuja área ultrapasse o mínimo exigido por esta Lei, poderá utilizar a área excedente para fins de constituição de servidão ambiental, Cota de Reserva Ambiental e outros instrumentos congêneres previstos nesta Lei.
	§3º O cômputo de que trata o caput aplica-se a todas as modalidades de cumprimento da Reserva Legal, abrangendo a regeneração, a recomposição e a compensação.
	§4º É dispensada a aplicação do inciso I do caput deste artigo, quando as Áreas de Preservação Permanente conservadas ou em processo de recuperação, somadas às demais florestas e outras formas de vegetação nativa existentes em imóvel, ultrapassarem:
	I – 80% (oitenta por cento) do imóvel rural localizado em áreas de floresta na Amazônia Legal; e (Incluído pela Lei nº 12.727, de 2012).

Não é demais lembrar os conceitos e funções diferentes da APP e da Reserva Legal:

Art. 3º.

II – Área de Preservação Permanente – APP: área protegida, coberta ou não por vegetação nativa, com a função ambiental de preservar os recursos hídricos, a paisagem, a estabilidade geológica e a biodiversidade, facilitar o fluxo gênico de fauna e flora, proteger o solo e assegurar o bem-estar das populações humanas;

III – Reserva Legal: área localizada no interior de uma propriedade ou posse rural, delimitada nos termos do art. 12, com a função de assegurar o uso econômico de modo sustentável dos recursos naturais do imóvel rural, auxiliar a conservação e a reabilitação dos processos ecológicos e promover a conservação da biodiversidade, bem como o abrigo e a proteção de fauna silvestre e da flora nativa;

No Código revogado já era possível ao proprietário de imóvel rural computar o percentual de reserva legal usando as APPs, mas era uma situação excepcional e desde que estivessem presentes os seguintes requisitos: *a área a ser computada estivesse com vegetação nativa; esse cômputo não implicasse em conversão de novas áreas para uso alternativo do solo, não houvesse alteração do regime jurídico da APP utilizada para cômputo e,* por fim, *desde que a soma da vegetação nativa em área de preservação permanente e reserva legal excedesse os seguintes percentuais: I – oitenta por cento da propriedade rural localizada na Amazônia Legal; II – cinquenta por cento da propriedade rural localizada nas demais regiões do País; e III – vinte e cinco por cento da pequena propriedade definida pelas alíneas "b" e "c" do inciso I do §2º do art. 1º.*

A regra do Código anterior fazia todo sentido, porque poderia haver propriedade rurais cuja área fosse quase toda inutilizada pelo "excesso de APPs", caso em que o núcleo econômico estaria esvaziado ao passo que o ônus de proteger as APPs seria desproporcional. Esta era a razão da excepcionalidade.

No novo Código, o legislador manteve os requisitos de que a) o *regime jurídico da APP comutada como reserva legal não deve ser alterado* e b) *isso não implicasse a conversão de novas áreas para o uso alternativo do solo.* Acrescentou a exigência de que a propriedade esteja inscrita no Cadastro Ambiental Rural – CAR, mas, por outro lado, alterou, significativamente para pior, os demais requisitos, a começar pela *inexigência de que a área esteja coberta com vegetação nativa,* ou seja, basta que *a área a ser computada esteja conservada ou em processo de recuperação,* o que depende de comprovação do proprietário ao órgão estadual integrante do Sisnama. Obviamente que área coberta com vegetação nativa não é a mesma coisa que área em processo de recuperação. Aqui foi nítido o decréscimo ambiental. Mas o elastecimento da possibilidade de usar APP no cômputo de Reserva Legal não parou por aí, já que não mais se restringe àquelas hipóteses em que a soma da vegetação nativa em área de preservação permanente e reserva legal excedesse a algum percentual, ou seja, permite o cômputo independentemente dessa exigência. Aliás, o contrário, se a soma da vegetação nativa em área de preservação permanente e reserva legal exceder a oitenta por cento da propriedade rural localizada na Amazônia Legal, a este proprietário, inclusive, será permitida a conversão de novas áreas para uso alternativo do solo.

A nosso ver, a inconstitucionalidade está estampada na violação do art. 225, §1º, I, da CF/88, pois estes dois espaços ambientais especialmente protegidos são fundamentais aos processos ecológicos essenciais.

Nada obstante a regra seja a de que "todo imóvel rural deve manter área com cobertura de vegetação nativa, a título de Reserva Legal, sem prejuízo da aplicação das normas sobre as Áreas de Preservação Permanente" (art. 12, caput), o dispositivo abre uma porta muito perigosa e desconhecida, ao permitir que se use a APP no cômputo da Reserva Legal. Não se desconhece, como disse o STF, que "não é difícil imaginar que a incidência cumulativa de ambos os institutos em uma mesma propriedade pode aniquilar substancialmente a sua utilização produtiva", mas justamente por isso é que o legislador anterior condicionava esse cômputo quando a soma desses dois espaços atingisse um patamar de "aniquilação da propriedade", o que não existe mais no NCF.

Segundo o STF:

> A complexidade do tema e a quantidade de fatores distintos envolvidos na análise, ambientais e extra-ambientais, deixam claro o quão arbitrário seria de uma Corte fixar, segundo seus próprios parâmetros, tal ou qual percentual a ser observado na conservação da vegetação das diversas propriedades espalhadas pelo país. Da mesma forma, impedir o cômputo das áreas de preservação permanente no cálculo da extensão da Reserva Legal equivale a tolher a prerrogativa da lei de fixar os percentuais de proteção que atendem da melhor forma os valores constitucionais atingidos, inclusive o desenvolvimento nacional

(art. 3º, II, da CRFB) e o direito de propriedade (art. 5º, XXII, da CRFB). O pedido de inconstitucionalidade desconsidera que, na dosagem dos percentuais gerais de Reserva Legal – os quais, repita-se, podem atingir elevados 80% (oitenta por cento) do imóvel –, o legislador já levou em consideração o impacto ambiental causado pelo cômputo das áreas de preservação ambiental. Em outras palavras, não fosse possível o "desconto" das APP's, poderia o regulador, legitimamente, ter fixado os percentuais de Reserva Legal em patamar bem mais brando.

Para o STF, como deixou muito claro na frase final, "não fosse possível o "desconto" das APPs, poderia o regulador, legitimamente, ter fixado os percentuais de Reserva Legal em patamar bem mais brando". Ocorre que o problema não é só esse, a despeito da distinta natureza e função dos referidos espaços, afinal de contas, não mais apenas as APPs cobertas com vegetações nativas podem ser consideradas no cômputo, e mais que isso, não parece correta a ilação de que a reserva legal no percentual previsto na lei já teria previsto esse "desconto", pois do contrário isso já teria sido feito também pelo legislador anterior. Em nosso sentir houve um sensível decréscimo ambiental (computar APP como Reserva Legal) não apenas para aqueles casos em que de fato a soma de ambos poderia inviabilizar economicamente a propriedade. Deixa de existir aqui a justificativa que permitia usar a APP no cômputo da Reserva Legal.

A declaração de constitucionalidade do artigo 15 do novo Código Florestal, julgando, no ponto, improcedente a ADI nº 4.901, representou uma perda ambiental.

4.18 Área abandonada e a conversão da vegetação nativa em uso alternativo do solo

Lei nº 4.771/65	Lei nº 12.651/12
Art. 37-A. Não é permitida a conversão de florestas ou outra forma de vegetação nativa para uso alternativo do solo na propriedade rural que possui área desmatada, quando for verificado que a referida área encontra-se abandonada, subutilizada ou utilizada de forma inadequada, segundo a vocação e capacidade de suporte do solo.	Art. 28. Não é permitida a conversão de vegetação nativa para uso alternativo do solo no imóvel rural que possuir área abandonada.
§1º Entende-se por área abandonada, subutilizada ou utilizada de forma inadequada, aquela não efetivamente utilizada, nos termos do §3º, do art. 6o da Lei nº 8.629, de 25 de fevereiro de 1993, ou que não atenda aos índices previstos no art. 6º da referida Lei, ressalvadas as áreas de pousio na pequena propriedade ou posse rural familiar ou de população tradicional.	

A questão no presente caso refere-se ao fato de que no novo Código não houve a definição do que seja "área abandonada", como fazia o Código anterior, e como tentou fazer a Medida Provisória nº 571, que acrescentou o inciso XV ao artigo 3º da Lei nº 12.651, que assim dizia: "XXV – área abandonada, subutilizada ou utilizada de forma inadequada: área não efetivamente utilizada, nos termos dos §§3º e 4º do art. 6º da Lei nº 8.629, de 25 de fevereiro de 1993, ou que não atenda aos índices previstos no referido artigo, ressalvadas as áreas em pousio". Ocorre que a referida medida provisória não foi mantida e o dispositivo não faz parte do Novo Código.

Em nosso sentir, o fato de não constar a definição não significa dizer que os conceitos determinados pela Lei nº 8.629 não devam ser utilizados, porque é o parâmetro legal existente. Ademais, como fez lembrar o STF, todos os requerimentos de conversão devem ser submetidos ao órgão ambiental competente (art. 26) e que, além de estar cadastrada no CAR, deverá atender diversas exigências, sendo que uma delas é justamente a utilização efetiva e sustentável das áreas já convertidas.

Art. 26. A supressão de vegetação nativa para uso alternativo do solo, tanto de domínio público como de domínio privado, dependerá do cadastramento do imóvel no CAR, de que trata o art. 29, e de prévia autorização do órgão estadual competente do Sisnama.

§1º (VETADO).

§2º (VETADO).

§3º No caso de reposição florestal, deverão ser priorizados projetos que contemplem a utilização de espécies nativas do mesmo bioma onde ocorreu a supressão.

§4º O requerimento de autorização de supressão de que trata o caput conterá, no mínimo, as seguintes informações:

I – a localização do imóvel, das Áreas de Preservação Permanente, da Reserva Legal e das áreas de uso restrito, por coordenada geográfica, com pelo menos um ponto de amarração do perímetro do imóvel;

II – a reposição ou compensação florestal, nos termos do §4º do art. 33;

III – a utilização efetiva e sustentável das áreas já convertidas;

IV – o uso alternativo da área a ser desmatada.

Segundo o STF:

Além disso, deve-se ressaltar que, nos termos do art. 26 do novo Código Florestal, o requerimento de autorização de supressão deverá ser submetido à análise do órgão ambiental competente, que considerará, dentre outros aspectos "a utilização efetiva e sustentável das áreas já convertidas". Caberá, portanto, ao Poder Executivo, dotado de expertise para analisar as especificidades de cada caso e conferir a solução mais efetiva, ponderar a forma de utilização do imóvel rural como elemento para autorizar ou não a conversão para uso alternativo do solo.

Portanto, em nosso sentir, a declaração da constitucionalidade do artigo 28 e consequente improcedência da ADI nº 4.901 não trouxe nenhum prejuízo ambiental.

4.19 Compensação de reserva legal por instrumentos de mercado – *perdeu sem prejuízo*

(continua)

Lei nº 4.771/65	Lei nº 12.651/12
Art. 44-A. O proprietário rural poderá instituir servidão florestal, mediante a qual voluntariamente renuncia, em caráter permanente ou temporário, a direitos de supressão ou exploração da vegetação nativa, localizada fora da reserva legal e da área com vegetação de preservação permanente.	Art. 44. É instituída a Cota de Reserva Ambiental – CRA, título nominativo representativo de área com vegetação nativa, existente ou em processo de recuperação:
§1º A limitação ao uso da vegetação da área sob regime de servidão florestal deve ser, no mínimo, a mesma estabelecida para a Reserva Legal.	I – sob regime de servidão ambiental, instituída na forma do art. 9º-A da Lei nº 6.938, de 31 de agosto de 1981; II – correspondente à área de Reserva Legal instituída voluntariamente sobre a vegetação que exceder os percentuais exigidos no art. 12 desta Lei;
§2º A servidão florestal deve ser averbada à margem da inscrição de matrícula do imóvel, no registro de imóveis competente, após anuência do órgão ambiental estadual competente, sendo vedada, durante o prazo de sua vigência, a alteração da destinação da área, nos casos de transmissão a qualquer título, de desmembramento ou de retificação dos limites da propriedade.	III – protegida na forma de Reserva Particular do Patrimônio Natural – RPPN, nos termos do art. 21 da Lei nº 9.985, de 18 de julho de 2000; IV – existente em propriedade rural localizada no interior de Unidade de Conservação de domínio público que ainda não tenha sido desapropriada.
Art. 44-B. Fica instituída a Cota de Reserva Florestal – CRF, título representativo de vegetação nativa sob regime de servidão florestal, de Reserva Particular do Patrimônio Natural ou reserva legal instituída voluntariamente sobre a vegetação que exceder os percentuais estabelecidos no art. 16 deste Código.	§1º A emissão de CRA será feita mediante requerimento do proprietário, após inclusão do imóvel no CAR e laudo comprobatório emitido pelo próprio órgão ambiental ou por entidade credenciada, assegurado o controle do órgão federal competente do Sisnama, na forma de ato do Chefe do Poder Executivo.
Parágrafo único. A regulamentação deste Código disporá sobre as características, natureza e prazo de validade do título de que trata este artigo, assim como os mecanismos que assegurem ao seu adquirente a existência e a conservação da vegetação objeto do título.	§2º A CRA não pode ser emitida com base em vegetação nativa localizada em área de RPPN instituída em sobreposição à Reserva Legal do imóvel. §3º A Cota de Reserva Florestal – CRF emitida nos termos do art. 44-B da Lei nº 4.771, de 15 de setembro de 1965, passa a ser considerada, pelo efeito desta Lei, como Cota de Reserva Ambiental.

(continua)

Lei nº 4.771/65	Lei nº 12.651/12
Art. 44-C. O proprietário ou possuidor que, a partir da vigência da Medida Provisória nº 1.736-31, de 14 de dezembro de 1998, suprimiu, total ou parcialmente florestas ou demais formas de vegetação nativa, situadas no interior de sua propriedade ou posse, sem as devidas autorizações exigidas por Lei, não pode fazer uso dos benefícios previstos no inciso III do art. 44.	§4º Poderá ser instituída CRA da vegetação nativa que integra a Reserva Legal dos imóveis a que se refere o inciso V do art. 3º desta Lei. Art. 48. A CRA pode ser transferida, onerosa ou gratuitamente, a pessoa física ou a pessoa jurídica de direito público ou privado, mediante termo assinado pelo titular da CRA e pelo adquirente. §1º A transferência da CRA só produz efeito uma vez registrado o termo previsto no caput no sistema único de controle. §2º A CRA só pode ser utilizada para compensar Reserva Legal de imóvel rural situado no mesmo bioma da área à qual o título está vinculado. §3º A CRA só pode ser utilizada para fins de compensação de Reserva Legal se respeitados os requisitos estabelecidos no §6º do art. 66. §4º A utilização de CRA para compensação da Reserva Legal será averbada na matrícula do imóvel no qual se situa a área vinculada ao título e na do imóvel beneficiário da compensação. §5º A compensação de que trata o inciso III do caput deverá ser precedida pela inscrição da propriedade no CAR e poderá ser feita mediante: I – aquisição de Cota de Reserva Ambiental – CRA; II – arrendamento de área sob regime de servidão ambiental ou Reserva Legal; III – doação ao poder público de área localizada no interior de Unidade de Conservação de domínio público pendente de regularização fundiária;

(conclusão)

Lei nº 4.771/65	Lei nº 12.651/12
	IV – cadastramento de outra área equivalente e excedente à Reserva Legal, em imóvel de mesma titularidade ou adquirida em imóvel de terceiro, com vegetação nativa estabelecida, em regeneração ou recomposição, desde que localizada no mesmo bioma. §6º As áreas a serem utilizadas para compensação na forma do §5º deverão: I – ser equivalentes em extensão à área da Reserva Legal a ser compensada; II – estar localizadas no mesmo bioma da área de Reserva Legal a ser compensada; III – se fora do Estado, estar localizadas em áreas identificadas como prioritárias pela União ou pelos Estados.

O objeto do controle de constitucionalidade no presente caso envolve a seguinte discussão: o mecanismo previsto no diploma "estimula" que o proprietário ou possuidor rural "x" extrapole a utilização do percentual permitido de reserva legal para adquirir de outro "y" uma cota de reserva legal que compense a supressão causada. E, nesta operação, segundo argumenta a Ação Direta de Inconstitucionalidade, a exigência de ser no mesmo bioma é muito aberta, já que dentro dele podem existir diversos ecossistemas distintos. Além disso, questiona também outras formas de compensação, alegando que haveria insegurança jurídica e que a compensação usando área localizada no interior de uma unidade de conservação desvirtuaria o papel da reserva legal, bem como da própria unidade de conservação. Em todas as alegações o direito constitucional invocado como violado é o dever de proteção ambiental estabelecido no artigo 225, caput da CF/88.

Para entender a Cota de Reserva Ambiental (CRA) – um dos mecanismos de compensação de reserva legal – é preciso lembrar que o Código Florestal impõe o dever jurídico de que todas as propriedades rurais brasileiras conservem uma porcentagem da referida propriedade com uma cobertura de vegetação nativa sob o nome de Reserva Legal, cujo conceito e função estão descritos no artigo 3º, III, da Lei nº 12.651.

A Área de Reserva legal tem um percentual diferenciado da propriedade, de acordo com a região e o bioma onde a propriedade se situa. Pode ser de 20 a 80% o percentual de Reserva Legal.

Diante desse quadro, é certo que há propriedades rurais que têm déficit e outras que têm superávit de áreas com cobertura de vegetação nativa, motivo pelo qual permite-se que o proprietário em déficit adquira cotas de reserva legal de quem tem um superávit.[24]

---

[24] Assim, por exemplo, propriedade rural "A", situada na região sudeste, que exige 20% de reserva legal, mas que possua no seu imóvel o total de 30% de vegetação nativa na sua área de Reserva Legal. Ele poderá instituir

Assim, um proprietário compensa a sua deficiência e o outro lucra com o seu excesso. Esse comércio de compensação de reserva legal pode ser feito de várias formas, e uma delas é, justamente, a cota de reserva ambiental.

Esse método faz parte de um conjunto de medidas denominadas de instrumentos econômicos de tutela ambiental que, desde a Conferência Rio-92, foi objeto expresso do princípio nº 16:

> As autoridades nacionais devem esforçar-se para promover a internalização dos custos de proteção do meio ambiente e o *uso dos instrumentos econômicos*, levando-se em conta o conceito de que o poluidor deve, em princípio, assumir o custo da poluição, tendo em vista o interesse público, sem desvirtuar o comércio e os investimentos internacionais.

Tanto é verdade que no extenso rol de instrumentos de tutela do meio ambiente, previstos no artigo 9º na Política Nacional do Meio Ambiente, tais instrumentos foram mencionados expressamente:

> Art. 9º São instrumentos da Política Nacional do Meio Ambiente:
> XIII – instrumentos econômicos, como concessão florestal, servidão ambiental, seguro ambiental e outros.

Não é preciso aqui dizer que a tutela administrativa do meio ambiente no Brasil sempre foi enraizada num modelo de *comando e controle* onde as políticas públicas a ela atinentes eram (e ainda são na sua maioria) implementadas por meio de regras de conduta, procedimentos, padrões de comportamento sempre conectados com as respectivas sanções punitivas (penais e administrativas) decorrentes do eventual descumprimento do comando exigido. Todos sabemos da insuficiência dessas técnicas (comando/controle) de impor a conduta, vigiar e punir que envolvem as sanções administrativas, seja porque não têm levado ao papel pedagógico que deveriam ter, ou por apresentarem um alto custo para o Poder Público, que não consegue cumprir a contento o papel repressor. Curiosamente esta ineficiência leva não apenas ao descrédito pela impunidade, bem como serve de estímulo aos comportamentos ilícitos. Por isso a existência e o desenvolvimento de instrumentos econômicos têm sido importantes soluções e esperança na criação de novos comportamentos ambientais, em que realizar o bem ambiental é algo que traz lucro e benefício econômico para o agente.

Aos poucos o Brasil vai se ajustando no sentido de equilibrar a tutela administrativa com outros mecanismos – econômico, tributário, social, institucional – no sentido de que há um verdadeiro estímulo social e econômico em se cumprir a norma de proteção ambiental.

Um corriqueiro exemplo de técnicas substitutivas do método comando controle é a adoção de instrumentos econômicos para a proteção do meio ambiente que podem ser desde pagamentos por serviços ambientais, até mecanismos de extrafiscalidade ambiental, como alertado por Ana Nusdeo:

> A definição dos instrumentos econômicos deve enfatizar o caráter condutor dos comportamentos desejados pela política ambiental. Esse caráter indutor se dá a partir da imposição

---

CRA's nos 10% excedentes que poderão ser comercializados com algum outro proprietário cuja propriedade esteja no mesmo bioma e que não tenha o mínimo percentual exigido por lei.

de tributos e preços públicos, da criação de subsídios, ou ainda, da possibilidade de transação sobre direitos de poluir ou créditos de não poluição.[25]

Portanto, ao contrário do que foi sustentado na ADI, não nos parece que tais métodos sejam estimuladores de supressão de reserva legal, antes o contrário, ou seja, ao invés de pensar no proprietário X, exemplificado anteriormente, deve-se pensar no proprietário Y, ou seja, naquele que irá instituir uma reserva legal para negociá-la com quem precisa. É uma forma de dar destinação econômica à propriedade, por meio de sua conservação.

Nesse sentido o STF, ao dizer:

> A legislação ora apreciada utiliza mecanismos inteligentes de incentivos em busca da proteção ambiental, não se limitando às tradicionais e recorrentemente pouco efetivas regras de imposições e proibições (command-and-control). Com efeito, os proponentes da inconstitucionalidade do Novo Código Florestal pretendem que este Supremo Tribunal Federal declare o command-and-control como único modelo de legislação ambiental admitido no Brasil, vedando-se sistemas baseados em soluções de mercado (market based). Mais ainda, as iniciais das Ações Diretas descrevem cenários catastróficos sem qualquer base empírica e em descompasso com as experiências internacionais com legislações da espécie. Ao contrário do alegado pelos Requerentes, mecanismos de mercado não prejudicam a consciência ambiental; pelo contrário, estimulam a preservação dos recursos ecológicos criando ativos correspondentes, de modo que qualquer tipo de degradação da natureza passa também a ser uma agressão ao próprio patrimônio. Por conseguintemente, cada proprietário ou possuidor, agindo no próprio interesse, transforma-se em um fiscal do respeito ao meio ambiente, poupando recursos estatais que seriam necessários para a fiscalização e controle das atividades.

Portanto, a introdução de instrumentos econômicos é medida importante na proteção do meio ambiente e constitucional, de forma que a principal questão que realmente deve ser colocada sob análise da constitucionalidade é, a nosso ver, saber se a implementação destes mecanismos, *in casu* a cota de reserva ambiental, trazem segurança jurídica no dever de proteger o meio ambiente.

O primeiro ponto a ser discutido é saber onde deve estar situada a área que servirá à compensação da reserva legal? No exemplo que demos, a propriedade Y que será usada para compensar a propriedade X deve estar situada aonde?

A exigência legal do inciso IV, §2º do artigo 44 da Lei nº 12.651 é que seja no *"bioma correspondente à área vinculada ao título"*. Obviamente que isso não resolve o problema, porque dentro de um mesmo bioma existem diferentes tipos e subtipos de ecossistemas com variações bem grandes da fitofisionomia vegetal.

Por isso, é necessário, para a validação da compensação, que além de estar no mesmo bioma, seja feita a análise no local com a devida avaliação técnica pelo órgão ambiental competente, para saber se há ou não a identidade ecológica entre as propriedades rurais que participam da negociação e estejam no mesmo bioma.

Conquanto o STF tenha rechaçado a interpretação de que bioma fosse lido como "identidade ecológica", não descartou, antes o inverso, que caberá ao órgão ambiental

---

[25] NUSDEO, Ana Maria de Oliveira. O uso de instrumentos econômicos nas normas de proteção ambiental. *Revista da Faculdade de Direito da Universidade de São Paulo*, São Paulo, v. 101, p. 357-378, 2006. p. 366.

fazer a referida avaliação de compatibilidade ecológica que justifique a compensação ambiental em áreas do mesmo bioma.

> A insurgência em face dos requisitos para a compensação da Reserva Legal não se sustenta. A exigência do Código para que as áreas compensadas pertençam ao mesmo bioma revela critério razoável de proteção ambiental, a ser especificado pelo órgão ambiental competente. (...)
>
> Não é possível, ademais, realizar a interpretação do art. 66, §5º, IV, da Lei nº 12.651/2012 pretendida pelo Requerente, para autorizar compensação apenas entre áreas com "identidade ecológica". O texto constitucional não autoriza a criação, pelo Judiciário, de cláusula aberta distinta da prevista em lei, prejudicando a liberdade de conformação do legislador e do administrador.

Portanto, de tudo quanto foi exposto, a CRA nada mais é que um título nominativo representativo[26] de área com vegetação nativa, substitutivo da antiga Cota de Reserva Florestal,[27] existente ou em processo de recuperação: I – sob regime de servidão ambiental, instituída na forma do art. 9º-A da Lei nº 6.938, de 31 de agosto de 1981; II – correspondente à área de Reserva Legal instituída voluntariamente sobre a vegetação que exceder os percentuais exigidos no art. 12 desta Lei; III – protegida na forma de Reserva Particular do Patrimônio Natural – RPPN, nos termos do art. 21 da Lei nº 9.985, de 18 de julho de 2000;[28] IV – existente em propriedade rural localizada no interior de Unidade de Conservação de domínio público que ainda não tenha sido desapropriada.

Por meio do Decreto nº 9640, de 27 de dezembro de 2018, o poder executivo regulamentou a Cota de Reserva Ambiental instituída pelo art. 44 da Lei nº 12.651. O referido diploma conta com 6 capítulos, assim distribuídos: 1) Disposições gerais, onde estão os conceitos fundamentais, 2) Da emissão e do registro da cota de reserva ambiental, onde se encontram os requisitos e o procedimento para que seja emitida e registrada uma CRA em favor do proprietário; 3) Da transferência da cota de reserva ambiental, onde estão os requisitos para que seja transferido ao adquirente a CRA, inclusive com determinação do conteúdo mínimo do título de transferência e o momento em que ela se torna perfeita e acabada; 4) Da utilização da cota de reserva ambiental, contendo os critérios de utilização da CRA para fins de compensação de reserva legal; 5) Da vigência e do cancelamento da cota de reserva ambiental, onde se encontram os aspectos como prazo de validade, hipóteses de cancelamento e seus efeitos e 6) Das responsabilidades, seja daquele que emite e aliena, seja daquele que adquire a CRA, determinando, ainda, que compete ao Serviço Florestal Brasileiro a incumbência de I – emitir, gerenciar e cancelar a CRA; II – regulamentar, por ato próprio, monitorar e fiscalizar os procedimentos relativos à CRA; III – desenvolver, manter e gerenciar o módulo CRA do Sicar; IV – apoiar os órgãos estaduais e distrital competentes pela CRA na utilização do módulo CRA do Sicar; e V – articular e coordenar as ações com vistas à implementação e ao monitoramento da CRA.

---

[26] Cada cota corresponde a 1 hectare (ha).

[27] A Cota de Reserva Florestal – CRF emitida nos termos do art. 44-B da Lei nº 4.771, de 15 de setembro de 1965, passa a ser considerada, pelo efeito desta Lei, como Cota de Reserva Ambiental. (art. 44, §3º).

[28] A CRA não pode ser emitida com base em vegetação nativa localizada em área de RPPN instituída em sobreposição à Reserva Legal do imóvel. (art. 44, §2º).

Para o proprietário (X) obter o título representativo da área de vegetação nativa que poderá ser comercializado com algum proprietário (Y) que necessita compensar seu déficit de reserva legal, obviamente que situado no mesmo bioma, é preciso que siga um procedimento legal perante os órgãos públicos, sem o qual não é possível nem vender e nem adquirir as cotas de reserva ambiental.

Para que as Cotas de Reservas Ambientais possam ser emitidas em favor do proprietário X, é preciso que a propriedade rural esteja devidamente cadastrada no CAR, pois é fundamental o controle das informações acerca da cobertura vegetal nativa da referida propriedade X, ou seja, quais e onde se localizam as suas áreas de reserva legal, suas APPs, etc.

Uma vez cadastrada no Cadastro Ambiental Rural, caberá ao proprietário X formular um requerimento destinado ao órgão ambiental competente, solicitando a emissão das Cotas de Reservas Ambientais.

Nesse requerimento deve constar as seguintes informações: I – certidão atualizada da matrícula do imóvel expedida pelo registro de imóveis competente; II – cédula de identidade do proprietário, quando se tratar de pessoa física; III – ato de designação de responsável, quando se tratar de pessoa jurídica; IV – certidão negativa de débitos do Imposto sobre a Propriedade Territorial Rural – ITR; V – memorial descritivo do imóvel, com a indicação da área a ser vinculada ao título, contendo pelo menos um ponto de amarração georreferenciado relativo ao perímetro do imóvel e um ponto de amarração georreferenciado relativo à Reserva Legal.

Iniciado o processo administrativo, então este órgão[29] será responsável por emitir um laudo comprobatório que certifique as informações e a possibilidade de que sejam emitidas as CRAs nas áreas que ele delimitar. Esse laudo comprobatório é fundamental no processo de emissão de CRA em favor do proprietário X, porque não é qualquer área de cobertura nativa que pode tornar-se Cotas de Reserva Ambiental, seja pela localização (APPs não podem), seja pelo estágio regenerativo que se encontra a área que se pretende emitir a CRA.[30] Muito embora as informações contidas da propriedade X possam ser checadas por imagens de satélite e contrastadas nos dados contidos no CAR, não se descarta a realização de vistorias *in loco* para elaboração e conclusão do laudo comprobatório. Respeitado o contraditório e a ampla defesa, o órgão ambiental competente findará o processo administrativo com ou sem o deferimento do pedido.

Neste caso, serão emitidas pelo órgão competente integrante do SISNAMA,[31] as Cotas de Reserva Ambiental com a identificação: I) do número da CRA no sistema único de controle; II) do nome do proprietário rural da área vinculada ao título; III) da dimensão e da localização exata da área vinculada ao título, com memorial descritivo contendo pelo menos um ponto de amarração georreferenciado; IV) do bioma correspondente à área vinculada ao título; V) da classificação da área em uma das condições previstas no art. 46.

---

[29] Lamentavelmente o artigo 44, §1º, permite que o laudo comprobatório possa ser emitido pelo próprio órgão ambiental ou por *entidade credenciada*, assegurado o controle do órgão federal competente do Sisnama, na forma de ato do Chefe do Poder Executivo. Melhor seria que tivesse ficado restrito ao órgão público ambiental.

[30] Admite o Código que poderá ser instituída CRA da vegetação nativa que integra a Reserva Legal dos imóveis a que se refere o inciso V do art. 3º.

[31] O órgão federal integrante do SISNAMA pode delegar ao órgão estadual competente atribuições para emissão, cancelamento e transferência da CRA, assegurada a implementação de sistema único de controle. (art. 44, §4º).

Como se observa, não nos parece, na esteira do que decidiu o STF, que inexista segurança jurídica em relação à implementação dos instrumentos econômicos, inclusive da servidão florestal que já estava devidamente regulamentada muito antes do Novo Código Florestal nos artigos 9º A e ss. da Política Nacional do Meio Ambiente.

Portanto, entendemos que a procedência da ADC nº 42 – e a improcedência das ADI's nºs 4.901 e 4.937 – não representaram derrota para a tutela do ambiente.

4.20 Programa de Regularização Ambiental – conversão da multa por serviços de preservação, melhoria e recuperação do meio ambiente – *ganhou ganhando*

(continua)

Lei nº 4.771/65	Lei nº 12.651/12
Sem correspondente	Art. 59. A União, os Estados e o Distrito Federal deverão implantar Programas de Regularização Ambiental (PRAs) de posses e propriedades rurais, com o objetivo de adequá-las aos termos deste Capítulo.
	§1º Na regulamentação dos PRAs, a União estabelecerá, em até 180 (cento e oitenta) dias a partir da data da publicação desta Lei, sem prejuízo do prazo definido no caput, normas de caráter geral, incumbindo-se aos Estados e ao Distrito Federal o detalhamento por meio da edição de normas de caráter específico, em razão de suas peculiaridades territoriais, climáticas, históricas, culturais, econômicas e sociais, conforme preceitua o art. 24 da Constituição Federal.
	§1º Na regulamentação dos PRAs, a União estabelecerá normas de caráter geral, e os Estados e o Distrito Federal ficarão incumbidos do seu detalhamento por meio da edição de normas de caráter específico, em razão de suas peculiaridades territoriais, climáticas, históricas, culturais, econômicas e sociais, conforme preceitua o art. 24 da Constituição Federal.
	§2º A inscrição do imóvel rural no CAR é condição obrigatória para a adesão ao PRA, que deve ser requerida em até 2 (dois) anos, observado o disposto no §4º do art. 29 desta Lei.
	§3º Com base no requerimento de adesão ao PRA, o órgão competente integrante do Sisnama convocará o proprietário ou possuidor para assinar o termo de compromisso, que constituirá título executivo extrajudicial.

(conclusão)

Lei nº 4.771/65	Lei nº 12.651/12
	§4º No período entre a publicação desta Lei e a implantação do PRA em cada Estado e no Distrito Federal, bem como após a adesão do interessado ao PRA e enquanto estiver sendo cumprido o termo de compromisso, o proprietário ou possuidor não poderá ser autuado por infrações cometidas antes de 22 de julho de 2008, relativas à supressão irregular de vegetação em Áreas de Preservação Permanente, de Reserva Legal e de uso restrito. §5º A partir da assinatura do termo de compromisso, serão suspensas as sanções decorrentes das infrações mencionadas no §4º deste artigo e, cumpridas as obrigações estabelecidas no PRA ou no termo de compromisso para a regularização ambiental das exigências desta Lei, nos prazos e condições neles estabelecidos, as multas referidas neste artigo serão consideradas como convertidas em serviços de preservação, melhoria e recuperação da qualidade do meio ambiente, regularizando o uso de áreas rurais consolidadas conforme definido no PRA. §6º (VETADO). §7º Caso os Estados e o Distrito Federal não implantem o PRA até 31 de dezembro de 2020, o proprietário ou possuidor de imóvel rural poderá aderir ao PRA implantado pela União, observado o disposto no §2º deste artigo. Art. 60. A assinatura de termo de compromisso para regularização de imóvel ou posse rural perante o órgão ambiental competente, mencionado no art. 59, suspenderá a punibilidade dos crimes previstos nos arts. 38, 39 e 48 da Lei nº 9.605, de 12 de fevereiro de 1998, enquanto o termo estiver sendo cumprido. §1º A prescrição ficará interrompida durante o período de suspensão da pretensão punitiva. §2º Extingue-se a punibilidade com a efetiva regularização prevista nesta Lei.

Como o nome mesmo indica, o Programa de Regularização Ambiental (PRA) pressupõe que alguém está em situação irregular. Por meio deste PRA há um estímulo com técnicas e métodos para que proprietários e possuidores rurais com passivo ambiental possam regularizar as áreas rurais consolidadas em APPs e em reservas legais a parâmetros de recomposição parcial, estabelecidos nos artigos 61-A a 68 do Código Florestal. Expressamente o dispositivo refere-se à adequação de posses e propriedades rurais aos "termos deste Capítulo", que, sabe-se, cuidam das áreas consolidadas em APP e Reserva Legal.

O problema que envolve a questão constitucional é saber, precisamente, se foi ofendido o artigo 225, §3º,[32] ou seja, consiste em saber se os benefícios legais concedidos aos sujeitos que aderirem ao PRA ofendem o referido dispositivo constitucional.

Uma vez inscrito o imóvel rural no CAR (condição obrigatória para a adesão ao PRA), o proprietário ou possuidor rural deverá formular requerimento de adesão ao PRA ao órgão ambiental competente, que por sua vez convocará o proprietário ou possuidor para assinar o termo de compromisso, que constituirá título executivo extrajudicial, onde deverão constar os compromissos de regularização assumidos pelo proprietário ou possuidor rural nos prazos que forem estabelecidos no referido título.

A questão que exsurge à análise constitucional são, como dito, os benefícios que o Código Florestal concede àquele que adere ao PRA. Segundo os §§4º e 5º do artigo 59, bem como o artigo 60, tem-se que:

> §4º No período entre a publicação desta Lei e a implantação do PRA em cada Estado e no Distrito Federal, bem como após a adesão do interessado ao PRA e enquanto estiver sendo cumprido o termo de compromisso, o proprietário ou possuidor não poderá ser autuado por infrações cometidas antes de 22 de julho de 2008, relativas à supressão irregular de vegetação em Áreas de Preservação Permanente, de Reserva Legal e de uso restrito.
>
> §5º A partir da assinatura do termo de compromisso, serão suspensas as sanções decorrentes das infrações mencionadas no §4º deste artigo e, cumpridas as obrigações estabelecidas no PRA ou no termo de compromisso para a regularização ambiental das exigências desta Lei, nos prazos e condições neles estabelecidos, as multas referidas neste artigo serão consideradas como convertidas em serviços de preservação, melhoria e recuperação da qualidade do meio ambiente, regularizando o uso de áreas rurais consolidadas conforme definido no PRA.
>
> Art. 60. A assinatura de termo de compromisso para regularização de imóvel ou posse rural perante o órgão ambiental competente, mencionado no art. 59, suspenderá a punibilidade dos crimes previstos nos arts. 38, 39 e 48 da Lei nº 9.605, de 12 de fevereiro de 1998, enquanto o termo estiver sendo cumprido.
>
> §1º A prescrição ficará interrompida durante o período de suspensão da pretensão punitiva.
>
> §2º Extingue-se a punibilidade com a efetiva regularização prevista nesta Lei.

Acertadamente, o STF entendeu que houve extrapolação do legislador nestes benefícios, na medida em que afrontou o artigo 225, §3º da CF/88:

---

[32] §3º As condutas e atividades consideradas lesivas ao meio ambiente sujeitarão os infratores, pessoas físicas ou jurídicas, a sanções penais e administrativas, independentemente da obrigação de reparar os danos causados.

No presente caso, a despeito de louvável iniciativa legislativa, no que tange à finalidade de criar incentivos aos agentes econômicos para que saldem o seu passivo ambiental, verifico que as contraprestações adotadas pelo legislador violam frontalmente a ordem constitucional ambiental.

O artigo 225, §3º, da Constituição, prevê expressamente que "as condutas e atividades consideradas lesivas ao meio ambiente sujeitarão os infratores, pessoas físicas ou jurídicas, a sanções penais e administrativas, independentemente da obrigação de reparar os danos causados". Esse dispositivo indica hialina intenção do constituinte originário de se utilizar do instrumental do direito sancionador para infrações ao meio ambiente, bem jurídico de natureza indisponível. Ademais, a literalidade desse dispositivo impede a interpretação de que a obrigação de reparação de dano seja fungível em relação ao cumprimento de sanções penais e administrativas aplicáveis aos infratores. Trata-se de obrigações cumulativas, e não alternativas ou sucessivas entre si, por expressa dicção constitucional. Em nenhum outro subsistema da ordem constitucional, o constituinte teve o cuidado de se manifestar tão explicitamente acerca da definição e da aplicação do aparato sancionador. A literalidade do artigo 225, §3º, da Constituição não autoriza o legislador infraconstitucional, embora sob o nobre pretexto de incentivar a recuperação de áreas desmatadas irregularmente, a transformar duas condutas impositivamente cumulativas – reparação e cumprimento de sanção – em obrigações intercambiáveis ou excludentes. (...)

No caso específico do meio ambiente, a anistia afasta a análise adequada e profunda dos danos e perigos futuros, com perdas irreparáveis à manutenção ecológica das espécies a médio e a longo prazos. Ademais, a anistia deslegitima os efeitos das sanções e a noção de responsabilidade do infrator diante do Estado e da própria sociedade.

Ora, quando o legislador diz que "as multas referidas neste artigo serão consideradas como convertidas em serviços de preservação, melhoria e recuperação da qualidade do meio ambiente" resolve o problema ambiental sob a perspectiva *ex nunc*, mas não todo o passivo que ficou até então sendo suportado pela sociedade. A adequação ao PRA resolve o passivo para o futuro, mas não apaga o tempo de privação do bem ambiental do passado, e neste particular, parece-nos ser ilegítima a eliminação da multa. Além disso, elimina uma importante fonte arrecadatória da Administração Pública. E nesse exato sentido foi a posição do STF, ao afirmar que

danos ambientais consolidados não são integralmente eliminados pelo simples reflorestamento posterior da área. A reparação direta consiste em medida paliativa de recuperação do bioma degradado, uma vez que não apaga os efeitos gerados pela ausência de vegetação nativa durante o período entre a infração e a recomposição. Assim, a aplicação da multa cumpre um papel adicional, na medida em que se torna uma compensação paga pelo agente causador do dano, com vistas a relativizar os danos consolidados previamente ao reflorestamento, ainda que pela via financeira.

(...)

A partir da isenção de multas, estima-se que a Administração Pública deixou de arrecadar aproximadamente R$10 bilhões. Esse prejuízo se reflete gravosamente na dotação orçamentária dos órgãos ambientais, e, consequentemente, no trabalho de fiscalização ambiental e na consecução de políticas públicas de regeneração da vegetação e de controle do desmatamento.

Mas não é só, afinal de contas, o legislador também trouxe benefícios na seara penal, como se observa no artigo 60, transcrito anteriormente, ao dizer que uma vez assinado o termo de compromisso de adesão do PRA, fica suspensa "a punibilidade dos crimes previstos nos arts. 38, 39 e 48 da Lei nº 9.605, de 12 de fevereiro de 1998, enquanto o termo estiver sendo cumprido". Tal medida agride diretamente o artigo 225, §3º, que expressamente menciona a *cumulatividade* das sanções penal, civil e administrativa na seara ambiental.

Ademais, como já foi dito e inclusive objeto de reconhecimento de inconstitucionalidade do STF, a anistia àqueles que desmataram antes de 22.07.2008 é um verdadeiro acinte e inexplicável do ponto de vista jurídico, por se saber que não foi o Decreto nº 6515 (surgido nesta data) que regulamentou as sanções administrativas ambientais previstas na Lei nº 9.605/98. Antes dele já o fazia o Decreto nº 3.179 e antes deste o Decreto nº 99.278 da Lei nº 6.938/81.

Segundo o STF:

> Certamente, a anistia das infrações cometidas até 22.07.2008 pode ser apontada como uma das possíveis concausas para esse aumento. Ao perdoar infrações administrativas e crimes ambientais pretéritos de forma generalizada, o novo Código Florestal sinalizou uma despreocupação do Estado para com o direito ambiental sancionador, o que, consequentemente, mitigou os efeitos preventivos gerais e específicos das normas de proteção do meio ambiente. A concessão de anistia por meio da simples reparação de desmatamentos praticados até 2008, independente da aplicação de qualquer sanção, incentiva a expectativa de que continuamente, de tempos em tempos, o Estado revisará a aplicação das normas sancionatórias para perdoar ilícitos eventualmente praticados pelos empreendedores. A *contrario sensu*, incentiva-se a ideia de que se pode desmatar livremente no período presente, sob a expectativa de que, no futuro, novos programas de regularização ambiental sejam implementados, com facilidades para a manutenção de áreas já degradadas.

Por tudo quanto foi exposto, a declaração de inconstitucionalidade dos artigos 59, §§4º e 5º, e 60 do novo Código Florestal constituem importante vitória para a proteção do meio ambiente.

4.21 A possibilidade de recomposição da reserva legal com o plantio intercalado de espécies nativas e exóticas – *perdeu perdendo*

(continua)

Lei nº 4.771/65	Lei nº 12.651/12
Art. 44. O proprietário ou possuidor de imóvel rural com área de floresta nativa, natural, primitiva ou regenerada ou outra forma de vegetação nativa em extensão inferior ao estabelecido nos incisos I, II, III e IV do art. 16, ressalvado o disposto nos seus §§5º e 6º, deve adotar as seguintes alternativas, isoladas ou conjuntamente: (Redação dada pela Medida Provisória nº 2.166-67, de 2001)	§3º A recomposição de que trata o inciso I do caput poderá ser realizada mediante o plantio intercalado de espécies nativas com exóticas ou frutíferas, em sistema agroflorestal, observados os seguintes parâmetros: I – o plantio de espécies exóticas deverá ser combinado com as espécies nativas de ocorrência regional; II – a área recomposta com espécies exóticas não poderá exceder a 50% (cinquenta por cento) da área total a ser recuperada.

(conclusão)

Lei nº 4.771/65	Lei nº 12.651/12
I – recompor a reserva legal de sua propriedade mediante o plantio, a cada três anos, de no mínimo 1/10 da área total necessária à sua complementação, com espécies nativas, de acordo com critérios estabelecidos pelo órgão ambiental estadual competente; (Incluído pela Medida Provisória nº 2.166-67, de 2001) II – conduzir a regeneração natural da reserva legal; (..) §2º A recomposição de que trata o inciso I pode ser realizada mediante o plantio temporário de espécies exóticas como pioneiras, visando a restauração do ecossistema original, de acordo com critérios técnicos gerais estabelecidos pelo CONAMA. (Incluído pela Medida Provisória nº 2.166-67, de 2001) §3º A regeneração de que trata o inciso II será autorizada, pelo órgão ambiental estadual competente, quando sua viabilidade for comprovada por laudo técnico, podendo ser exigido o isolamento da área. (Incluído pela Medida Provisória nº 2.166-67, de 2001)	

A discussão em torno da questão constitucional no presente consiste em saber se a recomposição da reserva legal com plantio intercalado de espécies nativas com as exóticas e frutíferas ofende o inciso III, §1º do artigo 225 da CF, na medida em que compromete a função ecológica da reserva legal (atributos que justificam a sua proteção como espaço ambiental especialmente protegido).

Em nosso sentir, *concessa máxima vênia*, não está correto o STF ao dizer que

> não existem elementos empíricos que permitam ao Judiciário afirmar, com grau de certeza, que a introdução de espécies exóticas compromete a integridade dos atributos de área de reserva legal. Tampouco há provas científicas de que a utilização de espécies exóticas para o reflorestamento de biomas sempre prejudica as espécies nativas ou causa desequilíbrio no habitat. Uma afirmação semelhante dependeria, evidentemente, do estudo de todas as espécies exóticas em comparação com as características de todos os nichos ecológicos do país, a fim de que se comprove a impossibilidade de preenchimento de áreas degradadas com quaisquer daquelas espécies – uma tarefa impossível, como de plano se percebe.

Com esta afirmação o STF justifica que tal escolha está dentro da liberdade decisória do legislador e não haveria inconstitucionalidade no dispositivo. Ademais, contraditoriamente, concessa máxima vênia, o STF em seguida, *obiter dictum*, traz uma série de informações de ordem técnica ambiental que contradizem a afirmação tantas vezes feita no acórdão, de que o referido órgão não possui e nem deve possuir expertise técnica para complexos assuntos ambientais, como, por exemplo, quando tratou da questão da inconstitucionalidade da metragem das APPs e também ao cuidar deste caso sob análise:

> O Judiciário não possui a *expertise* necessária para a definição pormenorizada dos espaços a serem protegidos dessa forma, nem é institucionalmente desenhado para realizar esse tipo de análise técnica.
>
> (...)
>
> É defeso ao Judiciário, sob pena de nociva incursão em tarefa regulatória especializada, impor ao Administrador espécies de plantas a serem aplicadas em atividades de reflorestamento.

Essas informações de ordem técnica, em nosso sentir, não caberiam ao STF, ainda que *obiter dictum,* porque poderiam levar à falsa percepção de que há um estímulo ao tipo de plantio intercalado trazido pelo legislador.

> A autorização legal para a recomposição de áreas de Reserva Legal com plantio intercalado de espécies pode ser justificada em diversas razões de primeira e de segunda ordem: em algumas situações, o conhecimento da composição original da floresta nativa é de difícil apuração; a espécie exótica pode apresentar crescimento mais rápido, acelerando a recuperação da floresta; a literatura científica pode conferir mais certeza sobre as características da espécie exótica, como a sua interação com outras espécies ou resposta a pragas, em contraposição ao possível desconhecimento do comportamento da espécie nativa *etc*. Todos esses elementos devem ser considerados pelo órgão competente do Sisnama ao estabelecer os critérios para a recomposição da Reserva Legal, consoante o cronograma estabelecido pelo art. 66, §2º, do novo Código Florestal.

É até possível sustentar que o melhor modelo de recomposição seja uma cláusula aberta que outorgue ao órgão ambiental o dever-função de dizer, em cada caso concreto, qual o melhor caminho a ser adotado, considerando todas as variáveis ambientais do local, e, neste particular, nem o Código anterior nem o Código novo seriam suficientes para definir o tema.

A afirmação do STF em tom de aceitação do método intercalado proposto pelo Código de que "a espécie exótica pode apresentar crescimento mais rápido, acelerando a recuperação da floresta" pode constituir um fator de grave desequilíbrio ambiental, pois a literatura técnica ambiental há muito reconhece que embora possa imprimir um crescimento acelerado, ela diminui significativamente a resilição da mesma.[33]

---

[33] Sobre o tema, ver: ANDERSEN, A. N. Ants as indicators of restoration success: relationship with soil microbial biomass in the Autralian Seasonal Tropics. *Restoration Ecology*, v. 5, n. 2, p. 109-114, 1997; BRANCALION, Pedro Henrique Santin *et al*. *Avaliação e monitoramento de áreas em processo de restauração*. Disponível em: http://www.esalqlastrop.com.br/img/aulas/Cumbuca%206(2).pdf. Acesso em 01 jul. 2018; BRASIL. Ministério do Meio Ambiente. *Pacto para a restauração ecológica da mata atlântica*. Universidade de São Paulo Escola superior de agricultura "Luiz de Queiroz" Departamento de Ciências Biológicas Laboratório de Ecologia e Restauração Florestal (LERF). Disponível em: http://www.mma.gov.br/port/conama/processos/73C36E90/Documento_geral_PACTO.pdf. Acesso em 03 jan. 2018; PIOVESAN, Juliana Costa *et al*. Processos ecológicos e a escala da paisagem como

Para se estabelecer a restauração dos processos ecológicos de ecossistemas florestais – e da reserva legal – é preciso saber que a Constituição Federal trabalha com a ideia de que o ecossistema não é formado por "estruturas" ou "indivíduos" como se fosse suficiente, por exemplo, plantar árvores e mudas nativas para alcançar a restauração.

O texto constitucional parte da correta premissa de que um ecossistema é constituído de *processos ecológicos*,[34] ou seja, da interação de estruturas e organismos bióticos e abióticos.

Além disso, é fato que no processo de restauração há a necessidade de se estabelecer um diagnóstico preciso sobre a restauração a ser feita, identificando o ecossistema de referência, os processos ecológicos essenciais, as matrizes, os inventários florísticos e fitossociológicos que muitas vezes depende de densa pesquisa e avaliação, tudo para que as metas estabelecidas e o resultado sejam a obtenção de um ecossistema perene e biodiverso, na exata proporção que possuía antes da degradação.

Os diagnósticos equivocados e escolhas de técnicas de restauração inadequadas podem gerar ecossistemas frágeis, efêmeros e sem a biodiversidade pretendida, comprometendo todo trabalho e eficácia. Observe que não é possível chegar ao mesmo resultado que se tinha antes da degradação, até porque florestas tropicais como a nossa, com enorme biodiversidade, é perfeitamente possível que os processos ecológicos essenciais se desenvolvam e levem a resultados que podem ser diferentes do original, ainda que conservada a sua essência.

Destarte, a restauração florestal de um ecossistema deve ser assistida e monitorada pelo tempo adequado, até que tais processos consigam ser resilientes o suficiente para se manterem sozinhos ante as adversidades que encontrarão. Assim, por exemplo, o constante monitoramento contra a invasão de espécies exóticas é fundamental para que aconteça a regeneração natural da área.

O dispositivo em comento se "salva" na medida em que "a recomposição de que trata o inciso I do caput deverá atender aos critérios estipulados pelo órgão competente do Sisnama", sendo absolutamente infeliz a previsão do limite de 50% para espécies nativas e o restante para frutíferas e exóticas, ainda que tenha dito que "a área recomposta com espécies exóticas não poderá exceder a 50% (cinquenta por cento) da área total a ser recuperada".

Em nosso sentir houve uma perda ambiental considerável, com violação da função da reserva legal, ao admitir como constitucionais os limites percentuais de recomposição com intercalação de espécies exóticas e frutíferas.

---

diretrizes para projetos de restauração ecológica. *Revista Caititu*, v. 1, n. 1, 2013. Disponível em: https://portalseer.ufba.br/index.php/revcaititu/article/view/5278/05%20Artigo%203. Acesso em 02 jul. 2018.

[34] THF, Allen; TW, Hoekstra. *Toward a Unified Ecology*. New York, Columbia University Press: First Ed, 1992. p. 384.

4.22 Regras de transição para a regularização de áreas consolidadas em APPs e em Reserva Legais

(continua)

Lei nº 4.771/65	Lei nº 12.651/12
	Art. 61-A. Nas Áreas de Preservação Permanente, é autorizada, exclusivamente, a continuidade das atividades agrossilvipastoris, de ecoturismo e de turismo rural em áreas rurais consolidadas até 22 de julho de 2008. §1º Para os imóveis rurais com área de até 1 (um) módulo fiscal que possuam áreas consolidadas em Áreas de Preservação Permanente ao longo de cursos d'água naturais, será obrigatória a recomposição das respectivas faixas marginais em 5 (cinco) metros, contados da borda da calha do leito regular, independentemente da largura do curso d'água. (Incluído pela Lei nº 12.727, de 2012). §2º Para os imóveis rurais com área superior a 1 (um) módulo fiscal e de até 2 (dois) módulos fiscais que possuam áreas consolidadas em Áreas de Preservação Permanente ao longo de cursos d'água naturais, será obrigatória a recomposição das respectivas faixas marginais em 8 (oito) metros, contados da borda da calha do leito regular, independentemente da largura do curso d'água. §3º Para os imóveis rurais com área superior a 2 (dois) módulos fiscais e de até 4 (quatro) módulos fiscais que possuam áreas consolidadas em Áreas de Preservação Permanente ao longo de cursos d'água naturais, será obrigatória a recomposição das respectivas faixas marginais em 15 (quinze) metros, contados da borda da calha do leito regular, independentemente da largura do curso d'água. §4º Para os imóveis rurais com área superior a 4 (quatro) módulos fiscais que possuam áreas consolidadas em Áreas de Preservação Permanente ao longo de cursos d'água naturais, será obrigatória a recomposição das respectivas faixas marginais:

(continua)

Lei nº 4.771/65	Lei nº 12.651/12
	I – (VETADO).
	II – nos demais casos, conforme determinação do PRA, observado o mínimo de 20 (vinte) e o máximo de 100 (cem) metros, contados da borda da calha do leito regular.
	§5º Nos casos de áreas rurais consolidadas em Áreas de Preservação Permanente no entorno de nascentes e olhos d'água perenes, será admitida a manutenção de atividades agrossilvipastoris, de ecoturismo ou de turismo rural, sendo obrigatória a recomposição do raio mínimo de 15 (quinze) metros.
	§6º Para os imóveis rurais que possuam áreas consolidadas em Áreas de Preservação Permanente no entorno de lagos e lagoas naturais, será admitida a manutenção de atividades agrossilvipastoris, de ecoturismo ou de turismo rural, sendo obrigatória a recomposição de faixa marginal com largura mínima de:
	I – 5 (cinco) metros, para imóveis rurais com área de até 1 (um) módulo fiscal;
	II – 8 (oito) metros, para imóveis rurais com área superior a 1 (um) módulo fiscal e de até 2 (dois) módulos fiscais;
	III – 15 (quinze) metros, para imóveis rurais com área superior a 2 (dois) módulos fiscais e de até 4 (quatro) módulos fiscais; e
	IV – 30 (trinta) metros, para imóveis rurais com área superior a 4 (quatro) módulos fiscais.
	§7º Nos casos de áreas rurais consolidadas em veredas, será obrigatória a recomposição das faixas marginais, em projeção horizontal, delimitadas a partir do espaço brejoso e encharcado, de largura mínima de:
	I – 30 (trinta) metros, para imóveis rurais com área de até 4 (quatro) módulos fiscais; e
	II – 50 (cinquenta) metros, para imóveis rurais com área superior a 4 (quatro) módulos fiscais.

(continua)

Lei nº 4.771/65	Lei nº 12.651/12
	§8º Será considerada, para os fins do disposto no caput e nos §§1º a 7º, a área detida pelo imóvel rural em 22 de julho de 2008. §9º A existência das situações previstas no caput deverá ser informada no CAR para fins de monitoramento, sendo exigida, nesses casos, a adoção de técnicas de conservação do solo e da água que visem à mitigação dos eventuais impactos. §10. Antes mesmo da disponibilização do CAR, no caso das intervenções já existentes, é o proprietário ou possuidor rural responsável pela conservação do solo e da água, por meio de adoção de boas práticas agronômicas. §11. A realização das atividades previstas no caput observará critérios técnicos de conservação do solo e da água indicados no PRA previsto nesta Lei, sendo vedada a conversão de novas áreas para uso alternativo do solo nesses locais. §12. Será admitida a manutenção de residências e da infraestrutura associada às atividades agrossilvipastoris, de ecoturismo e de turismo rural, inclusive o acesso a essas atividades, independentemente das determinações contidas no caput e nos §§1º a 7º, desde que não estejam em área que ofereça risco à vida ou à integridade física das pessoas. §13. A recomposição de que trata este artigo poderá ser feita, isolada ou conjuntamente, pelos seguintes métodos: I – condução de regeneração natural de espécies nativas; II – plantio de espécies nativas; III – plantio de espécies nativas conjugado com a condução da regeneração natural de espécies nativas;

ANTÔNIO HERMAN VASCONCELOS E BENJAMIN, VLADIMIR PASSOS DE FREITAS, JARBAS SOARES JÚNIOR (Coords.)
COMENTÁRIOS AOS ACÓRDÃOS AMBIENTAIS – PARADIGMAS DO SUPREMO TRIBUNAL FEDERAL

(continua)

Lei nº 4.771/65	Lei nº 12.651/12
	IV – plantio intercalado de espécies lenhosas, perenes ou de ciclo longo, exóticas com nativas de ocorrência regional, em até 50% (cinquenta por cento) da área total a ser recomposta, no caso dos imóveis a que se refere o inciso V do caput do art. 3º;
	V – (VETADO).
	§14. Em todos os casos previstos neste artigo, o poder público, verificada a existência de risco de agravamento de processos erosivos ou de inundações, determinará a adoção de medidas mitigadoras que garantam a estabilidade das margens e a qualidade da água, após deliberação do Conselho Estadual de Meio Ambiente ou de órgão colegiado estadual equivalente.
	§15. A partir da data da publicação desta Lei e até o término do prazo de adesão ao PRA de que trata o §2º do art. 59, é autorizada a continuidade das atividades desenvolvidas nas áreas de que trata o caput, as quais deverão ser informadas no CAR para fins de monitoramento, sendo exigida a adoção de medidas de conservação do solo e da água.
	§16. As Áreas de Preservação Permanente localizadas em imóveis inseridos nos limites de Unidades de Conservação de Proteção Integral criadas por ato do poder público até a data de publicação desta Lei não são passíveis de ter quaisquer atividades consideradas como consolidadas nos termos do caput e dos §§1º a 15, ressalvado o que dispuser o Plano de Manejo elaborado e aprovado de acordo com as orientações emitidas pelo órgão competente do Sisnama, nos termos do que dispuser regulamento do Chefe do Poder Executivo, devendo o proprietário, possuidor rural ou ocupante a qualquer título adotar todas as medidas indicadas.

(continua)

Lei nº 4.771/65	Lei nº 12.651/12
	§17. Em bacias hidrográficas consideradas críticas, conforme previsto em legislação específica, o Chefe do Poder Executivo poderá, em ato próprio, estabelecer metas e diretrizes de recuperação ou conservação da vegetação nativa superiores às definidas no caput e nos §§1º a 7º, como projeto prioritário, ouvidos o Comitê de Bacia Hidrográfica e o Conselho Estadual de Meio Ambiente. §18. (VETADO). Art. 61-B. Aos proprietários e possuidores dos imóveis rurais que, em 22 de julho de 2008, detinham até 10 (dez) módulos fiscais e desenvolviam atividades agrossilvipastoris nas áreas consolidadas em Áreas de Preservação Permanente é garantido que a exigência de recomposição, nos termos desta Lei, somadas todas as Áreas de Preservação Permanente do imóvel, não ultrapassará: I – 10% (dez por cento) da área total do imóvel, para imóveis rurais com área de até 2 (dois) módulos fiscais; II – 20% (vinte por cento) da área total do imóvel, para imóveis rurais com área superior a 2 (dois) e de até 4 (quatro) módulos fiscais; III – (VETADO). Art. 61-C. Para os assentamentos do Programa de Reforma Agrária, a recomposição de áreas consolidadas em Áreas de Preservação Permanente ao longo ou no entorno de cursos d'água, lagos e lagoas naturais observará as exigências estabelecidas no art. 61-A, observados os limites de cada área demarcada individualmente, objeto de contrato de concessão de uso, até a titulação por parte do Instituto Nacional de Colonização e Reforma Agrária – INCRA.

(conclusão)

Lei nº 4.771/65	Lei nº 12.651/12
	Art. 63. Nas áreas rurais consolidadas nos locais de que tratam os incisos V, VIII, IX e X do art. 4º, será admitida a manutenção de atividades florestais, culturas de espécies lenhosas, perenes ou de ciclo longo, bem como da infraestrutura física associada ao desenvolvimento de atividades agrossilvipastoris, vedada a conversão de novas áreas para uso alternativo do solo. §1º O pastoreio extensivo nos locais referidos no caput deverá ficar restrito às áreas de vegetação campestre natural ou já convertidas para vegetação campestre, admitindo-se o consórcio com vegetação lenhosa perene ou de ciclo longo. §2º A manutenção das culturas e da infraestrutura de que trata o caput é condicionada à adoção de práticas conservacionistas do solo e da água indicadas pelos órgãos de assistência técnica rural. §3º Admite-se, nas Áreas de Preservação Permanente, previstas no inciso VIII do art. 4º, dos imóveis rurais de até 4 (quatro) módulos fiscais, no âmbito do PRA, a partir de boas práticas agronômicas e de conservação do solo e da água, mediante deliberação dos Conselhos Estaduais de Meio Ambiente ou órgãos colegiados estaduais equivalentes, a consolidação de outras atividades agrossilvipastoris, ressalvadas as situações de risco de vida. Art. 67. Nos imóveis rurais que detinham, em 22 de julho de 2008, área de até 4 (quatro) módulos fiscais e que possuam remanescente de vegetação nativa em percentuais inferiores ao previsto no art. 12, a Reserva Legal será constituída com a área ocupada com a vegetação nativa existente em 22 de julho de 2008, vedadas novas conversões para uso alternativo do solo.

Todos os dispositivos citados se referem às regras adotadas pelo legislador para regularização das áreas consolidadas em APPs e Reserva Legal.

Várias dessas regras relativizaram obrigações ambientais e, como foi observado no comentário anterior, envolvem, inclusive, aspectos técnicos, como, por exemplo, o plantio de espécies exóticas em APP.

É de se observar que as áreas rurais consolidadas possuem regime jurídico mais brando de recuperação das APPs, bastando comparar o artigo 4º e seus incisos com estes arrolados no quadro anterior, para se ver que a recomposição de APP em área consolidada não corresponde à exigência do art. 4º, ou seja, estes proprietários podem continuar as suas atividades econômicas e apenas recompor a APP nos limites e dimensões estabelecidos pelo artigo 61-A, que são bem menores que o artigo 4º, vejamos:

- Para os imóveis rurais com área de até 1 (um) módulo fiscal que possuam áreas consolidadas em Áreas de Preservação Permanente ao longo de cursos d'água naturais, será obrigatória a recomposição das respectivas faixas marginais em 5 (cinco) metros, contados da borda da calha do leito regular, independentemente da largura do curso d'água.

- Para os imóveis rurais com área superior a 1 (um) módulo fiscal e de até 2 (dois) módulos fiscais que possuam áreas consolidadas em Áreas de Preservação Permanente ao longo de cursos d'água naturais, será obrigatória a recomposição das respectivas faixas marginais em 8 (oito) metros, contados da borda da calha do leito regular, independentemente da largura do curso d'água.

- Para os imóveis rurais com área superior a 2 (dois) módulos fiscais e de até 4 (quatro) módulos fiscais que possuam áreas consolidadas em Áreas de Preservação Permanente ao longo de cursos d'água naturais, será obrigatória a recomposição das respectivas faixas marginais em 15 (quinze) metros, contados da borda da calha do leito regular, independentemente da largura do curso d'água.

- Para os imóveis rurais com área superior a 4 (quatro) módulos fiscais que possuam áreas consolidadas em Áreas de Preservação Permanente ao longo de cursos d'água naturais, será obrigatória a recomposição das respectivas faixas marginais conforme determinação do PRA, observado o mínimo de 20 (vinte) e o máximo de 100 (cem) metros, contados da borda da calha do leito regular.

- Nos casos de áreas rurais consolidadas em Áreas de Preservação Permanente no entorno de nascentes e olhos d'água perenes, será admitida a manutenção de atividades agrossilvipastoris, de ecoturismo ou de turismo rural, sendo obrigatória a recomposição do raio mínimo de 15 (quinze) metros.

- Para os imóveis rurais que possuam áreas consolidadas em Áreas de Preservação Permanente no entorno de lagos e lagoas naturais, será admitida a manutenção de atividades agrossilvipastoris, de ecoturismo ou de turismo rural, sendo obrigatória a recomposição de faixa marginal com largura mínima de:
  - 5 (cinco) metros, para imóveis rurais com área de até 1 (um) módulo fiscal.
  - 8 (oito) metros, para imóveis rurais com área superior a 1 (um) módulo fiscal e de até 2 (dois) módulos fiscais.
  - 15 (quinze) metros, para imóveis rurais com área superior a 2 (dois) módulos fiscais e de até 4 (quatro) módulos fiscais.
  - 30 (trinta) metros, para imóveis rurais com área superior a 4 (quatro) módulos fiscais.

- Nos casos de áreas rurais consolidadas em veredas, será obrigatória a recomposição das faixas marginais, em projeção horizontal, delimitadas a partir do espaço brejoso e encharcado, de largura mínima de:
  - 30 (trinta) metros, para imóveis rurais com área de até 4 (quatro) módulos fiscais.
  - 50 (cinquenta) metros, para imóveis rurais com área superior a 4 (quatro) módulos fiscais.
- Para os reservatórios artificiais de água destinados à geração de energia ou ao abastecimento público (vide art. 5º, §§1º e 2º) que foram registrados ou tiveram seus contratos de concessão ou autorização assinados anteriormente à Medida Provisória nº 2.166-67, de 24 de agosto de 2001, a faixa da Área de Preservação Permanente será a distância entre o nível máximo operativo normal e a cota máxima *maximorum*.

O legislador não se limitou a estabelecer as faixas (menores) de recomposição das APPs em áreas rurais consolidadas, mas ainda determinou os métodos (isolados ou em conjunto) de como deve ser esta recomposição, a saber (art. 61-A, §13):

- condução de regeneração natural de espécies nativas.
- plantio de espécies nativas.
- plantio de espécies nativas conjugado com a condução da regeneração natural de espécies nativas.
- plantio intercalado de espécies lenhosas, perenes ou de ciclo longo, exóticas com nativas de ocorrência regional, em até 50% (cinquenta por cento) da área total a ser recomposta, no caso dos imóveis a que se refere o inciso V do caput do art. 3º.

Como se observa e já foi dito no comentário anterior, o último método mencionado destoa totalmente das regras de ecologia e preservação de ecossistemas, e por razões de hipossuficiência econômica foi deferido ao pequeno produtor rural.

Apenas para lembrar, o inciso V do artigo 3º diz que "pequena propriedade ou posse rural familiar [é] aquela explorada mediante o trabalho pessoal do agricultor familiar e empreendedor familiar rural, incluindo os assentamentos e projetos de reforma agrária, e que atenda ao disposto no art. 3º da Lei nº 11.326, de 24 de julho de 2006". Ora, com o devido respeito, seja pequeno ou grande produtor, não deveria ser admitida, em hipótese alguma, a recomposição da APP com espécies exóticas, porque estas competem com a vegetação nativa, modificando e muitas vezes exterminando o ecossistema natural. O problema econômico deveria ser trabalhado de outra forma pelo legislador, sem colocar na conta, mais uma vez, do equilíbrio ecológico.

Para o STF não houve nenhuma inconstitucionalidade, na medida em que entendeu como sendo normal o regime de transição estabelecido pelo legislador nos limites de sua liberdade decisória, sem esvaziamento do núcleo do direito ambiental protegido constitucionalmente, compatibilizando-o com o conteúdo econômico da propriedade privada.

> No presente caso, tenho que as regras impugnadas, a despeito de relativizarem algumas obrigações ambientais, promovem transição razoável entre sistemas legislativos, revelando técnica de estabilização e regularização das situações jurídicas já utilizada em outras searas do Direito brasileiro que igualmente envolvem a proteção de bens jurídicos igualmente indisponíveis.
> (...)

Os artigos ora analisados estabelecem critérios para a recomposição das Áreas de Preservação Permanente, de acordo com o tamanho do imóvel. Assim, nas APP's ao longo de cursos d'água naturais, a obrigatoriedade de recomposição das faixas marginais varia entre 5 (cinco) e 100 (cem) metros, a depender da quantidade de módulos fiscais do imóvel rural, consoante os parágrafos primeiro a quarto do art. 61-A do novo Código Florestal. Em Áreas de Preservação Permanente no entorno de lagos e lagoas naturais, a largura da faixa marginal a ser recomposta (de cinco a trinta metros) também aumenta conforme a área do imóvel rural (art. 61-A, §6º, do novo Código Florestal). A mesma sistemática é aplicada às áreas rurais consolidadas em veredas – regiões de fitofisionomia de savana, encontrada em solos hidromórficos (art. 61-A, §7º). Por sua vez, o art. 61-B da Lei nº 12.651/2012 consagra patamares máximos para a exigência de recomposição em Áreas de Preservação Permanente nas quais eram desenvolvidas atividades agrossilvipastoris em 22 de julho de 2008: nos imóveis de até dois módulos fiscais, a exigência de recomposição não ultrapassará 10% (dez por cento) da sua área total; já nos imóveis entre dois e quatro módulos fiscais, o patamar máximo é de 20% (vinte por cento) de sua área total. O tamanho do imóvel rural é igualmente relevante para a incidência do art. 67 da Lei em comento. Segundo esse dispositivo, a Reserva Legal será constituída com a área de vegetação nativa existente em 22 de julho de 2008 para os imóveis rurais que detinham, naquela data, até quatro módulos fiscais e não atendiam aos percentuais de vegetação nativa do novo Código Florestal.

(...)

A impugnação não comporta acolhimento, mercê da legitimidade do legislador para estabelecer os critérios norteadores da política pública de proteção ambiental. Resta evidente que a lei pretendeu assegurar minimamente o conteúdo econômico da propriedade, em obediência aos artigos 5º, XXII, e 170, II, da Carta Magna, por meio da adaptação da área a ser recomposta conforme o tamanho do imóvel rural. De outra forma, a fixação da área a ser recomposta poderia ocupar substancialmente a propriedade, esvaziando o seu potencial produtivo. Não se deve ignorar que, conforme o art. 185, parágrafo único, da Constituição, a "lei garantirá tratamento especial à propriedade produtiva", motivo pelo qual deve ser reputada constitucional a medida eleita pelo Legislativo para compatibilizar a necessidade de proteção ambiental e os imperativos de desenvolvimento socioeconômico.

Em nosso sentir houve excesso do legislador e não apenas porque reduziu os limites para fins de recomposição da APP e da Reserva Legal em relação aos parâmetros do próprio Código, mas também porque deu tratamento não isonômico àqueles que cumpriram os limites estabelecidos e possuem atualmente uma situação jurídica mais restrita do que aqueles que possuem área consolidada em recomposição. O fato de o imóvel dever estar cadastrado no CAR e necessariamente passar a recomposição pelo crivo do órgão ambiental competente apenas reduz, mas não elimina, o prejuízo ambiental. Em nosso sentir, a declaração de constitucionalidade dos artigos 61-A, 61-B, 61-C, 63 e 67 do novo Código Florestal constituem uma relevante perda ambiental.

4.23 Prorrogação indiscriminada do prazo para a concessão de crédito rural

Lei nº 4.771/65	Lei nº 12.651/12
Sem correspondente	Art. 78-A. Após 31 de dezembro de 2017, as instituições financeiras só concederão crédito agrícola, em qualquer de suas modalidades, para proprietários de imóveis rurais que estejam inscritos no CAR. Parágrafo único. O prazo de que trata este artigo será prorrogado em observância aos novos prazos de que trata o §3º do art. 29.

A questão constitucional sob análise refere-se ao fato de que o prazo para a concessão do crédito rural restou indiscriminado, sem ter estabelecido no dispositivo o critério da regularidade ambiental do imóvel, o que importaria em violação do dever de proteção ambiental.

Em nosso sentir, a questão trazida na ADI nº 4.902 não é inconstitucional, e julgou corretamente o STF, muito embora enxerguemos fundamento diverso daquele que foi trazido no r. acórdão:

> O condicionamento legal da inscrição no Cadastro Ambiental Rural (CAR) para a concessão de crédito agrícola é um incentivo para que proprietários e possuidores de imóveis rurais forneçam informações ambientais de suas propriedades, a fim de compor base de dados para controle, monitoramento, planejamento ambiental e econômico e combate ao desmatamento. Entretanto, a própria obrigação de inscrição no CAR, independente da pretensão de obtenção de financiamento, pode ser realizada no prazo conferido pelo art. 29, §3º, do novo Código Florestal: até 31 de dezembro de 2017, prorrogável por mais 1 (um) ano por ato do Chefe do Poder Executivo. Não faria sentido, assim, condicionar a concessão de crédito agrícola ao cumprimento de uma obrigação ainda não vencida, à vista do não esgotamento do prazo para a inscrição no referido cadastro. Ademais, não há norma constitucional que proíba a concessão de crédito para agricultores sem inscrição em cadastro de cunho ambiental, enquadrando-se a matéria em zona de discricionariedade legislativa. Por fim, o próprio Requerente reconhece que em "Boletim Informativo do CAR, de agosto de 2016, o Serviço Florestal Brasileiro declara que 97,41% da área nacional passível de cadastro foi inscrita". O sucesso na reunião de dados para o cadastro apenas comprova que o art. 78-A da lei em apreço não teve o condão de fragilizar qualquer tipo de proteção ambiental.

Primeiro é preciso dizer que o dispositivo menciona que *as instituições financeiras só concederão crédito agrícola, em qualquer de suas modalidades, para proprietários de imóveis rurais que estejam inscritos no CAR.*

Por sua vez, o CAR, previsto no artigo 30 da Lei nº 12.651, tem por finalidade "integrar as informações ambientais das propriedades e posses rurais, compondo base de dados para *controle, monitoramento, planejamento ambiental e econômico e combate ao desmatamento*".

Após o prazo, já vencido de 31 de dezembro de 2017, apenas os imóveis inscritos no CAR até o dia 31 de dezembro de 2020 darão direito aos seus proprietários e possuidores rurais à adesão ao Programa de Regularização Ambiental (PRA), de que trata o art. 59 (Lei nº 13.887/19). Ainda que nova lei venha a elastecer esse prazo de inscrição no CAR, a efetiva adesão ao sistema eletrônico é condição necessária para o referido benefício. Em nosso sentir, a improcedência da demanda não configura nenhuma perda ambiental.

Referências

AGÊNCIA FPA. *Sala Moacir Micheletto é inaugurada na Comissão de agricultura*. 24 mai. 2018. Disponível em: https://agencia.fpagropecuaria.org.br/2018/05/24/sala-moacir-micheletto-e-inaugurada-na-comissao-de-agricultura/. Acesso em 05 fev. 2020.

ANDERSEN, A. N. Ants as indicators of restoration success: relationship with soil microbial biomass in the Autralian Seasonal Tropics. *Restoration Ecology*, v. 5, n. 2, p. 109-114, 1997.

ANTUNES, Paulo de Bessa. *Áreas protegidas e propriedade constitucional*. São Paulo: Atlas, 2011.

BARROSO, Luís Roberto. A proteção ao meio ambiente na Constituição Brasileira. *Revista Forense*, v. 317, p. 177, 1992.

BARROSO, Luís Roberto. *Interpretação e aplicação da Constituição*. São Paulo: Saraiva, 1998.

BENJAMIN, Antonio Herman de Vasconcellos e. *Hermenêutica do novo código florestal*. Disponível em: https://ww2.stj.jus.br/publicacaoinstitucional/index.php/Dout25anos/article/view/1109/1043. Acesso em 20 jan. 2018.

BENJAMIN, Antonio Herman de Vasconcellos e. *O regime jurídico brasileiro das unidades de conservação*. Disponível em: https://bdjur.stj.jus.br/jspui/bitstream/2011/27906/Regime_Brasileiro_Unidades.doc.pdf. Acesso em 20 jan. 2018.

BENJAMIN, Antonio Herman de Vasconcellos e. *Reflexões sobre a hipertrofia do direito de propriedade na tutela da reserva legal e das áreas de preservação permanente*. Disponível em: https://bdjur.stj.jus.br/jspui/handle/2011/20711. Acesso em 20 jan. 2018.

BENJAMIN, Antonio Herman de Vasconcellos e. *A Proteção das Florestas Brasileiras*: ascensão e queda do Código Florestal. Disponível em: https://bdjur.stj.jus.br/jspui/bitstream/2011/8962/A_Prote%c3%a7%c3%a3o_das_Florestas%20Brasileiras.pdf. Acesso em 20 jan. 2018.

BRANCALION, Pedro Henrique Santin *et al*. *Avaliação e monitoramento de áreas em processo de restauração*. Disponível em: http://www.esalqlastrop.com.br/img/aulas/Cumbuca%206(2).pdf. Acesso em 01 jul. 2018.

BRASIL. Ministério do Meio Ambiente. *Pacto para a restauração ecológica da mata atlântica*. Universidade de São Paulo Escola superior de agricultura "Luiz de Queiroz" Departamento de Ciências Biológicas Laboratório de Ecologia e Restauração Florestal (LERF). Disponível em: http://www.mma.gov.br/port/conama/processos/73C36E90/Documento_geral_PACTO.pdf. Acesso em 03 jan. 2018.

BRANDÃO, Júlio Cesar. *Novo Código Florestal Brasileiro*: anotações à Lei n° 12.651/12 com as alterações da Lei n° 12.727/12. Santa Catarina: Juruá, 2012.

BRASIL. Câmara dos Deputados. *Projeto de Lei n° 1876/1999*. Disponível em: https://www.camara.leg.br/proposicoesWeb/fichadetramitacao?idProposicao=17338. Acesso em 25 jan. 2020.

CAFAGNO, Maurizio. Capítulo IV: Strumenti di mercato e tutela dell'ambiente. *In*: *Diritto dell 'Ambiente (a cura di Giampaolo Rossi)*. Torino: Giappichelli, 2011.

CARRASCO, Beatriz. Mar pode 'engolir' territórios de 22 cidades de Santa Catarina em 30 anos. *ND notícias*, 19 dez. 2019. Disponível em: https://ndmais.com.br/reportagem-especial/o-avanco-das-aguas-mar-pode-engolir-territorios-de-22-cidades-de-santa-catarina-em-30-anos/. Acesso em 15 set. 2020.

CARVALHO, Sérgio. *Verbete*. Disponível em: http://www.fgv.br/cpdoc/acervo/dicionarios/verbete-biografico/carvalho-sergio-ro. Acesso em 06 fev. 2020.

CLEMENTS, Frederic E. Plant sucession. An analysis of the development of vegetation. *Published by Carnegie Institution of Whashington*, 1916. Disponível em: https://archive.org/details/cu31924000531818. Acesso em 03 jan. 2018.

CUNHA, Euclides da. Entre o madeira e o javari. *In: Contrastes e confrontos*. Disponível em: http://www.dominiopublico.gov.br/download/texto/bn000017.pdf. Acesso em 03 jan. 2018.

DERANI, Cristiane. Tutela jurídica da apropriação do meio ambiente e as três dimensões da propriedade. *Revista de Direitos Difusos*, São Paulo, v. 4, n. 20, p. 2817-2837, 2003.

INSTITUTO BRASILEIRO DE GEOGRAFIA ESTATÍSTICA (IBGE). *Manual técnico da vegetação brasileira*. 2. ed. 2012. Disponível em: https://biblioteca.ibge.gov.br/visualizacao/livros/liv63011.pdf. Acesso em 03 jan. 2018.

LAHMANN, K. An economic perspective of environmental regulation. Mimeo. Berlin: McKinsey & Company, 1994. *In:* BOHM, Peter; RUSSELL, Clifford. Handbook of natural resource and energy economics. *Chapter 10 Comparative analysis of alternative policy instruments*, Elsevier, v. 1, p. 395-460, 1985. Disponível em: https://www.sciencedirect.com/handbook/handbook-of-natural-resource-and-energy-economics. Acesso em 03 jan. 2018.

LAURANCE WF *et al.* Rain forest fragmentation and proliferation of successional trees. *Ecology*, n. 87, p. 469-482, 2006.

LEHFELD, Lucas de Souza; CARVALHO, Nathan Castelo Branco; BALBIM, Leonardo Isper Nassif. *Código Florestal*: comentado e anotado. São Paulo: Método, 2013.

MARQUES, Jairo. Pela minha janela, vejo a água invadir condomínios e alagar carros. *Folha de São Paulo*, 10 fev. 2020. Disponível em: https://www1.folha.uol.com.br/cotidiano/2020/02/pela-minha-janela-vejo-a-agua-invadir-condominios-e-alagar-carros.shtml. Acesso em 11 set. 2020.

MUKAI, Toshio. *O novo Código Florestal*. São Paulo: Forense, 2013.

NUSDEO, Ana Maria de Oliveira. O uso de instrumentos econômicos nas normas de proteção ambiental. *Revista da Faculdade de Direito da Universidade de São Paulo*, São Paulo, v. 101, p. 357-378, 2006.

PÁDUA, Maria Tereza Jorge. Do sistema nacional de unidades de conservação. *In:* MEDEIROS, Rodrigo; ARAÚJO, Fábio França Silva (Org.). *Dez anos do Sistema Nacional de Unidades de Conservação da Natureza*: lições do passado, realizações presentes e perspectivas para o futuro. Brasília: MMA, 2011. Disponível em: http://www.mma.gov.br/estruturas/240/_publicacao/240_publicacao06072011055602.pdf. Acesso em 18 jul. 2018.

PAES, Carolina; LEAL, Patrícia. Defesa civil ainda monitora 30 áreas de risco em Itaquaquecetuba. *TV diário*, 12 fev. 2020. Disponível em: https://g1.globo.com/sp/mogi-das-cruzes-suzano/noticia/2020/02/12/defesa-civil-ainda-monitora-30-areas-de-risco-em-itaquaquecetuba.ghtml. Acesso em 11 set. 2020.

PIOVESAN, Juliana Costa *et al.* Processos ecológicos e a escala da paisagem como diretrizes para projetos de restauração ecológica. *Revista Caititu*, v. 1, n. 1, 2013. Disponível em: https://portalseer.ufba.br/index.php/revcaititu/article/view/5278/05%20Artigo%203. Acesso em 02 jul. 2018.

REVESZ, Richard L.; STAVINS, Robert N. Environmental law. *In:* POLINSKY, A. Mitchell; SHAVELL, Steven (Ed.). *Handbook of law and economics*. Boston: Elsevier, 2007. v. 1.

RODRIGUES, Marcelo Abelha. *Direito Ambiental Esquematizado*. 7. ed. São Paulo: Saraiva, 2019.

RODRIGUES, Marcelo Abelha. *Proteção jurídica da flora*. Salvador: Podivm, 2019.

SARLET, I. W.; FENSTERSEIFER, T. *Direito ambiental constitucional*: constituição, direitos fundamentais e proteção do ambiente. 2. ed. São Paulo: Revista dos Tribunais, 2012.

SARLET, I. W.; FENSTERSEIFER, T. Notas sobre a proibição de retrocesso em matéria (sócio) ambiental. *In: Comissão de meio ambiente, defesa do consumidor e fiscalização e controle do Senado Federal. O princípio da proibição do retrocesso ambiental*. Brasília: Senado Federal, 2012.

SPAUTZ, Dagmara. Maré alta fora do comum atinge o centro de Itajaí; fenômeno pode se repetir. *NCS total*, 10 fev. 2020. Disponível em: https://www.nsctotal.com.br/colunistas/dagmara-spautz/mare-alta-fora-do-comum-atinge-o-centro-de-itajai-fenomeno-pode-se. Acesso em 15 set. 2020.

THF, Allen; TW, Hoekstra. *Toward a Unified Ecology*. New York, Columbia University Press: First Ed, 1992.

VELOSO, H. Pimenta; RANGEL FILHO, Antonio Lourenço Rosa; LIMA, Jorge Carlos. *Classificação da vegetação brasileira, adaptada a um sistema universal*. Disponível em: https://biblioteca.ibge.gov.br/visualizacao/monografias/GEBIS%20-%20RJ/classificacaovegetal.pdf. Acesso em 02 jul. 2018.

VERMEULE, Adrian. *Laws abnegation*. Cambridge: Harvard University Press, 2016.

Informação bibliográfica deste texto, conforme a NBR 6023:2018 da Associação Brasileira de Normas Técnicas (ABNT):

RODRIGUES, Marcelo Abelha. Comentários ao acórdão do Supremo Tribunal Federal que julgou as Ações Diretas de Inconstitucionalidade nºs 4.901, 4.902, 4.903 e 4.937 e a Ação Declaratória de Constitucionalidade (ADC nº 42) envolvendo o Novo Código Florestal (Lei nº 12.651/2012). *In*: BENJAMIN, Antônio Herman Vasconcelos e; FREITAS, Vladimir Passos de; SOARES JÚNIOR, Jarbas (Coord.). *Comentários aos acórdãos ambientais*: paradigmas do Supremo Tribunal Federal. Belo Horizonte: Fórum, 2021. p. 325-415. ISBN 978-65-5518-077-0.

ACÓRDÃO NAS ADIS NºS 4.901, 4.902, 4.903, 4.937 E NA ADC Nº 42

(CÓDIGO FLORESTAL)

COMENTÁRIOS AO VOTO-VISTA DA MINISTRA CÁRMEN LÚCIA

NICOLAO DINO

EMENTA: DIREITO CONSTITUCIONAL. DIREITO AMBIENTAL. ART. 225 DA CONSTITUIÇÃO. DEVER DE PROTEÇÃO AMBIENTAL. NECESSIDADE DE COMPATIBILIZAÇÃO COM OUTROS VETORES CONSTITUCIONAIS DE IGUAL HIERARQUIA. ARTIGOS 1º, IV; 3º, II E III; 5º, *CAPUT* E XXII; 170, *CAPUT* E INCISOS II, V, VII E VIII, DA CRFB. DESENVOLVIMENTO SUSTENTÁVEL. JUSTIÇA INTERGERACIONAL. ALOCAÇÃO DE RECURSOS PARA ATENDER AS NECESSIDADES DA GERAÇÃO ATUAL. ESCOLHA POLÍTICA. CONTROLE JUDICIAL DE POLÍTICAS PÚBLICAS. IMPOSSIBILIDADE DE VIOLAÇÃO DO PRINCÍPIO DEMOCRÁTICO. EXAME DE RACIONALIDADE ESTREITA. RESPEITO AOS CRITÉRIOS DE ANÁLISE DECISÓRIA EMPREGADOS PELO FORMADOR DE POLÍTICAS PÚBLICAS. INVIABILIDADE DE ALEGAÇÃO DE "VEDAÇÃO AO RETROCESSO". NOVO CÓDIGO FLORESTAL. AÇÕES DIRETAS DE INCONSTITUCIONALIDADE E AÇÃO DECLARATÓRIA DE CONSTITUCIONALIDADE JULGADAS PARCIALMENTE PROCEDENTES. (STF: AÇÃO DECLARATÓRIA DE CONSTITUCIONALIDADE Nº 42. DISTRITO FEDERAL. Data do julgamento: 28.02.2018).

À guisa de introdução

Desde o seu nascedouro, com a edição da Medida Provisória nº 1.511, de 25.7.1996, a reforma do Código Florestal (Lei nº 4.771/1965) foi marcada por intensas discussões em diferentes foros. Ao longo de dezesseis anos, o Parlamento brasileiro foi palco de inúmeras audiências públicas, a comunidade acadêmica realizou congressos, seminários e *workshops*, o setor produtivo do agronegócio promoveu análises técnicas e discussões, artigos científicos foram produzidos acerca do tema. A mídia cobriu o debate nas diversas arenas, repercutiu opiniões de especialistas e noticiou periodicamente dados relativos ao desmatamento no País, questionando as alterações propostas na legislação.

Quase em compasso binário, a reforma do Código Florestal agudizou uma fricção que já se fizera presente na própria Constituinte, entre distintas visões acerca da materialização do conceito de meio ambiente ecologicamente equilibrado. Ao menos duas tendências aí se apresentam: uma, mais favorável à flexibilização das regras referentes ao uso e à proteção de ecossistemas florestais; e a outra, voltada à manutenção e, até mesmo, à ampliação das ferramentas protetivas, com maiores restrições de uso de atributos naturais em espaços territoriais especialmente protegidos e implementação de medidas compensatórias mais efetivas, ao lado de mecanismos sancionatórios mais incisivos. O contraste verificado nessas vertentes funcionou como autêntico metrônomo para as discussões em curso. Como se pode perceber, no cerne dessas correntes, têm-se distintas formas de ver e promover o conceito de desenvolvimento sustentável.

A tensão resumidamente retratada ajuda a explicar a tão longa tramitação do projeto de lei de conversão da MP nº 2.166-67, de 24.8.2001, até a edição da Lei nº 12.651, de 25.5.2012. Também possibilita compreender o acalorado debate em torno da (in) constitucionalidade de inúmeros preceitos do novo Código Florestal, que desaguou no Supremo Tribunal Federal por meio das ADIs nºs 4.901, 4.902, 4.903, ajuizadas, em janeiro/2013, pela Procuradoria-Geral da República, da ADI nº 4.937, ajuizada, em abril/2013, pelo Partido Socialismo e Liberdade – PSOL, e na ADC nº 42, proposta pelo Partido Progressista – PP, em abril/2016. A esse histórico julgamento do STF voltou-se a atenção de todos os setores direta ou indiretamente interessados na matéria, e evidentemente da comunidade acadêmica, o que agora também se revela nesta importante obra coletiva voltada ao exame crítico dos votos então proferidos pelos membros da Corte Constitucional brasileira.

1 ADIs e fundamentos. Processo e julgamento

Em linhas gerais, as ADIs apontaram vícios de inconstitucionalidade em relação a vários dispositivos do novo Código Florestal, inclusive com modificações decorrentes da Lei nº 12.727/2012, tendo sido veiculadas as seguintes questões: a) redução de reservas legais sob o argumento da existência de terras indígenas e unidades de conservação nos limites territoriais de municípios; b) dispensa de reservas legais em áreas destinadas a empreendimentos para abastecimento de água, exploração de energia elétrica, ferrovias e rodovias; c) possibilidade de instituir servidão ambiental e cotas de reserva ambiental sobre áreas excedentes decorrentes de redução prevista no art. 13, I (reduzir, exclusivamente para fins de regularização, mediante recomposição, regeneração ou compensação da Reserva Legal de imóveis com área rural consolidada, situados em área de floresta localizada na Amazônia Legal, para até 50% (cinquenta por cento) da propriedade, excluídas as áreas prioritárias para conservação da biodiversidade, dos recursos hídricos e dos corredores ecológicos); d) indevida autorização para cômputo do percentual de áreas de preservação permanente nas reservas legais; e) autorização para plantio de espécies exóticas para recomposição de reservas legais; e) compensação de reserva legal sem identidade ecológica e por arredondamento ou doação de área em unidade de conservação a ente público; f) consolidação de áreas desmatadas antes das modificações dos percentuais de reservas legais, principalmente as ocorridas a partir de 1996, por meio de medidas provisórias; g) necessidade de interpretação conforme a Constituição do art. 28, para abranger, na proibição de conversão de vegetação nativa

NICOLAO DINO
ACÓRDÃO NAS ADIS Nºs 4.901, 4.902, 4.903, 4.937 E NA ADC Nº 42 | **419**

para uso alternativo do solo em imóvel rural que possuir área abandonada, todas as formas de subutilização ou má utilização da propriedade, nos moldes já prescritos na Lei nº 8.629, de 1993; h) isenção da obrigação de reparação dos danos causados em relação a responsáveis por desmatamentos irregulares realizados até 22.7.2008; i) imunidade à fiscalização e anistia de multas com marco temporal em 22.7.2008; j) consolidação de danos ambientais em APPs até 22.7.2008; l) indevida possibilidade de previsão de exploração econômica em APPs; m) permissão de atividades de aquicultura em APPs; n) permissão de intervenção em manguezais e restingas e de uso agrícola de várzeas; o) retrocesso na proteção de nascentes e olhos d'água, bem como em APPs de reservatórios artificiais e em áreas com inclinação; p) equiparação entre agricultura familiar e áreas rurais familiares e propriedades com até quatro módulos fiscais; q) previsão de concessão de crédito agrícola condicionado apenas à inscrição do imóvel rural no CAR – abolição da obrigação de comprovação de regularidade ambiental.

Argumentou-se nas ADIs, basicamente, a ocorrência de inconstitucionalidade em razão da violação aos deveres constitucionais de proteção de áreas especialmente protegidas, de não degradação, de manutenção e restauração de processos ecológicos essenciais, da violação aos princípios da função socioambiental da propriedade e da proibição do retrocesso, como também da inobservância do regime constitucional de singular fruição e modificabilidade de espaços territoriais especialmente protegidos. Foram impugnados os seguintes dispositivos do novo Código Florestal:

> a) ADI nº 4.901/DF: art. 12, §§4º, 5º, 6º, 7º e 8º; art. 13, §1º; art. 15; art. 28 (pedido de interpretação conforme a Constituição); art. 48, §2º; art. 66, §3º, §5º, II, III e IV e §6º, e art. 68;
> b) ADI nº 4.902/DF: art. 7º, §3º; art. 17, §3º; art. 59, §§4º e 5º; art. 60, art. 61-A; art. 61-B; art. 61-C; art. 63; art. 67, e art. 78-A;
> c) ADI nº 4.903/DF: art. 3º, VIII, "b", IX, XVII, XIX e parágrafo único; art. 4º, III, IV, §§1º, 4º, 5º e 6º; art. 5º; art. 8º, §2º; art. 11 e art. 62;
> d) ADI nº 4.937/DF: os dispositivos referidos nos itens anteriores, o art. 44 e o §2º do art. 59.

A ADC nº 42, por seu turno, postulou a declaração de constitucionalidade dos seguintes dispositivos do novo Código Florestal: art. 3º, VIII, "b", XIX e parágrafo único; art. 4º, §§1º, 4º e 6º; art. 5º, expressões "de 30 metros e máxima" e "de 15 metros e máxima"; art. 7º, §3º; art. 8º, §2º; art. 12, §§4º, 5º, 6º, 7º e 8º; art. 13, §1º; art. 15; art. 44; art. 48, §2º; art. 59; art. 60; art. 61-A; art. 61-B; art. 61-C; art. 63; art. 66, §§3º e 5º, II e III, e §6º; art. 67; art. 68; art. 78-A.

Ao processo objetivo instaurado acorreram dezoito *amici curiae,* a saber: Associação Brasileira dos Produtores Independentes de Energia Elétrica (APINE); Associação Brasileira de Companhias de Energia Elétrica (ABCE); Partido do Movimento Democrático do Brasil (PMDB); Terra Direitos (TERRA DIREITOS); Associação de Advogados de Trabalhadores Rurais do Estado da Bahia (AATR); Associação Brasileira de Reforma Agrária (ABRA); Assessoria Jurídica Popular Dignitatis (DIGNITATIS); Instituto Gaúcho de Estudos Ambientais (InGá); Federação dos órgãos da Assistência Social e Educacional (FASE); Núcleo Amigos da Terra Brasil (AMIGOS DA TERRA); Organização das Cooperativas Brasileiras (OCB); Confederação Nacional do Sistema Financeiro (CONSIF); Instituto Socioambiental (ISA); Rede de Organizações não governamentais da Mata Atlântica (RMA); Instituto de Estudos Ambientais (MATER NATURA); Associação de Defesa do Ambiente (AMDA); Associação Brasileira do

Agronegócio (ABAG); e Confederação Nacional da Agricultura e Pecuária do Brasil (CNA).

Em um total de seiscentos e setenta e duas laudas, o acórdão analisou todas as questões ventiladas, à luz de consistentes premissas teóricas e importantes princípios regedores da proteção jurídica do meio ambiente, com especial ênfase aos princípios do desenvolvimento sustentável, da função socioambiental da propriedade, da prevenção, da precaução e da proibição do retrocesso.

Realizou-se o julgamento simultâneo das ADIs e, também, da ADC nº 42, considerando-se o caráter ambivalente dos processos de controle de concentrado de constitucionalidade. O histórico julgamento teve início na sessão de 14.9.2017, na qual foi apresentado o relatório e realizadas as sustentações orais,[1] e término em fevereiro de 2018. A votação, não unânime em boa parte dos pontos controvertidos, culminou com a declaração de inconstitucionalidade de vários dispositivos, e o reconhecimento da constitucionalidade de outros tantos, inclusive com o emprego da metodologia de interpretação conforme a Constituição. Para a devida contextualização do tema, indispensável se faz a reprodução do resultado proclamado na sessão do STF de 22.2.2018, sob a presidência da Ministra Cármen Lúcia, nos seguintes termos:

> O Tribunal julgou parcialmente procedente a ação, para: i) por maioria, vencidos os Ministros Edson Fachin e Gilmar Mendes, e, em parte, o Ministro Alexandre de Moraes, declarar a inconstitucionalidade das expressões "gestão de resíduos" e "instalações necessárias à realização de competições esportivas estaduais, nacionais ou internacionais", contidas no art. 3º, VIII, b, da Lei nº 12.651/2012 (Código Florestal); ii) por maioria, dar interpretação conforme a Constituição ao art. 3º, VIII e IX, do Código Florestal, de modo a se condicionar a intervenção excepcional em APP, por interesse social ou utilidade pública, à inexistência de alternativa técnica e/ou locacional à atividade proposta, vencidos, em parte, os Ministros Dias Toffoli, Gilmar Mendes e Celso de Mello; iii) por maioria, reconhecer a constitucionalidade do art. 3º, XIX, do Código Florestal, vencidos, em parte, os Ministros Cármen Lúcia (Presidente) e Ricardo Lewandowski, que declaravam inconstitucional, por arrastamento, o art. 4º, I, do Código Florestal; iv) por maioria, vencidos os Ministros Alexandre de Moraes e Gilmar Mendes, declarar a inconstitucionalidade das expressões "demarcadas" e "tituladas", contidas no art. 3º, parágrafo único, do Código Florestal; v) por unanimidade, reconhecer a constitucionalidade do art. 4º, III, do Código Florestal; vi) por maioria, dar interpretação conforme ao art. 4º, IV, do Código Florestal, para fixar a interpretação de que os entornos das nascentes e dos olhos d'água intermitentes configuram área de preservação ambiental, vencidos os Ministros Gilmar Mendes e, em parte, Marco Aurélio e Cármen Lúcia (Presidente); vii) por maioria, vencidos os Ministros Cármen Lúcia (Presidente) e Ricardo Lewandowski, reconhecer a constitucionalidade do art. 4º, §1º, do Código Florestal; viii) por maioria, vencidos os Ministros Cármen Lúcia (Presidente) e Ricardo Lewandowski, reconhecer a constitucionalidade do art. 4º, §4º, do Código Florestal; ix) por unanimidade, reconhecer a constitucionalidade do art. 4º, §5º, do Código Florestal; x) por unanimidade, reconhecer a constitucionalidade do art. 4º, §6º, e incisos; xi) por maioria, vencidos, em parte, os Ministros Marco Aurélio e Ricardo Lewandowski, reconhecer a constitucionalidade do art. 5º, do Código Florestal; xii) por maioria, vencidos os Ministros Luiz Fux (Relator), Marco Aurélio, Edson Fachin, Roberto Barroso e Ricardo Lewandowski, reconhecer a constitucionalidade do art . 7º, §3º,

---

[1] Registro, por coincidência, o fato de que, na época, exercia a função de Vice-Procurador-Geral Eleitoral e, nessa condição, substituindo, naquela sessão, o PGR, realizei a sustentação oral pelo MPF.

do Código Florestal; xiii) por unanimidade, reconhecer a constitucionalidade do art. 8º, §2º, do Código Florestal; xiv) por maioria, vencidos os Ministros Marco Aurélio, Edson Fachin, Roberto Barroso, Rosa Weber e Ricardo Lewandowski, reconhecer a constitucionalidade do art. 12, §4º, do Código Florestal; xv) por maioria, vencidos os Ministros Marco Aurélio, Edson Fachin, Roberto Barroso, Rosa Weber e Ricardo Lewandowski, reconhecer a constitucionalidade do art. 12. §5º, do Código Florestal; xvi) por maioria, reconhecer a constitucionalidade do art. 12, §6º, do Código Florestal, vencidos os Ministros Cármen Lúcia (Presidente), Edson Fachin e Rosa Weber; xvii) por maioria, reconhecer a constitucional do art. 12, §7º, do Código Florestal, vencidos os Ministros Cármen Lúcia (Presidente), Edson Fachin e Rosa Weber; xviii) por maioria, reconhecer a constitucionalidade do art. 12, §8º, do Código Florestal, vencidos os Ministros Cármen Lúcia (Presidente), Edson Fachin e Rosa Weber; xix) por maioria, vencido o Ministro Edson Fachin, reconhecer a constitucionalidade do art. 13, §1º, do Código Florestal; xx) por maioria, vencidos os Ministros Edson Fachin e Rosa Weber e, em parte, os Ministros Marco Aurélio e Ricardo Lewandowski, reconhecer a constitucionalidade do art. 15 do Código Florestal; xxi) por maioria, vencidos os Ministros Luiz Fux (Relator), Marco Aurélio, Edson Fachin, Roberto Barroso e Ricardo Lewandowski, reconhecer a constitucionalidade do art. 17, §3º, do Código Florestal; xxii) por unanimidade, reconhecer a constitucionalidade do art. 44, do Código Florestal; xxiii) por maioria, dar interpretação conforme a Constituição ao art. 48, §2º, do Código Florestal, para permitir compensação apenas entre áreas com identidade ecológica, vencidos o Ministro Edson Fachin e, em parte, os Ministros Luiz Fux (Relator), Cármen Lúcia (Presidente), Alexandre de Moraes, Roberto Barroso e Gilmar Mendes; xxiv) por maioria, dar interpretação conforme a Constituição ao art. 59, §4º, do Código Florestal, de modo a afastar, no decurso da execução dos termos de compromissos subscritos nos programas de regularização ambiental, o risco de decadência ou prescrição, seja dos ilícitos ambientais praticados antes de 22.7.2008, seja das sanções deles decorrentes, aplicando--se extensivamente o disposto no §1º do art. 60 da Lei nº 12.651/2012, segundo o qual "a prescrição ficará interrompida durante o período de suspensão da pretensão punitiva", vencidos os Ministros Luiz Fux (Relator), Marco Aurélio, Edson Fachin, Roberto Barroso e Ricardo Lewandowski, e, em parte, o Ministro Gilmar Mendes; xxv) por maioria, dar interpretação conforme a Constituição ao art. 59, §5º, de modo a afastar, no decurso da execução dos termos de compromissos subscritos nos programas de regularização ambiental, o risco de decadência ou prescrição, seja dos ilícitos ambientais praticados antes de 22.7.2008, seja das sanções deles decorrentes, aplicando-se extensivamente o disposto no §1º do art. 60 da Lei nº 12.651/2012, segundo o qual "a prescrição ficará interrompida durante o período de suspensão da pretensão punitiva", vencidos os Ministros Luiz Fux (Relator), Marco Aurélio, Edson Fachin, Roberto Barroso e Ricardo Lewandowski, e, em parte, o Ministro Gilmar Mendes; xxvi) por maioria, vencidos os Ministros Luiz Fux (Relator), Marco Aurélio, Roberto Barroso e Ricardo Lewandowski, reconhecer a constitucionalidade do art. 60 do Código Florestal; xxvii) por maioria, vencidos os Ministros Marco Aurélio e Ricardo Lewandowski, e, em parte, o Ministro Edson Fachin, reconhecer a constitucionalidade do art. 61-A do Código Florestal; xxviii) por maioria, vencidos os Ministros Marco Aurélio, Edson Fachin e Ricardo Lewandowski, reconhecer a constitucionalidade do art. 61-B do Código Florestal; xxix) por maioria, vencidos os Ministros Marco Aurélio, Edson Fachin e Ricardo Lewandowski, reconhecer a constitucionalidade do art. 61-C do Código Florestal; xxx) por maioria, vencidos os Ministros Marco Aurélio, Cármen Lúcia, Rosa Weber e Ricardo Lewandowski, reconhecer a constitucionalidade do art. 63 do Código Florestal; xxxi) por maioria, vencidos os Ministros Marco Aurélio, Edson Fachin, Rosa Weber e Ricardo Lewandowski, reconhecer a constitucionalidade do art. 66, §3º, do Código Florestal; xxxii) por maioria, vencidos os Ministros Marco Aurélio, Edson Fachin, e, em parte, o Ministro Ricardo Lewandowski, reconhecer a constitucionalidade do art. 66, §5º, do Código Florestal; xxxiii) por maioria, vencidos os Ministros

Marco Aurélio, Edson Fachin, e, em parte, o Ministro Ricardo Lewandowski, reconhecer a constitucionalidade do art. 66, §6º, do Código Florestal; xxxiv) por maioria, vencidos os Ministros Marco Aurélio, Cármen Lúcia (Presidente), Edson Fachin, Rosa Weber e Ricardo Lewandowski, reconhecer a constitucionalidade do art. 67 do Código Florestal; xxxv) por maioria, vencido, em parte, o Ministro Edson Fachin, reconhecer a constitucionalidade do art. 68 do Código Florestal; e xxxvi) por unanimidade, reconhecer a constitucionalidade do art. 78-A. Plenário, 28.2.2018.[2]

2 O parecer da Procuradoria-Geral da República

A Procuradoria-Geral da República ofertou parecer de mérito em relação a todas as ações, da lavra do então Vice-Procurador-Geral da República José Bonifácio Borges de Andrada, com a seguinte ementa:

CONSTITUCIONAL E AMBIENTAL. AÇÃO DECLARATÓRIA DE CONSTITUCIO-NALIDADE. DISPOSITIVOS DA LEI Nº 12.651/2012 (DITO NOVO CÓDIGO FLORESTAL). INSUFICIENCIA DE FUNDAMENTAÇÃO. AUSENCIA DE DEMONSTRAÇÃO DE CONTROVÉRSIA JUDICIAL RELEVANTE. INCONSTITUCIONALIDADE MATERIAL DOS DISPOSITIVOS. VIOLAÇÃO À EXIGENCIA DE REPARAÇÃO DE DANOS AMBIENTAIS. AFRONTA AO DEVER GERAL DE PROTEÇÃO DO AMBIENTE. MÚLTIPLO DESRESPEITO AOS PRINCÍPIOS DA FUNÇÃO SOCIAL DA PROPRIEDADE E DA VEDAÇÃO DE RETROCESSO EM MATÉRIA SOCIOAMBIENTAL.

1. Não deve ser conhecida ação declaratória de constitucionalidade que fundamenta genérica e superficialmente a compatibilidade de dispositivos legais com a Constituição da República.

2. Não cumpre o requisito legal de demonstrar controvérsia judicial relevante (art. 14, III, da Lei nº 9.868/1999) petição inicial de ação declaratória de constitucionalidade que não indica decisões judiciais conflitantes sobre constitucionalidade de todas as normas objetos da ação.

3. É necessário compatibilizar o direito de propriedade com a função social desta e com os princípios constitucionais pertinentes à defesa do ambiente, em virtude da força normativa e da eficácia dos princípios constitucionais. Deve o Brasil cumprir seus compromissos internacionais em matéria ambiental, notadamente ante a Convenção sobre Diversidade Biológica (promulgada pelo Decreto nº 2.519/1998).

4. Áreas de proteção permanente (APPs) e de reserva legal consubstanciam limitação do direito de propriedade para cumprimento de sua função social. As espécies nativas que as compõem são patrimônio comum da humanidade e não do titular exclusivo do domínio.

5. São inconstitucionais, na Lei nº 12.651/2012: (a) a dispensa de reserva legal (a.1) nos empreendimentos de abastecimento público de água e tratamento de esgoto, (a.2) nas áreas adquiridas ou desapropriadas por detentor de concessão, permissão ou autorização para exploração de potencial de energia hidráulica, nas quais funcionem empreendimentos de geração de energia elétrica, subestações ou em que sejam instaladas linhas de transmissão e de distribuição de energia elétrica, e (a.3) nas áreas adquiridas ou desapropriadas com o objetivo de implantar e ampliar rodovias e ferrovias (art. 12, §§6º a 8º); (b) a redução da reserva legal por existência de terras indígenas e unidades de conservação no território municipal (art. 12 §§4º e 5º); (c) a permissão de constituir servidão ambiental (art. 13, §1º);

---

[2] Cf.: Extrato da Ata, ADC nº 42, Relator Min. Luiz Fux. Disponível em: www.stf.jus.br. Acesso em 10 abr. 2020.

(d) a permissão de incluir, no cômputo da reserva legal, coberturas vegetais que já constituam áreas de preservação permanente (art. 15); (e) a autorização de plantio de espécies exóticas para recompor reserva legal (art. 66, §3º); (f) a permissão de compensar reserva legal sem identidade ecológica e por arrendamento ou doação de área em unidade de conservação ao poder público (arts. 48, §2º, e 66, §5º, II a IV, e §6º); (g) a consolidação de áreas desmatadas antes das modificações dos percentuais de reserva legal, principalmente as ocorridas a partir de 1996, por intermédio de medidas provisórias (arts. 12 e 68).

6. São inconstitucionais, na Lei nº 12.651/2012: (a) a autorização para novos desmatamentos a proprietários e possuidores de terras nas quais tenha havido supressão não autorizada de vegetação antes de 22 de julho de 2008, independentemente de reparação do dano (art. 7º, §3º); (b) a proibição de punir a supressão irregular de vegetação em APPs e em áreas de reserva legal e de uso restrito anteriores a 22 de julho de 2008 e por simples adesão do infrator a Programa de Regularização Ambiental (PRA), bem como pela conversão de multas em serviços de preservação, melhoria e recuperação da qualidade do ambiente (art. 59, §§4º e 5º); (c) a suspensão de punibilidade de crimes ambientais por mera assinatura de termo de compromisso para regularizar imóvel ou posse rural perante órgão ambiental (art. 60); (d) a consolidação de danos ambientais ocasionados a APPs decorrentes de infrações à legislação ambiental até 22 de julho de 2008 (arts. 61-A a 61-C e 63); (e) a autorização de constituir reserva legal inferior aos parâmetros legais em áreas de até quatro módulos fiscais (art. 67); (f) a permissão de crédito rural a proprietários de imóveis rurais não inscritos no Cadastro Ambiental Rural (CAR) durante cinco anos após publicação da lei (art. 78-A).

7. São inconstitucionais, na Lei nº 12.651/2012: (a) a permissão ampla de intervenções em APPs por utilidade pública e interesse social (art. 3º, VIII, b, e IX); (b) a permissão de atividades de aquicultura em APP (art. 4º, §6º); (c) a intervenção em mangues e restingas para implantar projetos habitacionais (art. 8º, §2º); (d) o uso agrícola de várzeas fora de comunidades tradicionais (art. 4º, §5º); (e) o retrocesso ambiental na disciplina de APPs no entorno de reservatórios artificiais (art. 4º, III e §§1º e 4º); (f) o retrocesso ambiental na disciplina de APPs no entorno de reservatórios artificiais para abastecimento e geração de energia elétrica (arts. 5º e 62); (g) o retrocesso ambiental na proteção das APPs ao longo de cursos d'água (art. 3º, XIX); (h) a equiparação entre agricultura familiar e áreas rurais familiares e propriedades com até quatro módulos fiscais (art. 3º, parágrafo único); (i) a previsão legal de cota de reserva ambiental – CRA (art. 44).

8. Parecer por não conhecimento da ação e, no mérito, por improcedência do pedido.

3 O voto-vista da Ministra Cármen Lúcia (Presidente)

Após analisar todos os argumentos veiculados no processo, a ilustre Ministra Cármen Lúcia concluiu seu voto-vista no sentido da parcial procedência da ação declaratória, nos seguintes termos: "[...] reconhecer a constitucionalidade do inc. XIX do art. 3º, do §6º do art. 4º, do art. 5º, do §3º do art. 7º, do §2º do art. 8º, dos §§4º e 5º do art. 12, do §1º do art. 13, do art. 15, do art. 44, do §2º do art. 48, dos arts. 61-A, 61-B e 61-C, dos §§3º, 5º, incs. II e III, e 6º do art. 66, do art. 68 e do art. 78-A, todos da Lei nº 12.651/2012, assentando constitucionalidade com interpretação conforme à Constituição: a) constitucionalidade dos arts. 3º, incs. VIII e IX, e 8º, caput, da Lei nº 12.651/2012, dando-lhes interpretação conforme a Constituição para que a intervenção ou supressão de vegetação em APP só seja permitida nos casos autorizados pela lei, quando verificada a ausência de alternativa técnica ou locacional para o empreendimento ou atividade; b) constitucionalidade do art. 59 da Lei nº 12.651/2012, dando-lhe interpretação conforme ao art. 225, §1º, inc. I, da Constituição, para afastar, no decurso da execução dos termos de compromissos subscritos nos programas de regularização ambiental, o risco de decadência ou prescrição dos ilícitos ambientais praticados antes de 22.7.2008 (§4º do art. 59) ou das sanções deles decorrentes (§5º do art. 59), aplicando-se também nesses casos, o disposto no §1º do art. 60 da Lei nº 12.651/2012, segundo o qual "a prescrição ficará interrompida durante o período de suspensão da pretensão punitiva". No tocante ao pedido de declaração de constitucionalidade das demais normas controvertidas (alínea 'b' do inc. III e parágrafo único do art. 3º, §§1º e 4º do art. 4º, caput do art. 8º, §§6º, 7º e 8º do art. 12, art. 59, art. 60, art. 63 e art. 67), considerado o caráter dúplice das ações de controle concentrado, a Min. Cármen Lúcia concluiu seu voto da seguinte forma: "a) pela inconstitucionalidade das expressões "gestão de resíduos" e "instalações necessárias à realização de competições esportivas estaduais, nacionais ou internacionais", constantes da al. b do inciso VIII do art. 3º da Lei nº 12.651/2012; b) pela inconstitucionalidade da expressão "que apresenta perenidade", constante do inciso XVII do art. 3º, e do termo "perenes", constante do inciso IV do art. 4º, da Lei nº 12.651/2012; c) pela inconstitucionalidade, por arrastamento, do inc. I do art. 4º da Lei nº 12.651/2012, para que o cálculo das áreas de preservação permanente nas faixas marginais de qualquer curso d'água seja feito com base na legislação anterior; d) pela inconstitucionalidade dos termos "demarcadas" e "tituladas", constantes do parágrafo único do art. 3º da Lei nº 12.651/2012; e) pela inconstitucionalidade dos §§1º e 4º do art. 4º da Lei nº 12.651/2012; f) pela inconstitucionalidade da expressão "e o exercício de atividades agrossilvipastoris", constante do art. 11 da Lei nº 12.651/2012; g) pela inconstitucionalidade dos §§6º, 7º e 8º do art. 12, e dos arts. 63 e 67 da Lei nº 12.651/2012.

A Ministra Cármen Lúcia ficou vencida nos seguintes pontos: em parte, em relação ao art. 4º, I, que declarava inconstitucional, por arrastamento; art. 4º, IV, em que considerava inconstitucional o termo "perenes"; art. 4º, §1º, que reputava inconstitucional; art. 12, §§6º, 7º e 8º que reputava inconstitucionais; art. 48, §2º, que considerava constitucional; arts. 63 e 67, que declarava inconstitucionais. Quanto aos demais dispositivos questionados, o voto-vista da Ministra Cármen Lúcia compôs a maioria, na forma do Extrato da Ata anteriormente reproduzido.

Passo à análise do robusto voto-vista, não sem antes delimitar o pano de fundo das questões debatidas.

4 Pano de fundo da controvérsia

O julgamento em tela trouxe relevantes debates em relação ao modo de concretização do direito fundamental ao meio ambiente sadio.

Como se sabe, a temática do meio ambiente recebeu um dos enfoques mais completos já verificados na chamada "nova ordem constitucional ambiental". Inspirada, conforme as palavras de Canotilho, "nas ideias de *global pluralism* e de *good governance* ambiental", a Constituição Federal brasileira estabelece valiosos parâmetros de juridicidade ambiental, a partir dos quais as políticas ambientais devem ser formuladas e efetivadas de forma a que o Estado desempenhe, a um só tempo, o papel de *protetor* e de *garantidor* do direito ao meio ambiente sadio e ecologicamente equilibrado.[3] O tema

---

[3] CANOTILHO, José Joaquim Gomes. Direito Constitucional ambiental português e da União Europeia. *In*: CANOTILHO, José Joaquim Gomes; LEITE, José Rubens Morato (Org.). *Direito Constitucional ambiental brasileiro*. São Paulo: Saraiva, 2007. p. 1-11.

meio ambiente é tratado na Constituição da República de forma transversal, sobressaindo como um valor jurídico reforçado a partir de inúmeros vetores. Aparece, por exemplo, como um dos pilares da ordem econômica (CF, art. 170, VI), evidenciando o timbre constitucional do princípio do desenvolvimento sustentável, ao deixar claro que a ideia de crescimento econômico não se concretiza sem a correlata observância do direito ao meio ambiente sadio e sem a garantia de acesso equitativo dos recursos naturais. O art. 225, CF, em outro passo, exibe aspectos normativos multifacetados. Logo no *caput,* verifica-se, como bem diagnosticado por José Afonso da Silva, uma *norma-princípio* ou *norma-matriz* "substancialmente reveladora do direito de todos ao meio ambiente ecologicamente equilibrado",[4] assinalando o interesse difuso na sua promoção. Identificam-se, também, além da dimensão *intergeracional* desse direito fundamental, outras duas importantes dimensões estruturantes: uma de natureza *garantístico-defensiva* – que impõe ao poder público e à coletividade o dever de defender e preservar o meio ambiente –, e outra de caráter *prestacional,* estipulando, para o poder público, instrumentos para a realização de deveres, também fundamentais, valendo destacar, entre tantos, o de definir espaços territoriais especialmente protegidos, submetidos a regime diferenciado de fruição e de modificabilidade.

A "ecologização" da propriedade e sua função social constitui outro importante elemento inserido na ordem constitucional ambiental brasileira, e que adensou de modo significativo os debates na Corte Suprema. O direito de propriedade, nos moldes estabelecidos na Constituição Federal é ambientalmente qualificado (*cf.* art. 170, VI, e art. 186, II, CF), o que autoriza, portanto, a considerar o princípio da função socioambiental da propriedade como uma das traves-mestras da proteção jurídica do meio ambiente. À luz desse postulado, verifica-se uma projeção dialética do direito de propriedade, atrelando o seu exercício ao cumprimento de balizas garantidoras e promotoras da utilização racional, equitativa, equilibrada – sustentável, enfim – dos atributos ambientais. Nessa perspectiva, a função socioambiental não constitui um limitador exógeno, mas, antes, um elemento intrínseco ao direito de propriedade. Isso possibilita conceber o legítimo exercício do direito de propriedade apenas se e quando forem observadas as prescrições normativas referentes à proteção do meio ambiente sadio. O estabelecimento de limitações administrativas consubstanciadas em áreas de preservação permanente e reservas legais, no Código Florestal, legitima-se a partir do vetor constitucional do princípio da função socioambiental da propriedade. Atua, também, esse princípio, como elemento determinante da criação e manutenção de espaços territoriais especialmente protegidos, com regime particular de fruição e modificabilidade, tal como delineado no art. 225, §1º, III, CF.

O princípio da proibição do retrocesso socioambiental também despontou como ingrediente igualmente relevante na análise da constitucionalidade dos dispositivos impugnados. Tal princípio, como sabido, constitui importante vetor destinado à maior e melhor carga de eficácia na proteção e na realização dos direitos fundamentais. Nas palavras de Romeu Thomé, a

---

[4] SILVA, José Afonso da. Fundamentos constitucionais da proteção ambiental. *In*: DAIBERT, Arlindo (Org.). *Direito Ambiental Comparado*. Belo Horizonte: Fórum, 2008. p. 85.

cláusula de vedação de retrocesso socioambiental visa *à* garantia de proteção dos direitos fundamentais ao meio ambiente equilibrado, *à* saúde e *à* vida, devendo ser aplicada pelo Poder Judiciário nos casos em que a atuação do administrador público e do legislador infraconstitucional tenha por escopo a supressão ou a redução do *âmbito* de proteção dos direitos já existentes.[5]

É importante assinalar que a ideia de não regressão nos níveis de proteção aí subjacente deve levar em consideração as circunstâncias de fato em cada momento histórico, guardando-se sintonia entre os padrões e graus de proteção estabelecidos e a realidade dos bens a serem alvo de tutela. Tal como afirma Alexandra Aragão,

> o princípio da proibição do retrocesso ecológico, espécie de cláusula *rebus sic stantibus*, significa que, a menos que as circunstâncias de facto se alterem significativamente, não *é* de admitir o recuo para níveis de protecção inferiores aos anteriormente consagrados.[6]

A despeito da falta de previsão normativa explícita, é indisfarçável a inserção do princípio da proibição do retrocesso socioambiental na ordem constitucional brasileira, devendo ser identificado como um princípio geral estruturante, que atua, a um só tempo, como trava impeditiva de regressão a patamares inferiores de proteção, e como mola-mestra da atuação do Estado *administrador* e do Estado *legislador* na seara ambiental. Uma mola vocacionada a impulsionar adiante, à frente, sempre no sentido de ampliar e reforçar os níveis de promoção do direito ao meio ambiente sadio, mediante a concepção e a implementação de políticas públicas sintonizadas com os graus de proteção que o crescente exaurimento de inúmeros bens ambientais recomenda.[7] Como observa Herman Benjamin, o texto constitucional delimita uma "zona de vedação reducionista" ao estabelecer os deveres de preservar e restaurar os processos ecológicos essenciais, de preservar a diversidade e a integridade do patrimônio genético do País, de proteger a fauna e a flora e de vedar, na forma da lei, práticas que provoquem a extinção de espécies ou coloquem em risco a função ecológica de bens ambientais (CF, art. 225, §1º, I, II e VII). Daí porque – prossegue

> tanto a legislação (a Lei nº 6.938/81, p. ex.) como a jurisprudência brasileiras perfilham, sem meias palavras, o princípio da melhoria ambiental [já que] prescrever, como objetivo da Política Nacional do Meio Ambiente, a 'melhoria da qualidade ambiental propícia *à* vida' *é* até dizer mais do que ambiciona o princípio da proibição do retrocesso, pois não bastará manter ou conservar o que se tem, impondo-se melhorar, avançar (= progresso) no terreno daquilo que um dia ecologicamente se teve, e desapareceu, ou hoje se encontra dilapidado, e, se não zelado de maneira correta, mais cedo ou mais tarde desaparecerá.[8]

---

[5] THOMÉ, Romeu. *O princípio da vedação de retrocesso socioambiental – no contexto da sociedade de risco*. Salvador: Ed. JusPodivm, 2014. p. 113.

[6] ARAGÃO, Alexandra. Direito Constitucional do Ambiente da União Europeia. *In*: CANOTILHO, José Joaquim Gomes; LEITE, José Rubens Morato (Org.). *Direito Constitucional ambiental brasileiro*. São Paulo: Saraiva, 2007. p. 36.

[7] Tem-se aí a outra faceta do postulado, identificada como *princípio do progresso ecológico*, que se materializa no momento legislativo secundário, "com uma ideia de não estagnação legislativa, ou seja, com o dever de ir revendo a legislação existente de protecção ambiental" (ARAGÃO, Alexandra. Direito Constitucional do Ambiente da União Europeia. *In*: CANOTILHO, José Joaquim Gomes; LEITE, José Rubens Morato (Org.). *Direito Constitucional ambiental brasileiro*. São Paulo: Saraiva, 2007. p. 39).

[8] BENJAMIN. Antônio Herman. Princípio da Proibição de Retrocesso Ambiental. *In*: COMISSÃO DE MEIO AMBIENTE, DEFESA DO CONSUMIDOR E FISCALIZAÇÃO E CONTROLE. *O Princípio da Proibição de Retrocesso Ambiental*. Brasília-DF: Senado Federal, 2012. p. 64.

Indisputável, portanto, é a ideia de que referida cláusula de vedação de retrocesso pode e deve funcionar como mecanismo de controle de juridicidade de leis ou atos normativos e administrativos.

Esse é, portanto, o contexto em que se desenvolveu o julgamento no qual foi proferido o voto tratado no presente texto.

5 Comentários ao voto-vista da Ministra Cármen Lúcia

O voto-vista da Ministra Cármen Lúcia fixou importantes balizas, assim resumidas: o caráter fundamental do direito ao meio ambiente sadio; a natureza intergeracional desse direito; a explicitação do *status* constitucional dos princípios do desenvolvimento sustentável e da proibição do retrocesso; a inserção do direito fundamental ao meio ambiente sadio na Constituição e em tratados de direitos humanos acolhidos pelo Brasil (*v.g.* Pacto Internacional sobre Direitos Econômicos, Sociais e Culturais e Protocolo de São Salvador); o dever de o Estado assegurar, de forma progressiva, o direito fundamental ao meio ambiente; necessidade de submeter

> medidas que restringem direitos sociais ou ecológicos [...] a rigoroso controle de constitucionalidade para se avaliar sua proporcionalidade e sua razoabilidade e seu respeito ao núcleo essencial dos direitos socioambientais, sob pena de irreversibilidade dos prejuízos às presentes e futuras gerações; incompatibilidade com a Constituição da República de medidas que superem a legislação ambiental sem que sejam simultaneamente editadas medidas que compensem o impacto ambiental causado por normas mais permissivas.

Vejamos os principais fundamentos do criterioso voto-vista proferido pela Ministra Cármen Lúcia Antunes Rocha, bem como alguns comentários a respeito. Para facilitar a análise, manter-se-ão os subtítulos nele utilizados, assim como a sequência em que as questões foram ali deduzidas.

5.1 "Autorização de intervenção ou supressão de vegetação em Área de Preservação Permanente nos casos de utilidade pública ou interesse social" – arts. 3º, incs. VIII e IX, e 8º, *caput*

O voto-vista consignou a necessidade de se assegurar interpretação conforme à Constituição aos incisos VIII e IX do art. 3º do novo Código Florestal "para condicionar a intervenção ou a supressão de vegetação nas *Áreas* de Preservação Permanente *à* inexistência de alternativa técnica ou locacional para o empreendimento". Nesse mesmo sentido, aliás, havia se posicionado a Procuradoria-Geral da República, assinalando a impossibilidade de se admitir intervenção ou supressão de vegetação nativa em APP se houver alternativa técnica ou locacional, sob pena de se admitir degradação desnecessária ao meio ambiente.

De fato, como bem assinalado no voto-vista, a adoção dessa via interpretativa decorre do princípio da proibição do retrocesso socioambiental, uma vez que o Código Florestal revogado já elencava, como requisito para a supressão de vegetação em APP, a ausência de alternativa técnica ou locacional ao empreendimento ou à atividade propostos.

Igualmente acertado, a meu sentir, reconhecer, com base no princípio da proporcionalidade em sentido estrito, que

a permissão de intervenção ou supressão de vegetação em APP para obras destinadas à gestão de resíduos e instalações necessárias à realização de competições esportivas estaduais, nacionais ou internacionais não se mostra compatível com a Constituição da República.

Sem dúvida, numa adequada ponderação de interesses,

as desvantagens da degradação de *Área* de Preservação Permanente (o meio) afiguramse [...] superiores *às* vantagens das finalidades visadas pela norma, quais sejam, as de realização de obras destinadas à 'gestão de resíduos e a construção de instalações para competições esportivas'.

Iria mais além, todavia, para reconhecer, pela técnica de arrastamento, a inconstitucionalidade do art. 3º, VIII, alínea 'e', e art. 3º, IX, alínea 'g'. Explico. Tais dispositivos preveem a possibilidade de autorização de intervenção ou supressão de vegetação em área de preservação permanente em *outras atividades similares,* em casos de utilidade pública ou interesse social *definidas em ato do Chefe do Poder Executivo federal.*

Verifica-se aí a atribuição de um "cheque em branco" ao Poder Executivo para estabelecer outras hipóteses de utilidade pública ou de interesse social, para efeito de admissibilidade de intervenção ou supressão de vegetação nativa em APP. Isso, porém, contraria, a meu ver, o regime excepcional de fruição e modificabilidade dos espaços territoriais especialmente protegidos, fixado no art. 225, §1º, inciso III, CF. Relembre-se que, segundo tal dispositivo, incumbe ao poder público definir espaços territoriais e seus componentes a serem especialmente protegidos, "sendo a alteração e a supressão permitidas somente através de lei, vedada qualquer utilização que comprometa a integridade dos atributos que justifiquem sua proteção". À luz dessa previsão constitucional, tem-se a conclusão de que, em espaços territoriais especialmente protegidos (APP constitui espécie desse gênero), *a regra geral é a não intervenção,* sendo as exceções veiculadas por lei. Esse é o traço característico do chamado regime especial de modificabilidade.

Não se trata – vale advertir – de pretender que somente lei em sentido estrito poderia autorizar intervenção ou supressão. Isso, por óbvio, engessaria a atividade administrativa, além de implicar indevida transferência de tarefas tipicamente administrativas para a seara legislativa. Tal questão já foi adequadamente tratada e dirimida pelo STF, na ADI nº 3.540/MC, Rel. Min. Celso de Mello, em que ficou assentado que somente a alteração ou supressão do regime jurídico pertinente aos espaços territoriais especialmente protegidos qualificam-se como matérias submetidas à cláusula da reserva legal.

Aqui o enfoque é outro. Sustenta-se a tese de que o regime excepcional de modificabilidade, com extrato constitucional, também implica que as hipóteses com base nas quais a Administração pode autorizar a intervenção ou a supressão devem estar previstas em lei. Vale dizer, a Constituição da República confere ao legislador a tarefa de prescrever, em *numerus clausus* (por ser medida excepcional), as situações de utilidade pública ou interesse social, em que, à luz da inexistência de alternativa técnica ou locacional, a intervenção ou a supressão de vegetação nativa em APP pode ocorrer. Nessa perspectiva, ao ampliar o leque, e admitir que a Administração possa estabelecer outras atividades [similares] caracterizadoras de utilidade pública ou interesse social, os dispositivos legais apontados incorrem em inconstitucionalidade, por indevida flexibilização do regime excepcional de modificabilidade dos espaços territoriais especialmente protegidos.

5.2 Redução das APPs em torno de nascentes e olhos d'água – e art. 4º, IV (art. 3º, XVII e XVIII)

Em relação à importância das nascentes e de olhos d'água intermitentes, é válido destacar o seguinte trecho da Nota Técnica nº 138/2011 da 4ª Câmara de Coordenação e Revisão do Ministério Público Federal, e que foi reproduzido no voto do Relator, Ministro Luiz Fux:

> Outro caso relevante diz respeito às nascentes de rios intermitentes que, embora deem início a um curso d'água, deixariam de ser consideradas nascentes por não fluírem em determinada *época* do ano e, com isso, receberiam menor proteção com a adoção da distinção proposta no Projeto de Lei. Não se deve esquecer que eventual alteração na cobertura vegetal ou mudança do uso das vizinhanças de nascentes, decorrente dessa menor proteção legal, pode implicar a afetação dessa e possivelmente o seu desaparecimento.

É inequívoca a relevante função ambiental das APPs em torno de nascentes e olhos d'água intermitentes, especialmente no que se refere à preservação e restauração de processos ecológicos essenciais. Daí o acerto do parecer da PGR, prestigiado no voto-vista da Ministra Cármen Lúcia, ao considerar que a nova lei adotou definição mais restritiva desses espaços, reduzindo indevidamente as APPs.

O voto-vista reputou inconstitucionais os termos "que apresenta perenidade", no inciso XVII do art. 3º, e "perenes", constante do inciso IV do art. 4º, ambos da Lei nº 12.651/2012, de modo a assegurar que a preservação permanente a área em torno das nascentes e olhos d'água intermitentes seja igualmente abrangida pela proteção veiculada por esse último dispositivo.

Nesse ponto, a maioria formada no julgamento foi no sentido da interpretação conforme a Constituição, para fixar a interpretação de que os entornos das nascentes e dos olhos d'água intermitentes também configuram área de preservação permanente. A Ministra Cármen Lúcia ficou vencida em parte, nesse aspecto, por entender que a interpretação pretendida na inicial da ADI "contraria a literalidade do texto do inc. XVII do art. 3º e do inc. IV do art. 4º da Lei nº 12.651, ao exigirem perenidade dos afloramentos do lençol freático para que a *área* em torno deles seja considerada APP", não sendo possível a técnica de interpretação conforme, por ser unívoco o sentido da norma.

Entretanto, não obstante os ponderáveis fundamentos trazidos no voto-vista em tela, a mim parece haver sido satisfatória a aplicação da técnica de interpretação conforme a Constituição, tal como vocalizado no voto do Relator, para estipular a interpretação de que os entornos das nascentes e dos olhos d'água intermitentes configuram área de preservação permanente (APP). É que, o conceito técnico-científico de *nascentes* e *olhos d'água*, em face de sua função hidrológica, abrange tanto a perenidade quanto a intermitência, produzindo a sustentabilidade dos cursos d'água daí decorrentes. Dessa forma, na esteira do voto do Relator, diante de normas polissêmicas, "cabe ao Supremo Tribunal Federal selecionar a leitura que melhor maximize a eficácia das normas constitucionais, adotando, para tanto, a técnica da interpretação conforme a Constituição".

5.3 "Redução de APPs em razão da definição legal de 'leito regular'" – art. 3º, XIX[9]

O STF, por maioria, reconheceu a constitucionalidade do art. 3º, XIX, do Código Florestal, vencidos, em parte, os Ministros Cármen Lúcia (Presidente) e Ricardo Lewandowski, que declaravam inconstitucional, por arrastamento, o art. 4º, I, do Código Florestal.

O voto-vista em tela considerou, de forma acertada, a meu ver, que o inc. XIX do art. 3º, acoplado ao inc. I do art. 4º, ambos da Lei nº 12.651/2012, conduz a sensível redução daquelas APPs nas faixas marginais dos cursos d'água naturais, acarretando diminuição do patamar de proteção ambiental que havia sido assegurado pela legislação anterior, sem contrapartida justificável. Tem-se aí precisa aplicação do princípio da proibição do retrocesso socioambiental, uma vez que o Código Florestal revogado determinava o cálculo da faixa de APPs, levando em conta a borda no nível alcançado na cheia sazonal, e não a borda da calha do leito regular. Não se trata de mera e anódina alteração na base de cálculo da mata ciliar, mas sim de uma "forma de reduzir dissimuladamente a extensão dessas *áreas* de proteção [...] calculadas a partir da borda da calha do leito médio do curso d'*água*, e não em seu período de cheia..." O voto-vista consignou, pois, a inconstitucionalidade do art. 3º, XIX e, por arrastamento, do inciso I do art. 4º do novo Código Florestal, com a consequente repristinação da normatização anterior (alínea 'a' do art. 2º da Lei nº 4.771/65) (*cf.* ADI nº 2.903, Rel. Min. Celso de Mello).

5.4 "Equiparação do tratamento dado à pequena propriedade ou posse rural familiar às propriedades com até quatro módulos fiscais" – art. 3º, parágrafo único[10]

Por maioria de votos, vencidos os Ministros Alexandre de Moraes e Gilmar Mendes, o STF declarou a inconstitucionalidade das expressões "demarcadas" e "tituladas", contidas no art. 3º, parágrafo único, do Código Florestal.

No que toca ao primeiro aspecto dessa questão, a extensão do tratamento diferenciado para propriedade e posse rurais com até módulos fiscais encontra, sim, guarida no próprio princípio da isonomia, por se tratar, também, de áreas de pequena extensão, como a pequena propriedade ou posse rural familiar. Não há igualação de situações díspares, mas antes, da equiparação de hipóteses que guardam objetivamente correlação lógica entre si, materializando adequadamente a ideia de igualdade substantiva. O tratamento equivalente ali estabelecido baseia-se nas particularidades da agricultura familiar, inserindo-se, pois, no âmbito da discricionariedade do legislador, sendo revestido de razoabilidade e proporcionalidade em sentido estrito.

Em outro passo, irretocável o posicionamento quanto à inconstitucionalidade das expressões "demarcadas" e "tituladas", por afronta ao art. 231, CF, e ao art. 68,

---

[9] Art. 3º Para os efeitos desta Lei, entende-se por: XIX – leito regular: a calha por onde correm regularmente as águas do curso d'água durante o ano.

[10] Art. 3º [...] Parágrafo único. Para os fins desta Lei, estende-se o tratamento dispensado aos imóveis a que se refere o inciso V deste artigo às propriedades e posses rurais com até 4 (quatro) módulos fiscais que desenvolvam atividades agrossilvipastoris, bem como às terras indígenas demarcadas e às demais áreas tituladas de povos e comunidades tradicionais que façam uso coletivo do seu território.

ADCT/CF. A Constituição, com efeito, "reconhece" os direitos originários sobre as terras tradicionalmente ocupadas. Dessa forma, o decreto que homologa demarcação de área indígena consubstancia mero "reconhecimento" de que se trata de terra tradicionalmente ocupada por indígenas. Não tem efeito constitutivo, mas tão somente declaratório daquilo que a ordem constitucional já afirma ser indígena. Consagra-se, de tal forma, o conceito de direito originário dos povos indígenas aos territórios por eles tradicionalmente ocupados.

O mesmo raciocínio se desenvolve em relação aos territórios ocupados por comunidades remanescentes de quilombos. A titulação, tanto quanto a demarcação, tem caráter declaratório – e não constitutivo –, razão pela qual a incidência de regime ambiental diferenciado não pode ficar à mercê de uma exigência formal não prescrita na Constituição.

5.5 "Redução de Áreas de Preservação Permanente em torno de reservatórios artificiais" – art. 4º, III, §§1º e 4º[11]

O Plenário, por maioria de votos, vencidos os Ministros Ricardo Lewandowski e Cármen Lúcia, reconheceu a constitucionalidade do art. 4º, §§1º e 4º, do Código Florestal.

Para a Procuradoria-Geral da República, tais disposições afrontam o dever legal de proteção do meio ambiente, bem como os princípios da função socioambiental da propriedade e da proibição do retrocesso.

Entretanto, conforme o voto do Relator, a pretensão veiculada na ADI, no que se refere ao inciso III do art. 4º, implicaria "a constitucionalização da metragem da *Área* de Proteção Permanente estabelecida pela lei revogada", e que não houve extinção da APP, "tendo a lei delegado ao órgão que promover a licença ambiental do empreendimento a tarefa de definir a extensão da APP, consoante as particularidades do caso concreto".

O Relator também não divisou inconstitucionalidade pelo não estabelecimento de APP no entorno de reservatórios artificiais que não decorram de barramento de cursos d'água naturais e de reservatórios naturais ou artificiais com superfície de até um hectare, assinalando a necessidade de observância do espaço de atuação do legislador.

A divergência estabelecida no voto-vista da Ministra Cármen Lúcia foi apenas parcial.

Comungo do entendimento firmado quanto à inconstitucionalidade dos §1º e 4º do art. 4º. Efetivamente, tem-se aí violação ao princípio da proibição do retrocesso socioambiental, uma vez que a lei anterior, atenta à função de proteção dos recursos hídricos, já fazia incidir o regime de preservação permanente em relação à vegetação ao redor de lagoas, lagos ou reservatórios d'água naturais ou artificiais (art. 2º, 'b'). A regressão a patamar inferior de proteção, sem elemento legitimador, expõe a incompatibilidade

---

[11] Art. 4º Considera-se Área de Preservação Permanente, em zonas rurais ou urbanas, para os efeitos desta Lei: [...] III – as áreas no entorno dos reservatórios d'água artificiais, decorrentes de barramento ou represamento de cursos d'água naturais, na faixa definida na licença ambiental do empreendimento; [...] §1º Não será exigida Área de Preservação Permanente no entorno de reservatórios artificiais de água que não decorram de barramento ou represamento de cursos d'água naturais. [...] §4º Nas acumulações naturais ou artificiais de água com superfície inferior a 1 (um) hectare, fica dispensada a reserva da faixa de proteção prevista nos incisos II e III do caput, vedada nova supressão de áreas de vegetação nativa, salvo autorização do órgão ambiental competente do Sistema Nacional do Meio Ambiente – Sisnama. (Redação dada pela Lei nº 12.727, de 2012).

entre os §§1º e 4º do art. 4º do novo Código Florestal e a Constituição Federal. Daí a concordância com o juízo de valor constante do voto-vista sob exame, segundo o qual

> a Lei nº 12.651/2012 importou redução do patamar legal de proteção do meio ambiente, sem oferecer qualquer medida compensatória, ofendendo, assim, o princípio da proibição do retrocesso socioambiental e o dever de proteção do meio ambiente ecologicamente equilibrado.

Considero, porém, que a mesma linha argumentativa respaldaria o reconhecimento da inconstitucionalidade do inciso III do art. 4º. É que o fato de o Código Florestal anterior não haver estipulado metragem mínima para as APPs em torno de reservatórios d'água artificiais (tarefa empreendida pela Resolução CONAMA nº 302/2002) não desqualifica a regulamentação infralegal então existente, tampouco justifica qualquer flexibilização do regime de preservação permanente ali fixado.[12] E, ademais, a Resolução em tela foi editada no regular exercício da competência normativa atribuída ao CONAMA (*cf.* art. 6º, II da Lei nº 6.938/1981), cuja constitucionalidade, ainda que tida como duvidosa, nunca foi declarada.

No tocante a empreendimentos já existentes, vale destacar o posicionamento consolidado na jurisprudência do Superior Tribunal de Justiça, prestigiando a ordem jurídica ambiental, no sentido de que o novo Código Florestal não pode retroagir para atingir atos jurídicos perfeitos ou direitos ambientais adquiridos, tampouco para reduzir, sem compensações satisfatórias, os patamares de proteção anteriormente estabelecidos, prevalecendo, assim, o princípio *tempus regit actus* (*cf.* AgInt no RESP nº 1.381.085/MS, Rel. Min. Og Fernandes, Segunda Turma, julgado em 17.8.2017; AgRg no ARESP nº 231.561/MG, Segunda Turma, Rel. Min. Herman Benjamin, julgado em 16.12.2014; AgInt no ARESP nº 1.491.883/SP, Segunda Turma, Rel. Min. Mauro Campbell Marques, julgado em 12.11.2019; AgInt no REsp nº 1583512/MG, Segunda Turma, Rel. Min. Assusete Magalhães, julgado em 24.9.2019; STJ, AgInt no AREsp nº 826.869/PR, Rel. Ministro Francisco Falcão, Segunda Turma, DJe de 15.12.2016).

---

[12] Resolução CONAMA nº 302/2002, art. 3º – Constitui Área de Preservação Permanente a área com largura mínima, em projeção horizontal, no entorno dos reservatórios artificiais, medida a partir do nível máximo normal de: I – trinta metros para os reservatórios artificiais situados em áreas urbanas consolidadas e cem metros para áreas rurais; II – quinze metros, no mínimo, para os reservatórios artificiais de geração de energia elétrica com até dez hectares, sem prejuízo da compensação ambiental; III – quinze metros, no mínimo, para reservatórios artificiais não utilizados em abastecimento público ou geração de energia elétrica, com até vinte hectares de superfície e localizados em área rural. §1º Os limites da Área de Preservação Permanente, previstos no inciso I, poderão ser ampliados ou reduzidos, observando-se o patamar mínimo de trinta metros, conforme estabelecido no licenciamento ambiental e no plano de recursos hídricos da bacia onde o reservatório se insere, se houver. §2º Os limites da Área de Preservação Permanente, previstos no inciso II, somente poderão ser ampliados, conforme estabelecido no licenciamento ambiental, e, quando houver, de acordo com o plano de recursos hídricos da bacia onde o reservatório se insere. §3º A redução do limite da Área de Preservação Permanente, prevista no §1º deste artigo não se aplica às áreas de ocorrência original da floresta ombrófila densa – porção amazônica, inclusive os cerradões e aos reservatórios artificiais utilizados para fins de abastecimento público. §4º A ampliação ou redução do limite das Áreas de Preservação Permanente, a que se refere o §1º , deverá ser estabelecida considerando, no mínimo, os seguintes critérios: I – características ambientais da bacia hidrográfica; II – geologia, geomorfologia, hidrogeologia e fisiografia da bacia hidrográfica; III – tipologia vegetal; IV – representatividade ecológica da área no bioma presente dentro da bacia hidrográfica em que está inserido, notadamente a existência de espécie ameaçada de extinção e a importância da área como corredor de biodiversidade; V – finalidade do uso da água; VI – uso e ocupação do solo no entorno; VII – o impacto ambiental causado pela implantação do reservatório e no entorno da Área de Preservação Permanente até a faixa de cem metros.

Dessa forma, considerando o entendimento firmado de que a "simples determinação legal de que essas medidas sejam agora fixadas pelo licenciamento ambiental do empreendimento não configura, por si, ofensa ao princípio da proibição do retrocesso socioambiental" (*cf.* trecho do voto-vista), a eventual regressão a patamares inferiores de proteção, em novos empreendimentos, pode ser objeto de controle de juridicidade, à luz das circunstâncias do caso concreto.

5.6 Uso agrícola das várzeas – art. 4º, §5º[13]

Por unanimidade, o STF reconheceu a constitucionalidade do art. 4º, §5º, do Código Florestal, sendo, pois, rejeitado o pedido deduzido pela Procuradoria-Geral da República de conferir interpretação conforme a Constituição, para que a norma excepcional viesse a ser aplicada apenas para comunidades tradicionais (vazanteiros).

Apesar das ponderáveis razões deduzidas pela PGR, afigura-se inteiramente razoável o entendimento esposado no voto da Ministra Cármen Lúcia, e que vingou de forma uníssona no Plenário, considerando satisfatórias "as quatro condições voltadas à proteção do meio ambiente ecologicamente equilibrado: a) ausência de supressão de novas *áreas* de vegetação nativa; b) conservação da qualidade da *água;* c) conservação da qualidade do solo; d) proteção da fauna silvestre".

5.7 Autorização para atividades de aquicultura em Área de Preservação Permanente – art. 4º, §6º[14]

Nesse ponto, também, o STF, por unanimidade, reconheceu a constitucionalidade do art. 4º, §6º, e incisos. Assinalou o voto da Ministra Cármen Lúcia, a propósito, que embora tenha sido autorizada a prática de aquicultura em APP, seriam satisfatórias as medidas precautórias estabelecidas nos incisos do §6º. Certamente, atividades de aquicultura em ecossistemas frágeis contêm elevado nível de nocividade, com considerável nível de impacto negativo. Discutir, porém, tais níveis de impacto em sede de controle concentrado de constitucionalidade não constitui tarefa fácil, para dizer o mínimo, por envolver aspectos técnicos e científicos aferíveis em concreto. A exigência de licenciamento ambiental e as demais condicionantes fixadas nos incisos balizarão, portanto, o exame de cada atividade, à luz das circunstâncias concretas, propiciando o controle de sua regularidade e a compatibilidade com o dever legal de proteção ambiental, seja no plano administrativo, seja no plano judicial.

---

[13] Art. 4º [...] §5º É admitido, para a pequena propriedade ou posse rural familiar, de que trata o inciso V do art. 3º desta Lei, o plantio de culturas temporárias e sazonais de vazante de ciclo curto na faixa de terra que fica exposta no período de vazante dos rios ou lagos, desde que não implique supressão de novas áreas de vegetação nativa, seja conservada a qualidade da água e do solo e seja protegida a fauna silvestre.

[14] Art. 4º [...] §6º Nos imóveis rurais com até 15 (quinze) módulos fiscais, é admitida, nas áreas de que tratam os incisos I e II do caput deste artigo, a prática da aquicultura e a infraestrutura física diretamente a ela associada, desde que: I – sejam adotadas práticas sustentáveis de manejo de solo e água e de recursos hídricos, garantindo sua qualidade e quantidade, de acordo com norma dos Conselhos Estaduais de Meio Ambiente; II – esteja de acordo com os respectivos planos de bacia ou planos de gestão de recursos hídricos; III – seja realizado o licenciamento pelo órgão ambiental competente; IV – o imóvel esteja inscrito no Cadastro Ambiental Rural – CAR. V – não implique novas supressões de vegetação nativa. (Incluído pela Lei nº 12.727, de 2012).

5.8 Faixa mínima de APP no entorno de reservatório d'água artificial destinado à geração de energia ou ao abastecimento público – art. 5º[15]

Por maioria, vencidos, em parte, os Ministros Marco Aurélio e Ricardo Lewandowski, o STF reconheceu a constitucionalidade do art. 5º do Código Florestal. Cabem, aqui, as mesmas ponderações anteriormente desenvolvidas alhures, para considerar, *data venia* do que foi consignado no voto-vista, que a novel disposição implica injustificado retrocesso socioambiental, razão por que merecia ser declarada inconstitucional.

5.9 Recomposição de APPs e de reserva legal – art. 7º, §3º; art. 59, §§2º, 4º e 5º; art. 60

Em relação a esses dispositivos, cujos temas estão imbricados, o STF chegou à seguinte conclusão: por maioria, vencidos os Ministros Luiz Fux (Relator), Marco Aurélio, Edson Fachin, Roberto Barroso e Ricardo Lewandowski, reconhecer a constitucionalidade do art. 7º, §3º, do Código Florestal; por maioria, dar interpretação conforme a Constituição ao art. 59, §4º, do Código Florestal, de modo a afastar, no decurso da execução dos termos de compromissos subscritos nos programas de regularização ambiental, o risco de decadência ou prescrição, seja dos ilícitos ambientais praticados antes de 22.7.2008, seja das sanções deles decorrentes, aplicando-se extensivamente o disposto no §1º do art. 60 da Lei nº 12.651/2012, segundo o qual "a prescrição ficará interrompida durante o período de suspensão da pretensão punitiva", vencidos os Ministros Luiz Fux (Relator), Marco Aurélio, Edson Fachin, Roberto Barroso e Ricardo Lewandowski, e, em parte, o Ministro Gilmar Mendes;" por maioria, dar interpretação conforme a Constituição ao art. 59, §5º, de modo a afastar, no decurso da execução dos termos de compromissos subscritos nos programas de regularização ambiental, o risco de decadência ou prescrição, seja dos ilícitos ambientais praticados antes de 22.7.2008, seja das sanções deles decorrentes, aplicando-se extensivamente o disposto no §1º do art. 60 da Lei nº 12.651/2012, segundo o qual "a prescrição ficará interrompida durante o período de suspensão da pretensão punitiva", vencidos os Ministros Luiz Fux (Relator), Marco Aurélio, Edson Fachin, Roberto Barroso e Ricardo Lewandowski, e, em parte, o Ministro Gilmar Mendes; por maioria, vencidos os Ministros Luiz Fux (Relator), Marco Aurélio, Roberto Barroso e Ricardo Lewandowski, reconhecer a constitucionalidade do art. 60 do Código Florestal.

O voto-vista aqui comentado, associou-se à maioria no tocante à constitucionalidade do §3º do art. 7º do novo Código Florestal, segundo o qual, "[n]o caso de supressão não autorizada de vegetação realizada após 22 de julho de 2008, *é vedada a concessão de novas autorizações de supressão de vegetação enquanto não cumpridas

---

[15] Art. 5º. Na implantação de reservatório d'água artificial destinado a geração de energia ou abastecimento público, é obrigatória a aquisição, desapropriação ou instituição de servidão administrativa pelo empreendedor das Áreas de Preservação Permanente criadas em seu entorno, conforme estabelecido no licenciamento ambiental, observando-se uma faixa mínima de 30 (trinta) metros e máxima de 100 (cem) metros em área rural, e a faixa mínima de 15 (quinze) metros e máxima de 30 (trinta) metros em área urbana. (Redação dada pela Lei nº 12.727, de 2012).

as obrigações previstas no §1º". Para a Ministra Cármen Lúcia, na esteira do parecer da Advocacia-Geral da União, a despeito da referência à data de 22.7.2008, "tenha o desmatamento ocorrido antes ou depois de 22.7.2008, a 'recomposição da vegetação *é obrigatória'* e deverá obedecer ao disposto no Programa de Regularização Ambiental previsto no art. 59 da mesma Lei nº 12.651/2012". E assim concluiu, quanto ao ponto:

> Mesmo para fatos ocorridos antes de 22.7.2008, ficam os infratores sujeitos à autuação e punição se não aderirem ou descumprirem os ajustes firmados em termo de compromisso, medidas administrativas suscetíveis de execução se não recompostas as *áreas* degradadas seja em locais de preservação permanente ou de reserva legal, 'para que o infrator de outrora seja transformado em agente de recuperação das *áreas* degradadas' (parecer da AGU na ADI nº 4.937, fl. 32).

Sem embargo, parece-me caber razão à Procuradoria-Geral da República, ao assinalar, em seu parecer, que esse dispositivo

> só permite novas autorizações para suprimir vegetação em APP se houver sido recomposta a vegetação pelo proprietário, possuidor ou ocupante a qualquer título que a tenha devastado após 22 de julho de 2008, [e que] por simples interpretação a *contrario sensu*, se o desmatamento sem autorização tiver ocorrido antes desta data, o Poder Público poderá conceder novas autorizações, mesmo sem reparo prévio do dano.

Há, sim, tratamento jurídico díspar, com atribuição de indevida "anistia" a desmatamentos irregulares realizados em APPs e em reservas legais, a partir de 22.7.2008 – data em que entrou em vigor o Decreto Nacional nº 6.514/2008. Trata-se, ademais, de marco temporal aleatório para a abolição de consequências relevantes em face da prática de atos ilícitos, esvaziando, com isso, o núcleo essencial do dever legal de proteger e reparar danos ambientais, na medida em que enfraquece a capacidade de o Estado responder eficazmente, no plano administrativo, a irregularidades verificadas.

Como registrou o Ministro Luiz Fux, Relator, apesar das obrigações insertas no *caput* do art. 7º e do art. 17, e das disposições dos artigos 61-A e 66, persiste o *déficit* de normatividade constitucional nos artigos 7º, §3º, e 17, §3º. Vale reproduzir, para afirmação do entendimento, o seguinte excerto do voto do Relator:

> Em suma, a constitucionalidade dos artigos 7º, *§3º*, e 17, *§3º*, apenas será restaurada com a exclusão da expressão "após 22 de julho de 2008", em ambos os dispositivos, como forma de restabelecer a obrigação dos proprietários, possuidores e ocupantes a qualquer título de preservar e de restaurar o meio ambiente irregularmente desmatado antes de 22.07.2008. A ausência de passivo ambiental deve consistir em condição *sine qua non* para a concessão de novas autorizações de desmatamento, anteriores, ou posteriores a 22.07.2008. Caso contrário, viola-se a isonomia, uma vez que aqueles que não desmataram ou que o fizeram legalmente estarão equiparados aos desmatadores ilegais.

No que diz respeito aos demais dispositivos tratados nesse tópico (§§4º e 5º do art. 59), considerada a premissa do voto-vista, quanto ao primeiro ponto, é coerente sua conclusão em fixar interpretação conforme a Constituição e estabelecer que

> o risco de decadência ou prescrição dos ilícitos ambientais praticados antes de 22.7.2008 (§4º do art. 59) ou das sanções deles decorrentes (§5º do art. 59) há de ser afastado no

decurso da execução dos termos de compromissos subscritos nos programas de regularização ambiental, aplicando-se, extensivamente, o disposto no §1º do art. 60 da Lei nº 12.651/2012, segundo o qual prescrição ficará interrompida durante o período de suspensão da pretensão punitiva.

Entretanto, reputo que o ideal teria sido a prevalência do voto do Relator, que, neste particular, declarava inconstitucionais, também, os §§4º e 5º do art. 59 do novo Código Florestal, sob o entendimento – ao qual adiro – de que "o extenso under-enforcement do direito sancionador provocado pelo Programa de Regularização Ambiental esvazia por completo o núcleo essencial dos valores constitucionais do artigo 225, §3º, da Constituição".[16]

5.10 Intervenção e supressão de vegetação em manguezal – art. 8º, §2º[17]

Por unanimidade, o STF afirmou a constitucionalidade do art. 8º, §2º, do Código Florestal.

Indubitável é a relevante função ecológica dos manguezais. Entretanto, conforme dito anteriormente em relação à previsão de autorização para atividades de aquicultura em APPs, (art. 4º, §6º), afigura-se inviável afirmar, geral e abstratamente, a incompatibilidade desse preceito normativo com a Carta Constitucional. A viabilidade, ou não, de intervenção ou supressão de vegetação nativa em manguezais já antropizados depende de juízo técnico a cargo da administração ambiental, devidamente suscetível de controle de legalidade na via judicial, em cada caso concreto, tal como assinalado no voto-vista da Ministra Cármen Lúcia.

5.11 Autorização de manejo florestal e de exercício de atividades agrossilvipastoris nas áreas com inclinação entre 25º e 45º – art. 11[18]

O Tribunal reconheceu a constitucionalidade do art. 11, nos termos do voto do Relator. Ficou assentado, quanto a esse tema, o seguinte:

---

[16] Anoto, também nesse ponto, a pertinência do voto do Ministro Edson Fachin, asseverando que: "A data eleita como parâmetro serviria de "marco zero" na gestão da política ambiental pátria. Ocorre que não há como compatibilizar a exigência constitucional constante do art. 225, §3º, CRFB, para que haja a reparação dos danos causados, de modo a restaurar os processos ecológicos essenciais, com a escolha de uma data a partir da qual a nova política ambiental passaria a vigorar e as infrações pretéritas estariam isentas de pena administrativa. A Constituição da República, já em 1988, foi expressa ao dispor acerca da responsabilidade civil, penal e administrativa dos causadores de danos ambientais. Os dispositivos impugnados, na prática, desenham um regime de exceção, em que não há consequências jurídicas imputáveis aos causadores de desmatamentos irregulares em APPs e áreas de reserva legal até o marco temporal eleito. Portanto, de fato, a inconstitucionalidade se verifica, eis que tal comando não se coaduna com os artigos 225, §§1º, 3º e 4º, e 186, I e II, da Constituição".

[17] Art. 8º [...] §2º A intervenção ou a supressão de vegetação nativa em Área de Preservação Permanente de que tratam os incisos VI e VII do caput do art. 4º poderá ser autorizada, excepcionalmente, em locais onde a função ecológica do manguezal esteja comprometida, para execução de obras habitacionais e de urbanização, inseridas em projetos de regularização fundiária de interesse social, em áreas urbanas consolidadas ocupadas por população de baixa renda.

[18] Art. 11. Em áreas de inclinação entre 25º e 45º, serão permitidos o manejo florestal sustentável e o exercício de atividades agrossilvipastoris, bem como a manutenção da infraestrutura física associada ao desenvolvimento das atividades, observadas boas práticas agronômicas, sendo vedada a conversão de novas áreas, excetuadas as hipóteses de utilidade pública e interesse social.

A admissão do manejo florestal sustentável e do exercício de atividades agrossilvipastoris em *áreas* de inclinação entre 25° e 45° se insere na margem de discricionariedade do legislador, máxime quando estabelecidos critérios para a autorização dessas práticas, exigindo dos *órgãos* ambientais a fiscalização da observância de boas práticas agronômicas, bem como vedando a conversão de novas *áreas* para as atividades mencionadas. Além disso, a legislação anterior já admitia atividades extrativas nessas *áreas* de inclinação, estabelecendo como restrição apenas a cláusula aberta da 'utilização racional'. Nesse particular, as atividades agrossilvipastoris, em aperfeiçoamento das práticas agrícolas ortodoxas, são destinadas à otimização das vocações produtivas e ambientais na atividade agrícola; CONCLUSÃO: declaração de constitucionalidade do artigo 11 do novo Código Florestal.

O entendimento adotado no voto-vista em tela foi no sentido da inconstitucionalidade da expressão "e o exercício de atividades agrossilvipastoris".

De um modo geral, o preceito normativo em tela não reduziu os níveis de proteção, uma vez que a normatividade anterior já admitira atividades extrativas em tais áreas de inclinação, pautada, é claro, pela cláusula da *utilização racional*. A expressão *manejo florestal sustentável* confere a exata medida de controle da regularidade das atividades permitidas.

O tema é complexo, sem dúvida, estando no cerne do debate sobre a expansão de áreas para atividades ligadas ao agronegócio. É de se ponderar, no entanto, não obstante a importância em se otimizar a cadeia produtiva no País, que essa expansão há de se desenvolver no âmbito de um criterioso zoneamento ecológico-econômico, o qual considere a vocação das áreas cultiváveis e a utilização racional e adequada do solo. Ainda, há que se levar em conta que a vegetação nativa em áreas de inclinação cumpre relevante papel de estabilização geológica, e que, também por isso, o Código Florestal anterior não previa a possibilidade de atividades agrossilvipastoris nesses espaços. Sob esse ângulo específico, então, terá havido redução nos padrões de proteção ambiental em relação às áreas de inclinação entre 25 e 45 graus. Assinalo, portanto, a pertinência do entendimento esposado no voto-vista.

5.12 Redimensionamento e dispensa de área de reserva legal – art. 12, §§4°, 5°, 6°, 7° e 8°[19]

Em relação a tais dispositivos, o STF concluiu o seguinte:

---

[19] Art. 12 [...] §4° Nos casos da alínea *a* do inciso I, o poder público poderá reduzir a Reserva Legal para até 50% (cinquenta por cento), para fins de recomposição, quando o Município tiver mais de 50% (cinquenta por cento) da área ocupada por unidades de conservação da natureza de domínio público e por terras indígenas homologadas. [...] §5° Nos casos da alínea *a* do inciso I, o poder público estadual, ouvido o Conselho Estadual de Meio Ambiente, poderá reduzir a Reserva Legal para até 50% (cinquenta por cento), quando o Estado tiver Zoneamento Ecológico-Econômico aprovado e mais de 65% (sessenta e cinco por cento) do seu território ocupado por unidades de conservação da natureza de domínio público, devidamente regularizadas, e por terras indígenas homologadas. [...] §6° Os empreendimentos de abastecimento público de água e tratamento de esgoto não estão sujeitos à constituição de Reserva Legal. §7° Não será exigido Reserva Legal relativa às áreas adquiridas ou desapropriadas por detentor de concessão, permissão ou autorização para exploração de potencial de energia hidráulica, nas quais funcionem empreendimentos de geração de energia elétrica, subestações ou sejam instaladas linhas de transmissão e de distribuição de energia elétrica. §8° Não será exigido Reserva Legal relativa às áreas adquiridas ou desapropriadas com o objetivo de implantação e ampliação de capacidade de rodovias e ferrovias.

xiv) por maioria, vencidos os Ministros Marco Aurélio, Edson Fachin, Roberto Barroso, Rosa Weber e Ricardo Lewandowski, reconhecer a constitucionalidade do art. 12, §4º, do Código Florestal; xv) por maioria, vencidos os Ministros Marco Aurélio, Edson Fachin, Roberto Barroso, Rosa Weber e Ricardo Lewandowski, reconhecer a constitucionalidade do art. 12. §5º, do Código Florestal; xvi) por maioria, reconhecer a constitucionalidade do art. 12, §6º, do Código Florestal, vencidos os Ministros Cármen Lúcia (Presidente), Edson Fachin e Rosa Weber; xvii) por maioria, reconhecer a constitucionalidade do art. 12, §7º, do Código Florestal, vencidos os Ministros Cármen Lúcia (Presidente), Edson Fachin e Rosa Weber; xviii) por maioria, reconhecer a constitucionalidade do art. 12, §8º, do Código Florestal, vencidos os Ministros Cármen Lúcia (Presidente), Edson Fachin e Rosa Weber.

Uma vez mais, verificou-se acentuada divergência no Plenário quanto aos itens impugnados, com diversidade de angulações interpretativas ante a complexidade da matéria e a variada possibilidade de premissas a serem fixadas como ponto de partida.

O voto-vista da Ministra Cármen Lúcia associou-se à maioria quanto à constitucionalidade dos §§4º e 5º do art. 12, mas dissentiu no tocante aos §§6º, 7º e 8º, reputando-os inconstitucionais por afronta aos princípios da precaução e da vedação do retrocesso socioambiental.

Considero acertada a tese desenvolvida pela Procuradoria-Geral da República, autora da ação direta de inconstitucionalidade. Para o PGR, a redução das áreas de reserva legal prevista nos parágrafos "constitui grave retrocesso ambiental, porque as finalidades ecológicas das unidades de conservação (UCs), das terras indígenas (TIs) homologadas e das *áreas* de reserva legal são substancialmente distintas". E prossegue o PGR, em seu parecer:

> Quanto às terras indígenas, embora a realidade demonstre que normalmente sejam mais preservadas do que áreas de seu entorno, a finalidade de sua instituição não é, de forma primária, proteção ambiental, mas o reconhecimento de direitos territoriais dos povos indígenas. Há, por sinal, autorização especial para manejo de recursos. Tratar as três categorias jurídicas (reserva legal, unidades de conservação da natureza de domínio público e terras indígenas homologadas) como se fossem a mesma coisa, sem consideração às peculiaridades de cada área, ecossistema e forma de manejo é incompatível com a ordem constitucional, que direciona precisamente o legislador e o aplicador do direito a considerar as peculiaridades e características das regiões, territórios, etnias e povos. A modificação legislativa afronta o dever geral de não degradação e, ainda, o dever fundamental de o poder público promover restauração dos ecossistemas e dos serviços ecológicos essenciais. Por essa razão, são inconstitucionais o art. 12, §§4º e 5º, da Lei nº 12.651/2012.[20]

---

[20] Já no que se refere aos §§6º, 7º e 8º do art. 12 do novo Código Florestal, assim se posicionou a Procuradoria-Geral da República: "A dispensa de constituição de reserva legal, na forma ali prevista, constitui redução inconstitucional, indevida e injustificada do padrão de proteção ambiental. O que enseja existência de reserva legal é a localização do imóvel em zona rural, independentemente da atividade a ser exercida. Se o art. 3º, III, da própria Lei nº 12.651/2012 define reserva legal como área localizada no interior de propriedade ou posse rural com a função de assegurar o uso econômico de modo sustentável dos recursos naturais do imóvel, de auxiliar a conservação e a reabilitação dos processos ecológicos e de promover conservação da biodiversidade e abrigo e proteção da fauna silvestre e da flora nativa, é incoerente suprimi-la exatamente em empreendimentos que, por si, já provocam forte impacto ambiental. Se a implantação dos empreendimentos de que trata a norma provoca redução das áreas com vegetação nativa que seriam mantidas como reserva legal, deve exigir-se, no processo de licenciamento, a devida compensação, mediante preservação de área equivalente. A dispensa trazida pelo art. 12, §§6º a 8º, diminuirá as funções ecossistêmicas das propriedades afetadas e prejudicará a conservação de biomas em extensas áreas. A dispensa de reserva legal viola a exigência constitucional de reparação de danos, o dever geral de proteção ambiental previsto no art. 225 da Constituição da República, a exigência constitucional de que

As reservas legais têm natureza jurídica de limitação administrativa, sendo sua proteção e utilização racional uma obrigação de caráter *propter rem* (que adere ao imóvel), inerente a toda propriedade ou posse rural, independentemente de sua localização,

> com a função de assegurar o uso econômico de modo sustentável dos recursos naturais do imóvel rural, auxiliar a conservação e a reabilitação dos processos ecológicos e promover a conservação da biodiversidade, bem como o abrigo e a proteção de fauna silvestre e da flora nativa. (art. 3º, III, do Código Florestal).[21]

Não é apropriado, portanto, a meu ver, esvaziar a eficácia protetiva do instituto da reserva legal em decorrência de outras categorias jurídicas. Tais dispositivos do novo Código Florestal partiram de equivocada premissa, misturando conceitos de espaços territoriais especialmente protegidos dotados de características e finalidades distintas (unidades de conservação de domínio público, terras indígenas e reservas legais), para daí estabelecer indevida possibilidade de redução dos percentuais de reservas legais.

5.13 Cota de Reserva Ambiental – art. 13, §1º[22]

O art. 13, §1º, do novo Código Florestal trata do instrumento da *servidão ambiental*. Em relação a esse preceito normativo, o Plenário do STF assentou, por maioria de votos, vencido o Ministro Edson Fachin, a constitucionalidade do art. 13, §1º, do Código Florestal (*cf.* Extrato da Ata de Julgamento).

A previsão de instituir servidão ambiental[23] sobre área excedente aos percentuais previstos no inciso I do art. 13 constitui interessante estratégia premial, diretamente inspirada nos princípios da prevenção e do desenvolvimento sustentável. Tem por objetivo promover e estimular, de forma acessória, a proteção do meio ambiente. Comungo do entendimento adotado no voto-vista da Min. Cármen Lúcia, aderente ao posicionamento do Relator, de que "as normas incentivam a preservação ambiental

---

a propriedade atenda a sua função social e o princípio da vedação de retrocesso em matéria socioambiental. Por esses motivos, devem ser declarados inconstitucionais o art. 12, §§6º a 8º, da Lei nº 12.651/2012".

[21] Remete-se o leitor ao Comentário Doutrinário ao Acórdão no RESP nº 1.179.316/SP, Rel. Ministro Teori Zavascki, da lavra de Nicolao Dino e Ubiratan Cazeta (DINO, Nicolao; CAZETTA, Ubiratan. Obrigação Ambiental *Ex Lege* e *Propter Rem*: comentário doutrinário ao acórdão no RESP nº 1.179.316/SP. *Revista do Superior Tribunal de Justiça*, a. 27, n. 238, p. 131-148, abr./jun. 2015).

[22] Verifica-se ligeira incongruência na referência a este item do voto-vista, sem, contudo, comprometimento quanto à questão de fundo. É que o art. 13, §1º, do novo Código Florestal trata, na realidade, da questão relativa à instituição de *servidão ambiental*: "Art. 13. Quando indicado pelo Zoneamento Ecológico-Econômico – ZEE estadual, realizado segundo metodologia unificada, o poder público federal poderá: I – reduzir, exclusivamente para fins de regularização, mediante recomposição, regeneração ou compensação da Reserva Legal de imóveis com área rural consolidada, situados em área de floresta localizada na Amazônia Legal, para até 50% (cinquenta por cento) da propriedade, excluídas as áreas prioritárias para conservação da biodiversidade e dos recursos hídricos e os corredores ecológicos; [...] §1º No caso previsto no inciso I do caput, o proprietário ou possuidor de imóvel rural que mantiver Reserva Legal conservada e averbada em área superior aos percentuais exigidos no referido inciso poderá instituir servidão ambiental sobre a área excedente, nos termos da Lei nº 6.938, de 31 de agosto de 1981, e Cota de Reserva Ambiental".

[23] Nos termos do art. 9º-A da Lei nº 6.938/81, com a redação dada pela Lei nº 12.651/2012, a servidão ambiental constitui modalidade de instrumento econômico consistente em área em relação à qual o proprietário ou possuidor renuncia, por instrumento público ou particular ou por termo administrativo firmado junto ao órgão ambiental, em caráter permanente ou temporário, ao direito de usar, explorar ou suprimir vegetação nativa localizada fora das APPs ou do limite mínimo da reserva legal.

em *áreas* particulares em patamares acima dos mínimos fixados em lei, fomentando, agora nas palavras da Advocacia-Geral da União, 'mercado de crédito monetário para as *áreas* preservadas, de modo a agregar valor *às* florestas nativas'". Não há, aí, inconstitucionalidade. Antes, trata-se de um importante instrumento econômico, de caráter acessório ou complementar (art. 9º, XIII, da Lei nº 6.938/81), que, para além de medidas de cunho repressivo, se destina a incentivar a ampliação dos espaços especialmente protegidos, amplificando o leque de proteção, prevenindo impactos negativos e, com isso, indo ao encontro do vetor constitucional de maximização da tutela ambiental.[24]

5.14 Sobreposição de Áreas de Preservação Permanente – APP e de Reservas Legais de Imóveis – RL – art. 15, incs. I a III, §§1º a 4º, inc. I

Por maioria de votos, vencidos os Ministros Edson Fachin e Rosa Weber e, em parte, os Ministros Marco Aurélio e Ricardo Lewandowski, o STF reconheceu a constitucionalidade do art. 15 do Código Florestal.

Em seu voto-vista, a Ministra Cármen Lúcia asseverou o seguinte:

> Não se vislumbra, quanto *àquela* sistemática, a inconstitucionalidade pleiteada pela Autora, sendo possível depreender que a norma questionada se traduz em meio capaz de adequar o progresso de exploração fundiária rural *à* necessária preservação de meio ambiente ecologicamente equilibrado. A possibilidade de superposição de *áreas* destinadas *à* especial proteção do Estado, notadamente do cômputo da Reserva Legal em *Área de Preservação Permanente*, conduz a possível integração de *áreas* de Reserva Legal, cuja utilização alternativa poderia ser admitida, *às Áreas* de Preservação Permanente, regidas por regime jurídico próprio e mais restritivo.

Entendo, *data venia*, que a arguição de inconstitucionalidade merecia acatamento, conforme a corrente minoritária que se formou no STF. A previsão de cômputo de APPs no percentual de reserva legal implica, na prática, redução das áreas especialmente protegidas mediante mera operação aritmética que – aí a grave distorção – desconsidera a natureza jurídica distinta das APPs e das reservas legais. Ambas são espécies do gênero *espaços territoriais especialmente protegidos,* mas com funções ecológicas diferenciadas, embora associadas por uma relação de complementaridade. Como bem ponderou a Procuradoria-Geral da República, no parecer da lavra do Vice-Procurador-Geral da República José Bonifácio Borges de Andrada, "APPs e *áreas* de reserva legal desempenham funções ecossistêmicas diversas, apesar de complementares, [compondo] o mosaico de *áreas* mínimas protegidas para conferir sustentabilidade aos biomas circundantes". Ora, sendo distintas as funções ecológicas (tanto que a APP é sujeita a regime protecionista mais rígido, ao passo que as RLs admitem uso sustentável dos recursos

---

[24] Ramón Martín Mateo, discorrendo sobre a potencialidade de instrumentos econômicos como medidas estimuladoras à promoção do meio ambiente sadio, observa, com precisão: "Estas medidas constituten un auténtico cajón de sastre donde se engloban acciones públicas que tienen en común el propósito de corregir indirectamente los disfunciones ambientales del sistema de precios sin imponer directamente determinadas conductas. De alguna manera participan, o más bien coinciden, con las medidas estimuladoras o compensadoras ya contempladas, aunque se mencionen aquí de nuevo teniendo en cuenta el actual auge de estas estrategias que intentan superar, o más bien complementar, los controles directos". (MATEO, Ramón Martín. *Tratado de Derecho Ambiental*. 1. ed. Madrid: Editorial Trivium, 1991. v. I, 1991).

naturais mediante plano de manejo), o cômputo do percentual de uma área no cálculo da outra configura sério desprestígio à função socioambiental da propriedade, na medida em que esvazia um dos seus importantes elementos densificadores, qual seja, a reserva legal. Significa, ainda, diminuir os patamares de tutela ambiental, violando os deveres gerais de proteção, de restauração de processos ecológicos essenciais e de vedação de fruição de espaços especialmente protegidos que leve ao comprometimento dos atributos que ensejam sua proteção, insculpidos no art. 225, §1º, I, e §3º, CF.

5.15 Vedação de conversão de vegetação nativa para uso alternativo do solo em imóvel que possuir área abandonada – art. 28[25]

Em relação a esse dispositivo do novo Código Florestal, a conclusão do STF foi a seguinte:

> Art. 28 (Proibição de conversão de vegetação nativa para uso alternativo do solo no imóvel rural que possuir *área* abandonada): a ausência de vedação específica à conversão para uso alternativo do solo em *áreas* subutilizadas ou mal utilizadas não ofende a Constituição, mercê de o legislador ter transferido ao *órgão* ambiental competente a tarefa de apreciar a forma de utilização do imóvel ao decidir sobre o requerimento de autorização para a referida conversão; CONCLUSÃO: declaração de constitucionalidade do artigo 28 do novo Código Florestal.

Postulou a Procuradoria-Geral da República que fosse conferida ao art. 28 do novo Código Florestal interpretação conforme a Constituição, no sentido de abranger todas as formas de subutilização ou má utilização da propriedade, consoante os critérios estabelecidos no art. 6º da Lei nº 8.629/1993.

Como anotou o voto-vista ora comentado, o art. 37-A do Código Florestal revogado (Lei nº 4.771/1965) exibia vedação similar, porém mais abrangente que a veiculada no novel art. 28, porquanto restringia a conversão de vegetação nativa para uso alternativo do solo em imóveis rurais com área abandonada, subutilizada ou utilizada de forma inadequada, segundo a vocação e a capacidade de supor do solo. Considerou a Ministra Cármen Lúcia que, embora contenha regulação mais permissiva, a medida assegura a função social da propriedade, punindo proprietários de imóveis rurais com áreas improdutivas, sem ofensa ao núcleo essencial do direito ao meio ambiente ecologicamente equilibrado.

Além dos ponderáveis fundamentos constantes do voto-vista, observo, ainda, que a pretensão deduzida extrapola, na realidade, os limites de possibilidade do método de interpretação conforme a Constituição, pois buscou *reescrever* a literalidade do preceito normativo, para nele incluir prescrições não desejadas pelo legislador ordinário. E isso, a meu sentir, não se afigura possível. Decerto que toda interpretação é um processo intelectivo de mediação que implica *produzir*, *apreender* e *compreender* o sentido dos signos linguísticos presentes no texto normativo, para, então, *concretizá-lo*. No entanto, a busca de conformidade com a Constituição não autoriza o intérprete-aplicador do

---

[25] Art. 28. Não é permitida a conversão de vegetação nativa para uso alternativo do solo no imóvel rural que possuir área abandonada.

direito a alterar substancialmente o sentido do preceito normativo infraconstitucional, ingressando na seara própria do legislador positivo, mormente em situações como a presente, em que não há nenhuma lacuna normativa ou imprecisão terminológica.[26] Nessa linha de raciocínio, o sentido linguisticamente possível funciona como um limite objetivo de interpretação. Bem assinalou, a propósito, o Ministro Moreira Alves, em voto na ADI nº 1.344-MC, igualmente destacado em outra passagem do voto-vista da Ministra Cármen Lúcia, que "a técnica da interpretação conforme só é utilizável quando a norma impugnada admite, dentre as várias interpretações possíveis, uma que a compatibilize com a Carta Magna, e não quando o sentido da norma é unívoco...".

5.16 Compensação de Reserva Legal – arts. 48, §2º, 66, §5º, incisos II, III e IV, e §6º

Em relação aos arts. 48, §2º, 66, §5º, incisos II, III e IV, e §6º do novo Código Florestal, o STF decidiu por maioria, dar interpretação conforme a Constituição ao art. 48, §2º, do Código Florestal, para permitir compensação apenas entre áreas com identidade ecológica, vencidos o Ministro Edson Fachin e, em parte, os Ministros Luiz Fux (Relator), Cármen Lúcia (Presidente), Alexandre de Moraes, Roberto Barroso e Gilmar Mendes; por maioria, vencidos os Ministros Marco Aurélio, Edson Fachin, e, em parte, o Ministro Ricardo Lewandowski, reconhecer a constitucionalidade do art. 66, §5º, do Código Florestal; por maioria, vencidos os Ministros Marco Aurélio, Edson Fachin, e, em parte, o Ministro Ricardo Lewandowski, reconhecer a constitucionalidade do art. 66, §6º, do Código Florestal.

O voto-vista ora comentado agrupou a análise desses dispositivos, por versarem sobre o mesmo tema da compensação da reserva legal, inclusive por meio de cotas de reserva ambiental (título nominativo representativo de área com vegetação nativa, existente ou em processo de recuperação – art. 44 do Código Florestal). Para a Ministra Cármen Lúcia, sendo a controvérsia de natureza técnico-científica, nela não poderia adentrar o STF, até porque não caberia ao Tribunal discutir implementação de políticas públicas ou modelos ideais de gestão ambiental.

Muito embora seja irretocável a ideia de que não cabe ao Judiciário avaliação de modelos de gestão ambiental ou formulação de políticas públicas, parece-me, *data venia*, que a questão posta neste item não esbarra nesse óbice, podendo ser examinada por ângulo diverso. Em primeiro lugar, a substituição de reserva legal por aquisição de cotas de reserva ambiental significa, na prática, desobrigar o proprietário ou possuidor de manter RL em seu imóvel, esvaziando um importante elemento densificador da função socioambiental de cada propriedade, e desrespeitando o dever de preservar e restaurar os processos ecológicos essenciais. Em segundo lugar, a compensação da RL sem identidade ecológica implica, na prática, inobservância da função ambiental da reserva legal no local onde ela deveria ser mantida.[27] Além disso, como salientou o PGR,

---

[26] É oportuno registrar as palavras de Dworkin ao comparar interpretação jurídica e interpretação literária, num cenário de hipóteses estéticas, segundo as quais toda atitude interpretativa pretende mostrar o texto "como a melhor obra de arte que ele *pode* ser, e o pronome acentua a diferença entre explicar uma obra de arte e transformá-la em outra" (DWORKIN, Ronald. DWORKIN, Ronald. *Uma questão de princípio*. São Paulo: Martins Fontes, 2000. p. 223).

[27] Vale reproduzir, neste particular, as observações da Professora Nurit Bensusan, lançadas em audiência pública no STF, e transcritas no parecer da Procuradoria-Geral da República: "É importante assinalar que os biomas

no parecer, a "possibilidade de a reserva legal compensar-se mediante arrendamento não satisfaz o dever de compensação, pois não haveria segurança jurídica na permanência da proteção, em face da transitoriedade inerente *àquele* contrato".

Finalmente, em relação à "compensação" por doação ao poder público de área localizada no interior de unidade de conservação, não constitui, na essência do termo, uma compensação ambiental, mas sim, uma relação de troca, com a desoneração do dever de manter a reserva mediante coparticipação em um processo de regularização fundiária em outra área que já é, a rigor, objeto de especial proteção (UC). Isso, na prática, implica redução das áreas especialmente protegidas, pois elimina o espaço da reserva legal sem medida substancialmente compensatória. Daí ser legítima, a meu ver, a tese defendida pela Procuradoria-Geral da República, no sentido da inconstitucionalidade, por ofensa ao art. 225, §1º, III, CF, dos arts. 48, §2º, e 66, §5º, II e III, e §6º, como também no sentido de se assegurar à expressão "localizada no mesmo bioma", contida no art. 66, §5º, IV, do novo Código Florestal, interpretação conforme a Constituição para autorizar apenas compensação entre áreas com identidade ecológica.

5.17 Atividades econômicas em 'áreas consolidadas' em locais de preservação permanente – arts. 61-A, 61-B, 61-C e art. 63

O STF decidiu, por maioria, vencidos os Ministros Marco Aurélio e Ricardo Lewandowski, e, em parte, o Ministro Edson Fachin, reconhecer a constitucionalidade do art. 61-A do Código Florestal; por maioria, vencidos os Ministros Marco Aurélio, Edson Fachin e Ricardo Lewandowski, reconhecer a constitucionalidade do art. 61-B do Código Florestal; por maioria, vencidos os Ministros Marco Aurélio, Edson Fachin e Ricardo Lewandowski, reconhecer a constitucionalidade do art. 61-C do Código Florestal; por maioria, vencidos os Ministros Marco Aurélio, Cármen Lúcia, Rosa Weber e Ricardo Lewandowski, reconhecer a constitucionalidade do art. 63 do Código Florestal.

Os arts. 61-A, 61-B, 61-C e art. 63 do novo Código Florestal, com a redação dada pela Lei nº 12.727, de 2012, tratam da consolidação de atividades econômicas em áreas de preservação permanente, ou, como apontado na ADI, da consolidação de danos ambientais perpetrados até 22.7.2008.

Precisa a fundamentação desenvolvida no voto-vista da Ministra Cármen Lúcia no tocante à inconstitucionalidade do art. 63, ao reconhecer a ofensa ao princípio da proibição do retrocesso socioambiental e ao dever de proteger e restaurar os processos ecológicos essenciais na "continuidade de atividades econômicas irregularmente implantadas em locais que já configuravam, pelas disposições do Código Florestal de 1965, *Áreas* de Preservação Permanente".

Penso, todavia, que a mesma linha argumentativa sustentaria a declaração de inconstitucionalidade dos arts. 61-A, 61-B, 61-C, por ofensa ao princípio da proibição do retrocesso socioambiental, bem como ao art. 225, §§1º, I e III, e 3º, e art. 186 (função

---

reúnem um conjunto de diversos ambientes e paisagens com processos ecológicos distintos. Uma propriedade na Amazônia, localizada em uma área de floresta, poderia, segundo o artigo 48, §2º, compensar sua reserva legal em uma área de savana no bioma Amazônia. Uma propriedade localizada no cerrado do Maranhão poderia compensar, se fosse possível chamar isso de compensação, sua reserva legal, nas veredas do Grande Sertão de Guimarães Rosa, em Minas Gerais. Dessa forma, dificilmente se poderia dizer que a reserva legal cumpre sua função social".

ANTÔNIO HERMAN VASCONCELOS E BENJAMIN, VLADIMIR PASSOS DE FREITAS, JARBAS SOARES JÚNIOR (Coords.)
COMENTÁRIOS AOS ACÓRDÃOS AMBIENTAIS – PARADIGMAS DO SUPREMO TRIBUNAL FEDERAL

socioambiental da propriedade), da Constituição da República. Com efeito, a adoção do critério do tamanho da propriedade para *modular* o dever de reparação não é suficiente para descaracterizar a situação de irregularidade já evidenciada à luz da legislação anterior, no que toca ao regime de preservação permanente. É que o dever de reparação viabilizado apenas de forma parcial constitui, sob outro ângulo, integral descumprimento da norma proibitiva, afrontando o dever de plena recuperação de danos ambientais. Além disso, os preceitos normativos desigualam titulares de imóveis quanto ao descumprimento da obrigação *propter rem* tão somente com base no tamanho da área degradada, sem que haja correlação com a relevância ambiental dos lugares afetados.

Assim, ideal teria sido a declaração de inconstitucionalidade dos arts. 61-A, 61-B, 61-C e art. 63 do novo Código Florestal.

5.18 Faixa de APP para reservatórios artificiais de água destinados à geração de energia ou ao abastecimento público anteriores à MP nº 2.166-67/2001 – art. 62[28]

O STF assentou a constitucionalidade do art. 62 do novo Código Florestal. Em seu voto-vista, a Ministra Cármen Lúcia acentuou, coerente com o entendimento firmado quanto ao art. 5º, caput, e §§1º e 2º, que o Código Florestal anterior não estabelecia metragem mínima ou máxima para faixa de APP no entorno de reservatórios artificiais, tarefa empreendida pela Resolução CONAMA nº 302/2002. Daí haver concluído como "legítima, portanto, a escolha do legislador de exigir *Área* de Preservação Permanente menor quanto aos reservatórios artificiais de *água* correspondentes a empreendimentos cuja concessão ou autorização foi assinada antes da Medida Provisória nº 2.166-67/2001".

Quanto a esse ponto, oportuno oferecer outra linha de raciocínio, aludindo, para tanto, às mesmas ponderações anteriormente feitas, em relação aos art. 4º, III, §§1º e 4º, e art. 5º do novo Código Florestal. De fato, o preceito normativo impugnado estabelece uma disciplina específica – e desfavorável – para os reservatórios que foram registrados ou tiveram seus contratos de concessão ou autorização assinados anteriormente à MP nº 2.166-67, de 24.8.2001. Tem-se aí, a meu ver, retrocesso socioambiental, caracterizando inconstitucionalidade, *data venia* do entendimento em sentido contrário, uma vez que houve redução na faixa de APP prevista na Resolução CONAMA nº 302/2002.

No que se refere a empreendimentos já existentes, destaque-se, mais uma vez, a jurisprudência do Superior Tribunal de Justiça, a considerar que o novo Código Florestal não deve retroagir para atingir atos jurídicos perfeitos ou direitos ambientais adquiridos, tampouco para reduzir, sem compensações satisfatórias, os patamares de proteção anteriormente estabelecidos, em atenção ao princípio *tempus regit actus* (*cf.* AgInt no RESP nº 1.381.085/MS, Rel. Min. Og Fernandes, Segunda Turma, julgado em 17.8.2017; AgRg no ARESP nº 231.561/MG, Segunda Turma, Rel. Min. Herman Benjamin, julgado em 16.12.2014; AgInt no ARESP nº 1.491.883/SP, Segunda Turma, Rel. Min. Mauro Campbell

---

[28] Art. 62. Para os reservatórios artificiais de água destinados a geração de energia ou abastecimento público que foram registrados ou tiveram seus contratos de concessão ou autorização assinados anteriormente à Medida Provisória nº 2.166-67, de 24 de agosto de 2001, a faixa da Área de Preservação Permanente será a distância entre o nível máximo operativo normal e a cota máxima *maximorum*.

Marques, julgado em 12.11.2019; AgInt no REsp nº 1583512/MG, Segunda Turma, Rel. Min. Assusete Magalhães, julgado em 24.9.2019; STJ, AgInt no AREsp nº 826.869/PR, Rel. Ministro Francisco Falcão, Segunda Turma, DJe de 15.12.2016).[29]

5.19 Dispensa de recuperação de reserva legal e pequenas propriedades rurais – art. 67[30]

O art. 67 do novo Código Florestal teve sua constitucionalidade reconhecida por maioria de votos, vencidos os Ministros Marco Aurélio, Cármen Lúcia, Edson Fachin, Rosa Weber e Ricardo Lewandowski.

A Procuradoria-Geral da República questionou a "anistia" conferida àqueles que desmataram as áreas de reserva legal antes de 22.7.2008, pelo só fato de o imóvel rural possuir área de no máximo quatro módulos fiscais.

O voto-vista destacou, com inteira pertinência, que "a distinção entre as propriedades rurais, no caso, não se revela idônea para o tratamento díspar de situações a ensejarem dano ambiental, em comprometimento do meio ambiente ecologicamente equilibrado, direito e dever de todos, sem exceção".

Efetivamente, o art. 67 fixa um marco temporal aleatório para desonerar proprietários e possuidores do dever de restaurar áreas de reserva legal irregularmente exploradas até 22.7.2008, data da edição do Decreto nº 6.514, que dispõe sobre infrações e sanções administrativas ambientais. Como dito, trata-se de um critério aleatório, sem qualquer relevância para efeito de distinguir o dever de recuperação, pois o Código Florestal anterior já instituía a obrigação *proter rem*. Além disso, a ilicitude já se fazia presente, nada havendo de razoável, portanto, na delimitação temporal do dever de restaurar os processos ecológicos essenciais.

---

[29] Com base nesse entendimento, a Quarta Câmara de Coordenação e Revisão do Ministério Público Federal (Câmara de Meio Ambiente) também fixou diretrizes de atuação, em relação a APPs em reservatórios artificiais, nos seguintes termos: "[...] 2. Não obstante a declaração de constitucionalidade, pelo STF, do artigo 62 da Lei nº 12.651/2012, é necessário considerar a existência de direito ambiental adquirido, pois o STJ firmou entendimento no sentido de que o Código Florestal não pode retroagir para atingir os direitos ambientais adquiridos, tampouco para reduzir o patamar de proteção de ecossistemas frágeis ou espécies ameaçadas de extinção (AgInt no AREsp nº 1211974/SP, Rel. Ministro FRANCISCO FALCÃO, SEGUNDA TURMA, julgado em 17.04.2018, DJe 23.04.2018), motivo pelo qual se deve observar, para o cálculo da área de preservação permanente (APP), o seguinte: *(i)* para fatos anteriores à resolução CONAMA nº 302/2002, a distância equivalente ao nível máximo operativo normal e a cota máxima *maximorum*, de acordo com o art. 62 da Lei nº 12.651/2012; *(ii)* para as intervenções ambientais ocorridas entre a Resolução CONAMA nº 302/2002 e a Lei nº 12.651/2012, a faixa de 30 (trinta) metros em área urbana e 100 (cem) metros em área rural, ex vi do artigo 3º da Resolução CONAMA nº 302/2002; e *(iii)* para os casos de intervenções ambientais posteriores ao Código Florestal vigente, a APP deve ser regulamentada pelo teor do artigo 5º da Lei nº 12.651/2012". (Ref. IC – 1.22.004.000151/2013-38).

[30] Art. 67. Nos imóveis rurais que detinham, em 22 de julho de 2008, área de até 4 (quatro) módulos fiscais e que possuam remanescente de vegetação nativa em percentuais inferiores ao previsto no art. 12, a Reserva Legal será constituída com a área ocupada com a vegetação nativa existente em 22 de julho de 2008, vedadas novas conversões para uso alternativo do solo.

5.20 Dispensa de recomposição de vegetação nativa suprimida respeitando os percentuais de Reserva Legal previstos na legislação em vigor à época – art. 68[31]

Por maioria de votos, vencido, em parte, o Ministro Edson Fachin, o Supremo reconheceu a constitucionalidade do art. 68 do Código Florestal.

Com razão, a meu ver, o voto da Ministra Cármen Lúcia ao asseverar que a regra aí veiculada está em sintonia com o princípio da segurança jurídica, impedindo que "a nova legislação seja aplicada aos proprietários e possuidores de imóveis rurais que realizaram supressões de vegetação nativa respeitando os percentuais de Reserva Legal previstos na data". Trata-se da observância da norma vigente ao tempo da utilização da RL – *tempus regit actum*. Não há, aí, vício de inconstitucionalidade.

5.21 Obtenção de crédito agrícola sujeita à inscrição no CAR – art. 78-A

À época da impugnação, o art. 78-A, introduzido no novo Código Florestal pela Lei nº 12.727, de 2012, tinha a seguinte redação: "Após 5 (cinco) anos da data da publicação desta Lei, as instituições financeiras só concederão crédito agrícola, em qualquer de suas modalidades, para proprietários de imóveis rurais que estejam inscritos no CAR". A Lei nº 13.295/2016 alterou a redação, estendendo o prazo final para inscrições no Cadastro Ambiental Rural – CAR, nos seguintes termos: "Após 31 de dezembro de 2017, as instituições financeiras só concederão crédito agrícola, em qualquer de suas modalidades, para proprietários de imóveis rurais que estejam inscritos no CAR". A PGR aditou o pedido de declaração de inconstitucionalidade, na ADI nº 4.902.

A constitucionalidade desse dispositivo foi unanimemente reconhecida pelo Plenário do STF, nos termos do voto do Relator.

Embora não seja ideal a concessão de crédito público mediante a mera inscrição no CAR, sem comprovação de efetiva regularidade ambiental, não há, de fato, como acoimar de inconstitucional esse preceito normativo. Trata-se de opção feita pelo legislador por um critério para destinação de crédito agrícola. A adoção desse critério se opera no exercício legítimo da discricionariedade legislativa e da formulação de políticas públicas, zonas que são insindicáveis pelo Judiciário. Ademais, na linha do que assinalou o voto-vista em tela, a sistemática de recuperação ambiental começa com a inscrição do imóvel no CAR, a partir do que, com base nas informações fornecidas, o órgão ambiental habilita-se a verificar a efetiva situação do imóvel no tocante à regularidade ambiental. Daí considerar irretocável a conclusão do voto-vista, neste particular, no sentido de não haver "afronta objetiva *à* Constituição".

---

[31] Art. 68. Os proprietários ou possuidores de imóveis rurais que realizaram supressão de vegetação nativa respeitando os percentuais de Reserva Legal previstos pela legislação em vigor à época em que ocorreu a supressão são dispensados de promover a recomposição, compensação ou regeneração para os percentuais exigidos nesta Lei. §1º Os proprietários ou possuidores de imóveis rurais poderão provar essas situações consolidadas por documentos tais como a descrição de fatos históricos de ocupação da região, registros de comercialização, dados agropecuários da atividade, contratos e documentos bancários relativos à produção, e por todos os outros meios de prova em direito admitidos. §2º Os proprietários ou possuidores de imóveis rurais, na Amazônia Legal, e seus herdeiros necessários que possuam índice de Reserva Legal maior que 50% (cinquenta por cento) de cobertura florestal e não realizaram a supressão da vegetação nos percentuais previstos pela legislação em vigor à época poderão utilizar a área excedente de Reserva Legal também para fins de constituição de servidão ambiental, Cota de Reserva Ambiental – CRA e outros instrumentos congêneres previstos nesta Lei.

Considerações finais

Não é demasiado assinalar, uma vez mais, a importância do julgamento das cinco demandas de controle concentrado de constitucionalidade (ADIs nºs 4.901, 4.902, 4.903, 4.937 e ADC nº 42), do qual resultou robusto acórdão dedicado a relevantes questões no campo da proteção jurídica do meio ambiente.

A riqueza e a diversidade de angulações jurídicas presentes nos votos proferidos bem evidenciam a complexidade dos temas veiculados. Revelam, também, como se há de convir, diferentes possibilidades de materialização do conceito aberto *desenvolvimento sustentável*, tudo a depender das premissas fixadas pelo formulador de políticas públicas e pelo intérprete-aplicador da norma.

Em se tratando de textos normativos, mesmo diante da inevitável constatação de que há mais de uma perspectiva de abordagem, isso não significa autorizar um espectro infinito para a atividade interpretativa. O texto não pode ser visto como um universo ilimitado, propício ao desvelamento de infinitas conexões.[32] Há balizas a serem observadas, como bem destaca prestigiada doutrina.[33]

Se, por um lado, o resultado desse histórico julgamento não correspondeu, em sua integralidade, às expectativas de todas as partes direta ou indiretamente interessadas nas questões ali postas, por outro, é inteiramente válido e necessário destacar que o julgado em tela credencia-se na história do Direito Ambiental brasileiro como um marco na reafirmação da ideia de que o direito [fundamental] ao meio ambiente sadio e ecologicamente equilibrado integra o rol axiológico basilar da Constituição, sendo devidamente calibrado e articulado por princípios (mandamentos nucleares do sistema jurídico-normativo) dotados de densidade constitucional: desenvolvimento sustentável, progresso ecológico, proibição de retrocesso socioambiental, função socioambiental da propriedade, prevenção e precaução. E o voto-vista da Ministra Cármen Lúcia contribuiu de forma decisiva para a consolidação desses mandamentos, assinalando, como linha-mestra de sua narrativa, "o dever do Estado de assegurar progressivamente o direito fundamental ao meio ambiente".

Numa ordem jurídico-constitucional que afirma a nota fundamental do direito ao meio ambiente sadio, há que se apontar sempre, e mais, para o horizonte da realização dos valores estabelecidos na Constituição, em especial, no caso, para a efetivação máxima do núcleo estruturante de seu art. 225.

É imperioso, por fim, promover segurança jurídica e não regressão a patamares inferiores de proteção ambiental, cumprir os deveres fundamentais de preservação e restauração dos processos ecológicos essenciais, reconhecer e garantir direitos originários de comunidades tradicionais, estimular o crescimento econômico e compatibilizá-lo com a promoção do meio ambiente sadio e o cumprimento da função socioambiental da propriedade. Aí residem os elementos centrais do conceito de desenvolvimento

---

[32] *cf.* ECO, Umberto. *Os limites da interpretação*. Lisboa: Difel, 2004. p. 11-17 e 57.

[33] "No âmbito da hermenêutica jurídica, em geral, e da interpretação constitucional, em particular, a ideia de se estabelecerem parâmetros objetivos para controlar e racionalizar a interpretação deriva imediatamente do princípio da segurança jurídica, que estaria de todo comprometida se os aplicadores do direito, em razão da abertura e da riqueza semântica dos enunciados normativos, pudessem atribuir-lhes qualquer significado, à revelia dos cânones hermenêuticos e do comum sentimento de justiça" (COELHO, Inocêncio Mártires. *Interpretação Constitucional*. 3. ed. São Paulo: Saraiva, 2007. p. 111).

sustentável. A realização disso tudo não constitui tarefa simples, e, nem por isso, passível de ser negligenciada.

Referências

ARAGÃO, Alexandra. Direito Constitucional do Ambiente da União Europeia. *In*: CANOTILHO, José Joaquim Gomes; LEITE, José Rubens Morato (Org.). *Direito Constitucional ambiental brasileiro*. São Paulo: Saraiva, 2007.

BENJAMIN. Antônio Herman. Princípio da Proibição de Retrocesso Ambiental. *In*: COMISSÃO DE MEIO AMBIENTE, DEFESA DO CONSUMIDOR E FISCALIZAÇÃO E CONTROLE. *O Princípio da Proibição de Retrocesso Ambiental*. Brasília-DF: Senado Federal, 2012.

CANOTILHO, José Joaquim Gomes. Direito Constitucional ambiental português e da União Europeia. *In*: CANOTILHO, José Joaquim Gomes; LEITE, José Rubens Morato (Org.). *Direito Constitucional ambiental brasileiro*. São Paulo: Saraiva, 2007.

COELHO, Inocêncio Mártires. *Interpretação Constitucional*. 3. ed. São Paulo: Saraiva, 2007.

DINO, Nicolao; CAZETTA, Ubiratan. Obrigação Ambiental *Ex Lege* e *Propter Rem*: comentário doutrinário ao acórdão no RESP n° 1.179.316/SP. *Revista do Superior Tribunal de Justiça*, a. 27, n. 238, p. 131-148, abr./jun. 2015.

DWORKIN, Ronald. *Uma questão de princípio*. São Paulo: Martins Fontes, 2000.

ECO, Umberto. *Os limites da interpretação*. Lisboa: Difel, 2004.

MATEO, Ramón Martín. *Tratado de Derecho Ambiental*. 1. ed. Madrid: Editorial Trivium, 1991. v. I.

SILVA, José Afonso da. Fundamentos constitucionais da proteção ambiental. *In*: DAIBERT, Arlindo (Org.). *Direito Ambiental Comparado*. Belo Horizonte: Fórum, 2008.

THOMÉ, Romeu. *O princípio da vedação de retrocesso socioambiental – no contexto da sociedade de risco*. Salvador: Ed. JusPodivm, 2014.

Informação bibliográfica deste texto, conforme a NBR 6023:2018 da Associação Brasileira de Normas Técnicas (ABNT):

DINO, Nicolao. Acórdão nas ADIs n°s 4.901, 4.902, 4.903, 4.937 e na ADC n° 42 (Código Florestal): Comentários ao voto-vista da Ministra Cármen Lúcia. *In*: BENJAMIN, Antônio Herman Vasconcelos e; FREITAS, Vladimir Passos de; SOARES JÚNIOR, Jarbas (Coord.). *Comentários aos acórdãos ambientais*: paradigmas do Supremo Tribunal Federal. Belo Horizonte: Fórum, 2021. p. 417-448. ISBN 978-65-5518-077-0.

SOBRE A CONSTITUCIONALIZAÇÃO DO DIREITO PENAL AMBIENTAL: A PERSPECTIVA DA PROTEÇÃO DOS DIREITOS HUMANOS E FUNDAMENTAIS

RELATOR: MINISTRO ALEXANDRE DE MORAES

FÁBIO MEDINA OSÓRIO

EMENTA: AGRAVO REGIMENTAL. DECLÍNIO DE COMPETÊNCIA. PARLAMENTAR QUE, À ÉPOCA DOS FATOS, EXERCIA O MANDATO DE DEPUTADO ESTADUAL. CRIME AMBIENTAL. AÇÃO PENAL JULGADA PROCEDENTE. DECISÃO DE PRIMEIRA INSTÂNCIA PROFERIDA EM 24.10.2018. 1. Nos termos decididos pelo Plenário do SUPREMO TRIBUNAL FEDERAL, na QUESTÃO DE ORDEM NA AÇÃO PENAL Nº 937, Rel. Min. ROBERTO BARROSO (3.5.2018), o foro por prerrogativa de função dos exercentes de mandatos parlamentares aplica-se apenas aos crimes cometidos durante o exercício do cargo e relacionados às funções desempenhadas. 2. Parlamentar processado pela prática dos delitos tipificados nos artigos 40 e 48 da Lei nº 9.605/98, consumados no período de 2004-2009, quando exercia o mandato de deputado estadual na Assembleia Legislativa de Pernambuco. 3. Declínio da competência à 26ª Vara Federal da Seção Judiciária de Pernambuco, tendo em vista o local da infração e a presença de interesse da União (art. 20, inciso VII da CF), preservada a validade de todos os atos praticados e decisões proferidas. 4. Sentença proferida na instância de primeiro grau em 24.10.2018, condenando o agravado à pena de 2 anos de reclusão pela prática do delito previsto no art. 40 da Lei nº 9.605/98 e a 8 meses de detenção pela prática do delito previsto no art. 48 da Lei nº 9.605/98. 5. Agravo regimental desprovido.

Introdução

Coube-me comentar acórdão que tratou de prerrogativa de foro em matéria de crime ambiental. São dois temas distintos que, neste trabalho, resultam cruzados: a prerrogativa de foro[1] e o direito penal ambiental.[2]

---

[1] O foro especial, em função da prerrogativa do cargo ocupado, integra o ordenamento jurídico constitucional desde a Constituição Imperial de 1824 (arts. 47 e 164).

[2] "Grande novidade foi introduzida pelo texto constitucional ao tratar da responsabilidade penal por danos ao meio ambiente" (SAMPAIO, Francisco José Marques. O dano ambiental e a responsabilidade. *Revista de Direito Administrativo*, Rio de Janeiro, p. 45-50, 1991. p. 50).

A responsabilidade penal, em matéria ambiental, deflui do próprio texto constitucional, à luz do disposto no §3º do art. 225.[3] O direito fundamental ao meio ambiente ecologicamente equilibrado justifica a previsão no ordenamento jurídico pátrio da responsabilidade por delitos perpetrados na área ambiental.

No espectro internacional, a preocupação com a efetiva tutela do meio ambiente também é digna de nota. No direito comparado, há inúmeros diplomas que dispõem sobre a responsabilidade penal ambiental. A título ilustrativo, no que toca ao México, insta salientar que:

> (...) a reforma de 1996 revogou as disposições sobre os delitos ambientais que se encontravam em leis especiais para inseri-las de modo uniforme e sistematizado no Título Vigésimo Quinto do Código Penal mexicano. (...) Nota-se que o objetivo foi justamente o de conferir maior coercibilidade às normas de proteção ao ambiente e aos recursos naturais. Visou-se, ainda, tornar mais eficaz a aplicação de uma política ambiental.[4]

Em Portugal, "(...) o legislador português, acolhendo a orientação adotada na Áustria, Suécia, Espanha e Alemanha, desde 1980, inseriu, em sua reforma, no Código Penal Português, os crimes ecológicos".[5]

Ainda no campo do direito comparado, entrevê-se que a Espanha estabeleceu, em sua Constituição, a possibilidade da responsabilidade penal na esfera ambiental. É o que se depreende do teor do artigo 45, cuja transcrição se faz imperiosa em função de sua relevância:

> Artículo 45
> 1. Todos tienen el derecho a disfrutar de un medio ambiente adecuado para el desarrollo de la persona, así como el deber de conservarlo.
> 2. Los poderes públicos velarán por la utilización racional de todos los recursos naturales, con el fin de proteger y mejorar la calidad de la vida y defender y restaurar el medio ambiente, apoyándose en la indispensable solidaridad colectiva.
> 3. Para quienes violen lo dispuesto en el apartado anterior, en los términos que la ley fije se establecerán sanciones penales o, en su caso, administrativas, así como la obligación de reparar el daño causado.[6]

---

[3] "Art. 225. Todos têm direito ao meio ambiente ecologicamente equilibrado, bem de uso comum do povo e essencial à sadia qualidade de vida, impondo-se ao Poder Público e à coletividade o dever de defendê-lo e preservá-lo para as presentes e futuras gerações.
(...)
§3º As condutas e atividades consideradas lesivas ao meio ambiente sujeitarão os infratores, pessoas físicas ou jurídicas, a sanções penais e administrativas, independentemente da obrigação de reparar os danos causados".

[4] COSTA, Beatriz Souza; ALMEIDA, Flávia Vigatti Coelho de. *A proteção penal ambiental no Direito Comparado e no Brasil*: como inovar a partir de um Sistema de Direito Penal Ambiental Coletivo. Disponível em: http://www.publicadireito.com.br/artigos/?cod=6b39183e7053a010. Acesso em 28 jan. 2020.

[5] COSTA, Beatriz Souza; ALMEIDA, Flávia Vigatti Coelho de. *A proteção penal ambiental no Direito Comparado e no Brasil*: como inovar a partir de um Sistema de Direito Penal Ambiental Coletivo. Disponível em: http://www.publicadireito.com.br/artigos/?cod=6b39183e7053a010. Acesso em 28 jan. 2020.

[6] "Artigo 45
1. Todos têm direito a desfrutar de um meio ambiente adequado para o desenvolvimento da pessoa, assim como o dever de conservá-lo.
2. Os poderes públicos velarão pela utilização racional de todos os recursos naturais, com o fim de proteger e melhorar a qualidade de vida e defender e restaurar o meio ambiente, apoiando-se na indispensável solidariedade colectiva.
3. Para quem violar o disposto no número anterior, nos termos em que a lei fixe estabelecer-se-ão sanções penais ou, se for caso disso, administrativas, assim como a obrigação de reparar o dano causado".

Com relação ao artigo 45 em apreço, "(...) vale notar a semelhança entre o dispositivo constitucional espanhol e o símile do direito pátrio, no que se refere à cumulabilidade de sanções administrativas, civis e penais, em matéria de dano ambiental".[7]

No que respeita ao sujeito ativo, a Carta da República expôs qualquer infrator (pessoa física ou jurídica) às sanções penais ambientais. No particular, forçoso trazer à baila o magistério de Fiorillo:

> (...) caberá ao legislador infraconstitucional, observado o critério de competência definido no art. 22, I, da CF, fixar as sanções penais mais adequadas em decorrência de diferentes hipóteses de responsabilidade criminal ambiental: sanções penais para pessoas físicas, jurídicas de direito privado e jurídicas de direito público.[8]

Com efeito, o legislador infraconstitucional, atendendo ao preceito do Constituinte, estabeleceu a responsabilidade penal ambiental por meio das Leis n°s 9.605/1998, 11.105/2015, 11.284/2006, dentre outras.

Acerca da relevância da tutela penal ambiental, colhe-se o escólio de Marchesan, Steigleder e Capelli:

> Se na tutela dos bens individuais, como o direito à vida e [ao] patrimônio, por exemplo, o Direito Penal é visto como a 'ultima ratio', com mais razão deve sê-lo na proteção de bens e valores que dizem respeito a toda a coletividade, já que estreitamente conectados à complexa equação biológica que garante vida humana no planeta. Agredir ou pôr em risco essa base de sustentação planetária é socialmente conduta de máxima gravidade.[9]

A importância da tutela ao meio ambiente também merece destaque em julgado da Suprema Corte:

> (...) As violações ambientais mais graves recentemente testemunhadas no plano internacional e no Brasil repercutem de modo devastador na esfera dos direitos humanos e fundamentais de comunidades inteiras. E as graves infrações ambientais podem constituir, a um só tempo, graves violações de direitos humanos, máxime se considerarmos que o núcleo material elementar da dignidade humana 'é composto do mínimo existencial, locução que identifica o conjunto de bens e utilidades básicas para a subsistência física e indispensável ao desfrute da própria liberdade. Aquém daquele patamar, ainda quando haja sobrevivência, não há dignidade' (...).[10]

Aliás, sensível à importância da proteção do meio ambiente pelo Direito Penal, doutrina e jurisprudência, cada vez mais, apenas de forma excepcional admitem o acolhimento dos princípios da mínima intervenção e da insignificância aos crimes ambientais.[11]

---

[7] SAMPAIO, Francisco José Marques. O dano ambiental e a responsabilidade. *Revista de Direito Administrativo*, Rio de Janeiro, p. 45-50, 1991. p. 45.

[8] FIORILLO, Celso Antonio Pacheco. *Curso de Direito ambiental brasileiro.* 8. ed., rev., atual. e ampl. São Paulo: Saraiva, 2007. p. 441.

[9] MARCHESAN, A. M. M.; STEIGLEDER, A. M.; CAPELLI, S. *Direito ambiental.* 7. ed. Porto Alegre: Verbo Jurídico, 2013. p. 237.

[10] RE n° 835558, Relator(a): Min. LUIZ FUX, Tribunal Pleno, julgado em 09.02.2017, ACÓRDÃO ELETRÔNICO REPERCUSSÃO GERAL – MÉRITO DJe-174 DIVULG 07.08.2017 PUBLIC 08.08.2017.

[11] MARCHESAN, A. M. M.; STEIGLEDER, A. M.; CAPELLI, S. *Direito ambiental.* 7. ed. Porto Alegre: Verbo Jurídico, 2013. p. 237.

Nesse sentido caminha a jurisprudência do STF, destacando que a exclusão da tipicidade em decorrência da insignificância deve ser analisada caso a caso, em consonância com o princípio da fragmentariedade.[12]

Aliás, quando a reprovabilidade da conduta do agente for alta e houver reiteração de comportamento delitivo, descaberá cogitar-se de aplicação da insignificância.[13]

De fato, "não há dúvida de que a proteção ao meio ambiente é de interesse geral da coletividade, porém, tal perspectiva não elide a possibilidade de se encontrar uma infração penal de ínfimo potencial ofensivo, cujo alcance é estreito e limitado".[14]

Noutra seara, muito embora inúmeros diplomas normativos tratem de crimes contra o meio ambiente, a exemplo das Leis de Agrotóxicos (nº 7.802/1989 – arts. 15 a 16) e de Biossegurança (nº 11.105/2015 – arts. 24 a 29), a Lei nº 9.605/1998, que dispõe sobre as sanções penais e administrativas em face do meio ambiente, é de inegável relevância jurídica, justamente por englobar a maior parte das sanções penais em matéria ambiental. Acerca do impacto da Lei nº 9.605/1998 no ordenamento jurídico pátrio, leciona Vladimir Passos de Freitas:

> (...) A Lei dos Crimes ambientais foi um divisor de águas. Foi atacada ao início, pela forma e conteúdo. A começar por aqueles que diziam que seus crimes deveriam estar previstos no Código Penal e não em uma lei especial. (...) É possível afirmar que ela foi e é decisiva na proteção do meio ambiente brasileiro. Vejamos.
>
> A simples edição da lei fez com que as pessoas tomassem conhecimento da existência de crimes e se preocupassem com o dano ambiental. Com efeito, antes dela o desconhecimento era completo. Nem mesmo as autoridades policiais e judiciárias tinham ciência de todos os tipos penais, por vezes perdidos em leis de natureza administrativa como o Código de Mineração. Conhecer é o primeiro passo para a busca da eficiência.[15]

1 A prerrogativa de foro e o direito penal ambiental

A prerrogativa de foro é considerada uma forma de deslocamento da competência de uma instância de primeiro grau para outra colegiada, podendo chegar até os tribunais superiores, em razão da relevância das funções de determinada autoridade.

Assentadas tais breves digressões sobre o direito penal ambiental, cumpre registrar que, até o julgamento da Questão de Ordem na Ação Penal nº 937, a jurisprudência do Supremo Tribunal Federal era firme no sentido de que "surgindo indícios de detentor de prerrogativa de foro estar envolvido em fato criminoso, cumpre à autoridade judicial remeter o inquérito ao Supremo".[16]

---

[12] HC nº 150147 AgR, Relator(a): Min. CELSO DE MELLO, Segunda Turma, julgado em 12.04.2019, PROCESSO ELETRÔNICO DJe-084 DIVULG 23.04.2019 PUBLIC 24.04.2019.

[13] HC nº 135404, Relator(a): Min. RICARDO LEWANDOWSKI, Segunda Turma, julgado em 07.02.2017, PROCESSO ELETRÔNICO DJe-169 DIVULG 01.08.2017 PUBLIC 02.08.2017.

[14] NUCCI, Guilherme de Souza. *Leis penais e processuais penais comentadas*: volume 2. 12. ed. Rio de Janeiro: Forense, 2019. p. 613.

[15] FREITAS, Vladimir Passos de. *A Lei dos crimes ambientais*. 11 ago. 2005. Disponível em: https://www.migalhas.com.br/dePeso/16,MI14941,31047-A+Lei+dos+Crimes+Ambientais. Acesso em 24 jan. 2020.

[16] Inq nº 3.305/RS, Primeira Turma, Relator o Ministro Marco Aurélio, DJe de 2.10.14.

Com efeito, de acordo com o Pretório Excelso, o foro especial possuía "natureza *intuitu funcionae*, ligando-se ao cargo de Senador ou Deputado e não à pessoa do parlamentar".[17]

Nesse cenário, após a diplomação do parlamentar, na forma preconizada pelos arts. 27, §1º, e 53, §1º, da Carta Política de 1988, qualquer investigação ou ação penal, inclusive aquelas relativas a infrações penais ambientais, deveria observar o foro especial, independentemente do momento da consumação do crime ou mesmo da natureza do delito. Confira-se, quando diz o acórdão que "irregularidade formal da peça acusatória não impede o aprofundamento das investigações, conforme requerido pelo Ministério Público, sendo que, diante da possibilidade de envolvimento de congressista, agente detentor de foro por prerrogativa de função, a investigação submete-se à supervisão desta Suprema Corte. (...)".[18]

O foro por prerrogativa de função, estabelecido na Constituição Federal, prevalece, inclusive, sobre a competência do Tribunal do Júri, razão pela qual "o réu, na qualidade de detentor do mandato de parlamentar federal, detém prerrogativa de foro perante o Supremo Tribunal Federal".[19] Hipótese diversa concerne ao foro especial fixado, unicamente, na Constituição do Estado, na linha da Súmula Vinculante nº 45, segundo a qual "a competência constitucional do Tribunal do Júri prevalece sobre o foro por prerrogativa de função estabelecido exclusivamente pela Constituição Estadual".

Com a perda do mandato eletivo ou da função pelo investigado, querelado ou denunciado, cessava a competência penal originária da Corte Suprema para apreciar e julgar autoridades dotadas de prerrogativa de foro ou de função.[20]

Em relação à renúncia ao mandato para escapar do foro especial, o STF firmou a compreensão no sentido de que "a renúncia de parlamentar, após o final da instrução, não acarreta a perda de competência do Supremo Tribunal Federal. Precedente AP Nº 606-QO, Rel. Min. Luís Roberto Barroso (Sessão de 07.10.2014). (...).[21]

No que tange ao concurso de pessoas, insta salientar que

> (...) a compreensão da Corte é no sentido de se promover, sempre que possível, o desmembramento de inquérito e peças de investigação correspondentes, para manter sob sua jurisdição, em regra, apenas o que envolva autoridade com prerrogativa de foro, segundo as circunstâncias de cada caso (INQ nº 3.515 AgR, Rel. Min. MARCO AURÉLIO, Tribunal Pleno, DJe de 14.3.2014), ressalvadas as situações em que os fatos se revelem de tal forma imbricados que a cisão por si só implique prejuízo a seu esclarecimento (AP nº 853, Rel.: Min. ROSA WEBER, DJe de 21.5.2014).[22]

---

[17] Inq nº 2453 AgR, Relator(a): Min. RICARDO LEWANDOWSKI, Tribunal Pleno, julgado em 17.05.2007, DJe-047 DIVULG 28.06.2007 PUBLIC 29.06.2007 DJ 29.06.2007 PP-00029 EMENT VOL-02282-01 PP-00179.

[18] AP nº 1005 QO, Relator(a): Min. EDSON FACHIN, Segunda Turma, julgado em 08.08.2017, ACÓRDÃO ELETRÔNICO DJe-185 DIVULG 21.08.2017 PUBLIC 22.08.2017.

[19] AP nº 333, Relator(a): Min. JOAQUIM BARBOSA, Tribunal Pleno, julgado em 05.12.2007, DJe-065 DIVULG 10.04.2008 PUBLIC 11.04.2008 EMENT VOL-02314-01 PP-00011.

[20] Inq nº 2105 AgR, Relator(a): Min. GILMAR MENDES, Tribunal Pleno, julgado em 31.10.2007, DJe-142 DIVULG 13.11.2007 PUBLIC 14.11.2007 DJ 14.11.2007 PP-00040 EMENT VOL-02299-01 PP-00052 LEXSTF v. 30, n. 353, p. 499-512, 2008.

[21] AP nº 568, Relator(a): Min. ROBERTO BARROSO, Primeira Turma, julgado em 14.04.2015, ACÓRDÃO ELETRÔNICO DJe-091 DIVULG 15.05.2015 PUBLIC 18.05.2015.

[22] AP nº 1005 QO, Relator(a): Min. EDSON FACHIN, Segunda Turma, julgado em 08.08.2017, ACÓRDÃO ELETRÔNICO DJe-185 DIVULG 21.08.2017 PUBLIC 22.08.2017.

O entendimento pacificado na Suprema Corte, todavia, gerava alguns problemas de ordem prática, diante do hercúleo volume de investigações e processos penais que tramitavam naquele Tribunal. Mais ainda, a opinião pública começou a questionar decisões dos Tribunais Superiores envolvendo detentores de prerrogativa de foro, situação que ensejou desgaste político às Cortes.

A morosidade, inerente ao sistema judiciário, ensejava, por vezes, a impunidade dos agentes públicos, em virtude da ocorrência do fenômeno da prescrição da pretensão punitiva. Quando esse fenômeno alcançou detentores de prerrogativa de foro, houve desgaste evidente nas Cortes Superiores. Isso foi, ao menos, apontado por entidades influentes junto à opinião pública como decorrência da prerrogativa de foro, não obstante algumas controvérsias relevantes a respeito do assunto. A par disso, o Supremo acabou se transformando em um verdadeiro Tribunal Penal, afastando-se da sua função precípua de guardião da Constituição, eis outro argumento invocado pelos detratores da chamada prerrogativa de foro em razão das funções. O certo é que o instituto em si passou a ser alvo de toda espécie de ataques por entidades ligadas ao combate à corrupção.

Depois do julgamento do "mensalão" (AP nº 470) e da deflagração da operação Lava Jato, a conjuntura social, política e jurídica quedou modificada. Com a sensação de impunidade perdendo espaço, a sociedade passou a acompanhar mais de perto os julgamentos realizados no seio da Suprema Corte. Naturalmente, o Pretório Excelso passou a ser pauta da sociedade.

As cobranças contra a impunidade levaram o Supremo a reinterpretar a Carta Política de 1988. Ao justificar a mudança de paradigma na Questão de Ordem na Ação Penal nº 937, a Corte Suprema assim se manifestou:

> (...) 1. O foro por prerrogativa de função, ou foro privilegiado, na interpretação até aqui adotada pelo Supremo Tribunal Federal, alcança todos os crimes de que são acusados os agentes públicos previstos no art. 102, I, b e c da Constituição, inclusive os praticados antes da investidura no cargo e os que não guardam qualquer relação com o seu exercício.
> 2. Impõe-se, todavia, a alteração desta linha de entendimento, para restringir o foro privilegiado aos crimes praticados no cargo e em razão do cargo. É que a prática atual não realiza adequadamente princípios constitucionais estruturantes, como igualdade e república, por impedir, em grande número de casos, a responsabilização de agentes públicos por crimes de naturezas diversas. Além disso, a falta de efetividade mínima do sistema penal, nesses casos, frustra valores constitucionais importantes, como a probidade e a moralidade administrativa. (...)
> 5. A partir do final da instrução processual, com a publicação do despacho de intimação para apresentação de alegações finais, a competência para processar e julgar ações penais – do STF ou de qualquer outro órgão – não será mais afetada em razão de o agente público vir a ocupar outro cargo ou deixar o cargo que ocupava, qualquer que seja o motivo. A jurisprudência desta Corte admite a possibilidade de prorrogação de competências constitucionais quando necessária para preservar a efetividade e a racionalidade da prestação jurisdicional. Precedentes.

Compulsando o acórdão objeto destes comentários, ratificado pela decisão exarada no Agravo Regimental na Petição nº 7.660/DF, dessume-se que a modificação jurisprudencial teve alto impacto. De acordo com a orientação do STF, seria incompatível com os valores republicanos, com o Estado Democrático de Direito e com os princípios da moralidade e da isonomia a manutenção do foro privilegiado a ilícitos penais praticados anteriormente à assunção do mandato e a crimes que não tenham ligação com o exercício da função pela qual o parlamentar foi eleito.

A democracia impõe a escolha dos detentores do mandato pelo povo, o que não significa que a sociedade, ao exercer o voto, defere um salvo conduto ao candidato. Atos alheios e anteriores à diplomação, nessa senda, devem ser apreciados e julgados pela justiça de primeiro grau, ressalvada a competência do Tribunal do Júri.

O tema ganha maior importância em se tratando de crimes contra o meio ambiente. Isso porque os ilícitos penais ambientais repercutem na esfera difusa da coletividade, o que exige uma resposta célere e eficiente por parte do Poder Judiciário, mormente porque as penas previstas na Lei nº 9.605, de 1998, descortinam-se sobremaneira diminutas. "A privação de liberdade é uma pena praticamente inaplicável em face dos preceitos secundários previstos por esse diploma".[23]

De outro canto, a prorrogação da jurisdição da Suprema Corte, que ocorre a partir do final da instrução processual, com a publicação do despacho de intimação para apresentação de alegações finais, buscaria atender, na visão do STF, os postulados da razoabilidade, da celeridade, da economia processual e da segurança jurídica, na medida em que a declinação da competência, nesse avançado estágio processual, revelar-se-ia contraproducente e ineficiente, além de atentar contra o princípio da efetividade da jurisdição.

É forçoso concluir que o julgado proferido no Agravo Regimental na Petição nº 7.660, objeto do presente arrazoado, ao reafirmar a posição adotada pelo Plenário do Supremo na Questão de Ordem na Ação Penal nº 937, acarretará dois potenciais efeitos insofismáveis: a) desestimulará a prática de crimes ambientais por aqueles que detêm o foro especial, porquanto, via de regra, os delitos ambientais não guardam relação com o exercício do mandato; b) agilizará a prestação jurisdicional, evitando, com isso, a prescrição da ação penal e a impunidade do infrator.

Referências

COSTA, Beatriz Souza; ALMEIDA, Flávia Vigatti Coelho de. *A proteção penal ambiental no Direito Comparado e no Brasil*: como inovar a partir de um Sistema de Direito Penal Ambiental Coletivo. Disponível em: http://www.publicadireito.com.br/artigos/?cod=6b39183e7053a010. Acesso em 28 jan. 2020.

FIORILLO, Celso Antonio Pacheco. *Curso de Direito ambiental brasileiro*. 8. ed., rev., atual. e ampl. São Paulo: Saraiva, 2007.

FREITAS, Vladimir Passos de. *A Lei dos crimes ambientais*. 11 ago. 2005. Disponível em: https://www.migalhas.com.br/dePeso/16,MI14941,31047-A+Lei+dos+Crimes+Ambientais. Acesso em 24 jan. 2020.

MARCHESAN, A. M. M.; STEIGLEDER, A. M.; CAPELLI, S. *Direito ambiental*. 7. ed. Porto Alegre: Verbo Jurídico, 2013.

NUCCI, Guilherme de Souza. *Leis penais e processuais penais comentadas*: volume 2. 12. ed. Rio de Janeiro: Forense, 2019.

---

[23] MARCHESAN, A. M. M.; STEIGLEDER, A. M.; CAPELLI, S. *Direito ambiental*. 7. ed. Porto Alegre: Verbo Jurídico, 2013. p. 241.

SAMPAIO, Francisco José Marques. O dano ambiental e a responsabilidade. *Revista de Direito Administrativo*, Rio de Janeiro, p. 45-50, 1991.

Informação bibliográfica deste texto, conforme a NBR 6023:2018 da Associação Brasileira de Normas Técnicas (ABNT):

OSÓRIO, Fábio Medina. Sobre a constitucionalização do direito penal ambiental: a perspectiva da proteção dos direitos humanos e fundamentais. *In*: BENJAMIN, Antônio Herman Vasconcelos e; FREITAS, Vladimir Passos de; SOARES JÚNIOR, Jarbas (Coord.). *Comentários aos acórdãos ambientais*: paradigmas do Supremo Tribunal Federal. Belo Horizonte: Fórum, 2021. p. 449-456. ISBN 978-65-5518-077-0.

O NOVO CÓDIGO FLORESTAL E A SUA CONSTITUCIONALIDADE

COMENTÁRIO: AÇÃO DECLARATÓRIA DE CONSTITUCIONALIDADE Nº 42, VOTO DO MINISTRO EDSON FACHIN

GABRIEL WEDY

EMENTA: DIREITO CONSTITUCIONAL. DIREITO AMBIENTAL. ART. 225 DA CONSTITUIÇÃO. DEVER DE PROTEÇÃO AMBIENTAL. NECESSIDADE DE COMPATIBILIZAÇÃO COM OUTROS VETORES CONSTITUCIONAIS DE IGUAL HIERARQUIA. ARTIGOS 1º, IV; 3º, II E III; 5º, CAPUT E XXII; 170, CAPUT E INCISOS II, V, VII E VIII, DA CRFB. DESENVOLVIMENTO SUSTENTÁVEL. JUSTIÇA INTERGERACIONAL. ALOCAÇÃO DE RECURSOS PARA ATENDER AS NECESSIDADES DA GERAÇÃO ATUAL. ESCOLHA POLÍTICA. CONTROLE JUDICIAL DE POLÍTICAS PÚBLICAS. IMPOSSIBILIDADE DE VIOLAÇÃO DO PRINCÍPIO DEMOCRÁTICO. EXAME DE RACIONALIDADE ESTREITA. RESPEITO AOS CRITÉRIOS DE ANÁLISE DECISÓRIA EMPREGADOS PELO FORMADOR DE POLÍTICAS PÚBLICAS. INVIABILIDADE DE ALEGAÇÃO DE VEDAÇÃO AO RETROCESSO. NOVO CÓDIGO FLORESTAL. AÇÕES DIRETAS DE INCONSTITUCIONALIDADE E AÇÃO DECLARATÓRIA DE CONSTITUCIONALIDADE JULGADAS PARCIALMENTE PROCEDENTES. Ações Diretas de Inconstitucionalidade nº 4.901, 4.902, 4.903 e 4.937 e Ação Declaratória de Constitucionalidade nº 42 julgadas parcialmente procedentes. (ADC nº 42, Relator(a): Min. LUIZ FUX, Tribunal Pleno, julgado em 28.02.2018, PROCESSO ELETRÔNICO DJe-175 DIVULG 12.08.2019 PUBLIC 13.08.2019)

Breve introdução

Parabenizo os Excelentíssimos Senhores o Ministro Antônio Herman Benjamin (Superior Tribunal de Justiça), o Desembargador Federal Vladimir Passos de Freitas (Tribunal Regional Federal da Quarta Região) e o Procurador de Justiça Jarbas Soares Júnior (Ministério Público do Estado de Minas Gerais) pela organização desta atual e inédita obra coletiva, destinada a comentar os acórdãos ambientais paradigmas do egrégio Supremo Tribunal Federal. Desde a promulgação da Carta Política de 1988, como se sabe, a jurisprudência do STF teve uma extraordinária evolução referente à matéria ambiental, com decisões importantes para o país.

Aproveitando o ensejo, sinto-me honrado em participar, com um modesto comentário sobre o voto do eminente Ministro Edson Fachin, prolatado nos autos da Ação Declaratória de Constitucionalidade 42, que trata das impugnações referentes aos aspectos constitucionais do novo Código Florestal Brasileiro.[1]

O *leading case* encontra-se, resumidamente, assim ementado:

EMENTA: DIREITO CONSTITUCIONAL. DIREITO AMBIENTAL. ART. 225 DA CONSTITUIÇÃO. DEVER DE PROTEÇÃO AMBIENTAL. NECESSIDADE DE COMPATIBILIZAÇÃO COM OUTROS VETORES CONSTITUCIONAIS DE IGUAL HIERARQUIA. ARTIGOS 1º, IV; 3º, II E III; 5º, CAPUT E XXII; 170, CAPUT E INCISOS II, V, VII E VIII, DA CRFB. DESENVOLVIMENTO SUSTENTÁVEL. JUSTIÇA INTERGERACIONAL. ALOCAÇÃO DE RECURSOS PARA ATENDER AS NECESSIDADES DA GERAÇÃO ATUAL. ESCOLHA POLÍTICA. CONTROLE JUDICIAL DE POLÍTICAS PÚBLICAS. IMPOSSIBILIDADE DE VIOLAÇÃO DO PRINCÍPIO DEMOCRÁTICO. EXAME DE RACIONALIDADE ESTREITA. RESPEITO AOS CRITÉRIOS DE ANÁLISE DECISÓRIA EMPREGADOS PELO FORMADOR DE POLÍTICAS PÚBLICAS. INVIABILIDADE DE ALEGAÇÃO DE VEDAÇÃO AO RETROCESSO. NOVO CÓDIGO FLORESTAL. AÇÕES DIRETAS DE INCONSTITUCIONALIDADE E AÇÃO DECLARATÓRIA DE CONSTITUCIONALIDADE JULGADAS PARCIALMENTE PROCEDENTES. Ações Diretas de Inconstitucionalidade nº 4.901, 4.902, 4.903 e 4.937 e Ação Declaratória de Constitucionalidade nº 42 julgadas parcialmente procedentes. (ADC nº 42, Relator(a): Min. LUIZ FUX, Tribunal Pleno, julgado em 28.02.2018, PROCESSO ELETRÔNICO DJe-175 DIVULG 12.08.2019 PUBLIC 13.08.2019).

Importante grifar que o voto do Ministro Edson Fachin possui 82 laudas, sendo que, apenas a ementa do acórdão, possui 13 páginas, o que se justifica pela matéria debatida e pelo interesse público a ela inerente. Em virtude desse fato, relevante trazer a antecipação de voto do referido jurista e emérito professor, que resume o seu brilhante voto exposto em 22 capítulos que, diga-se, possui inegável e já esperada consistência técnica e notável profundidade jurídica.

Antes de analisar o voto de Sua Excelência, mister fazer algumas singelas considerações sobre o novo Código Florestal brasileiro que, fique claro, muito aquém está, em termos de tutela ambiental, de modernos diplomas, como os códigos ambientais da Holanda, dos países Escandinavos, da Alemanha, da Austrália e das novas molduras de tutela da sustentabilidade que foram criadas por países europeus na forma de Planos Verdes (Holanda, Suécia e França) e como Estratégias Nacionais (Reino Unido, Alemanha, entre outros). Estratégias similares, mais protetivas que a legislação brasileira, foram adotadas igualmente no Canadá, nos Estados Unidos e na Austrália.[2]

1 Do novo Código Florestal Brasileiro

É de se grifar que a tutela ambiental passa por um novo momento, uma era de mudanças climáticas e de uma necessária abordagem holística, intergeracional e que

---

[1] Para uma análise mais aprofundada sobre o Novo Código Florestal Brasileiro, de acordo com a jurisprudência dos tribunais superiores e doutrina nacional e estrangeira, ver: WEDY, Gabriel; MOREIRA, Rafael. *Manual de direito ambiental*: de acordo com a jurisprudência dos tribunais superiores. Belo Horizonte: Editora Fórum, 2019.

[2] BOSSELMANN, Klaus. *The Principle of Sustainability*: transforming law and governance. Farnham: Ashgate, 2008. p. 107.

dialogue com uma visão ecocêntrica. Quando se refere ao ecocentrismo, aliás, é impensável olvidar as lições de Thoreau que antecederam em mais de cem anos o Dia da Terra. Em *Walden*, ele celebra "a doce e benéfica sociedade na natureza".[3] E no ensaio *Walking*, ele argumenta, em tom polêmico para a época, a noção de homem "como parte e parcela da natureza ao invés de membro da sociedade".[4] Aldo Leopold faz uma reformulação nas intuições ecológicas do pensamento de Thoreau com forte apelo ético. Sua ideia de comunidade biótica incorporou o valor de viver em harmonia com a natureza, contrariamente ao caminho da conquista, do controle e da dominação do meio ambiente. Leopold afirmava que a conservação é um estado de harmonia entre o homem e a Terra.[5] Rachel Carson, discípula de Leopold, referia que "o controle da natureza é uma frase concebida na arrogância, nascida na era da biologia e da filosofia de Neandertal, quando supostamente a natureza existia para a conveniência do homem".[6]

Neste amplo cenário, de experimentalismo acadêmico e científico, com foco na superação do antropocentrismo, é que o terceiro e mais recente Código Florestal brasileiro, veiculado pela Lei nº 12.651/12, contempla novos dispositivos relacionados às Áreas de Preservação Permanente, alguns incorporando normas protetivas dispostas na lei anterior e nas resoluções do Conselho Nacional do Meio Ambiente e outros reduzindo, intencionalmente, o âmbito da referida proteção. Diversas disposições da novel legislação foram questionadas no STF, sendo que algumas foram declaradas inconstitucionais, conforme será apreciado especificamente,[7] em cotejo com o voto do eminente Ministro Edson Fachin.

O art. 1º-A estatui que a Lei estabelece normas gerais sobre a proteção da vegetação, de áreas de Preservação Permanente e das áreas de Reserva Legal; a exploração florestal, o suprimento de matéria-prima florestal, o controle da origem dos produtos florestais e o controle e prevenção dos incêndios florestais, e prevê instrumentos econômicos e financeiros para o alcance de seus objetivos. O objetivo da lei, conforme o parágrafo único, é o desenvolvimento sustentável, atendidos os diversos princípios arrolados nos incs. I a VI.

O art. 2º, nos mesmos moldes do que já fora positivado pelo vetusto Código de 1934 e pela Lei nº 4771/65, consignou que as florestas existentes no território nacional e as demais formas de vegetação nativa, reconhecidas de utilidade às terras que revestem, são bens de interesse comum a todos os habitantes do País, exercendo-se os direitos de propriedade com as limitações que a legislação em geral e especialmente o Código Florestal estabelecem.

Houve o reconhecimento da natureza *propter rem* da obrigação de reparação ambiental, ao prescrever, no art. 2º, §2º, que as "obrigações previstas nesta Lei têm natureza real e são transmitidas ao sucessor, de qualquer natureza, no caso de transferência de domínio ou posse do imóvel rural". Disposição análoga consta no art. 7º, §2º. Apesar da

---

[3] THOREAU, Henry David. *Walden. Or life in the woods and on the duty of civil disobedience.* New York: New American Library, 1962. p. 92 e 97.

[4] THOREAU, Henry David. *Walking.* Red Wing: Cricket House Books, 2010. p. 657-660.

[5] LEOPOLD, Aldo. *A Sand County Almanac*: with essays on conservation form round river. New York: Ballantine Books, 1966. p. 240-243.

[6] CARSON, Rachel. *Silent Spring.* Boston: Hougton Mifflin, 1962. p. 189.

[7] STF. Pleno, ADC nº 42. ADI nºs 4.901, 4.902, 4.903 e 4.937, Rel. Min. Luiz Fux, j. 28.02.2018, noticiado no informativo do STF nº 892.

literalidade desses dispositivos, essa regra se aplica também, entendimento que ora se externa, por analogia, de acordo com a jurisprudência do STJ, para imóveis urbanos.[8]

O Código Florestal positivou espaços territoriais protegidos em sentido amplo: as Áreas de Preservação Permanente (arts. 4º a 9º); as áreas de Reserva Legal (arts. 12 a 24); e as áreas de uso restrito (arts. 10 a 11).[9] Também estabeleceu regras para o uso ecologicamente sustentável dos apicuns e salgados (arts. 11-A) e sobre as áreas verdes urbanas (art. 25). Em que pese a importância de todas essas áreas, serão tratadas com maior profundidade neste artigo as Áreas de Preservação Permanente e de Reserva Legal, dada sua importância e o maior potencial de conflitos e controvérsias que decorrem desses espaços. Em tempo, foi sobre estas duas espécies de área que concentrou sua Excelência, com maior profundidade, a atenção do seu ínclito voto.

Igualmente relevantes foram as previsões na lei sobre exploração florestal (arts. 31 a 34), controle da origem dos produtos florestais (arts. 35 a 37), programa de apoio e incentivo à preservação e recuperação do meio ambiente (arts. 41 a 50), controle do desmatamento (art. 51)[10] e agricultura familiar (arts. 52 a 58).

Convém mencionar que, em diversas passagens do Novo Código, tenta-se consolidar as supressões irregulares de vegetação ocorridas antes de 22 de julho de 2008, data da publicação do Decreto nº 6.514/2008, que dispõe sobre as infrações e sanções administrativas ao meio ambiente e estabelece o processo administrativo federal para apuração dessas infrações.

Essas áreas especialmente protegidas, segundo a melhor leitura do texto constitucional, devem ser consideradas meras limitações administrativas, impostas de forma geral e abstrata por ato normativo, decorrente do poder de polícia, a todos os imóveis que se encontrem na mesma situação, motivo pelo qual, em regra, não será cabível indenização por eventual restrição ao uso da posse ou propriedade derivada das regras do Código Florestal. A exceção fica por conta da demonstração de prejuízo especial e desproporcional ou de eliminação completa do conteúdo econômico da propriedade. A situação, porém, evidentemente, não configura desapropriação indireta, porque não gera o desapossamento do imóvel.

De observar que a supressão de vegetação nativa para uso alternativo do solo, tanto de domínio público quanto de domínio privado, dependerá do cadastramento do imóvel no Cadastro Ambiental Rural, e de prévia autorização do órgão estadual competente do Sistema Nacional do Meio Ambiente (art. 26 do Código Florestal). As regras sobre a supressão de vegetação para uso alternativo do solo constam dos arts. 26 a 28 da Lei nº 12.651/2012.[11] Saliente-se que a supressão de vegetação decorrente de licenciamentos ambientais é autorizada pelo ente federativo licenciador (art. 13, §2º, da LC nº 140/2011). Contudo, fora do contexto do licenciamento, a competência é do ente estadual, segundo se depreende da lei em cotejo com a Constituição Cidadã.

---

[8] STJ. 2ª T., REsp nº 302.906/SP, Rel. Min. Herman Benjamin, j. 26.08.2010, DJe 01.12.2010.

[9] De observar que o art. 11 foi declarado constitucional pelo STF (Pleno, ADI nº 4.903, Rel. Min. Luiz Fux, j. 28.02.2018).

[10] Em relação aos mecanismos jurídicos e instrumentos processuais para o combate às causas antrópicas do aquecimento global como as queimadas e o desmatamento, ver: WEDY, Gabriel. *Litígios climáticos*: de acordo com o direito brasileiro, norte-americano e alemão. Salvador: Editora Juspodivm, 2019.

[11] Convém ressaltar que o art. 28 foi considerado constitucional pelo STF (Pleno, ADI nº 4.901/DF, Rel. Min. Luiz Fux, j. 28.02.2018).

2 Do resumo do voto do Ministro Edson Fachin a ser comentado

Após o breve introito e necessárias considerações sobre o novo Código Florestal é de se analisar os pontos principais do voto do Exmo. Sr. Ministro Edson Fachin que, após detida análise, assim pode ser resumido, para fins didáticos, no presente artigo:

I. Nesse resumo, apenas gostaria de enfatizar, como também está no voto, às primeiras páginas, mais de uma dezena, procuro estabelecer conceitos e premissas para o exame dessa causa que, evidentemente, é complexa. Não há dúvida alguma de que, ao lado da relevância, a complexidade dessa causa emerge, e, por isso, antes de adentrar no exame tópico a tópico, procurei expor aqui a questão atinente à efetividade do direito de preservar e restaurar os processos ecológicos, a integridade desse direito de terceira geração, que é o direito ao meio ambiente, a interpretação que se pode dirigir do ponto de vista da hermenêutica adequada à tutela do direito inscrito no caput do artigo 225 da Constituição. Citei também, na fundamentação, o que veio exposto no âmbito do princípio da precaução[12] no Recurso Extraordinário nº 835.558, também pelo eminente Ministro-Relator, Ministro Luiz Fux.

II. Também, nessas premissas, estou examinando algo que aqui está numa das dimensões nucleares do debate e da deliberação que está em curso, que é a atividade do Poder Legislativo à luz do §3º do artigo 225 da Constituição da República Federativa do Brasil. E aqui estou tomando como baliza o pronunciamento de nosso Decano, o eminente Ministro Celso de Mello, quando do julgamento da ADI nº 3.540, publicado esse julgamento em seu resultado, em 3 de fevereiro de 2006, quando Sua Excelência assentou a possibilidade da Administração Pública, cumpridas as exigências legais, autorizar, licenciar ou permitir obras ou atividades nos espaços territoriais protegidos, desde que respeitada, quanto a esses, a integridade dos atributos justificadores do regime de proteção especial. Portanto, o que estou a assumir como premissa é que se à lei é dado alterar ou suprimir espaços territoriais, especialmente protegidos, entendo que, à luz do §3º do artigo 225, fica vedado a todos os Poderes qualquer utilização dessas mesmas áreas que comprometa a integridade dos atributos que justifiquem sua proteção.

III. Portanto, no que diz respeito ao artigo 3º, VIII, "b", XIX, estou acompanhando o eminente Relator na declaração de inconstitucionalidade que trouxe em seu voto. Quanto ao artigo 3º, XVII, ao conceder interpretação conforme, o eminente Relator, no meu modo de ver, encontrou a solução correta para a hipótese – aqui também estou acompanhando o Ministro Luiz Fux. Também acompanho o Ministro Luiz Fux nas seguintes disposições: artigo 3º, XIX; artigo 3º, parágrafo único; artigo 4º, III, e §§1º e 4º; artigo 4º, IV; artigo 4º, III, e §§1º a 4º; artigo 4º, §5º; artigo 4º, §6º; artigo 5º, caput, e §§1º e 2º; artigo 7º, §3º; artigo 8º, §2º; artigo 11; artigo 10 até o 11. Artigo 12, §§4º e 5º, eu estou acompanhando a divergência aberta pelo eminente Ministro Marco Aurélio nesta questão específica dos §§4º e 5º do artigo 12.

IV. Nos §§6º, 7º e 8º do artigo 12, também, aqui, permito-me divergir do Relator para acompanhar a divergência aberta pelo Ministro Marco Aurélio, no que – parece-me, pela anotação que hauri de ontem – seguido pelo voto da eminente Ministra-Vistora.

---

[12] Para uma visão aprofundada sobre o princípio constitucional da precaução com a análise de doutrina e jurisprudência estrangeira, ver: WEDY, Gabriel. *O princípio constitucional da precaução*: como instrumento de tutela do meio ambiente e da saúde pública. Belo Horizonte: Editora Fórum, 2017.

V. No artigo 13, §1º, o eminente Ministro-Relator declarou a constitucionalidade no que foi acompanhado pelos votos proferidos ontem. Quanto a este tópico especificamente, permito-me apresentar, nesta questão específica, divergência para assentar – isso está a partir da vigésima primeira página do resumo de meu voto – que o dispositivo do §1º do artigo 13 permite a instituição de servidão ambiental e da Cota de Reserva Ambiental sobre a área excedente decorrente da redução prevista no inciso I do mesmo artigo. Ou seja, o proprietário de imóvel rural localizado na Amazônia Legal que tenha o percentual da reserva legal reduzido de 80% para 50%, na hipótese de conseguir superar o mínimo legal, poderá instituir servidão ambiental sobre o excedente. Aqui, resumidamente, trato desta figura jurídica da servidão ambiental, inclusive à luz da Lei nº 6.938/81, conforme a Lei nº 11.289 e a alteração posterior da Lei nº 12.651. E os argumentos que foram trazidos nessa medida para sustentar-se a permissão da redução do percentual de reserva legal, segundo o inciso I, apenas para fins de regularização, mediante recomposição, regeneração ou compensação da Reserva Legal de imóveis com área rural consolidada. Entendo que não se mostra razoável e adequado, à luz da hermenêutica, que entendo correta, da Constituição, autorizar o excedente a ser utilizado como forma de cumprir a exigência de preservação, ou seja, a Reserva Legal de outra propriedade. Interpretar a autorização legal de outro modo, entendo, peço vênia aos que me antecederam em sentido diverso, que ensejaria violação de princípios magnos atinentes a titularidade, dentre eles, a função social da propriedade, inscrito no artigo 186 da Constituição da República, razão pela qual acolho o argumento de inconstitucionalidade ao §1º do artigo 13, divergindo, no ponto, respeitosamente, da conclusão do eminente Relator.

VI. No que diz respeito ao artigo 15, o eminente Relator declara a constitucionalidade no que não obteve a convergência do voto do eminente Ministro Marco Aurélio, que inaugurou a divergência. E estou aqui acompanhando a divergência.

VII. No que diz respeito ao caput do artigo 17, §3º, o eminente Ministro Relator declarou a inconstitucionalidade da expressão "realizada após 22 de julho de 2008", contida no artigo 17, §3º. Eu estou acompanhando o eminente Ministro-Relator neste sentido.

VIII. No artigo 28, declarou Sua Excelência, o Ministro Luiz Fux, a constitucionalidade. Estou acompanhando Sua Excelência como também acompanho a declaração de constitucionalidade do artigo 44.

IX. Quanto ao §2º do artigo 48, o eminente Ministro-Relator declarou a constitucionalidade. Nada obstante, o eminente Ministro Marco Aurélio apresentou a divergência, à luz da fundamentação que Sua Excelência trouxe no voto de ontem, e deduziu uma interpretação conforme. Eu estou acompanhando, em parte, a divergência apenas assentando, em meu voto, que estou declarando a inconstitucionalidade e não adotando a técnica da interpretação conforme. A conclusão dessa parte do voto que trago assenta que a autorização conferida pelo dispositivo mencionado, para fins de compensação da Reserva Legal, sem que haja identidade ecológica entre as áreas envolvidas e da compensação por arrendamento ou doação de área localizada no interior de Área de Conservação a órgão do Poder Público, não devem subsistir no ordenamento por flagrante violação da Constituição da República, inciso III do §1º do artigo 225. É que a Constituição da República, expressamente, veda a utilização dos espaços territoriais especialmente protegidos de modo a comprometer a integridade dos atributos que justifiquem a sua proteção. Portanto, invocando essas e outras razões que aqui estou a dizer, entendo que o §2º do artigo 48 padece de inconstitucionalidade.

X. Quanto ao artigo 59, o eminente Ministro-Relator declarou a inconstitucionalidade, estou acompanhando Sua Excelência.

XI. Quanto ao artigo 60, o eminente Ministro-Relator declarou a inconstitucionalidade. A divergência suscitada pelo Ministro Marco Aurélio, no que foi – ao menos do que vi da explicitação – acompanhado pela eminente Ministra-Vistora, eu estou acompanhando a divergência quanto ao artigo 60. Portanto, peço vênia ao Ministro-Relator.

XII. No que diz respeito à constitucionalidade do artigo 61, "a", caput, §§1º a 8º; artigo 61, "b"; e artigo 61, "c", estou acompanhando, com a vênia do Relator, a divergência suscitada pelo Ministro Marco Aurélio.

XIII. Estou acompanhando o eminente Relator, quanto ao artigo 61, "a", §9º a 17, na sua constitucionalidade; como também acompanho o eminente Relator na declaração de constitucionalidade do artigo 62.

XIV. Quanto ao §3º do artigo 63, peço vênia ao eminente Relator para acompanhar a divergência, mas ir além, com toda a vênia da divergência suscitada pelo voto do eminente Ministro Marco Aurélio, para também declarar inconstitucional este §3º à luz das razões que explicito no voto, nomeadamente à página 35, onde inscrevo que a autorização conferida pelo artigo 66, §1º, nomeadamente inciso II, para recomposição da Reserva Legal com espécies exóticas, no limite de 50% da área total a ser recuperada, entendo não encontrar abrigo no texto constitucional. O artigo 225, §1º, inciso II, da Constituição determina que é incumbência do Poder Público preservar a diversidade e a integridade do patrimônio genético do País".

XV. Quanto aos §5º e 6º do artigo 66, o eminente Relator declarou a constitucionalidade, suscitou a divergência o eminente Ministro Marco Aurélio e propôs uma interpretação conforme. Estou acompanhando a divergência e, nada obstante, pelas razões que declino em meu voto, estou também propondo a declaração de inconstitucionalidade.

XVI. No artigo 68, segundo o Relator, há uma proposição de declaração de constitucionalidade, que, do que depreendi, foi acompanhado pelos votos ontem proferidos. Como sabemos, esse artigo dispensa, para os proprietários que realizaram supressão da vegetação nativa, respeitando os percentuais da legislação revogada, do dever de se adaptar das regras mais restritivas do novo Código Florestal. Eu entendo que, efetivamente, não há que subsistir responsabilidade civil ou penal se foi realizado, a seu tempo, o dever de proteção à luz da legislação vigente à época. Não entendo sustentável aplicar retroativamente, nessa hipótese, as novas disposições, se houve recomposição, como diz a lei, especialmente no §1º ou no seu caput, mais propriamente dito, desse dispositivo, a recomposição, compensação ou regeneração. Portanto, eu estou a acompanhar, aqui, o raciocínio, a reflexão e argumentação trazida, nada obstante, entendo que seria possível uma leitura – e que essa leitura entendo inconstitucional – no sentido de que o artigo 68 dispensaria do dever de recomposição tanto o proprietário que desmatou em área permitida quanto aquele que o fez em área de preservação permanente. É que esse dispositivo, especificamente, remete-se à Reserva Legal. Portanto, entendo que a leitura adequada do artigo 68, à luz da legislação à época, mantém-se constitucional, restrita à Reserva Legal. E ouso, portanto, divergir da conclusão do eminente Ministro-Relator para assentar interpretação conforme desse artigo, a fim de reconhecer a sua incidência somente nos casos de Reserva Legal, pois que ali não se faz referência à Área de Preservação Permanente.

XVIII. E, por último, Senhora Presidente, quanto ao artigo 78, "a", o eminente Relator propôs a declaração de constitucionalidade, eu também estou acompanhando Sua Excelência.

Importante que se entenda, afastando a tese da única resposta correta de Dworkin,[13] como compatível com o texto constitucional o bem fundamentado voto do Ministro Edson Fachin, na sua integralidade, embora, evidentemente, não esteja imune a eventuais críticas acadêmicas calcadas na tese, tão em voga, dos riscos de retrocesso ambiental e a sua vedação constitucional. Para que se possa abordar os pontos mais importantes do voto agrega-se, ao que já foi referido no capítulo 1 deste artigo, os seguintes tópicos em específico: a) áreas de preservação permanente; b) regime jurídico de proteção das áreas de preservação permanente; c) reserva legal; d) regime de proteção da reserva legal; e) programa de regularização ambiental.

3 Áreas de preservação permanente

Área de Preservação Permanente (APP), nos termos do art. 3º, inc. III, da Lei nº 12.651/12, é conceituada como a "área protegida, coberta ou não por vegetação nativa, com a função ambiental de preservar os recursos hídricos, a paisagem, a estabilidade geológica e a biodiversidade, facilitar o fluxo gênico de fauna e da flora, proteger o solo e assegurar o bem-estar das populações humanas".

Apesar de ainda existir alguma controvérsia na doutrina, predomina o entendimento, extraído da própria letra da lei, de que as APPs previstas no art. 4º do Código Florestal incidem tanto em áreas rurais quanto urbanas.[14]

Mais recentemente, o STF reputou inconstitucional lei estadual que permitiu construções em APPs em contrariedade ao Código Florestal – no caso, uma lei do Estado de Tocantins possibilitou construções destinadas exclusivamente ao lazer em Áreas de Preservação Permanente com área máxima de 190 metros quadrados. Decidiu-se que a lei estadual, embora editada no âmbito da competência concorrente, não pode afrontar a lei geral federal sobre a matéria. Ademais, carece de proporcionalidade e razoabilidade expor bens jurídicos de máxima importância sem justificativa plausível, especialmente na construção de área de 190 metros quadrados dentro de APP com a mera finalidade de lazer.[15]

---

[13] DWORKIN, Ronald. *Taking Rights Seriously*. London: Gerald Duckworth, 1977.

[14] A respeito da divergência sobre a aplicabilidade das regras sobre APP do Código Florestal às zonas urbanas, vide: MOREIRA, Rafael Martins Costa. Áreas de preservação permanente e urbanização: muitos conflitos e uma controvérsia. *Interesse Público*, Belo Horizonte, a. 18, n. 99, set./out. 2016.

[15] AÇÃO DIRETA DE INCONSTITUCIONALIDADE. CONSTITUCIONAL E AMBIENTAL. FEDERALISMO E RESPEITO ÀS REGRAS DE DISTRIBUIÇÃO DE COMPETÊNCIA LEGISLATIVA. IMPOSSIBILIDADE DE NORMA ESTADUAL AUTORIZAR EDIFICAÇÃO POR PARTICULARES EM ÁREAS DE PRESERVAÇÃO PERMANENTE – APP, COM FINALIDADE EXCLUSIVAMENTE RECREATIVA. INCONSTITUCIONALIDADE FORMAL E MATERIAL. 1. A competência legislativa concorrente cria o denominado "condomínio legislativo" entre a União e os Estados-Membros, cabendo à primeira a edição de normas gerais sobre as matérias elencadas no art. 24 da Constituição Federal; e aos segundos o exercício da competência complementar – quando já existente norma geral a disciplinar determinada matéria (CF, art. 24, §2º) – e da competência legislativa plena (supletiva) – quando inexistente norma federal a estabelecer normatização de caráter geral (CF, art. 24, §3º). 2. Inconstitucionalidade formal de norma estadual que, de caráter pleno e geral, permite a edificação particular com finalidade unicamente recreativa em áreas de preservação permanente – APP; apesar da existência de legislação federal regente da matéria (Código Florestal) em sentido contrário. 3. Inconstitucionalidade material presente em face do excesso e abuso estabelecidos pela legislação estadual ao relativizar a proteção constitucional ao

Existem duas espécies de Áreas de Preservação Permanente: a) as *APPs legais*, criadas diretamente pela lei e previstas no art. 4º, incs. I a XII do Novo Código Florestal; e b) as *APPs administrativas*, assim consideradas as áreas declaradas de interesse social por ato do Chefe do Poder Executivo, cobertas com florestas ou outras formas de vegetação destinadas a uma ou mais das finalidades enumeradas nos incs. I a IX. Importante repisar que, pela legislação em vigor, as APPs administrativas só podem ser criadas por decreto do Chefe do Poder Executivo, o que inviabiliza sua instituição, por exemplo, por resoluções do CONAMA, o que era permitido pelo Código revogado, que possibilitava a definição de APPs por "ato do Poder Público".

A respeito das APPs, convém destacar as questões definidas recentemente pelo STF em julgamento de ações de inconstitucionalidade intentadas contra diversos dispositivos do Código Florestal.

O inc. I do art. 4º, ao tratar das "faixas marginais de qualquer curso d'água natural", estende contagem da metragem do regime protetivo desde a "borda da calha do leito regular". A expressão "leito regular" foi conceituada no art. 3º, inc. XIX, como "a calha por onde correm regularmente as águas do curso d'água durante o ano", dispositivo considerado constitucional pelo STF.

Restou igualmente declarada a constitucionalidade do inc. III do art. 4º, que considera APP as "áreas no entorno dos reservatórios d'água artificiais, decorrentes de barramento ou represamento de cursos d'água naturais, na faixa definida na licença ambiental do empreendimento".

No tocante ao inc. IV do art. 4º, o STF deu interpretação conforme para fixar a interpretação de que os entornos das nascentes e dos olhos d'água intermitentes configuram Área de Preservação Ambiental.

Foi considerado constitucional o §1º do art. 4º, pelo qual não será exigida Área de Preservação Permanente no entorno de reservatórios artificiais de água que não decorram de barramento ou represamento de cursos d'água naturais, bem como o §4º, que dispõe que, nas acumulações naturais ou artificiais de água com superfície inferior a um hectare, fica dispensada a reserva da faixa de proteção prevista nos incisos II e III do *caput* do art. 4º, vedada nova supressão de áreas de vegetação nativa, salvo autorização do órgão ambiental competente do SISNAMA.

Igualmente restou mantida a regra do art. 4º, §6º, a qual estatuiu que, nos imóveis rurais com até 15 módulos fiscais, é admitida, nas áreas de que tratam os incisos I e II do *caput* do art. 4º (APPS de faixas marginais de cursos d'água e de entorno dos lagos e lagoas naturais), a prática da aquicultura e a infraestrutura física diretamente a ela associada, desde que: I – sejam adotadas práticas sustentáveis de manejo de solo e água e de recursos hídricos, garantindo sua qualidade e quantidade, de acordo com norma dos Conselhos Estaduais de Meio Ambiente; II – esteja de acordo com os respectivos planos de bacia ou planos de gestão de recursos hídricos; III – seja realizado o licenciamento pelo órgão ambiental competente; IV – o imóvel esteja inscrito no Cadastro Ambiental Rural – CAR; V – não implique novas supressões de vegetação nativa.

---

meio ambiente ecologicamente equilibrado, cujo titular é a coletividade, em face do direito de lazer individual. Desproporcionalidade da legislação estadual impugnada. 4. Ação direta julgada procedente. (STF. Pleno, ADI nº 4988, Rel. Min. Alexandre de Moraes, j. 19.09.2018).

ANTÔNIO HERMAN VASCONCELOS E BENJAMIN, VLADIMIR PASSOS DE FREITAS, JARBAS SOARES JÚNIOR (Coords.)
COMENTÁRIOS AOS ACÓRDÃOS AMBIENTAIS – PARADIGMAS DO SUPREMO TRIBUNAL FEDERAL

Também foi declarada a legitimidade do art. 5º, o qual estabelece que na implantação de reservatório d'água artificial destinado à geração de energia ou abastecimento público, é obrigatória a aquisição, desapropriação ou instituição de servidão administrativa pelo empreendedor das Áreas de Preservação Permanente criadas em seu entorno, conforme estabelecido no licenciamento ambiental, observando-se a faixa mínima de 30 metros e máxima de 100 metros em área rural, e a faixa mínima de 15 metros e máxima de 30 metros em área urbana.[16]

4 Regime jurídico de proteção das áreas de preservação permanente

Quanto ao regime de proteção das APPs, o art. 7º da Lei nº 12.651/12 estabelece um dever geral de manutenção da vegetação. Tendo ocorrido supressão de vegetação situada em Área de Preservação Permanente, o proprietário da área, possuidor ou ocupante a qualquer título é obrigado a promover a recomposição da vegetação, ressalvados os usos autorizados previstos na Lei (art. 7º, §1º). Essa obrigação, como já referido, tem natureza real e é transmitida ao sucessor no caso de transferência de domínio ou posse do imóvel rural (§2º). No caso de supressão não autorizada de vegetação realizada após 22 de julho de 2008, é vedada a concessão de novas autorizações de supressão de vegetação enquanto não cumpridas as obrigações previstas no §1º (§3º).[17]

Copiosos são os precedentes do egrégio STJ que delineiam o regime de proteção das APPS. Embora seja esta uma Corte de uniformização da jurisprudência federal e não constitucional, a referida jurisprudência pode ser um referencial importante para a consolidação do princípio e para a concretização do direito fundamental ao desenvolvimento sustentável. Há precedente que fixa como sendo induvidosa a "prescrição do legislador, no que se refere à posição intangível e ao caráter *non aedificandi* da Área de Preservação Permanente – APP, nela interditando ocupação ou construção, com pouquíssimas exceções (casos de utilidade pública e interesse social), submetidas a licenciamento administrativo", afigurando de rigor a "restauração da área degradada".[18] Em outra formulação, decidiu-se que, "estando a construção edificada em área prevista como de preservação permanente, limitação administrativa que, só excepcionalmente, pode ser afastada (*numerus clausus*), cabível sua demolição com a recuperação da área degradada", já que as hipóteses permitidas de intervenção em APP devem ser interpretadas restritivamente. Outrossim, é descabida a supressão de vegetação em APP que não se enquadra nas hipóteses previstas no art. 8º do Código Florestal (utilidade pública, interesse social e baixo impacto ambiental). É dizer que, em se tratando de APP, a sua supressão deve respeitar as hipóteses autorizativas taxativamente previstas em Lei, tendo em vista a magnitude dos interesses envolvidos de proteção do meio ambiente.[19]

O dano ambiental, por sua vez, é reputado imprescritível, não se cogita de direito adquirido à devastação, nem se admite a incidência da teoria do fato consumado. Para fins de reconhecimento do dano, é indiferente a data da ocupação e da edificação

---

[16] STF. Pleno, ADC nº 42/DF e ADI nº 4.903/DF, Rel. Min. Luiz Fux, j. 28.02.2018.

[17] Este dispositivo foi reputado constitucional pelo STF: Pleno, ADC nº 42/DF, ADI nº 4.902/DF e ADI nº 4.937/DF, Rel. Min. Luiz Fux, j. 28.02.2018.

[18] STJ. 2ª T., REsp nº 1344525/SC, Rel. Min. Herman Benjamin, j. 25.08.2015, DJe 10.11.2015.

[19] STJ. 2ª T., REsp nº 176.753/SC, Rel. Min. Herman Benjamin, j. 7.2.2008; 2ª T., REsp nº 1362456/MS, Rel. Min. Mauro Campbell Marques, j. 20.06.2013.

irregular em APP, ou mesmo a existência de outros estabelecimentos na região protegida, se à época a área já era considerada *non aedificandi* pela legislação vigente.

Sobre o tema, é relevante mencionar importante e célebre julgado em que o STJ determinou a demolição de obra de hotel, construído em 1993, em APP situada em Porto Belo/SC, e decretou a nulidade de licenciamento concedido pelo Município.[20] Nas palavras do eminente Min. Herman Benjamin, "décadas de uso ilícito da propriedade não dão salvo-conduto ao proprietário ou posseiro para a continuidade de atos proibidos ou tornam legais práticas vedadas pelo legislador, sobretudo no âmbito de direitos indisponíveis, que a todos aproveita, inclusive às gerações futuras, como é o caso da proteção do meio ambiente".[21] O uso, gozo e fruição da propriedade ao arrepio da lei ambiental, portanto, não geram o direito adquirido a devastar ou a poluir com o passar dos anos.

5 Intervenção em áreas de preservação permanente

Conforme o art. 8º da Lei nº 12.651/12, a intervenção ou a supressão de vegetação nativa em Área de Preservação Permanente somente ocorrerá nas hipóteses de utilidade pública, de interesse social ou de baixo impacto ambiental, as quais estão definidas no art. 3º, incs. VIII, IX e X, sendo permitido o acesso de pessoas e animais às APPs para obtenção de água e para realização de atividades de baixo impacto ambiental (art. 9º). Porém, a supressão de vegetação nativa protetora de nascentes, dunas e restingas somente poderá ser autorizada em caso de utilidade pública (art. 8º, §1º). Relevante ressaltar, no que tange aos casos de utilidade pública do art. 3º, inc. VIII, al. "b", que o STF declarou a inconstitucionalidade das expressões "gestão de resíduos" e "instalações necessárias à realização de competições esportivas estaduais, nacionais ou internacionais", razão pela qual estas situações não mais permitem a intervenção em APP. Demais disso, o STF deu interpretação conforme a Constituição ao art. 3º, incs. VIII e IX, de modo a se condicionar a intervenção excepcional em APP, por interesse social ou utilidade pública, à inexistência de alternativa técnica e/ou locacional à atividade proposta.[22]

A intervenção ou a supressão de vegetação nativa em APP de restingas e manguezais (art. 4º, incs. VI e VII) poderá ser autorizada, excepcionalmente, em locais onde a função ecológica do manguezal esteja comprometida, para execução de obras habitacionais e de urbanização, inseridas em projetos de regularização fundiária de interesse social, em áreas urbanas consolidadas ocupadas por população de baixa renda (art. 8º, §2º).[23] É dispensada a autorização do órgão ambiental competente para a execução, em caráter de urgência, de atividades de segurança nacional e obras de interesse da defesa civil destinadas à prevenção e mitigação de acidentes em áreas urbanas (art. 8º, §3º). Demais disso, o art. 4º, §6º, permite a aquicultura em APP em determinados casos e o §5º, o uso agrícola das várzeas. Não haverá, em qualquer hipótese, direito à regularização de futuras intervenções ou supressões de vegetação nativa, além das previstas

---

[20] STJ. 2ª T., REsp nº 769.753/SC, Rel. Min. Herman Benjamin, j. 08.09.2009, DJe 10.06.2011.

[21] STJ. 2ª T., REsp nº 948921/SP, Rel. Min. Herman Benjamin, j. 23.10.2007.

[22] STF. Pleno, ADC nº 42/DF e ADI nº 4.903/DF, Rel. Min. Luiz Fux, j. 28.02.2018.

[23] Dispositivo de constitucionalidade confirmada pelo STF (Pleno, ADC nº 42/DF e ADI nº 4.903/DF, Rel. Min. Luiz Fux, j. 28.02.2018).

na Lei nº 12.651/12 (art. 8º, §4º) que, sequer, deveriam existir, em virtude da redação do art. 225 da Constituição Federal.

6 Reserva legal

A Reserva Legal é conceituada no art. 3º, inc. III, da Lei Florestal como a

(...) área localizada no interior de uma propriedade ou posse rural, delimitada nos termos do art. 12, com a função de assegurar o uso econômico de modo sustentável dos recursos naturais do imóvel rural, auxiliar a conservação e a reabilitação dos processos ecológicos e promover a conservação da biodiversidade, bem como o abrigo e a proteção de fauna silvestre e da flora nativa.

Já o art. 12 prevê que todo imóvel *rural* deve manter área com cobertura de vegetação nativa, a título de Reserva Legal, sem prejuízo da aplicação das normas sobre as APPs, observados os percentuais mínimos em relação à área do imóvel previstos nos incs. I e II. Cabe esclarecer que a *Reserva Legal* é exclusiva para imóveis *rurais*; ao passo que as *Áreas de Preservação Permanente* incidem sobre imóveis *urbanos* e *rurais*. Os percentuais mínimos de Reserva Legal a ser preservada nos imóveis rurais são os seguintes: I) para os localizados na Amazônia Legal, (a) 80% no imóvel situado em área de florestas; (b) 35% no situado em área de cerrado; (c) 20% no situado em área de campos gerais; II) para os localizados nas demais regiões do País, 20%.

O art. 12 ressalva a aplicação do art. 68, segundo o qual os proprietários ou possuidores de imóveis rurais que realizaram supressão de vegetação nativa respeitando os percentuais de Reserva Legal previstos pela legislação em vigor à época em que ocorreu a supressão são dispensados de promover a recomposição, compensação ou regeneração para os percentuais exigidos nesta Lei. Em caso de fracionamento do imóvel rural, a qualquer título, inclusive para assentamentos pelo Programa de Reforma Agrária, será considerada a área do imóvel antes do fracionamento (art. 12, §1º). O percentual de Reserva Legal em imóvel situado em área de formações florestais, de cerrado ou de campos gerais na Amazônia Legal será definido considerando separadamente os índices contidos nas alíneas "a", "b" e "c" do inciso I do art. 12 (art. 12, §2º). Após a implantação do Cadastro Ambiental Rural (CAR), a supressão de novas áreas de floresta ou outras formas de vegetação nativa apenas será autorizada pelo órgão ambiental estadual integrante do SISNAMA se o imóvel estiver inserido no mencionado cadastro, ressalvado o previsto no art. 30, isto é, reserva legal já averbada na matrícula.

A Lei nº 12.651/12 traz casos de dispensa de constituição de Reserva Legal, nas seguintes hipóteses: a) empreendimentos de abastecimento público de água e tratamento de esgoto (art. 12, §6º); b) áreas adquiridas ou desapropriadas por detentor de concessão, permissão ou autorização para exploração de potencial de energia hidráulica, nas quais funcionem empreendimentos de geração de energia elétrica, subestações ou sejam instaladas linhas de transmissão e de distribuição de energia elétrica (art. 12, §7º); c) áreas adquiridas ou desapropriadas com o objetivo de implantação e ampliação de capacidade de rodovias e ferrovias (art. 12, §8º).[24]

---

[24] Os §§6º a 8º do art. 12 foram reputados constitucionais pelo STF (Pleno, ADC nº 42/DF e ADI nº 4.901/DF, Rel. Min. Luiz Fux, j. 28.02.2018).

O art. 15 admite o cômputo das APPs no percentual da Reserva Legal do imóvel, desde que: I) o benefício previsto neste artigo não implique a conversão de novas áreas para o uso alternativo do solo; II) a área a ser computada esteja conservada ou em processo de recuperação, conforme comprovação do proprietário ao órgão estadual integrante do SISNAMA; e III) o proprietário ou possuidor tenha requerido inclusão do imóvel no CAR.[25]

O Código Florestal, no art. 12, §§4º e 5º,[26] dispõe sobre a possibilidade de redução e ampliação de área de reserva legal, a saber: a) para terrenos localizados na Amazônia Legal, em área de florestas (art. 12, inc. I, al. "a"), o poder público poderá reduzir a Reserva Legal para até 50%, para fins de recomposição, quando o Município tiver mais de 50% da área ocupada por unidades de conservação da natureza de domínio público e por terras indígenas homologadas; b) no mesmo caso anterior (da al. "a" do inc. I do art. 12), o poder público estadual, ouvido o Conselho Estadual de Meio Ambiente, poderá reduzir a Reserva Legal para até 50%, quando o Estado tiver Zoneamento Ecológico-Econômico aprovado e mais de 65% do seu território ocupado por unidades de conservação da natureza de domínio público, devidamente regularizadas, e por terras indígenas homologadas; c) quando indicado pelo Zoneamento Ecológico-Econômico estadual, realizado segundo metodologia unificada, o poder público federal poderá (c.1) reduzir, exclusivamente para fins de regularização, mediante recomposição, regeneração ou compensação da Reserva Legal de imóveis com área rural consolidada, situados em área de floresta localizada na Amazônia Legal, para até 50% da propriedade, excluídas as áreas prioritárias para conservação da biodiversidade e dos recursos hídricos e os corredores ecológicos (art. 13, inc. I), ou (c.2) ampliar as áreas de Reserva Legal em até 50% dos percentuais previstos na Lei, para cumprimento de metas nacionais de proteção à biodiversidade ou de redução de emissão de gases de efeito estufa.[27]

No caso do inc. I do art. 13, o proprietário ou possuidor de imóvel rural que mantiver Reserva Legal conservada e averbada em área superior aos percentuais exigidos no referido inciso poderá instituir servidão ambiental sobre a área excedente, nos termos da Lei nº 6.938/81 e Cota de Reserva Ambiental (art. 13, §1º).[28] Igualmente, o art. 15, §1º, reza que o proprietário ou possuidor de imóvel com Reserva Legal conservada e inscrita no CAR, cuja área ultrapasse o mínimo exigido pela Lei, poderá utilizar a área excedente para fins de constituição de servidão ambiental, Cota de Reserva Ambiental e outros instrumentos congêneres previstos no Código Florestal. Saliente-se que, na forma no art. 48, §2º, a Cota de Reserva Ambiental só pode ser utilizada para compensar Reserva Legal de imóvel rural situado no mesmo *bioma* da área à qual o título está vinculado (e não mais na mesma *microbacia*, como era no Código anterior),[29] sendo que

---

[25] A constitucionalidade do art. 15 foi confirmada pelo STF (Pleno, ADC nº 42/DF e ADI nº 4.901/DF, Rel. Min. Luiz Fux, j. 28.02.2018).

[26] Esses dispositivos foram reputados constitucionais pelo STF (Pleno, ADC nº 42/DF e ADI nº 4.901/DF, Rel. Min. Luiz Fux, j. 28.02.2018).

[27] Sobre a necessidade de redução das emissões de gases de efeito estufa e a importância da concretização do direito fundamental ao desenvolvimento sustentável na era das mudanças climáticas, ver: WEDY, Gabriel. *Desenvolvimento sustentável na era das mudanças climáticas*: um direito fundamental. São Paulo: Editora Saraiva, 2018.

[28] Esse dispositivo foi reputado constitucional pelo STF (Pleno, ADC nº 42/DF, ADI nº 4.901/DF e ADI nº 4.937/DF, Rel. Min. Luiz Fux, j. 28.02.2018).

[29] Lei nº 4.771/65, art. 16, inc. II; art. 44, inc. III e §4º.

o STF conferiu interpretação conforme a Constituição Federal a esse dispositivo, para permitir compensação apenas entre áreas com identidade ecológica.[30]

Poderá ser instituída Reserva Legal em regime de condomínio ou coletiva entre propriedades rurais, respeitado o percentual previsto no art. 12 em relação a cada imóvel (art. 16), e, no parcelamento de imóveis rurais, a área de Reserva Legal poderá ser agrupada em regime de condomínio entre os adquirentes (art. 16, parágrafo único).

7 Regime de proteção da reserva legal

A Reserva Legal deve ser conservada com cobertura de vegetação nativa pelo proprietário do imóvel rural, possuidor ou ocupante a qualquer título, pessoa física ou jurídica, de direito público ou privado (art. 17). Admite-se a exploração econômica da Reserva Legal mediante manejo sustentável, previamente aprovado pelo órgão competente do SISNAMA, de acordo com as modalidades previstas no art. 20 (art. 17, §1º). Quanto ao manejo sustentável da reserva legal, deve-se observar, da mesma forma, os arts. 21 a 24.

O art. 17, §3º, dispõe que é obrigatória a suspensão imediata das atividades em área de reserva legal desmatada irregularmente após 22 de julho de 2008.[31] Sem prejuízo das sanções administrativas, cíveis e penais cabíveis, deverá ser iniciado, nas áreas de que trata o §3º, o processo de recomposição da Reserva Legal em até dois anos contados a partir da data da publicação da Lei, devendo tal processo ser concluído nos prazos estabelecidos pelo Programa de Regularização Ambiental (PRA), de que trata o art. 59 (art. 17, §4º).

A área de Reserva Legal deverá ser registrada no órgão ambiental competente por meio de inscrição no CAR, sendo vedada a alteração de sua destinação, nos casos de transmissão, a qualquer título, ou de desmembramento, com as exceções previstas na Lei (art. 18). A inscrição da reserva legal no CAR será feita mediante a apresentação de planta e memorial descritivo, contendo a indicação das coordenadas geográficas com pelo menos um ponto de amarração, conforme ato do Chefe do Poder Executivo (§1º). Na posse, a área de Reserva Legal é assegurada por termo de compromisso firmado pelo possuidor com o órgão competente do SISNAMA, com força de título executivo extrajudicial, que explicite, no mínimo, a localização da área de reserva legal e as obrigações assumidas pelo possuidor por força do previsto nesta Lei (§2º). A transferência da posse implica a sub-rogação das obrigações assumidas no termo de compromisso de que trata o §2º (§3º). O registro da reserva legal no CAR desobriga a averbação no Cartório de Registro de Imóveis, sendo que, no período entre a data da publicação desta Lei e o registro no CAR, o proprietário ou possuidor rural que desejar fazer a averbação terá direito à gratuidade deste ato (§4º).

A inserção do imóvel rural em perímetro urbano definido mediante lei municipal não desobriga o proprietário ou posseiro da manutenção da área de Reserva Legal, que só será extinta concomitantemente ao registro do parcelamento do solo para fins urbanos aprovado segundo a legislação específica e consoante as diretrizes do plano diretor de que trata o §1º do art. 182 da Constituição Federal (art. 19).

---

[30] STF. Pleno, ADC nº 42/DF, ADI nº 4.901/DF e ADI nº 4.937/DF, Rel. Min. Luiz Fux, j. 28.02.2018.

[31] Esse dispositivo foi reputado constitucional pelo STF (Pleno, ADC nº 42/DF, ADI nº 4.902/DF e ADI nº 4.903/DF, Rel. Min. Luiz Fux, j. 28.02.2018).

8 Programa de regularização ambiental

O Programa de Regularização Ambiental (PRA) de posses e propriedades *rurais* deverá ser implantado pela União, Estados e Distrito Federal, no prazo de um ano, contado a partir da data da publicação da Lei nº 12.651/12, prorrogável por uma única vez, por igual período, com o objetivo de adequar os imóveis às regras do Capítulo XIII do Código Florestal (art. 59). Na regulamentação dos PRAs, a União estabelecerá, em até 180 dias a partir da data da publicação da Lei nº 12.651/12, sem prejuízo do prazo definido no *caput* do art. 59, normas de caráter geral, incumbindo-se aos Estados e ao Distrito Federal o detalhamento por meio da edição de normas de caráter específico, em razão de suas peculiaridades territoriais, climáticas, históricas, culturais, econômicas e sociais, conforme preceitua o art. 24 da Constituição Federal (art. 59, §1º).

A inscrição do imóvel rural no CAR é condição obrigatória para a adesão ao PRA, devendo essa adesão ser requerida no prazo estipulado no §3º do art. 29 da Lei (art. 59, §2º). Com base no requerimento de adesão ao PRA, o órgão competente integrante do SISNAMA convocará o proprietário ou o possuidor para assinar o termo de compromisso, que constituirá título executivo extrajudicial (§3º). A previsão do art. 59, §§4º e 5º, gerou polêmica e foi objeto de questionamento perante o STF.

O §4º determina que, no período entre a publicação do Código e a implantação do PRA em cada Estado e no Distrito Federal, bem como após a adesão do interessado ao PRA e enquanto estiver sendo cumprido o termo de compromisso, o proprietário ou possuidor não poderá ser autuado por infrações cometidas antes de 22 de julho de 2008, relativas à supressão irregular de vegetação em APP, Reserva Legal e de área de uso restrito. Já o §5º prevê que, a partir da assinatura do termo de compromisso, serão suspensas as sanções decorrentes das infrações mencionadas no §4º deste artigo e, cumpridas as obrigações estabelecidas no PRA ou no termo de compromisso para a regularização ambiental das exigências desta Lei, nos prazos e condições neles estabelecidos, as multas referidas neste artigo serão consideradas como convertidas em serviços de preservação, melhoria e recuperação da qualidade do meio ambiente, regularizando o uso de áreas rurais consolidadas, conforme definido no PRA.

Com relação a estes §§4º e 5º do art. 59, o STF deu interpretação conforme a Constituição, de modo a afastar, no decurso da execução dos termos de compromissos subscritos nos programas de regularização ambiental, o risco de decadência ou prescrição, seja dos ilícitos ambientais praticados antes de 22.07.2008, seja das sanções deles decorrentes, aplicando-se extensivamente o disposto no §1º do art. 60 da Lei nº 12.651/2012, segundo o qual "a prescrição ficará interrompida durante o período de suspensão da pretensão punitiva".[32]

O art. 60 suscitou controvérsias ao dispor que a assinatura de termo de compromisso para regularização de imóvel ou posse rural perante o órgão ambiental competente, mencionado no art. 59, suspenderá a punibilidade dos crimes previstos nos arts. 38, 39 e 48 da Lei nº 9.605/1998, enquanto o termo estiver sendo cumprido. Referido dispositivo foi considerado constitucional pelo STF.[33] A prescrição, complementa-se, ficará interrompida durante o período de suspensão da pretensão punitiva (§1º). A punibilidade, por sua vez, será extinta com a efetiva regularização (§2º).

---

[32] STF. Pleno, ADC nº 42/DF, ADI nº 4.902/DF e ADI nº 4.937/DF, Rel. Min. Luiz Fux, j. 28.02.2018.

[33] STF. Pleno, ADC nº 42/DF, ADI nº 4.902/DF e ADI nº 4.937/DF, Rel. Min. Luiz Fux, j. 28.02.2018.

Conclusão

Referida decisão do Supremo Tribunal Federal, relevante para findar debates e conferir segurança jurídica à nova legislação florestal, em determinadas situações, como se infere do voto do jurista e Ministro Edson Fachin, pode abrir espaço, ocasional e pontualmente, para retrocessos ambientais quando deixa de conferir integral proteção a áreas e bens naturais que eram historicamente protegidos.

É vedado aos Poderes e entes públicos a promoção de uma desconstrução e regressão dos níveis de proteção ambiental já alcançados, notadamente diante de um dever constitucional justamente consagrado em sentido oposto, isto é, de que o Estado assegure uma progressiva efetividade do direito ao meio ambiente equilibrado, como se extrai do art. 225, §1º, da Constituição Federal. A respeito, Fensterseifer e Sarlet sustentam que "o mínimo existencial (socioambiental) opera como limite material a vincular negativa (mas também positivamente) o poder público".[34] Com isso, a

> (...) garantia constitucional da *proibição de retrocesso socioambiental* (ou mesmo *ecológico*, como proferem alguns) assume importância ímpar na edificação do Estado Socioambiental de Direito, pois opera como instrumento jurídico apto a assegurar, em conjugação com outros elementos, níveis normativos mínimos em termos de proteção jurídica do ambiente, bem como, numa perspectiva mais ampla, de tutela da dignidade da pessoa humana e do direito a uma existência digna, sem deixar de lado a responsabilidade para com as gerações humanas vindouras.[35]

O STF, no julgamento de diversas ações de inconstitucionalidade intentadas contra dispositivos do Novo Código Florestal, conferiu uma interpretação mais branda ao princípio da vedação ao retrocesso socioambiental, ao entender que não é adequado desqualificar determinada regra legal como contrária ao comando constitucional de defesa do meio ambiente (CF, art. 225), ou mesmo sob o genérico e subjetivo rótulo de "retrocesso ambiental", não considerando inteiramente as diversas nuances que permeiam o processo decisório do legislador, democraticamente investido da função de apaziguar interesses conflitantes por meio de regras gerais e objetivas.

Assentou a Suprema Corte que o princípio da vedação ao retrocesso não se sobrepõe ao princípio democrático, no desejo de transferir ao Judiciário funções inerentes aos Poderes Legislativo e Executivo, e nem justifica afastar arranjos legais mais eficientes para o desenvolvimento sustentável do país como um todo.[36] Neste ponto, muito respeitosamente, pede-se vênia para discordar da posição do colegiado, pois cabe ao Estado-Juiz garantir o cumprimento da Constituição e a concretização do direito constitucional de novíssima dimensão ou de terceira geração de proteção do meio ambiente no interesse das presentes e das futuras gerações de seres humanos e não humanos. Este entendimento está em harmonia com o conceito de Estado Socioambiental de Direito e logicamente é compatível com os preceitos basilares da democracia.

---

[34] FENSTERSEIFER, Tiago; SARLET, Ingo Wolfgang. *Direito constitucional ambiental*: constituição, direitos fundamentais e proteção do ambiente. 5. ed. São Paulo: Revista dos Tribunais, 2017. p. 211.

[35] FENSTERSEIFER, Tiago; SARLET, Ingo Wolfgang. *Direito constitucional ambiental*: constituição, direitos fundamentais e proteção do ambiente. 5. ed. São Paulo: Revista dos Tribunais, 2017. p. 212.

[36] STF. Pleno, ADC nº 42/DF, ADI nº 4.901/DF, ADI nº 4.902/DF, ADI nº 4.903/DF e ADI nº 4.937/DF, Rel. Min. Luiz Fux, j. 28.02.2018, informativo nº 892.

Aliás, o próprio STF, como guardião da Constituição, em tantas outras decisões já reconheceu, com brilho, a necessidade de tutela do meio ambiente ecologicamente equilibrado como um direito constitucional fundamental. Claro exemplo foi quando reconheceu a impossibilidade de diminuição ou de supressão de espaços territoriais especialmente protegidos por meio de medida provisória. Neste caso o Pretório Excelso assentou que, conquanto a aplicação do princípio da proibição do retrocesso socioambiental não possa engessar a ação legislativa e administrativa, sendo forçoso admitir certa margem de discricionariedade às autoridades públicas em matéria ambiental, não pode igualmente ser atingido o núcleo essencial do direito fundamental ao meio ambiente ecologicamente equilibrado.[37] Referida decisão, aliás, em tempos de Acordo do Clima, de vigência da Agenda 2030 para o Desenvolvimento Sustentável é daquelas que precisam consolidar-se, dentro de uma perspectiva holística e intergeracional, para a concretização dos direitos fundamentais ao meio ambiente equilibrado e ao desenvolvimentos sustentável.

Referências

BOSSELMANN, Klaus. *The Principle of Sustainability*: transforming law and governance. Farnham: Ashgate, 2008.

CARSON, Rachel. *Silent Spring*. Boston: Hougton Mifflin, 1962.

MOREIRA, Rafael Martins Costa. Áreas de preservação permanente e urbanização: muitos conflitos e uma controvérsia. *Interesse Público*, Belo Horizonte, a. 18, n. 99, set./out. 2016.

DWORKIN, Ronald. *Taking Rights Seriously*. London: Gerald Duckworth, 1977.

FENSTERSEIFER, Tiago; SARLET, Ingo Wolfgang. *Direito constitucional ambiental*: constituição, direitos fundamentais e proteção do ambiente. 5. ed. São Paulo: Revista dos Tribunais, 2017.

LEOPOLD, Aldo. *A Sand County Almanac*: with essays on conservation form round river. New York: Ballantine Books, 1966.

THOREAU, Henry David. *Walden. Or life in the woods and on the duty of civil disobedience*. New York: New American Library, 1962.

THOREAU, Henry David. *Walking*. Red Wing: Cricket House Books, 2010.

WEDY, Gabriel. *Litígios climáticos*: de acordo com o direito brasileiro, norte-americano e alemão. Salvador: Editora Juspodivm, 2019.

WEDY, Gabriel. *Desenvolvimento sustentável na era das mudanças climáticas*: um direito fundamental. São Paulo: Editora Saraiva, 2018.

WEDY, Gabriel. *O princípio constitucional da precaução*: como instrumento de tutela do meio ambiente e da saúde pública. Belo Horizonte: Editora Fórum, 2017.

WEDY, Gabriel; MOREIRA, Rafael. *Manual de direito ambiental*: de acordo com a jurisprudência dos tribunais superiores. Belo Horizonte: Editora Fórum, 2019.

Informação bibliográfica deste texto, conforme a NBR 6023:2018 da Associação Brasileira de Normas Técnicas (ABNT):

WEDY, Gabriel. O Novo Código Florestal e a sua constitucionalidade. Comentário: Ação Declaratória de Constitucionalidade nº 42, voto do Ministro Edson Fachin. *In*: BENJAMIN, Antônio Herman Vasconcelos e; FREITAS, Vladimir Passos de; SOARES JÚNIOR, Jarbas (Coord.). *Comentários aos acórdãos ambientais*: paradigmas do Supremo Tribunal Federal. Belo Horizonte: Fórum, 2021. p. 457-473. ISBN 978-65-5518-077-0.

---

[37] STF. Pleno, ADI nº 4.717/DF, Rel. Min. Cármen Lúcia, j. 05.04.2018, informativo nº 896.

AÇÃO DECLARATÓRIA DE CONSTITUCIONALIDADE Nº 42/DF

(CÓDIGO FLORESTAL)

ANÁLISE DO VOTO DO MINISTRO MARCO AURÉLIO

MARGA INGE BARTH TESSLER

EMENTA: DIREITO CONSTITUCIONAL. DIREITO AMBIENTAL. ART. 225 DA CONSTITUIÇÃO. DEVER DE PROTEÇÃO AMBIENTAL. NECESSIDADE DE COMPATIBILIZAÇÃO COM OUTROS VETORES CONSTITUCIONAIS DE IGUAL HIERARQUIA. ARTIGOS 1º, IV; 3º, II E III; 5º, CAPUT E XXII; 170, CAPUT E INCISOS II, V, VII E VIII, DA CRFB. DESENVOLVIMENTO SUSTENTÁVEL. JUSTIÇA INTERGERACIONAL. ALOCAÇÃO DE RECURSOS PARA ATENDER AS NECESSIDADES DA GERAÇÃO ATUAL. ESCOLHA POLÍTICA. CONTROLE JUDICIAL DE POLÍTICAS PÚBLICAS. IMPOSSIBILIDADE DE VIOLAÇÃO DO PRINCÍPIO DEMOCRÁTICO. EXAME DE RACIONALIDADE ESTREITA. RESPEITO AOS CRITÉRIOS DE ANÁLISE DECISÓRIA EMPREGADOS PELO FORMADOR DE POLÍTICAS PÚBLICAS. INVIABILIDADE DE ALEGAÇÃO DE VEDAÇÃO AO RETROCESSO. NOVO CÓDIGO FLORESTAL. AÇÕES DIRETAS DE INCONSTITUCIONALIDADE E AÇÃO DECLARATÓRIA DE CONSTITUCIONALIDADE JULGADAS PARCIALMENTE PROCEDENTES. 1. O meio ambiente é tutelado constitucionalmente pela regra matriz do artigo 225, caput, da Constituição, que dispõe que todos têm direito ao meio ambiente ecologicamente equilibrado, bem de uso comum do povo e essencial à sadia qualidade de vida, impondo-se ao Poder Público e à coletividade o dever de defendê-lo e preservá-lo para as presentes e futuras gerações. 2. O meio ambiente assume função dúplice no microssistema jurídico, na medida em que se consubstancia simultaneamente em direito e em dever dos cidadãos, os quais paralelamente se posicionam, também de forma simultânea, como credores e como devedores da obrigação de proteção respectiva. 3. O homem é parte indissociável do meio ambiente, uma vez que, por intermédio das interações genéticas biologicamente evolutivas que se sucederam nos últimos milhares de anos, o meio ambiente produziu a espécie humana, cuja vida depende dos recursos nele contidos. Nesse ponto, nem os mais significativos avanços tecnológicos permitirão ao homem, em algum momento futuro, dissociar-se do meio ambiente, na medida em que a atividade humana inventiva e transformadora depende da matéria nele contida, sob todas as suas formas, para se concretizar. 4. A capacidade dos indivíduos de desestabilizar o equilíbrio do conjunto de recursos naturais que lhes fornece a própria existência tem gerado legítimas preocupações, que se intensificaram no último século. Afinal, recursos naturais têm sido extintos; danos irreversíveis ou extremamente agressivos à natureza tornaram-se mais frequentes; disfunções climáticas são uma realidade científica; diversas formas de poluição se alastram pelos grandes centros, entre outras evidências empíricas do que se cognomina crise ambiental. Nesse ínterim, o foco no crescimento econômico sem a devida preocupação ecológica consiste em ameaça presente e futura para o progresso sustentável das nações e até mesmo para a sobrevivência da espécie humana. O homem apenas progride como ser biológico e como coletividade quando se percebe como produto e não como proprietário do meio ambiente. 5. A Declaração das Nações Unidas sobre o Meio Ambiente Humano, editada por ocasião da Conferência de Estocolmo, em 1972, consistiu na primeira norma a reconhecer o direito humano ao meio ambiente de qualidade. 6. Por sua vez, a Conferência Eco-92, no Rio de Janeiro, introduziu o princípio do desenvolvimento sustentável, consubstanciado na necessária composição entre o crescimento socioeconômico e o uso adequado e razoável dos recursos naturais. Essa nova perspectiva demandou aos Estados a construção de políticas públicas mais elaboradas, atentas à gestão eficiente das matérias primas, ao diagnóstico e ao controle das externalidades ambientais, bem como ao cálculo de níveis ótimos de poluição. Todos esses instrumentos atendem a perspectiva intergeracional, na medida em que o desenvolvimento sustentável estabelece uma ponte entre os impactos provocados pelas gerações presentes e o modo como os recursos naturais estarão disponíveis para as gerações futuras. 7. A recente Conferência das Nações Unidas sobre Desenvolvimento Natural (Rio+20), em 2012, agregou ao debate a ideia de governança ambiental global. 8. Paralelamente a esses marcos, são incontáveis os documentos internacionais bilaterais e multilaterais que têm disciplinado questões específicas do meio ambiente. Exemplificadamente, cito a Convenção para Prevenção da Poluição Marinha por Fontes Terrestres (1974), a Convenção para Proteção dos Trabalhadores contra Problemas Ambientais (1977), a Convenção sobre Poluição Transfronteiriça (1979), o Protocolo sobre Áreas Protegidas e Fauna e Flora (1985), a Convenção sobre Avaliação de Impacto Ambiental em Contextos Transfronteiriços (1991), a Convenção da Biodiversidade (1992), o Protocolo de Quioto (1997), dentre outros. 9. Essa movimentação política de âmbito global tem despertado os Estados nacionais e a coletividade para a urgência e a importância da causa ambiental. Comparativamente, 150 constituições atualmente em vigor tratam da proteção ao meio ambiente em seus textos. No Brasil, não obstante constituições anteriores tenham disciplinado aspectos específicos relativos a alguns recursos naturais (água, minérios etc.), a Carta de 1988 consistiu em marco que elevou a proteção integral e sistematizada do meio ambiente ao status de valor central da nação. Não à toa, a comunidade internacional a apelidou de Constituição Verde, considerando-a a mais avançada do mundo nesse tema. 10. O caráter transnacional e transfronteiriço das causas e dos efeitos da crise ambiental demanda dos Estados, dos organismos internacionais e das instituições não governamentais, progressivamente, uma atuação mais articulada para transformar a preservação da natureza em instrumento de combate à pobreza e às desigualdades. 11. Por outro lado, as políticas públicas ambientais devem conciliar-se com outros valores democraticamente eleitos pelos legisladores como o mercado de trabalho, o desenvolvimento social, o atendimento às necessidades básicas de consumo dos cidadãos etc. Dessa forma, não é adequado desqualificar determinada regra legal como contrária ao comando constitucional de defesa do meio ambiente (art. 225, caput, CRFB), ou mesmo sob o genérico e subjetivo rótulo de retrocesso ambiental, ignorando as diversas nuances que permeiam o processo decisório do legislador, democraticamente investido da função de apaziguar interesses conflitantes por meio de regras gerais e objetivas. 12. Deveras, não se deve desprezar que a mesma Constituição protetora dos recursos ambientais do país também exorta o Estado brasileiro a garantir a livre iniciativa (artigos 1º, IV, e 170) e o desenvolvimento nacional (art. 3º, II), a erradicar a pobreza e a marginalização, a reduzir as desigualdades sociais e regionais (art. 3º, III; art. 170, VII), a proteger a propriedade (art. 5º, caput e XXII; art. 170, II), a buscar o pleno emprego (art. 170, VIII; art. 6º) e a defender o consumidor (art. 5º, XXXII; art. 170, V) etc. 13. O desenho institucional das políticas públicas ambientais suscita o duelo valorativo entre a tutela ambiental e a tutela do desenvolvimento, tendo como centro de gravidade o bem comum da pessoa humana no cenário de escassez. É dizer, o desenvolvimento econômico e a preservação do meio ambiente não são políticas intrinsecamente antagônicas. 14. A análise de compatibilidade entre natureza e obra humana é ínsita à ideia de desenvolvimento sustentável, expressão popularizada pelo relatório Brundtland, elaborado em 1987 pela Comissão Mundial sobre o Meio Ambiente e Desenvolvimento. A mesma organização eficiente dos recursos disponíveis que conduz ao progresso econômico, por meio da aplicação do capital acumulado no modo mais produtivo possível, é também aquela capaz de garantir o racional manejo das riquezas ambientais em face do crescimento populacional. Por conseguinte, a proteção ao meio ambiente, no contexto de um desenvolvimento sustentável, não equivale a uma visão estática dos bens naturais, que pugna pela proibição de toda e qualquer mudança ou interferência em processos ecológicos ou correlatos. A história humana e natural é feita de mudanças e adaptações, não de condições estáticas ou de equilíbrio. 15. A preservação dos recursos naturais para as gerações futuras não pode significar a ausência completa de impacto do homem na natureza, consideradas as carências materiais da geração atual e também a necessidade de gerar desenvolvimento econômico suficiente para assegurar uma travessia confortável para os nossos descendentes. 16. Meio ambiente e Desenvolvimento Econômico encerram conflito aparente normativo entre diversas nuances, em especial a justiça intergeracional, demandando escolhas trágicas a serem realizadas pelas instâncias democráticas, e não pela convicção de juízes, por mais bem-intencionados que sejam.[1] 17. A Jurisdição Constitucional encontra óbice nos limites da capacidade institucional dos seus juízes, notadamente no âmbito das políticas públicas, cabendo ao Judiciário a análise racional do escrutínio do legislador, consoante se colhe do julgado da Suprema Corte Americana FCC v. Beach Communications, Inc. 508 U.S. 307 (1993), em que se consignou que a escolha do legislador não está sujeita ao escrutínio empírico dos Tribunais e pode se basear em especulações racionais não embasadas em provas ou dados empíricos (Legislative choice is not subject to courtroom factfinding and may be based on rational speculation unsupported by evidence or empirical data). 18. A capacidade institucional, ausente em um cenário de incerteza, impõe autocontenção do Judiciário, que não pode substituir as escolhas dos demais órgãos do Estado por suas próprias escolhas.[2] 19. O Princípio da vedação do retrocesso não se sobrepõe ao princípio democrático no afã de transferir ao Judiciário funções inerentes aos Poderes Legislativo e Executivo, nem justifica afastar arranjos legais mais eficientes para o desenvolvimento sustentável do país como um todo. 20. A propósito, a jurisprudência do Supremo Tribunal Federal demonstra deferência judicial ao planejamento estruturado pelos demais Poderes no que tange às políticas públicas ambientais. No julgamento do Recurso Extraordinário nº 586.224/SP (Rel. ministro Luiz Fux, julgamento em 05.03.2016), apreciou-se o conflito entre lei municipal proibitiva da técnica de queima da palha da cana de açúcar e a lei estadual definidora de uma superação progressiva e escalonada da referida técnica. Decidiu a Corte que a lei do ente menor, apesar de conferir aparentemente atendimento mais intenso e imediato ao interesse ecológico de proibir queimadas, deveria ceder ante a norma que estipulou um cronograma para adaptação do cultivo da cana de açúcar a métodos sem a utilização do fogo. Dentre os fundamentos utilizados, destacou-se a necessidade de acomodar, na formulação da política pública,

---

[1] REVESZ, Richard L.; STAVINS, Robert N. Environmental Law. *In*: POLINSKY, A. Mitchell; SHAVELL, Steven (Ed.). *Handbook of Law and Economics*. Boston: Elsevier, 2007. v. 1, p. 507.

[2] VERMEULE, Adrian. *Laws Abnegation*. Cambridge: Harvard University Press, 2016. p. 130, 134-135.

outros interesses igualmente legítimos, como os efeitos sobre o mercado de trabalho e a impossibilidade do manejo de máquinas diante da existência de áreas cultiváveis acidentadas. Afastou-se, assim, a tese de que a norma mais favorável ao meio ambiente deve sempre prevalecer (*in dubio pro natura*), reconhecendo-se a possibilidade de o regulador distribuir os recursos escassos com vistas à satisfação de outros interesses legítimos, mesmo que não promova os interesses ambientais no máximo patamar possível. Idêntica lição deve ser transportada para o presente julgamento, a fim de que seja refutada a aplicação automática da tese de vedação ao retrocesso, para anular opções validamente eleitas pelo legislador. 21. O Código Florestal ostenta legitimidade institucional e democrática, sendo certo que a audiência pública realizada nas presentes ações apurou que as discussões para a aprovação da Lei questionada se estenderam por mais de dez anos no Congresso Nacional. Destarte, no âmbito do Parlamento, mais de 70 (setenta) audiências públicas foram promovidas com o intuito de qualificar o debate social em torno das principais modificações relativas ao marco regulatório da proteção da flora e da vegetação nativa no Brasil. Consectariamente, além da discricionariedade epistêmica e hermenêutica garantida ao Legislativo pela Constituição, também militam pela autocontenção do Judiciário no caso em tela a transparência e a extensão do processo legislativo desenvolvido, que conferem legitimidade adicional ao produto da atividade do Congresso Nacional. 22. Apreciação pormenorizada das impugnações aos dispositivos do novo Código Florestal (Lei nº 12.651/2012): (a) Art. 3º, inciso VIII, alínea b, e inciso IX (Alargamento das hipóteses que configuram interesse social e utilidade pública): as hipóteses de intervenção em áreas de preservação permanente por utilidade pública e interesse social devem ser legítimas e razoáveis para compatibilizar a proteção ambiental com o atendimento a outros valores constitucionais, a saber: prestação de serviços públicos (art. 6º e 175 da CRFB); políticas agrícolas (art. 187 da CRFB) e de desenvolvimento urbano (art. 182 da CRFB); proteção de pequenos produtores rurais, famílias de baixa renda e comunidades tradicionais; o incentivo ao esporte (art. 217 da CRFB), à cultura (art. 215 da CRFB) e à pesquisa científica (art. 218 da CRFB); e o saneamento básico (artigos 21, XX, e 23, IX, da CRFB). O regime de proteção das áreas de preservação permanente (APPs) apenas se justifica se as intervenções forem excepcionais, na hipótese de inexistência de alternativa técnica e/ou locacional. No entanto, o art. 3º, inciso IX, alínea g, limitou-se a mencionar a necessidade de comprovação de alternativa técnica e/ou locacional em caráter residual, sem exigir essa circunstância como regra geral para todas as hipóteses. Essa omissão acaba por autorizar interpretações equivocadas segundo as quais a intervenção em áreas de preservação permanente é regra, e não exceção. Ademais, não há justificativa razoável para se permitir intervenção em APPs para fins de gestão de resíduos e de realização de competições esportivas estaduais, nacionais ou internacionais, sob pena de subversão da prioridade constitucional concedida ao meio ambiente em relação aos demais bens jurídicos envolvidos nos dispositivos respectivos; Conclusão: (i) interpretação conforme à Constituição aos incisos VIII e IX do artigo 3º da Lei nº 12.651/2012, de modo a se condicionar a intervenção excepcional em APP, por interesse social ou utilidade pública, à inexistência de alternativa técnica e/ou locacional à atividade proposta, e (ii) declaração de inconstitucionalidade das expressões gestão de resíduos e instalações necessárias à realização de competições esportivas estaduais, nacionais ou internacionais, do artigo 3º, VIII, b, da Lei nº 12.651/2012; (b) Art. 3º, XVII, e art. 4º, IV (Exclusão das nascentes e dos olhos d'água intermitentes das áreas de preservação permanente): interpretações diversas surgem da análise sistemática dos incisos I e IV do artigo 4º da Lei nº 12.651/2017. Embora o artigo 4º, inciso IV, apenas tenha protegido o entorno de nascentes e olhos d'água perenes, o art. 4º, inciso I, protege, como áreas de preservação permanente, as faixas marginais de qualquer curso d'água natural perene e intermitente, excluídos os efêmeros (grifo nosso). *In casu*, a polissemia abrange duas interpretações: a primeira inclui as nascentes e os olhos d'água intermitentes como APPs; a segunda os exclui. Assim, cabe ao STF selecionar a interpretação que melhor maximize a eficácia das normas constitucionais. Considerando que o art. 225, §1º, da Constituição Federal, determina que incumbe ao Poder Público preservar e restaurar os processos ecológicos essenciais e promover o manejo ecológico das espécies e ecossistemas, a interpretação mais protetiva deve ser selecionada. O Projeto de Lei nº 350/2015 (Autoria do Dep. Fed. Sarney Filho), em trâmite perante a Câmara Federal, prevê alteração nesse sentido no novo Código Florestal. A proteção das nascentes e olhos d'água é essencial para a existência dos cursos d'água que deles se originam, especialmente quanto aos rios intermitentes, muito presentes em áreas de seca e de estiagem; Conclusão: interpretação conforme ao artigo 4º, inciso IV, da Lei nº 12.651/2017, com vistas a reconhecer que os entornos das nascentes e dos olhos d'água intermitentes configuram área de preservação permanente (APP); (c) Art. 3º, XIX (Alteração do conceito de leito regular): a legislação em vigor tão somente modificou o marco para a medição da área de preservação ambiental ao longo de rios e cursos d'água, passando a ser o leito regular respectivo, e não mais o seu nível mais alto. O legislador possui discricionariedade para modificar a metragem de áreas de preservação ambiental, na medida em que o art. 225, §1º, III, da Constituição, expressamente permite que a lei altere ou suprima espaços territoriais e seus componentes a serem especialmente protegidos; Conclusão: declaração de constitucionalidade do art. 3º, XIX, do novo Código Florestal; (d) Art. 3º, parágrafo único (Extensão do tratamento dispensado à pequena propriedade ou posse rural familiar aos imóveis com até 4 módulos fiscais): o tamanho da propriedade em módulos fiscais é critério legítimo para a incidência das normas especiais sobre Áreas de Preservação Permanente e de Reserva Legal previstas nos artigos 52 e seguintes do novo Código Florestal, quanto mais quando em concurso com outras formalidades, como a inscrição no cadastro ambiental rural (CAR) e o controle e a fiscalização dos órgãos ambientais competentes. Ademais, o módulo fiscal não consiste em unidade de medida baseada apenas no tamanho da propriedade imobiliária, uma vez que reúne uma série de outros critérios socioeconômicos que, uma vez conjugados, atendem às noções de razoabilidade e de equidade atinentes às especificidades da agricultura familiar. Por outro lado, a exigência de demarcação de terras indígenas e da titulação das áreas de povos e comunidades tradicionais, como pressuposto para a aplicação do aludido regime especial, viola o art. 231 da CF e o art. 68 da ADCT. A demarcação e a titulação de territórios têm caráter meramente declaratório e não constitutivo, pelo que o reconhecimento dos direitos respectivos, inclusive a aplicação de regimes ambientais diferenciados, não pode depender de formalidades que nem a própria Constituição determinou, sob pena de violação da isonomia e da razoabilidade; Conclusão: declaração de inconstitucionalidade das expressões demarcadas e tituladas, do art. 3º, parágrafo único, da Lei nº 12.651/2012; (e) Art. 4º, inciso III e §§1º e 4º (Áreas de preservação permanente no entorno de reservatórios artificiais que não decorram de barramento de cursos d'água naturais e de reservatórios naturais ou artificiais com superfície de até um hectare): as alegações dos requerentes sugerem a falsa ideia de que o novo Código Florestal teria extinto as APPs no entorno dos reservatórios d'água artificiais, decorrentes de barramento ou represamento de cursos d'água naturais. No entanto, esses espaços especialmente protegidos continuam a existir, tendo a lei delegado ao órgão que promover a licença ambiental do empreendimento a tarefa de definir a extensão da APP, consoante as especificidades do caso concreto. Essa opção legal evita os inconvenientes da solução one size fits all e permite a adequação da norma protetiva ao caso concreto. Por sua vez, a pretensão de constitucionalização da metragem de Área de Proteção Permanente estabelecida na lei revogada ofende o princípio democrático e a faculdade conferida ao legislador pelo art. 225, §1º, III, da Constituição, segundo o qual compete à lei alterar, ou até mesmo suprimir, espaços territoriais especialmente protegidos. Pensamento diverso transferiria ao Judiciário o poder de formular políticas públicas no campo ambiental. Conclusão: declaração de constitucionalidade do art. 4º, III e §§1º e 4º, do novo Código Florestal; (f) Art. 4º, §5º (Uso agrícola de várzeas em pequenas propriedades ou posses rurais familiares): o dispositivo em referência admite o uso agrícola de várzeas na pequena propriedade ou posse rural familiar, assim entendida aquela explorada mediante o trabalho pessoal do agricultor familiar e empreendedor familiar rural, incluindo os assentamentos e projetos de reforma agrária, e que atenda ao disposto no art. 3º da Lei nº 11.326/2006. Não cabe ao Judiciário criar requisitos extras para a permissão legal já estabelecida, limitando os sujeitos beneficiados a comunidades tradicionais ou até mesmo proibindo a utilização de agrotóxicos. A possibilidade excepcional do uso agrícola de várzeas é compatível com a otimização da produtividade sustentável em consonância com a realidade dos pequenos produtores do país, sendo a definição de requisitos gerais e abstratos tarefa a ser exercida, por excelência, pelo Poder Legislativo; Conclusão: declaração da constitucionalidade do art. 4º, §5º, do novo Código Florestal; (g) Art. 4º, incisos I, II, e §6º (Permissão do uso de APPs à margem de rios e no entorno de lagos e lagoas naturais para implantar atividades de aquicultura: o uso de áreas de preservação permanente à margem de rios (art. 4º, I) e no entorno de lagos e lagoas naturais (art. 4º, II) para atividades de aquicultura não encontra óbice constitucional. O legislador estabeleceu rígidos critérios para a admissão da referida atividade, a serem perquiridos em concreto pelo órgão ambiental competente. Havendo autorização legal restrita a pequenas e médias propriedades, proibição a novas supressões de vegetação nativa, necessidade de inscrição no Cadastro Ambiental Rural (CAR), exigência de compatibilidade com os respectivos planos de bacia ou planos de gestão de recursos hídricos, bem como imposição de práticas sustentáveis de manejo de solo e água e de recursos hídricos, é de concluir-se pela plena legitimidade do regime jurídico criado pelo novo Código Florestal, à luz do preceito constitucional que consagra a utilização adequada dos recursos naturais disponíveis e a preservação do meio ambiente (art. 186, II, da CRFB); Conclusão: declaração de constitucionalidade do art. 4º, §6º, do novo Código Florestal; (h) Artigos 5º, caput e §§1º e 2º, e 62 (Redução da largura mínima da APP no entorno de reservatórios d'água artificiais implantados para abastecimento público e geração de energia): o estabelecimento legal de metragem máxima para áreas de proteção permanente no entorno de reservatórios d'água artificiais constitui legítima opção de política pública ante a necessidade de compatibilizar a proteção ambiental com a produtividade das propriedades contíguas, em atenção a imperativos de desenvolvimento nacional e eventualmente da própria prestação do serviço público de abastecimento ou geração de energia (art. 175 da CF). Por sua vez, a definição de dimensões diferenciadas da APP em relação a reservatórios registrados ou contratados no período anterior à MP nº 2166-67/2001 se enquadra na liberdade do legislador para adaptar a necessidade de proteção ambiental às particularidades de cada situação, em atenção ao poder que lhe confere a Constituição para alterar ou suprimir espaços territoriais especialmente protegidos (art. 225, §1º, III). Trata-se da fixação de uma referência cronológica básica que serve de parâmetro para estabilizar expectativas quanto ao cumprimento das obrigações ambientais exigíveis em consonância com o tempo de implantação do empreendimento; Conclusão: declaração de constitucionalidade dos artigos 5º, caput e §§1º e 2º, e 62, do novo Código Florestal; (i) Artigos 7º, §3º, e 17, caput e §3º (Desnecessidade de reparação de danos ambientais anteriores a 22.08.2008 para a obtenção de novas autorizações para suprimir vegetação em APPs e para a continuidade de atividades econômicas em RLs): o legislador tem o dever de promover transições razoáveis e estabilizar situações jurídicas consolidadas pela ação do tempo ao edificar novos marcos legislativos, tendo em vista que a Constituição da República consagra como direito fundamental a segurança jurídica (art. 5º, caput). O novo Código Florestal levou em consideração a salvaguarda da segurança jurídica e do desenvolvimento nacional (art. 3º, II, da CRFB) ao estabelecer uma espécie de marco zero na gestão ambiental do país, sendo, consectariamente, constitucional a fixação da data de 22 de julho de 2008 como marco para a incidência das regras de intervenção em Área de Preservação Permanente ou de Reserva Legal; Conclusão: declaração de constitucionalidade do art. 7º, §3º, e do art. 17, caput e §3º, da Lei nº 12.651/2012 (vencido o Relator); (j) Art. 8º, §2º (Possibilidade de intervenção em restingas e manguezais para a execução de obras habitacionais e de urbanização em áreas urbanas consolidadas ocupadas por população de baixa renda): ao possibilitar a intervenção em restingas e manguezais para a execução de obras habitacionais e de urbanização em áreas urbanas consolidadas ocupadas por população de baixa renda, o legislador promoveu louvável compatibilização entre a proteção ambiental e os vetores constitucionais de erradicação da pobreza e da marginalização, e redução das desigualdades sociais (art. 3º, IV, da CRFB); de promoção do direito à moradia (art. 6º da CRFB); de promover a construção de moradias e a melhoria das condições habitacionais e de saneamento básico (art. 23, IX, da CRFB); de combater as causas da pobreza e os fatores de marginalização, promovendo a integração social dos setores desfavorecidos (art. 23, X, da CRFB); e de estabelecer política de desenvolvimento urbano para ordenar o pleno desenvolvimento das funções sociais da cidade e garantir o bem-estar de seus habitantes (art. 182 da CRFB). Ademais, os empreendimentos respectivos devem sempre vir acompanhados de estudos de impacto ambiental e medidas compensatórias, além das medidas de fiscalização administrativa, consoante a determinação constitucional. Ante a previsão legal desses requisitos estritos e plenamente razoáveis, considerados os interesses em jogo, exige-se do Judiciário uma postura de autocontenção, em homenagem à função constitucionalmente garantida ao Legislativo para resolver conflitos de valores na formulação de políticas públicas. Conclusão: declaração de constitucionalidade do artigo 8º, §2º, do novo Código Florestal; (k) Art. 11 (Possibilidade de manejo florestal sustentável para o exercício de atividades agrossilvipastoris em áreas de inclinação entre 25 e 45 graus): a admissão do manejo florestal sustentável e do exercício de atividades agrossilvipastoris em áreas de inclinação entre 25º e 45º se insere na margem de discricionariedade do legislador, máxime quando estabelecidos critérios para a autorização dessas práticas, exigindo dos órgãos ambientais a fiscalização da observância de boas práticas agronômicas, bem como vedando a conversão de novas áreas para as atividades mencionadas. Além disso, a legislação anterior já admitia atividades extrativas nessas áreas de inclinação, estabelecendo como restrição apenas a cláusula aberta da utilização racional. Nesse particular, as atividades agrossilvipastoris, em aperfeiçoamento das práticas agrícolas ortodoxas, são destinadas à otimização das vocações produtivas e ambientais na atividade agrícola; Conclusão: declaração de constitucionalidade do artigo 11 do novo Código Florestal; (l) Art. 12, §§4º e 5º (Possibilidade de redução da Reserva Legal para até 50% da área total do imóvel em face da existência, superior a determinada extensão do Município ou Estado, de unidades de conservação da natureza de domínio público e de terras indígenas homologadas): a redução excepcional e facultativa da área de Reserva Legal em face da existência de unidades de conservação da natureza de domínio público e terras indígenas homologadas acomoda o atendimento de diversos interesses igualmente salvaguardados pela Carta Magna, como a proteção do meio ambiente (art. 225), o reconhecimento dos direitos dos índios (art. 231), o desenvolvimento nacional (art. 3º, II), a redução das desigualdades regionais (art. 3º, III) e a preservação dos entes federativos menores (art. 18). O Judiciário não é órgão dotado de expertise ou legitimidade democrática para definir percentuais de espaços territoriais especialmente protegidos, à medida que o próprio art. 225, §1º, III, da Constituição atribui essa definição ao Executivo e ao Legislativo. A redução da área de Reserva Legal ocorre em graduação deveras razoável: de 80% (oitenta por cento) para até 50% (cinquenta por cento). Quando o poder público estadual optar pela redução, deverá ouvir o Conselho Estadual de Meio Ambiente, órgão estadual responsável pela análise da viabilidade ecológica dessa iniciativa, e possuir Zoneamento Ecológico-Econômico aprovado. Relativamente aos Municípios, as normas impugnadas visam a possibilitar uma alternativa institucional de manutenção da viabilidade e autonomia da municipalidade que tenha sua área sensivelmente afetada por iniciativa dos Estados (mediante a criação de unidades de conservação estadual), ou da União (seja pela instituição de unidades federais de proteção ambiental, seja pela homologação de terras indígenas). Trata-se, a rigor, de uma cláusula legal que protege o ente municipal de indevida intervenção estadual para além das cláusulas taxativas do art. 35 do texto constitucional; Conclusão: declaração de constitucionalidade do artigo 12, §§4º e 5º, do novo Código Florestal; (m) Art. 12, §§6º, 7º e 8º (Dispensa de reserva legal para exploração de potencial de energia hidráulica e construção ou ampliação de rodovias e ferrovias): Na hipótese, a dispensa de reserva legal resulta de opção do legislador amparada pelos benefícios gerados quanto à satisfação dos objetivos constitucionais de prestação de serviços de energia elétrica e de aproveitamento energético dos cursos de água (art. 21, XII, b, da CRFB), de exploração dos potenciais de energia hidráulica (art. 176 da CRFB), de atendimento do direito ao transporte (art. 6º da CRFB) e de integração das regiões do país (art. 43, §1º, I). Ademais, o novo Código Florestal não afastou a exigência de licenciamento ambiental, com estudo prévio de impacto, para instalação de obra ou atividade potencialmente causadora de significativa degradação do meio ambiente (art. 225, §1º, IV, da Constituição); Conclusão: declaração da constitucionalidade do artigo 12, §§6º, 7º e 8º, do novo Código Florestal; (n) Art. 68 (Dispensa de os proprietários que realizaram supressão de vegetação nativa respeitando os percentuais da legislação revogada se adaptarem às regras mais restritivas do novo Código Florestal): a aplicação da norma sob a regra *tempus regit actum* para fins de definição do percentual de área de Reserva Legal encarta regra de transição com vistas à preservação da segurança jurídica (art. 5º, caput, da Constituição). O benefício legal para possuidores e proprietários que preservaram a vegetação de seus imóveis em percentuais superiores ao exigido pela legislação anterior, consistente na possibilidade de constituir servidão ambiental, Cota de Reserva Ambiental e outros instrumentos congêneres, traduz formato de política pública inserido na esfera de discricionariedade do legislador; Conclusão: declaração de constitucionalidade do artigo 68 do Código Florestal; (o) Art. 13, §1º (Possibilidade de redução da reserva legal para até 50% da área total do imóvel rural): a redução ou o aumento da Reserva Legal pelo poder público federal, por indicação do Zoneamento Ecológico-Econômico estadual, para fins de regularização em imóveis com área rural consolidada na Amazônia Legal, valoriza as particularidades das áreas, com o intuito de fixar alternativas de uso e gestão que oportunizam as vantagens competitivas do território, contempladas variadas atividades de preservação e desenvolvimento em níveis nacional, regional e local; Conclusão: declaração de constitucionalidade do artigo 13, §1º, do novo Código Florestal; (p) Art. 15 (Possibilidade de se computar as Áreas de Preservação Permanente para cômputo do percentual da Reserva Legal, em hipóteses legais específicas): as Áreas de Preservação Permanente são zonas específicas nas quais se exige a manutenção da vegetação, como restingas, manguezais e margens de cursos d'água. Por sua vez, a Reserva Legal é um percentual de vegetação nativa a ser mantido no imóvel, que pode chegar a 80% (oitenta por cento) deste, conforme localização definida pelo órgão estadual integrante do Sisnama à luz dos critérios previstos no art. 14 do novo Código Florestal, dentre eles a maior importância para a conservação da biodiversidade e a maior fragilidade ambiental. Em regra, consoante o caput do art. 12 do novo Código Florestal, a fixação da Reserva Legal é realizada sem prejuízo das áreas de preservação permanente. Entretanto, a incidência cumulativa de ambos os institutos em uma mesma propriedade pode aniquilar substancialmente a sua utilização produtiva. O cômputo das Áreas de Preservação Permanente no percentual de Reserva Legal resulta de legítimo exercício, pelo legislador, da função que lhe assegura o art. 225, §1º, III, da Constituição, cabendo-lhe fixar os percentuais de proteção que atendem da melhor forma os valores constitucionais atingidos, inclusive o desenvolvimento nacional (art. 3º, II, da CRFB) e o direito de propriedade (art. 5º, XXII, da CRFB). Da mesma forma, impedir o cômputo das áreas de preservação permanente no cálculo da extensão da Reserva Legal equivale a tolher a prerrogativa da lei de fixar os percentuais de proteção que atendem da melhor forma os valores constitucionais atingidos; Conclusão: declaração de constitucionalidade do artigo 15 do Código Florestal; (q) Art. 28 (Proibição de conversão de vegetação nativa para uso alternativo do solo no imóvel rural que possuir área abandonada): a ausência de vedação específica à conversão para uso alternativo do solo em áreas subutilizadas ou mal utilizadas não ofende a Constituição, mercê de o legislador ter transferido ao órgão ambiental competente a tarefa de apreciar a forma de utilização do imóvel ao decidir sobre o requerimento de autorização para a referida conversão; Conclusão: declaração de constitucionalidade do artigo 28 do novo Código Florestal; (r) Arts. 44; 48, §2º; e 66, §§5º e 6º (Cota de Reserva Ambiental – CRA): a Cota de Reserva Ambiental (CRA) consiste em mecanismo de incentivo em busca da proteção ambiental, não se limitando às tradicionais e recorrentemente pouco efetivas regras de imposições e proibições (*command-and-control*), por meio da criação de ativos correspondentes à preservação dos recursos ecológicos, de modo que qualquer tipo de degradação da natureza passa também a ser uma agressão ao próprio patrimônio. As soluções de mercado (*market-based*) para questões ambientais são amplamente utilizadas no Direito Comparado e com sucesso, a exemplo do sistema de permissões negociáveis de emissão de carbono (European Union Permission Trading System ETS). Um grande caso de sucesso é o comércio internacional de emissões de carbono, estruturado em cumprimento aos limites de emissões fixados pelo Protocolo de Kyoto. A União Europeia, por exemplo, estabeleceu em 2005 um sistema de permissões negociáveis de emissão de carbono, especificando os limites que cada poluidor deve atender, os quais são reduzidos periodicamente (European Union Permission Trading System ETS). Ao final de cada ano, as companhias devem possuir permissões suficientes para atender às toneladas de dióxido de carbono e outros gases de efeito estufa emitidos, sob pena de pesadas multas. Dessa forma, a possibilidade de negociação (*cap-and-trade*) incentiva a redução de emissões como um todo e, ao mesmo tempo, possibilita que os cortes sejam feitos em setores nos quais isso ocorra com o menor custo. Nesse sentido, além de atender aos ditames do art. 225 da Constituição, no que se refere à proteção do meio ambiente, esse instrumento introduzido pelo novo Código Florestal também satisfaz o princípio da eficiência, plasmado no art. 37, caput, da Carta Magna. Por fim, a necessidade de compensação entre áreas pertencentes ao mesmo bioma, bem como a possibilidade de compensação da Reserva Legal mediante arrendamento da área sob regime de servidão ambiental ou Reserva Legal, ou, ainda, por doação de área no interior de unidade de conservação, são preceitos legais compatíveis com a Carta Magna, decorrendo de escolha razoável do legislador em consonância com o art. 5º, caput e XXIV, da Constituição; Conclusão: declaração de constitucionalidade dos artigos 44, e 66, §§5º e 6º, do novo Código Florestal; Interpretação conforme a Constituição ao art. 48, §2º, para permitir compensação apenas entre áreas com identidade ideológica (vencido o relator); (s) Arts. 59 e 60 (Programas de Regularização Ambiental – PRAs): os Programas de Regularização Ambiental (PRAs) promovem transição razoável entre sistemas legislativos, revelando técnica de estabilização e de regularização das situações jurídicas já utilizadas em outras searas do Direito brasileiro que igualmente envolvem a proteção de bens jurídicos igualmente indisponíveis. Eventual mora dos entes federados na regulamentação dos PRAs deverá ser combatida pelas vias próprias, não fulminando de inconstitucionalidade a previsão do novo Código Florestal. Necessidade de resguardar a interrupção da prescrição punitiva durante a execução do PRA, mediante interpretação conforme dos dispositivos questionados. Conclusão: interpretação conforme do artigo 59, §§4º e 5º, de modo a afastar, no decurso da atuação de compromissos subscritos nos Programas de Regularização Ambiental, o risco de decadência ou prescrição, seja dos ilícitos ambientais praticados antes de 22.07.2008, seja das sanções deles decorrentes, aplicando-se extensivamente o disposto no §1º do art. 60 da Lei nº 12.651/2012 (vencido o relator); Declaração de constitucionalidade do artigo 60 da Lei nº 12.651/2012 (vencido o relator); (t) Art. 66, §3º (Possibilidade de plantio intercalado de espécies nativas e exóticas para recomposição de área de Reserva Legal): não existem elementos empíricos que permitam ao Judiciário afirmar, com grau de certeza, que a introdução de espécies exóticas compromete a integridade dos atributos de áreas de Reserva Legal. Tampouco há provas científicas de que a utilização de espécies exóticas para o reflorestamento de biomas sempre prejudica as espécies nativas ou causa desequilíbrio no habitat. A autorização legal para a recomposição de áreas de Reserva Legal com plantio intercalado de espécies pode ser justificada em diversas razões de primeira e de segunda ordem: pode ser que o conhecimento da composição original da floresta nativa seja de difícil apuração; a espécie exótica pode apresentar crescimento mais rápido, acelerando a recuperação da floresta; a literatura científica pode conferir mais certeza sobre as características da espécie exótica, como a sua interação com outras espécies ou resposta a pragas, em contraposição ao possível desconhecimento do comportamento da espécie nativa etc. Todos esses elementos devem ser considerados pelo órgão competente do Sisnama ao estabelecer os critérios para a recomposição da Reserva Legal, consoante o cronograma estabelecido pelo art. 66, §2º, do novo Código Florestal. É defeso ao Judiciário, sob pena de nociva incursão em tarefa regulatória especializada, impor ao Administrador espécies de plantas a serem aplicadas em atividades de reflorestamento. Conclusão: declaração de constitucionalidade do artigo 66, §3º, do Código Florestal; (u) Arts. 61-A, 61-B, 61-C, 63 e 67 (Regime das áreas rurais consolidadas até 22.07.2008): o Poder Legislativo dispõe de legitimidade constitucional para a criação legal de regimes de transição entre marcos regulatórios, por imperativos de segurança jurídica (art. 5º, caput, da CRFB) e de política legislativa (artigos 21, XVII, e 48, VIII, da CRFB). Os artigos 61-A, 61-B, 61-C, 63 e 67 da Lei nº 12.651/2012 estabelecem critérios para a recomposição das Áreas de Preservação Permanente, de acordo com o tamanho do imóvel. O tamanho do imóvel é critério legítimo para definição da extensão da recomposição das Áreas de Preservação Permanente, mercê da legitimidade do legislador para estabelecer os elementos norteadores da política pública de proteção ambiental, especialmente à luz da necessidade de assegurar minimamente o conteúdo econômico da propriedade, em obediência aos artigos 5º, XXII, e 170, II, da Carta Magna, por meio da adaptação da área a ser recomposta conforme o tamanho do imóvel rural. Além disso, a própria lei prevê mecanismos para que os órgãos ambientais competentes realizem a adequação dos critérios de recomposição para a realidade de cada nicho ecológico; Conclusão: declaração de constitucionalidade dos artigos 61-A, 61-B, 61-C, 63 e 67 do Código Florestal; (v) Art. 78-A (Condicionamento legal da inscrição no Cadastro Ambiental Rural CAR para a concessão de crédito agrícola): o condicionamento legal da inscrição no Cadastro Ambiental Rural (CAR) para a concessão de crédito agrícola é um incentivo para que proprietários e possuidores de imóveis rurais forneçam informações ambientais de suas propriedades, a fim de compor base de dados para controle, monitoramento, planejamento ambiental e econômico e combate ao desmatamento. Não há norma constitucional que proíba a concessão de crédito para agricultores sem inscrição em cadastro de cunho ambiental, enquadrando-se a implementação do aludido condicionamento em zona de discricionariedade legislativa; Conclusão: declaração de constitucionalidade do artigo 78-A do Código Florestal. 23. Ações Diretas de Inconstitucionalidade nº 4.901, 4.902, 4.903 e 4.937 e Ação Declaratória de Constitucionalidade nº 42 julgadas parcialmente procedentes. (ADC nº 42, Relator(a): Min. LUIZ FUX, Tribunal Pleno, julgado em 28.02.2018, PROCESSO ELETRÔNICO DJe-175 DIVULG 12.08.2019 PUBLIC 13.08.2019).

Introdução

1 Breve histórico sobre a questão florestal no Brasil e a tutela jurídica da vegetação nativa

A extração de recursos naturais mereceu regramento desde o Brasil Colônia. Foram estabelecidas algumas limitações para acautelar os interesses da Coroa portuguesa. Não havia a preocupação de efetiva proteção ou preservação. Os recursos naturais, modo geral, eram parte do sistema produtivo. O primeiro código foi editado em 1934, pelo Decreto nº 23.793, no período Vargas. Foi uma resposta aos desmatamentos promovidos para a exploração do café e da cana. A atribuição de responsabilidades em matéria ambiental e a preocupação com a preservação de florestas eram bastante incipientes.

Os movimentos ambientalistas iniciados na década de 60 levaram as discussões a um novo patamar e consideraram a ideia de revisão que culminou com a edição da Lei nº 4.771/65, sancionada pelo Presidente Castelo Branco em 1965. As ideias-força que se reuniram foram no sentido de superar o padrão vigente do desenvolvimento a qualquer custo. Havia a percepção de que a poluição era crescente e o esgotamento dos recursos naturais caminhava a passos largos. Foi criado o Instituto Brasileiro de Desenvolvimento Florestal – IBDF, com a missão de proceder ao reflorestamento do já devastado patrimônio florestal. Não houve muita efetividade. Boas ideias ficaram no papel, ausente a noção de sustentabilidade a longo prazo. Nos anos 80, tivemos um protagonismo maior e crescente dos movimentos ambientalistas, bem presentes durante as discussões na Assembleia Constituinte. Novas ideias estavam no ar. Acabaram por ser albergadas no artigo 225 da Constituição Federal de 88.

É importante lembrar da Conferência Rio-92, patrocinada pela Organização das Nações Unidas, que conscientizou a sociedade sobre os desmatamentos e danos ambientais. Há registro de elevados índices de devastação florestal, a tal ponto que o Presidente Fernando Henrique Cardoso promoveu a modificação na Lei nº 4.771/65 pela Medida Provisória nº 2.166, com inúmeras alterações. A situação mostrou-se grave e veio a resposta penal, com a lei dos crimes ambientais, Lei nº 6.905/98, regulada pelo Decreto nº 6.514/2008, também trazendo sanções administrativas e penais. A situação acabou por desagradar aos ruralistas, que propuseram a reformulação do Código Florestal. A proposta não agradou aos ambientalistas e à sociedade em geral. No Senado houve uma nova versão da proposta original, mas também mereceu críticas, considerada um retrocesso em relação à vetusta Lei de 1965. Bastante mais amena, a proposta foi aprovada no Senado, resultando na Lei nº 12.651/2012, promulgada pela Presidente Dilma Rousseff, em maio de 2012, com doze vetos e mais de vinte alterações textuais relevantes. Demarcando bem a dificuldade em conciliar interesses, mal publicada a Lei nº 12.651/2012, foram introduzidas diversas modificações veiculadas por medida provisória.

Este pequeno resumo da trajetória dos Códigos Florestais remarca a dificuldade que sempre foi e ainda é a de conciliar os interesses envolvidos, quais sejam: a expansão das fronteiras agrícolas e a conservação sustentável das florestas. Neste contexto se insere a ADC nº 42/DF, no aspecto da judicialização. O voto do Ministro Marco Aurélio destaca bastante os aspectos históricos da questão, que são cruciais para bem dimensionar a dificuldade do STF.

2 O denominado "Código Florestal" não é um código

Segundo oportuna observação de Celso Antônio Pacheco Fiorillo, na introdução aos comentários à Lei nº 12.651/2012, não se trata tecnicamente de um código, pois não regulamentou por completo a tutela jurídica da vegetação nativa e das florestas existentes em nosso país. Assim, consequentemente, a lei destacada não poderia ser denominada "Código Florestal".[3]

Com efeito, a Lei nº 12.651/2012 deve guardar harmonia com a tutela constitucional e com os demais corpos legislativos que guardam biomas específicos. Em resumo, olhos postos na Constituição Federal de 1988, o denominado Código Florestal deve ser associado às demais normas. Neste ponto, o voto do Eminente Relator e do Ministro Marco Aurélio deixam claro esta circunstância.

3 Os princípios da Lei nº 12.651/2012

Como antes referido, mal publicada a Lei nº 12.651/2012, sobreveio a Lei nº 12.727/2012, que introduziu o artigo 1-A e parágrafo único declarando como objetivo da novel legislação o desenvolvimento sustentável, elencando o rol de princípios, a saber, o princípio compromissório afirmando compromisso soberano do Brasil com a preservação de suas florestas, demais formas de vegetação e biodiversidade, do solo, dos recursos hídricos e de integridade do sistema climático, tudo para o bem-estar dos pósteros. Afirma, após, a função estratégica da atividade agropecuária, o crescimento econômico e a presença do Brasil nos mercados nacional e internacional de alimentos e bioenergia. No item III, novamente o princípio compromissório de ação governamental com a harmonização entre o uso produtivo da terra e a preservação dos recursos hídricos, solo e vegetação. No item IV, a responsabilidade comum dos entes federativos em colaboração com a sociedade civil para a restauração da vegetação nativa. No item V, compromisso com a pesquisa científica e tecnológica na busca de inovação para a sustentabilidade. No item VI, a atenção ao aspecto financeiro com a mobilização de incentivos econômicos para a preservação e recuperação. Veremos adiante que em numerosas passagens, o Eminente Ministro Marco Aurélio alude aos princípios agregados ao texto legal.

4 A judicialização da Lei nº 12.651, de 25 de maio de 2012, e a contribuição do STF

Como observamos pela trajetória das legislações em comento, a compreensão do texto atual reclama a dimensão histórica. O Ministro Marco Aurélio oferece em seu voto um detalhado histórico remarcando a sua importância.

O embate entre a posição defendida pelos agropecuaristas contra a defendida pelos ambientalistas, cientistas e movimentos difusos na sociedade acabou sendo judicializado. Cinco ações levaram ao STF aspectos da Lei nº 12.651/2012. A Ação Declaratória de Constitucionalidade – ADC nº 42, que nos ocupa, foi proposta pelo

---

[3] FIORILLO, Celso Antônio Pacheco; FERREIRA, Renata Marques. *Comentários ao "Código Florestal", Lei nº 12.651/2012*. 2. ed. São Paulo: Saraiva, 2018.

Partido Progressista, enquanto as Ações Direitas de Inconstitucionalidade – ADIs foram promovidas pelo Procurador-Geral da República e pelo Partido Socialismo e Liberdade. Foram julgadas em 28 de fevereiro de 2018. A ementa da ADC nº 42 foi transcrita no início do comentário. As forças que se debatiam em defesa de seus pontos de vista alçaram a disputa para uma solução pelo Judiciário.

5 Considerações iniciais sobre a marcha processual no julgamento em epígrafe

A Lei nº 12.651/2012 mereceu relevante contribuição por parte do Supremo Tribunal Federal na ADC nº 42, Ação Declaratória de Constitucionalidade proposta pelo partido Progressista julgada em conjunto com quatro ADIs, Ações Diretas de Inconstitucionalidade, ações nºs 4.901, 4.902 e 4.903, manejadas pela Procuradoria Geral da República, e nº 4.937, ajuizada pelo Partido Socialismo e Liberdade. A ADC nº 42, conforme se vê na tramitação, foi protocolada em 07 de abril de 2016. A distribuição se deu por prevenção às demais citadas. Em 14 de setembro de 2017, iniciou-se o julgamento e o Eminente Relator, Ministro Luiz Fux, prestou aos pares alguns esclarecimentos sobre a magnitude do julgamento, afirmando que as ações versavam sobre praticamente todo o Código Florestal, a Lei nº 12.651/2012. Asseverou sobre a impossibilidade de um relatório único e o faria de forma sucinta para viabilizar as sustentações orais e a marcha do julgamento, utilizando um resumo do relatório e o voto. Com efeito, o conjunto de relatório e votos perfazem 672 páginas de substanciosas considerações e fundamentos, constituindo um rico repertório para examinar e refletir sobre diversas questões atinentes ao direito ambiental.

Iniciado o julgamento em 14 de setembro de 2017, foi retomado com o voto do Ministro Fux em 08 de novembro de 2017, sendo novamente suspenso pelo pedido de vista da Ministra Cármen Lúcia. Em 21 de fevereiro de 2018, retomado com os votos do Ministros Marco Aurélio e da Ministra Cármen Lúcia e novamente foi suspenso. Em 22 de fevereiro de 2018 votaram os Ministros Alexandre de Moraes, Edson Fachin, Roberto Barroso, Rosa Weber, Dias Toffoli e Ricardo Lewandowski e o Ministro Gilmar Mendes, resultando concluído o julgamento. Em 13 de agosto de 2019 foi publicado o acórdão no Diário da Justiça e, em 21 de agosto seguinte, foram apresentados embargos declaratórios pela Organização das Cooperativas Brasileiras, pela Confederação da Agricultura e Pecuária do Brasil e pela entidade Terra de Direitos. Não conhecidos pelo Ministro Relator, pois manejados por *amici curiae*. Em 05 de dezembro de 2019, concedido prazo ao Procurador-Geral da República no sentido de colher manifestação sobre pedido de modulação dos efeitos quanto à declaração de inconstitucionalidade das expressões "gestão de resíduos" e "instalações necessárias à realização de competição esportivas" etc. Também em 05 de dezembro houve a remessa dos autos à Assessoria do Plenário. Prosseguindo, em 23.09.2019, foi deferida dilação de prazo à Advocacia da União. Em 03.12.2019, despacho esclarecendo sobre alegação da AGU sobre suposto erro material quanto ao atingimento do *quorum* exigido para a atribuição de interpretação conforme à Constituição quanto ao artigo 48, § 2º, do diploma. Deferida vista ao PGR para manifestação quanto aos Embargos Declaratórios, em 09.09.2020 foi o feito incluído em Pauta do Pleno do STF. Em 11.09.2020 foi publicada a Pauta nº 125/2020, DJE 225. Nos Embargos Declaratórios (2), em resumo, há pedido de efeitos modificativos para que se reconheça a constitucionalidade da expressão "gestão de resíduos" ou para que se fixe que apenas se aplica a "lixões ou similares", ficando excluídos os "aterros sanitários". Subsidiariamente, há pedido de efeitos prospectivos em homenagem à segurança jurídica. Pede-se que a proibição de instalação de aterros sanitários em áreas de prevenção ambiental somente incida sobre futuras obras de aterros. Lembro que o Ministro Marco Aurélio, foco deste estudo, fundamentou a inconstitucionalidade na possibilidade de contaminação do solo, do lençol freático e dos cursos d'água. É cautela mais do que necessária diante da importância dos recursos hídricos. Quanto à modulação dos efeitos, verificando as postulações feitas, muito especialmente os reflexos econômicos da desativação ou deslocamento dos aterros sanitários, tem razoabilidade o pedido de modulação e a fixação de prazo para a respectiva extinção. Então, fica o alerta de atenção ao julgamento dos Embargos declaratórios ainda pendentes na tramitação da ADC nº 42.[4]

Observe-se, então, um longo percurso processual ainda não totalmente concluído. Para viabilizar a tarefa de sumariar e comentar o decidido, em especial o voto do Ministro Marco Aurélio, diante da extensão de relatório e votos, sobretudo dos Eminentes Ministros Luiz Fux e Marco Aurélio, recolherei as considerações e premissas iniciais do voto pela sistemática adotada pelo voto do Ministro Marco Aurélio e na ordem em que apresentados, com as conclusões extraídas.

Nas considerações iniciais que ornam a Ementa, o Relator Ministro Fux assinala a matriz constitucional da questão ambiental, insculpida no artigo 225, caput, da CF/88. Verifica sobre a necessidade de compatibilização com os outros dispositivos de mesma hierarquia, a saber, artigos 1º, IV; 3º, II e III, 5º, caput e XXII; e 170, caput e incisos II, VII e VIII. Destaca a questão da função dúplice do direito ambiental: um direito de todos, mas também um dever de proteção respectivo. Dá ênfase ao desenvolvimento sustentável e à justiça intergerencial. Anota sobre a impossibilidade de violação do princípio democrático pelo Judiciário no exame da escolha pública. Sobre a "vedação de retrocesso", pondera não se sobrepor ao princípio democrático. Neste pensar, traz um dado importante sobre a condução do processo legislativo da Lei nº 12.651/2012. O projeto de lei em questão esteve mais de 10 anos em discussão no Congresso Nacional, e, no âmbito do Parlamento, ocorreram mais de 70 audiências públicas que qualificaram o debate social sobre o tema. São alguns aspectos históricos relevantes a encaminhar as conclusões.

6 Análise das considerações iniciais e premissas lançadas pelo Ministro Marco Aurélio

6.1 Premissa: aspecto intergeracional do tema

Prosseguindo no comentário ao decidido, passa-se às considerações iniciais e premissas lançadas pelo Ministro Marco Aurélio. Na abertura do judicioso voto, aponta que a questão em jogo envolve definir se a Lei nº 12.651/2012 inovou o ordenamento jurídico em harmonia com os mandados de proteção ambiental previstos na Constituição de 1988. Destaca a importância e a complexidade maior na tarefa, pois considera o impacto da política ambiental nas futuras gerações. É o aspecto da intergeracionalidade,

---

4   Consulta processual no site do STF, acesso em 05 de abril de 2021.

a responsabilidade ambiental entre gerações, apontando para esta responsabilidade maior com a sobrevivência dos pósteros. Com efeito, é a preocupação com um aspecto da política-vida, a equidade intergeracional no acesso aos recursos naturais. Não só o acesso equitativo no presente, mas prever e prover para legar aos futuros habitantes, aqueles que ainda virão, uma margem razoável de decisão sobre as riquezas naturais, elementos vitais a propiciar a continuidade da vida na terra, nossa casa comum e, por enquanto, única.

É um aspecto do desenvolvimento sustentável ligado ao percurso temporal do homem na terra. Também no futuro, todos têm direito a uma vida saudável e plena. Tal só será possível em harmonia com a natureza.[5]

Destaca-se que o voto divergente assume relevante papel, não só na solução do caso, mas dirige-se também à comunidade jurídica, apontando os motivos pela não adesão à posição majoritária, convidando à reflexão.

6.2 Premissa: a questão técnico-científica

O segundo ponto destacado pelo Ministro Marco Aurélio foi o aspecto técnico-científico inerente à matéria ambiental. Com efeito, ordinariamente os magistrados não dominam os aspectos científicos que permeiam as questões ambientais. Em face disso, o Ministro Marco Aurélio ponderou que se impõe ao Supremo prudência na análise das causas de pedir veiculadas e deferência às instâncias representativas. Deve-se reconhecer as diversas capacidades institucionais em jogo, como as veiculadas nos autos em que há significativa influência de fatores científicos. Nesta questão ambiental em que há expressiva influência de fatores científicos impõe-se por parte do Judiciário prudência e deferência às instâncias administrativas, como se disse. É um *obter dictum* que certamente a magistratura deve considerar ao decidir sobre questões técnicas ou científicas. Na presença de complexas questões técnicas e científicas, há que se agir com prudência e deferência ao conhecimento científico e às escolhas políticas.[6]

6.3 Premissa: a desafiadora tarefa do Supremo

O Ministro Marco Aurélio tem por desafiadora a tarefa do STF no julgamento em questão. O que eleva o patamar de desafios, na sua visão, é a abertura semântica das normas constitucionais invocadas, em especial o artigo 225 da Constituição Federal de 1988, que é utilizado como parâmetro de controle. Esta reflexão sobre o desafio a enfrentar, considero-a importantíssima. É de trazer à lembrança a questão do equilíbrio, da existência, da evolução e da perenidade dos seres vivos. Nas lições de Paulo Affonso Leme Machado, que remete à doutrina estrangeira ao referir que

> o ecossistema florestal é fruto de uma paciente evolução e representa um povoamento estável, cuja evolução, no longo prazo, é muito lenta, a manifestar-se em condições naturais. Em equilíbrio com as condições do meio, as florestas são frequentemente grupos vegetais

---

[5] WEDY, Gabriel. *Desenvolvimento Sustentável – Governança, meio ambiente, economia e dignidade da pessoa humana.* Curitiba: Editora Prismas, 2017.

[6] HARARI, Yuval Noah. *21 lições para o século 21.* São Paulo: Editora Companhia das Letras, 2018.

em clímax, que traduzem último termo de uma evolução progressiva, conduzindo a um desabrochamento ótimo da biosfera.[7]

Trata-se de decidir sobre o paciente labor da natureza, certamente um alto patamar de desafio, expressamente reconhecido pelo Ministro Marco Aurélio. A seguir, remete à teoria dos princípios, referindo que princípios viabilizam a construção de sistema jurídico compatível com o conceito de integridade utilizado por Ronald Dworkin, remetendo ao livro "O Império do Direito", que, em linhas gerais e resumidas, reúne uma série de princípios, como responsabilidade, liberdade, igualdade, legitimidade estatal e dignidade.[8] Pensamos que o que resumidamente pretendeu fixar foi a ideia de que a "Integridade" espera que o magistrado seja coerente, adequado, criativo e íntegro em suas decisões. Afirma também o aspecto da Corte proativa da adequada interpretação da Constituição, outorgando unidade ao Direito, na precisa lição de Mitidiero,[9] orientando uma discussão geral e futura.

6.4 Premissa: sobre a proibição de retrocesso ambiental

É preciso que se refira que não foi totalmente explicitado no voto sobre a proibição de retrocesso ambiental. Está no caput do artigo 225, pois todos têm direito ao meio ambiente ecologicamente equilibrado, impondo-se ao poder público e à coletividade o dever de defendê-lo e preservá-lo para as presentes e futuras gerações, daí se extrai que o Legislativo deve se ater a defender e a preservar. Segundo Paulo Affonso Leme Machado,[10] *O Poder Legislativo é um Poder da República (art. 2º, CF) e, dessa forma, está vinculado a somente legislar no sentido de "defender e preservar" o meio ambiente, não podendo legislar para piorar ou degradar o meio ambiente e, mais ainda, a geração presente não tem o direito de entregar às gerações futuras um meio ambiente pior do que recebeu das gerações passadas.*

Para dar conta da delicada operação de verificar sobre alegados retrocessos, além da providência antes destacada, bem como a necessidade de haver o conhecimento técnico sobre as medidas legislativas, a leitura das normas impugnadas deve ser feita de forma sistêmica, não isolando o dispositivo do corpo legislativo e comparando-o com a legislação pretérita. Alerta que a leitura dos dispositivos impugnados não pode ser feita de forma isolada, mas tomados em conjunto e observadas as variáveis fáticas. Aponta para a importância de examinar todos os elementos trazidos.

7 Síntese temática: três temais centrais apontados pelo voto do Ministro Marco Aurélio

Fixadas as premissas, como anteriormente comentado, o Eminente Ministro Marco Aurélio fez uma síntese temática, agrupando as matérias a serem decididas em três temas centrais. Neste ponto, distingue-se da sistemática do Relator e dos demais julgadores.

---

[7]   MACHADO, Paulo Affonso Leme. *Direito Ambiental Brasileiro.* 26. ed. São Paulo: Editora Malheiros, 2018. p. 61.

[8]   DWORKIN, Ronald. *O Império do Direito. Sobre o Direito como integridade e o romance em cadeia.* São Paulo: Editora Martins Fontes, 1999. p. 271 e seguintes.

[9]   MITIDIERO, Daniel. *Cortes Superiores e Cortes Supremas.* São Paulo: Revista dos Tribunais, 2013.

[10] MACHADO, Paulo Affonso Leme. *Direito Ambiental Brasileiro.* 26. ed. São Paulo: Editora Malheiros, 2018. p. 147 e seguintes.

Seriam três os grandes temas a enfrentar nas ações em julgamento, a saber: 1) Reserva Legal; 2) Mecanismo de sanção e reparação ambiental; 3) Áreas de Preservação Permanente. A estratégia utilizada permite avançar nas questões e decidir em blocos.

Na questão da Reserva Legal elenca os aspectos questionados, a saber: a) redução da reserva legal em virtude da presença de terras indígenas e unidades de conservação no município (artigo 12, §§4º e 5º); b) dispensa da sua observância por empreendimentos de abastecimento público de água e tratamento de esgoto, exploração de energia elétrica e nos destinados à implantação e ampliação de ferrovias e rodovias (artigo 12, §§6º, 7º e 8º); c) permissão de servidão ambiental (§1º do artigo 13); d) autorização do cômputo de áreas de preservação permanente no percentual de reserva legal (artigo 15); e) conversão da vegetação nativa para uso alternativo do solo em imóvel rural que possui área abandonada (artigo 28); f) permissão do plantio de espécies exóticas para recompor a reserva legal (§3º do artigo 66); e g) compensação da reserva legal sem identidade ecológica entre as áreas e da compensação por arrendamento ou pela doação de área localizada no interior de unidade de conservação e órgão do Poder Público (artigos 48, §2º, e 66, §5º, incisos I, III e IV, e §6º).

O Eminente Ministro refez a trajetória da questão ambiental no Brasil, perpassando os corpos legislativos que se sucederam, e passou a enfrentar as questões antes alinhadas, aduzindo a fundamentação que exponho a seguir.

O Código Florestal tem bases fixadas sobre o equilíbrio entre a proteção da vegetação nativa e a promoção do desenvolvimento econômico, à luz do inciso II do artigo 3º e do artigo 225 da CF/88. Remarca mais uma vez que os aspectos históricos da construção da legislação são relevantes. Entende impróprio descaracterizar espaços especialmente protegidos a pretexto de viabilizar a produção econômica. Aponta para as funções distintas desempenhadas pelas terras indígenas e unidades de conservação. O fundamento da demarcação da terra indígena está no artigo 231 da CF/88. A reserva legal e a unidade de conservação não desempenham a mesma função. A reserva legal envolve dever de proteção pelo particular enquanto a unidade de conservação refere-se a dever do Estado de promover tais espaços protegidos. Mostra-se impertinente supor equivalência de terras com funções distintas. Adota o mesmo raciocínio para o disposto no artigo 15, que autoriza o cômputo de áreas de preservação permanente no percentual da reserva legal. Destaca, neste ponto, a atividade do legislador no campo ambiental, pois é ele um indutor de comportamentos e de um novo patamar civilizatório. Nesta senda, reconhece os efeitos da atividade do Legislativo, ultrapassando aquelas estabelecidas. Efetivamente a lei induz comportamentos por parte da sociedade. Leis ambientais frouxas deixam um espaço aberto para condutas indesejáveis. Os dispositivos que critica, na sua visão, abrigam a errônea ideia de que os espaços protegidos são áreas contrárias ao desenvolvimento. De igual modo, vê a mesma e equivocada compreensão no artigo 66, §5º, inciso III, em que novamente considera um baralhamento das terras com funções distintas. Em outro giro, o artigo 15, inciso I, reduz desarrazoadamente a recomposição da cobertura vegetal, sendo incompatível com o dever estatal de proteção do ambiente.

Critica a permissão de recomposição da área de reserva legal com espécies exóticas, como previsto no artigo 66, §3º. Nos dizeres do §3º, um "plantio intercalado de espécies nativas com exóticas ou frutíferas". Há indicação do parâmetro, que não poderá exceder de 50% da área total.

Neste ponto, é preciso reconhecer, houve intensa divergência entre os integrantes da Corte. O Ministro Marco Aurélio votou pela inconstitucionalidade total do artigo

66, com ressalvas, manifestando-se, acaso vencido, pela interpretação conforme, aos parágrafos 3º, 5º, incisos II e IV, e 6º, do artigo 66. Acompanharam o Ministro Marco Aurélio os Ministros Edson Fachin e Ricardo Lewandowski, tendo a maioria decidido pela constitucionalidade.

Vamos à transcrição do artigo 66:

Art. 66. O proprietário ou possuidor de imóvel rural que detinha, em 22 de julho de 2008, área de Reserva Legal em extensão inferior ao estabelecido no art. 12, poderá regularizar sua situação, independentemente da adesão ao PRA, adotando as seguintes alternativas, isolada ou conjuntamente:

I – recompor a Reserva Legal;

II – permitir a regeneração natural da vegetação na área de Reserva Legal;

III – compensar a Reserva Legal.

§1º A obrigação prevista no caput tem natureza real e é transmitida ao sucessor no caso de transferência de domínio ou posse do imóvel rural.

§2º A recomposição de que trata o inciso I do caput deverá atender os critérios estipulados pelo órgão competente do Sisnama e ser concluída em até 20 (vinte) anos, abrangendo, a cada 2 (dois) anos, no mínimo 1/10 (um décimo) da área total necessária à sua complementação.

§3º A recomposição de que trata o inciso I do caput poderá ser realizada mediante o plantio intercalado de espécies nativas e exóticas, em sistema agroflorestal, observados os seguintes parâmetros:

§3º A recomposição de que trata o inciso I do caput poderá ser realizada mediante o plantio intercalado de espécies nativas com exóticas ou frutíferas, em sistema agroflorestal, observados os seguintes parâmetros: (Incluído pela Lei nº 12.727, de 2012).

I – o plantio de espécies exóticas deverá ser combinado com as espécies nativas de ocorrência regional;

II – a área recomposta com espécies exóticas não poderá exceder a 50% (cinquenta por cento) da área total a ser recuperada.

§4º Os proprietários ou possuidores do imóvel que optarem por recompor a Reserva Legal na forma dos §§2º e 3º terão direito à sua exploração econômica, nos termos desta Lei.

§5º A compensação de que trata o inciso III do caput deverá ser precedida pela inscrição da propriedade no CAR e poderá ser feita mediante:

I – aquisição de Cota de Reserva Ambiental – CRA;

II – arrendamento de área sob regime de servidão ambiental ou Reserva Legal;

III – doação ao poder público de área localizada no interior de Unidade de Conservação de domínio público pendente de regularização fundiária;

IV – cadastramento de outra área equivalente e excedente à Reserva Legal, em imóvel de mesma titularidade ou adquirida em imóvel de terceiro, com vegetação nativa estabelecida, em regeneração ou recomposição, desde que localizada no mesmo bioma.

§6º As áreas a serem utilizadas para compensação na forma do §5º deverão:

I – ser equivalentes em extensão à área da Reserva Legal a ser compensada;

II – estar localizadas no mesmo bioma da área de Reserva Legal a ser compensada;

III – se fora do Estado, estar localizadas em áreas identificadas como prioritárias pela União ou pelos Estados.

§7º A definição de áreas prioritárias de que trata o §6º buscará favorecer, entre outros, a recuperação de bacias hidrográficas excessivamente desmatadas, a criação de corredores ecológicos, a conservação de grandes áreas protegidas e a conservação ou recuperação de ecossistemas ou espécies ameaçados.

§8º Quando se tratar de imóveis públicos, a compensação de que trata o inciso III do caput poderá ser feita mediante concessão de direito real de uso ou doação, por parte da pessoa jurídica de direito público proprietária de imóvel rural que não detém Reserva Legal em extensão suficiente, ao órgão público responsável pela Unidade de Conservação de área localizada no interior de Unidade de Conservação de domínio público, a ser criada ou pendente de regularização fundiária.

§9º As medidas de compensação previstas neste artigo não poderão ser utilizadas como forma de viabilizar a conversão de novas áreas para uso alternativo do solo.

Manifestou a compreensão, no que toca à utilização de plantas exóticas, que os atributos do espaço protegido restariam completamente comprometidos. Desvirtuam-se justamente os atributos essenciais que levaram à sua proteção. Não fica assegurada a restauração dos processos ecológicos. No regime da Lei nº 4.771/65, a possibilidade de tal proceder era restrita ao pequeno agricultor. Na novel legislação, ao que se percebeu, a possibilidade se generaliza, com prejuízo do dever de reparação dos danos do artigo 225, §3º.

As preocupações manifestadas são muito relevantes. O legislador é indutor de comportamentos e os espaços protegidos não são contrários ao desenvolvimento.

8 Artigo 12 e seus parágrafos 6º, 7º e 8º

No que respeita ao artigo 12 e seus parágrafos 6º, 7º e 8º, que dispensaram a manutenção e a recomposição da reserva legal em alguns casos específicos, reconheceu o Ministro Marco Aurélio que as atividades em parte são relevantes sob a ótica do atendimento das necessidades da população. Sem dúvida, são de primeira necessidade como o abastecimento de água potável e o tratamento sanitário do esgoto. É um ponto básico para a saúde da população. Da mesma forma, refere a energia elétrica, rodovias e ferrovias. O legislador, na sua ótica, caminhou pela trilha correta, assim ponderando as questões ambientais e o desenvolvimento social e econômico.

Reconheceu que foram devidamente especificadas as atividades excepcionadas, não se tratando de carta branca ou dispensa genérica. Bem lembrou que tais empreendimentos continuam condicionados à apresentação de estudo de impacto ambiental, às etapas do regular licenciamento, tudo em prol da tutela ambiental, pois a Reserva legal é um poderoso instrumento de preservação do meio ambiente e se enlaça com a função socioambiental da propriedade, o que o voto já sinaliza é que não seriam toleradas liberações genéricas para desmatamentos. Trata-se de consideração importante, neste passo, o Ministro afasta a "carta branca" e "dispensas genéricas", o que a douta maioria também não tolerou.

9 Artigo 44: criação do CRA – Cota de Reserva Ambiental

Com respeito ao artigo 44, que cria a Cota de Reserva Ambiental (CRA), o Ministro Marco Aurélio não verificou desarmonia com a Constituição. Identifica uma tentativa de redução da pressão por novos desmatamentos, precificando a cobertura vegetal preservada do imóvel. A variável econômica promove a preservação e a manutenção da cobertura vegetal. Trata-se de um título normativo representativo da área preservada.

A doutrina identifica uma espécie de "moeda verde" no CRA, e configura uma política pública de incentivo à preservação e monitoração da cobertura vegetal, afinado com o disposto na Carta Política.

10 Artigo 28: áreas abandonadas

Este artigo refere que "não é permitida a conversão de vegetação nativa para uso alternativo do solo no imóvel que possuir área abandonada" e não vislumbrou o Eminente Ministro inconstitucionalidade ou insuficiência.

Aqui quem postulava interpretação conforme foi a Procuradoria da República, que sustentou que necessariamente o vocábulo "abandonado" deveria abranger também áreas subutilizadas. Insere-se a questão na função socioambiental da propriedade, artigo 5º, XXIII; 170, incisos II e III, e a Lei da Reforma Agrária, Lei nº 8.629/93 e Decreto nº 7.830/2012. Trata-se de uma sanção branda a incentivar a efetiva utilização das áreas rurais. A sanção maior seria a desapropriação.

Entendeu o Ministro que não há como extrair a leitura pretendida, pois a expressão "área abandonada" tem definição legal. Com efeito, não é possível extrair-se que "área abandonada" possa também abarcar área subutilizada ou inadequadamente utilizada. Alegou-se, também, retrocesso, não verificado. Já antes dissera que não se pode desconhecer as normas que permeiam o processo legislativo, bem como não cabe ao Judiciário utilizar a técnica de interpretação conforme para aperfeiçoar escolha política. Nesta passagem, o Eminente Ministro Marco Aurélio aponta para provimentos judiciais que, não raro, avançam aperfeiçoando o trabalho do Legislativo, o que não seria adequado.

Neste bloco de questões, agrupadas sob o título Da Reserva Legal, a conclusão alcançada pelo voto foi: declarada a inconstitucionalidade dos parágrafos 4º e 5º do artigo 12, do artigo 15 e do inciso III do §5º do artigo 66. Aos artigos 48, §2º, e 66, parágrafos 3º, 5º, incisos II e IV, e 6º, foi conferida interpretação conforme à Constituição, permitindo compensação apenas entre áreas com igualdade ecológica.

11 Dos mecanismos de sanção e reparação ambiental

Em relação aos temas epigrafados, o voto os agrupou, a saber: 1) permissão de novos desmatamentos sem a prévia recuperação das áreas irregularmente suprimidas antes de 22 de julho de 2008, §3º do artigo 7; 2) suspensão imediata das atividades em área de reserva legal desmatada irregularmente após 22 de julho de 2008, §3º do artigo 17; 3) imunidade à fiscalização e anistia de multas, artigo 59, parágrafos 4º e 5º; 4) consolidação de danos decorrentes de infrações ambientais praticadas até 22 de julho de 2008, artigo 61A, 61B, 61C, 63 e 67; 5) consolidação de áreas desmatadas antes das modificações dos percentuais de reserva legal, artigo 12 e 68, caput; 6) concessão de crédito agrícola independente de comprovação da regularidade ambiental, artigo 78-A.

Neste tópico se concentrou muita polêmica, desde as audiências públicas e durante o próprio julgamento. A anistia aos que cometeram desmatamentos sem autorização até 22 de julho de 2008. O próprio marco temporal e a anistia concedida foram combatidos. A imprensa repercutiu o tema, o que auxiliou na divulgação da matéria.

Recorde-se que transitamos para a definição de um novo modelo para os julgamentos das Cortes Supremas, como leciona Mitidiero, a Corte tem a elevada missão de

> dar unidade ao Direito mediante a sua adequada interpretação, a partir do julgamento de casos a ela apresentados. Com isso, a função da Corte Suprema é proativa, sendo sua atuação destinada a orientar a adequada interpretação e aplicação do Direito [...]. A sua função tem no horizonte o futuro.[11]

A visão de futuro foi bem apontada pelo Eminente Ministro.

12 O voto do Ministro Marco Aurélio, no ponto

A questão, ao ser abordada pelo Ministro Marco Aurélio, foi aberta pela consideração de que a legislação ambiental revela o permanente conflito entre a segurança jurídica dos proprietários rurais e o dever de tutela ambiental afeta ao Poder Público. Salienta que o Código Florestal prestigiou o primeiro direito fundamental, a segurança. Esta, embora regendo um valor basilar do ordenamento pátrio, não justificaria a desobrigação eterna em relação ao dever de manter o imóvel dentro dos limites ambientais legais.

Salientou o Ministro que o sistema oferece três aspectos, conferindo tratamento diferenciado conforme a data em que a vegetação foi suprimida. A lei estabeleceu o marco temporal fixado em 22 de julho de 2008. Neste caminhar, ficou implícito que o marco temporal fixado em 22 de julho de 2008 é o da edição do Decreto nº 6.514/2008, que regulamentou a Lei dos Crimes e Infrações Ambientais, Lei nº 9.605/98. As áreas de preservação permanente relativas ao período posterior ao marco temporal, aquelas que sofreram desmatamento, devem ser recompostas integralmente, sendo mantidas as sanções penais e administrativas, sendo defeso, inclusive, a adesão ao Programa de Regularização Ambiental (art. 17, §4º).

Segundo aspecto, aborda as áreas com desmatamento consolidado antes de 22 de julho de 2008, e, segundo o artigo 61-A, nestas áreas de preservação permanente é possível a continuidade das atividades agropastoris, sendo possível a compensação de áreas consolidadas, afastadas as sanções penais e administrativas, acaso cumpridas as obrigações assumidas em termo de compromisso.

Diante das disposições da nova legislação, o Ministro passa a examinar a legitimidade do marco temporal, para a construção do regime de transição, concluindo por declarar a inconstitucionalidade da expressão "após 22 de julho de 2008" contida nos artigos 7º, §3º; 17, §3º, bem como nos artigos 59, §4º, 61-A, 61-B, 61-C, 63, 66 e 67 da Lei nº 12.651/2012. Afirma que o regime de transição estruturado no novo Código Florestal revela proteção insuficiente do meio ambiente. Colide com o disposto no §1º do artigo 225 da Constituição de 1988, pois afastou a reparação integral dos processos ecológicos essenciais. Chama a atenção para a organicidade do Direito. A Corte Constitucional, ao potencializar a preservação do meio ambiente, não permite a criação de regimes de transição permissivos, complacentes para com aqueles que descumpriram as normas

---

[11] MITIDIERO, Daniel. *Cortes Superiores e Cortes Supremas – do controle à interpretação, da jurisprudência ao precedente.* São Paulo: Revista dos Tribunais, 2019.

pretéritas. Não se poderia prestigiar os infratores em detrimento daqueles que arcaram sempre com o ônus econômico de prestigiar a lei em vigor.

Conclui que o Direito deixa de ser um tema coerente para transformar-se em instrumento oscilante de ações políticas esparsas e com certo horizonte temporal. O regime deveria ser único e não trifásico, como concebido, e nada pode respaldar tratamento mais benéfico aos que desmataram ilegalmente até 22 de julho de 2008. Não existe justificativa racional para o tratamento diverso. O marco temporal revela--se aleatório e foi identificado como a espinha dorsal do tratamento diferenciado. A transição entre regimes de proteção ambiental não pode desguarnecer o proprietário que observou integralmente a legislação então vigente, neste passo, ofensa ao princípio da segurança jurídica.

Noutro giro, observa que a insuficiência das balizas temporais não conduz à inconstitucionalidade do Programa PR17 de Regularização Ambiental – PRA. Tece consideração sobre a criação de mecanismos que incentivem infratores a reparar os danos causados ao meio ambiente. Entende positiva a superação da lógica meramente punitivista e a solução proposta pela lei em comento não se afasta dessa lógica. O Programa PRA possui elementos adequados ao fim proposto. Desde a assinatura do compromisso, até o cumprimento das obrigações, a prescrição fica interrompida face ao disposto no artigo 60, §1º. Anota que em momento algum houve anistia ao produtor, afastando o vício de inconstitucionalidade que fora apontado nos artigos 59 e 60 do Código Florestal.

No que se refere à concessão de crédito agrícola, estabeleceu o artigo 78-A que, após 31 de dezembro de 2017, as instituições financeiras só concederão crédito agrícola para proprietários de imóveis rurais que estejam inscritos no CAR, Cadastro Ambiental Rural.

Salientando a questão, considerou que a dinâmica de concessão de crédito rural reforça proteção do meio ambiente. Considera que o mapeamento é forte incentivo à inscrição no CAR.

Neste tópico, identificou-se como violado o artigo 225, §1º, I, da CF, no que atine a restaurar e a preservar os processos ecológicos ambientais e a responsabilidade por dano ambiental que está inscrita no artigo 225, §3º, CF/88, e, de forma reflexa, a função socioambiental da propriedade do artigo 186, I, CF/88.

O resultado, no que se refere ao bloco de questões, culminou com a conclusão pela inconstitucionalidade da expressão "Após 22 de julho de 2008" pelo Ministro Marco Aurélio. O entendimento fora lançado pelo Relator, Ministro Fux, ao que se agregou o Ministro Marco Aurélio e os ministros Edson Fachin, Roberto Barroso e Ricardo Lewandowski. O entendimento, contudo, não prevaleceu. A douta maioria ofereceu a interpretação conforme para afastar no período de cumprimento dos termos do compromisso do PRA o risco de decadência ou prescrição dos ilícitos praticados antes de 22 de julho de 2008. O Ministro Marco Aurélio, o próprio Relator e os que o acompanharam não foram deferentes com o Legislativo, posição que não prevaleceu.

Assim votaram os Ministros Celso de Mello, Alexandre de Moraes, Cármen Lúcia, Rosa Weber e Dias Toffoli, tendo o ministro Gilmar Mendes julgado constitucionais os artigos questionados.

No terceiro bloco de questões referentes às áreas de preservação permanente, encaminhando o voto, o Ministro Marco Aurélio destaca os aspectos questionados nas ações: a) permissão de intervenção nas áreas em caso de utilidade pública ou interesse social sem condicionar sobre a inexistência de alternativa técnica ou localizacional, no artigo 3º, inciso VIII e IX; b) autorização de intervenção nas supra aludidas áreas para realização de competições esportivas constantes do artigo 3º, alínea b, inciso VIII; c) permissão para uso na atividade de agricultura, §6º do artigo 4º; d) intervenção em mangues e restingas com função ecológica comprometida para execução de obras habitacionais e de urbanização, §2º do artigo 8º; e) uso agrícola das várzeas, §5º do artigo 4; f) equiparação do tratamento conferido à agricultura familiar e pequenas propriedades com até quatro módulos fiscais, bem como terras indígenas demarcadas e áreas tituladas de comunidades tradicionais, artigo 3º, parágrafo único; g) proteção de nascentes intermitentes e olhos d'água, alínea c do artigo 2º, inciso VII, do artigo 3º e inciso IV do artigo 4º; h) extinção das APP no entorno de reservatórios artificiais não decorrentes de barramentos i) não previsão de padrão mínimo de proteção em APP dos reservatórios artificiais do inciso III do artigo 4º; j) redução das APP no entorno de reservatórios d'água artificiais para geração de energia, do artigo 5º e 62; k) proteção das áreas com inclinação entre 25 e 45º, do artigo 11; l) definição da largura das faixas de proteção das APP de olhos d'água, inciso XIX do artigo 3º.

Em relação ao artigo 3º, o Ministro Marco Aurélio destaca que se mostra harmônico com a Constituição Federal. O rol das exceções seria claro e definido, embora reconheça atecnia em alguns dispositivos. Por outro lado, inexistindo nas ações diretas em análise pedido expresso pela declaração de inconstitucionalidade, descabe apontar desacordos. Em outro giro, argumenta que o STF no pleno exercício da atribuição que lhe é própria, qual seja, guardar a Constituição, não pode, se provocado, assistir inerte à degradação da ordem constitucional, especialmente em questão de importância geracional como é a ambiental. Novamente, o Ministro Marco Aurélio ressalta o compromisso com as gerações futuras.

Quanto ao risco na pretendida autorização de intervenção em APP para a gestão de resíduos sanitários e também para as práticas de competições esportivas, podem comprometer os atributos de tais áreas. Verificou ser nada desprezível a situação de risco que se cria. As competições esportivas são eventos que podem ter outro destino localizacional. Já a gestão de resíduos em APP traz acentuado risco de contaminação. Vota pela declaração de inconstitucionalidade. O sacrifício de APPs para atividades meramente recreativas não tem qualquer razoabilidade e no que respeita à gestão de resíduos sólidos, saneamento ou lixões, como comumente são conhecidos, acarretaria severa contaminação de solo e águas. A norma violada novamente é o artigo 225, §1º, inciso III, CF/88. O Ministro Marco Aurélio vota pela inconstitucionalidade do artigo 3º, VIII, alínea b, quanto às expressões "gestão de resíduos" e "instalações necessárias à realização de competições esportivas estaduais, nacionais ou internacionais".

Na prática da agricultura não verificou ofensa à Constituição, pois haveria disposição legislativa, arcabouço suficiente, de modo a neutralizar possíveis efeitos deletérios. Não detectou violação do dever geral de proteção. Haveria um equilíbrio entre o direito fundamental ao meio ambiente equilibrado e o princípio da função social da propriedade.

Da mesma forma, a autorização para intervenção em mangues e restingas para a execução de obras habitacionais com a promoção do direito social à moradia, bem como do desenvolvimento urbano previsto no artigo 182 da CF/88, considerando a ponderação feita pelo legislador adequada. Não haveria inconstitucionalidade, pois que a situação estava no patamar da excepcionalidade legalmente estabelecida e no fato de o local ser de impossível restauração. Neste ponto, é de ser dada atenção especial para o que poderia ser a "impossível restauração". Desde já se afasta a alegação de "fatos consumados". As premissas elencadas pelo Ministro Marco Aurélio afastam esta possibilidade, em especial a primeira premissa, referente ao aspecto intergeracional. Daí extrai-se um elevado patamar de excepcionalidade, aliada a uma impossível restauração ao estado primitivo.

Abordando a situação da agricultura familiar de vazante, os vazanteiros, modalidade de ocupação de pequenos agricultores, não verificou descompasso com a Constituição. Foi legítima a opção do legislador ao possibilitar a agricultura de vazante, pois é uma modalidade residual. É uma situação importante do ponto de vista socioeconômico. Evita o êxodo rural. Examina a situação legal das pequenas propriedades e posses rurais, comparando-as com aquelas de até 4 (quatro) módulos fiscais, com terras indígenas e com terras tradicionais, afastando a alegação de paridade indevida. O Eminente Ministro acolheu o critério, dentro do espaço de conformação do legislador, dizendo que deriva da própria organicidade do arcabouço do Direito Ambiental. Por fim, lembra que, conforme o teor do artigo 231 CF/88, o direito originário é pré-existente, isto é, o direito originário dos indígenas preexiste ao Direito Ambiental.

Examina o tratamento legislativo dispensado às APPs no artigo 11, que versa sobre áreas com inclinação entre 25 e 45 graus, em que pode haver o exercício de atividades agrossilvipastoris. A douta Procuradoria da República sustentava por ser prática contrária à sustentabilidade.

O Ministro Marco Aurélio apontou que não ocorreu a proteção insuficiente, pois exigiu-se a adoção de boas práticas agronômicas e ficou vedada a conversão de novas áreas em tal declividade. De igual sorte em relação às práticas extrativistas no local com tais características, pois o espírito da utilização racional foi preservado, estava mencionado no artigo 10 do Código Florestal revogado.

Enfrenta a seguir a questão do entorno dos reservatórios d'água artificiais de forma sistêmica. Afasta a alegação de que os dispositivos, inciso III do artigo 4º, não implicam em retrocesso na preservação do ambiente, pois há a exigência de licenciamento ambiental, disposta no inciso III do artigo 4. A arquitetura legislativa teria sido similar àquela dispensada na reserva legal do artigo 12, §§6º, 7º e 8º. A Constituição, no artigo 225, §1º, inciso III, confiou à legislação poder de conformação que engloba a possibilidade de alteração ou supressão de "espaços territoriais e seus componentes a serem especialmente protegidos". Em palavras bem claras, o *dictum* foi de que não compete ao Supremo constitucionalizar a natureza das áreas de preservação permanente.

Já com relação ao caput do artigo 5º, em que estabelecidas faixas máximas de 100 e 30 metros no entorno dos reservatórios, houve o tolhimento da esfera de atuação dos órgãos ambientais ao se definir o limite máximo. Teria, assim, ocorrido interferência indevida na esfera de atuação de outro Poder, resultando em ingerência nociva à autonomia técnica dos órgãos executivos aos quais a Constituição delega papel central na aplicação das políticas públicas ambientais. Vislumbrou ofensa ao artigo 225, §1º, inciso IV. Ainda percebeu que a fixação do teto de 100 e 30 metros em abstrato revela-se contrário ao desenvolvimento ecológico regional. Neste ponto, foram prestigiados os órgãos técnicos na aplicação e conformação das políticas públicas.

13 A proteção das nascentes e olhos d'água intermitentes

Neste tópico, o voto destaca a manifesta relevância da matéria em função da proteção dos recursos hídricos. O anterior Código Florestal, Lei nº 4.771/65, definia como APP as nascentes ainda que intermitentes e os olhos d'água. Já a Lei nº 12.651/2012, no artigo 4º, inciso IV, refere-se apenas às nascentes e olhos d'água perenes. A questão é bastante delicada, considerando as mudanças climáticas e regimes pluviométricos alterados em que se verifica intermitência ocasional ou temporária, o que inviabiliza uma definição das áreas preservadas. O Ministro Marco Aurélio justifica que a inconstitucionalidade articulada não está na metragem das áreas de preservação permanente. A mácula legislativa reside em reconhecimento de que a inclusão do vocábulo "perenes" mostrou-se contrária à lógica legislativa que levou à elaboração do inciso I daquele artigo. A restrição é incompatível com a diretriz constitucional, apresenta contradição interna. Oferece voto pela declaração de inconstitucionalidade com redução de texto relativamente à expressão "perene" constante no artigo 4º, inciso IV.

Aponta violado o disposto no artigo 225, I, da CF/88, a proibição de degradar e o dever de oferecer proteção suficiente, dimensão da proporcionalidade. Expressamente acolhido o princípio do não retrocesso na legislação ambiental, e ainda ao desamparo de critério técnico-científico. Interessante notar que, neste tópico, o Ministro Marco Aurélio, ao declarar inconstitucional o artigo 4, inciso IV, no atinente à expressão "perene", foi voto isolado e vencido. Na mesma linha do reconhecimento da inconstitucionalidade da expressão perenidade e perene, os Ministros Ricardo Lewandowski e Cármen Lúcia. O Ministro Alexandre de Moraes julgou inconstitucional o artigo 3º, inciso XVII, apenas para as nascentes e não para olhos d'água. Julgou pela constitucionalidade o Ministro Gilmar Mendes. A maioria deu interpretação conforme para considerar nascentes e olhos d'água intermitentes como APP, seguindo o Relator Ministro Luiz Fux os Ministros Edson Fachin, Rosa Weber, Roberto Barroso, Dias Toffoli e Celso de Mello. Neste ponto, por caminhos diversos, chegou-se a efeitos práticos idênticos.

Conclusão

Feita a análise dos principais aspectos do voto do Ministro Marco Aurélio na ADC nº 42/DF, é importante mais uma vez afirmar a relevância do decidido em relação à Lei nº 12.651/2012, o denominado Código Florestal, para a solução de inúmeras questões envolvendo o patrimônio florestal e natural brasileiro.

A análise de todos os votos proferidos consiste em um instrumento para soluções futuras, podendo oferecer efeito expansivo. Transitamos para um sistema de maior valorização do precedente jurisprudencial. A lei era, e ainda é, o centro de atenção dos doutrinadores e julgadores, contudo, o respeito aos precedentes passa a ser muito valorizado. O precedente caminha a se consolidar como fonte primária do direito.

Na lição de Taís Schilling Ferraz:

> [...] no processo de aplicação do precedente, não se deverá buscar a tese pronta e acabada... a utilização de um precedente para solucionar casos individuais é muito mais que um exercício de silogismo... quem decide o que configura o precedente é que o aplica nas decisões futuras [...].[12]

---

[12] FERRAZ, Taís Schilling, *O Precedente na Jurisdição Constitucional*. São Paulo: Saraiva, 2017.

Volta-se a afirmar a importância de todos os votos proferidos, pois o STF, além de resolver o caso concreto, tem a função de atribuir sentido ao Direito. Assim, a relevância dos votos e seus fundamentos, tudo para oferecer a necessária segurança jurídica à coletividade, como bem pontuaram inúmeros votos e, muito especialmente, o voto comentado.

Assim, já não basta extrair a *ratio decidendi*, que é a razão pela qual se decidiu como decidiu, mas, para alcançar o efeito expansivo, examinar todos os elementos trazidos à consideração. Justifica-se, pois, a tarefa de esquadrinhar os votos proferidos pelo Supremo Tribunal Federal na histórica decisão da ADC nº 42/DF.[13]

Referências

DWORKIN, Ronald. *O Império do Direito. Sobre o Direito como integridade e o romance em cadeia*. São Paulo: Editora Martins Fontes, 1999.

FERRAZ, Taís Schilling, *O Precedente na Jurisdição Constitucional*. São Paulo: Saraiva, 2017.

FIORILLO, Celso Antônio Pacheco; FERREIRA, Renata Marques. *Comentários ao "Código Florestal", Lei nº 12.651/2012*. 2. ed. São Paulo: Saraiva, 2018.

HARARI, Yuval Noah. *21 lições para o século 21*. São Paulo: Editora Companhia das Letras, 2018.

MACHADO, Paulo Affonso Leme. *Direito Ambiental Brasileiro*. 26. ed. São Paulo: Editora Malheiros, 2018.

MITIDIERO, Daniel. *Cortes Superiores e Cortes Supremas – do controle à interpretação, da jurisprudência ao precedente*. São Paulo: Revista dos Tribunais, 2019.

MITIDIERO, Daniel. *Cortes Superiores e Cortes Supremas*. São Paulo: Revista dos Tribunais, 2013.

REVESZ, Richard L.; STAVINS, Robert N. Environmental Law. *In*: POLINSKY, A. Mitchell; SHAVELL, Steven (Ed.). *Handbook of Law and Economics*. Boston: Elsevier, 2007. v. 1.

VERMEULE, Adrian. *Laws Abnegation*. Cambridge: Harvard University Press, 2016.

WEDY, Gabriel. *Desenvolvimento Sustentável – Governança, meio ambiente, economia e dignidade da pessoa humana*. Curitiba: Editora Prismas, 2017.

WOHLLEBEH, Peter. *A vida secreta das árvores – o que elas sentem e como se comunicam*. Rio de Janeiro: Editora Sextante, 2017. Engenheiro florestal com interessante e poética visão sobre a verdadeira natureza das árvores. Leitura para reflexão.

Informação bibliográfica deste texto, conforme a NBR 6023:2018 da Associação Brasileira de Normas Técnicas (ABNT):

TESSLER, Marga Inge Barth. Ação Declaratória de Constitucionalidade nº 42/DF (Código Florestal) - Análise do voto do Ministro Marco Aurélio. *In*: BENJAMIN, Antônio Herman Vasconcelos e; FREITAS, Vladimir Passos de; SOARES JÚNIOR, Jarbas (Coord.). *Comentários aos acórdãos ambientais*: paradigmas do Supremo Tribunal Federal. Belo Horizonte: Fórum, 2021. p. 475-500. ISBN 978-65-5518-077-0.

---

[13] Ver: WOHLLEBEH, Peter. *A vida secreta das árvores – o que elas sentem e como se comunicam*. Rio de Janeiro: Editora Sextante, 2017. Engenheiro florestal com interessante e poética visão sobre a verdadeira natureza das árvores. Leitura para reflexão.

SOBRE OS AUTORES

Álvaro Luiz Valery Mirra
Doutor em Direito Processual pela Faculdade de Direito da Universidade de São Paulo (FDUSP); Diplomado em Estudos Superiores Especializados em Direito Ambiental pela Faculdade de Direito da Universidade de Estrasburgo-França; Membro do Instituto "O Direito por um Planeta Verde" e da Associação dos Professores de Direito Ambiental do Brasil; Coordenador-Adjunto da Área de Direito Urbanístico e Ambiental da Escola Paulista da Magistratura (EPM); Juiz de Direito em São Paulo/SP.

Ana Maria Moreira Marchesan
Promotora de Justiça no Estado do Rio Grande do Sul; Mestre e Doutora em Direito Ambiental e Biodireito pela Universidade Federal de Santa Catarina (UFSC); Professora convidada no Curso de Direito Ambiental Nacional e Internacional da Universidade Federal do Rio Grande do Sul (UFRGS); Integrante da Diretoria do Instituto "O Direito por um Planeta Verde".

Andréa Vulcanis
Procuradora Federal; Mestre em Direito Ambiental pela Pontifícia Universidade Católica do Paraná (PUC-PR); Ex-Superintendente do Ibama no Estado do Paraná; Ex-Procuradora Geral do Ibama; Ex-Presidente da Câmara Técnica de Assuntos Jurídicos do Conselho Nacional do Meio Ambiente (CONAMA); Ex-Subsecretária de Assuntos Estratégicos da Secretaria de Meio Ambiente do Distrito Federal; Secretária de Meio Ambiente e Desenvolvimento Sustentável do Estado de Goiás.

Annelise Monteiro Steigleder
Mestre em Direito pela Universidade Federal do Paraná (UFPR); Doutoranda em Planejamento Urbano e Regional pelo Programa de Pós-graduação em Planejamento Urbano e Regional (PROPUR) pela Universidade Federal do Rio Grande do Sul (UFRGS); Promotora de Justiça do Estado do Rio Grande do Sul; Vice-Presidente do Instituto "O Direito por um Planeta Verde".

Bruno Dantas
Ministro do TCU; Pós-Doutor pela Universidade Estadual do Estado do Rio de Janeiro (UERJ); Doutor e Mestre em Direito pela Pontifícia Universidade Católica de São Paulo (PUC-SP); Visiting Researcher Fellow na Benjamin N. Cardozo School of Law (Nova York, EUA), no Max Planck Institute for Regulatory Procedural Law (Luxemburgo) e na Universidade de Paris 1 Panthéon Sorbonne; Professor do Mestrado em Direito da Universidade Nove de Julho (UNINOVE), da Fundação Getulio Vargas (FGV Direito-Rio) e da Universidade Estadual do Estado do Rio de Janeiro (UERJ).

Caio Victor Ribeiro dos Santos
Pós-graduado em Direito Processual Civil pelo Instituto Brasileiro de Ensino, Desenvolvimento e Pesquisa (IDP).

Cândido Alfredo Silva Leal Júnior
Desembargador Federal do Tribunal Regional Federal da 4ª Região (desde 2012); Mestre em Filosofia Política pela Universidade Federal do Rio Grande do Sul (FURG) (2001); Graduado em Direito pela Universidade Federal de Santa Maria (UFSM) (1992); Foi juiz federal de 1993 a 2012, atuando em varas previdenciária, cível, agrária e ambiental.

Carlos Eduardo Ferreira Pinto
Promotor de Justiça no Ministério Público do Estado de Minas Gerais; Coordenador do Centro de Apoio Operacional das Promotorias de Justiça de Defesa do Meio Ambiente, Patrimônio Cultural, Urbanismo e Habitação (07.04.2014 – 06.12.2016); Coordenador da Força Tarefa do MPMG no "Caso Samarco" (05.11.2015 – 06.12.2016).

Cristina Seixas Graça
Graduada em Direito pela Universidade Católica do Salvador (UCSAL) (1979); Possui mestrado profissional em Gerenciamento e Tecnologias Ambientais no Processo Produtivo pela Universidade Federal da Bahia (UFBA); Especialista em Direito Ambiental contra as Mudanças Climáticas e Esgotamento dos Recursos pela Universidad de Castilla-La Mancha (2019); Coordenadora e Presidente da Comissão Permanente de Meio Ambiente (COPEMA) do Grupo Nacional de Direitos Humanos (GNDH – no período de 2016/2018); Promotora de Justiça e, atualmente, Coordenadora do Centro de Apoio Operacional do Meio Ambiente do Ministério Público da Bahia e Urbanismo e Presidente da Associação Brasileira de Membros do Ministério Público de Meio Ambiente (ABRAMPA) para o triênio 2019-2022.

Délton Winter de Carvalho
Pós-Doutor em Direito Ambiental e dos Desastres pela University of California, Berkeley, EUA; Doutor e Mestre em Direito pela Universidade do Vale do Rio dos Sinos (UNISINOS); Professor do Programa de Pós-Graduação em Direito da Universidade do Vale do Rio dos Sinos (UNISINOS), nível Mestrado e Doutorado; Advogado, Parecerista e Consultor jurídico; Sócio fundador da Délton Carvalho; Autor de diversos artigos publicados nacional e internacionalmente, sendo ainda autor dos livros: CARVALHO, Délton Winter de. *Gestão Jurídica Ambiental*. São Paulo: Revista dos Tribunais, 2017; CARVALHO, Délton Winter de. *Desastres ambientais e sua regulação jurídica*: deveres de prevenção, resposta e compensação. São Paulo: Revista dos Tribunais, 2015; CARVALHO, Délton Winter de. *Dano ambiental futuro*: a responsabilização civil pelo risco. 2. ed. Porto Alegre: Livraria do Advogado, 2013; e CARVALHO, Délton Winter de; DAMACENA, Fernanda Dalla Libera. *Direito dos Desastres*. Porto Alegre: Livraria do Advogado, 2013.

Édis Milaré
Procurador de Justiça aposentado, foi o primeiro Coordenador das Promotorias de Justiça do Meio Ambiente e Secretário do Meio Ambiente do Estado de São Paulo; Um dos redatores da Lei da Ação Civil Pública; Doutor e Mestre em Direitos Difusos e Coletivos pela Pontifícia Universidade Católica de São Paulo (PUC-SP); Professor de Direito Ambiental, Advogado e Consultor Jurídico.

Edson Damas da Silveira
Procurador de Justiça no Estado de Roraima; Professor da Universidade Estadual de Roraima (UERR); Especialista em Desenvolvimento Regional Sustentável; Mestre em Antropologia; Mestre e Doutor em Direito Socioambiental; Pós-Doutor em Direitos Humanos pela Universidade de Coimbra (UC) Portugal.

Fábio Aurélio da Silva Alcure
Procurador do Ministério Público do Trabalho.

Fábio Medina Osório
Advogado; Doutor em Direito Administrativo pela Universidade Complutense de Madri (UCM); Mestre em Direito Público pela Universidade Federal do Rio Grande do Sul (FURG); Ex-Ministro da Advocacia-Geral da União; Ex-Promotor de Justiça no Rio Grande do Sul; Ex-Diretor da Associação Brasileira do Ministério Público do Meio Ambiente (ABRAMPA).

SOBRE OS AUTORES | 503

Fernando Reverendo Vidal Akaoui
Promotor de Justiça (MPSP); Doutor e Mestre em Direito pela Pontifícia Universidade Católica de São Paulo (PUC-SP); Professor e Coordenador do Mestrado em Direito da Saúde da Universidade Santa Cecília (UNISANTA); Ex-Conselheiro do Conselho Nacional do Meio Ambiente. (CONAMA); Presidente do Instituto "O Direito por um Planeta Verde".

Gabriel Wedy
Juiz Federal; Professor nos programas de Pós-Graduação e de Graduação em Direito da Universidade do Vale do Rio dos Sinos (UNISINOS); Pós-Doutor e Mestre em Direito Ambiental; *Visiting Scholar* pela *Columbia Law School (Sabin Center for Climate Change Law)* e Professor Visitante na Universität *Heidelberg – Instituts für deutsches und europäisches Verwaltungsrecht*; É professor na Escola Superior da Magistratura Federal (ESMAFERS); Foi Presidente da Associação dos Juízes Federais do Brasil (AJUFE); Autor de diversos artigos na área do direito ambiental no Brasil e no exterior e, entre outros, do livro "O desenvolvimento sustentável na era das mudanças climáticas: um direito fundamental".

Guilherme José Purvin de Figueiredo
Graduado em Direito e em Letras pela Universidade de São Paulo (USP); Doutor e Mestre em Direito pela Universidade de São Paulo (USP); Professor Convidado nos Cursos de Pós-Graduação em Direito Ambiental da Pontifícia Universidade Católica do Rio de Janeiro (PUC-RJ), da Pontifícia Universidade Católica de São Paulo (PUC-SP), da Escola Paulista de Magistratura e da Escola Superior de Advocacia Pública da Procuradoria Geral do Estado (PGE-SP); Coordenador Geral da Associação dos Professores de Direito Ambiental do Brasil; Presidente honorário do Instituto Brasileiro de Advocacia Pública.

Jarbas Soares Júnior
Procurador de Justiça no Ministério Público do Estado de Minas Gerais; Procurador-Geral de Justiça do Estado de Minas Gerais (2004-2006, 2006-2008); Membro do Conselho Nacional do Ministério Público (2011-2013, 2013-2015); Presidente da Associação Brasileira do Ministério Público do Meio Ambiente (2003-2006, 2006-2009 e 2009-2011), proponente e primeiro Presidente da Comissão de Direitos Fundamentais do Conselho Nacional do Ministério Público (CNMP), primeiro Coordenador do Centro de Apoio Operacional do Meio Ambiente (CAOMA), do Ministério Público de Minas Gerais (MPMG).

José Adércio Leite Sampaio
Doutor em Direito Constitucional; Pós-Doutor em Federalismo Ambiental; Professor da Pontifícia Universidade Católica de Minas Gerais (PUC Minas) e DHC-Escola de Direito; Procurador da República.

Lívia Avance Rocha
Analista Jurídica do Conselho Nacional do Ministério Público.

Luciano Nunes Maia Freire
Conselheiro Nacional do Conselho Nacional do Ministério Público (CNMP); Pós-Graduado em Direito Processual; Pós-Graduado em Ciência Política; Mestrando em Ciências Políticas pela Universidade de Lisboa (ULisboa); Juiz de Direito de Entrância Final do Tribunal de Justiça do Estado do Ceará.

Luís Fernando Cabral Barreto Júnior
Promotor de Justiça de Meio Ambiente, urbanismo e patrimônio cultural de São Luís; Coordenador do Centro de Apoio Operacional de Meio Ambiente do Ministério Público do Estado do Maranhão; Membro colaborador da Comissão de Meio Ambiente do Conselho Nacional do Ministério Público; Ex-Presidente da Associação Brasileira dos Membros do Ministério Público de Meio Ambiente (ABRAMPA) onde atualmente exerce a função de Diretor de Relações Institucionais.

Marcelo Abelha Rodrigues
Mestre e Doutor pela Pontifícia Universidade Católica de São Paulo (PUC-SP); Professor da Graduação e Mestrado da Universidade Federal do Espírito Santo (UFES); Advogado e Consultor Jurídico ES.

Marcelo Kokke
Pós-doutor em Direito Público Ambiental pela Universidade de Santiago de Compostela (USC); Mestre e Doutor em Direito pela Pontifícia Universidade Católica do Rio de Janeiro (PUC-RJ); Especialista em processo constitucional; Procurador Federal da Advocacia-Geral da União; Professor da Faculdade Dom Helder Câmara; Professor do Centro Universitário de Belo Horizonte (Uni-BH); Professor de Pós-graduação da Pontifícia Universidade Católica de Minas de Gerais (PUC Minas); Professor colaborador da Escola da Advocacia-Geral da União; Professor do Instituto Brasileiro de Ensino, Desenvolvimento e Pesquisa (IDP-SP).

Marcos Paulo de Souza Miranda
Promotor de Justiça do Estado de Minas Gerais; Professor de Direito Ambiental e de Direito do Patrimônio Cultural na Fundação Escola Superior do Ministério Público de Minas Gerais (FESMP-MG); Membro do International Council of Monuments and Sites (ICOMOS).

Marga Inge Barth Tessler
Desembargadora Federal do TRF4; Conselheira da ENFAN; Mestra em Direito pela Pontifícia Universidade Católica do Rio Grande do Sul (PUCRS); Mestra em Administração da Justiça pela Fundação Getulio Vargas (FGV); Especialista em Direito Sanitário pela Universidade de Brasília (UnB) e Fundação Oswaldo Cruz (FIOCRUZ).

Nicolao Dino
Subprocurador-Geral da República; Professor de Direito Ambiental e Direito Administrativo da Universidade de Brasília (UnB); Mestre em Direito pela Universidade Federal de Pernambuco (UFPE); Membro da Câmara de Meio Ambiente e Patrimônio Cultural do Ministério Público Federal; Membro do Conselho Superior do Ministério Público Federal; Ex-Vice-Procurador-Geral Eleitoral (2016/2017); Ex-Diretor-Geral da Escola Superior do Ministério Público da União (ESMPU) (2010/2013); Ex-Conselheiro do Conselho Nacional do Ministério Público (2007/2009); Ex-Presidente da Associação Nacional dos Procuradores da República (2003/2007).

Paulo Affonso Leme Machado
Doutor em Direito pela Pontifícia Universidade Católica de São Paulo (PUC-SP); Advogado; Doutor *Honoris Causa* pela Universidade Estadual Paulista (UNESP) (Brasil), pela Vermont Law School (Estados Unidos), pela Universidade de Buenos Aires (Argentina) e pela Universidade Federal da Paraíba (UFPB) (Brasil); Mestre em Direito Ambiental pela Universidade Robert Schuman – Strasbourg (França); Prêmio de Direito Ambiental Elizabeth Haub (Alemanha/Bélgica); Professor Convidado na Universidade de Limoges (1986-2004); Professor na Universidade Estadual Paulista (UNESP) (1980-2004); Promotor de Justiça (aposentado) do Estado de São Paulo; Conselheiro do Conselho Nacional do Meio Ambiente (CONAMA) (1984-1986); Conselheiro do Conselho do Patrimônio Cultural (2004-2008); Autor do livro *Direito Ambiental Brasileiro*, 26. ed. *Chevalier de La Légion d'Honneur* (França); Professor de Direito Ambiental na Universidade Metodista de Piracicaba (UNIMEP) (Desde 2001).

Rafael Ferreira Filippin
Advogado; Doutor em Meio Ambiente e Desenvolvimento pela Universidade Federal do Paraná (UFPR).

Rafael Martins Costa Moreira
Juiz Federal; Mestre e Doutorando em Direito pela Pontifícia Universidade Católica do Rio Grande do Sul (PUCRS), com visiting research na Juristischen Fakultät der Ruprecht – Karls, em Heidelberg, Alemanha; Professor de Direito Ambiental e Administrativo.

Robertson Fonseca de Azevedo
Promotor de Justiça no Estado do Paraná; Doutor em Ecologia de Ambientes Aquáticos Continentais pela Universidade Estadual de Maringá (UEM).

Sandra Cureau
Subprocuradora-Geral da República; Foi Vice-Procuradora-Geral da República e Vice-Procuradora-Geral Eleitoral; Coordenou, por 10 anos, a 4ª Câmara de Coordenação e Revisão do Ministério Público Federal; É membro da diretoria do Instituto "O Direito por um Planeta Verde" e da Associação de Professores de Direito Ambiental do Brasil; Coordenadora e autora de livros e artigos sobre meio ambiente e patrimônio cultural.

Vladimir Passos de Freitas
Professor doutor do mestrado/doutorado da Pontifícia Universidade Católica do Paraná (PUCPR); Ex-Secretário Nacional de Justiça; Desembargador Federal aposentado; Ex-Presidente do Tribunal Regional Federal da 4ª Região.

Esta obra foi composta em fonte Palatino Linotype, corpo 10
e impressa em papel Offset 63g (miolo) e Supremo 300g (capa)
pela Gráfica Forma Certa.